Uma história do mundo em doze mapas

Jerry Brotton

Uma história do mundo em doze mapas

Tradução:
Pedro Maia

5ª reimpressão

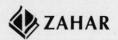

Para minha esposa, Charlotte

Copyright © 2012 by Jerry Brotton

Tradução autorizada da primeira edição inglesa, publicada em 2012 por Allen Lane, um selo da Penguin Books, de Londres, Inglaterra

Grafia atualizada segundo o Acordo Ortográfico da Língua Portuguesa de 1990, que entrou em vigor no Brasil em 2009.

Título original
A History of the World in Twelve Maps

Capa
Sérgio Campante

Preparação
Marília Lamas

Indexação
Gabriella Russano

Revisão
Eduardo Monteiro
Otávio Fernandes

CIP-Brasil. Catalogação na publicação
Sindicato Nacional dos Editores de Livros, RJ

B891u
Brotton, Jerry
Uma história do mundo em doze mapas / Jerry Brotton; tradução Pedro Maia. – 1ª ed. – Rio de Janeiro: Zahar, 2014.

il.

Tradução de: A History of the World in Twelve Maps.
Inclui índice
ISBN 978-85-378-1272-3

1. Atlas. 2. Geografia histórica – Mapas. 3. História universal.
I. Título.

CDD: 911
14-11884
CDU: 911.3

Todos os direitos desta edição reservados à
EDITORA SCHWARCZ S.A.
Praça Floriano, 19, sala 3001 – Cinelândia
20031-050 – Rio de Janeiro – RJ
Telefone: (21) 3993-7510
www.companhiadasletras.com.br
www.blogdacompanhia.com.br
facebook.com/editorazahar
instagram.com/editorazahar
twitter.com/editorazahar

Sumário

Introdução 7

1. Ciência: a *Geografia* de Ptolomeu, c.150 d.C. 25

2. Intercâmbio: al-Idrisi, 1154 d.C. 65

3. Fé: o mapa-múndi de Hereford, c.1300 95

4. Império: o mapa mundial Kangnido, 1402 129

5. Descoberta: Martin Waldseemüller, mapa do mundo, 1507 164

6. Globalismo: Diogo Ribeiro, mapa do mundo, 1529 207

7. Tolerância: Gerard Mercator, mapa do mundo, 1569 242

8. Dinheiro: Joan Blaeu, *Atlas maior*, 1662 288

9. Nação: família Cassini, mapa da França, 1793 325

10. Geopolítica: Halford Mackinder, "O eixo geográfico da história", 1904 372

11. Igualdade: a projeção de Peters, 1973 412

12. Informação: Google Earth, 2012 447

Conclusão: o olho da história? 484

Lista de figuras 495
Lista de ilustrações 497
Notas 501
Agradecimentos 535
Índice 539

Introdução

Sippar (Tell Abu Habbah, atual Iraque), século VI a.C.

Em 1881, o arqueólogo iraquiano Hormuzd Rassam descobriu um pequeno fragmento de tabuleta de argila com caracteres cuneiformes de 2.500 anos de idade nas ruínas de Sippar, antiga cidade babilônica localizada nos arredores do sudoeste da Bagdá moderna e hoje conhecida como Tell Abu Habbah. A tabuleta era apenas mais uma das quase 70 mil desenterradas por Rassam durante um período de dezoito meses e enviadas para o Museu Britânico, em Londres. A missão de Rassam, motivada por um grupo de assiriologistas ingleses que lutavam para decifrar a escrita cuneiforme, era descobrir uma tabuleta que – assim se esperava – fornecesse um relato histórico do Dilúvio bíblico.[1] De início, a tabuleta foi deixada de lado, em favor de exemplos mais completos, mais impressionantes. Em parte, isso se deveu ao fato de Rassam não saber ler cuneiforme e não ter conhecimento de seu significado, que viria a ser compreendido somente no final do século XIX, quando a escrita foi traduzida com sucesso. Hoje, a tabuleta está em exibição pública no Museu Britânico, com o título de "Mapa Babilônico do Mundo".

Além de ser o primeiro mapa conhecido do mundo, a tabuleta descoberta por Rassam é o mais antigo objeto subsistente representando, em um plano, uma vista aérea do mundo inteiro. O mapa é composto por dois anéis concêntricos, e dentro de cada um deles encontra-se uma série de círculos aparentemente aleatórios, oblongos e curvos, todos centrados em um orifício, aparentemente feito por um par de compassos primitivos. Distribuídos de modo uniforme ao redor do círculo externo encontram-se oito triângulos, apenas cinco dos quais permanecem legíveis. Somente quando o texto cuneiforme é decifrado é que a tabuleta passa a fazer sentido como mapa.

O círculo exterior é chamado de "marratu" ou "mar salgado", e representa um oceano que rodeia o mundo habitado. Dentro do anel interno, a curva oblonga mais proeminente, que passa pelo furo central, representa o rio Eufrates, que flui de um semicírculo no norte rotulado de "montanha" e termina no retângulo horizontal meridional chamado de "canal" e "pântano". O retângulo que atravessa o rio Eufrates é chamado de "Babilônia" e é rodeado por um arco de círculos que representam cidades e regiões, entre elas, Susa (no sul do Iraque), Bit Yakin (um distrito da Caldeia, perto de onde o próprio Rassam nasceu), Habban (terra da antiga tribo cassita), Urartu (Armênia), Der e Assíria. Os triângulos que emanam para fora do círculo exterior do mar são rotulados de "nagû", que pode ser traduzido por "região" ou "província". Ao lado deles encontram-se legendas enigmáticas que descrevem distâncias (tais como "seis léguas entre as quais o sol não é visto")[2] e animais exóticos – camaleões, íbex, zebus, macacos, avestruzes, leões e lobos. São espaços desconhecidos, lugares distantes e míticos, para além dos limites circulares do mundo babilônico conhecido.

O texto cuneiforme na parte superior da tabuleta e em seu avesso revela que estamos diante de mais do que um simples mapa da superfície da Terra: é um diagrama abrangente da cosmologia babilônica, tendo o mundo habitado como sua manifestação. Os torturantes fragmentos falam do mito da Criação, que seria resultante da batalha entre os deuses babilônicos Marduk e Tiamat. Na mitologia babilônica, a vitória de Marduk sobre o que a tabuleta chama de "deuses arruinados" levou à fundação do céu e da terra, da humanidade e da linguagem, todos centrados na Babilônia, criada "sobre o mar inquieto". A tabuleta, feita do barro da terra, é uma expressão física das realizações míticas de Marduk, da criação da terra e das conquistas posteriores da civilização humana, formada a partir do caos aquático primordial.

As circunstâncias da criação da tabuleta permanecem obscuras. O texto da parte de trás identifica seu escriba como descendente de alguém chamado "Ea-bel-ili", da antiga cidade de Borsippa (Birs Nimrud), ao sul de Sippar, mas não sabemos por que e para quem foi feita. No entanto, podemos dizer que se trata de um dos primeiros exemplos de um dos objetivos mais básicos do conhecimento humano: impor alguma espécie de ordem e estrutura ao espaço vasto e aparentemente sem limites do mundo

Introdução 9

conhecido. Junto com sua descrição simbólica e mítica das origens do mundo, o mapa da tabuleta apresenta uma abstração da realidade terrestre. Ele organiza a Terra em círculos, triângulos, figuras oblongas e pontos, unificando escrita e imagem em um retrato do mundo no centro do qual está a Babilônia. Mais de 8 mil anos antes de o sonho de ver a Terra do espaço se tornar realidade, o mapa do mundo babilônico oferece aos seus observadores a chance de ver o mundo de cima e adotar uma perspectiva divina da criação terrena.

Ainda hoje, o viajante mais dedicado não pode esperar conhecer nada além do que uma fração da área da superfície da Terra, de mais de 510 milhões de quilômetros quadrados. No mundo antigo, até mesmo uma viagem de curta distância era uma atividade rara e difícil, geralmente empreendida com relutância e positivamente temida por aqueles que a faziam.[3] "Ver" as dimensões do mundo reproduzidas numa placa de argila que media apenas doze por oito centímetros devia ser uma experiência inspiradora, até mesmo mágica. Eis o mundo, a tabuleta diz, e a Babilônia é o mundo. Para aqueles que se viam como parte da Babilônia, era uma mensagem tranquilizadora. Para aqueles que não eram babilônios e viam a tabuleta, a descrição do poder e do domínio da Babilônia era inequívoca. Não admira que, desde os tempos antigos, o tipo de informação geográfica transmitida por objetos como a tabuleta babilônica fosse exclusivo da elite mística ou dirigente. Como veremos ao longo deste livro, para xamãs, sábios, governantes e líderes religiosos, os mapas do mundo conferiam autoridade secreta e mágica aos seus criadores e proprietários. Se essas pessoas entendiam os segredos da Criação e a extensão da humanidade, então elas certamente deviam saber como dominar o mundo terrestre em toda a sua diversidade aterradora e imprevisível.

Embora o mapa babilônico do mundo represente a primeira tentativa de que se tem notícia de mapear todo o mundo conhecido, trata-se de um exemplo relativamente tardio da cartografia humana. Os primeiros exemplos conhecidos de arte pré-histórica que mostram a paisagem no plano estão inscritos em pedra ou argila e precedem o mapa babilônico em mais de 25 mil anos; eles remontam ao período paleolítico superior, de 30 mil a.C. Essas inscrições iniciais, muito debatidas pelos arqueólogos no que diz respeito à data e ao significado, parecem representar cabanas com figuras humanas, cercados de gado, as divisões entre habitações básicas, representações de territórios de caça, até mesmo rios e montanhas. A maioria é tão rígida que pode ser facilmente confundida com tentativas abstratas, geométricas, de representar a distribuição espacial de objetos ou eventos, quando é provável que sejam mais marcas simbólicas, ligadas a indecifráveis referências míticas, sagradas e cosmológicas para sempre perdidas. Hoje, os arqueólogos são mais cautelosos do que seus antecessores do século XIX ao atribuir o termo "mapa" a essas primeiras peças de arte rupestre; estabelecer uma data precisa para o surgimento da arte rupestre pré-histórica parece ser tão inútil quanto definir quando um bebê aprende pela primeira vez a diferenciar-se espacialmente do ambiente em que vive.[4]

O anseio de mapear é um instinto humano básico e duradouro.[5] Onde estaríamos sem mapas? A resposta é, obviamente, "perdidos", mas os mapas fornecem respostas a muito mais perguntas do que simplesmente como ir de um lugar a outro. Desde a primeira infância, temos consciência de nós mesmos em relação ao resto do mundo físico a partir do processamento espacial de informações. Os psicólogos chamam essa atividade de "mapeamento cognitivo", o dispositivo mental pelo qual os indivíduos adquirem, ordenam e lembram as informações sobre seu ambiente espacial, em cujo processo eles distinguem e se definem espacialmente em relação ao mundo vasto, aterrorizante e incognoscível que está "lá fora".[6] O mapeamento desse tipo não é exclusividade dos seres humanos. Os animais também usam procedimentos de mapeamento, como a demarcação de território pelo odor feita por cães e lobos, ou a localização do néctar de uma colmeia definida pela "dança" da abelha.[7] Mas somente os seres humanos deram o salto crucial do mapeamento para a *confecção* de mapas.[8] Com o aparecimento de métodos gráficos de comunicação permanentes, há mais de 40 mil anos, os seres humanos desenvolveram a capacidade de traduzir informações espaciais efêmeras para formas permanentes e reprodutíveis.

Então, o que é um mapa? A palavra portuguesa "mapa" (e seus derivados) é usada em várias línguas modernas europeias, como espanhol, inglês e polonês, e vem do termo latino *mappa*, que significa toalha de mesa ou guardanapo. A palavra francesa para mapa – *carte* – tem sua origem numa palavra latina diferente, *carta*, que também fornece a raiz para os termos italiano e russo *carta* e *karta*, e se refere a um documento formal.

Introdução 11

Por sua vez, é derivada da palavra grega para papiro. O termo em grego antigo para mapa – *pinax* – sugere um tipo diferente de objeto. Um *pinax* é uma placa feita de metal, madeira ou pedra em que palavras ou imagens eram desenhadas ou gravadas. O árabe toma o termo em um sentido mais visual: usa duas palavras, *surah*, traduzida por "figura", e *naqshah*, ou "pintura", ao passo que o chinês adotou uma palavra semelhante, *tu*, que significa desenho ou diagrama.[9] O termo *map* (ou *mappe*) só entra no idioma inglês no século XVI, e desde então até os anos 1990 dele foram propostas mais de trezentas definições concorrentes.[10]

Hoje, os estudiosos aceitam geralmente a definição apresentada em *History of Cartography*, obra em vários volumes que vem sendo publicada desde 1987, sob a direção geral de J.B. Harley e David Woodward. No prefácio ao primeiro volume, Harley e Woodward propuseram uma nova definição inglesa da palavra: "Mapas são representações gráficas que facilitam a compreensão espacial de coisas, conceitos, condições, processos ou eventos no mundo humano."[11] Essa definição (que será adotada ao longo deste livro) "estende-se naturalmente à cartografia celestial e aos mapas de cosmografias imaginárias", e os livra das definições geométricas mais restritas do termo. Ao incluir a cosmografia – que descreve o universo, analisando a terra e os céus –, a definição de mapa de Harley e Woodward nos permite ver artefatos arcaicos, como o mapa do mundo babilônico, ao mesmo tempo como um diagrama cósmico e um mapa do mundo.

As percepções autoconscientes dos mapas e a ciência de sua criação são invenções relativamente recentes. Por milhares de anos, o que as diferentes culturas chamavam de "mapa" era feito por pessoas que não pensavam neles como pertencendo a uma categoria separada da escrita de documentos formais, da pintura, do desenho ou da inscrição de diagramas em uma variedade de meios diferentes, da rocha ao papel. A relação entre mapa e o que chamamos de geografia é ainda mais sutil. Desde os gregos, a geografia é definida como o estudo gráfico (*graphein*) da Terra (*gé*), da qual o mapeamento representa uma parte vital. Mas, como disciplina intelectual, a geografia só foi devidamente formalizada no ocidente como profissão ou objeto de estudo acadêmico no século XIX.

É nessa variedade díspar de mapas – em tecidos, tabuletas, desenhos ou gravuras – que reside muito de seu notável poder e fascínio. Um mapa é simultaneamente um objeto físico e um documento gráfico, e é tanto escrito como visual: não se pode entender um mapa sem escrita, mas um mapa sem um elemento visual é simplesmente uma coleção de nomes de lugares. O mapa se vale de métodos artísticos de execução para criar uma representação, em última análise, imaginativa de um objeto incognoscível (o mundo); mas também é moldado por princípios científicos, e abstrai a Terra de acordo com uma série de linhas e formas geométricas. O mapa diz respeito ao espaço como seu objetivo final, segundo a definição de Harley e Woodward. Ele oferece uma compreensão espacial dos eventos no mundo humano, mas, como veremos neste livro, muitas vezes diz respeito ao tempo, pois pede ao espectador que observe como esses eventos se desdobram um após o outro. Nós, é óbvio, enxergamos os mapas pelo aspecto visual, mas também podemos lê-los como uma série de histórias diferentes.

Todas essas vertentes se encontram no tipo de mapa que é o tema deste livro: mapas do mundo. Mas assim como a palavra "mapa" tem suas próprias qualidades esquivas e inconstantes, o mesmo ocorre com o conceito de "mundo". "Mundo" é uma ideia social, criada pelo homem. Refere-se ao espaço físico completo do planeta, mas também pode significar um conjunto de ideias e crenças que constituem uma "visão de mundo" cultural ou individual. Para muitas culturas ao longo da história, o mapa foi o veículo perfeito para expressar ambas essas ideias de "mundo". Centros, limites e todas as outras parafernálias incluídas em qualquer mapa mundial são definidos tanto por essas "visões de mundo" como pela observação física da Terra feita pelo cartógrafo ou "fazedor de mapas",* a qual, de qualquer modo, nunca é feita a partir de um ponto de vista cultural neutro. Os doze mapas deste livro apresentam visões do espaço físico de todo o mundo que resultam das ideias e crenças que as informam. Uma visão de mundo dá origem a um mapa do mundo,

---

* Em inglês, *mapmaker*, "fazedor ou fabricante de mapas". A palavra "cartografia" e seus derivados são criações tardias, do século XIX (como se verá no capítulo 9 deste livro). Por motivos de sonoridade, optou-se por traduzir os termos ingleses *mapmaker* e *mapmaking* por "cartógrafo" e "cartografia" em todo o livro. (N.T.)

Introdução

mas este, por sua vez, define a visão de mundo de sua cultura. É um ato excepcional de alquimia simbiótica.[12]

Mapas do mundo representam desafios e oportunidades para o cartógrafo diferentes daqueles envolvidos no mapeamento de áreas locais. Para começar, a escala desses mapas mostra que nunca são usados seriamente como dispositivos para encontrar rotas que possibilitem aos seus usuários ir de um lugar para outro da superfície da Terra. Mas a diferença mais significativa entre mapeamento local e mundial é de percepção, e representa um sério problema para a confecção de qualquer mapa mundial. Ao contrário de uma área local, o mundo nunca pode ser apreendido em um único olhar sinóptico do cartógrafo. Mesmo nos tempos antigos, existiam elementos naturais ou feitos pelo homem a partir dos quais era possível olhar uma pequena área de cima para baixo em um ângulo oblíquo (como numa vista aérea) e ver seus elementos básicos. Até o advento da fotografia espacial, essa perspectiva não estava disponível para olhar a Terra inteira.

Antes dessa inovação momentosa, o cartógrafo que criava um mapa do mundo se baseava em dois recursos, nenhum dos quais fazia fisicamente parte da Terra: o céu acima dele e sua própria imaginação. A astronomia lhe permitia observar o movimento do Sol e das estrelas e estimar o tamanho e a forma da Terra. Ligadas a essas observações estavam as hipóteses mais imaginativas baseadas em preconceitos pessoais e mitos e crenças populares que, na verdade, ainda exercem seu poder sobre qualquer mapa do mundo, como veremos. O uso de imagens de satélites fotográficos é um fenômeno relativamente recente que permite que as pessoas acreditem ver a Terra flutuando no espaço; durante os três milênios anteriores a isso, essa perspectiva sempre exigiu um ato de imaginação (não obstante, uma foto tirada do espaço não é um mapa, e está também sujeita a convenções e manipulações, como mostro no capítulo final sobre o mapeamento on-line e sua utilização de imagens de satélite).

Outros desafios e oportunidades além da percepção afetam todos os mapas do mundo, inclusive aqueles escolhidos para este livro, e cada um deles pode ser visto em embrião ao olharmos de novo para o mapa do mundo babilônico. Um desafio predominante é a abstração. Qualquer mapa é um substituto do espaço físico que pretende mostrar, construindo o que ele representa e organizando a variedade infinita, sensorial da superfície da Terra conforme uma série de marcas abstratas, os inícios de limites e fronteiras, centros e margens. Esses marcadores podem ser vistos nas linhas rudimentares da arte rupestre topográfica, ou nas formas geométricas cada vez mais regulares do tipo encontrado na tabuleta babilônica. Quando essas linhas são aplicadas a toda a Terra, o mapa não somente representa o mundo, mas o produz imaginativamente. Durante séculos, a única maneira de compreender o mundo era através do olho da mente, e os mapas do mundo mostravam, de forma imaginativa, como poderia ser a aparência do mundo fisicamente incognoscível. Os cartógrafos não apenas reproduzem o mundo, eles o constroem.[13]

A consequência lógica do mapeamento como um poderoso ato imaginativo é que – no ditado cunhado pelo filósofo polono-americano Alfred Korzybski na década de 1940 – "o mapa não é o território".[14] De forma parecida com a relação entre a linguagem e os objetos que ela denota, o mapa jamais pode equivaler ao território que pretende representar. "O que está no mapa de papel", argumentou o antropólogo inglês Gregory Bateson, "é uma representação do que estava na representação da retina do homem que fez o mapa; e se levarmos a questão para trás, o que encontramos é uma regressão infinita, uma série infinita de mapas. O território jamais entra nessa série."[15] Um mapa sempre dirige a realidade que tenta mostrar. Ele funciona por meio da analogia: no mapa, uma estrada é representada por um determinado símbolo que tem pouca semelhança com a estrada em si, mas quem o vê passa a aceitar que o símbolo é *como* uma estrada. Em vez de imitar o mundo, os mapas desenvolvem sinais convencionais que passamos a aceitar como substitutos daquilo que eles jamais podem verdadeiramente mostrar. O único mapa que poderia representar completamente o território que descreve seria na escala redundante de 1:1. Com efeito, a escolha da escala, um método proporcional de determinar uma relação consistente entre o tamanho do mapa e o espaço que ele representa, está intimamente relacionada com o problema da abstração e tem sido uma rica fonte de prazer e diversão para muitos escritores. Em *Sylvie and Bruno Concluded* (1893), de Lewis Carroll, o personagem do outro mundo Mein Herr anuncia que "fizemos efetivamente um mapa do país, em uma escala de *uma milha para uma milha*!". Quando perguntado se o mapa tem sido muito usado, Mein Herr admite que "ele nunca foi aberto",

Introdução

e que "os fazendeiros objetaram: eles disseram que ele cobriria todo o país e apagaria a luz do sol! Então, nós agora usamos o próprio condado como seu mapa, e posso garantir que ele funciona muito bem".[16] O conceito foi levado um passo adiante por Jorge Luis Borges, que, em seu conto de um parágrafo "Do rigor na ciência" (1946), reformula o relato de Carroll em um tom mais sombrio. Borges descreve um império mítico onde a arte da cartografia atingiu tal grau de perfeição que

> os Colégios de Cartógrafos levantaram um Mapa do Império que tinha o tamanho do Império e coincidia pontualmente com ele. Menos Afeitas ao Estudo da Cartografia, as Gerações Seguintes entenderam que esse dilatado Mapa era Inútil e não sem Impiedade o entregaram às Inclemências do Sol e dos Invernos. Nos desertos do Oeste perduram despedaçadas Ruínas do Mapa, habitadas por Animais e por Mendigos; em todo o País não há outra relíquia das Disciplinas Geográficas.[17]

Borges compreendeu tanto o dilema atemporal como a arrogância desmedida potencial do cartógrafo: na tentativa de produzir um mapa abrangente de seu mundo, deve ocorrer um processo de redução e seleção. Mas se seu mapa de escala 1:1 é um sonho impossível, que escala um cartógrafo deve escolher para garantir que seu mapa mundial não tenha o destino que ele descreveu? Muitos dos mapas do mundo descritos neste livro oferecem uma resposta, mas nenhuma de suas escalas escolhidas (ou mesmo qualquer outra coisa deles) foi universalmente aceita como definitiva.

Um problema adicional que se apresenta é o da perspectiva. Em que lugar imaginário o cartógrafo se situa antes de começar a mapear o mundo? A resposta, como já vimos, depende invariavelmente da visão de mundo predominante do cartógrafo. No caso do mapa mundial babilônico, a Babilônia está no centro do universo, ou no que o historiador Mircea Eliade chamou de *"axis mundi"*.[18] De acordo com Eliade, todas as sociedades arcaicas usam ritos e mitos para criar o que ele chama de "situação limite", aquela que "o homem descobre ao tomar consciência de seu lugar no universo". Essa descoberta cria uma distinção absoluta entre um reino sagrado, cuidadosamente demarcado da existência organizada, e um reino profano, caos desconhecido, sem forma e, portanto, perigoso. No mapa do mundo babilônico, esse espaço sagrado circunscrito por seu círculo interior contrasta com o espaço profano definido pelos triângulos externos, que representam lugares caóticos e indiferenciados, antitéticos ao centro sagrado. Orientar e construir o espaço a partir dessa perspectiva repete o ato divino da Criação, dando forma a partir do caos, e pondo o cartógrafo (e seu patrono) em paridade com os deuses. Eliade sustenta que essas imagens implicam a criação de um centro que estabelece um canal vertical entre o mundo terreno e o divino e que estrutura as crenças e ações humanas. O buraco no centro do mapa do mundo babilônico, considerado comumente uma consequência do uso de um compasso para marcar os parâmetros circulares do mapa, talvez seja antes um canal entre dois mundos.

O tipo de perspectiva adotada pelo mapa do mundo babilônico poderia ser chamado também de mapeamento egocêntrico. Durante a maior parte da história registrada, a esmagadora maioria dos mapas põe a cultura que os produziu em seu centro, como muitos dos mapas mundiais examinados neste livro mostram. Até mesmo os mapas on-line de hoje são parcialmente motivados pelo desejo do usuário de primeiro se localizar no mapa digital, digitando seu endereço de casa antes de qualquer outro lugar e dando um zoom para ver aquele lugar. É um ato atemporal de tranquilização pessoal, localizando-nos como indivíduos em relação a um mundo maior que suspeitamos ser muito indiferente à nossa existência. Mas se essa perspectiva literalmente centra os indivíduos, ela também os eleva como deuses, convidando-os a voar e olhar para a Terra de um ponto de vista divino, inspecionando o mundo inteiro em um olhar, calmamente distanciados, contemplando o que só pode ser imaginado pelos mortais presos à terra.[19] A genialidade dissimuladora do mapa é fazer com que os observadores acreditem, apenas por um momento, que essa perspectiva *é* verdadeira, que eles não estão mais presos à terra, olhando para um mapa. E nisso está uma das características mais importantes do mapa: o observador é posto ao mesmo tempo dentro *e* fora dele. No ato de se localizar nele, o observador está ao mesmo tempo imaginativamente elevando-se acima (e fora) dele, em um momento transcendente de contemplação, para além do tempo e do espaço, vendo tudo de lugar nenhum. Se o mapa oferece

Introdução 17

ao seu observador uma resposta à persistente pergunta existencial "Onde estou?", ele o faz através de uma divisão mágica que situa o observador em dois lugares ao mesmo tempo.[20]

Os GEÓGRAFOS TÊM LUTADO há séculos com o problema de definir onde o observador está em relação a um mapa do mundo. Para os geógrafos do Renascimento, uma solução era comparar a pessoa que vê um mapa com um espectador de teatro. Em 1570, o cartógrafo flamengo Abraham Ortelius publicou um livro que continha mapas do mundo e de suas regiões intitulado *Theatrum orbis terrarum* – "Teatro do mundo". Ortelius utilizou a definição grega de teatro – *theatron* – como "lugar para ver um espetáculo". Como em um teatro, os mapas que se desenrolam diante dos nossos olhos apresentam uma versão criativa de uma realidade que acreditamos conhecer, mas no processo a transformam em algo muito diferente. Para Ortelius e muitos outros cartógrafos renascentistas, a geografia é "o olho da história", um teatro de memória, porque, como ele diz, "o mapa sendo aberto diante de nossos olhos, podemos ver as coisas feitas ou lugares onde foram feitas, como se estivessem no tempo presente". O mapa funciona como um espelho, ou "vidro", porque "as cartas sendo colocadas como se fossem certos vidros diante de nossos olhos ficarão por mais tempo na memória e causarão a impressão mais profunda em nós". Mas, como todos os melhores dramaturgos, Ortelius admite que seus "vidros" são um processo de negociação criativa, porque em certos mapas, "em alguns lugares, a nosso critério, onde achamos bom, alteramos algumas coisas, outras coisas deixamos de fora, e em outros lugares, se parecia necessário, pusemos" diferentes aspectos e lugares.[21]

Ortelius descreve a posição a partir da qual o observador olha para um mapa do mundo, que está intimamente relacionada à orientação – o lugar a partir do qual nos orientamos. Estritamente falando, a orientação se refere geralmente à posição ou direção *relativa*; nos tempos modernos, ficou consagrada como a fixação de localização em relação aos pontos de uma bússola magnética. Mas muito antes da invenção da bússola na China, no século II d.C., os mapas do mundo eram orientados de acordo com um dos quatro pontos cardeais: norte, sul, leste e oeste. A decisão de orientar os mapas de acordo com uma direção principal varia de uma cultura para outra (como veremos a partir dos doze mapas analisados neste livro), mas não há nenhuma razão puramente geográfica para que uma direção seja melhor do que outra, ou para que os mapas ocidentais modernos tenham naturalizado a suposição de que o norte deve estar no topo de todos os mapas do mundo.

O motivo de o norte ter finalmente triunfado como direção principal na tradição geográfica ocidental, considerando-se suas conotações inicialmente negativas para o cristianismo (discutidas no capítulo 2), nunca foi totalmente explicado. Mapas gregos tardios e cartas náuticas medievais primitivas, ou portulanos, eram desenhados com o uso de bússolas magnéticas, o que provavelmente estabeleceu a superioridade de navegação do eixo norte-sul sobre o leste-oeste; mas, mesmo assim, há poucos motivos para que o sul não pudesse ser adotado como ponto de orientação cardeal mais simples; com efeito, os cartógrafos muçulmanos continuaram a desenhar mapas com o sul no alto muito tempo depois da adoção da bússola. Independentemente das razões para o estabelecimento definitivo do norte como direção principal em mapas mundiais, está bastante claro que, como os capítulos seguintes mostrarão, não há motivos convincentes para escolher uma direção em detrimento da outra.

O problema mais complexo que o cartógrafo enfrenta talvez seja o da projeção. Para os cartógrafos modernos, "projeção" refere-se a um desenho bidimensional sobre uma superfície plana de um objeto tridimensional, a saber, o globo terrestre, usando um sistema de princípios matemáticos. Ele só foi conscientemente formulado como um método no século II d.C. pelo geógrafo grego Ptolomeu, que utilizou uma grade de linhas geométricas de latitude e longitude (chamada de gratícula) para projetar a Terra em uma superfície plana. Antes disso, os mapas, como o exemplo babilônico, não forneciam nenhuma projeção aparente (ou escala) para estruturar sua representação do mundo (embora, evidentemente, projetassem uma imagem geométrica do mundo baseada em seus pressupostos culturais sobre sua forma e seu tamanho). Ao longo dos séculos, círculos, quadrados, retângulos, ovais, corações, até mesmo trapezoides e uma variedade de outras formas foram usadas para projetar o mundo em um plano, cada uma baseada em um conjunto de crenças culturais. Alguns desses mapas supunham uma Terra esférica, outros não: no mapa babilônico o mundo é representado como um

Introdução

disco plano, com suas dimensões habitadas cercadas por mar, para além das quais suas bordas são literalmente sem forma. Os primeiros mapas chineses também parecem aceitar a crença em uma Terra plana, embora, como veremos, isso se baseie parcialmente no fascínio particular dos chineses pelo quadrado como princípio cosmológico definidor. No século IV a.C., pelo menos, os gregos já haviam mostrado que a Terra era uma esfera e produziram uma série de mapas circulares projetados em uma superfície plana.

Todas essas projeções enfrentavam um persistente enigma geográfico e matemático: como reduzir toda a Terra a uma única imagem plana? Depois que a esfericidade da Terra foi cientificamente provada, o problema agravou-se: como seria possível projetar com precisão a esfera em uma superfície plana?[22] O matemático alemão Carl Friedrich Gauss provou conclusivamente em sua obra sobre projeções na década de 1820 que não era possível. Gauss mostrou que uma esfera curva e um plano não eram isométricos; em outras palavras, o globo terrestre jamais poderia ser mapeado sobre a superfície plana de um mapa, usando-se uma escala fixa, sem alguma distorção da forma ou da angularidade; no decorrer deste livro, veremos algumas das muitas distorções que foram adotadas.[23] Apesar da conclusão de Gauss, a busca por projeções "melhores" e mais precisas só se intensificou (o próprio Gauss ofereceu seu método de projeção). Ainda hoje, o problema permanece oculto, apesar de à vista de todos, invariavelmente reconhecido em mapas e atlas do mundo, mas enterrado no detalhe técnico da construção deles.

Um dos muitos paradoxos dos mapas é que, embora sejam feitos há milhares de anos, nosso estudo e entendimento deles ainda está começando, estamos em sua infância. Foi somente na Europa do século XIX que a disciplina acadêmica da geografia passou a existir, coincidindo com a profissionalização do fazedor de mapas, rebatizado com o título mais científico de "cartógrafo". Em consequência, só recentemente a geografia deu início a uma tentativa sistemática de entender a história dos mapas e seu papel nas diferentes sociedades. Em 1935, Leo Bagrow (1881-1957), um oficial naval russo formado em arqueologia, fundou a *Imago Mundi*, primeira revista dedicada ao estudo da história da cartografia, seguida em 1944 pela conclusão de sua *Die Geschichte der Kartographie* (*A história da cartografia*), primeiro estudo detalhado desse tema.[24] Desde então, apenas um punhado de livros populares sobre o assunto foi publicado por especialistas na área, e a série em vários volumes *History of Cartography*, editada por Harley e Woodward (ambos mortos tragicamente depois do início do projeto), não tratará do presente num futuro próximo. A cartografia continua sendo um assunto carente de uma disciplina; seu estudo é empreendido geralmente por estudiosos formados (como eu) em vários outros campos e seu futuro é ainda mais incerto do que os mapas que pretende interpretar.

ESTE LIVRO CONTA uma história que mostra que, apesar dos grandes esforços de gerações de cartógrafos, as reivindicações fundamentais da cartografia científica nunca se concretizaram. O primeiro grande mapeamento de uma nação baseado em princípios iluministas da ciência, a *Carte de Cassini*, examinada no capítulo 9, nunca foi realmente terminado, e seu equivalente global, o Mapa Internacional do Mundo, concebido no final do século XIX e cuja história é contada na conclusão deste livro, foi abandonado no final do século XX. O desenvolvimento errático da geografia como disciplina acadêmica e profissional ao longo dos últimos dois séculos fez com que ela demorasse a questionar suas premissas intelectuais. Em anos recentes, os geógrafos passaram a ter sérias reservas sobre sua participação na divisão política da Terra. A crença na objetividade dos mapas viu-se sujeita a profunda revisão, e reconhece-se agora que eles estão intimamente ligados aos sistemas dominantes de poder e autoridade. Sua criação não é uma ciência objetiva, mas um empenho realista, e aspira a um modo particular de representar a realidade. O realismo é uma representação estilística do mundo, assim como o naturalismo, o classicismo ou o romantismo, e não é por acaso que as alegações de objetividade da cartografia atingiram seu auge no mesmo momento da ascensão do romance realista na Europa do século XIX. Em vez de argumentar que a cartografia segue um progresso inexorável em direção da precisão e objetividade científica, este livro defenderá que se trata de uma "cartografia sem progresso", que proporciona a diferentes culturas visões particulares do mundo em momentos específicos no tempo.[25]

O livro toma doze mapas do mundo de culturas e momentos diferentes da história mundial e examina os processos criativos através dos quais eles tentaram resolver os problemas enfrentados por seus criadores, da

Introdução 21

percepção e abstração a escala, perspectiva, orientação e projeção. Os problemas são constantes, mas as respostas são específicas da cultura em que vive o cartógrafo, e descobrimos que o que os impulsionou era tão pessoal, emocional, religioso, político e financeiro quanto geográfico, técnico e matemático. Cada mapa moldava as atitudes das pessoas em relação ao mundo em que viviam, ou cristalizava uma determinada visão de mundo em momentos específicos da história mundial – com frequência, ambos. Esses doze mapas foram criados em momentos particularmente cruciais, quando seus elaboradores tomaram decisões corajosas sobre como e o que representar. No processo, eles criaram novas visões de mundo que buscavam não somente explicar aos seus públicos que o mundo era assim, mas convencê-los da razão de sua existência, e mostrar-lhes seu lugar dentro dele. Cada mapa também sintetiza uma determinada ideia ou questão que ao mesmo tempo motivou sua criação e captou a compreensão do mundo de seus contemporâneos, da ciência, política, religião e império ao nacionalismo, comércio internacional e globalização. Mas os mapas não são sempre moldados exclusivamente pela ideologia, consciente ou inconsciente. Incipientes forças emocionais também desempenharam um papel em sua confecção. Os exemplos aqui vão desde a busca de intercâmbio intelectual em um mapa islâmico do século XII a concepções globais de tolerância e igualdade no controvertido mapa mundial de Arno Peters, publicado em 1973.

Embora não pretenda oferecer alguma coisa que se aproxime de uma história abrangente da história da cartografia, este livro apresenta várias contestações a suposições vigentes sobre o tema. A primeira é que, seja qual for o modo como interpretamos a história dos mapas, não se trata de uma atividade exclusivamente ocidental. A pesquisa atual revela até que ponto as culturas pré-modernas, não ocidentais, fazem parte da história, do mapa do mundo babilônico a contribuições indianas, chinesas e muçulmanas. Em segundo lugar, também não existe uma agenda oculta de evolução ou progresso no mapeamento histórico do mundo. Os mapas examinados são criações de culturas que percebem o espaço físico, terrestre, de maneiras diferentes, e essas percepções se refletem nos mapas que fazem. Isso leva ao terceiro argumento, de que cada mapa é tão compreensível e tão lógico para seus usuários quanto o outro, seja ele o mapa-múndi medieval de Hereford ou os aplicativos geoespaciais do Google. A história contada aqui é, portanto, descontínua, marcada por rupturas e mudanças repentinas, em vez de uma acumulação incessante de dados geográficos cada vez mais precisos.

O mapa, seja qual for seu meio ou sua mensagem, é sempre uma interpretação criativa do espaço que afirma representar. A "desconstrução" crítica dos mapas como representações objetivas da realidade por autores como Korzybski, Bateson e outros fez com que eles parecessem ferramentas malévolas da ideologia, tecendo uma teia conspiratória de mentiras e dissimulações onde quer que se encontrem. Em vez disso, os mapas contidos neste livro são interpretados mais como uma série de argumentos engenhosos, proposições criativas, guias altamente seletivos para os mundos que eles criaram. Os mapas nos permitem sonhar e fantasiar a respeito de lugares que nunca veremos, quer neste mundo, quer em outros mundos ainda desconhecidos. A melhor descrição metafórica dos mapas talvez tenha sido pichada em letras de 45 centímetros num muro ao lado da linha férrea, próximo à estação Paddington, em Londres: "O distante está ao alcance da mão em imagens de outros lugares." Uma metáfora, como um mapa, envolve levar alguma coisa de um lugar para outro. Os mapas são sempre imagens de outros lugares que transportam imaginativamente seus observadores a lugares distantes, desconhecidos, recriando a distância na palma da mão. A consulta a um mapa do mundo garante que o longínquo esteja sempre perto.

"O bom mapa é aquele em que se vê o mundo como se fosse visto de outro mundo", escreveu de modo semelhante o pintor do século XVII Samuel van Hoogstraten.[26] Oscar Wilde desenvolveu o sentimento transcendental de Hoogstraten quando fez a observação famosa de que "um mapa do mundo que não inclua Utopia nem vale a pena ser olhado, pois deixa de fora aquele país em que a humanidade está sempre aportando. E quando a humanidade lá aporta, olha para fora, e ao ver um país melhor, iça as velas".[27] Os mapas sempre fazem escolhas em relação ao que incluir e o que omitir, mas é no momento em que essas decisões são tomadas que Wilde sonha com a possibilidade de criar um mundo diferente – ou até mesmo novos mundos para além do nosso conhecimento (que é uma das razões pelas quais os escritores de ficção científica são atraídos irre-

Introdução

sistivelmente para os mapas). Como Ortelius admitiu, cada mapa mostra uma coisa e, portanto, não mostra outra, e representa o mundo de uma maneira e, em consequência, não de outra.[28] Essas decisões podem ser muitas vezes políticas, mas são sempre criativas. A capacidade manifestada por todos os cartógrafos abordados neste livro de elevar-se acima da terra e olhar para baixo de uma perspectiva divina representa um salto idealista de fé imaginativa na humanidade, mas essa visão é tão poderosa que várias ideologias políticas buscaram apropriar-se dela para seus próprios fins.

Esse legado traz a discussão até os dias de hoje e à polêmica em curso acerca da dominação crescente de aplicativos digitais de mapeamento on-line, exemplificados pelo tema de meu capítulo final, o Google Earth. Depois de quase dois milênios sendo feitos em pedra, pele de animais e papel, os mapas agora estão mudando de maneiras desconhecidas desde a invenção da imprensa no século XV, e estão enfrentando a obsolescência iminente à medida que o mundo e seus mapas se tornam digitalizados e virtuais. Esses novos aplicativos talvez criem uma democratização sem precedentes dos mapas, possibilitando um aumento considerável do acesso público e até dando às pessoas a capacidade de construir seus próprios mapas. Mas parece mais provável que os interesses corporativos de empresas multinacionais tragam um novo mundo de mapas on-line em que o acesso seja prescrito por imperativos financeiros, sujeito à censura política e indiferente à privacidade pessoal. Um dos argumentos deste livro é que quem quiser entender as consequências do mapeamento on-line e saber por que o mapa virtual on-line do mundo tem a aparência que apresenta hoje precisa de uma perspectiva temporal mais longa, que remonta às primeiras tentativas gregas de mapear o mundo conhecido e além dele.

O mundo está sempre mudando, e o mesmo acontece com os mapas. Mas este livro não é sobre mapas que mudaram o mundo. Dos gregos ao Google Earth, não é da natureza dos mapas mudar significativamente nada. Em vez disso, os mapas oferecem argumentos e proposições; eles definem, recriam, moldam e mediam. Invariavelmente, eles também não conseguem alcançar seus objetivos. Muitos dos mapas escolhidos foram duramente criticados no momento da sua conclusão, ou foram rapidamente superados. Outros foram negligenciados em sua época, ou posteriormente descartados por serem considerados desatualizados ou "imprecisos", caindo no esquecimento. Mas todos eles dão testemunho de que uma maneira de tentar entender as histórias de nosso mundo é explorando o modo como os espaços dentro dele são mapeados. O espaço tem uma história, e espero que este livro avance um pouco no sentido de contar essa história através de mapas.

1. Ciência

A *Geografia* de Ptolomeu, c.150 d.C.

Alexandria, Egito, c.150 d.C.

Ao se aproximar de Alexandria pelo mar, vindo do leste, a primeira coisa que um viajante clássico via no horizonte era a colossal torre de pedra do Farol, numa pequena ilha situada na entrada do porto da cidade. Com mais de cem metros de altura, a torre funcionava como um marco para os marinheiros que percorriam a costa egípcia, em grande parte uniforme. Durante o dia, um espelho posicionado em seu ápice acenava para os marinheiros, e à noite acendiam-se fogueiras para guiar os pilotos até a costa. Mas a torre era mais do que um simples marco de navegação. Ela anunciava aos viajantes que estavam chegando a uma das grandes cidades do mundo antigo. Alexandria foi fundada em 334 a.C. por Alexandre, o Grande, que deu o próprio nome à cidade. Após sua morte, ela tornou-se a capital da dinastia ptolomaica (nome derivado de Ptolomeu, um dos generais de Alexandre), que governaria o Egito por mais de trezentos anos e difundiria as ideias e a cultura gregas por todo o Mediterrâneo e Oriente Médio.[1] Depois de passar pelo Farol, o viajante que entrava no porto no século III a.C. se via diante de uma cidade disposta em forma de uma clâmide, o manto retangular de lã usado por Alexandre e seus soldados, uma imagem icônica do poderio militar grego. Alexandria, tal como o resto do mundo civilizado na época, estava envolta no manto da influência grega, o "umbigo" do mundo clássico. Era um exemplo vivo de uma pólis grega transplantada para solo egípcio.

A ascensão da cidade representou uma mudança decisiva na geopolítica do mundo clássico. As conquistas militares de Alexandre haviam transformado o mundo grego, de um grupo de cidades-estados pequenas e insulares em uma série de dinastias imperiais espalhadas por todo o Mediterrâneo e pela Ásia. Essa concentração de riqueza e poder em impérios como a dinastia ptolomaica trouxe consigo mudanças para a guerra, tecnologia, ciência, arte, comércio e cultura. Levou a novas formas de interação, comércio, troca de ideias e aprendizado entre as pessoas. No centro desse mundo helenístico em evolução, que ia de Atenas à Índia, entre c.330 a.C. e c.30 a.C., estava Alexandria. Do oeste, ela recebia os mercadores e comerciantes dos grandes portos e cidades mediterrâneos, tão distantes quanto a Sicília e o sul da Itália, e enriquecia com o comércio feito com Roma, potência em ascensão. Do norte, recebia a influência cultural de Atenas e das cidades-estados gregas. Reconhecia a influência dos grandes reinos persas do oriente e absorvia do sul a riqueza do fértil delta do Nilo e das vastas rotas de comércio e reinos antigos do mundo subsaariano.[2]

Tal como a maioria das grandes cidades que se situam numa encruzilhada de povos, impérios e comércio, Alexandria tornou-se também um núcleo de saber e erudição. De todos os grandes monumentos que definem a cidade, nenhum é mais potente no imaginário ocidental do que sua antiga biblioteca. Fundada pelos Ptolomeu por volta de 300 a.C., a biblioteca de Alexandria foi uma das primeiras bibliotecas públicas, projetada para manter uma cópia de cada manuscrito conhecido escrito em grego, bem como traduções de livros de outras línguas antigas, especialmente o hebraico. A biblioteca continha milhares de livros, escritos em rolos de papiro, e todos catalogados e disponíveis para consulta. No coração de sua rede de palácios reais, os Ptolomeu criaram um *"mouseion"* (museu), originalmente um santuário dedicado às nove Musas (ou deusas), mas que eles redefiniram como um lugar para o culto das musas do saber e da erudição. Ali, os pesquisadores eram convidados a estudar, com promessas de hospedagem, pensão e, o melhor de tudo, acesso à biblioteca. Algumas das melhores cabeças de toda a Grécia daquele período foram atraídas para trabalhar no museu e sua biblioteca. Euclides (c.325-265 a.C.), o grande matemático, veio de Atenas; o poeta Calímaco (c.310-240 a.C.) e o astrônomo Eratóstenes (c.275-195 a.C.) vieram ambos da Líbia; o matemático, físico e engenheiro Arquimedes (c.287-212 a.C.) veio de Siracusa.

Ciência

A biblioteca de Alexandria foi uma das primeiras tentativas sistemáticas de reunir, classificar e catalogar o conhecimento do mundo antigo. Os Ptolomeu decretaram que todos os livros que entrassem na cidade deveriam ser apreendidos pelas autoridades e copiados pelos escribas da biblioteca (embora seus proprietários descobrissem, às vezes, que apenas uma cópia de seu livro original era devolvida). As estimativas da quantidade de livros guardados na biblioteca mostraram-se muito difíceis de fazer, devido a afirmações desvairadamente contraditórias de fontes clássicas, mas até mesmo as avaliações conservadoras falam em mais de 100 mil textos. Um comentarista clássico desistiu de tentar contar: "Quanto ao número de livros e criação de bibliotecas, por que preciso falar, se são toda a memória dos homens?", escreveu ele.[3] Com efeito, a biblioteca era um vasto repositório da memória coletiva do mundo clássico contido nos livros que catalogava. Para tomar emprestada uma expressão da história da ciência, era um "centro de cálculo", uma instituição com recursos para reunir e processar informações diversas sobre uma gama de assuntos, onde "gráficos, tabelas e trajetórias estão comumente à mão e são combináveis à vontade", e da qual os estudiosos podiam sintetizar essas informações em busca de verdades mais gerais e universais.[4]

Foi ali, em um dos grandes centros de cálculo e conhecimento, que nasceu a moderna elaboração de mapas. Por volta de 150 d.C., o astrônomo Cláudio Ptolomeu escreveu um tratado intitulado *Geographiké Hyphêgesis* ("Esboço geográfico"), que viria a ser conhecido simplesmente como a *Geografia*. Sentado nas ruínas da outrora grande biblioteca, Ptolomeu compilou um texto que afirmava descrever o mundo conhecido e que definiria a cartografia pelos dois milênios seguintes. Escrito em grego em um rolo de papiro, com oito seções ou "livros", a *Geografia* resumia mil anos de pensamento grego sobre a forma, o tamanho e o alcance do mundo habitado. Ptolomeu definia sua tarefa de geógrafo como sendo a de "mostrar o mundo conhecido como uma entidade única e contínua, sua natureza e como ela se situa, levando em conta somente as coisas que estão associadas a ele em suas linhas gerais mais amplas", que ele listava como sendo "golfos, cidades grandes, os povos e os rios mais notáveis, e as coisas mais dignas de nota de cada espécie". Seu método era simples: "A primeira coisa que é preciso investigar é a forma, o tamanho e a posição da Terra em relação ao seu ambiente, de modo que seja possível falar de sua parte conhecida, quão grande ela é e como ela é" e "em que paralelos da esfera celeste cada uma das localidades é conhecida."[5] A *Geografia* que resultou disso era muitas coisas ao mesmo tempo: um relato topográfico da latitude e longitude de mais de 8 mil lugares na Europa, Ásia e África; uma explicação sobre o papel da astronomia na geografia; um guia matemático detalhado para fazer mapas da Terra e suas regiões; e o tratado que proporcionou à tradição geográfica ocidental uma definição duradoura de geografia – em suma, um kit completo para a confecção de mapas tal como concebido pelo mundo antigo.[6]

Nenhum texto antes ou depois de Ptolomeu ofereceria uma exposição mais abrangente da Terra e como fazer para descrevê-la. Após sua conclusão, a *Geografia* de Ptolomeu desapareceu por mil anos. Nenhum exemplar original da época de Ptolomeu sobreviveu, e ela só reapareceu no século XIII, em Bizâncio, com mapas desenhados por escribas bizantinos que se baseavam claramente na descrição de Ptolomeu da Terra e da posição de seus 8 mil lugares, e que mostram o mundo clássico como ele via em Alexandria, no século II. Em ordem crescente, o Mediterrâneo, a Europa, o norte da África, o Oriente Médio e partes da Ásia parecem relativamente familiares. As Américas e a Australásia (Oceania), a África meridional e o Extremo Oriente, desconhecidos de Ptolomeu, estão todos ausentes, assim como o Pacífico e a maior parte do oceano Atlântico. O oceano Índico aparece como um enorme lago, com o sul da África contornando a metade inferior do mapa para unir-se a uma Ásia cada vez mais especulativa a leste da península da Malásia. Não obstante, trata-se de um mapa que parecemos entender: com o norte no alto, tem nomes de lugares que marcam as regiões-chave, e é construído com o uso de uma retícula. Tal como a maioria de seus antepassados gregos, desde Platão, Ptolomeu entendia que a Terra era redonda, e usou essa grade para enfrentar a dificuldade de projetar uma Terra esférica sobre uma superfície plana. Ele reconhecia que para desenhar um mapa retangular era necessária uma retícula, "para conseguir uma semelhança com uma imagem de um globo, de tal modo que sobre uma superfície plana os intervalos estabelecidos nela também estejam em proporção tão boa quanto possível aos intervalos reais".[7]

Ciência

Tudo isso faz com que seja tentador ver a *Geografia* de Ptolomeu como um prenúncio precoce da cartografia moderna. Infelizmente, não é tão simples assim. A opinião dos estudiosos permanece dividida quanto à possibilidade ou não de Ptolomeu ter desenhado os mapas que acompanham a *Geografia*: muitos historiadores sustentam que as cópias bizantinas do século XIII contêm os primeiros mapas a ilustrar seu texto. Ao contrário de disciplinas como a medicina, não havia nenhum campo ou "escola" de geografia grega. Não existem exemplos registrados do uso prático de mapas na Grécia clássica, e certamente não há exemplos de o livro de Ptolomeu ter sido usado dessa maneira.

Voltar-se para a biografia de Ptolomeu a fim de tentar compreender a significação de seu livro oferece pouca ajuda. Não se sabe praticamente nada sobre sua vida. Não há autobiografia, estátua, nem mesmo um relato escrito por um contemporâneo. Muitos de seus outros tratados científicos permanecem perdidos. A própria *Geografia* espalhou-se pelas comunidades cristãs e muçulmanas que surgiram para preencher o vazio deixado pelo colapso do Império Romano. Os primeiros manuscritos bizantinos trazem poucas pistas sobre quanto o texto havia mudado desde que Ptolomeu o escreveu. O pouco que sabemos sobre o autor baseia-se em suas obras científicas que sobreviveram e em descrições vagas dele escritas por fontes bizantinas muito posteriores. O fato de ter assumido o nome "Ptolemaeus" indica que era provavelmente nativo e morador do Egito ptolomaico, o qual, durante sua vida, já estava sob o controle do Império Romano. "Ptolemaeus" também sugere, embora não prove, ascendência grega. O nome "Cláudio" ("Claudius") indica que possuía cidadania romana, possivelmente concedida a um antepassado pelo imperador Cláudio. As observações astronômicas registradas em seus primeiros trabalhos científicos sugerem que ele prosperou durante os reinados dos imperadores Adriano e Marco Aurélio, dando datas aproximadas de nascimento por volta do ano 100 e de morte, não depois de 170.[8] Isso é tudo o que sabemos sobre a vida de Ptolomeu.

A criação da *Geografia* de Ptolomeu é, sob alguns aspectos, um paradoxo. Embora se possa dizer que o livro é o mais influente da história da cartografia, é incerto, como vimos, se continha mapas. Seu autor, um matemático e astrônomo, não se considerava um geógrafo, e sua vida é um vazio virtual. Ele viveu em uma das grandes cidades do saber helenístico tardio, mas no momento em que seu poder e sua influência já haviam passado do apogeu. Roma derrubara a dinastia dos Ptolomeu em 30 a.C., e supervisionara o declínio gradual e a dispersão da biblioteca outrora grande. Mas Ptolomeu teve sorte. Foi somente quando o grande florescimento do mundo helênico começou o seu lento declínio que as condições se tornaram propícias para a criação do livro que definiria a geografia e a cartografia; o mundo tinha de chegar ao seu nadir antes que fosse possível descrever sua geografia. Se a biblioteca de Alexandria reuniu e depois perdeu a "memória dos homens", a *Geografia* de Ptolomeu representou a memória de uma parte significativa do mundo do homem. Mas um texto como esse exigia a imersão de seu autor em quase um milênio de especulação literária, filosófica e científica grega sobre os céus e a terra antes que pudesse ser escrito.

Embora a Grécia arcaica não tivesse nenhuma palavra para "geografia", desde pelo menos o século III a.C., os gregos antigos se referiam ao que chamaríamos de "mapa" com a palavra *pinax*. O outro termo utilizado com frequência era *periodos gés*, literalmente "circuito da Terra" (uma expressão que formaria a base de muitos tratados posteriores sobre geografia). Embora ambos os termos viessem a ser substituídos pelo termo latino *mappa*, a formulação grega clássica tardia da geografia resistiu, composta pelo substantivo *gé* (Terra) e o verbo *graphein* (desenhar ou escrever).[9] Estes termos oferecem alguma luz sobre a maneira como os gregos viam os mapas e a geografia. Um *pinax* é um meio físico no qual imagens ou palavras são inscritas, e *periodos gés* implica uma atividade física, especificamente "dar uma volta" na Terra, de forma circular. A etimologia de *geo-grafia* também sugere que ela era tanto uma atividade visual (desenhada) como uma declaração linguística (escrita). Embora todos esses termos fossem cada vez mais usados a partir do século III a.C., eles estavam incluídos nos ramos mais reconhecíveis do saber grego, ou seja, *mythos* (mito), *historia* (história), ou *physiologia* (ciência natural).

Desde seus primórdios, a geografia grega surgiu de especulações filosóficas e científicas sobre as origens e a criação do universo, em vez de

Ciência

derivar de alguma necessidade especificamente prática. Por volta da época do nascimento de Cristo, o historiador grego e autodenominado geógrafo Estrabão (c.64 a.C.-21 d.C.), remontando às suas origens ao escrever sua própria *Geografia* em dezessete livros, afirmou que "a ciência da geografia" era "uma ocupação do filósofo". O conhecimento necessário para a prática da geografia era, para Estrabão, "possuído somente pelo homem que investigou as coisas humanas e divinas".[10] Para os gregos, mapas e geografia faziam parte de uma investigação especulativa mais ampla sobre a ordem das coisas: explicações, escritas e visuais, das origens do cosmos e do lugar da humanidade dentro dele.

O relato mais antigo do que poderíamos chamar de geografia grega aparece na obra do poeta que Estrabão chama de "o primeiro geógrafo": Homero, cujo poema épico *Ilíada* é geralmente datado do século VIII a.C. No final do livro 18, quando a guerra entre gregos e troianos atinge o clímax, Tétis, mãe do guerreiro grego Aquiles, pede a Hefesto, o deus do fogo, que dê a seu filho uma armadura para lutar contra o seu adversário troiano Heitor. A descrição feita por Homero do "escudo enorme e poderoso" que Hefesto molda para Aquiles é um dos primeiros exemplos literários de *ekphrasis*, uma descrição vívida de uma obra de arte. Mas também pode ser vista como um "mapa" cosmológico, ou o que um geógrafo grego chamaria de "*kosmou miméma*", "imagem do mundo",[11] uma representação moral e simbólica do universo grego, neste caso composto por cinco camadas ou círculos concêntricos. Em seu centro estavam "a terra, o céu, o mar, o sol incansável, a lua cheia e todas as constelações que coroam os céus". No círculo exterior, o escudo retratava "duas belas cidades de homens mortais", uma em paz, outra em guerra; a vida agrícola mostrando a prática de arar, colher e a vindima; o mundo pastoral de "gado de chifres eretos", "ovelhas de lã branca"; e, finalmente, "o poderoso rio Oceano, correndo na orla extrema do forte escudo".[12]

Embora o leitor moderno possa não ver de imediato na descrição de Homero do escudo de Aquiles um mapa ou um exemplo de geografia, as definições de ambos os termos gregos sugerem o contrário. Estritamente falando, Homero fornece uma *geo-grafia* – uma descrição gráfica da Terra – que faz uma representação simbólica, neste caso, das origens do universo e do lugar da humanidade dentro dele. Ele também segue as definições gregas de um mapa como *pinax* ou *periodos gés*: o escudo é tanto um objeto físico em que as palavras estão escritas como também um circuito da Terra, circunscrita aos limites do "poderoso rio Oceano", que define a fronteira (*peirata*) de um mundo potencialmente ilimitado (*ápeiron*). Para comentaristas gregos posteriores, a descrição de Homero oferece não apenas uma geografia, mas também uma história da própria Criação: uma cosmogonia. Hefesto, deus do fogo, representa o elemento básico da Criação, e a construção do escudo circular é uma alegoria da formação de um universo esférico. Os quatro metais do escudo (ouro, prata, bronze e estanho) representam os quatro elementos, enquanto suas cinco camadas correspondem às cinco zonas da Terra.[13]

Além de uma cosmogonia, o escudo de Aquiles é também uma descrição do mundo conhecido como aparece a quem olha para cima do horizonte e observa o céu. A Terra é um disco plano, cercado de mar por todos os lados, com o céu e as estrelas acima e o sol nascendo no leste e se pondo no oeste. Essa era a forma e o alcance do *oikoumené*, termo grego para mundo habitado. Sua raiz está em *oikos*, "casa" ou "espaço de habitação". Como a palavra nos diz, a percepção grega antiga do mundo conhecido, como a da maioria das comunidades arcaicas, era essencialmente egocêntrica, emanando para fora do corpo e de seu espaço doméstico de sustentação. O mundo começava com o corpo, era definido pelo lar e terminava no horizonte. Qualquer coisa além disso era um caos sem limites.

Para os gregos, a geografia estava intimamente ligada a uma compreensão da cosmogonia, porque entender as origens da Terra (*gé*) era compreender a Criação. Para poetas como Homero e mais explicitamente Hesíodo, em sua *Teogonia* (c.700 a.C.), a Criação começa com o Caos, a massa informe que precede as três outras entidades: Tártaros (o deus primordial do poço sombrio debaixo da terra), Eros (o deus do amor e da procriação) e, mais importante, Gaia (a personificação feminina da Terra). Tanto Caos como Gaia produzem filhos, Nyx (Noite) e Uranôs (Céu). De sua união posterior com Uranôs, Gaia produz as doze divindades dos Titãs: seis filhos – Oceanôs, Hiperion, Coios, Cronos, Iápetos e Crios – e seis filhas – Mnemosine, Febe, Reia, Tétis, Teia e Têmis –, que por sua vez são derrotados pelos deuses do Olimpo liderados por Zeus. Ao contrário da tradição cristã, a criação humana nos primeiros relatos gregos é contradi-

Ciência 33

1. O escudo de Aquiles, bronze de John Flaxman, 1824.

tória e, muitas vezes, secundária em relação às lutas dos deuses. Homero nunca faz um relato explícito da criação dos mortais, em contraste com Hesíodo, que afirma que a humanidade foi criada pelo titã Cronos, mas dá pouca explicação sobre o motivo disso. Em outras versões do mito, os mortais são criados pelo titã Prometeus, que provoca a ira de Zeus ao dar aos seres humanos o dom do "fogo", ou espírito do conhecimento autoconsciente. Em outras versões do mito da Criação, em Hesíodo e outros, é negada qualquer identidade explicitamente divina à humanidade, que nasce do solo ou terra.[14]

Essas explicações ambíguas do nascimento da humanidade nos primeiros relatos míticos gregos da Criação contrastam com as explicações científicas e naturalistas da "ordem das coisas" que começaram a surgir no século VI a.C. na cidade jônica de Mileto (na atual Turquia), onde floresceu um grupo de pensadores que apresentavam um argumento de aspecto científico para explicar a Criação. Mileto estava bem-situada para absorver a influência das teorias babilônicas da Criação e observações astronômicas sobre o movimento das estrelas que remontavam até 1800 a.C., representadas, como vimos no início deste livro, em tabuletas de argila que mostravam a Terra cercada por água e com a Babilônia perto de seu centro. O filósofo Anaximandro de Mileto (c.610-546 a.C.) foi, segundo o biógrafo do século III Diógenes Laércio, "o primeiro a desenhar o contorno do mar e da terra", e que "publicou o primeiro mapa geográfico [geographikon pinaka]".[15]

Tal como a maioria dos escritores gregos que trataram de geografia antes de Ptolomeu, muito pouco dos escritos ou mapas de Anaximandro sobrevive; para tentar montar uma história coerente da geografia grega, temos de confiar na reconstrução mnemônica e em relatos de autores gregos posteriores, os assim chamados doxógrafos. Entre eles, temos figuras como Plutarco, Hipólito e Diógenes Laércio, que relatam as vidas e doutrinas fundamentais de autores antigos. Muitas vezes, é difícil avaliar o significado de muitos autores posteriores que tratam de geografia, inclusive Estrabão e sua *Geografia*, que é desproporcionalmente influente apenas porque sobreviveu. Não obstante, praticamente todos os autores gregos afirmam que Anaximandro foi o primeiro pensador a fornecer uma explicação convincente do que se acredita que ele mesmo chamou de "ordem das coisas". Anaximandro apresenta uma variação do caos originário de Hesíodo, propondo que no início havia um ilimitado eterno, ou *ápeiron*. O ilimitado secretou de alguma forma uma "semente" que produziu então uma chama, "que cresceu em torno do ar sobre a terra como casca em torno de uma árvore".[16] Quando a Terra começou a se formar, a "chama" envolvente se afastou para criar "anéis" de planetas, estrelas, a lua e o sol (em ordem crescente). Esses anéis cercaram a Terra, mas eram visíveis somente devido a "aberturas" através das quais os corpos celestes podiam ser vistos da Terra como objetos circulares. Anaximandro sustentava que a vida humana vinha da umidade primordial (em algumas versões, a humanidade nasce de uma casca espinhosa, em outras, ela evolui dos peixes). Como explicação naturalista da criação do universo e da humanidade, trata-se de um avanço significativo em relação aos relatos anteriores baseados em deuses e mitos, mas é a explicação de Anaximandro do lugar da Terra nessa cosmogonia que é particularmente original. Os doxógrafos nos dizem que Anaximandro afirmava que "a Terra está em suspenso, não dominada por nada; que permanece no lugar em virtude da distância semelhante de todos os pontos [da circunferência celestial]", e que sua forma "é cilíndrica, com a profundidade de um terço de sua largura".[17] A partir dessa cosmogonia veio uma nova cosmologia – o estudo do universo físico. Abandonando as crenças babilônicas e gregas mais antigas de que a Terra flutuava sobre água ou ar, Anaximandro introduziu uma cosmologia puramente geométrica e matemática, em que a Terra está no centro de um cosmos simétrico em perfeito equilíbrio. É o mais antigo conceito conhecido de um universo geocêntrico cientificamente defendido.

A argumentação racional de Anaximandro em defesa das origens físicas da Criação definiu toda a especulação metafísica grega posterior. Seu impacto sobre a geografia grega também foi profundo. Apesar de não termos uma descrição de seu mapa do mundo, a doxografia proporciona uma ideia de como ele poderia ser. Imagine a Terra como um tambor circular, em torno do qual estão os anéis celestiais: de um lado do tambor encontra-se um mundo desabitado e do outro, o *oikoumené*, cercado pelo oceano. Em seu centro estava Mileto, a cidade natal de Anaximandro, ou a pedra sagrada do *omphalós*, o "umbigo" do mundo, recentemente instalada no templo de Apolo, em Delfos, e de onde a maioria dos mapas gregos posteriores tomaria a orientação. Descrições escritas provavelmente complementavam o mapa de Anaximandro: as viagens míticas dos Argonautas e de Odisseus; *periploi*, descrições náuticas de viagens marítimas pelo Mediterrâneo; e relatos da colonização antiga de regiões do mar Negro, Itália e Mediterrâneo oriental.[18] O mapa resultante continha provavelmente um contorno rudimentar da Europa, Ásia e Líbia (ou África) como enormes ilhas, separadas pelo Mediterrâneo, o mar Negro e o Nilo.

Escritores posteriores sobre geografia refinariam e desenvolveriam o mapa de Anaximandro, mas poucos poderiam igualar sua convincente cosmologia. O estadista e historiador Hecataios (ou Hecateu) de Mileto (*fl.*500 a.C.) escreveu o primeiro tratado explicitamente geográfico com o título de *Periodos gés*, ou "Circuito da Terra", acompanhado por um mapa do mundo. O mapa se perdeu e restam apenas fragmentos do tratado, mas eles fornecem alguma indicação de como Hecataios se baseou na geografia anterior de Anaximandro. *Periodos* descreve Europa, Ásia e Líbia, começando no ponto mais ocidental do mundo conhecido, as Colunas de Hércules (ou estreito de Gibraltar); segue para o leste, ao redor do Mediterrâneo, através do mar Negro, Cítia, Pérsia, Índia e Sudão, e termina na costa atlântica do Marrocos. Além de escrever sobre a geografia física, Hecataios envolveu-se na revolta jônica (c.500-493 a.C.), na qual várias cidades jônicas se rebelaram, sem sucesso, contra o domínio persa.

O mapa de Hecataios permanece preso à percepção do mundo com a forma de um disco (como em Homero) ou de um cilindro (como em Anaximandro). Essas suposições míticas e matemáticas sofreram ataques constantes do primeiro e possivelmente maior de todos os historiadores gregos, Heródoto de Halicarnasso (c.484-425 a.C.). No quarto livro de sua vasta *História*, Heródoto interrompe a discussão do poder da Pérsia e os limites setentrionais do mundo conhecido na Cítia, para ridicularizar geógrafos como Hecataios: "Não posso deixar de rir do absurdo de todos os fazedores de mapas – há muitos deles – que mostram o Oceano correndo como rio em torno de uma Terra perfeitamente circular, com a Ásia e a Europa do mesmo tamanho."[19] Como viajante e historiador, Heródoto não se interessava pela pura simetria geográfica do mito de Homero ou da ciência de Anaximandro. Embora reiterasse a divisão tripartida do mundo estabelecida por Hecataios entre Europa, Ásia e Líbia (África), Heródoto também listava cuidadosamente os povos, impérios e territórios conhecidos por seus contemporâneos, antes de concluir que "não posso deixar de me surpreender com o método de mapear Líbia, Ásia e Europa. Os três continentes diferem, de fato, bastante em tamanho. A Europa é tão comprida quanto os outros dois juntos, e quanto à largura, não pode, em minha opinião, ser comparada com eles".[20] Ele descartava a hipótese de que o mundo habitado era completamente cercado por água, e questionava por que "três nomes femininos distintos foram dados ao que é realmente uma única massa de terra" – Europa (uma princesa libanesa raptada por Zeus), Ásia (a esposa de Prometeus, embora em outras tradições seja o filho de Cotis, rei da Trácia) e Líbia (filha de Épafos, filho de Júpiter).[21] Heródoto tinha pouco interesse por geometria ou pela nomenclatura dos

Ciência

mapas do mundo planos, em forma de disco, que ele descreve (nenhum dos quais sobrevive). No que lhe dizia respeito, essas idealizações abstratas deveriam ser substituídas pela realidade verificável das viagens empíricas e encontros pessoais.

Heródoto levantou implicitamente questões sobre a cartografia que a definiriam – e, às vezes, a dividiriam – por séculos. As alegações de objetividade da ciência e, em particular da geometria, são suficientes para fazer mapas precisos do mundo? Ou a cartografia deveria confiar mais nos relatos ruidosos, muitas vezes contraditórios e pouco confiáveis de viajantes para desenvolver uma visão mais abrangente do mundo conhecido? Uma consequência dessas distinções era perguntar se a elaboração de mapas era uma ciência ou uma arte: era principalmente espacial ou temporal, um ato visual ou escrito? Embora a cartografia grega continuasse baseada em cálculos matemáticos e astronômicos, Heródoto levantou a questão de como ela reunia, avaliava e incorporava os dados brutos recolhidos por viajantes na criação de um mapa mais abrangente do mundo.

As preocupações de Heródoto encontraram pouca ressonância imediata entre seus contemporâneos, que continuaram a discutir questões matemáticas e filosóficas relativas à natureza da Terra. A crença de Anaximandro em um universo geometricamente simétrico foi desenvolvida por Pitágoras (*fl.*530 a.C.) e seus discípulos, bem como por Parmênides (*fl.*480 a.C.), a quem é atribuído o avanço lógico de sugerir que, se o universo era esférico, então, a Terra também o era. Mas a primeira declaração registrada sobre a esfericidade da Terra está perto do final do *Fédon* (c.380 a.C.), célebre diálogo de Platão sobre os últimos dias de Sócrates. O diálogo é mais conhecido por sua explicação filosófica das ideias platônicas a respeito da imortalidade da alma e pela teoria das formas ideais, mas, perto de seu final, Sócrates apresenta uma imagem do que chama de "regiões maravilhosas da Terra", tal como vistas pela alma virtuosa após a morte. "Fiquei convencido", diz Sócrates, "de que, se a Terra é de forma esférica e está colocada no meio do céu, para não cair não precisará nem de ar nem de qualquer outra força da mesma natureza: porque para sustentar-se é suficiente a perfeita uniformidade do céu e o equilíbrio natural da Terra."[22] O que se segue é uma visão singularmente platônica da Terra. Sócrates explica que a humanidade habita apenas uma fração de sua superfície, morando em uma série de concavidades, "de forma e tamanho variáveis, para as quais convergem água, vapor e ar. Porém a própria Terra se acha pura no céu puro, onde estão os astros". Sócrates explica que "esta nossa Terra" é uma cópia pobre, "corrompida" da "verdadeira Terra", um mundo ideal, que é visível somente para a alma imortal.[23] Finalmente, em uma notável descrição de transcendência global, ele prevê sua própria morte, enquanto se descreve elevando-se e olhando para o mundo esférico:

> O que dizem, companheiro, para começar, é que, se essa terra fosse vista de cima por alguém, pareceria um desses balões de couro de doze peças de cores diferentes, de que são simples amostras as cores conhecidas entre nós que os pintores empregam. Toda aquela terra é assim, porém de cores muito mais puras e brilhantes; uma parte é de cor púrpura e admiravelmente bela; outra é dourada; outra, ainda, branca, é mais alva do que o giz e a neve, o mesmo acontecendo com todas as cores de que é feita, em muito maior número e mais belas do que quantas possamos já ter visto.[24]*

Esse espectro sem precedentes de um mundo ideal esférico, brilhante, visto pela alma imortal em um momento de transcendência espiritual, seria adotado em uma série de subsequentes imaginações geográficas do globo, especialmente dentro da tradição cristã da salvação e ascensão espiritual. Também definiria a crença de Platão na criação do mundo por um demiurgo divino, ou "artesão", apresentado no *Timeu*. Essa visão da Terra é fundamental para a defesa platônica da teoria das formas e da imortalidade da alma. Somente a alma imortal pode apreender a forma ideal do mundo; mas o intelecto e a imaginação dos seres mortais, em forma de pintores, cartógrafos ou matemáticos, são capazes de representar sua ordem divina e celestial, ainda que através de reproduções pobres. Até mesmo os matemáticos só poderiam oferecer aproximações pálidas da Terra ideal; a alusão de Platão ao balão de couro de doze peças é uma referência à teoria de Pitágoras do dodecaedro, o sólido mais próximo da esfera. A visão de Platão – mais de dois milênios antes que o sonho de se

---

*A tradução dos trechos do *Fédon* é de Carlos Alberto Nunes, publicada pela Editora da Universidade do Pará. (N.T.)

elevar acima da Terra e vê-la em toda a sua glória se tornasse realidade na era da viagem espacial extraterrestre – viria a ser um ideal irresistível, embora ilusório, para gerações de geógrafos.

Tendo definido a Terra dentro do contexto mais amplo da Criação, os pensadores gregos clássicos começaram a especular sobre a relação entre esferas celeste e terrestre, e como a primeira poderia ajudar a medir a forma e a extensão da Terra. Um dos alunos de Platão, o matemático e astrônomo Eudoxo de Cnidos (c.408-355 a.C.), criou um modelo de esferas celestes concêntricas girando em torno de um eixo que passava pelo centro da Terra. Eudoxo deu o salto intelectual de sair dos limites do mundo terrestre para imaginar o universo (e a Terra em seu centro) para além do espaço e do tempo, desenhando um globo celeste visto "de fora" para dentro, em que as estrelas e a Terra são observadas de uma perspectiva divina. Isso lhe possibilitou traçar os movimentos dos céus em um globo terrestre e mostrar como os principais círculos celestes (criados ao imaginar-se a extensão do eixo da Terra no espaço, em torno do qual as estrelas parecem girar), inclusive o equador e os trópicos, atravessavam a superfície da Terra.

O universo geocêntrico de Eudoxo foi um grande avanço na cartografia celeste. Possibilitou-lhe desenvolver uma versão personificada do zodíaco (*zodiakos kuklos*, ou "círculo de animais"), que moldaria toda a cartografia celestial e a astrologia posteriores, e que ainda influencia a linguagem da moderna geografia, como nos trópicos de Câncer e Capricórnio. Além de seus cálculos astronômicos, Eudoxo escreveu um texto perdido, o *Circuito da Terra*, no qual consta ter feito uma das primeiras estimativas da circunferência da Terra, 400 mil estádios (o método grego famigeradamente difícil de medição, definido como a distância percorrida por um arado em uma única puxada e estimado entre 148 e 185 metros).[25] Ao unir a observação empírica dos céus e da terra com as especulações filosóficas de Anaximandro e Platão, os cálculos de Eudoxo influenciaram a obra do mais importante de todos os filósofos antigos e suas percepções do mundo conhecido: Aristóteles (384-322 a.C.).

Várias obras de Aristóteles contêm descrições detalhadas da forma e do tamanho da Terra, entre elas, seu tratado cosmográfico *Sobre os céus* e *Meteorologia* (que traduzido literalmente significa "o estudo de coisas no ar"), ambos escritos por volta de 350 a.C. Em *Sobre os céus*, Aristóteles apresenta o que poderíamos considerar como prova adequada de que a Terra é esférica. Baseado na cosmogonia de Anaximandro, ele acreditava que a massa da Terra "é em todos os lugares equidistante de seu centro", em outras palavras, esférica. "A evidência dos sentidos", continua Aristóteles, "corrobora ainda mais isso." E pergunta: "De que outro modo os eclipses da lua mostrariam segmentos [curvos] como nós os vemos?" Ademais, por que "uma pequena mudança de posição para o sul ou para o norte causa uma manifesta alteração do horizonte", a menos que a Terra seja redonda?[26]

Meteorologia levou esses argumentos ainda mais longe. Aristóteles definiu seu tema como "tudo o que acontece naturalmente", e "que tem lugar na região que está mais perto dos movimentos das estrelas" e mais próximo da Terra.[27] Embora o livro pareça agora uma descrição esotérica de cometas, estrelas cadentes, terremotos, trovões e relâmpagos, ele fazia parte da tentativa de Aristóteles de dar forma e sentido a um universo geocêntrico. No segundo livro de *Meteorologia*, Aristóteles descreve o mundo habitado. "Pois há dois setores habitáveis da superfície da Terra", "um, em que vivemos, próximo ao polo superior, o outro em direção ao outro, que é o polo Sul ... esses setores têm a forma de tambor". Ele concluía que "os mapas atuais do mundo", que mostravam o *oikoumené* como um disco circular e plano, eram "absurdos" por razões filosóficas e empíricas:

> Pois o cálculo teórico mostra que ele é limitado em largura e poderia, no que diz respeito ao clima, se estender ao redor da Terra em um cinturão contínuo, pois não é a diferença de longitude, mas de latitude, que provoca grandes variações de temperatura. ... E os fatos conhecidos por nós a partir de viagens por mar e por terra também confirmam a conclusão de que seu comprimento é muito maior do que sua largura. Pois, se considerarmos essas viagens e jornadas, tanto quanto são capazes de produzir alguma informação precisa, a distância das Colunas de Hércules até a Índia supera aquela que vai da Etiópia ao lago Maeotis [mar de Azov, ao lado do mar Negro] e aos confins da Cítia por uma proporção maior do que de 5 para 3. No entanto, conhecemos toda a largura do mundo habitável até as regiões inabitáveis que o limitam, onde a habitação deixa de existir, de um lado por causa do frio,

Ciência

do outro por causa do calor; enquanto que para além da Índia e das Colunas de Hércules é o mar que corta a terra habitável e impede a formação de um cinturão contínuo ao redor do globo.[28]

O globo de Aristóteles estava dividido em cinco zonas climáticas, ou *klimata* (que significa "inclinação", "declive"): duas zonas polares, duas zonas temperadas, habitáveis de ambos os lados da linha do equador, e uma central, ao longo do equador, inabitável devido ao seu extremo calor. Baseava-se na ideia de *klimata* proposta por Parmênides e foi a primeira tentativa de criação de uma etnografia do clima.[29] Segundo Aristóteles, o "clima", ou "inclinação" dos raios do sol diminuía à medida que alguém viajasse para o norte, cada vez mais distante do equador. Assim, nem o calor insuportável do equador, nem as zonas polares setentrionais congelantes e "frígidas" poderiam sustentar a vida humana, que era possível somente nas zonas "temperadas" do norte e do sul. A crença de Aristóteles na importância da experiência e do que ele considerava fatos empíricos que definiam a largura e o comprimento do mundo conhecido teria agradado Heródoto, mas também expandiu muito a extensão do mundo conhecido à luz das conquistas militares do pupilo mais famoso do filósofo, Alexandre, o Grande, dos Balcãs à Índia, em 335-323 a.C. Juntamente com o tratado posterior de Ptolomeu, a descrição da Terra feita por Aristóteles dominaria a geografia por mais de mil anos.

A *Meteorologia* de Aristóteles representa o ápice da especulação teórica grega clássica sobre o mundo conhecido. Sua confiança nos sentidos e na importância da observação prática era um avanço em relação às cosmologias de Anaximandro e Platão, mas a geografia grega antes dele não havia sido exclusivamente teórica. Há referências esparsas (muitas retrospectivas) ao uso prático de mapas já na época da revolta jônica contra os persas. Heródoto conta como Aristágoras de Mileto procurou ajuda militar de Cleómenes, rei de Esparta, contra os persas e que ele "levou para a entrevista um mapa do mundo gravado em bronze, mostrando todos os mares e rios", e "as posições relativas das diversas nações". A detalhada geografia mostrada no mapa de Lídia, Frígia, Capadócia, Chipre, Armênia e "toda a Ásia" parece se basear em muito mais do que no mapa contemporâneo de Anaximandro e inclui "estradas reais" da Babilônia, as rotas desmatadas que se irradiavam da Babilônia, projetadas por volta de 1900 a.C. para comportar carros de guerra, e que também possibilitavam o comércio e a comunicação.[30] Aristágoras não consegue o apoio militar de Cleómenes quando admite que o mapa revela a distância proibitiva que o exército espartano teria de viajar desde o mar: trata-se, portanto, de um dos primeiros exemplos do uso político e militar dos mapas.

Em tom mais leve, a comédia de Aristófanes do século V a.C. *As nuvens* mostra um cidadão ateniense chamado Strepsiades arguindo um estudante e sua parafernália acadêmica. O estudante diz: "Aqui temos um mapa do mundo inteiro. Está vendo? Aqui é Atenas." A resposta cômica de Strepsiades é de descrença: "Não seja ridículo. Não vejo nem mesmo um único tribunal." Quando o estudante aponta a localização do Estado inimigo de Esparta, Strepsiades diz: "Está perto demais! Seria de bom alvitre afastá-la para mais longe." Esses exemplos mostram que já no século V a.C. os mapas mundiais gregos eram objetos físicos, públicos, usados nas artes da guerra e da persuasão. Eles eram extremamente detalhados, inscritos em bronze, pedra, madeira, ou até mesmo no chão, e mostravam um certo grau de conhecimento geográfico. Mas eram também próprios da elite: Aristófanes satiriza a ignorância comum da sofisticação de representação dos mapas, mas suas piadas só funcionam no pressuposto de que o público sabe que o mapa é apenas uma representação do território, e que não é possível mudar de lugar países que parecem desconfortavelmente próximos.

Esse era o estado da geografia grega no século IV a.C. As conquistas militares de Alexandre, o Grande, impulsionaram a cartografia numa direção mais descritiva, baseada na experiência direta e em registros escritos de terras distantes, que culminaria na criação da *Geografia* de Ptolomeu. As conquistas de Alexandre não foram significativas apenas para a expansão do conhecimento grego do mundo conhecido. Tendo aprendido a importância da observação empírica com seu tutor, Aristóteles, Alexandre nomeou uma equipe de estudiosos para coletar dados sobre a flora, a fauna, a cultura, a história e a geografia dos lugares que visitavam e fazer relatórios escritos sobre o avanço diário do exército. A união do conhecimento teórico de Aristóteles e seus predecessores com a observação direta e as descobertas das campanhas de Alexandre mudaria o modo de elaborar mapas no período helenístico que se seguiu à morte de Alexandre.

Enquanto os mapas gregos clássicos concentravam-se na cosmogonia e na geometria, a cartografia helenística incorporou esses aspectos àquilo que para nós parece uma abordagem mais científica do mapeamento da Terra. Píteas de Massalia (Marselha), contemporâneo de Alexandre, explorou as costas oeste e norte da Europa, viajando ao longo das costas ibérica, francesa, inglesa e, possivelmente, até mesmo do Báltico. Suas viagens definiram Thule (que poderia ser a Islândia, as Órcades ou até mesmo a Groenlândia) como o limite setentrional do mundo habitado, e também estabeleceram corretamente a posição exata do polo celeste (o ponto em que a extensão do eixo da Terra cruza a esfera celestial). Mas, naquilo que talvez tenha sido o mais importante para a geografia, ele estabeleceu firmemente a ligação entre a latitude de um lugar e a duração de seu dia mais longo, e projetou paralelas de latitude que circundavam todo o globo.[31] Por volta da mesma época, o pupilo de Aristóteles Dicáiarcos de Messina (fl.c.326-296 a.C.) criou um modelo mais sofisticado do tamanho do mundo habitado, bem como fez alguns dos primeiros cálculos conhecidos de latitude e longitude. Em sua obra perdida *Circuito da Terra*, Dicáiarcos refinava Aristóteles, argumentando que a razão entre o comprimento do mundo conhecido em relação à largura era de 3 para 2, e fez cálculos latitudinais rudimentares desenhando um mapa com um paralelo que ia de oeste para leste, passando por Gibraltar, Sicília, Rodes e Índia, a aproximadamente 36° N. Perpendicular a este paralelo havia um meridiano de norte a sul que passava por Rodes.

Aos poucos, o mundo habitado começou a parecer um retângulo incompleto, em vez de um círculo perfeito. As percepções filosóficas e geométricas de babilônios e gregos do mundo conhecido supunham uma esfera ideal abstrata, um espaço finito, com um limite fixo circular (o mar), com uma circunferência definida por seu centro, um lugar (Babilônia ou Delfos) que definia sua cultura como modeladora do mundo. A simetria ideal dá lugar a uma forma oblonga irregular inscrita dentro de um retângulo. Não há mais o centro exato de um círculo baseado na geometria e na fé; em vez disso, fazem-se cálculos a partir de um lugar como Rodes, simplesmente porque se situa em um ponto onde as linhas rudimentares de latitude e longitude se cruzam. Nessa alteração está implícita uma mudança de mentalidade a respeito do papel dos mapas. Os títulos dos tra-

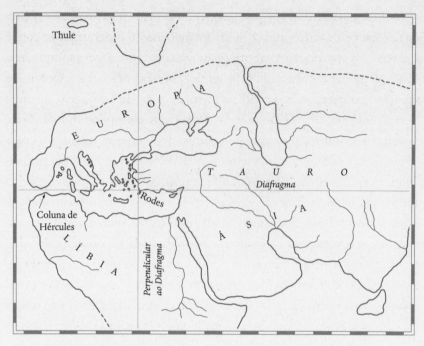

2. Reconstituição do mapa do mundo de Dicáiarcos, século III a.C.

tados que descrevem a terra habitada começam a mudar: obras com títulos como *Sobre o oceano* e *Sobre portos* substituem o mais tradicional *Circuito da Terra*. O aumento das informações geográficas altera e amplia lentamente as dimensões retangulares do mundo habitado, que não são mais perfeitamente delimitadas pela geometria do círculo. A fusão da geometria com a observação astronômica e terrestre possibilitou que os pensadores helenísticos iniciassem um empreendimento coletivo de agregar novas informações sobre o cálculo da latitude, o comprimento estimado do mundo conhecido, ou a localização de uma determinada cidade ou região. Com esse espírito cooperativo vieram novas formas de ver os mapas como repositórios de conhecimento, compilações enciclopédicas de informações, ou o que um historiador clássico chamou de "um grande inventário de tudo".[32] Um tratado geográfico poderia abranger ideias de criação, astronomia, etnografia, história, botânica, ou sobre qualquer outro assunto relacionado com o mundo natural. Nas palavras de Christian Jacob, "o mapa torna-se um dispositivo para arquivar o conhecimento sobre o mundo habitado".[33]

Ciência

Sempre que uma cultura começa a reunir e arquivar o seu conhecimento, ela exige um local físico para acomodar com segurança esse conhecimento em qualquer forma material que ele tenha. Para o mundo helenístico, esse lugar era a biblioteca de Alexandria e, não por acaso, um dos seus primeiros bibliotecários foi a figura que, antes de Ptolomeu, resumiu a geografia grega. Eratóstenes (c.275-194 a.C.), um grego nascido na Líbia, estudou em Atenas antes de aceitar um convite do rei Ptolomeu III para trabalhar em Alexandria como tutor de seu filho e chefe da biblioteca real. Durante esse tempo, Eratóstenes escreveu dois livros particularmente influentes (ambos perdidos): *A medição da Terra* e *Geográfica* – o primeiro livro a usar o termo "geografia" como o entendemos hoje e o primeiro texto a traçar uma projeção geográfica em um mapa do mundo habitado.[34]

A grande realização de Eratóstenes foi inventar um método para calcular a circunferência da Terra que unia a observação astronômica com o conhecimento prático. Com um gnômon, versão primitiva de um relógio de sol, Eratóstenes fez uma série de observações em Syene (a moderna Assuã), que estimou que estava 5 mil estádios ao sul de Alexandria. Ele observou que ao meio-dia, no solstício de verão, os raios do sol não provocavam sombra, e, portanto, estavam diretamente acima da cabeça. Fazendo o mesmo cálculo em Alexandria, Eratóstenes mediu o ângulo lançado pelo gnômon exatamente no mesmo momento e viu que era um quinquagésimo de um círculo. Supondo que Alexandria e Syene estavam no mesmo meridiano, ele calculou que os 5 mil estádios entre os dois lugares representavam um quinquagésimo da circunferência da Terra. A multiplicação dos dois números deu a Eratóstenes um valor total para a circunferência da Terra, que ele estimou em 252 mil estádios. Embora o tamanho exato de seu *stadion* seja desconhecido, a medição final de Eratóstenes corresponde provavelmente a algo entre 39 mil e 46 mil quilômetros (a maioria dos estudiosos acredita que esteja mais próximo do último número).[35] Considerando-se que a circunferência real da Terra medida no equador é de 40.075 quilômetros, o cálculo de Eratóstenes foi extraordinariamente preciso.

Embora os cálculos de Eratóstenes se baseassem em algumas suposições errôneas – por exemplo, Alexandria e Syene (Assuã) não estavam exatamente no mesmo paralelo –, eles lhe possibilitaram calcular a circunferência de qualquer círculo paralelo ao redor da Terra e oferecer estimativas do comprimento e da largura do *oikoumené*. Estrabão conta-nos que, em *Geográfica*, Eratóstenes tratou diretamente da questão de como desenhar um mapa da Terra. Tal como a cidade de onde extraiu seu conhecimento do mundo, Eratóstenes imaginou o mundo com a forma de uma clâmide grega, um retângulo com pontas afiladas. Baseando-se em Dicáiarcos, projetou um paralelo que ia de leste a oeste a partir de Gibraltar, passava pela Sicília e Rodes e ia até a Índia e os montes Tauro (que situou longe demais para o leste). Perpendicular a este paralelo estava um meridiano que ia de Thule, no norte, a Meroe (Etiópia), no sul, cruzando o paralelo em Rodes. Aperfeiçoando as estimativas de Dicáiarcos, Eratóstenes calculou que de leste a oeste o *oikoumené* tinha 78 mil estádios de comprimento e 38 mil estádios de norte a sul. Em outras palavras, o comprimento do mundo conhecido era o dobro de sua largura. Isso levou a algumas crenças equivocadas, mas sedutoras. Se os cálculos de Eratóstenes estivessem corretos, o *oikoumené* se estenderia demais para o leste, a partir da costa oeste da Ibéria até a moderna Coreia, a mais de 138° de longitude, em vez da Índia, o limite do mundo helenístico. Em um momento marcante de imaginação global, Estrabão cita Eratóstenes para sustentar que a Terra "faz um círculo completo, encontrando a si mesma; de modo que, se a imensidão do oceano Atlântico não impedisse, poderíamos navegar da Ibéria para a Índia ao longo de um mesmo paralelo.[36] Embora se baseasse em suposições equivocadas sobre o tamanho da Terra e sua extensão para o leste, essa afirmação exerceria uma influência significativa sobre exploradores renascentistas, entre eles Cristóvão Colombo e Fernão de Magalhães.

Tendo feito um cálculo do tamanho da Terra e uma grade rudimentar de paralelos e meridianos, a última inovação geográfica significativa de Eratóstenes foi dividir seu *oikoumené* em figuras geométricas que chamou de *sphragides*, palavra derivada do termo administrativo para "selo" ou "sinete", que designa um lote de terra.[37] Eratóstenes tentou fazer corresponder o tamanho e a forma das diferentes regiões a quadriláteros irregulares, desenhando a Índia como um losango e a Pérsia oriental como um paralelogramo. Embora pareça um retrocesso, esse método estava de acordo com a tradição predominante grega de projetar a filosofia, a astronomia e a geometria no mundo físico. E também mostrava a influência

Ciência

inconfundível do antecessor de Eratóstenes na direção da biblioteca de Alexandria, o matemático grego Euclides (*fl.*300 a.C.).

Nos treze livros de seu grande tratado matemático *Elementos*, Euclides estabeleceu os princípios a priori, ou "elementos", da geometria e da matemática. Ao explicar as regras básicas da teoria dos números e da geometria, Euclides possibilitou que pensadores como Eratóstenes entendessem como qualquer coisa (e tudo) funcionava, com base nas verdades matemáticas irredutíveis e na realidade do universo. Começando com as definições de ponto ("aquilo que não tem parte"), linha ("comprimento sem largura") e superfície ("aquilo que tem somente comprimento e largura"), Euclides passou para os princípios da geometria plana e sólida. Assim, postulou uma série de verdades que ainda definem a maior parte da geometria da escola secundária, tal como a de que a soma dos ângulos de um triângulo é 180 graus, o teorema de Pitágoras, segundo o qual, em um triângulo retângulo, a soma do quadrado dos catetos é igual ao quadrado da hipotenusa. Os princípios de Euclides estabeleceram um mundo geométrico moldado pelas leis básicas da natureza. Embora ele tenha, em grande parte, sintetizado o pensamento grego anterior sobre a matéria, seus *Elementos*, tomados em conjunto, definiram uma percepção do espaço que perduraria por quase dois milênios, até a teoria da relatividade de Einstein e a criação de uma geometria não euclidiana. Para Euclides, o espaço era vazio, homogêneo, plano, uniforme em todas as direções e redutível a uma série de círculos, triângulos e linhas paralelas e perpendiculares. O impacto dessa percepção do espaço na cartografia foi extremamente importante. Ele se manifestou inicialmente na tentativa bastante desajeitada de Eratóstenes de reduzir todo o espaço terrestre a uma série de cálculos triangulares e formas quadrilaterais, mas também possibilitou que cartógrafos posteriores processassem dados geográficos empíricos de maneiras completamente novas. Todo o espaço terrestre poderia, em teoria, ser medido e definido de acordo com princípios geométricos duradouros e projetado sobre um quadro formado por uma grade matemática de linhas e pontos que representavam o mundo. Desse modo, a geometria euclidiana seria a base não somente de toda a geografia grega posterior a Eratóstenes, mas também da tradição geográfica ocidental até o século XX.

A resposta helenística aos cálculos astronômicos e geográficos de Era-tóstenes foi moldada por uma mudança no mundo político ocorrida nos séculos III e II a.C. A ascensão da República Romana, com suas vitórias nas guerras púnicas e macedônias, assinalou o declínio dos impérios helenísticos e, por fim, a destruição da dinastia ptolomaica em Alexandria. É um dos grandes enigmas da história cartográfica o fato de que quase não tenham sobrevivido mapas do mundo da República ou do Império Romano. Embora seja perigoso extrapolar, os indícios limitados da cartografia romana que sobrevivem em forma de mapas cadastrais (ou de agrimensura) em pedra e bronze, mosaicos de pisos, planos de engenharia, desenhos topográficos, itinerários e roteiros de estradas escritos supõem uma relativa indiferença para com as preocupações mais abstratas da geografia helenística. Em vez disso, os romanos davam preferência ao uso mais prático de mapas em campanhas militares, na colonização, na divisão de terras, na engenharia e na arquitetura.[38]

No entanto, essa aparente divisão entre uma tradição helenística mais teórica e abstrata e uma geografia romana mais prática e organizacional é, em certa medida, ilusória, especialmente porque as duas tradições se encontraram e se fundiram a partir do século II a.C. Outros centros de erudição do mundo helenístico estavam então começando a desafiar a preeminência cultural de Alexandria. Por volta de 150 a.C. a dinastia atálida, intimamente ligada à ascensão de Roma e com capital em Pérgamo, fundou uma biblioteca que perdia apenas para sua rival ptolomaica, dirigida pelo renomado filósofo e geógrafo Crates de Malos. Estrabão conta-nos que Crates construiu um globo terrestre (desde então perdido) com quatro continentes simétricos habitados, separados por uma enorme cruz de oceano que ia de leste a oeste ao longo do equador e de norte a sul através do Atlântico. O hemisfério norte representava o *oikoumené*, mas também os *perioikoi* ("habitantes próximos") a oeste, com o *antoikoi* ("habitantes opostos") e *antipodes* ("aqueles com o pé oposto") no hemisfério sul.[39] O globo de Crates era uma combinação fascinante de tradições estabelecidas da geometria grega com a etnografia em desenvolvimento da República Romana, formalizando a geografia dos *antipodes* e antecipando viagens renascentistas posteriores para descobrir a "quarta parte" do mundo.

Ciência

Mas nem todo mundo aceitava Eratóstenes. O astrônomo Hiparco de Niceia (c.190-120 a.C.) escreveu uma série de tratados em Rodes, entre eles três livros intitulados *Contra Eratóstenes*, nos quais criticava o uso feito por seu predecessor de observações astronômicas ao desenhar mapas. Estrabão conta-nos que "Hiparco mostra que é impossível para qualquer homem, seja leigo ou erudito, alcançar o conhecimento necessário de geografia sem uma determinação dos corpos celestes e dos eclipses que foram observados".[40] As detalhadas observações astronômicas de Hiparco de mais de 850 estrelas fizeram com que ele pudesse apontar as imprecisões dos cálculos de latitude de Eratóstenes, bem como reconhecer os problemas da medição de distâncias de leste a oeste – linhas de longitude – que não fosse feita mediante precisas observações comparativas de eclipses do sol e da lua. Trata-se de um problema que só seria resolvido satisfatoriamente no século XVIII, por meio do cronômetro e da medição precisa de tempo marítimo, mas Hiparco ofereceu seus cálculos rudimentares de latitude e longitude nas primeiras tabelas astronômicas conhecidas.

Aqueles que contestavam Eratóstenes nem sempre estavam certos. Um dos geógrafos revisionistas mais influentes foi o matemático, filósofo e historiador sírio Posidônio (c.135-50 a.C.). Dirigente de uma escola em Rodes, foi amigo de romanos ilustres como Pompeu e Cícero e escreveu vários tratados (todos perdidos) que aperfeiçoavam e corrigiam diversos elementos da geografia helenística. Ele propôs sete zonas climáticas ao redor da Terra, em vez das cinco de Aristóteles, baseado em observações astronômicas e etnográficas que incluíam algumas informações mais detalhadas sobre os habitantes de Espanha, França e Alemanha, extraídas das recentes conquistas romanas dessas regiões. De forma mais controvertida, Posidônio questionava o método de Eratóstenes para calcular a circunferência da Terra. A partir de Rodes, sua cidade adotiva, ele sustentava que ela estava no mesmo meridiano de Alexandria, e a uma distância de apenas 3.750 estádios (uma subestimação grave, qualquer que seja seu valor de um *stadion*). Ele observou então a altura de Canopus, na constelação de Carina, e alegou que ela estava exatamente sobre o horizonte em Rodes, mas subia 7 graus e meio ou ¹⁄₄₈ de um círculo em Alexandria. Multiplicando a cifra de 3.750 estádios por 48, Posidônio estimou a circunferência da Terra em 180 mil estádios. Infelizmente, sua estimativa do ângulo de inclinação entre os dois lugares estava errada, assim como seu cálculo da distância entre Rodes e Alexandria. Seus cálculos forneciam uma subestimação grosseira do tamanho da Terra, mas se mostrariam notavelmente duradouros.

Historicamente, Posidônio representa o momento em que as tradições de mapeamento helenística e romana se uniram. Foi um desenvolvimento que atingiu o clímax na *Geografia* de Estrabão, obra escrita entre os anos 7 e 18 d.C. Os dezessete livros dessa obra, cuja maioria ainda sobrevive, resumem o estado ambíguo da geografia e da cartografia antes de Ptolomeu, quando o Império Romano passou a dominar o Mediterrâneo e o mundo helenístico entrou em seu longo declínio. Estrabão, nativo da província romana do Ponto (na atual Turquia), foi influenciado intelectualmente pelo helenismo, mas moldado politicamente pelo imperialismo romano. Embora seguisse geralmente os cálculos de Eratóstenes, reduziu o tamanho do *oikoumené*, dando-lhe uma extensão latitudinal de menos de 30 mil estádios e uma largura longitudinal de 70 mil estádios. Ele contornou o problema de projetar a Terra em uma superfície plana recomendando a criação de "um grande globo" de, pelo menos, três metros de diâmetro. Se isso também se mostrasse impossível, ele aceitava desenhar um mapa plano com uma grade retangular de paralelos e meridianos, alegando despreocupadamente que "fará somente uma pequena diferença se desenharmos linhas retas para representar os círculos", porque "nossa imaginação pode facilmente transferir para a superfície globular e esférica a figura ou magnitude vista pelo olho numa superfície plana".[41]

A *Geografia* de Estrabão reconhecia a importância da geometria, da filosofia e da astronomia no estudo da geografia, ao mesmo tempo em que elogiava "a utilidade da geografia" para "as atividades de estadistas e comandantes". Para Estrabão, "há necessidade de conhecimento enciclopédico para o estudo da geografia", de astronomia e filosofia à economia, etnografia e o que chamava de "história terrestre". Em concordância com as atitudes romanas, a visão de Estrabão da matéria era uma versão altamente política da geografia humana, e de como a humanidade se apropria da Terra. Tratava-se de um conhecimento prático preocupado com a ação política, pois possibilitava que os ocupantes do poder governassem de forma mais eficaz, ou, como Estrabão diz, se "a filosofia política trata

Ciência

principalmente dos governantes, e se a geografia supre as necessidades desses governantes, então a geografia parece ter alguma vantagem sobre a ciência política".[42] Estrabão não era cartógrafo, mas sua obra marca uma importante mudança da geografia helenística para a romana. O mundo helenístico havia definido a geografia como o estudo filosófico e geométrico do *oikoumené*, o "espaço vital" do mundo conhecido; os romanos percebiam a geografia como uma ferramenta prática para compreender sua versão disso: o *orbis terrarum*, ou "círculo de terras'", um espaço considerado, a partir do período do imperador Augusto, como coextensivo ao de Roma como *imperium orbis terrarum*, ou "império do mundo".[43] Em uma das sínteses mais antigas e ousadas de geografia e imperialismo, o *orbis terrarum* passou a definir o mundo e Roma como sendo uma mesma coisa.

Nenhuma dessas mudanças no mundo intelectual e político é imediatamente perceptível quando se lê pela primeira vez a *Geografia* de Ptolomeu. Há um escasso reconhecimento de que o astrônomo estava escrevendo no auge de uma tradição de mil anos de cartografia grega, e poucos vestígios do impacto da geografia romana em sua escrita, apesar das gerações de administração imperial romana de Alexandria, desde a conquista por Augusto, em 30 a.C. Tampouco há qualquer menção na obra de Ptolomeu da biblioteca de Alexandria, que em meados do século II era uma pálida sombra de sua glória no tempo de Eratóstenes, após o incêndio de 48 a.C. que destruiu muitos de seus livros e edifícios. Em vez disso, a obra de Ptolomeu parece um tratado científico de alta erudição helenística atemporal, serenamente indiferente às mudanças no mundo ao seu redor. Ptolomeu segue uma tradição geográfica bem antiga: estabelecer suas credenciais astronômicas e depois escrever um tratado que, assim como a *Geografia* de Estrabão e *Contra Eratóstenes* de Hiparco, passa a maior parte do tempo explicando-se em oposição aos seus antecessores imediatos.

Ptolomeu já havia concluído um tratado monumental sobre astronomia, uma compilação de astronomia matemática em treze livros que ficou conhecida como *Almagesto*. Essa obra trazia o modelo mais abrangente de um universo geocêntrico e perduraria por mais de 1.500 anos antes de ser contestada pela tese heliocêntrica de Nicolau Copérnico, *Sobre as revoluções das esferas celestes* (1543). A cosmologia de Ptolomeu marcou um afastamento decisivo de Platão e da ideia de corpos celestes divinos. O *Almagesto* expandiu a crença aristotélica numa cosmologia geocêntrica definida por uma física mecânica de causa e efeitos. Ptolomeu afirmava que a Terra, esférica e estacionária, se encontra no centro de um universo celestial esférico, que faz uma revolução ao redor da Terra a cada dia, girando de leste para oeste. O sol, a lua e os planetas seguem essa procissão celeste, mas fazem movimentos diferentes das estrelas fixas. Ptolomeu também listou os planetas de acordo com sua proximidade da Terra, começando com a Lua, seguida por Mercúrio, Vênus, Sol, Marte, Júpiter e Saturno. Desenvolvendo as observações astronômicas de Hiparco e os princípios geométricos de Euclides, Ptolomeu catalogou 1.022 estrelas dispostas em 48 constelações; explicou como fazer um globo celeste; e usou a trigonometria (em particular, cordas) para compreender e prever com precisão eclipses, a declinação solar e o que parecia ser o movimento irregular ou retrógrado dos planetas e das estrelas de uma perspectiva geocêntrica.[44]

Como Hiparco e muitos de seus antepassados gregos, Ptolomeu acreditava na "afinidade das estrelas com a humanidade e que nossas almas fazem parte dos céus".[45] Dessa afirmação espiritual surgia um método mais prático para o estudo do cosmos: quanto mais exata a medição do movimento das estrelas, mais precisos os cálculos do tamanho e da forma da Terra. No segundo livro do *Almagesto*, ao explicar como a coleta de dados astronômicos pode produzir uma mensuração mais precisa dos paralelos terrestres, Ptolomeu admitiu:

> O que ainda falta nas preliminares é determinar as posições das cidades dignas de nota em cada província em longitude e latitude, a fim de computar os fenômenos nessas cidades. Mas uma vez que a definição dessa informação é pertinente a um projeto cartográfico separado, vamos apresentá-la por si mesma, seguindo as pesquisas daqueles que mais elaboraram esse tema, registrando o número de graus que cada cidade está distante do equador ao longo do meridiano descrito por ele, e quantos graus esse meridiano está a leste ou a oeste do meridiano descrito por Alexandria ao longo do equador, porque foi para esse meridiano que estabelecemos os tempos correspondentes às posições [dos corpos celestes].[46]

O *Almagesto* foi provavelmente escrito pouco depois de 147 d.C. A necessidade de um "projeto cartográfico separado" baseado nas observações astronômicas registradas no *Almagesto* foi o impulso para o texto subsequente de Ptolomeu, a *Geografia*: uma exposição, em forma de tabelas complementares ao trabalho maior astronômico, que forneceria as coordenadas de cidades-chave. Após a conclusão do *Almagesto*, e depois de escrever tratados sobre astrologia, óptica e mecânica, Ptolomeu completou os oito livros dessa segunda grande obra.

O texto final trazia substancialmente mais do que a prometida tabela das principais coordenadas geográficas. Ptolomeu optou por não coletar dados pessoalmente ou por meio de agentes, mas coligir e comparar todos os textos disponíveis em Alexandria. Ele ressaltou a importância dos relatos de viajantes, mas alertou sobre sua falta de confiabilidade. A *Geografia* reconhecia a necessidade de "seguir, em geral, os últimos relatos que possuímos" de preeminentes geógrafos, bem como historiadores. Entre eles, estavam fontes etimológicas e históricas – autores romanos como Tácito e sua descrição do norte da Europa nos *Anais* (c.109 d.C.) e *periploi* de origem incerta, como o anônimo *Périplo do mar da Eritreia* (c.século I d.C.), um guia de comerciante para lugares no mar Vermelho e no oceano Índico. O autor mais importante citado na *Geografia* era Marino de Tiro, cujo trabalho se perdeu desde então, mas que, de acordo com Ptolomeu, "parece ser o último [autor] em nosso tempo a ter encarado esse tema".[47] O primeiro livro definia o objeto da geografia e como desenhar um mapa do mundo habitado. Os livros 2-7 apresentavam a prometida tabela de coordenadas geográficas, mas agora ampliada para incluir 8 mil cidades e lugares, todos listados de acordo com sua latitude e longitude, a partir do oeste, com Irlanda e Grã-Bretanha, indo depois para o leste, passando por Alemanha, Itália, Grécia, norte da África, Ásia Menor e Pérsia, e terminando na Índia. O oitavo livro sugeria como dividir o *oikoumené* em 26 mapas regionais: dez da Europa, quatro da África (ainda chamada de "Líbia") e doze da Ásia, uma ordem que seria reproduzida nas primeiras cópias bizantinas de seu livro ilustrado com mapas e na maioria dos atlas mundiais subsequentes.

A riqueza de informações geográficas contida nas tabelas de Ptolomeu incluía não somente a tradição erudita de investigação geográfica, mas também cálculos astronômicos e o testemunho escrito de viajantes. Desde o início da *Geografia*, Ptolomeu deixa muito claro que "o primeiro passo de um processo desse tipo é a pesquisa sistemática, reunir o máximo de conhecimento a partir dos relatos de pessoas com formação científica que percorreram cada um dos países; e que o inquérito e o relatório são em parte uma questão de levantamento e em parte de observação astronômica". Essa "pesquisa sistemática" só foi possível graças à consulta das *Pinakes* (tábuas) da biblioteca de Alexandria, o primeiro catálogo de biblioteca conhecido indexado de acordo com o assunto, autor e título, criado por Calímaco de Cirene, c.250 a.C. A *Geografia* era um imenso banco de dados, compilados pelo primeiro geógrafo de gabinete, uma "mente imóvel" que funcionava em um centro fixo,[48] processando diversos dados geográficos em um vasto arquivo do mundo.

Para Ptolomeu, não havia espaço para cosmogonias especulativas sobre as origens do universo, ou tentativas de estabelecer as fronteiras geográficas e políticas indeterminadas do *oikoumené*. A declaração de abertura da *Geografia* dava o tom, com sua definição duradoura da geografia como "uma imitação por meio do desenho de toda a parte conhecida do mundo, juntamente com as coisas que estão, em termos gerais, relacionadas a ele". Ptolomeu considerava a geografia uma representação gráfica abrangente do mundo conhecido (mas não, devemos observar, de toda a Terra), em contraste com o que ele chamou, com um aceno para a preocupação romana com agrimensura, "corografia", ou mapeamento regional. Enquanto a corografia requer habilidade no "desenho da paisagem", Ptolomeu dizia que o mapeamento global "não exige isso de forma alguma, uma vez que permite que se mostrem as posições e configurações gerais [de aspectos] puramente por meio de linhas e rótulos", um processo geométrico em que o método matemático "assume precedência absoluta".[49] Usando uma metáfora corporal esclarecedora para contrastar as duas abordagens geográficas, Ptolomeu acreditava que a corografia fornece "uma impressão de uma parte, como quando se faz uma imagem de apenas uma orelha ou um olho; mas o objetivo da cartografia do mundo é uma visão geral, análoga a fazer um retrato de toda a cabeça".

Tendo estabelecido sua metodologia, Ptolomeu trata então de discutir o tamanho da Terra e suas dimensões de latitude e longitude por meio de uma crítica detalhada dos métodos de Marino de Tiro, antes de

Ciência

fornecer suas próprias projeções geográficas para desenhar mapas mundiais. Um dos aspectos mais significativos dos cálculos de Ptolomeu diz respeito ao tamanho de toda a Terra em relação ao seu domínio habitado, o *oikoumené*. Revendo os cálculos de Eratóstenes e Hiparco, Ptolomeu dividiu a circunferência do globo em 360 graus (com base no sistema sexagesimal babilônico, em que tudo era medido em unidades de sessenta) e estimou o comprimento de cada grau em quinhentos estádios. Isto lhe deu a mesma circunferência da Terra de Posidônio: 180 mil estádios. Era certamente pequeno demais, talvez cerca de 10 mil quilômetros, ou mais de 18% da circunferência real da Terra, dependendo do comprimento do *stadion* usado. Mas se Ptolomeu acreditava que a Terra era menor do que predecessores como Eratóstenes imaginavam, ele argumentava que sua parte habitada era muito maior do que muitos acreditavam: seu *oikoumené* estendia-se de oeste para leste através de um arco de pouco mais de 177 graus, a partir de um meridiano que atravessava as ilhas Afortunadas (Canárias) até Cattigara (acredita-se que em algum lugar perto da atual Hanói, no Vietnã), uma distância estimada em 72 mil estádios. Sua largura era estimada em pouco mais da metade do comprimento, cobrindo apenas 40 mil estádios, que iam de Thule, situada a 63° N, até a região de "Agisymba" (atual Chade), 16° S, uma extensão latitudinal, em suas medições, de pouco mais de 79 graus.[50]

Essas medidas levam naturalmente à questão de como Ptolomeu chegou aos seus cálculos de latitude e longitude. Ele calculou paralelos de latitude de acordo com as observações astronômicas do dia mais longo do ano em qualquer lugar dado. Começando do grau zero no equador com um dia mais longo de doze horas, Ptolomeu utilizou aumentos de quarto de hora para cada paralelo até alcançar o paralelo que representa o dia mais longo de quinze horas e meia, altura em que mudou para aumentos de meia hora, até o limite do *oikoumené*, que estimou como estando ao longo do paralelo de Thule, com um dia mais longo de vinte horas. Recorrendo a esse método de medição, bem como a cálculos de Hiparco baseados em observações astronômicas da altitude do sol no solstício, Ptolomeu elaborou suas tabelas de latitude, embora a relativa simplicidade de seu método de observação fizesse com que muitas delas estivessem incorretas (inclusive a de Alexandria).

O cálculo da longitude mostrou-se ainda mais difícil. Ptolomeu acreditava que a única maneira de determinar a longitude era medir a distância entre meridianos de oeste para leste de acordo com o tempo, não com o espaço, usando o sol como relógio: todos os lugares no mesmo meridiano verão o sol do meio-dia cruzando o plano do meridiano ao mesmo tempo. Desse modo, Ptolomeu começou seu cálculo da longitude no seu ponto mais ocidental, as ilhas Afortunadas, e desenhou cada meridiano indo para leste a intervalos de cinco graus, ou um terço de uma hora equinocial, e abrangendo doze horas, representadas como 180 graus. Suas medidas podem ser inexatas, mas esse foi o primeiro método sistemático a oferecer dados consistentes que permitiram que os cartógrafos posteriores projetassem uma grade de latitude e longitude sobre a Terra habitada, uma gratícula composta por cálculos temporais em vez de espaciais. Nós tendemos a pensar que a cartografia é uma ciência da representação espacial, mas Ptolomeu propunha um mundo medido não de acordo com o espaço, mas pelo tempo.[51]

Perto do final do primeiro livro da *Geografia*, Ptolomeu começa a se afastar de Marino para explicar sua outra grande inovação geográfica: uma série de projeções matemáticas criadas para representar a Terra esférica sobre uma superfície plana. Embora reconhecendo que um globo "obtém diretamente a semelhança da forma da Terra", Ptolomeu ressalta que esse globo teria de ser enorme para ser de alguma utilidade na visualização da Terra e traçar movimentos em toda ela com precisão; de qualquer modo, ele não permitiria uma vista "que capta a forma toda de uma só vez". Em vez disso, Ptolomeu sugere que "desenhar um mapa em um plano elimina completamente essas dificuldades", ao criar a ilusão de se ver a totalidade da superfície da Terra em um piscar de olhos. Não obstante, ele admite que esse método apresenta seus próprios problemas e "exige algum método para alcançar uma semelhança com a imagem de um globo, de modo que também sobre a superfície achatada os intervalos estabelecidos estarão em proporção tão boa quanto possível aos intervalos verdadeiros".[52] Desse modo, Ptolomeu sintetiza um dos grandes desafios que os cartógrafos enfrentaram desde então.

Marino tentara resolver o problema criando uma projeção de mapa retangular ou "ortogonal", que, de acordo com Ptolomeu, "tornava retas

Ciência

as linhas que representam os círculos paralelos e meridianos, e também fazia as linhas dos meridianos paralelas umas às outras". Mas quando um geógrafo projeta uma rede geométrica de paralelos e meridianos imaginários sobre uma Terra esférica, eles são, na verdade, círculos de comprimento variável. Marino negligenciou esse fato em favor de priorizar as medições feitas ao longo de seu paralelo principal que passava por Rodes a 36° N, e aceitou o aumento de distorção ao norte e ao sul dessa linha. Ele aceitou uma representação centrífuga do espaço terrestre, onde a precisão emana de um centro definível e se dissipa à medida que nos movemos em direção às margens e, por fim, leva à distorção absoluta. Como um bom euclidiano, Ptolomeu queria que seu espaço terrestre fosse homogêneo e direcionalmente uniforme, e logo descartou a projeção de Marino. Mas até mesmo Ptolomeu foi incapaz de tornar quadrado o círculo de projeção do mapa, e admitiu que era necessária uma solução intermediária.

Com Euclides ainda em mente, ele voltou-se para a geometria e a astronomia em busca de uma solução. Imagine, escreveu Ptolomeu, olhar do espaço para o centro da Terra e conceber paralelos e meridianos geométricos desenhados em sua superfície. Os meridianos, disse ele, "podem dar a ilusão de linhas retas, quando, ao girar [o globo ou o olho] de um lado para outro, cada meridiano fica diretamente em frente [ao olho], e seu plano passa pelo ápice do olhar". Em contraste, os paralelos "dão claramente a aparência de segmentos circulares que se arqueiam para o sul". Com base nessa observação, Ptolomeu propôs o que é conhecido como sua primeira projeção. Os meridianos foram traçados como linhas retas convergentes em um ponto imaginário além do polo Norte, mas os paralelos foram desenhados como arcos curvos de comprimentos diferentes, centrados no mesmo ponto. Ptolomeu pôde então fazer uma estimativa mais precisa do comprimento dos paralelos, bem como de suas proporções relativas, focando os paralelos que correm ao longo do equador e Thule. O método não conseguia eliminar todas as distorções proporcionais ao longo de cada paralelo, mas proporcionava um modelo melhor de conformação que mantinha relações angulares consistentes na maioria dos pontos do mapa mais do que qualquer projeção anterior.

Foi a tentativa mais influente e duradoura já concebida para projetar a Terra sobre uma superfície plana. Foi o primeiro exemplo de uma pro-

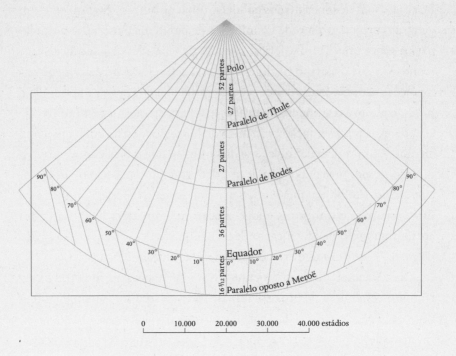

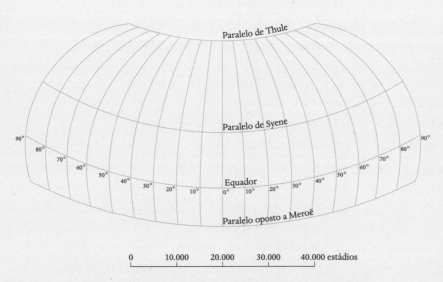

3. Diagramas da primeira e da segunda projeção de Ptolomeu.

Ciência

jeção de mapa cônico simples, como sua forma sugere, embora o cone de Ptolomeu também se assemelhe a outra forma, mais familiar: a das clâmides macedônicas, a imagem icônica que deu forma à Alexandria dos Ptolomeu e inspirou o mapa do *oikoumené* de Eratóstenes. A projeção de Ptolomeu também oferecia um método simples, mas engenhoso, para desenhar um mapa do mundo e depois incorporar a ele dados geográficos. Usando uma geometria simples, ele descreve como "fazer uma superfície plana na forma de um paralelogramo retangular", dentro do qual se marca uma série de pontos, linhas e arcos com o uso de uma régua giratória. Tendo estabelecido o esquema geométrico básico, o cartógrafo então toma a régua que mede o raio de um círculo centrado em um ponto imaginário além do polo Norte. A régua é então marcada com gradações de latitude do equador até o paralelo de Thule. Prendendo a régua no ponto imaginário, de modo que ela possa girar livremente ao longo de uma linha equatorial dividida em 180 graus de intervalos de uma hora, seria possível localizar e marcar qualquer lugar em um mapa em branco referindo-se às tabelas de Ptolomeu de coordenadas de latitude e longitude. A régua era simplesmente girada para a longitude necessária listada ao longo da linha equatorial e, de acordo com Ptolomeu, "usando-se as divisões da régua, chegamos à posição indicada em latitude, conforme exigido em cada caso".[53] Os contornos geográficos num mapa desse tipo eram relativamente insignificantes: o que o caracterizava não eram contornos, mas uma série de pontos estabelecidos por suas coordenadas de latitude e longitude. Um ponto é, evidentemente, o primeiro princípio definidor da geometria euclidiana: ele é "aquilo que não tem parte", é indivisível, sem comprimento ou largura. Para criar uma projeção precisa de mapa, Ptolomeu voltou direto aos fundamentos da geometria euclidiana.

Essa primeira projeção ainda tinha suas desvantagens: em um globo, as linhas paralelas diminuem ao sul do equador, mas se desenhadas na projeção de Ptolomeu, seu comprimento aumentava. Ptolomeu foi efetivamente contra a consistência de sua própria projeção e resolveu esse problema com meridianos formando ângulos agudos no equador. Isto dava à projeção a aparência de uma clâmide, mas estava muito longe de ser ideal. Ptolomeu considerou esse apenas um inconveniente menor, pois seu *oikoumené* se estendia somente até 16° S do equador, mas isso causaria problemas sérios em séculos posteriores, quando os viajantes começaram a circum-navegar a África. Não obstante, a primeira projeção ainda apresentava meridianos retos, os quais, como Ptolomeu reconheceu desde o início, só correspondiam a uma perspectiva parcial do globo visto do espaço; tal como os paralelos, os meridianos traçam um arco circular ao redor do globo, e sua realidade geométrica deveria manter essa curvatura sobre um mapa plano. Ele propôs então uma segunda projeção: "Poderíamos fazer um mapa do *oikoumené* sobre a superfície plana ainda mais semelhante e igualmente proporcional [ao globo] se tomássemos os meridianos, também, à semelhança das linhas meridianas do globo."[54] Essa projeção, segundo ele, era "superior à anterior" porque paralelos *e* meridianos estavam representados como arcos em curva, e porque praticamente todos os seus paralelos mantinham suas proporções corretas (ao contrário da primeira projeção, onde só se conseguia isso para os paralelos que passavam pelo equador e por Thule). A trigonometria envolvida era mais complicada do que na primeira projeção, e Ptolomeu ainda tinha problemas para manter a proporcionalidade uniforme ao longo de seu meridiano central. Ele também reconhecia que era muito mais difícil construir um mapa baseado na segunda projeção, pois os meridianos curvos não poderiam ser desenhados com a ajuda de uma régua giratória.

Depois das descrições exaustivas de ambas as projeções, Ptolomeu concluía o primeiro livro da *Geografia* com algumas observações extremamente otimistas. Apesar de preferir a segunda projeção, ele avaliava que ela "poderia ser inferior à outra no que dizia respeito à facilidade de fazer o mapa", e aconselhava os futuros geógrafos "a agarrarem-se às descrições de ambos os métodos, para o bem daqueles que serão atraídos para o mais acessível deles porque é fácil". Seu conselho influenciaria a reação dos estudiosos e cartógrafos ao renascimento da *Geografia*, que ocorreu a partir do século XIII.

Os predecessores de Ptolomeu usavam a geografia para tentar entender a cosmogonia, a explicação da criação de tudo. Em sua *Geografia*, Ptolomeu afastou-se dessa busca. Não há mitos e poucos limites políticos ou etnografias estão presentes em seu livro. Em vez disso, ele recria as origens de sua matéria em dois princípios duradouros da

Ciência

erudição alexandrina: os princípios da geometria de Euclides e o método bibliográfico de classificação de Calímaco. A inovação de Ptolomeu foi estabelecer uma metodologia repetível para mapear o mundo conhecido de acordo com princípios matemáticos reconhecidos. Suas projeções cartográficas possibilitavam que qualquer pessoa com um conhecimento básico da geometria euclidiana pudesse criar um mapa do mundo. Sua inovação das tabelas de latitude e longitude, tirada das *Pinakes* alexandrinas, estabeleceu as coordenadas de lugares em todo o *oikoumené*. Essas tabelas permitiram que os cartógrafos assinalassem as posições de cada lugar conhecido em um mapa com extrema simplicidade, e ao se recusar a pôr limites explícitos em seu *oikoumené*, Ptolomeu estimulou os cartógrafos futuros a assinalar cada vez mais lugares na superfície de seus mapas mundiais.

A pretensão de Ptolomeu de objetividade e exatidão na coleta de materiais geográficos e astronômicos era evidentemente uma ilusão. A medição de qualquer distância substancial no segundo século era notoriamente imprecisa, as observações astronômicas estavam comprometidas por instrumentos limitados difíceis de manejar, e muitos dados de Ptolomeu sobre a localização de lugares baseavam-se no que os gregos chamam de *akoé*, isto é, "rumores" – afirmações feitas por um certo mercador, supostas observações de um astrônomo transmitidas através de séculos ou registros anônimos de *itineraria*. Suas projeções também estavam limitadas a somente metade da Terra, uma superfície habitada que tinha apenas 180 graus de largura, embora ele e seus contemporâneos entendessem que havia um mundo além dos limites do *oikoumené*.[55] Em muitos aspectos, isso era apenas um incitamento a especulações e projeções futuras. Tendo fornecido as ferramentas metodológicas para fazer um mapa, Ptolomeu convidava os outros a revisar suas tabelas e realocar seus lugares. O mapeamento regional ou corografia era uma arte, mas o mapeamento do mundo era agora uma ciência. O contorno de uma região ou a posição de um lugar poderiam ser alterados se novas informações surgissem, mas a metodologia de marcar um ponto sobre a superfície do mapa de acordo com certos princípios matemáticos duradouros era, acreditava ele, imutável.

Um enigma para avaliar a importância de Ptolomeu para a cartografia permanece. Em toda a *Geografia*, não há referências explícitas a mapas que ilustrem o texto. Como vimos, o texto mais antigo subsistente só aparece em Bizâncio no final do século XIII, mais de mil anos depois de ter sido escrito. Esses primeiros textos incluíam mapas mundiais (principalmente baseados na primeira projeção), mas não está claro se esses mapas eram cópias de ilustrações originais de Ptolomeu ou acréscimos bizantinos baseados em instruções escritas por Ptolomeu. A questão de se Ptolomeu desenhou mapas para ilustrar a *Geografia* original dividiu durante décadas os historiadores cartográficos; a opinião acadêmica inclina-se agora para a crença de que, embora ele possa ter feito isso, nenhum desses mapas fazia parte da *Geografia* original.[56] Há muito poucos exemplos de mapas em tratados de geografia greco-romanos, e era mais comum que eles fossem erguidos em espaços públicos, como no caso dos mapas colocados na parede de um pórtico em Roma no início do século I por Agripa, amigo e genro do imperador Augusto.[57]

É possível que a forma inicial da *Geografia* fosse responsável por sua falta de mapas. A obra foi provavelmente escrita com tinta negro de fumo feita de fuligem, em um rolo de papiro tirado de plantas que cresciam ao longo do delta do Nilo. A maioria dos rolos de papiro desse período era composta por folhas conjugadas que tinham em média 340 centímetros de comprimento. No entanto, a altura desses rolos raramente passava de trinta centímetros.[58] Essas dimensões eram adequadas aos itinerários romanos, como a assim chamada "Tabula Peutingeriana" ou "Mapa de Peutinger", uma cópia do século XII ou XIII de um mapa romano do século IV que mostra o mundo da Índia, Sri Lanka e China até a península Ibérica e as ilhas britânicas. Esses itinerários descreviam o movimento através do espaço terrestre em termos lineares, uma representação unidimensional com pouco senso de profundidade, relevo e escala, devido principalmente às limitações do meio. O "Mapa de Peutinger" foi feito em um rolo de pergaminho com um comprimento de mais de seis metros, mas com uma largura de apenas 33 centímetros, criando distorções laterais óbvias. Essas dimensões tornavam efetivamente impossível reproduzir o mapa mundial ou os mapas regionais descritos em detalhes por Ptolomeu sem reduções e distorções improváveis. A solução de Ptolomeu seria desenhar mapas separados de seu livro (mas se assim foi, nenhum sobreviveu), ou, na explicação dada pelos tradutores mais recentes da *Geografia*, ele decidiu

Ciência 63

"codificar o mapa em palavras e números".[59] Se assim fez, então Ptolomeu resolveu fornecer os dados geográficos e o método matemático, e deixar o resto para as futuras gerações.

"CONTEMPLAI MINHAS OBRAS, ó poderosos, e desesperai!", exclama o faraó egípcio Ozymandias, de Shelley. No soneto do poeta inglês sobre a arrogância do poder imperial, "nada mais resta" do reino do tirano e de todos os seus monumentos resplandecentes, exceto as ruínas de sua estátua. Da mesma forma, hoje, a maioria dos vestígios da dinastia ptolomaica e de seu domínio sobre o Egito desapareceu, submersa sob as águas do porto de Alexandria. A biblioteca sumiu há muito tempo, a maioria de seus livros foi saqueada e destruída. Sua perda tem assombrado a imaginação ocidental desde então e historiadores de diferentes quadrantes ideológicos ao longo dos tempos têm culpado todo mundo, de romanos e cristãos a muçulmanos, por sua destruição. Ela permanece como uma memória romântica de infinitas possibilidades, uma fonte de especulação e mito, um "poderia ter sido" no desenvolvimento da erudição e da civilização, e uma lição sobre os impulsos tanto criativos como destrutivos que estão no cerne de todos os impérios.[60]

Mas algumas das "obras" sobreviveram e migraram, entre elas, a *Geografia* de Ptolomeu. Embora pareça notavelmente intocado pelos acontecimentos que o cercavam, o texto de Ptolomeu traduz um desejo de transmitir suas ideias de uma forma mais duradoura do que os mapas ou monumentos. A *Geografia* foi o primeiro livro que, por acidente ou projeto, mostrou o potencial da transmissão de dados geográficos *digitalmente*. Em vez de reproduzir elementos analógicos gráficos não confiáveis para descrever a informação geográfica, os exemplares sobreviventes da *Geografia* utilizaram os sinais descontínuos e separados de números e formas – das coordenadas de lugares de todo o mundo habitado à geometria necessária para desenhar as projeções de Ptolomeu – para transmitir seus métodos. Essa primeira geografia digital rudimentar criou um mundo baseado em uma série de pontos, linhas e arcos de interconexão fundamentados na tradição grega de observação astronômica e especulação matemática, que se estende de Eratóstenes e Euclides até Anaximandro. Ptolomeu lançou uma rede sobre todo o mundo conhecido, definido pelos princípios abstratos duradouros da geometria e da astronomia e pela medição da latitude e longitude. Um de seus maiores triunfos foi fazer todas as gerações posteriores "verem" uma série de linhas geométricas cruzando o globo – os polos, o equador e os trópicos – como se fossem reais, em vez de projeções geométricas feitas pelo homem sobre a superfície da Terra.

Os métodos científicos de Ptolomeu procuravam tornar o mundo compreensível através da imposição da ordem geométrica sobre a variedade caótica do mundo "lá fora", ao mesmo tempo em que retinham um sentimento de admiração por sua infinita variedade. Sua visão, consagrada em uma das primeiras declarações da *Geografia* sobre a mensuração geométrica da Terra, inspiraria gerações de geógrafos para além da Renascença, até a era dos voos espaciais tripulados:

> Essas coisas pertencem à mais sublime e mais bela das buscas intelectuais, ou seja, expor à compreensão humana através da matemática tanto o céu em sua natureza física, uma vez que pode ser visto em sua revolução ao nosso redor, como a natureza da Terra através de um retrato, uma vez que a Terra real, sendo enorme e não nos rodeando, não pode ser inspecionada por alguma pessoa, seja como um todo ou parte por parte.[61]

2. Intercâmbio
Al-Idrisi, 1154 d.C.

Palermo, Sicília, fevereiro de 1154

Em 27 de fevereiro de 1154, Rogério II, "rei da Sicília, do ducado da Apúlia e do principado de Cápua", morreu aos 58 anos em seu Palazzo Reale, situado no coração de sua capital, Palermo. Foi enterrado com a devida cerimônia na nave sul da catedral de Palermo, onde, 24 anos antes, fora coroado rei, no Natal de 1130. Sua morte pôs fim a um reinado extraordinário na ilha que, aos olhos modernos, representa um dos grandes momentos da *convivencia* medieval, o termo espanhol para a coexistência pacífica de católicos, muçulmanos e judeus em um único reino.

Descendentes da dinastia Hauteville, originária da península de Cotentin, na Normandia, Rogério e seus antepassados comandaram uma série de conquistas espetaculares na Europa, na África e no Oriente Médio no final do século XI. Enquanto o Império Bizantino decaía diante dos primeiros desafios persas, e depois árabes muçulmanos, à sua autoridade, os normandos exploravam a desordem internacional da cristandade medieval e logo impuseram seu domínio sobre partes do sul da Itália, Sicília, Malta e norte da África. Eles chegaram a conquistar a Inglaterra e até criaram um principado em Antioquia (com partes das atuais Turquia e Síria) antes da Primeira Cruzada, de 1095.[1]

Em cada fase de suas conquistas militares, os normandos assimilavam as culturas conquistadas (com graus variados de sucesso). Em 1072, o pai de Rogério, Rogério Guiscard, capturou Palermo e nomeou a si mesmo conde da Sicília, pondo fim a mais de cem anos de controle árabe da ilha. Antes do domínio árabe, a Sicília fora governada primeiro pelos gregos, depois pelos romanos e, por fim, pelos bizantinos. Foi uma herança que deixou os normandos no controle de uma das ilhas com maior diversidade cultural e de importância estratégica em todo o Mediterrâneo. Em 1130, quando foi coroado rei, Rogério II passou a desenvolver uma política de acomodação política e tolerância religiosa para com muçulmanos e judeus que transformou rapidamente a Sicília em um dos reinos mais altamente organizados e culturalmente dinâmicos do mundo medieval. O reino de Rogério era administrado, sobretudo, por uma chancelaria real que empregava escribas gregos, latinos e árabes. Sua corte produziu um saltério trilíngue, e consta que a liturgia era cantada em árabe.

A morte de Rogério representou o fim de uma era. Das pessoas enlutadas que se reuniram em seu enterro, em 1154, nenhuma tinha mais a lamentar o falecimento do monarca do que um de seus confidentes mais próximos, Abu Abdallah Muhammad ibn Muhammad ibn Abdallah ibn Idris al-Sharif al-Idrisi, mais conhecido como al-Sharif al-Idrisi. Apenas algumas semanas antes da morte de Rogério, al-Idrisi havia finalmente concluído um vasto compêndio geográfico no qual trabalhara por mais de uma década, desde a sua encomenda pelo rei, no início da década de 1140. O livro oferecia um resumo abrangente do mundo conhecido e era ilustrado com setenta mapas regionais – e um mapa do mundo pequeno, mas lindamente ornamentado com iluminuras.

Escrito em árabe e concluído (de acordo com a sua introdução) no mês de Shawwal do calendário islâmico, ou 14-15 de janeiro de 1154, o livro se intitulava *Kitab nuzhat al-mushtaq fi khtiraq al-afaq*, "Entretenimento para aquele que deseja viajar pelo mundo". Tão próxima era a relação entre Rogério e al-Idrisi que o *Kitab nuzhat al-mushtaq* (doravante *Entretenimento*) ficou conhecido simplesmente como *O livro de Rogério*. Poucos governantes manifestaram um interesse tão pessoal no patrocínio de mapas ou de seus executores. Originalmente encomendado como uma declaração das ambições imperiais e culturais de Rogério, o livro de al-Idrisi tornou-se, poucas semanas depois de sua conclusão, uma comemoração do legado do rei morto e uma poderosa afirmação das tradições sincréticas de seu reino, complementando os palácios e as catedrais que ele construiu durante seu reinado. Mas, com a morte do patrono, al-Idrisi e seu livro recém-concluído tinham pela frente um futuro incerto.[2]

Intercâmbio 67

O alcance geográfico e os detalhes meticulosos fazem do *Entretenimento* uma das grandes obras da geografia medieval e uma das melhores descrições do mundo habitado compilada desde a *Geografia* de Ptolomeu. O livro de al-Idrisi e os mapas que o acompanhavam inspiravam-se nas tradições grega, cristã e islâmica de ciências, geografia e viagens para produzir uma perspectiva híbrida sobre o mundo baseada no intercâmbio de ideias e crenças culturais entre diferentes religiões. Hoje, há um encanto óbvio em ver a obra de al-Idrisi como produto de uma aproximação entre o cristianismo e o islamismo, quando ambos aprendiam um com o outro em um intercâmbio aparentemente amigável de ideias. Mas o mundo do século XII da Sicília normanda e as aspirações de indivíduos como Rogério II e al-Idrisi eram mais estratégicas e provisórias do que esse pensamento moderno poderia esperar. Os muçulmanos tinham apenas direitos limitados no reino de Rogério, e os normandos continuavam a dar apoio às Cruzadas contra os muçulmanos na Terra Santa. Do ponto de vista da teologia islâmica, o mundo conhecido estava dividido em dois: o *dar al-Islam*, ou Casa do Islã, e o *dar al-harb*, ou Casa da Guerra, habitado por todos os não muçulmanos. Enquanto as revelações divinas de Maomé não fossem universalmente aceitas, existiria um estado de guerra perpétua entre as duas casas.

Mas nem todos os não muçulmanos eram iguais. Cristãos e judeus eram considerados *ahl al-kitab*, ou "povo do livro", que aderiam a uma fé revelada explicada através de um livro padrão de oração (a Bíblia, a Torá e o Alcorão). A crença em um Deus comum levou a uma série de encontros culturais entre as três religiões, na medida em que cada uma delas tentava afirmar sua superioridade teológica sobre as outras, produzindo muitas vezes intercâmbios e encontros mais caracterizados por conversão e conflito do que por diálogo e diversidade.[3] Entretanto, aconteciam discussões, realizavam-se debates, e no meio de tantos intercâmbios competitivos surgiu o *Entretenimento* de al-Idrisi.

A história do relacionamento de al-Idrisi com Rogério II e da criação de seus mapas não é a de um oriente muçulmano encontrando o ocidente cristão em igualdade de condições. Antes, ela revela um mundo onde essas distinções geopolíticas estavam apenas começando a se desenvolver, e onde os conflitos dinásticos e as divisões religiosas faziam com que os rótulos "muçulmano" e "cristão" fossem categorias fluidas, caracterizadas por cismas, conversões e apostasias, em vez de crenças doutrinárias incondicionais. Seus capítulos se desdobravam tendo por pano de fundo o mundo mediterrâneo mais amplo, onde o Império Bizantino decaía em proporção inversa à ascensão do califado muçulmano, e uma cristandade latina dividida e relativamente insignificante ficava em algum lugar no meio, tentando (e muitas vezes fracassando) afirmar algum vestígio de autonomia e controle político.

Apenas dez cópias manuscritas do *Entretenimento* de al-Idrisi ainda subsistem, a primeira feita em 1300 e a mais recente, no final do século XVI. Tal como acontece com a *Geografia* de Ptolomeu, trabalhamos com um livro e seus mapas que foram produzidos centenas de anos após sua criação original. Em uma das mais bem-preservadas cópias manuscritas do *Entretenimento*, guardada na Coleção Pococke da Bodleian Library e datada de 1553, há um mapa do mundo circular, lindo em sua simplicidade, que parece mostrar como al-Idrisi representava o mundo em meados do século XII. O aspecto mais surpreendente desse mapa é que ele é orientado com o sul na parte superior.

Etimologicamente, "orientação" deriva da raiz latina *oriens*, que se refere ao leste, ou à direção do sol nascente. Praticamente todas as culturas antigas registraram sua capacidade de orientar-se de acordo com um eixo leste-oeste baseado em observações do sol crescente (oriental) e poente (ocidental), e um eixo norte-sul medido de acordo com a posição da Estrela Polar ou do sol ao meio-dia.[4] Essa orientação era tão simbólica e sagrada quanto direcional. Em culturas politeístas adoradoras do sol, o leste (*oriens*) era reverenciado como a direção da renovação e da vida, seguido de perto pelo sul, enquanto que o oeste era, compreensivelmente, associado ao declínio e à morte, e o norte, à escuridão e ao mal. A tradição judaico-cristã desenvolveu essas associações, orientando os lugares de culto, assim como os mapas, para o oriente, reconhecido em última instância como a localização do paraíso terrestre. Em contraste, o oeste era associado à mortalidade e à direção encarada por Cristo na cruz. O norte tornou-se um sinal do mal e da influência satânica, e muitas vezes era a direção na qual as cabeças de excomungados e não batizados ficavam quando eram enterrados.[5] Como mostra o capítulo seguinte, praticamente todos os mapas do mundo cristão (*mappaemundi*) puseram o leste na parte superior de seus mapas até o século XV.

Intercâmbio

O islã e cartógrafos como al-Idrisi herdaram uma reverência semelhante pelo oriente, embora desenvolvessem um interesse ainda mais forte pelas direções cardeais graças à ordem do Alcorão aos seus fiéis para orar na direção sagrada de Meca, independentemente da localização deles no mundo; a busca pela direção (conhecida como *qibla*, "direção sagrada") e a distância de Meca e da Caaba inspirou alguns dos mais complicados e elaborados mapas e cálculos diagramáticos do período medieval.[6] A maioria das comunidades que se converteram ao islamismo em sua fase inicial de expansão internacional rápida, nos séculos VII e VIII, vivia diretamente ao norte de Meca, levando-os a considerar a *qibla* como o sul. Em consequência, a maioria dos mapas do mundo muçulmanos, inclusive o de al-Idrisi, estava orientada com o sul na parte superior. Isso também estabelecia uma clara continuidade com a tradição das comunidades zoroastristas recentemente conquistadas na Pérsia, que consideravam o sul sagrado.

Praticamente não existem tradições culturais que ponham o oeste no topo do mapa, pois ele é quase universalmente associado ao desaparecimento do sol, um símbolo de trevas e morte, exemplificado na expressão da gíria inglesa *"go west"*, que significa morrer. A direção cardeal final, o norte, situada no alto do mapa babilônico do mundo, tem uma linhagem ainda mais complicada. Na China, concedia-se primazia ao norte por ser a direção sagrada. Do outro lado das vastas planícies do império, o sul trazia luz solar e ventos quentes, e assim era a direção na qual o imperador olhava para seus súditos. Quando olhavam para o imperador de uma posição de sujeição, todos encaravam o norte. Etimologicamente, o chinês "costas" é sinônimo de "norte", porque as costas do imperador davam para essa direção. Os mapas do mundo chineses estavam orientados da mesma maneira, uma das muitas razões de seus mapas parecerem, à primeira vista, extremamente modernos. As crenças gnósticas e dualistas de várias comunidades antigas da Mesopotâmia também celebravam o norte como a direção sagrada, considerando a Estrela Polar uma fonte de luz e revelação, e é possivelmente por esse motivo que o mapa babilônico do mundo é orientado para o norte.

No mapa do mundo de al-Idrisi, as quatro direções cardeais estão marcadas fora da moldura do mapa, a qual, inspirada nos versos do Alcorão, é composta por uma auréola dourada. O próprio mapa mostra um mundo em dívida com o *oikoumené* grego. O Mediterrâneo e o norte da África são representados em detalhes, assim como uma fantástica cadeia de montanhas em forma de água-viva com seus afluentes, na África central. Chamada de "As Montanhas da Lua", acreditava-se que a cadeia era a fonte do Nilo. Egito, Índia, Tibete e China estão todos rotulados em árabe, assim como o mar Cáspio, Marrocos, Espanha, Itália e até a Inglaterra. O mapa conserva um entendimento classicamente vago do sul da África e do sudeste da Ásia, embora se afaste de Ptolomeu ao mostrar uma África circum-navegável, com o globo inteiro cercado por um mar circundante.

O aspecto mais peculiar desse mapa do mundo talvez seja o seu desacordo com o livro de que faz parte. Em contraste com a geografia humana fervilhante descrita em outros mapas e nos textos do *Entretenimento*, o mapa do mundo é uma representação puramente física da geografia. Não há cidades nem praticamente vestígios discerníveis do impacto da humanidade sobre a superfície da Terra (com exceção da lendária barreira erguida por Alexandre, o Grande, em montanhas do Cáucaso para manter afastados os monstros míticos Gog e Magog, representados no canto esquerdo inferior do mapa). Essa aparente contradição entre a descrição evocativa feita no *Entretenimento* de regiões da Terra e seu mapa do mundo geométrico só pode ser entendida se voltarmos para a explicação do que Rogério queria quando empregou al-Idrisi: os frutos da tradição precedente de trezentos anos de cartografia islâmica.

A EXPRESSÃO "MAPAS ISLÂMICOS" constitui um certo equívoco. As tradições geográficas e práticas cartográficas que gradualmente se fundiram após a ascensão do islamismo na península Arábica no final do século VII eram regional, política e etnicamente diversificadas demais para merecerem ser descritas como um corpo unificado de cartografia (embora o mesmo se possa dizer até certo ponto dos mapas "gregos" ou "cristãos"). Nenhuma das primeiras línguas islâmicas possuía um substantivo definitivo para definir "mapa". Tal como no grego e no latim, vários termos eram usados para descrever o que hoje se chamaria de mapa. Entre eles estavam *surah* (que significa "forma" ou "figura"), *rasm* ou *tarsim* ("desenho") e *naqsh* ou *naqshah* (pintura).[7] Como a Bíblia, o Alcorão oferecia pouca ajuda direta

Intercâmbio

aos cartógrafos. Ele não tem uma cosmologia definível com um relato claro do tamanho e da forma da Terra dentro de um universo maior, apesar de oferecer uma série de alusões intrigantes. O céu é descrito como um dossel espalhado sobre a Terra, que é mantida no lugar por montanhas e iluminada pelo sol e pela lua. Deus "criou sete firmamentos e da Terra um número similar", embora as dimensões específicas desses mundos não sejam explicadas.[8] As referências a uma Terra aparentemente em forma de disco rodeado por água e a descrição dos mares Mediterrâneo e Árabe separados por uma barreira parecem valer-se da antiga cosmologia babilônica, embora alusões ao "sol pondo-se em uma fonte de água escura" impliquem uma ideia do Atlântico, noção herdada dos gregos.[9]

É somente quando o califado abássida se torna o centro do Império Islâmico em Bagdá, no final do século VIII, que se pode detectar uma prática reconhecidamente islâmica de cartografia. A fundação da capital imperial de Bagdá, no ano de 750, pelo segundo califa abássida al-Mansur representou a culminação bem-sucedida de uma luta encarniçada com o califado omíada, que havia governado desde 661, com seu centro em Damasco. A mudança do poder para o leste teve uma influência significativa na cultura islâmica, ao diminuir a antiga base tribal árabe da autoridade islâmica e levar o califado para o contato mais próximo com as tradições artísticas e científicas da Pérsia, da Índia e até da China, completando assim a assimilação inicial pelo islamismo das cosmologias cristã, grega e hebraica. Ao mesmo tempo, diminuiu o contato do império com a cultura latina, o que se agravou com a ascensão subsequente do califado omíada rival estabelecido em al-Andalus (península Ibérica). A mudança para Bagdá também centralizou o poder e a autoridade islâmica de uma forma mais eficaz do que em qualquer outro império do período. O califa governante tornou-se todo-poderoso e as alianças tribais foram absorvidas numa monarquia absolutista que designava um ministro de alto escalão, o vizir, para supervisionar os divãs, ou ministérios, que controlavam todos os aspectos da vida pública e política. Quase inevitavelmente, os califas abássidas começaram a encomendar descrições geográficas de seus domínios.[10]

A primeira encomenda registrada de um mapa do mundo em Bagdá aconteceu no reinado do sétimo califa abássida, al-Mamun (813-33), que patrocinou um instituto de estudos científicos que se tornou conhecido como a "Casa da Sabedoria" (*bayt al-hikma*). Chamado por seus contemporâneos de *al-surah al-ma'muniyah* em homenagem ao seu patrono, o mapa não sobreviveu. Mas subsistem algumas descrições de testemunhas oculares dele que proporcionam uma visão surpreendente do grau de intercâmbio intelectual que acontecia na corte de al-Mamun, que incluía um vasto conhecimento da *Geografia* de Ptolomeu. O historiador e viajante árabe al-Masudi (m.956) lembrou com admiração de ver o mapa "que al-Mamun mandou elaborar por um grupo de estudiosos contemporâneos para representar o mundo com suas esferas, estrelas, terra e mares, as regiões habitadas e desabitadas, assentamentos de povos, cidades etc.". Ele concluía que "este era melhor do que qualquer coisa que o tivesse precedido, fosse a *Geografia* de Ptolomeu, a *Geografia* de Marino, ou qualquer outra".[11] Enquanto o ocidente latino continuou a ignorar a *Geografia* de Ptolomeu por mais quatrocentos anos e perdeu completamente o manuscrito de Marino, a corte de al-Mamun ocupava-se em incorporar Ptolomeu (assim como muitos de seus outros trabalhos sobre astronomia e óptica) aos seus mapas mundiais.

A corte de Bagdá não limitava sua pesquisa aos textos gregos. Al-Masudi observou que o mapa mundial de al-Mamun adotava o conceito de Ptolomeu de climas longitudinais (do grego *klimata*, traduzido para o árabe como *aqalim*, ou *iqlim*) para dividir o mundo conhecido em sete regiões, uma tradição que moldaria o pensamento geográfico de al-Idrisi. Ptolomeu recorrera a Aristóteles para sua noção de *klimata*, mas na criação de seu mapa os eruditos de al-Mamun haviam modificado esse modelo com base na ideia persa de dividir o mundo em sete *kishvars*, ou regiões. Por sua vez, isso derivava de percepções cosmográficas babilônicas e indianas arcaicas do mundo como uma pétala de lótus, com as regiões em torno de uma zona primária, que representava geralmente uma área sagrada ou capital.[12] O resultado foi um sistema que punha Bagdá em sua região central – a quarta – em torno da qual as outras seis regiões se agrupavam, de norte a sul. Embora não localizada explicitamente no centro do mapa, Bagdá e o Iraque eram vistos como estando no centro da Terra, onde a "moderação em todas as coisas", do clima à beleza natural e à inteligência pessoal, poderia ser encontrada em uma convincente mistura de astronomia, geografia e clima.[13]

Intercâmbio

Lamentavelmente, desconhecemos que fim teve tudo isso. A corte de al-Mamun criou um dos muitos mapas perdidos da história mundial, e provavelmente o mais importante do mundo muçulmano antigo. Talvez fosse circular, refletindo a crença cosmológica islâmica vigente de que o universo e a Terra eram ambos esféricos. Mas se incorporou o pensamento de Ptolomeu e Marino, também poderia ter sido retangular e modelado em uma das duas projeções de Ptolomeu.

Uma pista sobre como poderia ser esse mapa vem de um diagrama muito posterior encontrado em um manuscrito intitulado *Maravilhas dos sete climas para o fim de habitação*, escrito pelo pouco conhecido erudito chamado Suhrab, que viveu no Iraque na primeira metade do século X. Esse tratado, um dos primeiros relatos abrangentes em árabe sobre como desenhar um mapa do mundo, é uma fonte inestimável das primeiras concepções islâmicas da Terra habitada, bem como um vislumbre torturante de como o mapa de al-Mamun poderia ser. Embora o diagrama do tratado de Suhrab careça de quaisquer características geográficas físicas, ele fornece uma moldura retangular para representar dentro dela o mundo conhecido. Suhrab começa por aconselhar os candidatos a cartógrafos sobre como construir um mapa do mundo: "Que sua largura seja a metade do comprimento." Depois descreve como adicionar "quatro escalas" nas bordas do mapa para representar a longitude e a latitude. Mas seu interesse principal estava "nas latitudes dos sete climas, começando a enumeração a partir do equador terrestre em direção ao norte".[14] Como em Ptolomeu, os climas de Suhrab eram determinados por meio de tabelas anexas da máxima luz do dia. O resultado é um diagrama que representa os sete climas que vão de 20° S do equador (mostrado à esquerda) a 80° N (à direita), com o norte em frente ao leitor (na parte inferior da figura). Isso pressupõe que Suhrab traçou seu mapa do mundo com o sul na parte superior. As coordenadas de Suhrab são claramente ptolomaicas (embora ele expanda o alcance latitudinal do mundo habitado de Ptolomeu), mas sua projeção geral sobre um retângulo com linhas de interseção em ângulo reto está mais próxima da de Marino. Suhrab também reproduziu substancialmente as coordenadas de *Kitab surat al-ard* ("Imagem da Terra"), escrito por al-Khwarazmi (m.847), membro da "Casa da Sabedoria" de al-Mamun, outra indicação de que o mapa mundial do califa pode ter sido retangular, bem como orientado com o sul na parte superior, de acordo com as crenças muçulmanas predominantes.

O diagrama de Suhrab proporciona um vislumbre sobre a possível forma e orientação do mapa de al-Mamun, embora os cálculos aperfeiçoados do tamanho da Terra realizados posteriormente pelos estudiosos do califa indiquem que ainda se faziam progressos no mapeamento do planeta. Em resposta ao desejo do califa "de saber o tamanho da Terra",[15] enviaram-se agrimensores para o deserto sírio a fim de medir o ângulo de elevação do sol em relação às cidades de Palmira e Raqqa – uma repetição da famosa tentativa de Eratóstenes de medir a circunferência da Terra. A maioria deles concluiu que o comprimento de um grau de longitude era de 56⅔ milhas árabes. Com base em cálculos atuais do comprimento de uma milha árabe, que seria equivalente a 1¹/₁₅ de uma milha moderna, essa estimativa foi convertida em uma circunferência global de pouco mais de 40 mil quilômetros (25 mil milhas). Se a equivalência é correta, isso significa que os agrimensores de al-Mamun chegaram a menos de cem quilômetros da circunferência correta da Terra medida no equador. O resultado é ainda mais surpreendente quando contrastado com a enorme subestimação de Ptolomeu da circunferência da Terra, que para ele teria um pouco menos de 29 mil quilômetros (18 mil milhas).

Todos os indícios que subsistem da "Casa da Sabedoria" sugerem uma imagem do mundo em evolução fortemente devedora do conhecimento grego, banhada por tradições indo-persas que produziram um mapa baseado em divisões climáticas orientado com o sul na parte superior. Embora estudiosos como al-Khwarazmi tenham se apropriado de Ptolomeu para estabelecer um gênero de mapa do mundo usando o termo genérico *surat al-ard*, a *Geografia* foi traduzida apenas parcialmente (e muitas vezes com erros) do grego para o árabe. Al-Khwarazmi e seus seguidores concentraram-se quase exclusivamente nas tabelas de latitudes e longitudes de Ptolomeu, corrigindo muitos de seus erros e omissões. Eles proporcionaram uma medição mais precisa do Mediterrâneo e também representaram o oceano Índico fluindo para o que hoje seria visto como o oceano Pacífico, não mais cercado de terra. Mas não fizeram uma conexão explícita com o método de Ptolomeu de projetar a Terra em uma retícula de longitude e latitude, e o diagrama de Suhrab apresentava não mais do que uma versão

Intercâmbio

revista da projeção retangular de Marino, que tinha sido tão fortemente criticada por Ptolomeu. Tampouco a divisão da Terra em continentes atraiu particularmente os primeiros estudiosos muçulmanos. Em vez disso, o califado islâmico levou a cartografia para uma direção diferente.

Um dos primeiros indícios dessa mudança cartográfica aparece nas obras de Ibn Khurradadhbih (c.820-911), o diretor dos correios e da espionagem em Bagdá e Samarra. Por volta de 846, ele produziu um dos primeiros livros conhecidos com o título de *Kitab al-masalik wa-al-mamalik* ("Livro de rotas e províncias"). Embora reconhecesse abertamente a influência de Ptolomeu e não contivesse mapas, seu livro marcava uma mudança na consciência geográfica islâmica em relação à aparência do mundo conhecido. Em contraste com a tradição *surat al-ard*, o *Kitab al-masalik* reflete o envolvimento de Ibn Khurradadhbih no movimento do comércio, dos peregrinos e da correspondência postal em todas as províncias do *dar al-Islam* e o crescimento do império sob uma autoridade centralizada. O livro mostra pouco interesse pelas regiões de soberania não islâmica, conhecidas como *dar al-harb*, e praticamente nenhum vestígio do *oikoumené* grego. Em vez disso, concentra-se em rotas postais e de peregrinação, bem como na medição de distâncias em todo o mundo islâmico. O caminho marítimo para a China está descrito, mas Ibn Khurradadhbih está interessado principalmente em lugares que tenham uma relação direta com o mundo islâmico.[16]

No final do século IX, o islã já era puxado em duas direções geopolíticas diferentes. Ao mesmo tempo em que se centralizava sob o califado abássida em Bagdá, a rápida expansão do islã em todo o mundo habitado levava inevitavelmente a divisão e separação. O conflito mais óbvio ocorreu com a ascensão do califado omíada em al-Andalus, mas dinastias do século X como os fatímidas, os turcos seljúcidas e os almorávidas berberes criaram todas seus próprios Estados hereditários, que começaram a desafiar a supremacia abássida. No momento em que al-Idrisi estava compilando seu *Entretenimento*, o *dar al-Islam* era composto por pelo menos quinze Estados separados.[17] Embora cada um fosse nominalmente muçulmano, muitos eram abertamente hostis ou indiferentes ao domínio político ou teológico de Bagdá. Essa dispersão da autoridade centralizada teve consequências óbvias para a cartografia, a mais importante das quais foi uma erosão ainda maior das tradições gregas e o aumento do interesse pela descrição de rotas e províncias recomendada por Ibn Khurradadhbih, que agora se tornava mais importante do que nunca para a compreensão de um mundo muçulmano cada vez mais difuso. O resultado foi um tipo visivelmente diferente de mapeamento do mundo, não mais centrado no califado abássida de Bagdá, mas que punha a península Arábica no centro do mundo, com Meca e a Caaba, o lugar mais sagrado da fé islâmica, em seu coração.

Essa tradição de cartografia é normalmente chamada de Escola Balkhi de Geografia, nome de um erudito nascido no nordeste do Irã, Abu Zayd Ahmad ibn Sahl al-Balkhi (m.934). Pouco se sabe de sua vida e carreira, exceto que passou a maior parte de sua existência em Bagdá e escreveu um breve comentário sobre uma série de mapas, intitulado *Suwar al-aqalim* (ou "Retrato dos climas"), nenhum dos quais subsiste. Sua obra, no entanto, influenciou um grupo posterior de estudiosos que produziu mapas regionais e mundiais em que deixavam explícita sua dívida para com ele.

A tradição Balkhi baseava-se no exemplo de Ibn Khurradadhbih de compilar itinerários geográficos detalhados, com a diferença crucial de que também acrescentava mapas. Um dos discípulos de al-Balkhi escreveu que seu mestre "pretendia em seu livro fazer principalmente a representação da Terra por meio de mapas",[18] e a importância desses mapas é que logo desenvolveram um formato que se parece tanto com um atlas moderno que um crítico disse que representavam um "islã-atlas".[19] Os seguidores de al-Balkhi produziram tratados que continham um mapa mundial, precedido por mapas do Mediterrâneo, do oceano Índico e do mar Cáspio, e depois dezessete mapas regionais do Império Islâmico, tal como era no século X. Os mapas regionais são retangulares, sem nenhuma projeção ou escala, embora indiquem as distâncias entre lugares, medidas em termos de *mardalah*, ou dia de viagem. Em contraste, os mapas do mundo são circulares, embora sejam igualmente indiferentes a longitude, latitude, escala ou projeção. A geometria não informa mais seus contornos, embora a Terra e suas características sejam desenhadas com o uso de linhas retas, círculos, arcos semicirculares, quadrados e curvas regulares. Os *klimata* gregos foram substituídos por províncias, chamadas de *iqlim*, uma indicação de até que ponto a tradição grega tinha sido absorvida pelas concepções islâmicas de território. Os mapas também se restringiam a

Intercâmbio

representar o mundo islâmico, com pouco ou nenhum interesse pelo *dar al-harb*. E praticamente todos esses mapas, tanto regionais como globais, põem o sul no topo.

Um dos profissionais mais sofisticados da Escola Balkhi foi Abu al-Qasim Muhammad ibn Hawqal (m.c.977). Nascido no Iraque, Ibn Hawqal viajou por toda a Pérsia, o Turquestão e o norte da África. Ele é mais conhecido por seu *Kitab surat al-ard* ("Imagem da Terra"), que, em reconhecimento de sua dívida para com o mais recente escrito islâmico geográfico, é também conhecido, como o livro de Ibn Khurradadhbih, como *Kitab al-masalik wa-al-mamalik*.

Além de ilustrar seu texto com mapas regionais, Ibn Hawqal também desenhou mapas mundiais, o primeiro dos quais exemplifica a percepção da geografia mundial da Escola Balkhi, abrindo mão de projeções e climas e concentrando-se quase que exclusivamente no mundo islâmico. O mapa é orientado com o sul na parte superior, embora elementos de Ptolomeu ainda sejam reconhecíveis. O mundo é cercado por um mar abrangente, com o outro lado da esfera, invisível, compreendido como inabitável e composto puramente de água. O mundo habitado é dividido grosseiramente em três: a maior massa de terra, a África, domina a metade de cima, a Ásia ocupa o canto esquerdo inferior e a Europa, espremida no canto inferior direito. Na África, a característica mais proeminente é o Nilo, que faz uma curva pela África oriental até sua suposta fonte nas Montanhas da Lua. O Egito, a Etiópia e os Estados muçulmanos do norte da África estão todos claramente identificados, ao contrário da Europa, onde somente Espanha, Itália e Constantinopla são evidentes. Sem surpresa, a Ásia, incluindo a Arábia, o mar Vermelho e o golſo Pérsico, é mostrada com muitos detalhes e dividida em diferentes regiões administrativas. Mais para leste, à medida que a influência islâmica diminui, a geografia se torna mais incompleta. Embora mostre a China e a Índia, seus contornos são totalmente fictícios, e Taprobana (atual Sri Lanka), cujo nome vem dos gregos, nem é representada; com efeito, o oceano Índico aparece sem nenhuma ilha. Trata-se de um novo mapa do mundo, dominado pelo islã e moldado por seus interesses comerciais e administrativos.

Como mostra o mapa mundial de Ibn Hawqal, a geografia do mapeamento de províncias centrada em lugares religiosos e rotas comerciais começava a predominar. Tornou-se imperativo estabelecer o que os cartógrafos da Escola Balkhi chamavam de *hadd* – definir as fronteiras internas entre um Estado muçulmano e o começo de outro. Como o poder político e teológico de Bagdá diminuiu, os cartógrafos dessa escola afastaram o centro de seus mapas da capital do califado e, num momento decisivo da islamização geográfica, puseram Meca no centro do mundo conhecido. Esses cartógrafos fizeram a primeira tentativa sustentada de fornecer uma geografia física detalhada do mundo islâmico, uma região que desde Ptolomeu havia sido mapeada com grau limitado de sucesso. Foi essa mudança da geometria grega para uma geografia física islâmica definível que teve uma influência perceptível na cartografia de al-Idrisi.

De todos os cartógrafos mencionados neste livro, nenhum possui uma linhagem mais ilustre do que al-Sharif al-Idrisi. No islã, o termo *"sharif"* (que significa "nobre" ou "ilustre") indica um descendente do profeta Maomé através de sua filha Fátima. Como seu nome sugere, al-Idrisi descendia da poderosa dinastia idríssida xiita, fundadores do primeiro Estado islâmico na península Ibérica, no ano de 786, e governantes de grande parte do Marrocos durante o século IX, cuja linhagem remontava ao estabelecimento do califado omíada em Damasco no final do século VII. Em 750, remanescentes da dinastia omíada, inclusive os idríssidas, fugiram de Damasco depois de serem derrotados pelos abássidas, e se estabeleceram na península Ibérica e no norte da África, criando um califado rival em Córdoba. O novo califado conquistou a maior parte da península Ibérica, bem como absorveu a dinastia idríssida em 985, quando ela caiu sob a pressão de brigas intestinas. Os ancestrais diretos de al-Idrisi foram os hamudidas, governantes da área em torno da moderna Málaga. Quando ele nasceu, em 1100, provavelmente em Ceuta, na ponta do norte da África (reduto final dos hamudidas), a família de al-Idrisi já estaria muito acostumada com o violento partidarismo dinástico e religioso do islamismo.

Os registros que restam da vida de al-Idrisi são escassos e muitas vezes contraditórios. O debate sobre seu local de nascimento continua, alguns sugerindo a Espanha, outros o Marrocos e até mesmo a Sicília, mas todos os indícios sugerem que ele foi educado em Córdoba. Em seu auge, nos séculos VIII e IX, quando foi a capital do califado omíada, Córdoba era uma das maiores cidades do mundo, com uma população estimada em

Intercâmbio

mais de 300 mil habitantes. Exibia a terceira maior mesquita do mundo, fundada em 786, e tinha o que foi possivelmente a primeira universidade da Europa, que produziu alguns dos maiores intelectuais do mundo medieval, entre eles o filósofo muçulmano Ibn Rushd (Averróis) e o rabino, filósofo e médico Moisés ben Maimon (Maimônides).[20] A cidade foi outro dos primeiros exemplos de *convivencia*, pois estudiosos muçulmanos, cristãos e judeus tiveram relativa liberdade para fazer de Córdoba a rival intelectual (embora não mais política) da Bagdá abássida.

Segundo um comentarista islâmico da época, Córdoba tornou-se "a pátria da sabedoria, seu começo e seu fim; o coração da Terra, a fonte da ciência, a cúpula do islã, a sede do imã; o lar do raciocínio correto, o jardim dos frutos das ideias".[21] Trata-se de uma descrição compreensível: os omíadas sustentavam mais de quatrocentas mesquitas, novecentos banhos, 27 escolas livres e uma biblioteca real com 400 mil volumes que rivalizava com as grandes coleções de Bagdá e do Cairo. Além de ser um centro para o estudo e a prática da jurisprudência islâmica, a universidade e as escolas da cidade ensinavam ciências e uma variedade de outras disciplinas, que iam da medicina e da astronomia à poesia, à geografia e à filologia (incluindo uma próspera indústria de tradução de textos clássicos gregos para o árabe).

Escrevendo mais de trinta anos depois, em seu *Entretenimento*, sobre a cidade onde foi educado, al-Idrisi a chamou de "a joia mais bonita de al-Andalus".[22] Mas, quando ele chegou lá, o califado era uma lembrança distante, tendo desmoronado em 1031 e dado lugar a uma série de pretendentes menores ao poder, até ser finalmente tomada em 1091 pelos almorávidas, uma dinastia berbere vista com profunda desconfiança pelos habitantes da cidade na época em que al-Idrisi começou seus estudos, mas que, no entanto, representava a única esperança de salvação diante da crescente ameaça da *reconquista* cristã que avançava para o sul. Ao mesmo tempo em que ele absorveu a erudição multicultural que a cidade tinha a oferecer, também aprendeu que a geografia política do mundo islâmico ao seu redor podia mudar rapidamente.

A decisão de al-Idrisi de deixar Córdoba foi sábia. Pego entre seus ocupantes almorávidas e o avanço dos exércitos cristãos de Castela, o futuro da cidade devia parecer sombrio (e em 1236 ela seria tomada pelas forças de Castela). Na década de 1130, al-Idrisi já havia partido. Viajou pela Ásia Menor, França, Inglaterra, Marrocos e o restante de al-Andalus. Não subsistem registros da época para explicar os motivos de sua chegada à Sicília por volta de 1138. O interesse de Rogério por al-Idrisi talvez fosse motivado por considerações mais políticas do que intelectuais: durante seu reinado, o soberano normando anexou partes da costa norte-africana (inclusive Trípoli) e instalou governantes marionetes de ascendência islâmica; a possibilidade de usar um nobre ilustre muçulmano como al-Idrisi dessa forma pode ter lhe interessado.[23] Com efeito, os Hauteville já tinham um histórico de abrigar seus parentes hamudidas: em 1058, quando Muhammad ibn Abd Allah, o último dos governantes hamudidas, fugiu de Málaga, foi recebido na Sicília pelo pai de Rogério, Rogério I, conde da Sicília.[24] Escrevendo no século XIV, o estudioso damasceno al-Safadi (1297-1362) fez um relato dos motivos de Rogério para abrigar al-Idrisi:

> Rogério, rei dos francos e senhor da Sicília, adorava homens cultos de filosofia, e foi ele que mandou buscar al-Sharif al-Idrisi no norte da África. ... Quando ele chegou, Rogério recebeu seu convidado cerimoniosamente, fazendo todos os esforços para render-lhe homenagem ... Rogério o convidou a ficar com ele. Para persuadi-lo a aceitar, disse-lhe: "Você é da casa do califa, e se estivesse sob domínio muçulmano, seus senhores tentariam matá-lo, mas se ficar comigo, estará a salvo." Depois que al-Idrisi aceitou o convite do rei, este concedeu-lhe uma renda tão grande a ponto de ser principesca. Al-Idrisi estava acostumado a ir até o rei em uma mula, e quando ele chegou, Rogério se levantou e foi ao seu encontro e, depois, os dois sentaram-se juntos.[25]

Este é o único relato que subsiste do primeiro encontro entre os dois homens, escrito quase duzentos anos após o evento. Está redigido na língua intemporal do patrono sábio e benévolo e seu súdito silencioso e grato. Mas também capta algo da habilidade perspicaz de Rogério de juntar política com erudição, e sua consciência de que a linhagem de al-Idrisi o tornava um alvo tanto para seus correligionários como para o rei. Ambos os homens haviam aprendido, por razões muito diferentes, a se acomodar aos costumes e rituais de outras culturas, em uma época que oficialmente desaprovava esse comportamento. Ambos eram estrangeiros numa terra

Intercâmbio

estranha, a centenas de quilômetros de distância de suas regiões natais. E ambos estavam longe de ser ortodoxos na postura perante a religião.

O governante que al-Idrisi encontrou em sua chegada a Palermo herdara uma posição ambivalente em relação a sua religião e um ceticismo saudável quanto às reivindicações políticas feitas em nome dela. Em meados do século XI, os normandos haviam tomado partes do sul da Itália e a Sicília do domínio bizantino, assumindo o controle de Calábria, Apúlia, Reggio e Brindisi, apesar da oposição contínua de praticamente todos os poderes da cristandade, que tinham interesses por esses territórios. O papado suspeitava compreensivelmente da dominação normanda dos estados ao sul de Roma, enquanto a dinastia Hohenstaufen, na Alemanha, que também reivindicava áreas da Itália, fazia objeções à invasão dos Hauteville de seu território. Até mesmo os imperadores bizantinos de Constantinopla reagiram furiosamente ao que consideravam usurpação dos Hauteville de seus direitos tradicionais à Sicília e chamavam Rogério de "tirano".[26]

Apesar das forças enfileiradas contra ele, Rogério mostrou-se um adversário ardiloso. Em 1128, pouco antes de al-Idrisi chegar a Palermo, o papa Honório II recusou-se a sancionar as reivindicações de Rogério à Apúlia, e chegou mesmo a emitir uma bula de excomunhão e incentivar uma cruzada contra ele. Quando isso falhou, enfraquecendo a posição do papa, ele concordou relutantemente em endossar as reivindicações italianas de Rogério. Após a morte de Honório, em fevereiro de 1130, Rogério aproveitou a confusão que surgiu do subsequente cisma papal e apoiou Anacleto II contra seu rival, Inocêncio II. Na tentativa de garantir o apoio militar de Rogério, o politicamente enfraquecido Anacleto emitiu uma bula papal no final de 1130 que lhe conferia o título de rei da Sicília. No entanto, em 1138, o reino de Rogério mergulhou em mais uma crise. O papa Anacleto morreu e quem assumiu o papado foi Inocêncio II, com o apoio dos governantes germânicos, hostis ao reino siciliano de Rogério, que se viu diante da oposição implacável de outro papa. No ano seguinte, Inocêncio excomungou Rogério mais uma vez, mas num confronto militar posterior foi capturado pelas forças de Rogério. Ele teve de encarar a humilhação de aceitar a soberania do rei e retirar o apoio a qualquer contestação futura ao domínio dele sobre a Sicília.[27]

A oposição ao domínio de Rogério perdurou durante toda a década de 1140. Apesar de ter neutralizado a oposição papal, Rogério teve de enfrentar tentativas dos governantes bizantinos e germânicos para derrubá-lo, mas todas fracassaram. Então, quando o reino entrou em um dos seus poucos períodos relativamente estáveis de governo, o rei normando e seu súdito muçulmano começaram a trabalhar juntos no *Entretenimento*.

Ao se instalar em Palermo, al-Idrisi encontrou uma ilha que lhe permitia, como muçulmano e erudito, recorrer a uma ampla variedade de tradições intelectuais. Desde os tempos de Roma, a Sicília tinha uma reputação de riqueza e prosperidade. Como a Alexandria de Ptolomeu, sua posição entre as diferentes culturas e tradições do Mediterrâneo assegurava riqueza comercial e importância política. A ilha era um ponto de parada para os líderes políticos que viajavam entre Roma e Constantinopla, e seus portos acolhiam comerciantes de todas as religiões do Mediterrâneo. Ela também funcionava como refúgio seguro para peregrinos cristãos e muçulmanos. Muçulmanos espanhóis que faziam sua *haj* a Meca muitas vezes faziam pausas nos portos da Sicília, assim como cristãos europeus rumo à Terra Santa. Em 1183, indo de Valência para Meca, ao atravessar a Sicília, o muçulmano espanhol Ibn Jubayr escreveu que "a prosperidade da ilha supera qualquer descrição. É suficiente dizer que ela é a filha de Espanha [al-Andalus] no alcance de seu cultivo, na exuberância de suas colheitas e em seu bem-estar, com uma abundância de produtos variados e frutas de todos os tipos e espécies". Na descrição da coexistência pacífica da comunidade muçulmana com seus governantes cristãos, Ibn Jubayr chega a ponto de citar um verso do Alcorão, observando que "os cristãos tratam bem esses muçulmanos e 'os tomaram como amigos' [Alcorão, 20, 41], mas impõem um imposto sobre eles a ser pago duas vezes por ano". Ele maravilhou-se diante dos "esplêndidos palácios e jardins elegantes" da corte normanda e concluiu que ela exercia sua autoridade legal, administrativa e régia "de uma maneira que se assemelha aos reis muçulmanos".[28]

Essa herança mista permitiu que a Sicília se fixasse como um centro de erudição quando Rogério foi coroado rei, em 1130. Salerno já era um renomado centro de difusão do conhecimento médico grego e árabe para todo o mundo de língua latina muito antes de Rogério a anexar ao seu Império Italiano. A chancelaria de Rogério efetuava proclama-

Intercâmbio

ções oficiais em latim, grego e árabe, o que fazia com que houvesse um fluxo constante de estudiosos devidamente qualificados, capazes de dar continuidade a uma florescente tradição de traduzir e divulgar esses textos de e para as três línguas. O diplomata grego e arquidiácono de Catânia Henrique Aristipo traduziu seções da *Meteorologia*, de Aristóteles do grego para o latim e produziu a primeira tradução latina do *Fédon* de Platão durante o período que passou na ilha. Ele também foi responsável por trazer uma cópia grega do *Almagesto*, de Ptolomeu, de Constantinopla de volta para a Sicília, onde foi usada como base para uma das primeiras traduções latinas do tratado de astronomia de Ptolomeu.[29] Rogério também abrigou o teólogo grego Nilos Doxapatres, que fugiu de Constantinopla para Palermo em torno de 1140, e o encarregou de escrever um manuscrito pró-bizantino sobre "As ordens e classificações dos tronos patriarcais", descrito como uma "geografia histórica do mundo eclesiástico".[30] Em árabe, Rogério apadrinhou pelo menos seis poetas para escrever em louvor das suas realizações políticas e culturais.[31]

A cultura poliglota de Palermo e a diversidade de tradições intelectuais em que podia beber fizeram dela o lugar ideal para completar a tarefa ambiciosa que Rogério estava prestes a encomendar de al-Idrisi. No prefácio ao *Entretenimento*, al-Idrisi descreve a gênese da encomenda do rei. Em se tratando de Rogério, não surpreende que ela tenha sido inicialmente concebida como uma exploração da geografia política. O rei

> desejava saber com precisão os detalhes de sua terra e dominá-los com um conhecimento definido, e poder saber os limites e as rotas por terra e por mar e em que clima estavam e o que as distinguia quanto a mares e golfos, juntamente com o conhecimento de outras terras e regiões em todos os sete climas sempre que as várias fontes cultas concordassem sobre eles, e como estavam estabelecidos em cadernos de anotações existentes ou por vários autores, mostrando o que cada clima continha de um país específico.

Tratava-se do mais ambicioso estudo de geografia física proposto desde as tabelas de Ptolomeu, que identificava mais de 8 mil lugares em todo o mundo habitado e incluía os mapeamentos posteriores empreendidos pelos romanos (e desde então perdidos). Os romanos puderam, pelo menos, se valer de seu vasto império e de um acesso relativamente ilimitado aos textos geográficos gregos para realizar um projeto desse tipo. O pequenino reino de Rogério carecia de recursos e mão de obra para completar esse mapeamento, mas podia recorrer a um conjunto diversificado de textos escritos em grego, árabe e latim. Al-Idrisi concentrou-se em duas fontes principais: a *Geografia* de Ptolomeu (disponível no original grego e em traduções para o árabe) e os escritos do antigo teólogo cristão Paulo Orósio. Tal como al-Idrisi, Orósio foi um erudito itinerante que viveu e trabalhou na Ibéria, no norte da África e na Terra Santa, e cuja *História contra os pagãos* (416-17) trazia uma história geográfica da ascensão do cristianismo.

Em uma tentativa decidida de unificar concepções de geografia do passado, do presente e em evolução, o rei tomou o que pôde de Ptolomeu e Orósio, juntou com o conhecimento geográfico de al-Idrisi e sua equipe de estudiosos da corte e depois complementou com relatos de viajantes que havia encomendado, provenientes de todo o mundo habitado:

> Eles estudaram juntos, mas ele não encontrou muito conhecimento novo de [outros estudiosos] além do que encontrou nas obras acima mencionadas, e quando se reuniu com eles sobre esse assunto, enviou-os para todas as suas terras e ordenou que viessem ainda mais estudiosos que pudessem ter viajado e pediu-lhes suas opiniões tanto individual como coletivamente. Mas não havia acordo entre eles. No entanto, naquilo que eles concordavam, ele aceitou a informação, mas onde se diferenciavam, ele a rejeitou.[32]

Nos anos seguintes, os eruditos de Rogério recolheram informações meticulosamente. Onde havia acordo sobre pontos específicos, os resultados eram registrados em uma grande mesa de desenho, da qual um imenso mapa do mundo começou lentamente a surgir:

> Ele queria certificar-se da precisão do que essas pessoas haviam concordado quanto a longitudes e latitudes [e em medidas entre lugares]. Então, mandara trazer uma mesa de desenho [*lauhal-tarsim*] e traçara nela com instrumentos de ferro item por item o que havia sido mencionado nos livros acima citados, juntamente com a mais autêntica das decisões dos estudiosos.[33]

Intercâmbio 85

O primeiro resultado dessa labuta não foi um dicionário geográfico na tradição ptolomaica, mas um enorme mapa circular do mundo, feito de prata. Al-Idrisi nos conta que Rogério ordenou que

> fosse produzido um disco [*da ira*] em prata pura em grande tamanho e de 400 *ratls* romanos de peso, cada *ratl* de 112 *dirhams*, e quando estava pronto mandou gravar nele um mapa dos sete climas e suas terras e regiões, suas linhas costeiras e interiores, golfos e mares, cursos de água e locais de rios, suas partes habitadas e desabitadas, que [distâncias] havia entre cada localidade, fosse ao longo de estradas movimentadas ou em milhas determinadas ou medições autenticadas e portos conhecidos de acordo com a versão que aparecia na mesa de desenho.[34]

Esse extraordinário mapa do mundo em prata e a mesa de desenho geográfico não sobreviveram, mas al-Idrisi explica que, após a conclusão do mapa, Rogério encomendou "um livro explicando como chegaram àquela forma, acrescentando o que haviam deixado de mencionar quanto às condições das terras e dos países". Esse livro descreveria "todas as coisas maravilhosas relativas a cada [país] e onde eles estavam em relação aos sete climas, bem como uma descrição dos povos e seus costumes e hábitos, aparência, roupas e linguagem. O livro se chamaria *Nuzhat al-mushtaq fi khtiraq al-afaq*. Isso tudo foi concluído no primeiro terço de janeiro, concordando com o mês de Shawwal no ano de 548 d.H.".[35]

O livro concluído é o que resta das ambições geográficas de Rogério. Ao folheá-lo hoje, fica óbvio por que o rei queria a ajuda de al-Idrisi. Além de recorrer a fontes geográficas gregas e latinas, como Ptolomeu e Orósio, o livro incorpora a terceira tradição fundamental que al-Idrisi trouxe para o projeto: mais de trezentos anos de saber geográfico árabe. O *Entretenimento* representa a primeira tentativa séria de integrar as três tradições mediterrâneas clássicas de erudição grega, latina e árabe em um compêndio do mundo conhecido.

Condizente com alguém não necessariamente formado em astronomia e cosmografia, al-Idrisi gastou pouco tempo na descrição das origens da Terra, além de afirmar que era esférica, com uma circunferência estimada em razoavelmente precisos 37 mil quilômetros, e que ela permanecia "estável no espaço como a gema de um ovo". Pouco do que ele disse em seu prefácio era particularmente profundo ou inovador e mantinha-se próximo das autoridades gregas e islâmicas costumeiras; o que não tinha precedentes era seu método de organizar as diversas informações coletadas pelos colaboradores de Rogério. Baseando-se em Ptolomeu, al-Idrisi dividiu o resto de seu livro em sete climas longitudinais que iam de leste para oeste, mas orientou seu mapa com o sul na parte superior. O primeiro clima ia da África equatorial até a Coreia. "Este primeiro clima", diz ele, "começa a oeste do mar Ocidental, chamado de mar das Sombras. É que para além dele ninguém sabe o que existe. Existem neste mar duas ilhas, chamadas de al-Khalidat (as ilhas Afortunadas), a partir das quais Ptolomeu começa a contar longitudes e latitudes."[36] O sétimo e último clima cobria as modernas Escandinávia e Sibéria. Sua inovação mais ousada foi subdividir então cada clima em dez seções, que se reunidas resultariam em uma grade do mundo composta de setenta áreas retangulares. Al-Idrisi nunca considerou unificar seus mapas desse modo – montado, o mapa seria simplesmente grande demais para ser de alguma utilidade, mesmo em uma situação cerimonial –, mas era uma nova maneira de executar uma descrição geográfica do mundo todo. No *Entretenimento*, cada um dos setenta mapas regionais vinha depois de descrições escritas das regiões enfocadas, possibilitando que o leitor visualizasse o território depois de ler sobre ele.

No prefácio, al-Idrisi explica a motivação por trás de sua decisão de dividir o mundo desse modo, o que proporciona um dos mais detalhados relatos pré-modernos de como os mapas complementam e melhoram a descrição geográfica escrita:

> E nós incluímos em cada divisão o que lhe pertencia de cidades, distritos e regiões, para que quem olhasse pudesse observar o que normalmente estaria escondido de seus olhos, ou não chegaria normalmente a sua compreensão, ou não seria capaz de alcançar por causa da natureza impossível da rota e das diferenças de natureza dos povos. Desse modo, ele pode corrigir esta informação olhando para ela. Assim, o número total desses mapas seccionais é de setenta, sem contar os dois limites extremos em duas direções, sendo um deles o limite sul de habitação humana causado pelo calor excessivo e falta de água e o outro, o limite norte de habitação humana causado pelo excessivo frio.

Intercâmbio 87

Esse relato demonstrava o poder do mapa para visualizar lugares que o observador jamais poderia imaginar visitar por causa das distâncias e perigos envolvidos. Mas al-Idrisi também reconhecia que seus mapas regionais tinham limites na informação fornecida. Depois de reiterar a importância de descrever a geografia física, ele diz:

> Agora está claro que, quando o observador olha para estes mapas e estes países explicados, ele vê uma descrição verdadeira e uma forma agradável, mas, além disso, ele precisa aprender descrições das províncias e a aparência de seus povos, suas roupas e seus adornos, e as estradas praticáveis e as suas milhagens e *farsangs* [uma unidade de medida persa] e todas as maravilhas de suas terras tal como testemunhadas por viajantes e mencionadas por escritores itinerantes e confirmadas por narradores. Assim, depois de cada mapa, registramos tudo o que achamos necessário e adequado em seu devido lugar no livro.

Esta eloquente declaração sobre o poder e as limitações da cartografia reconhecia a importância de dar uma "forma", ou ordem geométrica, ao mundo habitado, tal como Ptolomeu o havia descrito, mas também admitia implicitamente o problema do *akoe* ("rumor") fornecido por "escritores itinerantes". Os relatos de viajantes eram claramente necessários para a geografia humana detalhada que Rogério queria, mas como esses relatos poderiam ser verificados e "confirmados por narradores"? Para al-Idrisi, a geometria básica do mapa era inquestionável e podia ser reproduzida com confiança, ao contrário dos relatos parciais fornecidos até pelo mais experiente viajante.

Al-Idrisi estava diante do mesmo problema enfrentado por Heródoto mais de 1.500 anos antes. Sua solução ia contra a corrente das tradições cartográficas herdadas do mundo clássico e da primeira cartografia muçulmana, e tomava uma rota não científica para representar a realidade local do mundo habitado. Isso produziria uma das descrições geográficas mais exaustivamente detalhadas do mundo medieval, mas também faria com que seu trabalho fosse negligenciado e deixado de lado, à medida que a ideologia política adotava visões cartográficas cada vez mais moralizadas do mundo.

Como al-Idrisi reagiu à história precedente da cartografia, da corte de al-Mamun a Ibn Hawqal, é complicado porque ele diz relativamente pouco a respeito de suas fontes, e também devido aos problemas de circulação e intercâmbio de ideias dentro de sua cultura de manuscritos. Dependemos das cópias posteriores feitas por escribas medievais do *Entretenimento* (bem como de seus mapas) para avaliar suas realizações. Do mesmo modo, sua educação e início de carreira nas extremidades ocidentais do mundo islâmico tornam difícil saber quais textos podem ter chegado a ele, fosse em Córdoba ou na Sicília. Seu aparente silêncio sobre a influência de alguém como al-Masudi é pura ignorância, ou representa algum conflito intelectual ou ideológico mais obscuro? Talvez nunca saibamos. Mas juntando as fontes que ele cita com seus mapas e descrições geográficas escritas, é possível ter uma ideia do que ele estava tentando realizar.

No prefácio ao *Entretenimento*, al-Idrisi afirma que, entre suas outras fontes, ele recorreu a Ptolomeu, Paulo Orósio, Ibn Khurradadhbih e Ibn Hawqal.[37] É uma lista reveladora: um grego, um cristão e dois muçulmanos, um administrador e o outro, um viajante inveterado. Ao lermos al-Idrisi e olharmos para os mapas desenhados a partir de seu texto, parece que nenhuma fonte predomina. Ele toma emprestado de todos, ao mesmo tempo em que reconhece tacitamente as limitações deles ao tirar suas conclusões. Tendo recorrido a Ibn Khurradadhbih para a compreensão teórica da forma, da circunferência e das dimensões equatoriais da Terra, ele então se volta para Ptolomeu ao descrever e desenhar climas e, por extensão, as dimensões regionais de seus mapas.

Nos textos e mapas que descrevem suas setenta regiões, al-Idrisi alterna facilmente entre Ptolomeu e suas fontes muçulmanas e muitas vezes descreve lugares e estima suas posições em desacordo com a localização deles em seus mapas. Os capítulos escritos descrevem rotas e distâncias entre lugares situados em cada mapa, como "Meca a Medina, também chamada Yathrib, pela rota mais conveniente, são seis dias de viagem", ou 415 quilômetros. A conclusão da rota mostra como al-Idrisi passa rapidamente de Ptolomeu a Ibn Khurradadhbih, dessa vez se baseando nos interesses administrativos e práticos do seu antecessor:

Intercâmbio

De Sabula a Mêlée, um lugar de parada onde existem fontes de água doce, 27 quilômetros.

De lá até Chider, um lugar de encontro para os habitantes de Medina habitado por um pequeno número de árabes, dezenove quilômetros.

De Chider a Medina, onze quilômetros.[38]

O mapa que mostra Meca trai poucos sinais de seu significado sagrado, e tampouco o faz a descrição que o acompanha: "Meca é uma cidade tão antiga que suas origens se perdem na noite dos tempos; ela é famosa e florescente, e pessoas de todos os cantos do mundo muçulmano vão até lá." A descrição da Caaba é igualmente prosaica: "Conta a tradição que a Caaba foi a morada de Adão e que, sendo construída de pedra e argila, foi destruída no Dilúvio e permaneceu em ruínas até que Deus mandou Abraão e Ismael reconstruí-la."[39] Essa não é a geografia sagrada dos mapas-múndi cristãos da mesma época (discutidos no próximo capítulo), que mostram Jerusalém no centro divino do mundo, ou a cartografia centrada em Meca da Escola Balkhi. Ao contrário, ela apresenta uma descrição naturalista do mundo físico, cheio de maravilhas e milagres, mas com pouco interesse aparente por um ato fundador de criação divina.

Quando al-Idrisi volta sua atenção para a capital do califado de Bagdá, seu relato é igualmente discreto: "Essa grande cidade foi fundada na margem oeste do Tigre pelo califa al-Mansur, que dividiu o território circundante em feudos que ele então distribuiu entre seus amigos e seguidores."[40] Em contraste direto, as grandes cidades da cristandade são celebradas nos mínimos detalhes. Roma é descrita como "um dos pilares do cristianismo e primeira entre as sés metropolitanas", famosa por sua arquitetura clássica, os mercados prósperos, belas praças e mais de 1.200 igrejas, entre elas, a de São Pedro. Al-Idrisi também escreve sobre "o palácio do príncipe chamado papa. Esse príncipe é superior em poder a todos os reis; eles respeitam-no como se fosse igual à Divindade. Ele governa com justiça, pune opressores, protege os pobres e fracos e impede os abusos. Seu poder espiritual é superior ao de todos os reis do cristianismo, e nenhum deles pode opor-se aos seus decretos".[41] Se al-Idrisi estava deliberadamente minimizando os lugares islâmicos em favor dos cristãos para agradar Rogério, esta não era a versão da autoridade papal que o rei queria ouvir.

Mas é na sua notícia de Jerusalém que uma perspectiva sutilmente sincrética sobre a geografia começa a emergir do livro de al-Idrisi. Ele narra as histórias teológicas da cidade entrelaçadas entre judeus, cristãos e muçulmanos e inclui repetidas referências a Cristo como "Senhor Messias", descrevendo sua vida geograficamente do Nascimento à Crucificação. Em um notável trecho sobre o monte do Templo, ou o Santuário Nobre do Islã, al-Idrisi descreve-o como

a santa habitação que foi construída por Salomão, filho de Davi, e que era um local de peregrinação na época do poder judaico. Esse templo foi-lhes então arrebatado e eles foram expulsos no momento da chegada dos muçulmanos. Sob soberania muçulmana, ele foi ampliado e é hoje a mesquita conhecida pelos muçulmanos pelo nome de Masjid al-Aqsa. Não há nenhuma no mundo que a supere em grandeza, com exceção da grande mesquita de Córdoba, na Andaluzia, pois segundo o que contam, o telhado dessa mesquita é maior do que o de Masjid al-Aqsa.[42]

Trata-se do sítio mais sagrado do judaísmo, o terceiro local mais sagrado do islã, depois de Meca e Medina, a "mais distante mesquita", cujo nome é uma homenagem à viagem visionária do profeta de Meca a Jerusalém em um cavalo voador que logo depois foi brevemente adotada como a muçulmana *qibla*. Mas, ao descrever o edifício sobre o qual a mesquita foi erguida, al-Idrisi também lembra a seus leitores que, em 1104, "os cristãos tomaram posse dela pela força e que ela permaneceu em poder deles até o momento da composição da presente obra". Tal como na carreira de al-Idrisi, nenhuma religião predomina; sua identidade de muçulmano é declarada em todo o *Entretenimento*, mas ele parece indiferente à valorização de uma tradição intelectual ou religiosa em detrimento de outra.

O *Entretenimento* engrandece claramente o lugar de Rogério no mapa do mundo. A Sicília – descrita como "uma pérola de pérolas" – avulta maior do que qualquer outra ilha do Mediterrâneo, seu governante é louvado como "adorno do império e enobrecedor da soberania".[43] Mas isso é consequência da exigência política e um exemplo típico de mapeamento egocêntrico, por meio do qual al-Idrisi engrandece tanto sua localização como a de seu soberano. Em um nível mais básico, nem a geometria de

Ptolomeu nem a geografia sagrada da Escola Balkhi de cartografia têm precedência no *Entretenimento*. Nenhum dos mapas de al-Idrisi contém uma escala ou mensuração consistente de distâncias. Em contraste com os mapas desenhados por Ibn Hawqal, os de al-Idrisi retratam um mundo sem *hadd*, o termo islâmico para limites, fronteiras ou o fim de um determinado país, cidade ou continente.[44] O patrocínio contínuo de Rogério do projeto durante tantos anos indica que o rei estava satisfeito com ele enquanto geografia política, mas para al-Idrisi, seu *Entretenimento* era claramente outra coisa: *adab*, a busca refinada e culta de obras eruditas de edificação, recreação – ou entretenimento. Um *adib* – alguém que possuía *adab* – procurava saber algo sobre tudo, e o livro de geografia enciclopédica representava um dos melhores veículos para sua expressão.[45]

O MUITO ELOGIADO espírito de *convivencia*, o intercâmbio multicultural e a transmissão de objetos, ideias e crenças que deram origem ao *Entretenimento* de al-Idrisi foram um fenômeno transitório. Quando ele começou a se desfazer, perto do final da vida de Rogério, as realizações geográficas de al-Idrisi foram abandonadas, consequência da crescente polarização ideológica entre cristãos e muçulmanos que deixava pouco espaço para um cartógrafo muçulmano em uma corte cristã poliglota. Em 1147, enquanto al-Idrisi compilava o *Entretenimento*, Rogério apoiava entusiasticamente os planos para a Segunda Cruzada, com o objetivo último de expulsar os muçulmanos de Jerusalém. Astuto como sempre, Rogério planejava explorar o seu envolvimento na cruzada para promover sua própria causa política, mas também era um sinal dos tempos o fato de ele achar cada vez mais difícil contornar o confronto crescente entre as duas religiões.

Com sua morte, em 1154, Rogério foi sucedido por seu filho, Guilherme I. Embora desse continuidade ao apoio entusiasmado de seu pai ao saber, faltava-lhe a perspicácia política de Rogério. De acordo com um relato contemporâneo do reinado de Guilherme, "depois de pouco tempo, toda essa tranquilidade esfumou-se e desapareceu", e o reino da Sicília logo caiu no partidarismo e conflito interno.[46] Talvez, assim como fugira de Córdoba quando jovem, al-Idrisi tenha entendido que seu momento havia passado e deixou a Sicília em sua última viagem, de volta ao norte da

África, provavelmente para Ceuta, onde morreu em 1165, aos 65 anos. Sua partida coincidiu com o crescimento da rebelião muçulmana contra seus senhores normandos. Frederico Barbarossa, sobrinho de Rogério, sacro imperador romano e rei da Sicília (de 1198 a 1250), adotou uma postura muito diferente em relação à comunidade muçulmana da ilha, deportando muitos deles. Ele também assumiu o manto da santa cruzada e comandou a Sexta Cruzada, que culminou em sua coroação como rei de Jerusalém, em 1229. Na época de sua morte, os últimos muçulmanos da ilha estavam no exílio ou haviam sido vendidos como escravos. O experimento normando de *convivencia* na ilha chegara a um final amargo e, com ele, a erradicação da presença muçulmana na Sicília para sempre.[47]

As fronteiras culturais movediças do mundo mediterrâneo do final do século XII e o clima de intercâmbio intelectual amigável que haviam criado fizeram com que o legado geográfico de al-Idrisi fosse limitado. É difícil imaginar um livro tão grande e complexo como o *Entretenimento* sendo facilmente transmitido da Sicília para todo o mundo islâmico e, de qualquer modo, muitos estudiosos muçulmanos consideravam al-Idrisi um renegado de sua religião. Alguns escritores islâmicos posteriores recorreram aos seus textos e copiaram seus mapas, entre eles, o famoso erudito norte-africano Ibn Kaldun (1332-1406), cuja família também fugira da lenta desintegração de al-Andalus. Sua história monumental do mundo, *Kitab al-ibar*, compara os mapas de al-Idrisi com os de Ptolomeu ao descrever "as montanhas, os mares e rios que se encontram na parte cultivada do mundo".[48] Afora isso, a circulação da obra de al-Idrisi ficou confinada aos círculos eruditos do norte da África. Embora uma versão resumida em latim do *Entretenimento* tenha sido impressa em Roma, em 1592, a obra já era então considerada uma curiosidade histórica e rejeitada como exemplo do atraso da geografia islâmica.

No final do século XX, quando os estudiosos começaram a reconsiderar a importância da cartografia islâmica, a reputação de al-Idrisi foi lentamente reabilitada. A importância de seus mapas e, em particular, a importância do seu mapa do mundo circular poderiam ter continuado a crescer, não fosse por uma extraordinária descoberta recente. Em junho de 2002, o Departamento de Coleções Orientais da Bodleian Library, em Oxford, adquiriu um manuscrito árabe que lançou uma nova luz sobre o desenvolvimento da geografia árabe e contestou alguns dos pressupostos estabelecidos sobre o

Intercâmbio 93

mapa do mundo de al-Idrisi. Com base em referências políticas e dinásticas de seu autor, o manuscrito original pode ser datado do século XI, mas ele sobreviveu numa cópia do início do século XIII, feita provavelmente no Egito. Seu autor é desconhecido, mas o título, quando traduzido, o coloca no mesmo gênero descritivo do *Entretenimento* de al-Idrisi.

Intitulado *O livro de curiosidades das ciências e maravilhas para os olhos*, é composto de 35 capítulos escritos em árabe que descrevem os mundos celeste e terrestre. De importância ainda maior é o fato de que o tratado contém nada menos que dezesseis mapas que representam o oceano Índico, o Mediterrâneo, o mar Cáspio, o Nilo, os rios Eufrates, Tigre, Oxus e Indo. Outros mapas incluem Chipre, norte da África e Sicília. Os primeiros capítulos são também ilustrados com dois mapas do mundo, um retangular e um circular, ambos por si só notáveis. O mapa do mundo retangular é diferente de qualquer outro mapa islâmico conhecido. É altamente esquemático, orientado com o sul na parte superior, e mostra o mundo efetivamente composto por dois vastos continentes, Europa, à direita, e a Ásia conjugada a uma África sem limites, à esquerda. A península Arábica é particularmente proeminente, com Meca representada por uma ferradura de ouro. O mapa também contém uma barra de escala que tem uma notável semelhança com o método de Suhrab de projetar um mapa do mundo em uma superfície plana. Ela vai do canto superior direito do mapa ao esquerdo, terminando em algum lugar ao longo da costa oriental africana. Embora o copista claramente não tenha entendido a gratícula (está incorretamente numerada), a presença da escala sugere um grau até então desconhecido de sofisticação na medição de distâncias e da aplicação da escala a mapas do mundo islâmicos.[49]

O mapa circular é mais familiar: é praticamente idêntico ao mapa do mundo encontrado inserido em pelo menos seis cópias do *Entretenimento* de al-Idrisi. Como o mapa do *Livro de curiosidades* antecede o *Entretenimento* em pelo menos um século, ele abala completamente a atribuição tradicional a al-Idrisi. Há duas possibilidades para explicar seu aparecimento no *Entretenimento*: ou al-Idrisi copiou esse mapa sem admitir sua fonte e o incluiu em seu tratado, ou, o que é ainda mais intrigante, copistas posteriores tomaram a liberdade de acrescentar o mapa do *Livro de curiosidades*, acreditando que ele de alguma forma complementava o resto do

Entretenimento. Considerando-se que o texto de al-Idrisi nunca se refere a um mapa do mundo e que sua representação puramente física da Terra está em desacordo com o resto do interesse do *Entretenimento* por geografia humana regional, a segunda explicação parece mais provável. Seja qual for a verdade, o aparecimento do *Livro de curiosidades* revela que a circulação e o intercâmbio de mapas e ideias geográficas em todo o mundo muçulmano medieval eram muito anteriores e muito mais extensos do que os historiadores acreditavam. Nossa compreensão da cartografia medieval, de qualquer orientação religiosa, continua a evoluir.

A existência do mapa circular no *Livro de curiosidades* muda a forma como vemos as realizações geográficas de al-Idrisi. Seu método de mapeamento regional do mundo habitado é um dos grandes exemplos de mapeamento não matemático no mundo pré-moderno, consequência de intercâmbios não somente entre cristãos e muçulmanos, mas também entre gregos e judeus. Suas convenções podem não parecer objetivas, no sentido moderno, mas elas buscavam uma espécie de realismo na maneira como mapeavam o espaço como uniforme e relativamente livre da retórica religiosa que definia tantos mapas do seu tempo. Embora os mapas regionais de al-Idrisi e suas descrições de vilas, cidades, comunidades, produtos, rotas de comércio e distâncias em todo o mundo habitado reflitam sua tentativa de unificar elementos de cartografia cristã e islâmica, ele parece relutante em apoiar a cosmogonia de ambas as religiões, ou suas reivindicações à soberania universal.

Tal como Ptolomeu, al-Idrisi foi atraído para a criação de um mapa do mundo como um exercício intelectual, uma tarefa que clientes ambiciosos como Rogério exigiam. Mas o que parece tê-lo animado foi a possibilidade potencialmente infinita de mapeamento regional; ele resistiu a unificar seus setenta mapas locais em uma imagem global porque uma imagem assim levantaria inevitavelmente a questão de sua criação baseada nas crenças de uma religião ou outra. Mapear com cada vez mais detalhes as maravilhas da diversidade física da Terra era inaceitável para as cortes e governantes subsequentes, cristãos ou muçulmanos, de todo o Mediterrâneo. No século XIII, os dois lados já haviam se afastado de al-Idrisi, exigindo ao contrário mapas que dessem apoio inequívoco às suas crenças teológicas. Apesar de suas inovações geográficas, nem cristãos nem muçulmanos apreciavam o valor de seus mapas, e a crença religiosa triunfou sobre a descrição geográfica.

3. Fé

O mapa-múndi de Hereford, c.1300

Orvieto, Itália, 1282

Em 23 de agosto de 1282, o bispo de Hereford, Tomás de Cantalupo,* morreu em Ferente, perto de Orvieto, na Itália. Ex-chanceler da Inglaterra e reitor da Universidade de Oxford, cônego de Londres e York e conselheiro pessoal do rei Eduardo I, Cantalupo foi uma das figuras mais influentes da vida eclesiástica inglesa do século XIII. Nos últimos anos de sua vida, envolveu-se em uma polêmica acirrada com seu superior, John Pecham (ou Peckham), arcebispo da Cantuária. Filho da classe senhorial dominante, Cantalupo acreditava firmemente nos direitos adquiridos pelos clérigos mais velhos de acumular vários benefícios eclesiásticos – terras e propriedades ligadas a títulos religiosos –, uma prática comumente conhecida como pluralismo. Pecham era um crítico feroz do pluralismo, junto com o que ele considerava indisciplina, absentismo e ensino teológico heterodoxo. Após a sua designação para arcebispo em 1279, ele deixou claro ao alto clero, de que Cantalupo fazia parte, que pretendia acabar com essas práticas. Pecham representava um novo tipo de autoridade eclesiástica. Era um firme defensor dos decretos baixados no IV Concílio de Latrão, realizado em Roma em 1215, que queria formalizar a doutrina cristã mediante o reforço do poder de sua elite dominante, a qual ganhou mais autoridade para divulgar os pontos básicos da doutrina aos leigos.[1] Pecham endossou com entusiasmo essas reformas, ampliando sua jurisdição sobre as

---

* Thomas Cantelow ou Canteloupe teve seu nome latinizado para *de Cantilupo*. Em português, é conhecido como santo Tomás de Cantalupo, canonizado trinta anos depois de sua morte. (N.T.)

dioceses, mas nesse processo diminuiu a autoridade e os privilégios desfrutados por muitos bispos.

Pecham estava particularmente preocupado em pôr o clero galês na linha no que dizia respeito ao pluralismo. Tratava-se de uma questão tanto política quanto religiosa. Ao longo das décadas de 1270 e 1280, o rei Eduardo envolveu-se num longo e encarniçado conflito com os governantes galeses independentes, numa tentativa de incorporar esse reino à Inglaterra. Situada nos Marches (regiões fronteiriças), entre a Inglaterra e o País de Gales, a diocese de Hereford representava o ponto mais distante da autoridade política e eclesiástica inglesa, e Pecham fazia questão que ela respeitasse suas reformas. Embora permanecesse fiel ao rei Eduardo em questões políticas, Cantalupo rejeitava as tentativas de Pecham de contestar o pluralismo e outras práticas profundamente enraizadas na vida religiosa inglesa e resistiu às tentativas do arcebispo de reformar sua diocese. A rixa chegou ao auge em fevereiro de 1282, quando Pecham excomungou dramaticamente Cantalupo no Palácio de Lambeth, residência do arcebispo. O bispo desgraçado foi para o exílio na França e, em março de 1282, estava a caminho de Roma para fazer um apelo direto ao papa Martinho IV contra sua excomunhão.[2]

Durante o verão de 1282, Cantalupo encontrou-se com o papa e defendeu sua posição. Mas, antes que a questão pudesse ser resolvida, sua saúde começou a deteriorar-se e em agosto ele partiu para a Inglaterra. Pouco depois de sua morte em Ferente, o coração de Cantalupo foi removido e seu corpo fervido para separar a carne dos ossos. A carne foi enterrada em uma igreja de Orvieto, o coração e os ossos foram levados de volta para a Inglaterra. Pecham não permitiu que os ossos fossem enterrados em Hereford até o início de 1283. Graças aos esforços de Richard Swinfield, protegido e sucessor de Cantalupo no bispado de Hereford, os ossos do ex-bispo foram finalmente sepultados na catedral, em 1287. O túmulo foi decorado com soldados em pé sobre bestas monstruosas, uma imagem da Igreja militante lutando contra o pecado e protegendo o virtuoso Cantalupo, que jazia no Jardim do Paraíso, protegido pelos batalhões de Cristo.[3]

O santuário foi o início de um esforço concertado por Swinfield para canonizar seu mentor, e ele cultivou o túmulo de Cantalupo como lugar de peregrinação para os fiéis de todo o país. Entre 1287 e 1312, foram associados a ele mais de quinhentos "milagres", que iam desde a cura de loucos e aleijados ao renascimento milagroso de crianças que se acreditavam afogadas, a recuperação do falcão favorito de um cavaleiro pisoteado até a morte por seu escudeiro e a recuperação da fala por um homem de Doncaster, embora sua língua tivesse sido cortada por ladrões. Por fim, em 1320, após repetidas petições à Cúria papal, concedeu-se o status de santo a Cantalupo, o último inglês antes da Reforma a receber tal honra.

A HISTÓRIA DA CARREIRA de Cantalupo e seu conflito com Pecham sobre questões de autoridade eclesiástica sintetiza as vicissitudes da fé na Inglaterra católica do século XIII. Mas hoje a vida de Cantalupo e seu lugar de descanso final, cuja base ainda pode ser vista no transepto norte da catedral de Hereford, estão em larga medida esquecidos. A maioria dos turistas que fazem a peregrinação secular até a catedral passa direto pelo túmulo de Cantalupo e vai ao anexo moderno atrás da igreja, projetado para guardar sua mais famosa relíquia: o mapa-múndi de Hereford.

O termo mapa-múndi vem do latim *mappa* – toalha ou guardanapo – e *mundus* – mundo. Seu desenvolvimento no ocidente de língua latina cristã do final do século VIII nem sempre se referia especificamente a um mapa do mundo; também podia designar uma descrição geográfica escrita. Do mesmo modo, nem todos os mapas do mundo desse período eram chamados de mapas-múndi (*mappaemundi*, em latim). Outras palavras também eram utilizadas, como *descriptio*, *pictura*, *tabula* ou, como no caso do mapa de Hereford, *estoire*, ou seja, história.[4] Assim como a geografia não era reconhecida então como uma disciplina acadêmica distinta, não havia uma palavra universalmente aceita em latim ou nas línguas vernáculas europeias para indicar o que hoje chamaríamos de mapa. De todos os termos em circulação, no entanto, mapa-múndi tornou-se o mais comum para definir uma descrição escrita e desenhada da Terra cristã por quase seiscentos anos. Dos 1.100 mapas-múndi que subsistem até hoje, a maioria encontra-se em livros manuscritos, alguns de apenas poucos centímetros de tamanho, que ilustram os escritos de alguns dos pensadores mais influentes da época: o clérigo e erudito espanhol Isidoro de Sevilha (c.560-636), o escritor do final do século IV Macróbio e o pensador cristão do século V Paulo Orósio. O mapa-múndi de Hereford é sem-par: trata-se de um dos mapas mais importantes da história da cartografia e o maior de seu tipo a ter sobrevivido intacto por quase oitocentos anos. É uma visão enciclopédica do mundo de um cristão do século XIII. Ele oferece tanto um reflexo como uma representação das crenças teológicas, cosmológicas, filosóficas, políticas, históricas, zoológicas e etnográficas do mundo cristão medieval. Mas, embora seja o maior mapa medieval existente, continua a ser uma espécie de enigma. Não sabemos exatamente quando foi feito, nem a sua função exata no interior da catedral; tampouco sabemos com certeza por que se encontra na catedral de uma pequena cidade da fronteira anglo-galesa.

Ao ir a Hereford hoje e entrar no anexo da catedral para examinar o mapa-múndi, o visitante é primeiro surpreendido pela estranheza do objeto, para não falar do mapa. Com a forma de ponta de frontão de uma casa, o mapa ondula e se enruga como um animal misterioso – o que, na verdade, ele é. Com 1,59 metro de altura e 1,34 metro de largura, o mapa foi feito de uma enorme pele de animal. A forma do animal ainda é discernível, de seu pescoço, que forma o ápice do mapa, à sua coluna, que desce pelo meio do mapa. Num olhar de relance, o mapa pode parecer um crânio, ou uma seção transversal de um cadáver, com suas veias e órgãos à mostra; sob outro olhar, poderia ser um estranho animal enrolado. Longe estão as grades de medição encontradas em Ptolomeu e al-Idrisi. Em vez disso, esse mapa emana uma aura quase orgânica, encarnando um mundo caótico, fervilhante, cheio de maravilhas, mas também circundado de horrores.

A maior parte do pergaminho contém uma representação circular do mundo, retratado dentro de uma grande esfera e cercado de água. Ao olhar para a distribuição de massas de terra e a orientação geográfica do mapa, o observador moderno fica alheio e confuso. A Terra está dividida em três partes, identificadas em folha de ouro no mapa como "Europa", "Asia" e "Affrica".[5] Os títulos de Europa e África foram transpostos, o que diz algo sobre as limitações do conhecimento geográfico do século XIII, ou sobre o profundo constrangimento do escriba quando o mapa foi finalmente revelado (a menos que haja uma intenção mais obscura de mostrar uma imagem deliberadamente confusa do mundo, em contraste com a realidade). Os pontos cardeais estão representados no círculo externo do

Fé

mapa a partir do topo, movendo-se no sentido horário, como *Oriens* (leste, o sol nascente), *Meridies* (sul, a posição do sol ao meio-dia), *Occidens* (oeste, o sol poente) e *Septemtrio* (norte, derivado do latim *septem*, referência às sete estrelas das constelações da Ursa Maior e Ursa Menor, que serviam para calcular a direção do norte).* Enquanto o mapa do mundo de al-Idrisi punha o sul no topo, o mapa-múndi de Hereford reorienta o mundo, com o leste no alto. Mas, tal como no mapa de al-Idrisi, a Ásia preenche quase dois terços de toda a esfera do mapa-múndi de Hereford. Ao sul, no canto direito do mapa, está a África, com sua península meridional incorretamente ligada à Ásia. A Europa está a oeste, no canto inferior esquerdo, com a Escandinávia atual ao norte. A Ásia ocupa o restante do mapa.

Para reorientar o mapa-múndi de acordo com a geografia de hoje, o observador tem de virá-lo mentalmente 90 graus no sentido horário, com o ápice voltado para a direita, mas mesmo assim sua topografia permanece estranha. A maioria das pessoas que fica diante do mapa-múndi tenta descobrir seu rumo procurando por Hereford, mas isso dificilmente ajuda. A cidade está no mapa, assim como o rio Wye (chamado de *"wie"*), ao lado de importantes assentamentos do século XIII, como Conway e Carnarvon, mas encontra-se numa ilha quase irreconhecível, em forma de salsicha, chamada "Anglia", imprensada no canto inferior esquerdo. Embora o conjunto das ilhas britânicas pareça incompreensível para um olhar moderno, sua toponímia revela alguns conflitos surpreendentemente modernos em relação à identidade regional e nacional, que ainda estão conosco hoje. Anglia está escrito em vermelho ao nordeste de Hereford, mas mais ao sul, a mesma ilha recebe o nome de "Britannia insula", ilha da Bretanha. O País de Gales, ou "Wallia", dá a impressão de estar pendurado na Inglaterra (ou Bretanha?) por um fio, enquanto que a Irlanda ("Hibernia") flutua na beira do mapa como um crocodilo sinistro, e parece estar quase dividida em duas. Ao norte, a Escócia ("Scotia") é mostrada como completamente separada da Inglaterra.

Cruzando o arco estreito de água para a "Europa", as coisas não ficam de forma alguma mais claras. O continente também é quase irreconhecí-

---

* Conforme o Dicionário Houaiss, *septemtrio* (setentrião, em português) significa literalmente conjunto de sete bois, e passou a significar as constelações boreais porque a disposição delas lembrava sete bois de tração puxando uma carroça. (N.T.)

vel, uma cunha em forma de chifre cortada por rios que serpenteiam pelo território, que se distingue principalmente pela representação de cadeias de montanhas, rotas comerciais, sítios religiosos e grandes cidades como Paris, curiosamente cortada e arranhada (talvez devido a um velho sentimento antifrancês), e Roma, enaltecida como a "cabeça do mundo". A base do mapa mostra uma ilha em que se apoiam duas colunas clássicas, com a legenda: "Acredita-se que o rochedo de Gibraltar e o monte Acho sejam as Colunas de Hércules", definidas pelo herói grego como o ponto mais ocidental do mundo clássico conhecido. Logo à esquerda, na Espanha continental, pouco acima de Córdoba e Valência, uma legenda diz "Terminus europe". Das Colunas de Hércules, o Mediterrâneo volta pela espinha do mapa, cheia de ilhas marcadas com uma mistura de informações clássicas. Minorca é descrita como o lugar onde o "estilingue foi descoberto", enquanto a Sardenha é, de acordo com o mapa, chamada de "Sandaliotes", em grego, por causa de sua semelhança com o pé humano. A ilha mais importante é a Sicília, lar de al-Idrisi, flutuando ao largo da costa africana e diretamente adjacente a um castelo que retrata a "Poderosa Cartago". A ilha é representada como um triângulo enorme, com uma legenda que dá as distâncias exatas entre seus três promontórios. Logo acima da Sicília está Creta, dominada pelo que ele chama de "o labirinto, ou seja, a casa de Dédalo". Na mitologia clássica, o inventor ateniense Dédalo construiu o labirinto para aprisionar o Minotauro, o filho monstruoso da rainha Pasífae, esposa do rei da ilha, Minos. Acima de Creta, o Mediterrâneo se divide: à direita, ele desemboca do Nilo; à esquerda, entra no Adriático e no Egeu. Passando Rodes e os restos de seu Colosso, uma das sete maravilhas do mundo antigo, o mapa atinge o Helesponto, os Dardanelos de hoje, e diretamente acima dele está a capital do Império Bizantino, Constantinopla. A cidade é apresentada em perspectiva oblíqua, com suas formidáveis muralhas e fortificações reproduzidas com uma precisão impressionante.

Afastando-se mais do centro, o mapa e a realidade geográfica moderna se distanciam cada vez mais. Quanto mais para cima se olha o mapa, mais os assentamentos se tornam dispersos, as legendas mais elaboradas, e estranhos monstros e efígies começam a erguer suas cabeças. Um lince espreita na Ásia Menor, e a legenda nos diz "que ele vê através das paredes e urina uma pedra negra". A Arca de Noé está no alto da Armênia, acima

Fé   101

da qual dois temíveis animais andam para a frente e para trás em toda a Índia. À esquerda, um tigre, à direita, um "manticore", ostentando "um conjunto triplo de dentes, o rosto de um ser humano, os olhos amarelos, a cor do sangue, o corpo de um leão, uma cauda de escorpião, uma voz sibilante". Avançando pela Ásia, o mapa retrata o Velocino de Ouro, o grifo mítico, cenas de canibalismo grotesco e um relato sobre os temíveis citas, que dizem viver em cavernas e "fazer copos de beber dos crânios de seus inimigos". Por fim, no canto superior esquerdo do mapa, nos limites do mundo conhecido, uma legenda conclui que:

> Aqui encontram-se todos os tipos de horrores, mais do que se pode imaginar: frio intolerável, um sopro de vento constante das montanhas, que os habitantes chamam de "bizo". Aqui existem povos extremamente selvagens que comem carne humana e bebem sangue, os filhos malditos de Caim. O Senhor usou Alexandre, o Grande, para bloqueá-los, pois à vista do rei ocorreu um terremoto, e montanhas caíram sobre montanhas ao seu redor. Onde não havia montanhas, Alexandre cercou-os com um muro indestrutível.

A legenda funde as versões bíblicas e clássicas bem conhecidas das origens dos povos selvagens, as tribos de Gog e Magog. Trata-se dos descendentes monstruosos de Jafé, filho de Noé, espalhados pelas regiões mais setentrionais do mundo conhecido. O livro do Apocalipse prevê que nos últimos dias Satanás reunirá as tribos de Gog e Magog "dos quatro cantos da Terra", em um ataque inútil contra Jerusalém (Apocalipse 20:8-9). As primeiras versões cristãs e corânicas das façanhas de Alexandre, o Grande, afirmam que quando chegou às montanhas do Cáucaso, o rei forjou portões de bronze e ferro para manter afastados Gog e Magog – uma barreira reproduzida no mapa do mundo circular atribuído a al-Idrisi. Para todas essas tradições, Gog e Magog eram os últimos bárbaros, nas margens literais e metafóricas do cristianismo, uma ameaça permanente para qualquer civilização.

Indo para o lado direito da representação da Ásia, o mapa imagina um mundo não menos maravilhoso e aterrorizante. Crocodilos, rinocerontes, esfinges, unicórnios, mandrágoras, faunos e uma raça muito infeliz de pessoas "com um lábio proeminente, com o qual protegem o rosto do sol", habitam as regiões a sudeste. No canto superior direito do mapa, a entrada vermelha em forma de garra retrata o mar Vermelho e o golfo Pérsico, com o Sri Lanka (chamado de "Taphana", ou Taprobana, de acordo com fontes clássicas) flutuando em sua foz, em vez de estar ao largo da costa sudeste da Índia. Voltando para a parte de baixo do mapa, um rio em forma de girino corre ao longo da costa meridional da África, representando o alto Nilo (que erroneamente se acreditava ser subterrâneo antes de se unir ao baixo Nilo, retratado no mapa mais para o interior).

À direita do Nilo há uma África fantasticamente alongada, praticamente desprovida de assentamentos, com exceção do monte Vésper, na costa noroeste, e dos mosteiros de santo Antônio, no canto superior direito (no sul do Egito). O retrato da África não tem relação com qualquer realidade geográfica: sua única função parece ser a de explicar a origem do Nilo e representar um mundo de outros povos "monstruosos"; não Gog e Magog, mas seus homólogos diametralmente opostos no ponto mais meridional do mapa. Ao sul do monte Vésper, o mapa retrata uma série de criaturas fantásticas, com características e comportamentos bizarros, a começar pelos "etíopes gangines", que são mostrados nus, segurando bengalas e empurrando uns aos outros para longe. A legenda nos diz que "com eles, não há amizade". Não muito monstruosos, mas antissociais. Mais ao sul, o mapa mostra os "etíopes marminis", que têm quatro olhos; um povo sem nome que "tem a boca e os olhos nos ombros"; os "blemmyes", com "a boca e os olhos no peito"; os "philli", que "testam a castidade de suas esposas expondo seus recém-nascidos a serpentes" (em outras palavras, assassinando filhos ilegitimamente concebidos); e os "himantópodes", que têm a infelicidade de precisar "arrastar-se mais do que caminhar".

Indo em direção ao sul, onde um mapa moderno localizaria o equador, as raças assumem características ainda mais monstruosas e bizarras. Uma figura de barba e turbante, com um seio de mulher e genitália masculina e feminina, é rotulada de um povo de "ambos os sexos, não natural sob muitos aspectos", acima de um indivíduo não identificado com "a boca selada", que só pode comer através de um canudo; abaixo estão os "ciápodes", que apesar de terem uma perna só são extremamente rápidos e protegidos na sombra pelas solas de seus pés; eles são chamados

Fé 103

também de "monoculi". O mapa retrata os ciápodes não somente com uma única perna (com três dedos a mais), mas também com apenas um olho. Por fim, o catálogo de raças monstruosas termina na costa oriental da África, com "um povo sem orelhas, chamado ambari, cujas solas dos pés são opostas".

Este não é um mapa como o entendemos no sentido moderno. Trata-se da imagem de um mundo definido pela teologia, não pela geografia, em que o lugar é entendido por meio da fé, em vez de pela localização, e a passagem do tempo de acordo com os eventos bíblicos é mais importante do que a representação do espaço territorial. Em seu centro está o lugar que é tão central para a fé cristã: Jerusalém, o local da crucificação de Cristo, representado graficamente acima da própria cidade, que é mostrada com muros circulares, um pouco como um gigantesco dente da engrenagem teológica. Ela assume sua posição no centro do mapa devido ao pronunciamento de Deus no livro de Ezequiel do Antigo Testamento: "Trata-se de Jerusalém, que eu tinha situado em meio às nações, tendo em derredor os povos pagãos" (Ezequiel 5:5). A geografia teológica em camadas da descrição da cidade feita por al-Idrisi se foi, substituída por uma visão exclusivamente cristã.

Rastreando a topografia do mapa para fora de Jerusalém em termos de teologia, em vez de geografia, começamos a ver uma lógica mais clara em sua forma. A Ásia está cheia de lugares e cenas do Antigo Testamento. Em torno de Jerusalém estão o monte Efraim, o monte das Oliveiras e o vale de Josafá; mais ao norte veem-se a Torre de Babel e as cidades da Babilônia, Sodoma e Gomorra. À direita encontram-se os "celeiros" de José – uma versão medieval das pirâmides egípcias – e o monte Sinai, onde Moisés é mostrado recebendo os Dez Mandamentos das mãos de Deus. O mapa também tece um itinerário labiríntico do êxodo, que atravessa o mar Morto e o rio Jordão antes de chegar a Jericó, passando por uma série de lugares lendários ao longo do caminho, entre eles a esposa de Ló, transformada em estátua de sal.

No meio de toda essa riqueza de detalhes geográficos, bíblicos, míticos e clássicos, o olho do observador é inexoravelmente atraído para cima em direção ao ápice do mapa, e sua teologia organizadora. No alto, logo abaixo da borda circular, encontra-se o Jardim do Éden, o paraíso terrestre, mostrado como uma ilha circular fortificada, irrigada por quatro rios e habitada por Adão e Eva, retratados no momento da Queda. Logo em seguida, ao sul, o casal aparece sendo expulso do Éden, amaldiçoado a percorrer o mundo terrestre, que se situa abaixo deles. Diretamente acima dessa cena, para além da moldura mundana do tempo e do espaço humanos, está o Cristo ressuscitado, que preside o Juízo Final. Em torno dele, diz uma legenda: "Contempla meu testemunho", uma referência às marcas da crucificação (os estigmas e ferimentos de lança no lado direito de seu peito), que testemunham seu status de Messias prometido. À direita de Cristo (esquerda do observador), um anjo ressuscita de seus túmulos as almas salvas, proclamando: "Levantai! Vinde para a alegria eterna." À esquerda de Cristo, os condenados são levados para os portões do Inferno por um anjo que brande uma espada flamejante, declarando: "Levantai! Vós ides para o fogo estabelecido no Inferno."

Entre essas cenas contrastantes, uma Maria de seios nus olha para o filho e diz: "Vê, meu filho querido, meu peito, em que te fizeste carne e os seios em que buscaste o leite da Virgem. Tende misericórdia, como tu mesmo prometeste, de todos aqueles que me serviram, pois fizeste de mim o caminho da salvação." O apelo de Maria é provavelmente concebido como um auxílio mnemônico. Ele evoca o diálogo do Evangelho de Lucas, quando uma mulher do povo diz a Jesus: "Bem-aventurado o ventre que te trouxe e os peitos que te amamentaram!" Os observadores do mapa seriam versados na resposta de Jesus: "Antes bem-aventurados aqueles que ouvem a palavra de Deus e a observam" (Lucas 11:27-8). Eles iriam entender que o Juízo Final se baseia na estrita adesão à palavra de Deus.

Toda a cena bíblica da ressurreição e do julgamento está no topo do mapa-múndi, onde um leitor moderno poderia procurar um comentário ou nota explicativa de um mapa mundial ou atlas. Mas, em vez de um título escrito, o mapa-múndi de Hereford brinda seu público com uma imagem visual do drama da Criação e da Redenção cristãs. Ele mostra que o mundo foi criado por Deus e que vai chegar ao fim com o Juízo Final e a criação de "um novo céu e uma nova terra" (Apocalipse 21:1). Trata-se de um mapa da fé religiosa, com um centro simbólico e margens monstruosas, que tem pouca semelhança com o projeto geométrico de Ptolomeu da esfera terrestre, criado em Alexandria quase um milênio antes, ou com os

Fé

mapas do mundo de al-Idrisi feitos em Palermo somente cem anos antes. No período entre Ptolomeu e o mapa-múndi de Hereford, o cristianismo tornou-se uma religião global que também fabricou uma nova e atraente ideia do mundo feito à sua própria imagem teológica. O mapa-múndi de Hereford é um exemplo duradouro dessa nova visão de mundo ambiciosa, moldada não pela ciência, mas principalmente pela fé. Dentro da estranha geografia do mapa e no que parece ser aos olhos modernos sua etnografia bizarra e topografia excêntrica, é possível traçar um desenvolvimento da civilização greco-romana clássica e da ascensão do cristianismo, uma religião que abraçou a geografia com relutância, mas, não obstante, adotou os mapas-múndi do século VIII como sua imagem definidora do mundo para os seiscentos anos seguintes.

O MAPA DE HEREFORD é um exemplo clássico de um mapa-múndi que emanou de séculos de conflito e acomodação gradual entre as atitudes greco-romanas em relação à Terra e às suas origens e a nova fé cristã monoteísta e sua crença em uma divindade que criou o mundo e prometeu a salvação eterna para a humanidade. Embora fossem consideradas sociedades "pagãs", hostis à história cristã da Criação, Grécia e Roma forneceram os únicos relatos geográficos disponíveis para que se entendessem os variados pronunciamentos (muitas vezes vagos, até mesmo contraditórios) da Bíblia sobre a forma e o tamanho da Terra. Em consequência, os primeiros Padres da Igreja, responsáveis, após a morte dos apóstolos, por definir os dogmas da fé cristã, tiveram de pisar em ovos, celebrando o mundo clássico por suas realizações intelectuais, mas criticando-o por seu paganismo.

Não obstante, foi Roma que proporcionou ao cristianismo seu conhecimento geográfico mais antigo. Um dos grandes enigmas dos primeiros mapas-múndi é sua repetida inferência da existência de um mapa mundial padrão romano, um original perdido que fornecia a base para toda a subsequente cartografia romana e cristã inicial. No mapa-múndi de Hereford, a moldura pentagonal externa, no canto superior esquerdo, contém uma legenda que diz: "A massa de terra terrestre começou a ser medida na época de Júlio César." Trata-se de uma referência à decisão de Júlio César, em 44 a.C., de inspecionar toda a Terra enviando cônsules para mapear cada

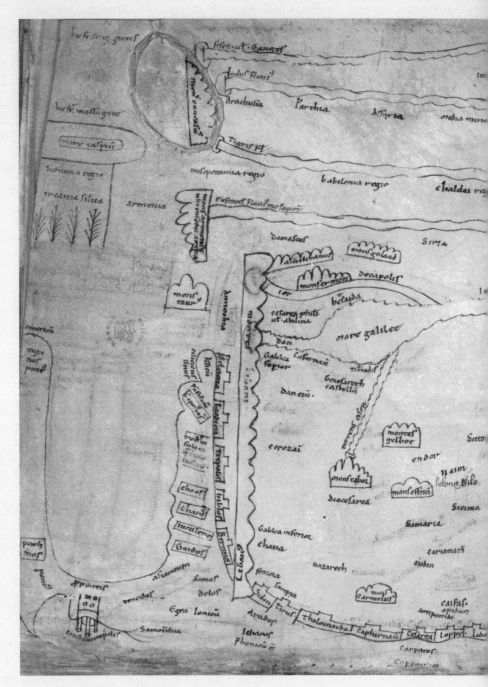

4. Mapa da Palestina, são Jerônimo, *Liber locorum*, século XII.

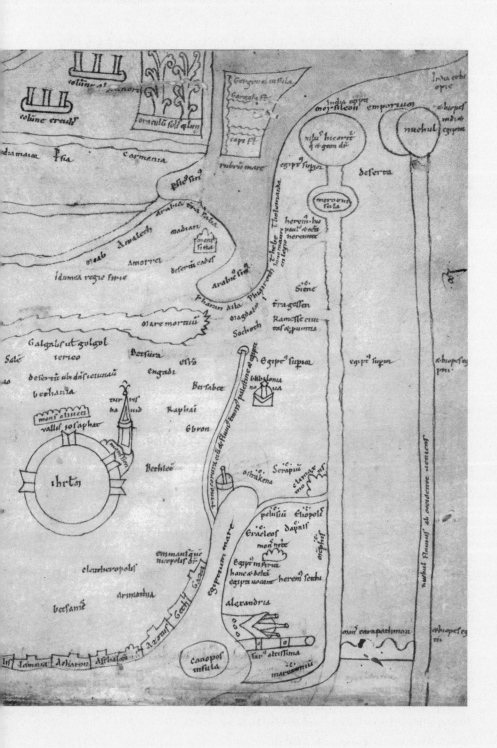

direção cardeal – Nicodoxo (leste), Teodoco (norte), Políclito (sul) e Dídimo (oeste) –, e voltar com um mapa do mundo para ser exibido publicamente em Roma. Os três primeiros homens têm suas legendas nos cantos leste, norte e sul do mapa, e reaparecem na ilustração do canto inferior esquerdo do mapa. Acima deles está Augusto César, filho adotivo de Júlio, entronizado e usando uma tríplice tiara papal cristã, que apresenta os três homens com um rolo de papel no qual está escrito: "Ide por todo o mundo e fazei um relatório para o Senado sobre todos os seus continentes: e para confirmar esta [ordem], afixei meu selo neste documento." Acima dessa cena outra legenda diz: "Lucas em seu Evangelho: 'Saiu um decreto de César Augusto para que todo o mundo fosse descrito.'" Na versão do rei Jaime, a frase é traduzida para o inglês como "todo o mundo fosse tributado", mas essa interpretação não foi seguida por traduções posteriores, e a referência que está no mapa-múndi é claramente a topografia, não a população.[6]

Quaisquer que tenham sido as realizações científicas da agrimensura e da cartografia romanas, muitos dos padres latinos – entre eles, Tertuliano, são Cipriano, são Hilário e santo Ambrósio – tinham pouco interesse por essas inovações. O mártir cristão do século III são Damião certamente rejeitava essas atividades. "O que os cristãos podem ganhar da ciência?", perguntou ele.[7] Os padres intelectualmente mais aventureiros, como santo Agostinho (354-430) e seu quase contemporâneo são Jerônimo (c.360-420), tiveram uma atitude bastante diferente. Agostinho admitia que o estudo clássico de *physica*, o mundo criado, era necessário para compreender a *sapientia*, que ele mesmo definia como "o conhecimento das coisas divinas".[8] Para Agostinho, sem um conhecimento "da terra, dos céus e dos outros elementos deste mundo", não podemos entender a Bíblia, nem, por consequência, ser bons cristãos. Ele sustentava que a época e a história bíblica deviam ser estudadas juntamente com o espaço e a geografia para uma melhor compreensão da criação divina. Em seu livro *Sobre a doutrina cristã*, Agostinho defendeu habilmente o estudo da geografia e da história, sem sugerir que isso significasse, de alguma forma, uma contestação de Deus pelo homem. "Desse modo", sugeria ele, "quem narra a ordem do tempo não a compõe ele mesmo", e da mesma forma, "quem mostra a localização dos lugares ou a natureza dos animais, plantas ou minerais não mostra coisas instituídas pelos homens; e quem demonstra as estrelas e seu movi-

Fé   109

mento não demonstra nada instituído por ele mesmo". Essas observações somente refletiam sobre a glória das criações de Deus, e permitiam que aqueles que empreendiam esse estudo "a aprendessem ou a ensinassem".[9]

São Jerônimo retomou a sugestão de Agostinho de listar locais bíblicos. Jerônimo é mais conhecido hoje por ter traduzido e padronizado a *Vulgata*, uma versão latina da Bíblia, a partir de suas várias versões antigas hebraicas e gregas. Mas, por volta de 390, ele também escreveu um livro, *Sobre a localização e os nomes dos lugares hebreus*, frequentemente chamado apenas de *Liber locorum*, que fazia uma descrição alfabética dos nomes de lugares da Bíblia. O livro de Jerônimo baseava-se num texto de Eusébio (c.260-340), bispo de Cesareia, que escreveu uma das primeiras histórias da Igreja cristã; ele também foi assessor de Constantino I (272-337), o fundador de Constantinopla, capital do que veio a ser o Império Bizantino, e o primeiro imperador romano a se converter ao cristianismo. Por volta de 330, Eusébio terminou seu texto grego *Onomasticon*, "uma lista de nomes próprios de pessoas ou lugares", um dicionário topográfico que arrolava quase mil locais bíblicos. Jerônimo corrigiu e atualizou o texto de Eusébio para fazer uma abrangente geonímia latina de nomes de lugares bíblicos, de tal modo "que alguém que conhece os sítios de cidades e lugares antigos e seus nomes, sejam os mesmos ou alterados, olhará de forma mais clara para a Sagrada Escritura".[10]

Eusébio, Agostinho e Jerônimo, como todos os outros primeiros Padres da Igreja, viviam à sombra do declínio do Império Romano clássico e sua cristianização gradual. A conversão do imperador Constantino, por volta de 312, deu a sanção final para a religião, mas a adoção do cristianismo ocorreu tendo por pano de fundo a erosão do domínio militar e político de Roma e a decisão de Constantino de dividir o império nas esferas oriental e ocidental, sendo Constantinopla a capital imperial do leste. O saque de Roma pelos visigodos em 410 fez alguns perceberem o que durante séculos parecera impensável: que, no fim das contas, Roma podia não ser eterna. Isso causou mais problemas para os Padres da Igreja. Até a conversão de Constantino, Roma representara o passado pagão, repressivo, mas no final do século IV Roma já havia adotado o cristianismo como sua religião oficial. Muitos achavam agora que o declínio político do império estava de alguma forma ligado à sua recém-adotada religião. Agostinho trouxe uma resposta teológica e intelectual profunda em *A Cidade de Deus*, escrito como resposta direta ao saque de Roma. Ele usou a metáfora da cidade de Roma para propor que havia duas cidades: a cidade terrena dos homens, representada por Roma, seus deuses pagãos e a busca da glória, e a cidade eterna de Deus, uma comunidade religiosa de peregrinos terrenos que habitavam temporariamente este mundo, dedicados à divina capital dos céus. Para Agostinho, Roma e cidades e impérios anteriores (como Babilônia e Pérsia) eram prefigurações históricas necessárias da criação definitiva da Cidade de Deus. Essa narrativa de fé e salvação se tornaria o centro da teologia cristã posterior.

Para os cristãos, a Cidade de Deus não era um local físico, mas uma comunidade espiritual. Então, de que maneira pensadores como Jerônimo e Agostinho visualizavam o mundo terrestre, de modo a ser coerente com as Escrituras? Como representavam o mundo cristão em um mapa plano? Jerônimo deu uma resposta em seu *Liber locorum*. Cópias do livro do final do século XII feitas em Tournai contêm mapas regionais da Palestina e da Ásia, destinados a ilustrar o catálogo de lugares de Jerônimo. O texto e os mapas que o acompanham influenciaram mapas-múndi como o de Hereford no uso de nomes de lugares bíblicos e sua localização geográfica. No mapa da Palestina de Jerônimo, Jerusalém está no centro, representada por um círculo fortificado que se distingue pela torre de Davi. À direita está o Egito, com as duas versões do Nilo, que reaparecem no mapa-múndi de Hereford. Acima de Jerusalém, os rios Ganges, Indo, Tigre e Eufrates aparecem descendo do Cáucaso e da Armênia, onde uma legenda diz que ali a Arca de Noé veio descansar, a qual também é reproduzida no mapa de Hereford. Embora se trate de um mapa explicitamente bíblico, com a maioria de seus 195 locais tirados das Escrituras, ele também mostra uma influência bastante confusa da mitologia greco-romana. No topo do mapa, na Índia, estão os altares de Alexandre, ao lado das proféticas ou "oraculares" árvores que ele consultou durante o tempo que passou no Oriente.

Os mapas de Jerônimo enfocam principalmente uma parte do mundo conhecido. Mas havia outras tradições de mapeamento disponíveis para os Padres da Igreja que pretendiam representar a totalidade da superfície da Terra e que teriam uma influência decisiva na forma do mapa-múndi de Hereford. A primeira é conhecida hoje como o mapa T-O, que é composto de um "T" dentro de um círculo que contém três continentes – Ásia, Europa e África – cercados por água. As massas de terra são divididas por três vias aquáticas que compõem o T: o rio Don (geralmente chamado de Tanais) dividindo a Europa e a Ásia, o rio Nilo separando a África da Ásia e o mar Mediterrâneo dividindo a Europa e a África. A maioria dos mapas-múndi, inclusive o de Hereford, herdou a orientação do leste em seu topo da tradição T-O. A origem clássica desses mapas permanece obscura. Uma fonte possível é a crença judaica no povoamento dos três continentes por filhos de Noé – Jafé (Europa), Sem (Ásia) e Cam (África) –, mas não subsistem exemplos conhecidos dessa tradição especificamente judaica.

Os mais antigos exemplos existentes do desenho em T-O datam do século IX e são usados para ilustrar manuscritos da história romana clássica. Historiadores como Salústio (86-34 a.C.) e Lucano (39-65 d.C.) usaram descrições geográficas para situar suas histórias escritas das batalhas e lutas pelo poder que definiram o período em torno do fim da República Romana e a ascensão do Império. Em *A guerra jugurtina* (40 a.C.), Salústio

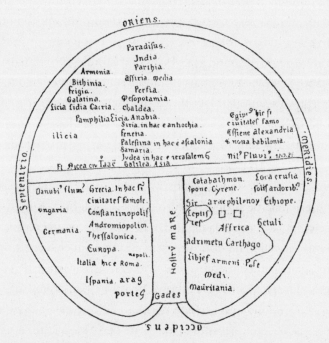

5. Mapa T-O, de Salústio, *A guerra jugurtina*, manuscrito do século XIII.

descreve a rebelião malsucedida do rei líbio Jugurta contra a República, em 118-105 a.C. No capítulo 17, ele faz uma pausa para refletir que "meu tema parece exigir de mim, neste lugar, um breve relato da situação da África e daquelas nações africanas com quem tivemos guerras ou alianças". Nos debates sobre a divisão da Terra, Salústio continua, "a maioria das autoridades reconhece a África como um terceiro continente", embora ele logo a seguir reconheça que "alguns admitem apenas a Ásia e a Europa como continentes, incluindo a África na Europa". Salústio escreve então dois capítulos que descrevem o que ele chama de "os aborígenes da África, as raças imigrantes e o cruzamento de raças que ocorreu", antes de retornar ao seu comentário sobre a rebelião de Jugurta.[11] As referências geográficas de Salústio eram limitadas, mas elas apresentam um dos poucos exemplos clássicos do que hoje chamaríamos de geografia humana: como os seres humanos interagem com o seu ambiente físico e o moldam. O livro e seu conteúdo geográfico foram populares: entre os séculos IX e XII, 106 cópias subsistiram, mais da metade ilustrada com um mapa T-O.[12]

A segunda tradição cartográfica conhecida dos Padres da Igreja, e que teve uma influência mais intangível sobre o mapa-múndi de Hereford, é a do mapa zonal. Esse método de mapeamento do mundo tem uma linhagem clara e mais antiga que a do mapa T-O e vem dos primeiros cosmógrafos gregos, passando por Platão, Aristóteles, Ptolomeu e a astronomia árabe. Seu expoente mais influente no período cristão primitivo foi o escritor do século V Macróbio e seu *Comentário sobre o sonho de Cipião*.[13] Pouco se sabe sobre a vida de Macróbio. Talvez fosse grego, ou mais provavelmente um administrador romano no norte da África, de origem africana. Seu livro traz um comentário sobre a seção final da *República* de Cícero, que era em si uma resposta à *República* de Platão, mas, em vez de explorar a ideia de utopia, Cícero usava a República Romana como um modelo para a comunidade ideal. Grande parte do texto de Cícero se perdeu, mas Macróbio herdou sua última seção, conhecida como "Sonho de Cipião", que ele interpretou como um texto astronômico e geográfico.

No *Comentário*, Macróbio descreve uma imagem do mundo geocêntrico clássico: "A Terra está fixada no meio do universo", diz ele, e em torno dela giram sete esferas planetárias de oeste para leste. A esfera terrestre está "dividida em regiões de frio ou calor excessivos, com duas

Fé

zonas temperadas entre as regiões quentes e frias. As extremidades norte e sul estão congeladas em frio perpétuo" e, Macróbio acredita, não podem sustentar a vida, "pois seu torpor gelado impede a vida de animais e da vegetação; a vida animal se desenvolve no mesmo clima que sustenta a vida das plantas". A zona central, "assolada por um sopro incessante de calor, ocupa uma área mais extensa em largura e circunferência e é desabitada por causa do calor inclemente". Entre as extremidades congeladas e a zona tórrida central encontram-se as zonas temperadas, "temperadas pelos extremos das faixas adjacentes; somente nessas a natureza permitiu a existência da raça humana". Antecipando a descoberta posterior da Austrália (cujo nome deriva do latim *auster*, vento sul), Macróbio afirma que a zona temperada do sul é habitada porque "tem o mesmo clima de nossa zona, mas por quem é ocupada, nunca nos foi permitido saber e nunca será, pois a zona tórrida situada entre nós nega às pessoas de ambas as zonas a oportunidade de se comunicar umas com as outras".[14]

Enquanto os mapas T-O propunham um diagrama simplificado da geografia humana, com a humanidade dando forma aos contornos simples da divisão do mundo em continentes distintos, os mapas zonais do tipo descrito por Macróbio tentavam oferecer algum conhecimento de geografia física, ou como o mundo natural ditava onde os humanos habitavam em sua superfície. Para os Padres da Igreja, ambos os modelos exigiam certa quantidade de apropriação e manipulação para que se adequassem à visão teológica do mundo. Os mapas zonais eram particularmente complicados, pois se baseavam numa tradição grega que dizia que o lugar da humanidade na Terra era definido principalmente pelo ambiente físico. Esses mapas também postulavam uma raça desconhecida e inacessível na metade sul do globo terrestre. Essa raça fora criada por Deus? Se assim fosse, por que não era mencionada na Bíblia? Essas questões permaneciam sem resposta, mas continuaram a preocupar os teólogos durante todo esse período.

Porém, os mapas zonais possibilitaram que os Padres da Igreja reivindicassem uma vertente da filosofia neoplatônica para a nova teologia cristã. Autores como Macróbio forneceram aos Padres um conceito fundamental, que pode ser detectado no mapa-múndi de Hereford. Tratava-se da crença na transcendência, numa elevação acima da Terra em um momento de separação física e revelação espiritual. Ao interpretar a descrição de Cícero do sonho de Cipião, Macróbio afirma que "seu motivo para enfatizar a pequenez da Terra era para que os homens dignos pudessem perceber que a busca pela fama deveria ser considerada sem importância, uma vez que não poderia ser grande em tão pequena esfera".[15] Para os Padres da Igreja, essa visão parecia consistente com a crença redentora na Ressurreição – de Cristo subindo ao céu, transcendendo os mesquinhos conflitos locais da terra para a qual ele olha de sua perspectiva onisciente superior, oferecendo a cena holística da Salvação que podemos ver na parte superior do mapa-múndi de Hereford.

Essa visão neoplatônica foi desenvolvida por escritores cristãos antigos, entre eles Paulo Orósio, uma das fontes tanto do *Entretenimento* de al-Idrisi como do autor do mapa-múndi de Hereford. A *História contra os pagãos* de Orósio foi encomendada por santo Agostinho e dedicada a ele. Tal como a *Cidade de Deus*, o livro de Orósio refutava a crença de que o colapso de Roma se devia à ascensão do cristianismo. Ele começa a história do que chama de "a fundação do mundo até a fundação da cidade [de Roma]" com uma geografia moralizada: "Penso que é necessário revelar os conflitos da raça humana e do mundo, por assim dizer, por meio de suas várias partes, ardendo com males, incendiada com a tocha da ganância, vendo-os como de uma torre de vigia, de tal modo que primeiro vou descrever o próprio mundo que a raça humana habita, como foi dividido por nossos antepassados em três partes." Orósio afirma que essa abordagem é necessária para que, "quando os locais de guerras e devastações de doenças forem descritos, todos os interessados possam mais facilmente obter conhecimento, não somente dos eventos de seu tempo, mas também da localização deles".[16]

Era mais fácil para os cristãos acomodar os mapas T-O do que os mapas zonais, pois causavam menos dificuldades filosóficas para os Padres da Igreja, em parte graças à simplicidade de sua aparência. Aos poucos, apropriaram-se do T como uma imagem da crucificação, e sua localização, em Jerusalém, foi colocada no centro dos mapas que usavam esse desenho, bem como de mapas-múndi como o de Hereford. A figura mais notável intimamente associada à cristianização do mapa T-O, e outra fonte essencial utilizada na execução do mapa-múndi de Hereford, foi Isidoro de Sevilha. Durante seu mandato de bispo em Sevilha (600-636), Isidoro teve

Fé

participação fundamental em uma série de concílios da Igreja que visavam formalizar os princípios da crença e dos ensinamentos cristãos. Hoje, ele é mais conhecido por ter escrito dois dos mais importantes textos enciclopédicos do início da Idade Média, os quais exerceram uma influência decisiva sobre toda a geografia cristã posterior. Seus títulos enfatizavam a ambição intelectual de Isidoro: *De natura rerum* – *A natureza das coisas* – foi escrito por volta de 612-15 e, como o próprio título sugere, tentava explicar tudo, desde a Criação, o tempo e o cosmos até a meteorologia e outros fenômenos naturais divinamente inspirados. Isidoro enfatizava que estava apresentando suas ideias "como os escritores antigos fizeram e, melhor ainda, acrescentando o que se encontra na obra de homens católicos".[17]

Da mesma forma, seu *Etymologiarum sive originum libri XX* (622-33) – *Etimologias*, também conhecido simplesmente como *Origens* – fundia o conhecimento clássico e bíblico para sustentar que a chave de todo o conhecimento era a linguagem: "Quando vemos de onde vem um nome, entendemos seu significado mais rapidamente, pois tudo é conhecido com mais clareza pelo estudo da etimologia." Desenvolvendo esse método para a esfera da geografia, o livro 14 das *Etimologias* contém um resumo detalhado do mundo cristão. Em uma decisão que influenciaria a maior parte dos mapas-múndi posteriores, inclusive o exemplo de Hereford, Isidoro começa sua descrição do mundo na Ásia, com a localização do Paraíso, antes de avançar para o oeste, através da Europa e da África, e, num reconhecimento da influência dos mapas zonais clássicos, descrever um quarto continente projetado, "que é desconhecido para nós devido ao calor do sol".[18] Ao longo de sua descrição, Isidoro utiliza a etimologia clássica e bíblica para explicar a geografia: a Líbia deve ser mais antiga do que a Europa, porque Europa era a filha de um rei da Líbia; o nome da África vem de Afer, um descendente de Abraão; e a Assíria leva o nome de Assur, filho de Sem.[19] Para Isidoro, todos os fenômenos naturais refletem a criação divina de Deus. As estações seguem as vicissitudes da fé cristã: o inverno representa tribulação, a primavera, a renovação da fé. O sol representa Cristo e a lua, a Igreja. Isidoro chega a dizer que a constelação da Ursa Maior representa as sete virtudes cristãs.

Cópias manuscritas mais antigas dos livros de Isidoro contêm mapas T-O, que muitas vezes são pouco mais do que diagramas básicos que mostram a divisão tripartite do mundo. Mas, a partir do século X, mapas mais elaborados começam a ilustrar suas obras, até que foram feitos mais de seiscentos, muitos mostrando Jerusalém em seu centro. Os relatos geográficos feitos por escritores como Orósio e Isidoro logo foram incorporados aos primeiros currículos medievais, sob a rubrica das sete artes liberais. O *trivium* abrangia o estudo de gramática, retórica e lógica. Mas foi a introdução, entre os séculos IX e XII, das outras quatro artes, conhecidas como *quadrivium* – aritmética, geometria, música e astronomia –, que possibilitou a disseminação da nova abordagem cristã da geografia. Embora a matéria não fosse por si só considerada uma disciplina acadêmica, o erudito pagão do século V Marciano Capella introduziu a figura da geometria como uma das sete artes liberais personificadas que fala a língua da geografia. Em *O casamento da filologia e Mercúrio*, de Marciano, a Geometria explica: "Chamam-me de Geometria porque atravessei e medi a Terra muitas vezes, e posso oferecer cálculos e provas de sua forma, tamanho, posição, regiões e dimensões", antes de passar a oferecer um relato zonal clássico do mundo.[20] A inovação de Marciano proporcionou uma nova saída para o estudo acadêmico da geografia sob a égide da geometria e do *quadrivium*. Possibilitou também que os estudiosos cristãos produzissem relatos escritos do mundo conhecido que descreviam os lugares e os eventos representados nos mapas-múndi. Eram versões escritas dos mapas-múndi que vasculhavam fontes geográficas clássicas como uma forma de compreender as referências a locais específicos na Bíblia.[21]

Esta nova tradição de descrever mapas-múndi por escrito introduziu uma *história* da Criação cristã na geografia. As religiões clássicas greco-romanas não se concebiam conforme uma cadeia de eventos de criação, salvação e redenção, nem tinham uma narrativa do mundo com começo, meio e fim. Os padres cristãos, de Jerônimo a Isidoro, compreendiam o mundo físico de acordo com a história bíblica finita, que começa com o Gênesis e termina na Revelação e no Apocalipse. De acordo com essa crença, todas as relações terrenas entre o tempo, o espaço e os indivíduos estavam ligadas ao longo de uma cadeia vertical de eventos narrativos que inevitavelmente terminavam da mesma forma que começavam, com a Divina Providência de Deus. Nessa visão, cada acontecimento humano e terrestre antecipava, ou prefigurava, o cumprimento do plano divino de

Fé

Deus. Para os Padres da Igreja, a exegese bíblica envolvia uma distinção clara entre a figura histórica ou o acontecimento no tempo, e seu cumprimento mais amplo dentro do plano de Deus. Por exemplo: a história do sacrifício de Isaac no Antigo Testamento "prefigura" o sacrifício de Cristo do Novo Testamento. O primeiro é uma figura que antecipa o evento posterior, que consuma (ou justifica) o anterior. Sua conexão se faz através da lógica da Divina Providência, tal como estabelecida nas Escrituras.[22]

O impacto dessa nova filosofia cristã do tempo sobre os mapas foi agudo. A partir do século IX, mapas-múndi visuais e escritos começaram a aparecer não somente na ilustração de textos de autores como Macróbio e Isidoro, mas também em manuais escolares, tratados geográficos utilizados em universidades e mosteiros, composições de poemas épicos e idílicos, e em espaços públicos como mosteiros e igrejas, para propósitos mais políticos e didáticos.[23] Surgiram mapas mundiais que mesclavam aspectos de mapas zonais e T-O, bem como relatos mais detalhados de determinados locais geográficos. Tudo isso foi feito em nome do cristianismo. Quase nenhum desses mapas trazia material geográfico novo sobre o mundo baseado em viagem ou explorações. Em vez disso, fundiam lugares clássicos e bíblicos para projetar a história da Criação, Salvação e Juízo cristão na superfície de um mapa. Na maioria desses mapas-múndi, os observadores podiam acompanhar a passagem do tempo bíblico verticalmente, desde o seu início, na parte superior oriental do mapa, no Jardim do Éden, até sua conclusão, a oeste, com o fim dos tempos ocorrendo fora de sua moldura, em um presente eterno do Juízo Final.

Um dos primeiros mapas-múndi que refletem essas várias tradições e que também tem uma forte semelhança com o mapa-múndi de Hereford é o assim chamado mapa mundial "Isidoro" de Munique, datado de c.1130. Feito em Paris no início do século XII para ilustrar uma cópia manuscrita das *Etimologias* de Isidoro, o mapa tem um diâmetro de apenas 26 centímetros. Trata-se de um livro e de um mapa para serem lidos por estudiosos em privado, não em público por leigos. Não obstante, a semelhança com o mapa-múndi de Hereford é impressionante. A conformação geral das massas de terra é extremamente parecida, e ambos os mapas estão enquadrados pelos doze ventos, com ilhas flutuantes ao redor de sua circunferência. As raças monstruosas da África meridional estão nas mesmas posições, de ambos os lados de uma representação quase idêntica do alto Nilo. Ambos os mapas concordam na localização do mar Vermelho e das ilhas importantes do Mediterrâneo, inclusive uma Sicília triangular. Embora o mapa de Munique seja muito menor que o de Hereford e, portanto, não exiba a representação elaborada do paraíso terrestre e extensas citações de autores clássicos, ele ainda combina fontes clássicas e bíblicas, traçando as viagens de Alexandre, a localização de Gog e Magog, o paradeiro da Arca de Noé e a travessia do mar Vermelho. O mapa-múndi "Isidoro" de Munique mostra como os estudiosos cristãos estavam gradualmente se afastando de fontes cristãs clássicas e antigas. Embora ilustre uma cópia de *Etimologias*, sua forma e seus detalhes têm pouca semelhança com o texto de Isidoro. Em vez disso, representa um somatório da forma e do contorno de uma visão de mundo cristã em constante evolução.

O mapa-múndi de Munique baseia-se também no pensamento de Hugo de São Vítor (1096-1141),[24] que exemplifica a nova abordagem do uso de mapas-múndi no ensino cristão. Hugo foi um dos teólogos mais influentes do século XII, seguidor de Agostinho que usou sua posição de chefe da escola na abadia de São Vítor, em Paris, para divulgar seus textos escolásticos, como o *Didascalicon* (década de 1130), um compêndio sobre os ensinamentos básicos do cristianismo em que ele sustenta que "todo o mundo sensível é como uma espécie de livro escrito pelo dedo de Deus".[25] Em seu *Descriptio mappe mundi* (c.1130-35), escrito provavelmente como uma palestra para estudantes de São Vítor, Hugo faz uma descrição detalhada da Terra e das suas regiões semelhante ao mapa-múndi de Munique.

O interesse de Hugo por geografia fazia parte de uma maior compreensão da criação de Deus, exposta em seu texto místico *De Arca Noe mystica* (1128-29). Nesse tratado, Hugo compara a Terra à Arca de Noé e descreve um plano cósmico que parece ter sido pintado na parede dos claustros de São Vítor e usado em suas aulas. Embora ele não subsista, é possível recriar esse mapa-múndi com algum detalhe, graças a instruções detalhadas de Hugo. A pintura mostrava o corpo de Cristo ladeado por anjos. Ele torna-se uma personificação do universo ao abraçá-lo, numa referência explícita à visão de Isaías de Deus cercado pelos serafins que anunciam que "toda a terra está cheia de sua glória" (Isaías 6:3). Seis círculos emanam de sua boca, representando os seis dias da Criação. Mais para perto de seu centro, o modelo de Hugo retrata os signos do zodíaco e os meses do ano, os quatro ventos cardeais, as quatro estações e, por fim, exatamente no centro, um mapa-múndi, desenhado de acordo com as dimensões da Arca de Noé:

> a Arca perfeita é circunscrita por um círculo oblongo, o qual toca em cada um de seus cantos, e o espaço que a circunferência inclui representa a Terra. Neste espaço, um mapa do mundo está representado desta forma: a frente da Arca dá para o leste e a parte traseira está voltada para o oeste. ... No ápice a leste, formado entre o círculo e a cabeça da Arca, está o Paraíso. ... No outro ápice, o que se projeta para o oeste, está o Juízo Final, com os escolhidos à direita e os réprobos à esquerda. No canto norte desse ápice está o inferno, onde os condenados são jogados com os espíritos apóstatas.[26]

Tal como o mapa-múndi de Hereford, o mundo de Hugo como uma arca pode ser lido como uma história em que a passagem do tempo vai de cima para baixo. Em seu ápice está a divindade literal, supervisionando a parte superior (leste) do mapa, a Criação e o Paraíso. Indo para baixo, de leste para oeste, o inferno está ao norte, a África fica ao sul, com suas raças monstruosas, enquanto que o ponto mais ocidental contém o Juízo Final e o fim do mundo. Para Hugo, o mundo como a Arca representa uma prefiguração da criação da Igreja: assim como a Arca salvou a família de Noé da destruição do Dilúvio, do mesmo modo a Arca da Igreja, edificada por Cristo, protegerá seus membros da morte e da condenação eterna. A Arca é um repositório de todo o conhecimento religioso, parte livro, parte construção, em que "estão abundantemente contidas as obras universais de nossa salvação, desde o início até o fim do mundo, e aqui está contida a condição da Igreja universal. Aqui, a narrativa dos acontecimentos históricos está entretecida, aqui encontram-se os mistérios do sacramento".[27]

Nessa teologia mística, há uma unificação do tempo e do espaço cristãos. O mundo como Arca mostra e conta uma narrativa completa da história cristã da Criação e Salvação, que se estende do início ao fim dos tempos. Tal como Orósio e Agostinho, Hugo propunha uma versão da história cristã baseada numa progressão do tempo que começa no leste e termina no oeste. Ele afirmava que, "na sucessão de eventos históricos, a ordem do espaço e a ordem do tempo parecem estar em correspondência quase completa". E continuava: "o que foi posto em execução no início do tempo também teria sido efetuado no leste – no início, por assim dizer, do mundo como espaço". De acordo com essa crença, a Criação ocorreu no oriente, como mostrava o mapa-múndi de Hereford. Mas, após o Dilúvio, "os primeiros reinos e o centro do mundo estavam nas regiões orientais, entre os assírios, caldeus e medas. Posteriormente, o domínio passou para os gregos; depois, com a aproximação do fim do mundo, o poder supremo desceu no ocidente para os romanos". Esse movimento pode ser visto no mapa-múndi de Hugo, que se move na vertical, desde o início do mundo e do tempo no oriente, na parte superior, ao seu final previsto no ocidente, na parte inferior.

Essa transferência de poder imperial de leste para oeste também era um somatório da prefiguração tanto da salvação individual como do fim do mundo. Ou, como Hugo disse, "à medida que o tempo avançasse para seu fim, o centro dos eventos mudaria para o ocidente, de tal modo que podemos reconhecer nisso que o mundo se aproxima de seu fim no tempo, pois o curso dos acontecimentos já atingiu a extremidade do mundo no espaço".[28] Para Hugo, que se voltou várias vezes para a geografia a fim de definir sua teologia, o veículo para essa unificação de tempo e espaço cristãos era o mapa-múndi, um espaço no qual o tempo bíblico e o fim do mundo poderiam ser projetados, e a humanidade poderia mapear sua salvação final – ou condenação. Sua visão pode parecer extremada, até mesmo excêntrica, mas os 53 manuscritos que ainda existem de seu livro e extensas referências a sua obra sobre mapas-múndi medievais (inclusive a dívida do mapa de Hereford para com suas descrições da "esplêndida coluna" de Rodes e das pessoas andando em crocodilos Nilo abaixo) mostram que ele foi amplamente lido e levado a sério.[29]

No auge dessa longa tradição histórica encontra-se o mapa-múndi de Hereford. Há outros mapas-múndi contemporâneos do exemplar de Hereford, mas nenhum ainda existente rivaliza com a sua escala e seus detalhes. Embora existissem exemplos anteriores de mapa-múndi na Inglaterra, não há explicação consistente ou relatos contemporâneos de como esses textos foram transmitidos e se influenciaram mutuamente; não obstante, eles compartilham notáveis semelhanças topográficas e teológicas. O assim chamado "mapa de Sawley", datado de cerca de 1190 e

Fé   121

geralmente considerado o mais antigo mapa-múndi inglês conhecido, foi descoberto na biblioteca da abadia de Sawley, um mosteiro cisterciense de Yorkshire. Como o mapa-múndi "Isidoro" de Munique, trata-se de um mapa minúsculo que ilustra um livro popular do século XII sobre geografia. O tamanho pode ter limitado sua capacidade de retratar o Paraíso e o Juízo Final, mas os quatro anjos em cada canto do mapa parecem derivar da cosmologia de Hugo de São Vítor, e representa os anjos segurando os ventos na Revelação.[30] A topografia do mapa é extremamente semelhante à do mapa de Hereford, de suas referências bíblicas e raças monstruosas no extremo norte à localização quase idêntica de rios, golfos e mares. Entre os mapas sobreviventes da época, o mapa-múndi de Hereford, no entanto, é sem-par na assimilação de tantas vertentes diversas da crença teológica e geográfica clássica e contemporânea e, no processo, no fornecimento de uma declaração visual e escrita abrangente a respeito do passado, do presente e do futuro projetado do cristianismo e seus crentes. A Bíblia, são Jerônimo, Orósio, Marciano Capella, Isidoro e uma variedade de outras fontes – desde as "maravilhas do oriente" descritas na *História natural* (74-79 d.C.) de Plínio, o Velho, ao livro de Caio Júlio Solino de maravilhas e monstros, *Uma coleção de fatos memoráveis* (século III) – são evocados (direta ou implicitamente) nas 1.100 inscrições do mapa, que vão desde citações diretas da Bíblia à reprodução do comprimento e da largura da África de Plínio e à citação da crença de Isidoro em unicórnios ("monóceros").

Ele também registra uma versão nova e particularmente cristã da viagem física e espiritual: a peregrinação. Por volta do século XII, rotas de peregrinação à Terra Santa estavam bem-estabelecidas no norte da Europa e tentar percorrer uma delas era considerado uma declaração de devoção pessoal. O mapa-múndi de Hereford mostra três dos locais de peregrinação mais importantes do cristianismo: Jerusalém, Roma e Santiago de Compostela, identificado no mapa como "o Santuário de são Tiago".[31] Cada lugar é iluminado em vermelho brilhante, e as cidades associadas às rotas para cada santuário estão cuidadosamente registradas. O mapa-múndi também reconstitui as viagens de são Paulo pela Ásia Menor, bem como reflete experiências contemporâneas de peregrinação à Terra Santa, reproduzindo 58 nomes de lugares da região, doze dos quais não estão em nenhum outro mapa da época.[32]

Embora o mapa-múndi fosse grande demais para servir de guia de rotas para peregrinação medieval, parece ter sido feito com a intenção de inspirar os fiéis a contemplar a peregrinação, admirar a piedade de quem empreendia essa jornada e refletir sobre a crença medieval amplamente difundida de que a vida cristã era em si mesma uma peregrinação metafórica em curso. Homilias e sermões lembravam aos fiéis que a vida terrena era um exílio temporário de seu destino final e verdadeiro, o eterno lar do céu.[33] Na Epístola de são Paulo aos hebreus, os fiéis são considerados "estrangeiros e peregrinos sobre a terra" (Hebreus 11:13), que "buscam um país" de onde vieram e ao qual querem voltar. A vida terrena é apenas uma etapa na peregrinação espiritual do homem, repetindo num nível individual o vasto abismo histórico entre o exílio do Éden e a busca de salvação final e do retorno à Jerusalém celeste.

A essência do mapa-múndi de Hereford é a contiguidade, a proximidade entre um lugar e outro, cada lugar carregado de um evento cristão específico. É um mapa moldado por sua história religiosa ligada a lugares específicos, em vez de um espaço geográfico. O mapa oferece aos fiéis uma representação de cenas da Criação, da Queda, da vida de Cristo e do Apocalipse em uma imagem da progressão vertical da história cristã, de cima para baixo, na qual eles poderiam entender a possibilidade de sua própria salvação. A congregação ou os peregrinos visitantes de Hereford leriam o mapa-múndi verticalmente, de acordo com a passagem do tempo predeterminado, a partir do Jardim do Éden e da expulsão de Adão, descendo através do crescimento dos grandes impérios asiáticos, o nascimento de Cristo e a ascensão de Roma, e terminando com a prefiguração do Juízo Final na representação do ponto mais ocidental do mapa, as Colunas de Hércules. Todos esses momentos históricos fundamentais, identificados através de suas localizações geográficas, estão situados equidistantes uns dos outros no mapa-múndi de Hereford. Cada local é um passo adiante numa história religiosa que antecipa a revelação divina, que é representada no ápice da estrutura pentagonal do mapa, fora do tempo e do espaço terrestres. A maravilha dos mapas-múndi, tanto em geral como em sua manifestação particular em Hereford, é a capacidade de incorporar toda a história humana em uma imagem e, simultaneamente, proporcionar um relato sequencial do juízo divino e da salvação pessoal.

Fé   123

Portanto, trata-se de um mapa que promete a salvação, mas também prefigura sua própria destruição. O homem é um peregrino sobre a terra, buscando e prevendo o Juízo Final: a própria Terra é uma casca, divinamente criada, mas, em última análise, dispensável, a ser substituída no fim dos tempos, quando "o primeiro céu e a primeira terra desaparecerem" em preparação para "um novo céu e uma nova terra" (Apocalipse 21:1). Os mapas-múndi são criados com uma prefiguração de seu próprio fim; a Salvação cristã baseia-se em uma obliteração do indivíduo mundano e do mundo em que ele habita. O tema do *contemptus mundi* (literalmente, "desprezo pelo mundo"), a renúncia ativa ao mundo terrestre, em preparação para a morte e para o mundo por vir, permeava a crença cristã medieval. O tratado do papa Inocêncio III *Sobre a miséria da condição humana* (c.1196) é um discurso de *contemptus mundi* que sobrevive em mais de quatrocentos manuscritos medievais.[34] Sua mensagem – que a conclusão da peregrinação terrestre era, inevitavelmente, a morte e o julgamento divino – moldou a observância religiosa e impregnou os mapas-múndi. Em nenhum lugar isso está mais graficamente retratado do que em Hereford. Está lá, na prefiguração da chegada ao céu (ou ao inferno) em sua parte superior, no cavaleiro em sua parte inferior, acenando adeus ao mundo antes de iniciar uma última e derradeira jornada, de "ir em frente", como diz a legenda, para o eterno presente da vida após a morte. O mapa-múndi prefigura o fim de sua representação do mundo com o Juízo Final, o término da tradição do *contemptus mundi* e o início de um novo mundo, do céu e da terra. Esse gênero atingiu seu apogeu no século XIII, com o mapa-múndi de Hereford. A partir do final do século XIV, essa tradição começou a declinar, não em consequência da descoberta do novo mundo dos céus, mas de toda uma série de novos mundos descobertos por viajantes mais prosaicos, voltados para a terra.

O mapa-múndi de Hereford foi, portanto, concebido para funcionar em vários níveis: para exibir aos fiéis as maravilhas do mundo criado por Deus; para explicar a natureza da Criação, da Salvação e, em última instância, o Juízo Final; para projetar a história do mundo através de locais, indo gradualmente de leste para oeste, desde o início dos tempos até seu fim; e para descrever o mundo físico e espiritual da peregrinação e o fim do mundo. Tudo isso é construído a partir da longa tradição histórica, filosófica e espiritual que ele herda e que remonta, através dos primeiros Padres da Igreja, aos tempos romanos.

HÁ UMA DIMENSÃO FINAL, mais pragmática da criação do mapa, que nos leva de volta à vida e à morte de são Tomás de Cantalupo. No canto inferior esquerdo da moldura pentagonal, abaixo dos pés de César Augusto, vê-se a legenda: "Que todos os que têm essa história – ou quem vier a ouvi-la, lê-la ou vê-la – rezem para que Jesus em sua divindade tenha piedade de Richard de Haldingham, ou de Lafford, que o fez e o apresentou, que a alegria no céu lhe seja concedida." A legenda fornece pistas sobre a autoria do mapa-múndi e seu uso, uma vez instalado na catedral de Hereford. Existiram, de fato, dois Richards intimamente relacionados que são relevantes para a história do mapa. Richard de Haldingham e Lafford, também conhecido como De Bello, era o prebendeiro de Lafford (hoje conhecida como Sleaford, em Lincolnshire) e foi tesoureiro da catedral de Lincoln até sua morte, em 1278. O sobrenome latinizado De Bello indica seu nome de família e "Haldingham", sua terra natal – sobrenomes alternativos eram comuns no século XIII.

Existiu também um segundo Richard de Bello (ou "De la Bataille"), mais jovem. Como seu sobrenome sugere, sua família vinha de Battle, em Sussex, e havia outro ramo em Lincolnshire, fazendo com que o Richard mais jovem fosse um possível primo de seu homônimo mais velho, Richard de Haldingham. Richard de Bello ordenou-se em Lincoln, em 1294, mas foi posteriormente nomeado prebendeiro em Norton, Herefordshire, passando a ocupar cargos clericais em Salisbury, Lichfield, Lincoln e Hereford. Em outras palavras, era um pluralista que desfrutava de uma série de benefícios oficiais não residenciais, tal como seu patrono, Richard Swinfield, que administrou a chancelaria da catedral de Lincoln no final dos anos 1270, e o mentor de Swinfield, Tomás de Cantalupo. Parece que Richard de Bello, Richard Swinfield e o bispo Cantalupo eram todos pluralistas clericais, conectados por uma teia de clientela eclesiástica, e todos com uma boa razão para se opor à campanha antipluralista reformista do arcebispo John Pecham. Em 1279, Pecham lançou um ataque feroz contra Richard Gravesend, bispo de Lincoln, insistindo em uma reforma do que ele via como uma série de abusos, inclusive a tomada de benefícios. Parece que Swinfield foi enviado de Hereford a Lincoln por Cantalupo, que detinha um benefício na diocese, para defender a causa pluralista e se opor ao que ele e seus partidários consideravam uma interferência da Cantuária.[35]

Fé 125

Esses conflitos a respeito de direitos eclesiásticos apontam para um contexto mundano muito específico da criação do mapa-múndi. Ele pode até não ter sido concebido em Hereford, mas em Lincoln, por alguma combinação de Richard de Haldingham/De Bello sênior, Richard Swinfield e o Richard de Bello mais moço, que deu as diretrizes para os artesãos envolvidos na feitura do mapa. Esses homens, com acesso inigualável às grandes bibliotecas eclesiásticas da Inglaterra do século XIII, foram capazes de assimilar as diversas vertentes de saber clássico e bíblico que são tão evidentes em todo o mapa, bem como consultar mapas-múndi contemporâneos guardados em outras instituições religiosas do país. A riqueza combinada deles lhes teria possibilitado designar os responsáveis por fazer o mapa. Entre eles estavam o artista que primeiro desenhou as ilustrações do mapa e as coloriu, o escriba que copiou os textos longos e complicados que cobrem a sua superfície, bem como o desenhista especialista que deu os últimos retoques no texto e suas vívidas ilustrações.

Embora o mapa-múndi não ofereça suporte teológico específico à discussão de Cantalupo com Pecham e sua defesa do pluralismo, a cena final em sua moldura parece apoiar o bispo em uma disputa diferente, que ocorreu poucos anos antes da morte de Cantalupo. Em 1277, ele protestou contra o conde Gilbert de Gloucester, que foi acusado de usurpar os direitos do bispo de caçar nos montes Malvern. Os juízes reais que foram chamados a julgar manifestaram-se a favor do bispo e os silvicultores do conde foram instruídos a se afastar e permitir que Cantalupo e sua comitiva caçassem o que quisessem. A cena de *contemptus mundi* no canto inferior direito do mapa-múndi mostra um cavaleiro elegantemente vestido em um cavalo ricamente ajaezado, seguido por um caçador que conduz um par de galgos. O caçador dirige as palavras "Vá em frente" ao cavaleiro, que se vira e levanta a mão como que aceitando a oferta, enquanto trota em frente, olhando para o mundo acima dele. A cena é um convite ao leitor do mapa a "ir em frente", para além da esfera terrestre, em direção ao mundo celeste fora do tempo, do espaço e da moldura do mapa. Mas também, de um modo mais prosaico, talvez evoque a disputa local de Cantalupo com Gloucester. O caçador representa os homens de Gloucester, que permitem que o cavaleiro, possivelmente o próprio Cantalupo, "vá em frente" e cace no lugar deles.[36]

Há uma última possibilidade intrigante que talvez conecte Cantalupo à criação do mapa-múndi de Hereford: que ele represente uma tentativa de apoiar a canonização do altamente controvertido bispo. No início da década de 1280, a disputa de Cantalupo com o arcebispo Pecham chegou a um ponto crítico, levando a sua excomunhão, sua viagem para a Itália e, finalmente, sua morte, em agosto de 1282. Em vida, qualquer plano para criar um mapa-múndi que celebrasse Cantalupo não seria original. Mas, na morte, isso poderia representar uma oportunidade única para lembrá-lo e pôr Hereford no mapa do cristianismo internacional. Nada disso teria sido possível sem o protegido de Cantalupo, Richard Swinfield. Foi Swinfield que sucedeu Cantalupo no bispado de Hereford e que, como vimos, lançou uma campanha, apesar da oposição de Pecham, para canonizar seu mentor e fazer da catedral um centro internacional de peregrinação.

Todos os locais de peregrinação exigiam algum tipo de "maravilha", geralmente um milagre tangível e recorrente. Quando isso não era possível, outras maravilhas eram necessárias para atrair peregrinos e santificar o objeto de sua veneração. Swinfield logo começou a trabalhar em um esmerado santuário no transepto norte da catedral. Foi para lá que os restos mortais do ex-bispo foram trasladados em uma cerimônia realizada durante a Semana Santa de 1287. Os mais recentes indícios arqueológicos podem até indicar que, no início, o mapa-múndi foi instalado na parede ao lado do túmulo de Cantalupo, uma nova e surpreendente "maravilha" do que um crítico chama de "complexo de peregrinação de Cantalupo", uma série cuidadosamente orquestrada de rotas, sítios e objetos situados em toda a catedral, projetados para atrair peregrinos e confirmar a santidade de Cantalupo.[37]

Um desenho do século XVIII do mapa-múndi de Hereford feito pelo antiquário John Carter mostrava que ele era originalmente a peça central de um tríptico magnificamente adornado, presume-se que também encomendado por Swinfield, junto com painéis laterais dobráveis.[38] Trata-se de uma inovação particularmente notável e um dos primeiros exemplos conhecidos de um tríptico com painéis pintados na Europa ocidental – mais ou menos contemporâneo das pinturas dos grandes mestres do início da Renascença italiana Cimabue e Giotto. O desenho de Carter mostra que os painéis laterais do tríptico de Hereford representavam a Anunciação, com o arcanjo Gabriel no painel esquerdo e a Virgem Maria no direito, intensificando a mensagem do mapa-múndi do painel central. Visto em conjunto, o tríptico convidava os peregrinos a meditar sobre a antecipação da Anunciação da primeira vinda de Cristo, em contraste com a segunda vinda, representada no ápice do mapa-múndi.[39] Enquanto os painéis laterais celebram a vida, o painel central tem escrito morte – MORS – em torno de sua borda, confirmando a prefiguração do mapa-múndi, para aqueles peregrinos que o contemplavam, da morte e do fim do mundo, do "novo céu" e da "nova terra" por vir.

Muitos peregrinos que viam o mapa-múndi de Hereford compartilhavam provavelmente a visão da peregrinação espiritual tal como expressa pela oração do monge beneditino anônimo do século XII que viveu na abadia de Bèze: "Que tua alma possa deixar este mundo, atravessar os próprios céus e ir além das estrelas até chegar a Deus. Quem nos dará asas como as do pombo, e voaremos sobre todos os reinos deste mundo, e

6. Desenho de John Carter, c.1780, do tríptico que contém o mapa de Hereford.

penetraremos nas profundezas do céu oriental? Quem, então, nos conduzirá à cidade do grande rei, a fim de que o que lemos agora nestas páginas e vemos somente através de um vidro escuro nos possibilite então olhar para o rosto de Deus presente diante de nós, e assim nos regozijar?"[40] Tais viagens imaginadas à Jerusalém celestial implicam uma rejeição do mundo terrestre e ecoam o *Sonho de Cipião* de Macróbio – transformado em uma visão cristã de ascender acima da Terra e olhar para ela desde os céus, compreender a insignificância da Terra e a inutilidade das lutas mortais da humanidade em sua superfície, quando confrontadas com a divindade.

Em algum momento do final do século XVIII, o mapa-múndi de Hereford perdeu seus painéis laterais e sua identidade como parte de um tríptico. Agora, ele pende em sua extensão construída com um objetivo específico, objeto do escrutínio de um peregrino mais secular: o turista moderno. Uma consequência dessa mudança quase inevitável do mapa-múndi (qualquer que tenha sido sua posição original) é a distorção de nossa compreensão moderna de sua função original. Trata-se de um mapa que celebra a fé religiosa, mas o faz em vários e diferentes níveis, alguns abstratos e universais, outros, como na possível conexão do mapa com Cantalupo, pragmáticos e locais. Trata-se também de um gênero de mapa único na história da cartografia que ansiosamente prevê e saúda sua própria aniquilação. Ele espera o momento do Juízo Final cristão, quando o mundo terrestre como conhecemos chegará ao fim, todas as nossas viagens e peregrinações cessarão e a Salvação estará ao nosso alcance. O mapa-múndi de Hereford espera e reza pelo fim do espaço e do tempo – um eterno presente em que não haverá necessidade de geógrafos ou mapas.

4. Império

O mapa mundial Kangnido, 1402

Península de Liaodong, nordeste da China, 1389

Em 1389, o comandante militar coreano Yi Songgye (1335-1408) estava preparado para entrar com seu exército na península de Liaodong, na fronteira entre China e Coreia. Yi fazia parte de uma expedição militar enviada pela dinastia Koryo (ou Goryeo) para atacar as forças da recentemente fundada dinastia chinesa Ming (1368-1644). Os Koryo estavam indignados com a ameaça Ming de anexar uma enorme extensão de seu reino e deram ordens para Yi atacar. A península de Liaodong, que faz parte da Manchúria, teria mais do que seu quinhão justo de conflitos sangrentos nos seis séculos seguintes, mas, em 1389, Yi Songgye recuou da guerra. Ele era contra a política dos Koryo em relação aos seus novos e poderosos vizinhos e se opôs à decisão de atacá-los. Na ilha de Wihwa, situada na foz do rio Yalu, que definia a fronteira com a China, Yi deteve seu exército e tomou uma decisão momentosa: anunciou que, em vez de atacar os chineses, o exército marcharia contra o rei U, da dinastia Koryo.

No golpe político que se seguiu, Yi derrubou o rei U e sua elite dirigente, pondo fim a quase quinhentos anos de domínio da dinastia Koryo na península Coreana. Autoproclamando-se rei Taejong, Yi fundou uma nova dinastia, a Choson,* que governou a Coreia pelos quinhentos anos seguintes, o mais longo período de domínio contínuo de uma única dinastia em qualquer reino do leste asiático. Os valores budistas dominantes

---

* A transliteração para o português de nomes coreanos varia muito. No caso dessa dinastia, é possível encontrar, além de choson, chosŏn, chosun, cho-sen, choseon e joseon. Trata-se do termo que a Coreia do Norte utiliza para referir-se a toda a península Coreana. (N.T.)

dos Koryo haviam superado as práticas xamânicas tribais e arcaicas, mas, com o tempo, os mosteiros budistas e seus dirigentes, enriquecidos com doações de terrenos e isenção de impostos, geraram um nível de corrupção e nepotismo que muitos membros da elite dominante não suportavam mais. A partir do século IX, as dinastias chinesas tornaram-se cada vez mais críticas do budismo e passaram a defender um renascimento do confucionismo, ou "neoconfucionismo", que enfatizava a importância dos preceitos práticos e da organização burocrática, em vez do retiro budista no espiritualismo. Quando coreanos como Yi Songgye adotaram o neoconfucionismo, o ímpeto de mudança na Coreia tornou-se irresistível.

O neoconfucionismo deu suporte a um programa de renovação social e política que se valeu dos textos clássicos dos reis sábios da Antiguidade chinesa. Contrapondo-se aos princípios xamânicos e budistas que moldaram a sociedade Koryo, o neoconfucionismo coreano ensinava que uma vida pública ativa era necessária para compreender a natureza humana e manter a ordem social. O ensino pragmático era preferido ao estudo esotérico: enquanto o budismo cultivava o eu, o neoconfucionismo incorporava o indivíduo ao âmbito da gestão do Estado. Para a nova elite Choson, o contraste entre a perspectiva mundana do neoconfucionismo e a mensagem budista de libertação espiritual e abandono das preocupações mundanas proporcionava uma justificação convincente para o amplo programa de reformas sociais e renovação política (*yusin*) que ocorreu na década de 1390.[1]

A transição da dinastia Koryo para a Choson é considerada um momento-chave da história coreana que transformou sua cultura e sociedade através da reforma das estruturas políticas, jurídicas, cívicas e burocráticas. O poder foi concentrado nas mãos do rei e o território do reino foi consolidado com a criação de uma nova infraestrutura militar. O poder burocrático foi centralizado e introduziram-se concursos públicos, conforme as crenças neoconfucionistas; a terra foi estatizada; um novo sistema mais justo de tributação foi proposto e o budismo foi praticamente abolido.[2] A ascensão dos Choson também fez parte de um amplo realinhamento da geografia imperial e cultural. A fundação da dinastia Ming, em 1368, sinalizou o fim gradual da influência mongol na região. A leste, outra grande potência da região, o Japão, começava a unificar seus reinos do norte e

Império

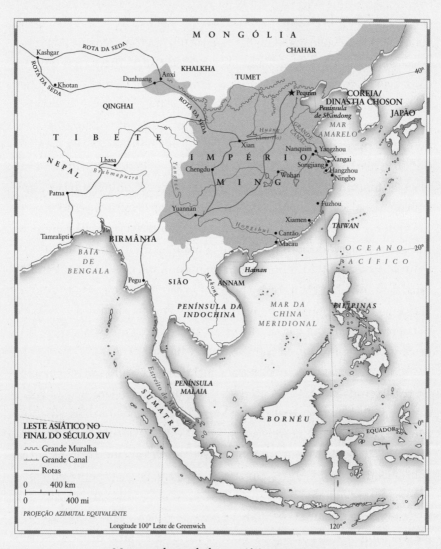

7. Mapa moderno do leste asiático que mostra a situação regional no final do século XIV.

do sul, estabelecendo um período de relações relativamente pacíficas e comercialmente prósperas com as dinastias Ming e Choson.[3]

Ao buscar legitimar sua usurpação da dinastia Koryo, o rei Taejong e seus conselheiros valeram-se do conceito clássico chinês de "Mandato do Céu", que explicava a ascensão e queda das dinastias. Só o céu poderia conceder o direito moral para governar. No que dizia respeito ao rei Taejong, fazia parte desse novo mandato não apenas um novo governante, mas uma nova capital. Os Choson mudaram a capital de Songdo (atual Kaesong, na Coreia do Norte) para Hanyang (a moderna Seul, na Coreia do Sul), onde Taejong construiu sua nova residência, o palácio Kyongbok. A nova administração também encomendou dois mapas novos, um da terra e outro do céu. O mapa do céu, intitulado "Posições dos corpos celestes em sua ordem natural e seus campos celestes alocados", foi gravado em um enorme bloco de mármore preto, com mais de dois metros de altura (uma estela), e exibido no palácio Kyongbok. Baseava-se em mapas estelares chineses, e é incomum por reproduzir os nomes chineses para os signos zodiacais gregos, que chegaram à China através de seus contatos com o mundo muçulmano a partir do século IX. Embora tenha muitas imprecisões (muitas estrelas estão desalinhadas), ele mostra a posição do céu tal como era visto pelo rei Taejong e seus astrônomos no início da década de 1390. Trata-se de um mapa que representa uma nova visão do céu para uma nova dinastia, uma forma de conferir legitimidade cósmica ao reino Choson.[4]

Em 1395, o mapa estelar já estava concluído pela equipe de astrônomos do rei, liderada por Kwon Kun (1352-1409), um reformador neoconfucionista e conselheiro assistente do Conselho de Estado, a mais alta posição no novo regime Choson. Kwon Kun já estava trabalhando em outro mapa, dessa vez de todo o mundo, que terminou em 1402. O original não sobreviveu, mas ainda existem três cópias, todas atualmente no Japão. A cópia guardada na biblioteca da Universidade Ryukoku, em Kyoto, e recentemente datada do final da década de 1470 ou 1480 é considerada a mais antiga e mais bem-preservada e inclui o prefácio original escrito por Kwon Kun. Intitulado *Honil kangni yoktae kukto chi to*, ou "Mapa das regiões e terrenos integrados e de países e capitais históricas", é mais conhecido simplesmente como o mapa Kangnido (uma abreviação de seu título completo). É o mais antigo exemplo datado de um mapa do mundo do leste asiático ainda existente, antecipando todos os exemplos chineses e japoneses, a primeira representação cartográfica da Coreia da dinastia Choson e o primeiro mapa asiático a mostrar a Europa.[5]

O mapa Kangnido, primorosamente pintado em tinta sobre seda, com lindíssimas cores iluminadas, é um objeto bonito e imponente. Os mares

Império

são verde-oliva e os rios, azuis. As cordilheiras são indicadas por linhas pretas irregulares, e as ilhas menores aparecem como círculos. Todas essas características são contrabalançadas pelo amarelo-ocre da terra. O mapa é atravessado por caracteres chineses em tinta preta que identificam cidades, montanhas, rios e centros administrativos importantes. Com 164 × 171 centímetros e preso a um bastão que possibilitava que fosse desenrolado de cima para baixo, foi provavelmente projetado, como o mapa estelar, para ser pendurado em uma tela ou numa parede de um local de destaque, como o Palácio Kyongbok. Assim como o mapa estelar situava a dinastia Choson sob um novo céu, o mapa Kangnido a localizava em uma nova representação da Terra.[6]

Enquanto os mapas cristãos, como vimos no capítulo 3, punham o leste na parte superior e muitos mapas islâmicos escolhiam o sul, o mapa Kangnido é orientado com o norte no alto. O mundo é uma massa de terra contínua, sem continentes separados ou mar circundante. Suas dimensões retangulares, junto com a terra que domina o topo do mapa, parecem mostrar uma Terra plana. No seu centro não está a Coreia, mas a China, uma grande massa pendular que se estende da costa oeste da Índia ao mar da China oriental. Com efeito, a China é tão proeminente que parece absorver o subcontinente indiano, que perde sua costa oeste, enquanto que o arquipélago da Indonésia e as Filipinas são reduzidos a uma série de minúsculas ilhas circulares ao longo da parte inferior do mapa. A penetrante influência política e intelectual da China também pode ser vista na inscrição no topo do mapa, logo abaixo do qual há uma lista de capitais chinesas históricas, seguida por descrições das províncias e prefeituras chinesas contemporâneas e das rotas entre elas.

A leste da China fica a segunda maior massa de terra do mapa, a Coreia, rodeada pelo que parece ser uma flotilha de pequenas ilhas; trata-se, na verdade, de bases navais. À primeira vista, a representação de seu país feita pelo cartógrafo se parece notavelmente com o contorno moderno da Coreia, especialmente quando contrastada com o retrato feito por al-Idrisi da Sicília, ou mesmo a ilustração de Richard de Haldingham da Inglaterra. Apesar da fronteira norte achatada, a Coreia é mostrada em detalhes surpreendentes. Seus 425 locais identificados incluem 297 condados, 38 bases navais, 24 montanhas, seis capitais provinciais, bem como a nova capital, Hanyang, marcada com destaque por um círculo vermelho ameado.[7]

No canto inferior direito do mapa flutua a outra grande potência da região, o Japão, muito a sudoeste de sua posição real. Sua ponta bifurcada aponta ameaçadoramente para cima, em direção à China e à Coreia. Para compensar essa aparente ameaça, o tamanho do Japão é reduzido em relação ao da Coreia, que aparece três vezes maior, quando na verdade o Japão tem uma vez e meia o tamanho da Coreia. Sua ilha mais ocidental, Kyushu, é mostrada apontando para o norte, e a posição real do arquipélago foi girada no sentido horário em noventa graus.

Ainda mais surpreendente para os olhos modernos é a representação que o mapa faz do mundo a oeste da China. Sri Lanka se agiganta ao largo da costa ocidental chinesa (em vez do sudeste da Índia), mas a cunha da península Arábica é bastante reconhecível, assim como o mar Vermelho e a costa oeste da África. Mais de oitenta anos antes de as primeiras viagens portuguesas descobrirem que o continente era circum-navegável, o mapa Kangnido mostra a África com a sua ponta meridional agora familiar, embora seu tamanho total esteja muito subestimado (a massa de terra da África é mais de três vezes maior do que a da China moderna). Outra peculiaridade é que o continente é mostrado com o que parece ser um enorme lago em seu centro, embora possa representar também o deserto do Saara. Muitos dos locais mostrados na África, na Europa e no Oriente Médio são transcrições chinesas de nomes árabes, o que aponta para o alcance da cartografia islâmica, mesmo nessa fase relativamente precoce (a Coreia representava os limites do conhecimento geográfico de al-Idrisi).[8]

Acima da África, vemos uma representação igualmente intrigante da Europa. O Mediterrâneo é mostrado (embora não em verde, como o resto dos mares do mapa) com uma forma rudimentar, mas reconhecível, assim como a península Ibérica. Alexandria é representada por um objeto em forma de pagode. Uma capital, possivelmente Constantinopla, está marcada em vermelho, e o contorno da Europa contém cerca de cem nomes de lugares, a maioria dos quais ainda aguarda uma tradução convincente. Até mesmo a Alemanha é mostrada, soletrada foneticamente como "A-lei-man-i-a".[9] Na extremidade do mapa vê-se um pequeno retângulo que parece representar as ilhas britânicas, mas é mais provável que sejam os

Império   135

Açores, o ponto mais ocidental da *Geografia*, reproduzidos provavelmente por causa da transmissão parcial das ideias de Ptolomeu.

O conhecimento revelado pelo mapa dos nomes e formas da África e da Europa talvez seja herança de Ptolomeu, mas é onde sua influência termina. O mapa Kangnido não contém gratícula aparente, escala ou orientação explícita; não surpreende que ofereça uma perspectiva mais detalhada da região meridional da Ásia, no ponto em que as coordenadas de Ptolomeu caem numa geografia cada vez mais especulativa e os nomes de lugares desaparecem. Em contraste com os mapas cristãos e islâmicos medievais, como aqueles produzidos em Hereford ou na Sicília, com seu compartilhamento da herança grega, o mapa Kangnido baseia-se em convenções cartográficas muito diferentes, enraizadas em percepções coreanas e, em última análise, chinesas do lugar da Terra no cosmos mais amplo.

Ao contrário das heranças sociais e culturais díspares do mundo greco-romano, que geraram uma série de crenças religiosas e mundos políticos concorrentes, o leste asiático pré-moderno foi moldado por um império universal: o chinês. Durante séculos, a China viu-se como o centro inquestionável da autoridade imperial legítima, governada por um imperador que se considerava líder do mundo civilizado (ou *tianxia*, "tudo sob o céu"). Reinos satélites como a Coreia eram atores que faziam pontas no grande projeto chinês das coisas; os povos que estavam fora da esfera chinesa eram considerados bárbaros e desprezados. Governar um grande e relativamente bem-definido império exigiu a criação e a manutenção de uma das burocracias pré-modernas mais sofisticadas da história. A manutenção cara de suas imensas (e continuamente em mudança) fronteiras imperiais, ao lado de uma convicção intelectual de supremacia política inata e centralidade geográfica, significavam que, ao contrário da Europa da baixa Idade Média, a China tinha pouco interesse pelo mundo além de si mesma. As heranças budista e confucionista que moldaram as crenças chinesas também eram muito diferentes daquelas das religiões cristã e muçulmana que se desenvolveram no Ocidente após o colapso do mundo greco-romano. Na qualidade de religiões universais, o cristianismo e o islamismo acreditavam que tinham a responsabilidade divina de disseminar sua religião por toda a Terra, um conceito que era completamente alheio ao budismo e ao confucionismo.[10]

O resultado disso foi uma tradição cartográfica centrada no estabelecimento de fronteiras e na manutenção prática do império, preocupações que as elites burocráticas encararam muito mais cedo do que as sociedades religiosas do Ocidente. Ela não tentava projetar uma geografia imaginativa para além de suas fronteiras que pudesse ser reivindicada em nome de uma determinada religião ou ideologia, nem visava incentivar ou possibilitar viagens de longa distância e expansão marítima para além do oceano Índico (na década de 1430, a dinastia Ming já havia retirado permanentemente suas frotas das explorações mais amplas). Enquanto a China liderava, a Coreia seguia o exemplo. Trabalhando em um Estado cliente da China imperial durante grande parte da sua história, que remontava a um século antes de Cristo, os cartógrafos da Coreia estavam igualmente preocupados em fornecer à elite do reino mapas práticos para a administração política. O mapa Kangnido fez isso de uma perspectiva muito particular. Antes de tudo, foi feito de acordo com a geografia física específica da península Coreana e com as relações com sua vizinha maior e infinitamente mais poderosa.

A MAIORIA DOS MAPAS oferece alguma interação entre imagem e texto, e o mapa Kangnido não é exceção. Em sua parte inferior vê-se uma extensa legenda transcrita em 48 colunas, escrita por Kwon Kun:

> O mundo é muito amplo. Não sabemos quantas dezenas de milhões de li há da China, no centro, até os quatro mares nos limites exteriores, mas, ao comprimi-lo e mapeá-lo em uma folha fólio de vários metros de tamanho, é realmente difícil conseguir precisão; é por isso que [os resultados] dos cartógrafos têm sido geralmente demasiado difusos ou abreviados demais. Mas o *Shengjiao guangbei tu* [Mapa do vasto alcance do ensinamento retumbante (da civilização)] de Li Zemin de Wumen é ao mesmo tempo detalhado e abrangente, enquanto que para a sucessão de imperadores e reis e dos países e capitais ao longo do tempo, o *Hunyi jiangli tu* [Mapa de regiões e terrenos integrados] do monge tiantai Qingjun é meticuloso e completo. No quarto ano da era Jianwen [1402], o ministro da esquerda Kim [Sahyong], de Sangju, e o ministro da direita Yi [Mu], de Tanyang, durante momentos de descanso de seus deveres governa-

Império 137

mentais, fizeram um estudo comparativo desses mapas e ordenaram que Yi Hoe, um servidor, os comparasse cuidadosamente e depois os combinasse em um único mapa. No que dizia respeito à área a leste do rio Liao e ao território do nosso próprio país, os mapas de Zemin tinham muitas lacunas e omissões, então Yi Hoe complementou e ampliou o mapa de nosso país e acrescentou um mapa do Japão, tornando-o um novo mapa completo, bem-organizado e bem digno de admiração. Podemos realmente conhecer o mundo sem sair de nossa porta! Ao olhar para os mapas podemos saber as distâncias terrestres e obter ajuda para o trabalho do governo. O cuidado e a preocupação despendidos nesse mapa por nossos dois cavalheiros podem ser compreendidos pela simples grandeza de sua escala e dimensão.[11]

O prefácio de Kwon Kun parece ter semelhanças com a abordagem de al-Idrisi do *Entretenimento*: há uma incerteza geral a respeito do tamanho e da forma do mundo conhecido; para fazer um mapa mais abrangente, é necessário tomar emprestado de uma tradição geográfica estabelecida (no caso de al-Idrisi, grega e islâmica, no de Kwon Kun, chinesa); o apoio político e administrativo a uma equipe de especialistas é crucial para o empreendimento, e o resultado inspira admiração e prazer.

O prefácio levanta dois elementos, ambos relacionados, que propiciam uma maneira de entender o mapa. O primeiro é o contexto político da criação do mapa e o segundo, a influência da cartografia chinesa. Kim Sahyong (1341-1407) e Yi Mu (m.1409) faziam parte do quadro de conselheiros neoconfucionistas da dinastia Choson. Os dois estiveram envolvidos em levantamentos topográficos realizados na fronteira norte da Coreia em 1402, poucos meses antes da feitura do mapa Kangnido, e ambos viajaram à China em missões diplomáticas; é possível que a viagem de Kim, em 1399, lhe tenha dado a chance de obter os mapas chineses mencionados por Kwon Kun. O mapa Kangnido está datado de 1402 por Kwon Kun, não em relação à fundação da dinastia Choson, mas ao período Jianwen de governo na vizinha China. O imperador Jianwen (Zhu Yunwen) (gov.1398-1402) foi o segundo governante da dinastia Ming e neto de seu fundador, o imperador Hongwu (Zhu Yuanzhang) (gov.1368-98). O monge budista e cartógrafo Qingjun era um conselheiro próximo do imperador Hongwu e supervisionou os rituais realizados em Nanjing em 1372 para

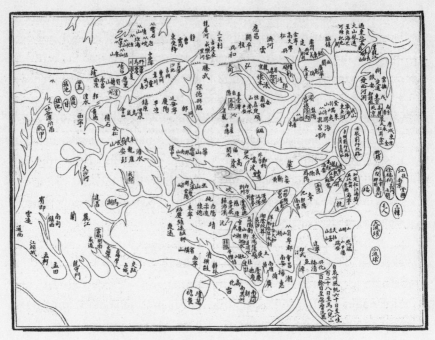

8. Cópia do mapa da China de Qingjun, de um livro de meados do século XV de Ye Sheng.

legitimar o novo regime. Uma reprodução do século XV do *Hunyi jiangli tu* de Qingjun mostra que ele fornece uma descrição geográfica e histórica das primeiras dinastias chinesas, na qual, como observa Kwon Kun, Yi Hoe "complementou e ampliou" a Coreia para leste, e acrescentou a península Arábica, a África e a Europa para oeste.[12] Hoe (1354-1409) era um alto funcionário do regime Koryo. Ele sobreviveu ao exílio temporário que o rei Taejong lhe impôs e em 1402 já estava de volta à capital, fazendo um mapa da dinastia Choson, e quando começou a trabalhar no mapa Kangnido, era secretário legal (*komsang*) do novo governo (possivelmente graças a sua perícia cartográfica).[13]

Zhu Yunwen, sucessor do imperador Hongwu, foi derrubado por seu tio Zhu Di, príncipe de Yan, que se instalou com o nome de imperador Yongle, após dois anos de sangrenta guerra civil.[14] Quando o mapa Kangnido foi concluído, Zhu Yunwen já estava morto. Apesar de suas referências explícitas à dinastia Ming, e não à dinastia Choson, Kwon

Império

Kun refere-se à área mais sensível do ponto de vista militar nas disputas recentes entre os dois reinos quando aponta a necessidade de corrigir a limitação do mapeamento da Coreia feito pelo cartógrafo chinês Li Zemin "a leste do rio Liao". Sua única outra observação geográfica é que o Kangnido acrescenta um novo mapa do outro vizinho poderoso e historicamente problemático da Coreia, o Japão. O mapa visa posicionar o novo reino coreano no mundo político em mudança do leste asiático no início do século XV.

Quaisquer que fossem as vicissitudes da política dinástica regional entre China e Coreia evocadas pelo prefácio de Kwon Kun, sua admiração pela cartografia chinesa, que ele cita como subjacente à criação do mapa, é inquestionável. Li Zemin e Qingjun eram cartógrafos da primeira metade do século XIV, mas a influência da China sobre a política e a geografia coreanas remonta há muito mais tempo. Desde a emergência da Coreia como reino independente, no início do século IV a.C., tanto seus governantes como seus intelectuais olhavam para a maior e mais poderosa civilização de sua vizinha em busca de inspiração em matéria de política, ciência e cultura. Mas nunca foi uma relação puramente passiva. A Coreia continuou a afirmar sua independência política da China, ao mesmo tempo em que se apropriava das conquistas culturais chinesas sempre que parecesse conveniente.

Objetos que podem ser descritos como mapas são encontrados na China já no século IV a.C. Mas, como no caso de qualquer sociedade pré-moderna que produz mapas manuscritos por um grande período de tempo e espaço, falar de uma "tradição" cartográfica chinesa ao longo de vários milênios é problemático e até mesmo anacrônico. O primeiro problema é o das fontes subsistentes. De antes do século X, relativamente poucos mapas subsistem, o que torna as afirmações sobre o "desenvolvimento" da cartografia chinesa quase sem sentido. Onde registros escritos sobreviveram, mas os mapas desapareceram, é difícil especular sobre a aparência de determinados mapas. Um excesso de interpretações baseia-se numa escassez de mapas. Mesmo aqueles que sobreviveram sofrem com os problemas habituais associados à circulação e à transmissão de mapas artesanais, de cópias e distribuição acadêmica não confiáveis a injunções políticas contra a sua divulgação mais ampla.

Ainda mais problemático é estabelecer exatamente o que se entende por um "mapa". Tal como nas sociedades grega, cristã e islâmica, o termo chinês para "mapa" é igualmente impreciso e abrange uma série de diferentes significados e artefatos. Em chinês pré-moderno, *tu* designa em geral o que no ocidente seria considerado um mapa ou um plano, embora também possa se referir a uma grande variedade de imagens, diagramas, gráficos e tabelas criados em diferentes meios (madeira, pedra, bronze, seda e papel). *Tu* podia ser tanto palavra como imagem, e muitas vezes combinava representações visuais gráficas com descrições escritas, textuais (incluindo poesia), que eram vistas como complementares umas das outras. Como disse um estudioso do século XII, "imagens (*tu*) são os fios da urdidura e as palavras escritas (*shu*) são a trama ... Ver a escrita sem a imagem é como ouvir uma voz sem ver a forma; ver a imagem sem a escrita é como ver uma pessoa, mas não ouvir suas palavras".[15] As ressonâncias emotivas da interação entre *tu* e *shu* estão, em grande medida, ausentes das definições ocidentais de mapa. Como verbo, *tu* descreve planejar, prever ou pensar. Às vezes, foi até mesmo diretamente traduzido como "dificuldade de planejar", o que capta sucintamente a prática de muitas das primeiras atividades de mapeamento, tanto na China como em outros lugares.[16]

Diferente do *pinax* dos antigos gregos, o *tu* chinês é um ato dinâmico, em vez de um meio físico, como sinólogos recentes argumentaram ao defini-lo como um "modelo de ação".[17] E, em contraste com o *periodos gés* grego, ou "circuito da Terra", não está intimamente relacionado a crenças cosmográficas predominantes. Nesse aspecto, os chineses também criaram uma abordagem diferente daquela dos gregos. Na antiga mitologia chinesa, não há vontade divina que autorize o ato de criação. Com pouca cosmogonia autorizada do ponto de vista religioso ou político (ao contrário das tradições judaico-cristã e islâmica), os chineses desenvolveram uma gama extremamente diversificada de crenças sobre as origens da Terra e seus habitantes. No interior dessa diversidade, três escolas de pensamento cosmológico foram mais influentes.

A mais arcaica é a teoria *Kai tien*, segundo a qual a cúpula circular do céu assentava-se como um chapéu de bambu em cima da Terra. O planeta era quadrado, como um tabuleiro de xadrez, descendo em direção a seus quatro cantos para formar a borda de um oceano circundante. Um sistema mais popular era o *huntian*, ou teoria do céu envolvente, que surgiu no século IV a.C. Dizia que o céu cerca a Terra, que se encontra em seu centro (e é intrigante que essa ideia tenha se desenvolvido ao mesmo tempo que as teorias gregas da cosmografia celestial concêntrica). Um defensor da teoria *huntian*, Zhang Heng (78-139 d.C.) afirmava que o "céu é como um ovo de galinha e tão redondo quanto um projétil de besta; a Terra é como a gema do ovo, e está sozinha no centro".[18] A crença mais radical era a mais alusiva *xuan ye shuo*, ou teoria do espaço vazio infinito:

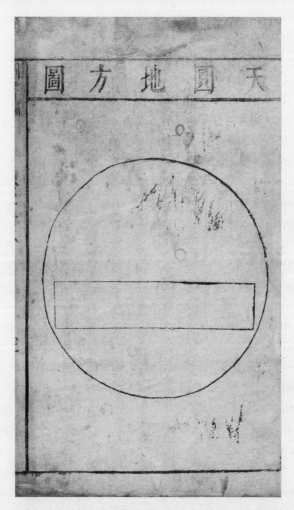

9. Representação do céu redondo e da Terra quadrada, de Zhang Huang, *Tushu bian*, 1613.

"O céu estava vazio e desprovido de substância", de acordo com um escritor do final da dinastia Han, e o "sol, a lua e a companhia de estrelas flutuam livremente no espaço vazio, movendo-se ou parados".[19]

A partir do século VI, as histórias oficiais consideraram a teoria *huntian* dominante, embora linhagens das três sejam recorrentes ao longo da história da astronomia, cosmologia e cosmografia chinesas e a teoria não deixasse de ter suas ambiguidades. Embora sua metáfora da Terra como a "gema" no centro do céu sugira um mundo esférico, a teoria foi muitas vezes ilustrada mostrando uma Terra quadrada e plana cercada pelo céu; e até mesmo essa suposição não era absoluta. A astronomia chinesa já usava esferas armilares (representando o céu como uma esfera), cujos cálculos subsistentes, baseados em observações detalhadas, pressupõem uma Terra circular para representar o cosmos. Não obstante, a crença fundamental que perpassa por essas teorias é a convicção, cujo registro mais antigo se encontra numa obra de matemática do século III a.C., de que "o céu é redondo, a Terra é quadrada".[20]

Esta crença se baseava em um princípio ainda mais básico que permeava a cultura chinesa antiga, que organizava o espaço terrestre de acordo com o "quadrado nonário", uma das grandes descobertas ou invenções de ordenação do mundo da China antiga.[21] Um quadrado nonário é dividido em nove quadrados iguais, criando uma grade de três por três. Sua origem é obscura e vai desde a observação arcaica da forma de um casco de tartaruga (com sua carapaça redonda que cobre o plastrão quadrado) à explicação mais convincente de que as vastas planícies do norte da China inspiraram uma maneira retilínea de compreender e dividir o espaço.[22] A celebração chinesa do quadrado contrastava diretamente com o ideal filosófico (e geográfico) grego do círculo perfeito. O quadrado nonário também punha o número nove no centro da classificação de quase todas as esferas da China clássica: havia nove campos do céu; nove avenidas da capital; nove divisões do corpo humano; nove orifícios; nove vísceras; nove poços no reino dos mortos; nove ramificações do rio Amarelo.

Essas divisões têm sua origem em um dos mais importantes textos fundadores da cultura clássica chinesa, o "Yu Gong", ou o capítulo "Tributo de Yu" do *Livro de documentos*, compilado em algum momento entre os séculos V e III a.C. e considerado o mais antigo livro de geografia

Império

chinesa subsistente. O livro descreve o lendário governante Yu, o Grande, fundador da dinastia Xia na Antiguidade remota (c.2000 a.C.). Diz-se que Yu trouxe ordem para o mundo após a grande inundação, organizando campos e canalizando rios.[23] Começando pelas bacias do Amarelo e do Yangtze, "Yu dispôs as terras em ordem. Andando pelas montanhas, ele pôs as florestas em uso, derrubando as árvores. Ele determinou as altas montanhas e os grandes rios".[24] O território foi demarcado em nove províncias (ou "palácios"), descritas em nove itinerários terrestres e nove fluviais. As nove províncias são descritas como uma grade de três vezes três, e cada lado dos nove quadrados media mil *li* (um *li* equivalia a cerca de quatrocentos metros).[25]

Além de ordenar o espaço do mundo conhecido de acordo com o número nove, o "Yu Gong" também fazia uma divisão esquemática de todo o mundo em cinco zonas retilíneas concêntricas, orientadas de acordo com os quatro pontos cardeais baseados nos ventos. Trata-se de um exemplo clássico de geografia egocêntrica. A civilização encontra-se no centro exato da imagem, representando o domínio imperial. O grau de barbárie aumenta a cada quadrado que se afasta do centro: governantes tributários, as regiões fronteiriças, os bárbaros "aliados" e, finalmente, a zona de selvageria sem cultura, que incluía a Europa. Mais uma vez, o contraste entre este esquema e seu equivalente greco-romano é impressionante. Embora os mapas zonais ocidentais também sejam retilíneos, eles baseiam-se em zonas latitudinais e não são definidos por um centro imperial simbólico, como no caso do "Yu Gong".[26]

O quadrado nonário e seu número nove possibilitaram que os cartógrafos chineses se valessem de uma visão de mundo cosmológica e a aplicassem à administração e à prática política. Em um nível simbólico, a relação entre o círculo e o quadrado permitia que os estudiosos recomendassem uma maneira particular de governar um império. De acordo com um escritor da dinastia Qin, "quando o governante se apodera do redondo e seus ministros ficam no quadrado, de modo que redondo e quadrado não sejam intercambiados, seu Estado prospera".[27] Em um nível administrativo mais prático, o quadrado nonário também se valia do assim chamado *jing tian*, ou sistema de cultivo agrícola "poço-campo". O ideograma chinês para "poço" (*jing*) se assemelha à grade de três vezes três e era usado como base para a alocação das terras agrícolas. Um grupo de oito famílias ganhava lotes iguais de terra, deixando a nona porção (central) para ser cultivada coletivamente. Essa divisão organizada do espaço era considerada elemento fundamental de coesão social e governo eficaz. "O governo benevolente deve começar pela demarcação de limites", defendia o erudito confucionista Mêncio (século IV a.C.). "Governantes violentos são sempre desleixados na demarcação de limites. Uma vez corretamente demarcados os limites, a divisão dos campos e a regulamentação dos salários podem ser fixadas sem esforço."[28]

Nos registros que ainda sobrevivem, as mais antigas descrições de mapas (ou *tu*) são igualmente associadas a questões de poder dinástico e sua administração. Uma das primeiras referências escritas vem do Zhanguo, ou "Período dos Reinos Combatentes", c.403-221 a.C., quando os Estados regionais lutaram pela supremacia dinástica. No *Shu jing* (*Livro de documentos*, que data dos primeiros anos desse período), o duque de Zhou aparece se voltando para um mapa para escolher a capital do reino Luoyi, hoje Luoyang, na província de Henan, oitocentos quilômetros a sudoeste de Beijing:

> Eu pedi o prognóstico sobre a região do rio Li, ao norte do He; depois, sobre a região a leste do rio Jian e oeste do rio Chan; mas foi a região de Luo que foi ordenada [pelo oráculo]. Mais uma vez, pedi prognóstico sobre a região a leste do rio Chan, mas, mais uma vez, foi a região de Luo que foi ordenada. Mandei um mensageiro para vir [ao rei] e trazer um *tu* [carta ou mapa] e apresentar os oráculos.[29]

Os prognósticos do duque sobre a localização da capital da dinastia eram informados pela geografia política, bem como pela providência. Seguindo os pronunciamentos do "Yu Gong", o duque concentra sua atenção nas áreas cruciais do ponto de vista agrícola e político das bacias do Amarelo e do Yangtze. Independentemente do que o "mapa" do duque de fato mostrava, ele estava claramente sendo usado como um complemento a esses pronunciamentos a fim de encontrar locais para a nova capital do reino Zhou, numa tentativa de unificar o espaço político recém-conquistado com a geografia lendária dos sábios antigos.

A iconografia de mapas desempenhou seu papel em momentos posteriores importantes da política dinástica chinesa. O Período dos Reinos Comba-

Império 145

tentes chegou ao fim em 221 a.C., com a ascensão ao poder da dinastia Qin, que unificou o reino chinês sob um único poder. Mas não foi sem luta: em 227 a.C., antes de sua ascensão, o primeiro imperador Qin foi atacado por um assassino com um punhal envolto em um mapa de seda de territórios cobiçados pela China.[30] Tampouco a dinastia era necessariamente segura: um erudito do século III informou aos Estados anti-Qin que havia "examinado um mapa [*tu*] do império, segundo o qual o território dos príncipes é cinco vezes maior que o do Qin. ... Se os seis Estados unissem forças, avançassem para oeste e atacassem Qin, ele seria esmagado".[31]

Ao lado dessas funções explicitamente políticas e simbólicas, os mapas também eram considerados parte da administração do governo dinástico. "As leis são codificadas em mapas e livros", escreveu o filósofo Han Feizi (m.233 a.C.). Segundo ele, tais eram "guardados em repartições do governo e as leis promulgadas entre o povo". Apesar dessas afirmações, outros estudiosos eram mais céticos. O filósofo confucionista Xun Qing (m.230 a.C.) alegava que os funcionários do Estado "preservam as leis e os regulamentos, os pesos e as medidas, os mapas e livros", mas, infelizmente, "não sabem o significado deles, porém cuidam de preservá-los, não se atrevendo a diminuí-los ou aumentá-los".[32]

Um dos primeiros mapas preservados desse período é uma placa de bronze gravada, do final do século IV a.C., encontrada no túmulo do rei Cuo, governante da dinastia Zhongsan, durante o Período dos Reinos Combatentes. Ela representa uma série de retângulos e quadrados incrustados de ouro e prata, intercalados com textos, e é dificilmente reconhecível como um mapa. Na verdade, trata-se de um plano de mausoléu, ou *zhaoyu tu*, que apresenta uma topografia de acordo com os princípios nonários dos ritos funerários cuidadosamente planejados do governante Zhongsan. Os retângulos exteriores da placa representam dois muros, entre os quais se destacam quatro edifícios quadrados. No terceiro retângulo há um monte elevado, sobre o qual se assentam cinco salas sacrificiais quadradas, destinadas a cobrir os túmulos do governante e dos membros de sua família. O *zhaoyu tu*, que adota as medidas clássicas das nove províncias e do sistema de poço-campo, é o mais antigo exemplo chinês de um objeto do tipo mapa com uma perspectiva panorâmica. Ele também está desenhado conforme uma escala: as notas da placa fornecem dimensões e distâncias medidas em *chi* (cerca de 25 centímetros) e *bu* (passos, o equivalente a cerca de 6 *chi*).[33]

O motivo de o mapa estar no túmulo continua obscuro. Tradicionalmente, os túmulos continham objetos preciosos imbuídos de poder secreto, projetados para transmitir respeitos rituais aos ancestrais.[34] A inclusão do mapa poderia ser uma comemoração, feita por uma administração política relativamente sofisticada, do controle do governante Zhongsan sobre seu espaço terrestre, no exato momento em que ele entra no mundo espiritual da vida após a morte.

Tanto a dinastia Qin como sua sucessora, a dinastia Han (206 a.C.-220 d.C.), utilizaram mapas em sua busca de uma centralização política, administrativa e militar. *Yudi tu* (mapas do império) ainda eram usados como objetos rituais e comemorativos, incluindo a troca diplomática de mapas com reinos vizinhos (como a Coreia), e na confirmação de vitórias militares ou da subjugação dos Estados súditos. Mas eles também começavam a permear a administração do governo imperial. O *Zhou li* ("formas rituais de Zhou") oferecia um ideal de burocracia Han em que os mapas eram fundamentais para a elaboração de políticas. Eram vitais para projetos de conservação de água; na tributação, na mineração e na demarcação de estradas; e na resolução dos litígios de limites, na delimitação de campos e na avaliação do gado; na auditoria da distribuição da população; no controle das contas de funcionários do governo e na manutenção da fidelidade dos Estados feudais e seus territórios. Num sinal da crescente consciência cívica da importância dos mapas, dois funcionários foram designados para manter o governo informado sobre geografia. Os dois homens viajavam com o imperador para onde ele fosse. O *tuxun* (patrulheiro real) explicava os mapas, enquanto o *songxum*, ou guia de viagem, decifrava os registros locais quando surgiam disputas.[35]

O melhor exemplo desse período do método chinês de fazer mapas é a obra de Pei Xiu (223-271). Ele costuma ser conhecido como Ptolomeu chinês, principalmente graças à sua definição do que chamou de seis princípios da cartografia. Nomeado ministro de Obras pelo primeiro imperador da dinastia Jin (265-420), Pei Xiu escreveu um estudo da geografia antiga que se valia do texto "Tributo a Yu", levando à criação de seu *Yu gong diyu tu* ("Mapas regionais do 'Yu Gong'"), obra hoje perdida. A abordagem de Pei está regis-

Império 147

trada em *Jin shu* ("História do Jin"), obra ainda existente que descreve como ele "fez um estudo crítico de textos antigos, rejeitou o que era duvidoso e classificou, sempre que possível, os nomes antigos que haviam desaparecido". O resultado está nas dezoito folhas do *Yu gong diyu tu*, que ele apresentou ao imperador, o qual "os guardou nos arquivos secretos". Ao fazer seu mapa, Pei seguiu seus seis princípios. O primeiro era *fenlu*, as "divisões graduadas que são o meio de determinar a escala". O segundo era *zhunwang*, uma "grade retangular (de linhas paralelas em duas dimensões)". O terceiro era *daoli*, "medir os lados de triângulos retângulos, que é a maneira de fixar os comprimentos das distâncias derivadas". O quarto era *gaoxia*, medir "o alto e o baixo". O quinto era *fangxie*, medir "ângulos retos e ângulos agudos". E o sexto princípio era *yuzhi*, medir "curvas e linhas retas".[36]

Ao leitor ocidental, os seis princípios de Pei Xiu parecem oferecer as bases para a moderna cartografia científica, com sua ênfase na necessidade de uma gratícula, o uso de uma escala padrão e o cálculo de distância, elevação e curvatura usando cálculos geométricos e matemáticos básicos. Isso era tão bom quanto qualquer coisa que os gregos ou os romanos tinham a oferecer na época – mas na China não se traduziu no desenvolvimento de uma ciência reconhecidamente moderna de cartografia, em parte porque Pei não estava interessado exclusivamente nesse tipo de mapeamento. Seu trabalho foi um dos primeiros exemplos do que sinólogos chamam de *kaozheng* ou pesquisa probatória, que envolvia a erudição textual que recuperava o passado, dando especial atenção aos textos antigos como guias para o presente. Esse tipo de erudição também descreve o método cartográfico de Pei. Ele reconhecia que seu trabalho envolvia "um estudo crítico de textos antigos", e seus mapas não dependiam de medições topográficas diretas, mas se baseavam na leitura de fontes textuais. Para Pei e a nova dinastia Jin, a tarefa era sobrepor uma nova geografia atualizada à autoridade do texto clássico do "Yu Gong". A reverência ao passado e sua continuidade significa que Pei tentou combinar o novo com o velho, para validar o passado e legitimar o presente em uma imagem gráfica (e descrição escrita) da continuidade dinástica.[37]

Tão poderosa era essa tradição textual que os seguidores tardios de Pei chegaram a apontar as limitações das descrições visuais de geografia física. "Em um mapa", escreveu Jia Dan (730-805), um erudito Tang, "não

10. "Yu ji tu", ou "Mapa dos trajetos de Yu", 1136.

se pode desenhar completamente essas coisas; pela confiabilidade, precisamos depender de notas."[38] Para Pei, a tradição textual clássica está presente mesmo quando ele parece escrever sobre o espaço: "Quando o princípio da grade retangular é devidamente aplicado, então o reto e o curvo, o próximo e o distante não podem esconder nada de nós."[39] Isso é ao mesmo tempo uma justificativa de seus novos princípios quantitativos da cartografia *e* uma celebração da tradição textual clássica de administração dinástica baseada no quadrado nonário.

Como tantos mapas feitos antes da ascensão da dinastia Ming em 1368, os de Pei não sobreviveram. Um dos que tiveram essa sorte é o famoso

Império 149

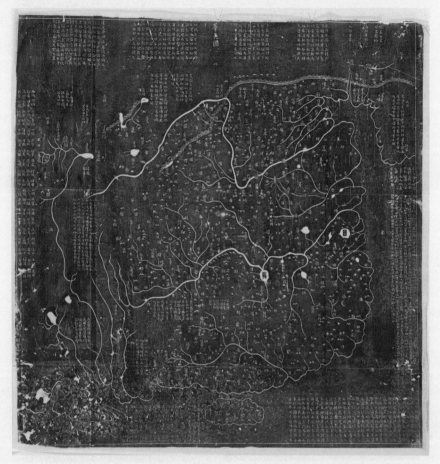

11. "Hua yi tu" ("Mapa dos territórios chineses e estrangeiros"), 1136.

"Yu ji tu", ou "Mapa dos trajetos de Yu", feito durante a dinastia Song (907-1276) e datado de 1136, que se baseia nas façanhas lendárias de Yu, o Grande. Joseph Needham chamou-o de "o trabalho cartográfico mais notável de sua época, em qualquer cultura", argumentando que quem olha para um mapa-múndi europeu da mesma época "não pode deixar de se surpreender com o grau em que a geografia chinesa estava à frente do ocidente".[40] O mapa foi gravado em uma estela de pedra de oitenta centímetros quadrados e estava no pátio de uma escola provincial em Xian, atual capital da província de Shaanxi. Tal como os seis princípios de cartografia de Pei, o "Yu ji tu" parece, de início, muito moderno. Sua representação do contorno da China é, em muitos casos, notavelmente exata. Trata-se também do primeiro mapa chinês conhecido a usar uma grade cartográfica para representar escala, tal como recomendado por Pei. Ele tem mais de 5 mil quadrados, e os lados de cada um representam cem *li* (mais de cinquenta quilômetros). Isso dá ao mapa uma escala estimada de 1:4.500.000. Mas essa grade não é igual a uma gratícula ocidental. A gratícula plota um lugar através da latitude e longitude em relação ao resto da superfície do globo; a grade chinesa não tem interesse em projetar um globo esférico numa superfície plana, mas simplesmente ajuda a calcular a distância e a área local.

No lado oposto da estela há outro mapa, intitulado "Hua yi tu", ou "Mapa dos territórios chineses e estrangeiros". É óbvio que esse mapa complementa de alguma forma o "Yu ji tu". Mas como? Seu escopo é muito mais amplo, marcando mais de quinhentos lugares, inclusive rios, lagos e montanhas de nove províncias, bem como a Grande Muralha, no nordeste do país. Ele também representa "terras estrangeiras" nas fronteiras do império (inclusive a Coreia) e lista mais de cem outras nas copiosas notas distribuídas por suas bordas. Mas ele é também muito diferente do "Yu ji tu". Não tem uma grade, a linha costeira é extremamente vaga e muitas vezes errônea (especialmente na região crucial da península de Liaodong) e seus sistemas fluviais são imprecisos. Para entender o porquê de tudo isso, o observador precisa dar a volta ao redor da estela e examinar novamente o "Yu ji tu".

Tão impressionante quanto a grade do "Yu ji tu" é a rede de rios que entrecruzam sua superfície, com o rio Amarelo ao norte, o Yangtze ao sul e o Huai a meio caminho entre os dois. Ocupam lugar central na toponímia do mapa os nomes de montanhas, mas ele inclui também cidades e províncias. A legenda na parte superior esquerda sugere que, uma vez mais, o texto é tão importante para este mapa quanto as medidas quantitativas. Ela diz: "Nomes de montanhas e rios do *Yugong*, nomes de províncias e prefeituras do passado e do presente e nomes e topônimos de montanhas e rios do passado e do presente."[41] O "Yu ji tu" representa a geografia contemporânea descrevendo momentos e lugares lendários. Está marcado por referências ao texto fundamental do "Yu Gong" e sua descrição de uma China mítica unificada definida por rios e montanhas. Por exemplo, diz-se que Yu traçou o curso do rio Amarelo a partir de um lugar

Império

chamado "Jishi", que é reproduzido no mapa, embora os estudiosos do século XIII soubessem que o rio se originava na cordilheira de Kunlun, no noroeste da China. O mapa mantém a geografia do "Yu Gong", ainda que os cartógrafos chineses mais recentes mostrassem que ela estava incorreta.

Em vez de celebrar seu uso da escala e incorporar novos dados geográficos, o "Yu ji tu" mescla geografia mítica com lugar contemporâneo – e por um motivo muito específico. Por mais de cem anos, a dinastia Song tentara centralizar a autoridade militar e administrativa dentro das fronteiras da China clássica. Apesar de suas dificuldades políticas, ou talvez em consequência delas, os Song incentivaram um período de extraordinária reforma cultural e econômica, emitiram um dos primeiros exemplos de dinheiro impresso, expandiram imensamente a classe dos funcionários eruditos (*shidafu*, ou mandarins) e instituíram um dos períodos mais inovadores de xilogravura e impressão de tipos móveis, desde a sua invenção na China, no final do século VII.[42] Mas, no início do século XII, os territórios setentrionais da dinastia estavam sob ameaça dos Jurchens Jin (uma confederação de tribos tungúsicas do norte da Manchúria). Em 1127, Kaifeng, a capital Song na margem sul do rio Amarelo, caiu para os Jin, e os Song recuaram para o sul do Yangtze e sua nova capital, Hangzhou. Em 1141, eles assinaram um tratado de paz com os Jin pelo qual cediam quase a metade de seu território, e traçavam uma linha de fronteira entre os rios Amarelo e Yangtze. Pelo resto do século XII, até o colapso da dinastia em 1279, os governantes Song e seus mandarins sonharam com a reunificação dos territórios do norte perdidos e a recriação da China clássica imperial.[43]

Isso nunca aconteceu, mas o "Yu ji tu" oferece essa unidade, tanto pelo que não mostra (ou diz) como por aquilo que mostra. É um mapa sem fronteiras, no qual não há qualquer menção aos territórios dos Jurchens Jin. Em vez disso, a geografia mítica do "Yu Gong" é mesclada à geografia ideal da dinastia Song, antes das incursões dos Jurchens Jin. Os Song tentam representar a si mesmos não somente como unificados, mas como os herdeiros naturais da ideia original de uma China unificada com as nove províncias criadas por Yu, o Grande, à qual os governantes estrangeiros prestavam homenagem. O fato de a realidade política estar tão distante do espaço idealizado e nostálgico representado no mapa só aumenta seu poder aparente de convencer o público Song da possibilidade dessa unificação.

O "Yu ji tu" e o "Hua yi tu" representam duas vertentes da cartografia imperial chinesa, que contam a mesma história. O "Yu ji tu" projetava um mundo duradouro livre das divisões políticas de sua época, definido pela unidade mítica das nove províncias descritas por Yu. O "Hua yi tu" baseava-se no mesmo ideal, definindo o império como "Reino do Meio", ou *Zhongguo*, uma referência às províncias chinesas setentrionais que se encontram em seu centro, uma reiteração do poder centralizado em relação a terras estrangeiras que era desesperadamente necessário durante o período turbulento do Song meridional. Aos olhos ocidentais, ambos os mapas exibem gritantes "imprecisões" topográficas, mas elas eram irrelevantes para a projeção de uma paisagem imperial ideal baseada em textos clássicos como o "Yu Gong".[44]

Poesias descrevendo mapas de ambos os lados da divisão traumática dos Song também captam seu poder, de início para reconhecer, depois para lamentar a perda de território. Escrevendo mais de cem anos antes, o poeta Tang do século IX Cao Song descreve "Examinando o 'Mapa dos territórios chineses e não chineses'":

> Com um toque do pincel a Terra pode ser encolhida;
> Desenrolando o mapa, encontro paz.
>
> Os chineses ocupam uma posição de destaque;
> Sob que constelação encontramos as áreas de fronteira![45]

Nessa ocasião, o ato quase meditativo de desenrolar o mapa e ver uma dinastia chinesa unificada em seu centro evoca emoções de segurança e confiança. Poetas Song do sul posteriores usaram um conceito semelhante, mas com emoções muito diferentes. Escrevendo no final do século XII, o célebre Lu You (1125-1210) lamentava:

> Eu estou por aqui há setenta anos, mas meu coração
> permaneceu como era no início.
> Sem querer, abro o mapa, e as lágrimas jorram.[46]

O mapa é agora um sinal emocional de perda e dor e, talvez, um "modelo para a ação", um chamado para unir o que foi perdido.

Império

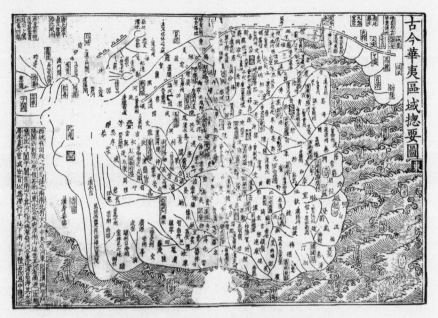

12. O mapa de levantamento geral da China e territórios não chineses do passado ao presente, c.1130.

Os mapas a que se referem os poetas Song não são somente a pedra "Hua yi tu", mas também outros exemplos da época impressos por xilogravura, tais como "O mapa de levantamento geral da China e territórios não chineses do passado ao presente" (c.1130), um dos mais antigos mapas impressos chineses subsistentes. O crescimento do serviço público Song nos séculos XII e XIII fez com que o número de candidatos aos seus exames subisse para até 400 mil, e fazia parte da preparação deles compreender os usos práticos e administrativos dos mapas. As gráficas comerciais logo capitalizaram esse novo mercado, produzindo mapas como o "Levantamento geral". É um sinal da popularidade desse mapa e de sua disseminação entre a elite o fato de ter tido seis edições diferentes, todas as quais foram objeto de atualizações e revisões por uma variedade de impressores. A função política do mapa pode ser deduzida de algumas de suas legendas escritas que descrevem "subdivisões administrativas do passado e do presente", "os bárbaros do norte" e até mesmo "a Grande Muralha", que aparece atravessando a parte superior do mapa. Mas, como essas descrições indicam, tratava-se de uma visão do império enraizada tanto no passado quanto no presente. Tal como as estelas de pedra, esses mapas impressos criavam uma visão de império evocada pelos rios e montanhas de uma China imutável. Embora utilizados por acadêmicos e funcionários na administração cotidiana do império, eles também continham um conjunto de crenças profundas sobre seu espaço duradouro.

A LEITURA DO MAPA KANGNIDO por meio dessa história difusa e descontínua da cartografia chinesa é repleta de dificuldades. Não obstante, as referências textuais do mapa tornam possível traçar certas continuidades com os métodos chineses: sua reprodução de lugares e a dependência de uma geografia textual mítica. Mas ele está também cheio de preocupações especificamente coreanas. A Coreia foi o único Estado do mundo prémoderno a usar uma unidade de troca monetária na forma da península do país. Em 1101, uma proclamação anunciou a circulação de um vaso de prata (*unbyong*) que "se assemelhava ao contorno territorial deste país".[47] Em uma região tão geograficamente distinta, formada por terrenos montanhosos e uma preocupação quase obsessiva com a China e o Japão, seus vizinhos maiores e mais poderosos no aspecto militar, surgiu uma tradição característica de cartografia que combinava espiritualidade mítica com segurança política. Em coreano, a palavra para "mapa" é *chido*, que significa "carta da Terra" ou "imagem da Terra", e as primeiras referências escritas sobre eles remontam ao início do século VII. Embora nenhum desses primeiros mapas subsista, praticamente todas as referências existentes indicam que, como muitos dos mapas chineses já examinados, eles foram criados para usos administrativos e imperiais. Em 628, o reino coreano apresentou um "Mapa da região enfeudada" (perdido) à corte Tang chinesa, um exemplo clássico de um Estado súdito usando mapas para prestar homenagem ao seu superior imperial.[48]

Igualmente importante para a cartografia coreana era a velha crença na geomancia, ou *pungsu* ("vento e chuva", mais conhecida em chinês como *feng shui*), também chamada de "formas e forças". A geomancia dizia respeito a situar sepulturas, casas, mosteiros e até mesmo cidades em lugares auspiciosos, onde poderiam se harmonizar com o fluxo natural da energia da Terra

Império 155

(ou *chi*), canalizado através de acidentes geográficos como montanhas e rios. Tal como acontecia com o uso chinês do quadrado nonário, a geomancia implicava uma percepção radicalmente diferente do espaço físico daquela da tradição judaico-cristã. Antecedendo as crenças budistas, a geomancia considerava a paisagem um pouco como o corpo humano, e seus praticantes agiam como "médicos da Terra", tomando o pulso da Terra e seguindo suas artérias através de montanhas e rios particularmente importantes. Ao descrever a geomancia no paisagismo chinês, o crítico de arte Roger Goepper diz que "cada seção da natureza em uma determinada zona rural é, por assim dizer, um mundo fechado em si mesmo, um microcosmo, em grande medida isolado em um tecido maior com o qual ele está ligado não tanto espacialmente quanto pela força universal comum de *chi*".[49]

Na península da Coreia, com sua forma peculiar, onde as serras compõem 70% da superfície terrestre, o mapeamento geomântico (*hyongse*, ou "formas-e-forças") era ainda mais predominante do que na China.[50] Os geomantes julgavam que as áreas propícias para habitação situavam-se entre as montanhas cosmicamente carregadas de Paektu, no norte, e Chiri, no sul, e o poder cósmico diminuía à medida que a pessoa se afastava mais de suas origens montanhosas. Na mitologia, o monte Paektu, uma montanha vulcânica na região nordeste da península, representava tanto as origens do povo coreano como a energia natural do país. Sua importância foi enfatizada por uma típica descrição geomântica da península escrita em 1402 pelo funcionário coreano Yi Chom. "O planalto Central se estende para baixo [do monte Paetku] a partir de onde nem as características da Terra nem o rolo do mapa vão mais para o sul, para dentro do mar; em vez disso, a matéria pura e intocada aqui se mistura e se acumula, razão pela qual as montanhas são tão altas e íngremes." Para Yi Chom, a descrição da geografia física é uma representação de formas e forças espirituais. "A matéria primal aqui flui e lá se solidifica", continua ele, "e as montanhas e rios formam suas zonas separadas."[51] Taejo (Wang Kon, reinado 935-43), o fundador da dinastia Koryo, usava princípios geomânticos semelhantes como base do poder político e advertiu seu filho que "a harmonia geográfica para o sul é acidentada e desarmônica, e é fácil para as pessoas daquela região carecer também de espírito harmonioso", alertando que, se "essas pessoas participarem da administração dos negócios nacionais, elas podem causar distúrbios e pôr em perigo o trono. Então, tenha cuidado".[52] Embora a postura neoconfucionista da dinastia Choson fosse cautelosa a respeito do que considerava convenções budistas (e especificamente zen) de localização geomântica associada à dinastia Koryo anterior, essas crenças ainda persistiam (particularmente em nível local), ainda que de forma reduzida. O Departamento de Astronomia e Geomancia Choson utilizou essas crenças quando definiu a localização e construção da nova capital, Hanyang.[53]

Nenhum desses antigos mapas geomânticos sobreviveu, mas uma cópia de um mapa oficial da Coreia de 1463 (conhecido como *Tongguk chido*), feito por Chong Chok (1390-1475), renomado especialista em formas e forças, reflete as preocupações geomânticas predominantes. O mapa inteiro caracteriza-se pela rede arterial de rios (em azul) e montanhas (em verde), e todos podem ser rastreados diretamente ao monte Paektu, a fonte última de energia cósmica. Cada província tem sua própria cor e cidades importantes estão marcadas por círculos, permitindo que os observadores avaliem sua localização geomântica propícia em relação aos rios e montanhas circundantes. Mas, além da influência geomântica, o mapa também mostra a preocupação coreana com a segurança nacional. Apesar do amplo conhecimento geográfico das fronteiras da Coreia, esse mapa comprime grosseiramente a fronteira norte do país, apesar da importância geomântica da região, onde se localiza o monte Paektu. Ao juntar as preocupações dos cartógrafos coreanos com geomancia e segurança política, as fronteiras do norte do mapa parecem ter sido deliberadamente distorcidas, caso caíssem nas mãos de invasores do norte, como os chineses ou os Jurchens (o que, tendo em vista a circulação diplomática de mapas durante esse período, era uma possibilidade clara).[54]

O mapa Kangnido mostra uma fusão notável desses elementos cartográficos díspares; alguns diminuídos, outros realçados. Suas fontes chinesas, os mapas de meados do século XIV de Qingjun e Li Zemin, foram produtos de uma tradição textual e histórica de mapeamento que unificou as duas convenções Song representadas pelo "Yu ji tu" e o "Hua yi tu". Mas o Kangnido é curiosamente seletivo em relação aos elementos que toma emprestado desse tipo de mapa. Ele não usa uma grade em escala, mas representa "terras estrangeiras", em vez de apenas escrever sobre elas em legendas textuais. Sem nenhum investimento na tradição chinesa de recu-

Império 157

perar o império através de suas fundações míticas em textos como o "Yu Gong", o mapa Kangnido está livre para representar o mundo para além das fronteiras da China como um ato de curiosidade, em vez de ansiedade. Não obstante, sua composição aceita claramente a importância cultural e política da China, situada em seu centro; e apesar da ausência de uma grade, o mapa é retangular, num reconhecimento oblíquo dos princípios nonários da cosmografia chinesa.

De todas as influências chinesas, a orientação para o norte do mapa é talvez a mais marcante. Desde tempos antigos, os locais de enterro na Coreia eram orientados para o leste, princípio também adotado pelos povos mongóis e turcomanos. Mas, na tradição escritural chinesa arcaica, como vimos no capítulo 2, o rei ou imperador ficava de frente para o sul em uma posição elevada, diante de seus súditos, que ficavam de frente para o norte e olhavam para o imperador "acima", ao passo que ele sempre olhava para seus súditos "abaixo". Como vimos, a palavra chinesa que significa "costas" (no sentido anatômico) é sinônimo da palavra que significa "norte", tanto fonética como graficamente, porque as costas do imperador estão sempre voltadas para o norte. "Recitar" também está associado fonética e graficamente ao norte, pois os estudantes que recitam um texto clássico devem dar as "costas" para o professor, de tal forma que não possam ver os textos exibidos na sala de aula. Na fraseologia que envolve orientação, "esquerda" indica leste e "direita" indica oeste, conforme a perspectiva do imperador. Até a bússola chinesa era orientada para o sul. Ela é chamada de "ponteiro sul" (*zhinan*), porque na orientação convencional o usuário ficará de frente para o sul – a não ser que o imperador esteja presente –, pois essa é a direção dos ventos quentes e do sol que possibilitam que as colheitas amadureçam, um fator que também influenciou a localização geomântica das casas e dos túmulos chineses.[55]

Apesar da obsessão coreana pela geomancia, sua influência na representação da Coreia em mapas é surpreendentemente limitada. Nenhum lugar é mais importante para os coreanos do que o monte Paektu, mas no mapa Kangnido ele mal merece destaque e, quando comparado a um mapa moderno, situa-se deslocado demais para sudeste. As principais cadeias de montanhas da península estão marcadas muito de leve com linhas irregulares, como é o caso da "Baekdudaegan", a principal cadeia que desce pela espinha da costa leste do reino, cujas principais artérias descem para o oeste, em direção às importantes cidades de Songdo e Hanyang. Os rios são representados com precisão e correm como veias através da superfície do país. Mas em comparação com descrições geomânticas como a de Yi Chom, a tradição de formas e forças parece estar muito reduzida dentro dos horizontes internacionais mais amplos do mapa.

Kwon Kun entendeu claramente a suscetibilidade dos mapas que abarcavam uma perspectiva política mais ampla, e seu envolvimento numa missão diplomática em 1396-97 lança nova luz sobre sua motivação para criar o mapa Kangnido em uma nova era das relações sino-coreanas. Após o golpe de 1389, o regime Choson estava ansioso por conservar sua relação diplomática de longa data de *sadae* ("servir o grande") com sua vizinha dinastia Ming. Antes de assumir o trono, em 1392, Yi Songgye enviou cartas ao imperador Hongwu (Zhu Yuanzhang), justificando suas ações e até mesmo consultando a corte Ming sobre o novo nome de seu reino (os chineses preferiam Choson por causa de suas associações com o antigo reino coreano do Velho Choson). Mas, em 1396, numa tentativa de assegurar a sujeição da Coreia, a corte Ming condenou a correspondência Choson por ser "leviana e desrespeitosa", e deteve seus enviados.[56] Isso provocou uma crise diplomática conhecida como a disputa *pyojon*, que girava em torno de definições dinásticas e textuais de império e território.

A geografia política do relato oficial de Zhu Yuanzhang da afronta percebida quase pode ser vista como uma justificativa para a criação posterior do mapa Kangnido:

> Agora Choson é um país com um rei [e] por sua disposição, ele buscou ter relações estreitas conosco e regras nesse sentido, mas os tolos e traiçoeiros [emissários] fazem como querem e o documento que trouxeram exigia selos e mandatos imperiais, que não podem ser dados levianamente. Choson está cercado por montanhas e bloqueado pelo mar, foi formado por céu e terra para ser a terra do povo Yi [bárbaro] do leste, onde os costumes são diferentes. Se eu conceder os selos e mandatos oficiais e ordenar que estes emissários sejam vassalos, então, aos olhos dos fantasmas e espíritos eu não estaria sendo excessivamente avarento? Em comparação com os sábios da Antiguidade, eu certamente não teria mostrado um grau de contenção.[57]

Império 159

A retórica da retenção de favor é diplomacia clássica, mas a justificativa Ming baseia-se em princípios neoconfucionistas do império. Choson é considerado um reino "bárbaro" do outro lado das montanhas e do mar. Seus "costumes são diferentes", e é possível dizer que Choson estava fora da jurisdição das províncias chinesas clássicas. Deveria ser incluído no âmbito de influência imperial chinesa, pergunta o imperador, ou essa reivindicação ofenderia os pronunciamentos dos sábios clássicos?

A disputa *pyojon* só foi resolvida com a intervenção de Kwon Kun. Durante uma estadia de oito meses em Nanjing, ele desenvolveu uma relação pessoal e amigável com o imperador Hongwu, negociou a libertação dos emissários detidos e restabeleceu as relações diplomáticas Ming-Choson. Os dois homens chegaram a trocar poemas. Os de Hongwu ficaram conhecidos como *ojesi* ("Poemas do imperador"), e os de Kwon, como *ungjesi* ("Poemas escritos por Comando Real"). A linguagem estilizada e metafórica usada nos poemas registra as manobras intrincadas entre os dois Estados e como eles chegaram a conciliar suas diferenças políticas e territoriais.

O primeiro dos poemas de Hongwu trata da fronteira contestada do rio Yalu, lugar das tensões Koryo-Ming na década de 1380 e local da rebelião militar de Yi Songgye em 1389.

Rio Yalu

As águas claras do Yalu marcam o limite de antigos feudos,
[cada um de nós é] forte agora que a tirania não existe mais e engano cessou, desfrutamos esses tempos de harmonia.

A recusa a aceitar fugitivos deu mil anos de estabilidade dinástica, cultivar ritos e decoro deu uma centena de gerações de mérito.

As expedições Han podem ser claramente examinadas nos registros históricos, as provas de campanhas do Liao aguardam apenas a verificação dos vestígios deixados para trás.

Os pensamentos brandos de seu Rei chegaram à mente do Céu, a força do rio é desprovida de ondas, contudo ele nos defende e ninguém é atacado.[58]

Tal como os mapas Song anteriores, o poema de Hongwu aplica o passado antigo ao presente ao afirmar o domínio Ming na região. Os textos clássicos chineses definiam o Yalu como o limite da esfera de influência da China, mas também assumiam o mérito de levar a civilização à península e, por implicação, para a Coreia. A expulsão mais recente dos Koryo inimigos dos Ming e a recusa em acolher "fugitivos" imperiais levaram harmonia e estabilidade para a região. Mas Hongwu também lembra Kwon dos "registros históricos" de reivindicações chinesas na península de Liaodong, que remontam à conquista Han da região, em 109 a.C., e incluem o conflito mais recente, no final da década de 1380. Em última análise, o Yalu é considerado uma fronteira natural permeável entre os dois reinos, no momento livre de "ondas" políticas.

Em um poema posterior intitulado "Emissário viaja para além de Liaodong", Hongwu se desloca para oeste do Yalu e imagina um diplomata coreano cruzando a península e entrando em território Ming. Repleto de imagens de uma sociedade pacífica atemporal, ele conclui: "A fronteira de *Zhonghua* [China] estende-se ao céu e aos confins da Terra,/ grãos preenchem os campos e são colhidos, ano após ano."[59] Os poemas de Kwon respondem em um tom mais subserviente e descrevem também as regiões politicamente sensíveis do Yalu Liaodong. Em "Atravessando o rio Amnok [Yalu]", ele evita a agressiva afirmação histórica de Hongwu da influência chinesa e faz uma pergunta retórica inteligente:

> A virtude do imperador não conhece fronteiras entre o domínio do povo
> Ming e nós Yi,
> [então] como pode a terra ser dividida em fronteiras disso e daquilo?[60]

Da mesma forma, quando descreve "Atravessando Liaodong", Kwon elide a história repleta de ocupações militares da região. Ele trata exclusivamente de uma "jornada" de Confúcio. "A estrada estende-se sem fim através das planícies", mas "com fervor estou decidido a estabelecer obras de mérito na planície central".[61]

Do ponto de vista geográfico, a diplomacia poética de Kwon descreve o que aparece no mapa Kangnido que foi concluído após seu retorno à Coreia. Tanto a poesia como o mapa refletem a mudança do budismo para o neoconfucionismo no início do período Choson. Embora a China seja colocada no centro do mapa, "na planície central", é um mundo sem fronteiras políticas, enfatizando os laços regionais e culturais entre os reinos confucionistas vizinhos, e a importância política do Yalu (em coreano, *Amnok-gang*) é óbvia, porque é um dos três únicos rios nomeados no mapa. Mesmo em poemas não diretamente relacionados à solução da disputa *pyojon*, Kwon descrevia uma geografia moral que ressurge no mapa Kangnido. Em "Olhando para o Japão", ele fala da "maldade e traição" dos japoneses, que "saqueiam e atacam a fronteira de seu vizinho".[62] O prefácio de Kwon para o mapa Kangnido lembrava seus leitores da importância da adição de um novo mapa do Japão, embora a orientação e o tamanho correto de suas ilhas não fossem o problema. O que importava era a proximidade, com base na ameaça relativa ou oportunidade diplomática representada pelo Japão. A resposta consistente de Kwon ao Japão, nos mapas e na poesia, possibilitou que ele estabelecesse uma causa comum à China e à Coreia, em seu medo mútuo dos piratas japoneses e as dificuldades diplomáticas de lidar com os shoguns.

Nas suas relações com o Japão, os Choson desenvolveram uma política de *kyorin* ("relações de vizinhança") que implicava educar os japoneses "naturalmente teimosos" por meio do princípio do ritual, ou *ye*.[63] Quando Kwon retornou de sua bem-sucedida missão diplomática e escreveu modestamente em suas obras completas, *Yangchon chip*, que ele "observava prazerosamente a confecção do mapa [Kangnido]",[64] a posição diplomática e geográfica da dinastia Choson no mundo conhecido estava consolidada, assim como as relações com a China e o Japão. Quem olhasse o mapa Kangnido poderia vê-los.

Quando tentamos reconstruir o mapa Kangnido de 1402, a melhor cópia subsistente é a do final do século XV guardada na Universidade Ryukoku. O Ryukoku Kangnido, que foi recentemente datado de entre 1479 e 1485, parece refletir as angústias do século XV da dinastia Choson. Sua toponímia incorpora várias iniciativas civis e administrativas levadas a cabo pelo governo durante esse período, entre elas a criação de uma base naval em Cholla, em 1479, claramente identificada na costa sudoeste do mapa; em contraste, faz poucas tentativas de atualizar a geografia do resto do mundo e mostra a China como ela aparecia em mapas Yuan do início do século XIV, apesar da disponibilidade de outros mapas muito mais atualizados. O mapa de Ryukoku, portanto, talvez não seja uma simples cópia do mapa Kangnido original de 1402, mas um registro atualizado das rápidas mudanças no Estado Choson. Os copistas do final do século XV talvez quisessem transmitir que, enquanto o resto do mundo estava parado, a administração civil e militar do governo relativamente novo seguia em frente.[65]

Ao escolher o mapa de 1402 como seu modelo e manter o prefácio de Kwon Kun, o Ryukoku Kangnido mostra que os interesses do regime na década de 1470 se mantinham próximos daqueles do início do século. Ambas as versões estavam preocupadas em "situar" (para usar um termo geomântico) o reino Choson dentro de um mundo mais amplo. Nesse mundo cambiante, ele tinha de harmonizar as ambições imperiais da Coreia com as da China e do Japão. Mas era também um mundo em que, relativamente livre da adesão absoluta aos princípios chineses, a equipe de funcionários eruditos responsáveis por fazer o mapa original podia projetar as terras "bárbaras" para além da Ásia. Embora fosse vista muitas vezes como bárbara por parte dos chineses, a Coreia também era suficientemente independente para perceber que o "mundo era muito largo" e querer mapear seu lugar e sua história dentro dele de forma independente, o que quer que houvesse em suas bordas.

Aos olhos ocidentais modernos, o mapa Kangnido é um paradoxo. *Parece* ser um mapa do mundo comparável àqueles encontrados em *O livro de curiosidades*, ou com o mapa-múndi de Hereford. Ao mesmo tempo, os observadores ocidentais também sentem que estão olhando para uma imagem do mundo produzida por uma cultura estrangeira com um método muito diferente de entender e organizar o espaço físico. A ideia do mundo pode ser comum a todas as sociedades, mas diferentes sociedades têm ideias muito distintas do mundo e de como ele deve ser representado. Não obstante, como o mapa Kangnido e seus antecessores chineses mostram, essas visões de mundo muito diferentes são absolutamente coerentes e funcionais para aqueles que os fazem e usam. O mapa Kangnido é uma

Império

determinada resposta cartográfica a um dos maiores impérios clássicos do mundo, moldado pela percepção da Coreia de sua própria paisagem física e política. Tanto as experiências chinesas como as coreanas criaram mapas que estavam preocupados com muito mais do que mapear o território com precisão: elas também estavam efetivamente assinalando relações estruturadas.[66] O mapa Kangnido e suas cópias propunham uma maneira pela qual uma pequena mas orgulhosa dinastia nova poderia situar-se dentro da esfera de um império muito maior.

5. Descoberta
Martin Waldseemüller, mapa do mundo, 1507

Hamburgo, Alemanha, 1998

Philip D. Burden, um dos mais respeitados negociantes de mapas do Reino Unido, é especialista em cartografia das Américas e autor de *The Mapping of North America*. No verão de 1998, ele foi procurado por um negociante de livros de Londres em nome de um cliente de Hamburgo que precisava de seus serviços para autenticar um mapa antigo. Esse tipo de contato não era incomum no trabalho de Burden, mas sua curiosidade foi aguçada quando lhe disseram que sua expertise era necessária com urgência e que ele teria de assinar um acordo de confidencialidade antes de descobrir a natureza do mapa em questão. Após a assinatura do acordo, relembrou Burden mais tarde, "seguiu-se uma conversa telefônica que não vou esquecer tão cedo".

A informação que Burden recebeu era suficientemente extraordinária para que interrompesse suas férias com a família na Disneylândia da Califórnia e concordasse em voar direto para Londres e depois para Hamburgo. Ele foi recebido por representantes de seu cliente e conduzido ao distrito bancário da cidade alemã. Na sala de conferências de um banco, Burden foi apresentado ao objeto que lhe pediam para autenticar: aquele que seria o único exemplar ainda existente do mapa mundial impresso atribuído ao cartógrafo alemão Martin Waldseemüller, intitulado *Universalis cosmographia secundum Ptholomaei traditionem et Americi Vespucii aliorumque lustrationes*: "Um mapa do mundo segundo a tradição de Ptolomeu e as viagens de Américo Vespúcio e outros", que se julga datar de 1507 e é geralmente aceito como o primeiro mapa a nomear e descrever a "América" como uma massa de terra continental separada da Ásia. Burden tinha anos de experiência com mapas antigos e a sensa-

Descoberta 165

ção característica do papel no qual aquele estava impresso o convenceu de que "se tratava de artigo autêntico, e não de uma fraude sofisticada". Ele sabia muito bem que estava olhando para um dos objetos mais importantes (e valiosos) da história da cartografia. Mais tarde, escreveu: "Imaginei que se tratava, depois da Declaração de Independência e da Constituição dos Estados Unidos, do objeto impresso mais importante da história americana em existência e da certidão de nascimento da América, por assim tê-la chamado."[1]

Burden passou quatro horas com o mapa antes de preparar um relatório para o seu cliente, um rico empresário alemão que vendera recentemente sua empresa de software e estava interessado em adquirir o mapa de seu então proprietário, o conde Johannes Waldburg-Wolfegg, do Castelo Wolfegg, em Baden Württemberg, sul da Alemanha. Quando se soube que o mapa estava à venda, apareceu outro comprador com um interesse particularmente imperioso: a Biblioteca do Congresso dos Estados Unidos. O cliente original de Burden perdeu o interesse, optando por investir seu dinheiro em outra empresa. Com um preço inicial de 10 milhões de dólares, o mapa de Waldseemüller foi avaliado como o mais caro do mundo. Os representantes da biblioteca propuseram a Burden uma questão diferente: o mapa valia realmente o que muitos consideravam uma quantia exorbitante? Depois que Burden confirmou que tinha pelo menos dois clientes dispostos a pagar o preço pedido, os representantes da biblioteca tomaram providências para comprá-lo, no verão de 1999. Na elaboração do contrato, a biblioteca listou uma série de pontos que explicavam a importância do mapa tanto para a história dos Estados Unidos como da cartografia para justificar a aquisição:

- O mapa contém o primeiro uso conhecido do nome "América", uma invenção original de Martin Waldseemüller para designar o novo continente descoberto por Cristóvão Colombo no ano de 1492;
- O mapa é a única cópia existente de uma xilogravura feita por Martin Waldseemüller, provavelmente no ano de 1507;
- A invenção do nome "América" por Martin Waldseemüller para um continente novo que havia sido designado anteriormente como "terra incógnita" confere uma identidade histórica ao continente; e

• Com base nisso, o mapa de Martin Waldseemüller representa um documento da maior importância para a história do povo americano.

O documento prosseguia dizendo que outro "objetivo por trás da venda do mapa para a biblioteca é fortalecer a relação cordial entre a Alemanha e os Estados Unidos".[2]

As origens da venda do mapa remontam ao início do século XX. Em 1900, o padre Joseph Fischer, um jesuíta alemão professor de história e geografia, descobriu o único exemplar subsistente do mapa nos arquivos do Castelo de Wolfegg. A descoberta de Fischer levou a uma série de esforços de bibliotecas e colecionadores americanos para comprá-lo, inclusive da Biblioteca do Congresso, à qual ele foi oferecido em 1912, mas que não pôde adquiri-lo por falta de recursos. A biblioteca fez esforços para comprar o mapa ao longo dos cinquenta anos seguintes, mas foi somente em 1992, no quinto centenário do primeiro desembarque de Colombo nas Américas, que o destino do mapa tomou um rumo decisivo. Entre as comemorações projetadas para marcar o aniversário estava uma exposição na Galeria Nacional de Washington intitulada *Circa 1492: Arte na era das explorações*", que tinha como peça central o raramente exibido mapa de Waldseemüller. Sabedora do interesse do conde Waldburg-Wolfegg em vendê-lo, a Biblioteca do Congresso pediu a Daniel Boorstin, seu bibliotecário emérito e autor de *The Discoverers*, obra ganhadora do prêmio Pulitzer, que entrasse em contato com o conde. Boorstin escreveu-lhe que "como o primeiro mapa a conter o nome do continente americano, o documento assinala o início da relação contínua entre a Europa e a América e o papel pioneiro de cartógrafos europeus no desenvolvimento da civilização ocidental". O conde, que desde que herdara o título transformara o Castelo de Wolfegg e a propriedade rural da família em um próspero resort de golfe e saúde, precisava de pouca persuasão. Ele logo deixou claro para a Biblioteca do Congresso que estava disposto a vender o mapa, de propriedade de sua família havia mais de 350 anos e, mais tarde, disse em uma entrevista que sua decisão de vender se baseava numa combinação de "consciência de um nobre da tradição com o empreendedorismo moderno". Mas, antes de chegar a um acordo, o conde e a biblioteca precisavam superar um sério obstáculo político: o mapa estava incluído no Registro

Nacional de Propriedade Cultural Alemã Protegida, e nenhum item que fizesse parte desse documento recebera até então licença de exportação. Em 1993, quando os representantes da Biblioteca do Congresso entraram com uma solicitação junto ao então chanceler Helmut Kohl (historiador de formação), o pedido foi categoricamente negado.

A derrota do chanceler Kohl para Gerhard Schröder nas eleições nacionais alemãs de 1998 sinalizou uma mudança nas relações culturais germano-americanas. A nomeação por Schröder do dr. Michael Naumann para ministro da Cultura, o primeiro desde 1933 (quando o cargo foi abolido pelos nazistas), foi essencial para decidir o futuro do mapa. Naumann, ex-publisher do Holtzbrinck, um grupo editorial multinacional com participações nos Estados Unidos, era um defensor do estreitamento dos laços culturais e, talvez, das relações comerciais entre os dois países. Ele apoiou fortemente o conde e a Biblioteca do Congresso no reinício das negociações com o governo federal alemão, chegando ao ponto de sugerir que a recém-amalgamada empresa automotiva DaimlerChrysler talvez se interessasse em financiar a aquisição do mapa, pois seria "o parceiro perfeito nessa dramática expressão da amizade germano-americana". Ao longo de 1999, Naumann habilmente abriu o caminho para um acordo que concedia ao mapa uma licença oficial de exportação, enquanto os advogados elaboravam o contrato sobre os termos da venda.

Em 13 de outubro de 1999, o conde e a Biblioteca do Congresso assinaram um contrato de venda do mapa de Waldseemüller. Embora o preço fosse 10 milhões de dólares, naquele momento a biblioteca só podia dar uma entrada de 500 mil: o contrato estipulava que ela possuía apenas dois anos para saldar o restante, ou enfrentaria a humilhação de devolver o mapa para o conde. A biblioteca iniciou um esforço frenético de angariação de fundos para cobrir o custo extra. Consultaram a lista dos quatrocentos indivíduos mais ricos dos Estados Unidos elaborada pela revista *Forbes* e contataram pessoas físicas e jurídicas, gente como o empresário texano e ex-candidato presidencial Ross Perot, Henry Kissinger e Henry Mellon, e empresas como a AOL e a American Express. Enquanto a biblioteca solicitava milhões das multinacionais, ofertas mais modestas vinham do grande público americano. "Não sou rico, mas tenho algumas centenas de dólares que gostaria de doar para a aquisição do mapa de Waldseemüller", dizia o e-mail enviado por Greg Snyder em outubro de 2000. Apesar disso, os esforços iniciais para obter o dinheiro foram decepcionantes e a biblioteca buscou outras saídas. Depois de decidir contra o plano de oferecer livros raros de sua coleção como parte do pagamento, ela obteve 5 milhões de dólares de uma comissão do Congresso, sob a condição de que o dinheiro só seria entregue se fundos equivalentes fossem assegurados pelo setor privado. A comissão justificou sua contribuição citando um precedente bizarro: em 1939, o Congresso pagou 50 mil dólares pelo "Medalhão Castillo" – um crucifixo de ouro e cristal que continha "fragmentos do pó de Cristóvão Colombo". A metade do dinheiro de origem privada foi obtida junto a um pequeno grupo de ricos doadores, inclusive uma contribuição substancial do Discovery Channel, que a biblioteca concordou em ajudar a desenvolver uma série de programas intitulada "O atlas do mundo". Nem todos ficaram encantados com a compra. O acadêmico alemão dr. Klaus Graf já havia reclamado em um artigo on-line de que "qualquer tentativa de comprar um bem cultural que esteja oficialmente listado no pequeno catálogo de bens culturais nacionais é um ato de imoralidade", e perguntado: "A Biblioteca do Congresso não tem nenhum sentimento de vergonha?" Ao comentar a aquisição, o *New York Times* observou com acrimônia que as relações dos Estados Unidos com a Alemanha haviam recentemente se deteriorado, e que a decisão do Congresso de aprovisionar tanto dinheiro para o mapa estava em contraste total com os cortes simultâneos do governo federal no financiamento público de bibliotecas.[3]

Por fim, em junho de 2003, a biblioteca anunciou que a aquisição do mapa estava encerrada. Em 23 de julho de 2003, depois de mais de uma década de negociações, o mapa de Waldseemüller foi mostrado pela primeira vez como propriedade da Biblioteca do Congresso americano, no edifício Thomas Jefferson. Com pertinência, ele foi apresentado junto com uma exposição sobre a expedição Lewis e Clark de 1803-06, a primeira missão patrocinada pelo Estado para mapear a América do Norte sistematicamente do Mississippi ao Pacífico. Liderada por Meriwether Lewis, William Clark e outros membros do Corpo de Descoberta, a expedição iniciou o processo épico de levantamento dos 9,5 milhões de quilômetros quadrados do interior de um continente cujos nome e contorno haviam

Descoberta

sido postos aparentemente pela primeira vez em um mapa por Martin Waldseemüller, quase trezentos anos antes.

As circunstâncias que cercam a compra pela biblioteca do mapa de Waldseemüller não são incomuns para quem trabalha na indústria cultural. O tráfego de artefatos históricos entre as nações e impérios poderosos sempre envolveu o desenvolvimento ou a resolução de grandes interesses diplomáticos, políticos e financeiros. Nesse caso, a aquisição e a exibição do mapa de Waldseemüller pela biblioteca dizem muito sobre a compreensão que os Estados Unidos têm de si mesmos enquanto nação e seu lugar no mundo mais amplo. Quando a venda foi concluída, o site da Biblioteca do Congresso valeu-se da avaliação de Burden e saudou o mapa como sendo "a certidão de nascimento da América", o primeiro "a representar as terras de um hemisfério ocidental separado e o Pacífico como um oceano separado". Tratava-se de "um exemplo excepcional da tecnologia de impressão do início da Renascença", que "refletia um enorme avanço no conhecimento, reconhecendo a massa de terra americana recém-descoberta e mudando para sempre o entendimento e a percepção que a humanidade tinha do próprio mundo".[4] O mapa de Waldseemüller deu à América o que a maioria das nações anseiam: a legitimidade de um ponto exato de origem, geralmente ligado a um determinado evento ou documento. Nesse caso, era uma dáta de nascimento de 1507, quando, como mostrava Waldseemüller, a América foi reconhecida como um continente.

Junto com a certidão de nascimento vem a paternidade, e a da América era identificada pelo mapa Waldseemüller como inquestionavelmente europeia. Como sugerira a carta de Daniel Boorstin para o conde em 1992, o mapa possibilitava que a América se visse intimamente envolvida no drama da Renascença europeia, o momento em que a Europa se reinventou através da redescoberta dos valores das civilizações clássicas de Grécia e Roma, levando ao que o grande historiador do século XIX Jacob Burckhardt chamou de "a descoberta do mundo e do homem".[5] Por essa interpretação, o renascimento (significado literal da palavra francesa *renaissance*) do passado clássico vinha de mãos dadas com a ascensão do humanismo renascentista, um novo método de pensar sobre o indivíduo, bem como a "descoberta" do lugar desse indivíduo dentro de um mundo em rápida expansão que antecipava o surgimento da modernidade ocidental. E, com efeito, a legenda do canto inferior direito do mapa sustenta essa visão. Ela diz: "Embora muitos dos antigos estivessem interessados em demarcar a circunferência do mundo, as coisas permaneciam desconhecidas para eles, em um grau não leve; por exemplo, no ocidente, a América, nomeada em homenagem a seu descobridor, que agora é conhecida por ser uma quarta parte do mundo."[6] Isso ressoa como a modernidade confiante de uma racionalidade recém-descoberta, que se vale dos clássicos apenas para, em última análise, descartá-los à medida que se molda uma consciência europeia moderna de si mesma. É essa crença que permeia as declarações da Biblioteca do Congresso sobre o mapa de Waldseemüller: que ele representa um grande avanço no conhecimento, utiliza a nova e revolucionária tecnologia de impressão e muda a nossa compreensão não apenas do nosso mundo, mas do lugar que ocupamos nele. O mapa é, em outras palavras, um documento por excelência do Renascimento europeu.

Sem dúvida, o mapa representa um mundo totalmente diferente daquele do mapa-múndi de Hereford, o mapa anterior produzido na Europa que examinamos. Nos duzentos anos que separam esses dois mapas, toda a representação do mundo, sua criação intelectual e prática, até mesmo o termo usado para descrever ambos os objetos, se transformaram (embora mapas-múndi continuassem a ser feitos até o século XVI e fossem exibidos ao lado de mapas mais novos que mostravam as recentes descobertas). Em 1290, o mapa-múndi de Hereford é chamado de "estorie" (história); em 1507, o mapa de Waldseemüller se autodenomina *cosmographia* (cosmografia), uma ciência que descreve a Terra e o céu. Desapareceram a orientação leste do mapa-múndi, seu ápice religioso e suas margens monstruosas. Foram substituídos no mapa de Waldseemüller por uma orientação norte-sul, com uma representação de costas e massas de terra reconhecíveis, linhas científicas de longitude e latitude e uma série de motivos clássicos. Ao reunir a recomendação de Ptolomeu de que os mapas fossem orientados com o norte na parte superior e o desenvolvimento de métodos de navegação que se baseavam na utilização da bússola, que privilegiava o norte como sua direção principal, a maioria dos mapas europeus do mundo do final do século XV e início do XVI, como o de Waldseemüller, passou gradualmente a substituir o leste pelo norte como ponto básico de orientação. Ambos os mapas exibem erudição clássica, mas de maneiras muito diferentes. Enquanto o mapa-múndi de Hereford se vale de autores romanos e cristãos antigos para confirmar sua compreensão religiosa da Criação, o mapa de Waldseemüller volta ainda mais para trás, ao mundo helenístico de Ptolomeu e sua percepção geométrica dos mundos terrestre e celeste. Enquanto o ápice do mapa-múndi de Hereford retrata Cristo em Sua majestade, a parte superior do mapa de Waldseemüller consagra um geógrafo clássico e um navegador contemporâneo. Enquanto o mapa-múndi de Hereford exibe pouco ou nenhum interesse em aprender explicitamente de outros mapas, o mapa de Waldseemüller anuncia sua dívida para com um mundo inteiro de cartógrafos anteriores – tanto os mapas e projeções teóricos e acadêmicos de Ptolomeu como os portulanos mais práticos, cartas e mapas de navegação produzidos por pilotos e navegadores contemporâneos que tentaram descobrir como navegar para além das costas da Europa a partir do início do século XV.

Foram cartas marítimas como a chamada carta de Caveri, feita em 1504-05 pelo cartógrafo genovês Nicolo Caveri (ou Canerio), que começaram a mapear lentamente as terras descobertas a leste, oeste e sul do continente europeu nos cem anos anteriores. A carta de Caveri reconhece o mundo geográfico dos mapas-múndi, com sua minúscula imagem circular do mundo colocada em seu centro, na África central, mas isso é superado pela rede detalhada de linhas de rumo (linhas que cruzam um meridiano em um ângulo constante) e rosas dos ventos de bússolas que mapeiam linhas náuticas de direção e orientação para os pilotos que navegassem fora da vista da terra.

Esse tipo de carta era usado pelos marinheiros do Mediterrâneo desde pelo menos o século XII e fora aperfeiçoado por pilotos que navegaram para além da Europa no século XV, entre eles Cristóvão Colombo em suas quatro viagens ao "Novo Mundo" da América, que se iniciaram em agosto de 1492. Em 1498, a terceira viagem de Colombo levou à primeira pisada conhecida de um europeu em terras continentais do hemisfério ocidental, quando sua tripulação desembarcou na costa da Venezuela, em 5 de agosto. É famoso o fato de Colombo nunca ter acreditado que fora responsável pela descoberta de um novo continente: o título completo do mapa de Waldseemüller e a legenda em seu canto inferior esquerdo celebram outro explorador italiano que eclipsaria por pouco tempo a posição de Colombo como "descobridor" do "Novo Mundo", mas que daria para sempre seu nome ao continente. A legenda descreve assim o mapa:

> Um delineamento geral das várias terras e ilhas, inclusive algumas a que os antigos não fazem nenhuma menção, descobertas ultimamente, entre 1497 e 1504, em quatro viagens pelos mares, duas ordenadas por Fernando de Castela e duas por Manuel de Portugal, monarcas sereníssimos, sendo Américo Vespúcio um dos navegadores e oficiais da frota; e, especialmente, o delineamento de muitos lugares até então desconhecidos. Tudo isso desenhamos cuidadosamente no mapa, para fornecer conhecimento geográfico verdadeiro e preciso.[7]

As viagens ocidentais realizadas pelo mercador e navegador florentino Américo Vespúcio no final do século XV foram, de acordo com o mapa de Waldseemüller, a confirmação de que as viagens europeias de exploração através do Atlântico haviam de fato descoberto uma nova quarta parte do mundo, desconhecida do mundo medieval do mapa-múndi de Hereford e seu mundo tripartite de Europa, África e Ásia.

Não era somente a geografia do mapa que parecia tão diferente daquela do mapa de Hereford. Seu estilo e sua forma vinham de um mundo que tratava do negócio de fazer mapas de uma maneira muito diferente da dos fabricantes e observadores dos mapas-múndi medievais. O mapa de Waldseemüller foi produzido graças a uma invenção que era nova para a Europa: o tipo móvel. As idiossincrasias dos escribas e iluminadores de manuscritos foram substituídas pelos xilógrafos, impressores e tipógrafos, responsáveis pela transferência do mapa original feito à mão para as impressoras da Alemanha do início do século XVI. Suas ideias baseavam-se menos em crenças religiosas sobre a criação divina do mundo e muito mais em textos geográficos clássicos como a *Geografia* de Ptolomeu, ao lado das modernas cartas de navegação como a de Caveri; essas práticas de mapeamento foram comparadas, contrastadas, em alguns casos incorporadas e, em outros, descartadas, na criação dessa nova imagem do mundo. Embora o nome de Ptolomeu esteja incluído no título do mapa e seu retrato figure no canto superior esquerdo do mapa, ele é diretamente

Descoberta 173

contrastado com as descobertas mais recentes de Vespúcio, que é retratado no lado oposto.

Em alguns aspectos, a *Universalis cosmographia* detonou a imagem do mundo ptolomaico clássico, introduzindo um quarto continente na consciência geográfica da Europa e, com ele, todo um conjunto de novas questões religiosas, políticas, econômicas e filosóficas que preocupariam as gerações vindouras de estudiosos. Mas é preciso fazer ressalvas às avaliações que veem no mapa uma descrição radical e até mesmo revolucionária de um novo mundo da geografia. Essa não é certamente a maneira como ele foi recebido quando foi publicado pela primeira vez – nem mesmo como foi concebido. Tampouco o nome de Waldseemüller ou a suposta data da primeira publicação do mapa em 1507 podem ser encontrados em qualquer de suas legendas ou margens. Na verdade, nem sequer está claro se o exemplar da Biblioteca do Congresso foi impresso em 1507, nem se ele foi realmente o primeiro mapa a nomear e representar a América como um continente separado. No livro publicado para acompanhar o mapa, Waldseemüller e seus parceiros mostram cautela em relação à natureza das novas descobertas no ocidente, afirmando (como veremos mais adiante) que a América não era necessariamente um novo *continente*, mas "uma ilha", uma qualificação que sugeria que eles estariam dispostos a rever suas premissas se futuras viagens para esse "Novo Mundo" os convencessem de que deveriam. O mapa também se baseia nas projeções do mapa de Ptolomeu de 1.300 anos antes e reproduz muitos dos erros do geógrafo grego, além de aderir a uma visão geocêntrica do universo que só seria contestada com a publicação de *Sobre as revoluções das esferas celestes* de Copérnico, em 1543. Não se pode dizer que tudo isso era sinal de modernidade contestadora.

Waldseemüller criou uma série de mapas até sua morte, por volta de 1521, mas ele nunca mais usou o nome "América" em qualquer outro mapa que mostrasse esse "Novo Mundo". O cartógrafo parece ter nutrido sérias reservas quanto à sabedoria de chamar o novo continente de "América" em 1507, e demorou uma geração para que esse nome fosse universalmente aceito em mapas e atlas mundiais. Apesar da extraordinária publicidade que cercou a aquisição do mapa pela Biblioteca do Congresso, a *Universalis cosmographia* recebeu pouca atenção do público em sua primeira edição e nas subsequentes, e dentro de poucas décadas todos os exemplares do mapa (do qual não mais do que mil foram impressos) estavam perdidos.

A história da *Universalis cosmographia* mostra que definir as origens e estabelecer o momento de uma descoberta geográfica singular é muito mais complicado do que poderíamos imaginar. As origens da América como continente, assim como as desse mapa em particular, são permeadas por reivindicações concorrentes e inícios disputados por uma série de exploradores, cartógrafos, impressores e historiadores. Com o benefício da visão retrospectiva, é fácil considerar esse período da história mundial a "Grande Era dos Descobrimentos" e a *Universalis cosmographia*, proporcional à escala e ao teor dramático desses eventos. As façanhas dos impérios de Espanha e Portugal entre 1420 e 1500 são certamente extraordinárias. Nesse período, os portugueses içaram velas em direção ao desconhecido, desembarcaram ao longo da costa da África e colonizaram os Açores, as Canárias e as ilhas de Cabo Verde. Em 1488, já tinham feitorias estabelecidas na África ocidental e haviam circum-navegado o extremo sul do continente, e em 1500 chegaram à Índia e ao Brasil. O apoio financeiro da Espanha à primeira viagem de Colombo ao Novo Mundo, em 1492, foi o primeiro de três desses empreendimentos que atrairia a atenção dos europeus para as ilhas do Caribe e da América Central. Em viagens posteriores, foram encontrados trechos desconhecidos dos litorais da América do Norte e do Sul. Todas essas descobertas estão registradas na *Universalis cosmographia*, que mostra um mundo com mais do que o dobro do tamanho do *oikoumené* de Ptolomeu.

Não obstante, o mais difícil de todos os termos para explicar em relação a este mapa em particular é aquele utilizado sempre que ele é mencionado: *descoberta*. Hoje, pensamos descoberta como um conceito simples, que envolve ficar sabendo sobre alguma coisa ou revelar algo até então desconhecido, principalmente quando associado a viagens e à "descoberta" de lugares até então desconhecidos. À primeira vista, o mapa de Waldseemüller parece representar uma "descoberta" definidora de "novos mundos" na história da cartografia ocidental, mas seu uso do termo indica que foi preciso uma abordagem um pouco mais cautelosa das "novas" terras que ele representava.

Para as pessoas do início do século XVI, a descoberta de novos lugares, até mesmo de novos mundos, era vista com cautela, até mesmo com

Descoberta

suspeita. Isso contestava os fundamentos do conhecimento herdado de escritores clássicos como Aristóteles e Ptolomeu e questionava até mesmo a autoridade bíblica: se o novo mundo da América e seus habitantes realmente existiam, por que não estavam mencionados na Bíblia? O problema era agravado pela variedade de significados inconsistentes e muitas vezes contraditórios associados à palavra "descoberta" e à ascensão contemporânea das línguas vernáculas europeias. Em inglês, a palavra só se tornou corrente no final do século XVI, quando tinha pelo menos seis significados diferentes, entre eles "descobrir", "desvendar" ou simplesmente "revelar". Em português, uma das primeiras línguas a registrar as novas "descobertas" por via marítima a partir do início do século XV, o termo "descobrir" era comumente usado para significar "explorar", "remover a cobertura", mas também "encontrar por acaso" e até mesmo simplesmente "pegar".[8] Em holandês, "descoberta" é geralmente traduzido por *ontdekking*, ou seja, "revelar", "encontrar a verdade", ou "detectar um erro". Portanto, a palavra tinha tanto a ver com descrever um encontro com territórios e terras que já eram conhecidas, através do mito ou da cultura clássica, quanto com a revelação de "novos mundos" pela primeira vez. Até mesmo o termo "novo mundo" é estudadamente vago: os portugueses chamam a ultrapassagem do cabo da Boa Esperança em 1488 de "descoberta" de um "mundo novo", embora mapas da época representassem uma versão do oceano Índico e territórios a ele relacionados. Os eruditos da Renascença não se entusiasmavam tanto com o choque do novo, como fazemos hoje, e tentavam sempre assimilar esse tipo de "descoberta" ao conhecimento geográfico clássico. Em consequência, o desembarque em lugares como Cuba ou o Brasil poderia ser identificado como "descoberta" de "novos mundos", mas as descrições de exploradores e cartógrafos mostram que muitas vezes eles foram erroneamente identificados como lugares existentes – Cuba podia ser chamada de Japão, o Brasil de China, e assim por diante.

Para nós, os mapas do Renascimento abraçam a "descoberta" de novas terras, mas, na verdade, seus criadores estavam tentando conciliar as informações novas com modelos clássicos do mundo produzidos por autores como Ptolomeu e Estrabão: os relatos empíricos diferiam muitas vezes da autoridade culta e os cartógrafos relutavam em desistir dos textos clássicos reverenciados a menos que tivessem motivos convincentes para fazê-lo. As informações que recebiam eram fragmentadas e muitas vezes contraditórias, um problema observado por escritores e cartógrafos, como al-Idrisi e até Heródoto, e avaliá-las ao lado de modelos clássicos geográficos que pareciam perfeitamente adequados era um processo delicado. Os cartógrafos também precisavam equilibrar o desejo de abrangência e precisão com um novo imperativo introduzido através do novo meio de impressão e até então desconhecido em cartografia: a necessidade de vender mapas e ganhar dinheiro. A impressão era uma atividade comercial que precisava dar lucro, além de propiciar uma nova forma de fazer mapas. O delicado equilíbrio para alcançar todos esses objetivos é fundamental para a criação da *Universalis cosmographia*. Celebrar o mapa de Waldseemüller como um objeto central na história da descoberta da Europa de si mesma e da América significa não entender o desenvolvimento prático e intelectual da geografia no início do século XVI. Para entender esse desenvolvimento, um bom lugar para começar é com o suposto criador do mapa.

Martin Waldseemüller (c.1470-c.1521, também conhecido pela versão helenizada de seu nome, Ilacomilo) nasceu na aldeia de Wolfenweiler, perto de Freiburg im Bresgau, no que é hoje o estado de Baden-Württemberg, no sudoeste da Alemanha. Filho de açougueiro que chegou a ser membro do conselho da cidade, Martin se matriculou na Universidade de Freiburg em 1490, onde estudou (presumivelmente teologia) com o renomado erudito cartuxo Gregor Reisch. Waldseemüller deve ter seguido as matérias defendidas por Marciano Capella em seu livro do século V *O casamento da Filologia e Mercúrio*: o *trivium* de gramática, lógica e retórica, e o *quadrivium* de aritmética, música, geometria e astronomia. Os elementos geométricos e astronômicos do *quadrivium* apresentaram-no a escritores como Euclides e Ptolomeu, dando-lhe uma formação básica nos princípios da cosmografia. No final da década de 1490, Waldseemüller mudou-se para Basileia, onde entrou em contato com o renomado impressor Johannes Amerbach, um amigo de Reisch. Amerbach fazia parte de uma segunda geração de impressores que começava a aperfeiçoar a imprensa usando tipos móveis para publicar uma mistura de livros bíblicos, devocionais, jurídicos e humanistas destinados a uma crescente comunidade de leitores alfabetizados. Foi provavelmente ali que Waldseemüller começou a

Descoberta

aprender a traduzir sua formação humanista em cosmografia e cartografia para o tipo de mapa impresso pelo qual ficaria famoso.

O desenvolvimento do tipo móvel na Alemanha, por volta de 1450, é posterior a sua invenção na China em cerca de quatrocentos anos. No entanto, trata-se possivelmente da inovação tecnológica mais importante do Renascimento europeu. Acredita-se que a primeira impressora tenha surgido de uma parceria em Mainz, na década de 1450, entre Johann Gutenberg, Johann Fust e Peter Schöffer. Em 1455, Gutenberg e sua equipe já tinham imprimido uma Bíblia latina e, em 1457, uma edição dos Salmos. No final do século XV, já havia prensas tipográficas em todas as principais cidades da Europa, e estima-se que essas prensas foram responsáveis pela impressão de 6 a 15 milhões de livros em 40 mil edições diferentes – mais do que o total produzido de manuscritos desde a queda do Império Rómano (a população europeia em 1500 foi estimada em 80 milhões).[9] Aqueles que viveram essa primeira onda de impressão em massa logo compreenderam seu significado: o humanista alemão Sebastian Brant observou, com exagcro apenas leve, que, "imprimindo, um homem sozinho pode produzir em um único dia tanto quanto poderia ter feito em mil dias de escrita no passado".[10]

Em anos recentes, os estudiosos têm questionado o impacto revolucionário da imprensa como aquilo que Elizabeth Eisenstein chamou de "agente de mudança", mas há poucas dúvidas de que a nova invenção (ou reinvenção) transformou o conhecimento e seu método de comunicação.[11] A imprensa prometia velocidade de impressão, padronização e reprodutibilidade exata na publicação e distribuição de livros de todos os tipos. A realidade do funcionamento das gráficas e as pressões tecnológicas e financeiras que enfrentaram significam que essas promessas nem sempre foram cumpridas, mas a capacidade dos textos impressos de apresentar paginação relativamente consistente, índices, ordenação alfabética e bibliografias – coisas que eram praticamente impossíveis em manuscritos – possibilitou que os estudiosos abordassem o conhecimento de novas maneiras entusiasmantes. Dois leitores separados geograficamente que possuíssem, por exemplo, a mesma edição impressa da *Geografia* de Ptolomeu poderiam agora discutir e comparar o livro, até uma palavra específica (ou mapa) em uma determinada página, sabendo que estavam olhando para a mesma coisa. As idiossincrasias da cultura manuscrita, que era tão dependente da mão de cada escriba, jamais poderiam permitir essa uniformidade e padronização. Esse novo processo de duplicação exata também deu origem ao fenômeno das edições novas e revisadas. Os tipógrafos podiam incorporar descobertas e correções à obra de um escritor ou a um determinado texto. Novos livros de referência e enciclopédias foram publicados sobre temas como linguagem, direito e cosmografia, que alegavam ter a capacidade de produzir definições precisas, estudos comparativos e a classificação do conhecimento de acordo com a ordem alfabética e cronológica.

O impacto das novas prensas também afetou as comunicações visuais, em particular a cartografia. Parte da importância da impressão veio do fato de ela possibilitar aquilo que um crítico chamou de "a declaração pictórica exatamente repetível".[12] As novas prensas possibilitaram que os cartógrafos reproduzissem e distribuíssem exemplares idênticos de seus mapas aos centos, talvez milhares, em um grau de precisão e uniformidade que até então era inimaginável. Em 1500, já havia cerca de 60 mil mapas impressos em circulação na Europa. Em 1600 esse número tinha subido para assombroso 1,3 milhão.[13] Esses números são ainda mais extraordinários se lembrarmos que transformar mapas manuscritos em versões impressas apresentava enormes desafios técnicos para os cartógrafos e impressores do século XV.

Foi com alguma consciência dos problemas e das oportunidades oferecidas pela imprensa que Martin Waldseemüller chegou à cidade de Saint-Dié, no ducado de Lorena, em 1506. Hoje conhecida como Saint-Dié-des-Vosges, perto da fronteira com a Alemanha, a localização geográfica da cidade, na confluência de tantos aspectos da cultura europeia, moldou decisivamente sua história. Desde a Idade Média, o ducado de Lorena estava no eixo de rotas comerciais do Báltico, no norte, ao Mediterrâneo, no sul, e da Itália, a leste, aos mercados dos Países Baixos, a oeste. Também estava entre os Estados rivais de França, Borgonha e Sacro Império Romano e se enredava facilmente em seus conflitos políticos e militares. Isso resultava numa atmosfera tensa, mas muito cosmopolita. No final do século XV, o ducado estava sob o controle de René II, duque de Lorena, que em 1477 venceu a batalha de Nancy sobre seu rival Carlos, o Temerário, duque de Borgonha. A vitória deu a René a autonomia política e a segurança militar

Descoberta

que ele desejava, e ele decidiu fazer de Saint-Dié um centro de erudição que rivalizasse com os franceses, borgonheses e as cortes dos Habsburgo que cercavam seu ducado.

Ele confiou a Gaultier (ou Vautrin) Lud, seu secretário pessoal e cônego em Saint-Dié, a tarefa de fundar uma academia humanista, conhecida como Ginásio Vosagense, para promover sua glória pessoal, em vez de ganho financeiro. Para que as ideias da academia pudessem ser disseminadas com sucesso, Lud elaborou planos (por ordem de René) para instalar a primeira impressora de Saint-Dié, utilizando a expertise de tipógrafos de Estrasburgo, a apenas sessenta quilômetros de distância, que já era um dos maiores centros de impressão do norte da Europa e no final do século XVI já abrigava mais de setenta impressores. Lud procurava por um cosmógrafo instalado em Estrasburgo e identificou em Martin Waldseemüller "o homem mais experiente nessas matérias".[14] Tal como Lud, Waldseemüller era um teólogo com interesse em cosmografia, bem como nas novas técnicas de representá-la em impressos. Em 1506, ele se tornou um dos primeiros e mais importantes membros do Ginásio Vosagense.

Na academia, Waldseemüller ganhou a companhia de um punhado de outros eruditos humanistas, em especial de dois que viriam a participar intimamente da produção do *Universalis cosmographia*. O primeiro deles era Matthias Ringmann (também conhecido pelo nome helenizado de Filésio). Nascido na Alsácia por volta de 1482, Ringmann estudou em Paris e Heidelberg, antes de trabalhar para várias gráficas de Estrasburgo como corretor, revisor de provas e consultor acadêmico. Tal como Lud, Ringmann estava envolvido na impressão de livros sobre viagens de exploração portuguesas e espanholas, o que provavelmente explica seu envolvimento no Ginásio. O segundo era Jean Basin de Sendacour, outro teólogo com grande conhecimento de latim, que viria a ser indispensável na tradução de textos clássicos e contemporâneos.

A chegada de Waldseemüller em Saint-Dié, em 1506, proporcionou o catalisador para o ambicioso projeto geográfico que visava pôr o Ginásio no centro da vida intelectual do norte da Europa, mas que, inicialmente, não pretendia produzir um mapa do mundo retratando a descoberta da América. Em vez disso, o trio Waldseemüller, Ringmann e Sendacour começou com a intenção de produzir uma nova edição da *Geografia* de Ptolomeu. Hoje, pode parecer surpreendente que esse grupo se voltasse para uma obra de 1.300 anos de idade justamente quando seu conhecimento geográfico estava sendo minado por viagens marítimas para oeste e leste do continente europeu, mas, na verdade, era uma escolha lógica. Embora o livro de Ptolomeu fosse mencionado pelos estudiosos desde pelo menos o século VI, foi somente no século XIV que os manuscritos do texto grego chegaram à Itália para um estudo sério e sua tradução. Em 1397, o erudito grego Manuel Chrysoloras foi convidado a viajar de Constantinopla a Florença para ensinar grego ao círculo humanista reunido em torno de um dos principais intelectuais da Itália, Coluccio Salutati. Os colegas florentinos de Chrysoloras estavam tão ansiosos por aprender grego que também pagaram por manuscritos que seriam enviados de Constantinopla, e entre eles estavam cópias da *Geografia* de Ptolomeu. Chrysoloras começou a trabalhar na primeira tradução para o latim, completada por outro humanista florentino, Jacopo Angeli, em torno de 1406-10. Angeli deu uma indicação de como os primeiros humanistas italianos viam o livro de Ptolomeu, traduzindo seu título por *Cosmografia*, em vez de *Geografia*, uma decisão que iria influenciar os cartógrafos e seus mapas nos dois séculos seguintes. A cosmografia, como vimos no capítulo 1, descreve as características do universo analisando tanto o céu como a terra. Para o Renascimento, com sua crença em um universo geocêntrico criado por Deus, isso implicava fazer uma descrição matemática das relações entre o cosmos e a Terra. Portanto, a cosmografia incluía uma descrição abrangente (embora um pouco vaga) das atividades que hoje atribuímos a um geógrafo, tudo recoberto com um verniz de autoridade clássica através de sua evocação de Ptolomeu e sua metodologia celeste-terrestre.[15]

Para Angeli e seus amigos florentinos, a tradução da *Geografia* de Ptolomeu como *Cosmografia* era de maior interesse para resolver questões celestiais e astrológicas do que fazer afirmações científicas para projetar a esfera terrestre sobre uma superfície plana. Muitos humanistas italianos consultavam o texto por razões filológicas, comparando a antiga nomenclatura topográfica com os nomes de lugares modernos. A tradução de Angeli produziu uma versão deturpada e truncada das complexas projeções matemáticas de Ptolomeu e, em consequência, teve uma leitura muito mais prosaica no século XV do que muitos estudiosos desde então acredi-

Descoberta 181

taram. Ela não deu início à revolução na cartografia renascentista como se costuma afirmar, pois seus métodos inovadores foram malcompreendidos e ignorados pela maioria de seus leitores.[16] Mesmo com a publicação do texto de Ptolomeu pelo novo meio de impressão, a maioria dos mapas recém-projetados e atualizados que o acompanhavam eram impressos sem uma rede de coordenadas matemáticas, mostrando que havia uma compreensão limitada dos métodos científicos usados por Ptolomeu para projetar a Terra em um mapa. O desafio de simplesmente imprimir mapas era o bastante para ocupar a maioria dos tipógrafos e eruditos.

Quando Waldseemüller e seus colegas começaram a trabalhar em seu mapa, nada menos do que cinco novas edições impressas do texto de Ptolomeu já haviam sido publicadas. A primeira, em latim, feita em Vicenza em 1475, era desprovida de qualquer mapa, mas logo depois, em 1477, saiu em Bolonha a primeira edição a reproduzir mapas regionais e mundiais (e que por isso é considerada o primeiro atlas impresso, embora não utilizasse esse nome). No ano seguinte, outra edição foi impressa em Roma, e depois, uma tradução livre do texto de Ptolomeu para o italiano, acompanhada de mapas, foi publicada em Florença, em 1482. No mesmo ano, saiu em Ulm a primeira edição alemã de Ptolomeu. Enquanto a xilogravura florescia ao norte dos Alpes e era usada na edição de Ulm, todos esses primeiros mapas italianos foram impressos utilizando-se a técnica de gravura em chapa de cobre. Era uma técnica mais demorada, pois, ao contrário de uma xilogravura, uma chapa de gravura em cobre não podia ser posta ao lado de tipos móveis, mas tinha a vantagem de um uso melhor e mais versátil da linha, o que faria com que, no final do século XVI, ela substituísse os mapas em xilogravura.

A recuperação e publicação da *Geografia* de Ptolomeu no século XV fez mais do que apenas satisfazer a curiosidade filológica dos eruditos humanistas. Aparentemente, a visão de Ptolomeu do mundo parecia cada vez mais ultrapassada em face das viagens marítimas de exploração portuguesas e espanholas. As primeiras viagens portuguesas ao longo da costa da África ocidental revelaram que, ao contrário da crença de Ptolomeu, era possível circum-navegar a África, e que o oceano Índico não era cercado por terra. Mais ainda, as viagens de Colombo pelo Atlântico ocidental provaram a existência de massas de terra aparentemente desconhecidas para Ptolomeu e os gregos, e tiveram profundas consequências para os cálculos gerais de Ptolomeu sobre o tamanho e a forma do mundo conhecido. Mas, ao mesmo tempo em que essas viagens desmentiam Ptolomeu, seus textos ficavam mais populares do que nunca. Novas edições da *Geografia* foram publicadas após o regresso de Colombo – em 1500, dos 220 mapas impressos registrados, mais da metade se baseava diretamente em Ptolomeu –, mas aqueles impressos depois de 1492 continham pouco ou nenhum reconhecimento das descobertas de Colombo.[17]

Em vez de descartar Ptolomeu, os estudiosos da Renascença adotaram uma abordagem mais acumulativa na tentativa de unir o conhecimento geográfico clássico com o moderno. As tabelas de Ptolomeu e as descrições feitas ao lado dos mapas-múndi medievais eram os únicos modelos abrangentes do mundo à disposição dos estudiosos e de navegadores como Colombo, cuja ideia era, portanto, tentar conciliar suas descobertas com esses paradigmas clássicos e medievais, mesmo quando os modelos pareciam contradizer o que tinham descoberto. Embora ainda fosse pouco compreendida por muitos, a *Geografia* de Ptolomeu explicava como desenhar uma projeção geográfica do mundo conhecido, usando paralelos espaçados e meridianos convergentes dentro dos quais os navegadores e estudiosos podiam tentar assinalar suas novas descobertas. Os resultados eram muitas vezes enigmáticos e contraditórios, mas estimulavam ainda mais a exploração física e intelectual. Eles podem ser vistos nas primeiras edições impressas de Ptolomeu, que incorporavam cada vez mais as novas descobertas, a ponto de a descrição original de Ptolomeu parecer quase irreconhecível.

No início do século XVI, as principais inovações na impressão estavam ocorrendo em cidades-estados alemãs como Nuremberg e Estrasburgo (que desempenharia um papel na publicação do mapa de Waldseemüller), que tinham um interesse ativo pela cultura clássica e as descobertas marítimas. Ambas as cidades estavam intimamente ligadas à evolução intelectual da Itália renascentista e à exploração marítima da península Ibérica através do comércio e das finanças. O primeiro globo terrestre conhecido do mundo foi criado em Nuremberg em 1492 pelo comerciante Martin Behaim, que havia financiado e participado de uma viagem comercial portuguesa ao longo da costa da África ocidental, na década de

Descoberta 183

1480. Cidades como Nuremberg também eram reconhecidos centros de excelência na produção não apenas de impressos, mas também de instrumentos científicos utilizados em mapeamento e navegação.

Escrevendo para um amigo em 1505, Matthias Ringmann revelou que o plano original dos impressores do Ginásio era publicar uma nova edição de Ptolomeu para eclipsar tanto a edição italiana como a primeira edição alemã publicada em Ulm. Mas, quando começou o trabalho na edição, o grupo viu-se diante de textos que pareciam descrever um mundo novo a oeste da Europa, muito diferente daquele imaginado por Ptolomeu. Tratava-se de traduções impressas de cartas do mercador e viajante florentino Américo Vespúcio descrevendo uma série de viagens realizadas entre 1497 e 1504 nas quais ele afirmava ter descoberto um novo continente. Na mesma carta, Ringmann explicou os dois principais elementos que viriam a influenciar o *Universalis cosmographia* em sua publicação apenas dois anos depois:

> O próprio livro de Américo Vespúcio caiu por acaso em nosso caminho, e nós o lemos às pressas e comparamos quase todo ele com o de Ptolomeu, cujos mapas sabes que estamos neste momento empenhados em analisar com muito cuidado, e fomos assim induzidos a compor, sobre o assunto desta região de um mundo recém-descoberto, uma pequena obra, não só poética, mas geográfica em seu caráter.[18]

Em 1503, uma tradução para o latim de uma carta supostamente escrita por Vespúcio ao seu patrocinador florentino Lourenço de Medici foi publicada sob o título sensacional de *Mundus Novus*. Ao narrar uma viagem à costa leste da América do Sul, essa pequena carta descrevia "essas novas regiões que procuramos e descobrimos", e que "se pode chamar de um mundo novo, uma vez que nossos antepassados não tinham conhecimento dele".[19] Pela primeira vez, as descobertas no hemisfério ocidental eram vistas como um novo continente. A publicação da carta de Vespúcio parece ter sido uma tentativa deliberada de concorrer com carta anterior de Colombo para Luis de Santángel, publicada em 1493, que descrevia seus momentosos desembarques no Caribe durante sua primeira viagem, entre agosto de 1492 e março de 1493. Ao reivindicar a descoberta de um "mundo novo" (em contraste com a crença de Colombo de que havia atracado na Ásia), e acrescentar alguns relatos espantosos sobre os costumes sexuais e alimentares dos nativos, o sucesso de *Mundus Novus* estava garantido. Em poucas semanas, foi impresso às pressas em Veneza, Paris e Antuérpia e, em 1505, já havia pelo menos cinco edições impressas publicadas em alemão, inclusive uma versão editada por Matthias Ringmann.

No mesmo ano, outra carta atribuída a Vespúcio foi publicada com o título *Lettera di Amerigo Vespucci delle isole nuovamente trovate in quattro suoi viaggi* ("Carta de Américo Vespúcio a respeito das ilhas recém-descobertas em suas quatro viagens"), endereçada a um "Magnificente Senhor" que se acredita que fosse Piero di Tommaso Soderini, o então chefe da República Florentina, e que descrevia quatro viagens empreendidas por Vespúcio para as coroas espanhola e portuguesa entre 1497 e 1504. Embora não tivesse o sensacionalismo de *Mundus Novus*, a carta alegava que na primeira viagem de Vespúcio, entre maio de 1497 e outubro de 1498, o florentino "descobriu muitas terras e quase incontáveis ilhas", "às quais nossos antepassados não fazem absolutamente nenhuma menção". Disso, o autor conclui "que os antigos não tinham conhecimento de sua existência".[20] O relato passa a descrever uma série de desembarques ao longo da costa das Américas Central e do Sul, que antecediam em quase um ano o primeiro desembarque registrado de Colombo na Venezuela, em agosto de 1498.

Ambas as cartas impressas eram falsificações, ou pelo menos versões exageradas e sensacionalistas das viagens de Vespúcio, como se pode ver quando comparadas com as cartas mais prosaicas que ele realmente escreveu, que só foram descobertas em manuscrito no século XVIII. Essas cartas provavam que o primeiro desembarque de Vespúcio no continente foi em 1499, um ano depois de Colombo, e que não foi Vespúcio, mas seus excessivamente zelosos editores que forçaram sua pretensão de ser o primeiro a "descobrir" a América. Quando as cartas de Vespúcio foram descobertas, os interesses nacionais já haviam rebaixado suas realizações: a partir de meados do século XVI, escritores espanhóis, ansiosos por celebrar Colombo e suas viagens patrocinadas pela Espanha, desprezaram as reivindicações feitas pelos impressores de Vespúcio, chegando mesmo a pedir a supressão de todos os mapas que usavam o nome "América".

Em Saint-Dié, em 1505-06, os membros do Ginásio Vosagense não tinham conhecimento de como as viagens de Vespúcio estavam sendo manipuladas e sensacionalizadas. Não lhes restava senão confiar nas informações que chegavam aos poucos acerca dessas viagens, ou seja, o *Mundus Novus* e, mais recentemente, a carta das quatro viagens, com a alegação de que Vespúcio chegara ao novo continente antes de Colombo. Como mostra a carta de Ringmann de 1505, as cartas de Vespúcio transformaram o projeto do Ginásio. Eles deram início então a um projeto ainda mais ambicioso do que apenas editar a *Geografia*: a criação de um mapa mundial comparando as informações geográficas de Vespúcio com as de Ptolomeu, e a publicação junto com o mapa de uma descrição geográfica de suas razões e seus métodos para se afastarem da *Geografia* de Ptolomeu.

O Ginásio trabalhou com notável rapidez e, na primavera de 1507, seus empreendimentos estavam completos. O projeto foi publicado em três partes. A primeira, *Cosmographia introductio*, saiu em Saint-Dié em 25 de abril de 1507. Era uma curta introdução teórica de quarenta páginas à cosmografia, seguida por sessenta páginas que continham uma tradução para o latim feita por Jean de Sendacour de um texto impresso em francês das quatro viagens de Américo Vespúcio. O título completo da *Cosmographia introductio* anunciava as outras duas partes do projeto: "Introdução à Cosmografia: contendo os princípios necessários de geometria e astronomia ao lado das quatro viagens de Américo Vespúcio, e uma representação adequada de todo o mundo, tanto em globo como em mapa, que inclui ilhas remotas desconhecidas de Ptolomeu recentemente trazidas à luz."[21] Não era nada sucinto, mas indicava a escala e a ambição do projeto, assim como o fazia sua dedicatória a "Maximiliano César Augusto", o príncipe Habsburgo e sacro imperador romano Maximiliano I (1459-1519). Ringmann dedicava um poema a Maximiliano, seguido da dedicatória em prosa de Waldseemüller, na qual ele fazia um breve relato dos trabalhos do Ginásio. "Eu estudei com a ajuda de outros o livro de Ptolomeu, a partir de um manuscrito grego e, tendo acrescentado as informações das quatro viagens de Américo Vespúcio, desenhei um mapa do mundo inteiro para a educação geral dos estudiosos como uma forma de introdução à cosmografia, como um globo e como um mapa. Essas obras dedico-as a vós, pois sois o senhor do mundo conhecido", concluía ele.

Os capítulos seguintes ofereciam um relato bastante ortodoxo da cosmografia, fortemente baseado em Ptolomeu, explicando os principais elementos de geometria e astronomia e sua aplicação à geografia. A primeira menção às descobertas de Vespúcio está no quinto capítulo, que descreve a divisão da Terra em cinco zonas, de acordo com Ptolomeu e outros geógrafos clássicos. Ao descrever a zona "tórrida" situada ao sul do equador, entre os trópicos de Câncer e Capricórnio, o capítulo explica: "Existem muitos povos que habitam a zona tórrida quente e seca, como os habitantes da Chersonesus Aurea [península Malaia], os taprobanenses [Sri Lanka], os etíopes, e de uma grande parte da Terra que durante todo o tempo era desconhecida, mas foi recentemente descoberta por Américo Vespúcio."[22] Nesse relato, as supostas descobertas de Vespúcio no hemisfério ocidental são facilmente incorporadas às zonas clássicas de Ptolomeu e vistas como contíguas, de leste a oeste, de outros habitantes de países situados dentro do mesmo paralelo. Dois capítulos depois, ao refinar essa descrição de zonas climáticas que dividem a Terra, a *Cosmographia introductio* descreve sete zonas ao norte e ao sul do equador, mais uma vez com base em Ptolomeu. Quase de passagem, o capítulo explica que "a parte mais distante da África, as ilhas de Zanzibar, a Java menor, Seula e a quarta parte da Terra estão todas situadas no sexto clima em direção à Antártica", ao sul do equador.

O trecho que se segue é uma das declarações mais importantes do início das explorações europeias: "A quarta parte da Terra, decidimos chamar Amerige, a terra de Amerigo, podemos até dizer, ou América, pois foi descoberta por Amerigo."[23] Trata-se da primeira menção registrada da designação da América em homenagem a Vespúcio, mas é digno de nota que o trecho está escrito para se encaixar quase perfeitamente dentro do entendimento clássico da Terra dividida em zonas climáticas. As descobertas de Vespúcio nas Américas são incorporadas à mesma zona que vai de leste a oeste e inclui o sul da África e as ilhas do sul do oceano Índico. Em consequência, de acordo com a *Cosmographia introductio*, as "descobertas" de Vespúcio fortaleceram, ao invés de enfraquecer, a imagem do mundo de Ptolomeu.

Por fim, no capítulo 9, a *Cosmographia introductio* traz uma descrição geral da Terra. Começa assim: "Há neste momento uma quarta parte deste pequeno mundo pouco conhecido de Ptolomeu e habitado por seres como

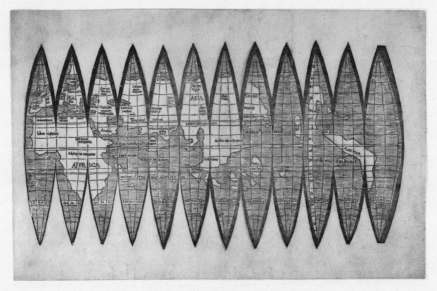

13. Martin Waldseemüller, gomos do globo, 1507.

nós." E segue descrevendo Europa, África e Ásia, antes de retornar aos novos territórios e repetir a ideia de sua designação:

> Hoje, essas partes do mundo foram mais amplamente exploradas do que uma quarta parte do mundo, como será explicado a seguir, e que foi descoberta por Américo Vespúcio. Porque é sabido que a Europa e a Ásia foram designadas com nomes de mulheres, não vejo qualquer razão para que alguém tivesse um bom motivo para opor-se a chamar esta quarta parte de Amerige, a terra de Amerigo, ou América, em homenagem ao homem de grande capacidade que a descobriu.

Na conclusão, o capítulo afirma: "Sabe-se agora que a Terra se divide em quatro partes. As três primeiras estão ligadas e são continentes, mas a quarta parte é uma ilha, pois descobriu-se que é completamente rodeada pelo mar."[24] Ao mesmo tempo que celebra as novas descobertas, o texto diz que Ptolomeu "mal" conhecia a quarta parte do mundo – o que é muito diferente de dizer que ele a desconhecia. O impacto das novas informações e mapas geográficos pode ser detectado nas expressões "sabe-se agora" e "descobriu-se", mas com elas vem o argumento final sobre a definição da terra recém-descoberta como ilha ou continente. Os cartógrafos renascentistas entendiam as ilhas e "partes" do mundo baseados em mapas "zonais" clássicos, mas "continente" era mais difícil de definir. Em 1524, o cosmógrafo Peter Apian definiu-o como "terra firme ou fixa que não é uma ilha, nem uma península, nem um istmo",[25] o que não ajudava muito. Europa, Ásia e África eram entendidas como "continentes", mas Waldseemüller e seus colegas relutavam compreensivelmente, em dar à nova terra da América esse status importante, em 1507, sem verificação adicional de sua forma e tamanho. Em consequência, ela continuava a ser uma ilha até novo aviso.

Como a dedicatória prometia, a segunda parte da publicação era um pequeno mapa em xilogravura de apenas 24 por 39 centímetros, composto de gomos de mapa – tiras com lados curvados que afinavam de tal modo que, quando coladas em uma pequena esfera, compunham um globo terrestre completo. Trata-se dos primeiros gomos impressos conhecidos para um globo terrestre, e incluem um hemisfério ocidental, com a América do Sul rotulada de "América". Os gomos do globo estavam intimamente relacionados ao elemento final e mais ambicioso de todo o projeto, o enorme mapa mundial de doze folhas, *Universalis cosmographia*, o primeiro mapa de parede impresso.

Embora a impressão de toda a *Cosmographia introductio* fosse uma tarefa razoavelmente simples para a pequena imprensa de Saint-Dié, a escala e os detalhes do *Universalis cosmographia* estavam além dos seus meios limitados, e a impressão foi transferida para Estrasburgo, onde foi provavelmente terminada na gráfica de Johann Grüninger. Mesmo pelos padrões de hoje, sua impressão significou uma conquista técnica extraordinária. Ele é composto de doze folhas separadas de xilogravuras distintas, impressas em papel de pano artesanal, cada uma medindo 45 por 60 centímetros. Depois que todas as doze folhas são montadas, o mapa mede nada menos que 1,20 por 2,40 metros (cerca de três metros quadrados). E é mais assombroso ainda se pensarmos nos tipos de problemas práticos que isso representava para seus impressores.

O mapa foi feito usando a técnica de xilogravura em relevo, o que era comum até boa parte do século XVI. Vilas e cidades como Estrasburgo,

Nuremberg e Basileia, com suas fortes tradições artesanais e fácil acesso a madeira, papel e água, estavam perfeitamente preparadas para criar xilogravuras impressas. O método xilográfico iniciava-se com a moldagem de um bloco a partir de uma prancha de madeira; o artesão (em alemão conhecido como *Formschneider*) esculpia as áreas não impressas (brancas na versão impressa final) com facas e formões, para deixar o desenho linear do mapa em relevo, que recebia então a tinta e produzia a impressão dos traços geográficos. Era um processo muito mais trabalhoso e especializado do que montar tipos para um texto escrito curto como a *Cosmographia introductio*, e prescrevia o vocabulário visual do objeto impresso final. A técnica da xilogravura era limitada em sua capacidade de reproduzir gradações de tom e finura de linhas e detalhes, elementos essenciais na representação de territórios. Onde a informação geográfica era limitada, a gravura era deixada plana, sem criar qualquer impressão sobre a superfície do papel. As grandes áreas em branco na África e na Ásia do *Universalis cosmographia* são, portanto, consequência tanto do processo de impressão quanto das limitações do conhecimento geográfico.

Outro problema que os impressores enfrentavam era o das fontes tipográficas. Os mapas precisam combinar texto com linha, e isso levou os primeiros impressores a cortar letras diretamente no bloco ao lado do detalhe visual do mapa, que então ganhava as características letras góticas severas e quadradas produzidas por facas de lâmina achatada, mas o mapa de Waldseemüller foi produzido exatamente no momento em que a antiga técnica dava lugar ao tipo romano mais elegante preferido pelos humanistas italianos. É uma indicação da velocidade com que o mapa foi elaborado o fato de usar tanto letras góticas como romanas, embora isso acarrete várias inconsistências em tamanho e forma das letras. Na verdade, o mapa mostra dois modos de reproduzir as formas das letras. O primeiro era cortá-las diretamente no bloco, embora isso fosse demorado. O outro sistema era fazer com cinzel uma ranhura na xilogravura e nela incrustar o tipo, utilizando cola. Isso também apresentava problemas, pois era fácil cometer erros, e múltiplas inserções de tipos faziam com que o bloco ficasse parecendo um favo de mel, o que podia causar deformações ou até mesmo rompimento. A montagem de uma forma (a moldura de duas faces em que os tipos eram montados para imprimir ambos os lados de uma folha de fólio) podia tomar pelo menos um dia de trabalho de dois compositores, apenas para o texto. Isto não incluía entalhar os intrincados contornos geográficos em um bloco de madeira e depois compor os tipos, o que levava muito mais tempo, estendendo-se por semanas, em vez de dias. Se multiplicarmos esse tipo de trabalho especializado por doze (o número de folhas que compunham o *Universalis cosmographia*) teremos uma ideia da natureza assustadora e da notável rapidez com que o projeto do Ginásio foi executado ao longo de 1506-07.[26]

Outra dificuldade era conciliar o uso de ilustrações em xilogravura com os tipos. Com frequência, os impressores tinham de fazer tantas "provas", ou impressões da ilustração de um mapa xilogravado, quantas achassem necessárias para uma determinada edição, depois deixá-las de lado, enquanto tiravam os valiosos tipos para usar na impressão de outros livros. Quando os mapas eram remontados para outra leva de impressão, os tipos precisavam ser repostos, momento em que podiam fazer pequenas correções – ou novos erros podiam aparecer. Isso talvez tivesse consequências importantes para o mapa de Waldseemüller que sobreviveu. Muitos outros mapas impressos aparentemente "idênticos" do início do século XVI ainda existem em diferentes edições com tipografias diferentes, desmentindo a crença de que os mapas impressos são sempre cópias exatas de um original.[27] Esses problemas de reprodução levaram muitos leitores e estudiosos a moderar o entusiasmo pela impressão expresso por gente como Sebastian Brant; um dos contemporâneos de Brant alertou que os erros cometidos por tipógrafos descuidados transformavam a impressão "em um instrumento de destruição quando, completamente desprovidos de juízo, eles não imprimiam livros bem-corrigidos, mas os arruinavam com uma edição ruim e negligente".[28]

Um último problema enfrentado pelo impressor de Estrasburgo foi como transferir o enorme desenho cartográfico (feito provavelmente por Waldseemüller) para os blocos de madeira. Como principal responsável pelo mapa manuscrito original, Waldseemüller também teve de fiscalizar sua transferência para os doze blocos, seja desenhando sobre os blocos na ordem inversa ou colando os mapas manuscritos originais sobre o bloco e cortando-o antes que fosse entalhado em relevo. Esse segundo método implicaria envernizar o mapa na parte de trás para permitir que a imagem

14. Mapa T-O de Isidoro de Sevilha,
Etimologias, 1472.

passasse, e depois cortá-lo e colocá-lo no bloco. A principal desvantagem desse processo era, obviamente, a destruição do mapa original, embora isso possa explicar também por que o mapa manuscrito de Waldseemüller não sobreviveu (como muitos mapas desse período que foram impressos). Com mapas simples e esquemáticos, como o primeiro exemplo impresso conhecido, um mapa T-O usado para ilustrar uma edição das *Etimologias* de Isidoro de Sevilha, impresso em Augsburg, em 1472, muitos desses problemas eram relativamente simples. Mas, com mapas impressos na escala do *Universalis cosmographia*, os problemas logísticos envolvidos eram imensos.[29]

Não sabemos se a publicação tripartite foi vendida como um pacote, ou se os seus elementos foram vendidos separadamente. Sem dúvida, eram muito diferentes: cada uma das doze folhas do mapa de parede tinha quase o dobro do tamanho tanto do texto introdutório como do globo em gomos. Mas, tomados em conjunto, tratava-se de uma declaração ambiciosa do estado clássico e moderno da cosmografia e da geografia em todas as suas dimensões. Esses textos representam coletivamente um abandono irrevogável dos mapas-múndi medievais. As causas eram óbvias: o impacto da imprensa, que produziu a aparência totalmente diferente do mapa, a influência da *Geografia* de Ptolomeu e o efeito das descobertas geográficas da época, em especial a de Vespúcio no "Novo Mundo" das Américas. As realizações do Ginásio não se limitaram a mudar a representação geográfica do mundo: elas também faziam parte de uma nova visão da geografia como uma disciplina intelectual, tanto em termos do modo como era produzida como na forma em que era usada. Enquanto o mapa-múndi de Hereford fornecia respostas para a criação divina do mundo e a vida após a morte, o *Universalis cosmographia* tentava unificar as representações clássica, medieval e moderna do mundo, conforme o pensamento humanista do Renascimento, e tornava possível a circulação de várias cópias de aproximadamente a mesma imagem entre uma variedade de indivíduos – estudiosos, navegadores e diplomatas –, todos com interesses muito diferentes por esse "novo mundo" emergente.

O *Universalis cosmographia* divide o mundo em duas metades, um hemisfério ocidental e um oriental (embora não sejam chamados assim), orientado com o norte no alto. Para a direita, as seis folhas descem do norte para o sul através do mar Cáspio, da península Arábica e da costa oriental da África. Embora não tenha mais a orientação e a forma dos mapas-múndi medievais, grande parte dos detalhes descritivos do mapa ainda deriva da geografia medieval e clássica. A representação do centro e do leste da Ásia é tirada principalmente das viagens de Marco Polo do final do século XIII, e o resto da região reproduz a geografia errônea de

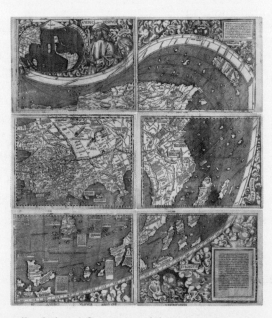

15. Detalhe do hemisfério oriental da *Universalis cosmographia*.

1. O mais antigo mapa mundial conhecido: o mapa babilônio, de Sippar, no sul do Iraque, c.700-500 a.C.

2. O mundo como teatro: frontispício de *Theatrum orbis terrarum*, de Abraham Ortelius (1570).

3. Mapa do mundo de uma das mais antigas cópias da *Geografia* de Ptolomeu, escrita em grego, século XIII. © 2012 Biblioteca Apostólica Vaticana (Urb. Gr. 82, ff. 60v-61r)

4a. Fac-símile do século XIX do mapa de Peutinger (c.1300), mostrando (da esquerda para a direita) a Inglaterra, a França e os Alpes, e o norte da África ao longo da base.

4b. Os limites mais orientais do mundo romano no mapa de Peutinger: Irã, Iraque, Índia e Coreia.

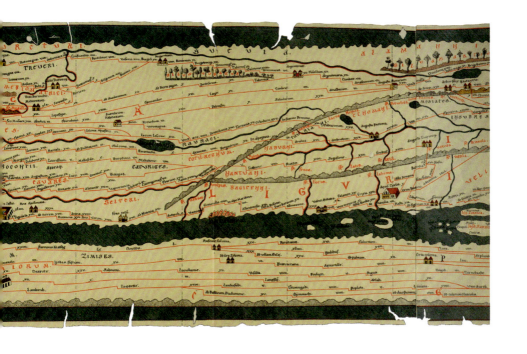

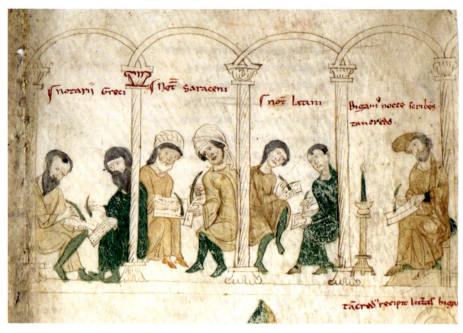

5. No século XII, escribas gregos, árabes e latinos trabalham lado a lado na chancelaria do rei Rogério II da Sicília.

6. Mapa circular do mundo de uma cópia do século XVI de *Entretenimento* (1154), de al-Idrisi, que mostra a convergência dos conhecimentos geográficos latinos e arábicos.

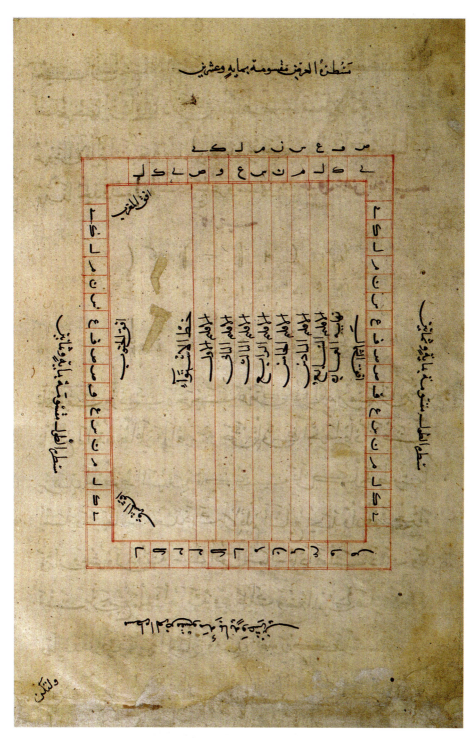

7. Diagrama de Suhrab para um mapa do mundo, em "Maravilhas dos sete climas para fins de habitação", com um mapa diagramático que mostra os sete climas da Terra.

8. Mapa do mundo de Ibn Hawqal (1086), orientado com o sul em cima.

9. Mapa circular do mundo do *Livro das curiosidades*, de autor anônimo, quase idêntico ao mapa encontrado em *Entretenimento*, de al-Idrisi.

10. O singular mapa retangular do *Livro das curiosidades*, de uma cópia do século XIII, orientada com o sul no alto e com uma barra de escala.

11. Reconstituição do mapa do mundo que combina os setenta mapas regionais desenhados no *Entretenimento*, de al-Idrisi.

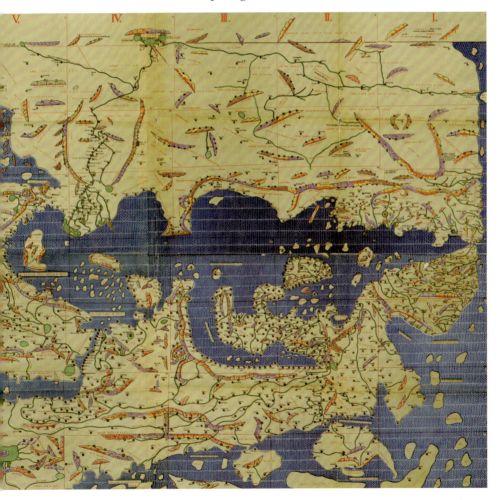

12a. Mapa-múndi de Hereford (c.1300), com o leste no topo.

12b. Cristo ladeado por anjos conduz as pessoas ao céu e ao inferno.

12c. O imperador romano AugustoCésar enviando cônsules para fazer o levantamento topográfico da Terra. As ilhas Britânicas aparecem diretamente opostas a ele.

12d. Um cavaleiro olha para a África acima e suas raças "monstruosas", ao lado das palavras "Vá em frente".

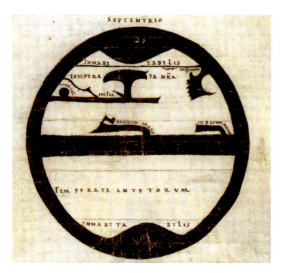

13. Mapa zonal de *Comentário sobre o sonho de Cipião* (século IX) de Macróbio, que mostra a Terra dividida nas zonas temperada, congelada e "tórrida".

14. Mapa mundial do século XII ilustra *Etimologias* de Isidoro. Apesar do diâmetro de apenas 26 centímetros, apresenta uma semelhança notável com o mapa-múndi de Hereford.

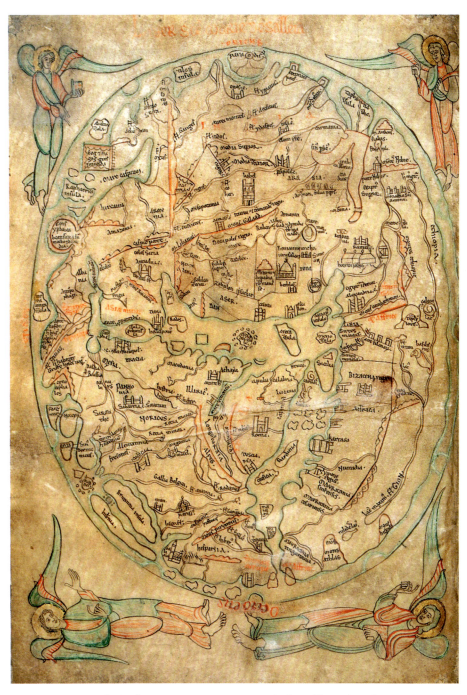

15. Mapa de Sawley: o mais antigo mapa-múndi inglês conhecido (1190), descoberto num mosteiro cisterciense, em Yorkshire.

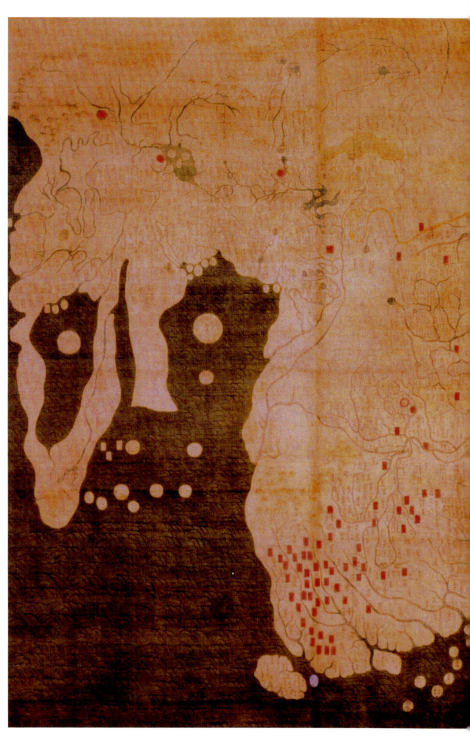

16. Mapa Kangnido (1470), o mais antigo mapa conhecido do leste asiático que mostra o mundo inteiro, Europa e Coreia.

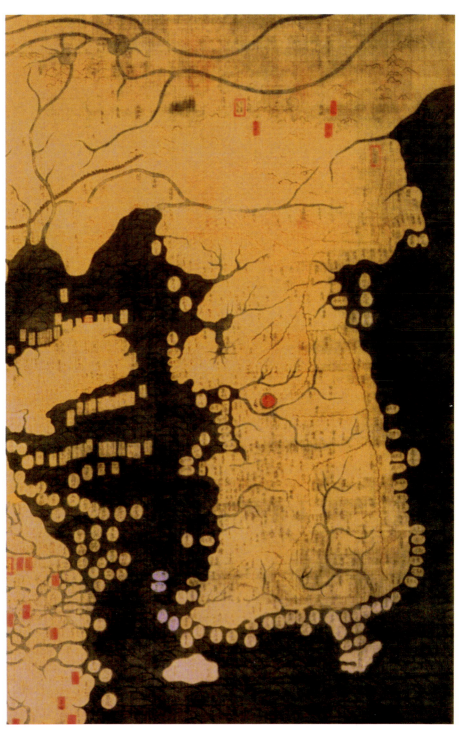

17. Detalhe da península da Coreia do mapa Kangnido, mostrando importantes locais administrativos e militares.

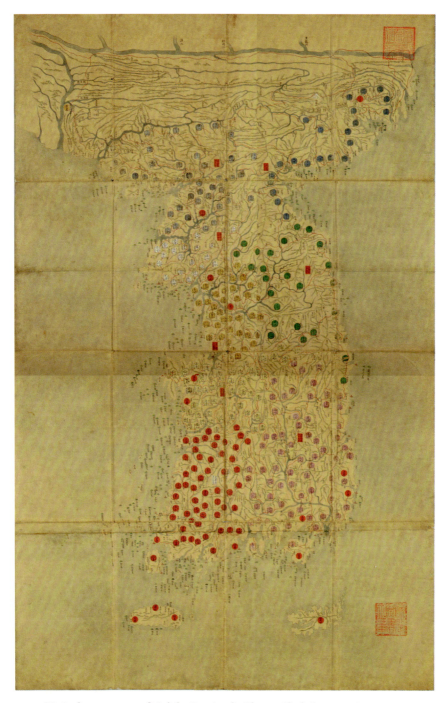

18. Cópia de um mapa oficial da Coreia, de Chong Chok (1390-1475), que mostra a influência do mapeamento geomântico, com a "energia cósmica", codificada por cores, fluindo por sistemas fluviais (em azul) e cadeias de montanhas (em verde), e as sedes de distritos com outras cores diferenciadas, de acordo com suas províncias.

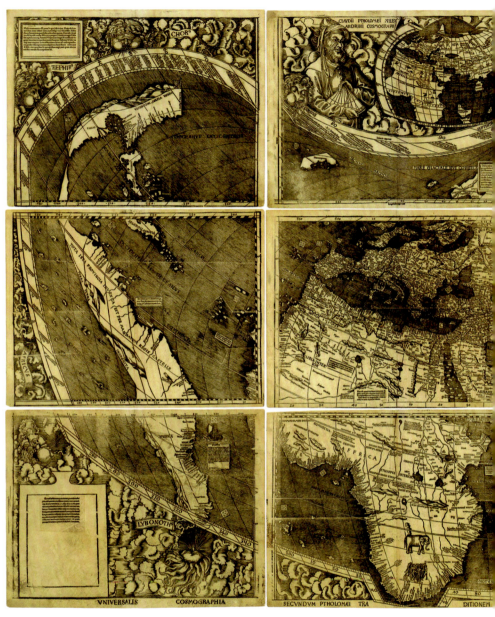

19. A certidão de nascimento da América: o mapa mundial de Martin Waldseemüller (1507), o primeiro a dar nome e mostrar a América como um continente separado, comprado pela Biblioteca do Congresso americano em 2003 por 10 milhões de dólares.

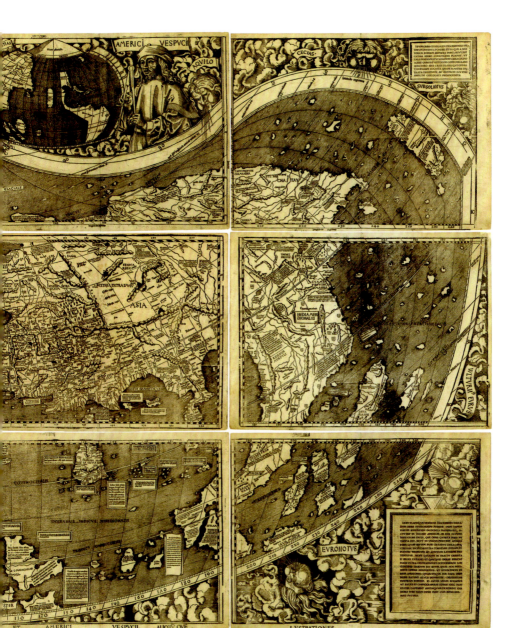

21. O mais antigo mapa mundial da *Geografia* de Ptolomeu em latim (início do século XV), parte da "redescoberta" da cultura clássica pela Renascença europeia.
© 2012 Biblioteca Apostólica Vaticana (Cod. VAT. Lat. 5698)

20. Carta mundial de Nicolo Caveri (c.1504-5) que mostra as novas descobertas da época, mas ainda em dívida com a tradição dos mapas-múndi, com Jerusalém em seu centro.

22. Uma mudança de mentalidade? Mapa de Martin Waldseemüller, de sua edição de 1513 da *Geografia* de Ptolomeu, onde o nome "América" foi substituído por "Terra incógnita".

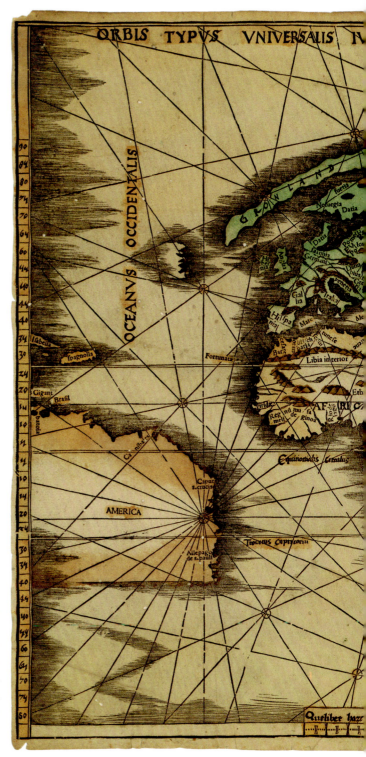

23. Mapa do mundo atribuído a Waldseemüller que mostra a América, mas (segundo Henry N. Stevens) datado de 1506. Seria *este* o primeiro mapa a dar o nome ao continente?

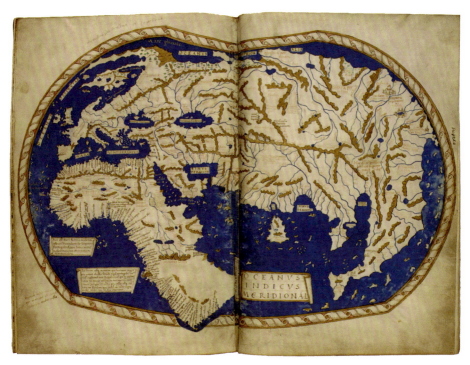

24. Mapa do mundo de Henricus Martellus (c.1489). A descoberta do cabo da Boa Esperança rompe os limites ptolomaicos do mapa mundial clássico.

25. Planisfério de Cantino (1502), contrabandeado para fora de Lisboa por um espião italiano ávido por conhecer as descobertas comercialmente lucrativas de Portugal.

26. O mais antigo globo terrestre conhecido, feito por Martin Behaim em 1492. Sua subestimação do tamanho da Terra inspirou Colombo e Magalhães a empreender suas viagens para o oriente.

27. Mapa das Molucas de Antonio Pigafetta (1521), baseado em seu conhecimento pessoal das ilhas ricas em especiarias.

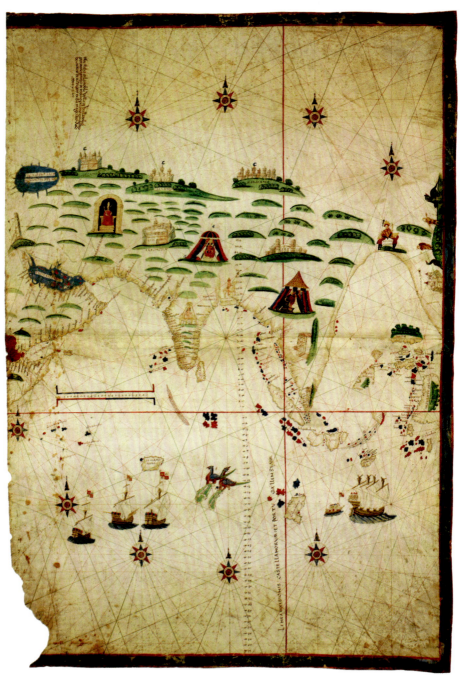

28. Carta das Molucas de Nuño García (c.1522) que mostra as ilhas no lado castelhano do globo, a leste da linha vermelha divisória do tratado de Tordesilhas (1494), que atravessa Sumatra, onde cruza com a linha do equador.

Descoberta 193

Ptolomeu. Embora o mapa se valha da carta marítima de Caveri, com traços das primeiras viagens portuguesas ao subcontinente indiano (iniciadas com a viagem de Vasco da Gama em 1497-99), a Índia é quase irreconhecível, pois Waldseemüller deixa de utilizar as informações contemporâneas para reproduzir os erros de Ptolomeu. A região é demasiado pequena em sua descrição ocidental (rotulada de "India Gangem"), e depois se estende excessivamente para o leste, até o atual sudeste asiático, onde Waldseemüller e seus colegas reproduzem de novo Ptolomeu e seu "Sinus Magna", ou "Grande Golfo". Chamada pelos historiadores modernos da cartografia de "península da pata de tigre" por razões gráficas óbvias, ela aproxima-se da posição do Camboja atual. A representação da Índia no mapa também reproduz a crença medieval no "Preste João", um rei cristão mítico que se pensava habitar nessa região ou na África oriental (ambos os lugares tinham suas pequenas comunidades cristãs). Embora ele não esteja diretamente retratado (ao contrário de outros mapas da época), sua existência é reconhecida nas cruzes cristãs que pontuam o leste da Índia, chamado de "India Meridionalis".

Para o oeste, Madagascar é nomeada, mas situada demasiado para leste, enquanto Sri Lanka ("Taprobana") é situado demasiado para oeste e desproporcional ao seu tamanho real. Mais para o oriente, o mapa mostra uma mistura de ilhas reais e imaginárias, entre elas "Java Major" e "Java Minor". O Japão ("Zipangri") está situado no canto superior direito do mapa, também totalmente fora de lugar. A África é retratada de forma mais precisa, de acordo com as recentes viagens portuguesas de descobrimento. O mapa exibe bandeiras portuguesas tremulando ao redor de sua costa, e também se afasta de Ptolomeu ao mostrar o continente como circum-navegável, com o cabo da Boa Esperança ("Caput de bona speranza") e seus habitantes nativos (as únicas figuras humanas representadas no mapa). O cabo rompe a moldura do mapa, como que indicando seu afastamento da geografia clássica. Mais ao norte, o mapa mantém outros traços dos pressupostos etnográficos dos mapas-múndi medievais e chama regiões do noroeste de "Ichtiophagi Ethiopes", terra dos etíopes comedores de peixe, e do nordeste de "Anthropophagi Ethiopes", etíopes antropófagos. Mais perto de seu mundo, as alianças políticas e religiosas da Europa ganham destaque, com a águia imperial dos Habsburgo e as

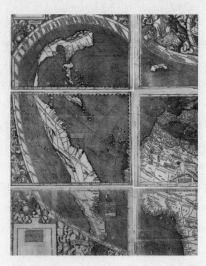

16. Detalhe do hemisfério ocidental da *Universalis cosmographia*.

chaves papais da Igreja romana, em contraste com a lua crescente otomana islâmica na África e na Ásia ocidental. Mas a importância duradoura do documento reside em duas folhas de xilogravura na extrema esquerda do *Universalis cosmographia*, com sua representação da "quarta parte do mundo": a América.

Ainda assim, o mapa não é bem o que parece. O que hoje chamamos de América do Norte e do Sul é retratado como um continente contínuo, unido por um estreito istmo a cerca de 30° N. Ao norte, o continente termina abruptamente numa linha em ângulo reto traçada em 50° N; para oeste veem-se montanhas e uma legenda que declara "Terra ultra incognita" (terra desconhecida além desse ponto). Trata-se de uma versão bastante resumida da América do Norte atual, mas com elementos intrigantes, inclusive o que parece ser a península da Flórida e a costa do Golfo. As ilhas do Caribe, entre elas "Isabella" (Cuba) e "Spagnolla" (Hispaniola), aparecem na costa leste, em um mar chamado pela primeira vez de "Oceanus Occidentalis", ou mar Ocidental. O continente apoia as reivindicações espanholas com relação à região, içando a bandeira de Castela, mas não lhe é dado o nome de América. O sul desse continente é chamado de "Parias", em letras maiúsculas. Assim, a grande certidão de nascimento da América, na verdade, chama a América do Norte de "Parias", palavra

Descoberta 195

tirada do relato de Vespúcio sobre seu encontro com os habitantes locais, que a usavam para designar sua terra natal.

O mapa reserva o nome "América" para a massa de terra do sul e está colocado onde é hoje o Brasil. Essa região meridional é muito mais extensa e detalhada do que sua vizinha do norte. Embora o ponto mais ao sul esteja cortado na altura de 50° S (evitando convenientemente as questões de sua possível circum-navegação), a região mostra as marcas de quinze anos de intensivas explorações espanholas e portuguesas do litoral. Ao norte, uma legenda diz: "Esta província foi descoberta por ordem do rei de Castela", e uma legenda acima da bandeira castelhana que tremula ao largo da costa nordeste afirma que "estas ilhas foram descobertas pelo almirante genovês Colombo por incumbência do rei castelhano". Embora essas legendas deem reivindicação política prévia à Espanha, a legenda ao largo da costa sudeste, abaixo da representação de um navio português, diz: "O barco era o maior de dez navios, que o rei de Portugal enviou para Calicute [na Índia], que apareceu pela primeira vez aqui. Acreditou-se que a ilha fosse firme e o tamanho da parte ao redor anteriormente descoberta não era conhecido. Neste lugar, homens, mulheres, crianças e até mesmo mães andam nus. Foi para estas praias que o rei de Castela ordenou depois viagens para apurar os fatos" – uma referência à viagem de Pedro Álvares Cabral de 1500.[30] Foi porque navegou mais Atlântico adentro do que Vasco da Gama que Cabral descobriu "acidentalmente" o Brasil. Como Waldseemüller e seus colegas, ele supôs que se tratava de uma ilha, e continuou sua viagem para a Índia.

A representação desse novo continente ocidental não tinha precedente, mas dentro do mapa como um todo não foi percebida como revolucionária. Olhemos de novo para a primeira representação conhecida dos hemisférios oriental e ocidental separados no topo do mapa: à esquerda, está Ptolomeu segurando um quadrante, símbolo de sua medição clássica das estrelas e da Terra. Ele está ao lado de um mapa menor do *oikoumené* clássico de Europa, África e Ásia, que também é o mundo para o qual ele olha no mapa maior abaixo. À direita está Américo Vespúcio, segurando uma bússola, emblema mais prático de seu método moderno de navegação, retratado ao lado de um mapa menor do hemisfério ocidental, onde não há qualquer menção à "América", e é simplesmente designado como "Terra incognita". Porém, ele mostra a primeira imagem conhecida do oceano Pacífico, com a linha reta geograficamente inviável que demarca a costa oeste da América do Norte demasiado próxima de "Zipangri" (Japão), e ainda mais para o oeste, Java. Tal como Ptolomeu, ele olha para a metade do mundo à qual sua descoberta está associada. Os olhos dos dois homens se cruzam ao olhar para as respectivas esferas de influência, um olhar adequado de admiração mútua, como se quisessem enfatizar a interpretação do mundo do mapa: ele registra as monumentais descobertas de Vespúcio e seus antecessores, inclusive Colombo, e as põe em pé de igualdade com a geografia clássica, mas também permanece em débito com Ptolomeu.

Grande parte dos detalhes geográficos da América no mapa baseia-se no que ele sabe das viagens de Vespúcio, mas sua moldura permanece ptolomaica de uma maneira que satisfaça as crenças do Ginásio. A aparência peculiar do mapa, em forma de bulbo, e sua gratícula pronunciada é resultado de uma tentativa de mapear o mundo modificando a segunda projeção descrita por Ptolomeu em sua *Geografia*. A decisão de Waldseemüller de adotar a projeção de Ptolomeu mostra um cartógrafo voltando aos modelos clássicos de representação para compreender e descrever os contornos de um mundo emergente. Antes da expansão geográfica do mundo conhecido no século XV, os cartógrafos conseguiam representar o hemisfério em que viviam sem enfrentar os problemas da projeção do globo circular sobre uma superfície plana. As viagens de Colombo e Vespúcio para as Américas apresentaram aos cartógrafos precisamente esse problema de representar os dois hemisférios em um mapa plano, e seus contemporâneos logo compreenderam o enigma. Escrevendo em 1512, o erudito de Nuremberg Johannes Cochlaeus admitiu que, "de fato, a dimensão da Terra agora habitada é muito maior do que esses geógrafos antigos descreveram". Ele poderia estar descrevendo o *Universalis cosmographia* ao continuar:

pois para além do Ganges, os imensos países das Índias se estendem, com a maior ilha do Oriente: Japão. Diz-se também que a África se estende para muito além do Trópico de Capricórnio. Para além da foz do rio Don, há também uma boa quantidade de terras habitadas, até o mar Ártico. E o que dizer da nova terra de Américo, muito recentemente descoberta, que

Descoberta 197

se diz ser maior do que toda a Europa? Assim, concluímos que devemos agora reconhecer limites mais amplos, tanto em longitude e latitude, à terra habitável.[31]

Havia três possíveis respostas geográficas para este problema, cada uma delas representada no livro, no mapa e no globo em gomos publicados por Waldseemüller e seus colegas. A primeira possibilidade era representar ambos os hemisférios, que é o que se vê no alto do *Universalis cosmographia*. A segunda era dividir o mundo em partes separadas, um pouco como os gomos do globo impressos para acompanhar o mapa e seu livro introdutório. A última possibilidade era criar uma projeção que tentasse representar o máximo possível do mundo em um mapa plano, minimizando a distorção da Terra em suas bordas. No *Universalis cosmographia* isto é conseguido valendo-se mais uma vez de Ptolomeu e reproduzindo uma versão da sua segunda projeção.

Ptolomeu disse na *Geografia* que a segunda projeção era mais ambiciosa do que a primeira, porque "era mais parecida com a forma do globo do que o mapa anterior" e, portanto, "superior", embora mais difícil de desenhar do que sua primeira projeção.[32] Essa segunda projeção mantinha a ilusão da esfericidade do globo terrestre traçando os paralelos horizontais como arcos circulares e os meridianos verticais, como curvas. Isso criava a impressão de ver a Terra do espaço, onde o olho, com efeito, "vê" um hemisfério globular. Olhando em frente, o observador percebe o grande círculo do meridiano central como uma linha reta, e os outros meridianos aparecem em ambos os lados do meridiano como arcos igualmente equilibrados, ficando cada vez mais curvados quanto mais se estendem para leste e oeste. Da mesma forma, os paralelos verticais, que são, na verdade, círculos que dão a volta no globo, são mostrados como arcos circulares concêntricos.[33]

Waldseemüller e seus colegas adotaram a segunda projeção de Ptolomeu como o melhor modelo que conheciam para representar o mundo como um globo, mas isso exigia uma modificação substancial da projeção e sua área de superfície global. O mapa de Waldseemüller estendeu os paralelos latitudinais de Ptolomeu para 90° N e 40° S, além de abrir mais cinquenta graus para representar as recentes viagens de exploração do norte ao sul, em particular aquelas ao longo da costa da África e no oceano Índico. Isso já era bastante significativo, mas ao longo de seu eixo longitudinal leste-oeste Waldseemüller se afastou de Ptolomeu de uma forma ainda mais inovadora. Embora mantivesse o primeiro meridiano de Ptolomeu que atravessa as ilhas Canárias, o mapa dobrou a largura do mundo conhecido de Ptolomeu, aumentando-o para 270° L e 90° O. Isso possibilitou a representação da América do Norte e do Sul no oeste, e do Japão no leste, mas também levou a uma grave distorção em seus limites longitudinais mais distantes.

Os resultados desta volta a Ptolomeu nem sempre foram bem-sucedidos, mas até mesmo suas limitações sugerem alguns enigmas intrigantes. Como Waldseemüller e sua equipe não tinham condições de usar equações matemáticas modernas para traçar sua gratícula, suas soluções eram irregulares e descontínuas, o que talvez explique por que os meridianos do mapa parecem ser segmentados, em vez de arcos suaves descendo para o sul do equador, especialmente em suas extensões para leste e oeste (embora outra possibilidade mais prosaica seja que as xilogravuras de ambas as extremidades inferiores fossem simplesmente pequenas demais para manter a curvatura suave dos meridianos, levando à mudança abrupta do ângulo). Problemas semelhantes também são visíveis na representação das Américas do Sul e do Norte, com suas costas angulares irrealistas. Até recentemente, os estudiosos supunham que representavam apenas uma incapacidade de projetar terras adiante daqueles pontos. Uma recente análise "cartométrica", realizada por John Hessler na Divisão de Geografia e Mapas da Biblioteca do Congresso, utiliza métodos de computação para avaliar a representação do terreno feita pelo mapa e afirma que essas regiões do mapa não têm essa aparência por falta de informações geográficas, mas devido à grave distorção causada pela adaptação parcial e o alongamento da segunda projeção de Ptolomeu.[34] Hessler mostra que, se levarmos em conta a distorção causada pela projeção de Ptolomeu, a representação da América e, em particular, da costa do Pacífico ocidental, é surpreendentemente precisa. Isso é ainda mais desconcertante porque o mapa é anterior à primeira visão do Pacífico por um europeu, façanha que Vasco Núñez de Balboa realizou em 1513, e à travessia do Pacífico por Fernão de Magalhães, em 1520. Hessler só pode concluir que o Ginásio tinha acesso a mapas e informações geográficas que desde então se perderam, embora o motivo

Descoberta

que tinham para silenciar sobre suas fontes para descrever todo um novo continente e oceano permaneça misterioso.

Nas descrições por escrito, no manual introdutório que acompanha o mapa e na incorporação da segunda projeção de Ptolomeu, as publicações do Ginásio acomodavam as informações lentas e contraditórias sobre a "descoberta" de novas terras dentro das teorias clássicas prevalecentes do mundo conhecido. O resultado foi uma publicação impressionante, mas que implicitamente admitia que estava oferecendo apenas um instantâneo do mundo em rápida evolução de 1507. Suas várias facetas – mapa mundial, globo em gomos, manual – ofereciam perspectivas diferentes sobre como olhar e compreender este mundo em mudança. Waldseemüller gabava-se de que o mapa estava "espalhado por todo o mundo, não sem glória e louvor".[35]

O impacto subsequente do mapa foi, sem dúvida, "espalhado", mas também decididamente misturado. Waldseemüller afirmou mais tarde que foram impressos mil exemplares do *Universalis cosmographia*. Não era uma quantidade incomum para a época, mas certamente grande para um trabalho de impressão complicado. No entanto, apenas uma alusão a uma aquisição do mapa subsiste, e mesmo dessa não se pode dizer com certeza que se refere ao *Universalis cosmographia*. Em agosto de 1507, o erudito beneditino Johann Trithemius escreveu que havia recentemente "comprado barato um belo globo terrestre de pequeno porte impresso em Estrasburgo e, ao mesmo tempo, um grande mapa do mundo que contém as ilhas e países recentemente descobertos pelo espanhol [sic] Américo Vespúcio, no mar Ocidental".[36] Se se trata do *Universalis cosmographia*, ele não é celebrado como um artefato revolucionário: Trithemius parecia mais satisfeito com o seu globo novo e barato. Outros cartógrafos copiaram o mapa e adotaram o nome de América, entre eles o mapa do mundo de Peter Apian de 1520 (que data a descoberta do continente de 1497) e Sebastian Münster, que chamou a região de "América" e "Terra Nova" em seu mapa mundial de 1532 e, depois, de "América ou a ilha do Brasil" em um mapa posterior de 1540. Foi somente em 1538 que Gerard Mercator aplicou pela primeira vez o termo a todo o continente, mas ele abandonou o nome quando traçou seu mapa mundialmente famoso, em 1569 (ver capítulo 7). No final do século XVI, o nome já adquirira status geográfico e toponímico universal, graças a cartógrafos alemães e holandeses que precisavam de um nome para descrever o continente que evitasse atribuí-lo a um determinado império (alguns mapas o chamavam de "Nova Espanha") ou religião (outros mapas o rotulavam de "Terra da Santa Cruz"). No final, o nome "América" perdurou, não devido a qualquer acordo a respeito de quem o descobriu, mas porque era o termo disponível mais aceitável do ponto de vista político.

Até mesmo Waldseemüller tinha dúvidas em relação ao uso do termo "América". Após a publicação da *Cosmographia introductio* e do *Universalis cosmographia*, ele e Ringmann continuaram com o projeto de concluir a nova edição da *Geografia* de Ptolomeu. Apesar da morte de Ringmann, em 1511, Waldseemüller levou adiante a edição, que foi publicada pelo impressor Johannes Schott, em Estrasburgo, em 1513. Nessa obra, a região anteriormente chamada de "América" torna-se uma enorme "Terra incognita", situada de forma ambígua entre uma ilha e um continente, sem uma costa ocidental, caso viagens posteriores restabelecessem uma conexão com a Ásia. Não é somente a "América" que é varrida do mapa, mas Vespúcio. Diz a legenda do mapa: "Esta terra com as ilhas adjacentes foi descoberta através do genovês Colombo, por ordem do rei de Castela."[37]

Talvez Ringmann fosse a força motriz por trás da decisão de pôr "América" no *Universalis cosmographia* de 1507 (ele havia editado o *Mundus Novus* de Vespúcio e também seria o principal responsável pela *Cosmographia introductio*). Sua morte em 1511 talvez tenha liberado Waldseemüller de reproduzir uma região e uma nomenclatura na qual nunca acreditara.[38] Mas o mais provável é que a decisão de Waldseemüller de abandonar o termo "América" em todos os seus mapas posteriores tenha sido uma resposta à publicação de uma outra coleção de narrativas de viagem que ele consultou, intitulada *Paesi novamenti retrovati* ("Terras recém-descobertas"). Essa coleção foi publicada em Vicenza em 1507, mas só chegou à Alemanha em 1508, quando foi traduzida como *Newe unbekanthe landte* ("Novas terras desconhecidas"). O livro chegou tarde demais para mudar a primazia das descobertas de Vespúcio no *Universalis cosmographia*, mas possibilitou que Waldseemüller adotasse sua cronologia das descobertas em todos os seus mapas subsequentes. *Paesi* apontava a viagem de Colombo de 1492 como o primeiro momento da descoberta, seguida por Pedro Álvares

Descoberta 201

Cabral e seu desembarque no Brasil, em 1500, e, em seguida, Vespúcio, cujo primeiro desembarque era datado de 1501, em vez de 1497.[39] Em seus trabalhos posteriores, Waldseemüller parece ter continuado a confiar no esquema geográfico de Ptolomeu, ao mesmo tempo em que introduzia cautelosamente novas informações sempre que as recebia, até sua morte, em algum momento entre 1520 e 1522. A ironia é que, depois de ter sido o responsável por colocar a "América" no mapa em 1507, Waldseemüller morreu tendo aparentemente renegado o nome e a condição de massa de terra separada; e mesmo no mapa de 1507, manteve suas opções em aberto, referindo-se ao continente como sendo uma "ilha".

Havia mais um momento de "descoberta" para acontecer. No verão de 1900, o padre jesuíta alemão Joseph Fischer recebeu permissão do conde Waldburg-Wolfegg para examinar a coleção de documentos históricos do Castelo de Wolfegg. Ao vasculhar os arquivos do castelo, ele se deparou com um portfólio encadernado do início do século XVI, de propriedade do erudito de Nuremberg Johannes Schöner (1477-1547), que continha um mapa das estrelas feito pelo artista alemão Albrecht Dürer, um globo celestial em gomos feito por Schöner (ambos de 1515), o mapa do mundo de Waldseemüller de 1516 e a única cópia existente conhecida de todas as doze folhas do mapa mundial de 1507. Encontrar qualquer um desses artefatos seria emocionante: descobrir quatro ao mesmo tempo foi um dos golpes de sorte mais importantes da história da cartografia. Fischer sabia que encontrara um dos grandes mapas perdidos do Renascimento. Apressou-se a publicar um artigo acadêmico sobre o assunto, alegando que se tratava do mapa perdido discutido na *Cosmographia introductio* e a primeira versão impressa a sair da gráfica. Logo depois, em 1903, saiu uma edição fac-símile dos recém-descobertos mapas de 1507 e 1516, publicados com o título de *Os mapas do mundo de Waldseemüller (Ilacomilus) 1507 & 1516*.

A recuperação por Fischer do que ele chamou de primeiro mapa do novo continente, atribuído a Waldseemüller, não encontrou aprovação universal. No final do século XIX, a procedência e originalidade de livros raros e mapas antigos já se tornara um negócio lucrativo, especialmente na América do Norte, onde filantropos ricos começavam a subvencionar museus e

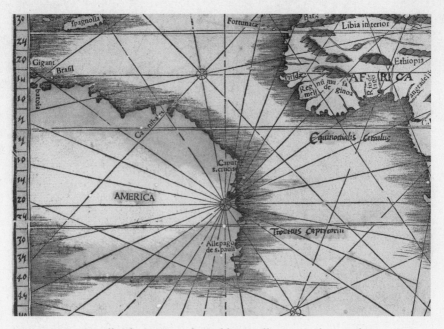

17. Detalhe da América de Waldseemüller, mapa do mundo, datado de 1506 por Henry N. Stevens.

instituições culturais, numa tentativa de transformar o estudo da história americana em uma disciplina respeitada internacionalmente. Uma dessas figuras foi John Carter Brown (1797-1874), um ávido colecionador que subvencionou uma biblioteca que ganhou o seu nome e que está agora ligada à Universidade Brown, em Providence, Rhode Island, dedicada ao estudo da herança cultural americana. Um dos consultores mais confiáveis de Brown, responsável pela aquisição de livros e mapas para a biblioteca, era Henry N. Stevens. Em 1893, Stevens adquiriu um exemplar da edição de Ptolomeu feita por Waldseemüller em 1513. Embora o mapa do mundo que ele continha fosse semelhante na maioria dos aspectos aos reproduzidos em todas as outras cópias do Ptolomeu de 1513, esse exemplar continha um acréscimo particularmente vital: o continente meridional no hemisfério ocidental tinha inscrito a palavra "América". Stevens acreditava que o mapa fosse de Waldseemüller, mas feito em 1506. Desse modo, ele estava implicitamente alegando ter "descoberto" o mapa do mundo há muito perdido mencionado por Waldseemüller e Ringmann na *Cosmographia introductio*.

Descoberta 203

A alegação de Stevens foi prejudicada pelo fato de que ele estava tentando vender seu mapa para a Biblioteca John Carter Brown por mil libras esterlinas (sobre as quais ele também levaria 5% de comissão da biblioteca). Na primavera de 1901, Stevens apresentou um relatório explicando suas razões para datar o mapa de 1506, com base no exame do papel, marcas-d'água, tipografia e toponímia. Ele concluía que o mapa foi inserido em uma cópia do Ptolomeu de 1513 e era um desenho experimental para a edição proposta na qual o Ginásio Vosagense estava trabalhando em 1505-06. A biblioteca convenceu-se de que estava diante do primeiro mapa que continha o nome "América" e o comprou em maio de 1901. Ele está lá até hoje. Apenas seis meses depois, Fischer anunciou sua descoberta em Wolfegg, que logo chamou de "o mapa mais antigo com o nome de América do ano de 1507". Stevens precisava agir com rapidez para evitar o constrangimento profissional. Sua resposta foi iniciar uma correspondência com a Biblioteca John Carter Brown, oferecendo-se para ajudar a comprar o mapa de Wolfegg, ao mesmo tempo em que afirmava sua confiança de que seu mapa era mais antigo que o de Fischer. Ele também persuadiu vários estudiosos e curadores do campo a escrever artigos acadêmicos aparentemente desinteressados, sustentando que o mapa que ele vendera para a coleção Carter Brown antecedia o descoberto por Fischer. Em privado, Stevens revelou seus temores acadêmicos e certo preconceito nacional quando escreveu que "espero sinceramente que os alemães fiquem com a maldita coisa. Quem dera que nunca a tivessem descoberto".[40]

Tal como seu descendente do início do século XXI, o príncipe titular, Max Waldburg-Wolfegg, ele manifestou inicialmente interesse em vender seu mapa, e, em 1912, o enviou para Londres a fim de ser segurado pelo Lloyds por 65 mil libras esterlinas, antes de oferecê-lo à Biblioteca do Congresso por 200 mil dólares (equivalentes a 4 milhões em 2003). A biblioteca declinou da oferta. Em 1928, Stevens voltou à luta para reafirmar a primazia de "seu" mapa, em um livro que reiterava suas alegações de que o mapa de Carter Brown foi impresso em 1506. Ele se baseava numa interpretação das cartas escritas por Waldseemüller e outros membros do Ginásio Vosagense em 1507 nas quais diziam que um mapa do mundo que descrevia as regiões recém-descobertas do mundo "foi preparado às pressas" para publicação. Stevens concluía que "seu" mapa fora impresso em 1506, pouco antes das doze folhas do muito maior *Universalis cosmographia*.

O debate posterior mostrou-se cético em relação às conclusões de Stevens. Vários estudiosos apontaram que o papel e o tipo usados na confecção do mapa de Stevens também foram utilizados em livros publicados até 1540; era pouco provável que o Ginásio Vosagense tivesse produzido um mapa, em 1506, mais exato do ponto de vista geográfico do que o supostamente posterior *Universalis cosmographia*. Em 1966, o eminente historiador da cartografia R.A. Skelton admitiu que o mapa de Stevens foi provavelmente impresso no mesmo ano do *Universalis cosmographia*, mas que nenhuma análise técnica do papel, do tipo ou de outras especificações técnicas jamais resolveria definitivamente o debate sobre sua cronologia exata. Houve uma última reviravolta intrigante em 1985, quando a curadora Elizabeth Harris realizou uma análise tipográfica detalhada do mapa de Wolfegg redescoberto por Fischer. Harris analisou o papel do mapa, as marcas-d'água e os blocos xilográficos, que mostravam rachaduras. Isso era geralmente um sinal de impressão repetida, que exibia uma indefinição visível na tipografia. Harris concluiu que o mapa de Wolfegg não era a primeira versão impressa de 1507, mas uma versão posterior que utilizou as matrizes de madeira originais, e não foi impresso antes de 1516 mas, possivelmente, muito depois.[41]

Se isso for verdade, as conclusões de Harris revelam que a única cópia conhecida do *Universalis cosmographia* foi impressa pelo menos nove anos depois da data das xilogravuras originais. Isto não significa necessariamente lançar dúvidas sobre sua criação original em 1507, mas significa que a Biblioteca do Congresso possui um mapa impresso fisicamente por volta de 1516, possivelmente depois da primeira impressão do mapa de Stevens. Essas conclusões complicam ainda mais qualquer tentativa de reivindicar primazia ou originalidade quando se trata de mapas impressos. Um pouco como o debate sobre se Colombo ou Vespúcio foi o primeiro a "descobrir" a América, a controvérsia sobre qual seria o primeiro mapa a chamar um continente de América é, em última análise, uma questão de interpretação. Tendo perdido as xilogravuras originais e a primeira impressão do *Universalis cosmographia*, o mapa de Stevens na Biblioteca John Carter Brown deve ganhar preferência e ser considerado o "primeiro" mapa a nomear a América, mesmo que os especialistas continuem incapazes de datar definitivamente sua criação de

Descoberta 205

1506, ou mesmo 1507? Tanto a Biblioteca John Carter Brown como a Biblioteca do Congresso têm interesses institucionais e financeiros na primazia de seus mapas: supõe-se que o contribuinte americano não ficaria impressionado se soubesse que um mapa adquirido por 10 milhões de dólares pela biblioteca nacional, sendo metade dessa quantia paga com dinheiro público, foi precedido por outro mapa de uma biblioteca particular em Rhode Island que custou apenas mil dólares em 1901.

O chamado mapa de Waldseemüller de 1507 leva-nos para muito adiante dos mapas-múndi que o precederam e dos debates em torno da "descoberta" que o definiram desde a sua criação, em Saint-Dié, entre 1505 e 1507. Ele representa efetivamente uma mudança na mentalidade do mapeamento e de seus criadores que pode ser considerada representativa da cartografia do Renascimento europeu. Os mapas valiam-se agora da geografia clássica e, em particular, de Ptolomeu, com mais confiança do que nunca. Eles se propõem ao novo papel de cosmografia, a ciência de descrever a Terra e o céu em um todo universal harmonioso. Ao mesmo tempo em que se baseiam na geografia clássica para descrever o mundo, mapas como o de Waldseemüller incorporam mapas e cartas da época que mostram os avanços da navegação e da exploração de lugares desconhecidos para Ptolomeu e seus antecessores. Essa abordagem do conhecimento era acumulativa: não representava uma ruptura revolucionária com as crenças geográficas anteriores. O mapa e seus criadores propunham cautelosamente alterações em seu mundo de inspiração clássica, e onde as evidências entravam em conflito, eles eram mais propensos a confiar no velho em vez de aceitar o novo.

Na nova era da impressão, Waldseemüller e seus colegas trabalhavam com o pouco de informações sobre explorações e descobertas que tinham diante deles, e tomavam decisões em conformidade com isso. Chamar uma nova região de "América" em 1507 era uma decisão muito provisória e dependente da capacidade da gráfica de fazer circular notícias sensacionais, mas não confirmadas, das "descobertas" de Colombo, Vespúcio e outros. Para os eruditos de Saint-Dié, isso fez com que chamassem um continente de ilha e, depois, retirassem o nome que tinham dado a uma parte dele, América, pois publicações posteriores lançavam dúvidas sobre suas descobertas iniciais.

Em última análise, a impressão mudou todo o teor da nossa compreensão do *Universalis cosmographia* e de muitos dos outros mapas daquela época. Isso aconteceu não somente porque a impressão aumentou a possibilidade da reprodutibilidade exata, padronização e preservação de mapas e livros, mas também porque deu origem a pirataria, falsificação, erros de impressão e interesses financeiros de impressores, tipógrafos, compositores e editores em qualquer tentativa de descrever o que realmente acontecia na criação desses mapas. A impressão introduziu uma nova dimensão na confecção de mapas que era desconhecida da cartografia manuscrita medieval, quando o cartógrafo sozinho, às vezes com um escriba e iluminador, era o responsável pela criação de um mapa. Ela acrescentou uma nova camada de pessoas ao processo de fazer um mapa, razão pela qual a identificação de Waldseemüller, Ringmann, ou um determinado impressor como autor de um mapa, torna-se praticamente impossível. A impressão transformou a aparência de um mapa, inclusive sua representação do relevo geográfico, sombreamento, símbolos e tipografia, e alterou seu objetivo, que passou a estar ligado a dinheiro, dando origem a uma nova erudição humanista que via nele um mecanismo para a compreensão da expansão do mundo para além das fronteiras da Europa.

Sob muitos aspectos, a história do mapa de Waldseemüller continua a ser um mistério. Perguntas sobre ele permanecem sem resposta, de sua representação do Pacífico e daquela cunha peculiar da América ao seu desaparecimento quase imediato dos registros históricos. Mas o que ele inadvertidamente mostra é que a descoberta das origens – da América e da primazia cronológica de um mapa sobre o outro – é uma quimera. O que se encontra no momento histórico da criação de qualquer mapa do mundo não é a identidade inviolável de sua origem, mas a dissensão de histórias diferentes, mapas concorrentes, diferentes tradições. A crítica da crença na certeza das origens feita pelo filósofo francês Michel Foucault poderia descrever também a história do *Universalis cosmographia*: "A devoção à verdade e à precisão dos métodos científicos surgiu a partir da paixão de estudiosos, de seu ódio recíproco, suas discussões fanáticas e sem fim e de seu espírito de competição."[42] A complexidade dinâmica dos tempos iniciais da impressão significa que, apesar de toda a sua bela execução e anos de trabalho acadêmico, nós provavelmente nunca saberemos ao certo se o *Universalis cosmographia* pode ser chamado de o "primeiro" mapa a descrever e nomear corretamente a América.

6. Globalismo

Diogo Ribeiro, mapa do mundo, 1529

Tordesilhas, Castela, junho de 1494

No verão de 1494, delegações das coroas castelhana e portuguesa encontraram-se na pequena cidade de Tordesilhas, perto de Valladolid, no centro de Castela. O objetivo do encontro era resolver a disputa geográfica e diplomática causada pelo retorno de Colombo de sua primeira viagem ao Novo Mundo, em março de 1493. Desde as primeiras décadas do século XV, os portugueses navegavam ao longo da costa africana e adentravam no Atlântico relativamente desconhecido, até que Castela exigiu esclarecimentos sobre os limites da esfera de posse portuguesa. Em 1479, o tratado de Alcáçovas estipulara que a influência portuguesa se estendia a territórios "em todas as ilhas até agora descobertas, ou em todas as outras ilhas que venham a ser encontradas ou adquiridas por conquista, das ilhas Canárias até a Guiné"[1] – um compromisso vago que exigia imediata reavaliação depois das notícias sobre as descobertas de Colombo em 1492. A rainha Isabel I e seu marido, o aragonês Fernando V, governantes de Castela e Leão, pediram ao papa Alexandre VI (nascido em Valência) que apoiasse sua reivindicação aos territórios recém-descobertos. O papa concordou numa série de bulas emitidas ao longo de 1493 que descontentaram os portugueses, o que levou dom João II de Portugal a exigir uma nova rodada de negociações.

O resultado foi o tratado de Tordesilhas, assinado em 7 de junho de 1494. Em um dos primeiros e mais desmedidos atos de geografia imperial global europeia, as duas coroas "outorgaram e consentiram que se trace e assinale pelo dito mar Oceano uma raia ou linha direta de polo a polo; convém saber, do polo Ártico ao polo Antártico, que é de norte a sul, a qual raia ou linha e sinal se tenha de dar e dê direita, como dito é, a trezentas e setenta léguas das ilhas de Cabo Verde em direção à parte do poente ...".[2] Tudo o que ficasse a oeste dessa linha, inclusive os territórios descobertos por Colombo, caía sob o controle de Castela, e tudo o que ficasse a leste, inclusive todo o litoral africano e o oceano Índico, era atribuído a Portugal. Desse modo, os dois reinos europeus dividiam o mundo ao meio, usando um mapa para anunciar suas ambições globais.

O exato mapa usado para demarcar as esferas de influência dos reinos não sobreviveu, mas alguns mapas mundiais daquele período reproduzem o meridiano definido pelo tratado que passa a oeste das ilhas de Cabo Verde. Os resultados da partição foram imediatos: a Espanha aproveitou a oportunidade para promover viagens ao Novo Mundo, enquanto Portugal percebia que, se quisesse capitalizar em cima do controle das rotas marítimas para o oriente, precisava chegar à Índia. Em 1485, o rei português João II informara ao papa Inocêncio VIII que estava confiante "de explorar o golfo Bárbaro [o oceano Índico]", e que "o limite mais distante da exploração marítima lusitana está no momento a apenas alguns dias distante" desse oceano, "se os geógrafos mais competentes estão dizendo a verdade".[3] As alegações de dom João talvez fossem exageradas, mas, em dezembro de 1488, o piloto português Bartolomeu Dias regressou a Lisboa de uma viagem de dezesseis meses, durante os quais navegou ao longo da costa africana e se tornou o primeiro europeu a dobrar o cabo da Boa Esperança.

O mapa do mundo de Henricus Martellus, de 1489, foi um dos primeiros a representar a viagem de Dias. O cartógrafo rompeu a moldura de um típico mapa ptolomaico para mostrar que o extremo sul da África era circum-navegável, uma decisão que Waldseemüller seguiu em sua tentativa de representar o impacto das viagens portuguesas no mapa mundial de 1507. No final da década de 1490, com a rota aberta para o oceano Índico e os termos do tratado de Tordesilhas restringindo a expansão portuguesa para o Atlântico, dom Manuel I, sucessor de João II, voltou sua atenção para o apoio a uma expedição à Índia.

Os motivos para essa expedição podiam estar redigidos na linguagem da conversão religiosa, mas os portugueses também estavam de olho no fabuloso comércio de especiarias. No século XV, pimenta, noz-moscada, canela, cravo, gengibre, macis, cânfora e âmbar-gris começavam a chegar

Globalismo

à Europa vindos do oriente; eram condimentos caros que possibilitavam que cortes cristãs pretensiosas imitassem receitas árabes exóticas, buscassem a cura de várias doenças reais ou imaginárias e obtivessem os elementos constitutivos de muitos perfumes e cosméticos. Até o final do século XV, era Veneza, a lendária "Porta para o Oriente", que controlava todas as importações de especiarias para a Europa. Depois de colhidas no sudeste da Ásia, as especiarias eram vendidas a mercadores indianos que as levavam para o subcontinente indiano, onde eram por sua vez vendidas a comerciantes muçulmanos, que as enviavam através do mar Vermelho para o Cairo e Alexandria. Dali, eram compradas pelos venezianos e enviadas para sua cidade natal, quando então eram vendidas para comerciantes de toda a Europa. O grande período de tempo envolvido e as tarifas impostas sobre o transporte dessas mercadorias preciosas ao longo de milhares de quilômetros significavam que, no momento em que chegavam à Europa, seu preço era muito alto, mas o frescor, baixo.

A chegada da frota de Vasco da Gama a Calicute, na costa sudoeste da Índia, em maio de 1498, ameaçou alterar completamente o equilíbrio de poder comercial na Europa e no oceano Índico. Depois de negociar com os comerciantes locais para obter uma carga de pimenta, especiarias e uma variedade de madeiras e pedras preciosas, Vasco da Gama provou que era possível evitar as lentas e caras rotas comerciais terrestres entre a Europa e a Ásia fazendo o transporte de mercadorias de luxo de pouco volume, como as especiarias, por mar até Lisboa, via cabo da Boa Esperança. Dom Manuel logo compreendeu as consequências da viagem de Vasco da Gama para a posição de seu reino na política imperial europeia. Em carta ao rei de Castela enviada após o regresso de Vasco da Gama, Manuel manifestava piedosamente a esperança de que "o grande comércio que agora enriquece os mouros daquelas partes, por cujas mãos ele passa sem a intervenção de outras pessoas ou povos, deverá, em consequência de nossos regulamentos, ser desviado para as nações e navios de nossos próprios reinos". E concluía solenemente que, "a partir de agora, toda a cristandade, nesta parte da Europa, poderá, em grande medida, prover-se dessas especiarias e pedras preciosas".[4] Disfarçando seu prazer em derrotar Castela no caminho para a Índia na retórica da solidariedade cristã, Manuel sabia que o principal reino da cristandade a se beneficiar da viagem de Vasco da Gama seria Portugal.

Não foi somente Castela que se sentiu ofuscada pela notícia da viagem de Vasco da Gama: os venezianos ficaram horrorizados com o que consideraram um desafio direto ao seu controle do comércio de especiarias. Em seu diário de 1502, o mercador veneziano Girolamo Priuli escreveu que "todos os povos do outro lado das montanhas que costumavam vir a Veneza para comprar especiarias com o seu dinheiro se voltarão agora para Lisboa, porque está mais perto de seus países e é mais fácil de alcançar; também porque poderão comprar a um preço mais barato". Priuli compreendeu que Veneza não poderia competir com uma situação em que "com todas as taxas, alfândegas e impostos de consumo entre o país do sultão [otomano] e a cidade de Veneza, eu poderia dizer que uma coisa que custou um ducado multiplica-se por sessenta e talvez até cem". Ele concluía que "nisso, vejo claramente a ruína da cidade de Veneza".[5]

A previsão do desaparecimento de Veneza revelou-se prematura, mas a viagem de Vasco da Gama e o posterior estabelecimento da *Carreira da Índia*, a frota comercial portuguesa que navegava anualmente para a Índia, transformaram a economia global emergente. Em seu auge, em meados do século XVI, o Império Português enviava mais de quinze navios por ano à Ásia, retornando com uma média anual de mais de 2 mil toneladas de carga, quantidade que quase dobrou no final do século. Quase 90% das importações de Portugal eram de especiarias do subcontinente indiano; a pimenta representava mais de 80% dessas mercadorias. Em 1520, a receita obtida dessas importações já representava quase 40% da receita total da coroa portuguesa, embora isso não incluísse o dinheiro arrecadado com as taxas aduaneiras sobre o comércio que entrava e saía das possessões ultramarinas de Portugal no oceano Índico.[6] A riqueza que entrava em Lisboa e as receitas da coroa possibilitaram que Portugal se transformasse em um dos impérios mais ricos da Europa. A riqueza e o poder do país não estavam mais na posse de território, mas no controle estratégico de redes comerciais que estavam a milhares de quilômetros de distância do centro imperial. Diferentemente dos antigos impérios construídos sobre a aquisição e o controle da terra, tínhamos um novo tipo de império, construído sobre a água.

Sem as inovações científicas predominantemente portuguesas na navegação marítima de longa distância desenvolvidas até o final do século XV,

Globalismo

o estabelecimento de uma frota regular para os mercados do sudeste asiá-tico teria sido perigoso, na melhor das hipóteses. Nesse clima, a posse de informações geográficas tornou-se mais preciosa do que nunca, e as duas coroas guardavam zelosamente seus segredos cartográficos. Em agosto de 1501, no auge da rivalidade de Portugal com Veneza pelo controle do comércio de especiarias, Angelo Trevisan, secretário do embaixador vene-ziano em Castela, escreveu a seu amigo Domenico Malipiero explicando as dificuldades de se obter mapas portugueses da Índia:

> Esperamos diariamente nosso médico de Lisboa, que deixou nosso magní-fico embaixador lá; que a meu pedido escreveu um breve relato da viagem [portuguesa] de Calicute, do qual farei uma cópia para Vossa Magnificência. É impossível obter o mapa daquela viagem porque o rei ameaça com pena de morte a quem o der.

Menos de um mês depois, no entanto, Trevisan escreveu a Malipiero de novo, com uma história muito diferente:

> Se voltarmos vivos a Veneza, Vossa Magnificência verá mapas até Calicute e para além de lá com menos do que o dobro da distância daqui a Flandres. Eu vos prometo que tudo chegou em boa ordem; mas isso Vossa Magnificência pode não querer divulgar. Uma coisa é certa, que ireis saber depois de nossa chegada, tantos detalhes como se tivesse estado em Calicute e além dela.[7]

Trevisan conseguira de algum modo obter mapas portugueses cuja circulação era, de acordo com o veneziano, proibida sob pena de morte. Os mapas ofereciam informações valiosas sobre a rota marítima portuguesa para a Índia, mas Trevisan também estava interessado no poder mais intangível, quase mágico, de um mapa: a capacidade de possibilitar que seu dono imaginasse o próprio território. Trevisan garante retoricamente a Malipiero que o mapa tem o poder de simular a experiência de estar de fato em Calicute, mas protegido em seu estúdio veneziano dos perigos e dificuldades de meses de viagem por via marítima com risco de morte.

Embora não saibamos quais foram os mapas contrabandeados pelo veneziano, há um exemplo semelhante de espionagem cartográfica, de novo à custa de Portugal, que aconteceu no ano seguinte. O mapa lindamente ilustrado conhecido como "planisfério de Cantino" não leva o nome do desconhecido cartógrafo português que o fez, mas do italiano que o roubou. No outono de 1502, Ercole d'Este, duque de Ferrara, enviou seu servo, Alberto Cantino, a Lisboa sob o pretexto de negociar cavalos puros-sangues. Em vez disso, Cantino pagou a um cartógrafo português doze ducados de ouro para fazer um mapa do mundo, que foi contrabandeado para fora de Lisboa e enviado a Ferrara, onde foi instalado na biblioteca de Ercole.

O mapa permanece até hoje no norte da Itália, em uma biblioteca na antiga residência Este de Módena, e mostra a efervescência do conhecimento geográfico do início do século XVI, em magníficas cores iluminadas à mão. A América ainda não está definida como continente: apenas um fragmento da costa da Flórida é representado, ofuscado pelas ilhas recém-descobertas do Caribe. O interior do Brasil também é indeterminado, mostrando a descoberta portuguesa de sua costa leste em 1500. A Índia e o Extremo Oriente estão vagamente esboçados, ainda dependentes do desembarque relativamente recente de Vasco da Gama em Calicute em 1498. Os detalhes do mapa são reservados ao que importava para a coroa portuguesa: seus postos comerciais na África ocidental, no Brasil e na Índia, complementados por uma série de legendas que descrevem os produtos disponíveis nesse mundo emergente. Ercole não estava interessado em explorar as informações de navegação fornecidas pelo mapa sobre como chegar à Índia: Ferrara era pequena demais e sem litoral para considerar-se uma potência marítima. Seu interesse era antes exibir o acesso ao conhecimento oculto que descrevia como a forma do mundo do século XVI estava mudando diante dos olhos de seus reinos e impérios rivais.

No Atlântico ocidental, o planisfério de Cantino reproduzia um elemento fundamental do tratado de Tordesilhas: a linha vertical que ia de norte a sul, a leste das ilhas do Caribe, e que dividia o Brasil. Esta partição parecia bastante simples quando projetada sobre um mapa plano como esse, mas impunha uma questão monumental: como os portugueses avançavam cada vez mais para o leste nos primeiros anos do século XVI e Castela se aprofundava no Novo Mundo, por onde ela passaria do outro lado do globo? Um mapa plano, convenientemente, evitava responder a uma

Globalismo

pergunta tão cheia de consequências políticas, mas os eventos posteriores exigiriam que os impérios da Europa e seus cartógrafos começassem a imaginar o mundo global, projetado sobre uma esfera, em vez de achatado em um mapa pendurado numa parede ou aberto sobre uma mesa.

Em 1511, os portugueses capturaram Malaca, na extremidade sul da península da Malásia, um dos grandes centros de distribuição de especiarias provenientes das ilhas Molucas, nas proximidades. Os portugueses perceberam que estavam a pouca distância de capturar as ilhas e, com isso, conquistar o domínio mundial do comércio de especiarias. Então, apenas dois anos mais tarde, em 1513, o aventureiro castelhano Vasco Núñez de Balboa atravessou o istmo de Darien, na atual América Central, e se tornou o primeiro europeu a ver o oceano Pacífico. Para Balboa, a descoberta do Pacífico representou a possibilidade de reivindicar um mundo totalmente novo para Castela. Até que ponto a oeste de Darien Castela poderia reivindicar a posse territorial? Onde a linha traçada em Tordesilhas passaria ao ser traçada no Pacífico? Depois de tomar Malaca em 1511, os portugueses se faziam a mesma pergunta, de outra direção. Poderiam estender sua influência para o leste, até as Molucas?

Um homem que achava que os portugueses tinham atingido os limites de suas reivindicações territoriais, nos termos de Tordesilhas, era um dos pilotos mais respeitados do reino: Fernão de Magalhães. Nascido por volta de 1480, em Ponte da Barca, no norte de Portugal, Magalhães entrou para a frota portuguesa em 1505. Em 1511, participou do ataque português a Malaca, e foi nesse momento que começou a ter dúvidas sobre a reivindicação de Portugal a territórios que ficassem mais a leste de Malaca. O próprio Magalhães nunca deu suas razões para pensar assim, mas autores posteriores deram explicações abundantes. Em 1523, após o retorno da circum-navegação do globo de Magalhães, o conselheiro dos Habsburgo e erudito Maximiliano Transilvânio afirmou:

Há quatro anos, Fernão de Magalhães, um ilustre português que durante muitos anos navegou pelos mares orientais como almirante da frota portuguesa, depois de ter brigado com o seu rei, que ele considerava que havia sido ingrato para com ele ... lembrou ao imperador [Carlos V] que não estava ainda esclarecido se Malaca estava dentro dos limites dos portugueses ou dos castelhanos, porque até então sua longitude não era definitivamente conhecida; mas era um fato inegável que o Grande Golfo [o Pacífico] e as nações chinesas estavam dentro dos limites castelhanos. Ele afirmou também que era absolutamente certo que as ilhas chamadas Molucas, em que todos os tipos de especiarias crescem, e de onde elas eram trazidas para Malaca, estavam contidas na divisão ocidental, ou castelhana, e que seria possível navegar até elas e trazer as especiarias com menos problemas e gastos de seu solo nativo para Castela.[8]

Como era conselheiro do imperador Habsburgo Carlos V, governante de Castela, era do interesse de Transilvânio ampliar a obscura disputa de Fernão de Magalhães com seu soberano. Não obstante, parece que em outubro de 1517 Magalhães estava convencido da validade da reivindicação das Molucas por Castela, porque estava então em Sevilha, trabalhando para os castelhanos em seus planos ambiciosos de capturar as ilhas.

De todas as primeiras grandes navegações de descoberta europeias, nenhuma foi mais malcompreendida do que a primeira circum-navegação do mundo por Fernão de Magalhães, que por sua ambição, duração e prova de resistência humana ofusca as conquistas da primeira viagem de Colombo ao Novo Mundo, ou a de Vasco da Gama para a Índia. Não há nenhuma prova de que Magalhães tinha a intenção de circundar o globo. Sua proposta de expedição era uma calculada viagem comercial com o objetivo de superar o controle português da rota marítima para o arquipélago indonésio através do cabo da Boa Esperança, navegando não para leste, mas para oeste. Magalhães foi o primeiro navegador conhecido a identificar a possibilidade de contornar o extremo sul da América do Sul e de lá percorrer o Pacífico até as Molucas. Uma vez lá, ele carregaria sua frota com especiarias e navegaria de volta via América do Sul, reivindicaria as ilhas Molucas para Castela e estabeleceria, assim esperava, uma rota mais rápida para as ilhas.

O padre dominicano castelhano Bartolomé de las Casas (1484-1566), autor da *História das Índias* e um crítico severo do comportamento brutal dos aventureiros castelhanos nas Américas, relembrou suas conversas com Magalhães em Valladolid, na primavera de 1518, antes de sua partida. Las Casas não se impressionou com o sujeito baixo, manco e comum que

Globalismo

conheceu, mas descobriu por que Magalhães estava tão convencido da reivindicação de Castela. Ao chegar a Sevilha, "Magalhães trazia com ele um globo bem-pintado que mostrava o mundo inteiro, e nele traçou o curso que se propunha a tomar". Prossegue Las Casas:

> Perguntei-lhe que rota se propunha a tomar, ele respondeu que pretendia tomar a do cabo de Santa Maria (que chamamos de Río de la Plata), e dali seguir para o sul até encontrar o estreito. Eu disse: "O que farás se não encontrares nenhum estreito para passar ao outro mar?" Ele respondeu que, se não encontrasse nenhum, seguiria o curso que os portugueses tomavam.

Presume-se que, nesse estágio de seu planejamento, Magalhães mantinha a posição oficial de que, se não encontrasse uma passagem da ponta da América do Sul para o Pacífico, ele buscaria a rota portuguesa para o oriente através do cabo da Boa Esperança. Mas Las Casas sabia mais:

> de acordo com o que escreveu em uma carta um italiano chamado Pigafetta, de Vicenza, que foi naquela viagem de descoberta, Magalhães tinha absoluta certeza de que encontraria o estreito porque havia visto numa carta náutica feita por um certo Martinho da Boêmia, um grande piloto e cosmógrafo, no tesouro do rei de Portugal, o estreito representado tal como ele o encontrou. E porque o referido estreito estava na costa de terra e mar, dentro dos limites dos soberanos de Castela, ele, portanto, teve de se mudar e oferecer seus serviços ao rei de Castela, para descobrir uma nova rota para as referidas ilhas Molucas.

O italiano Antonio Pigafetta, que navegou com Magalhães, confirmou que a decisão de navegar para oeste com o objetivo de chegar ao leste foi, de fato, baseada na consulta que Magalhães fez à geografia de "Martinho da Boêmia", ou Martin Behaim, o mercador e fazedor de globos alemão que alegava ter participado de viagens portuguesas ao longo da costa da África na década de 1480. Se Behaim fez mapas, como Las Casas e Pigafetta acreditavam, nenhum sobreviveu, mas ele deixou um objeto que garantiu seu lugar duradouro na história da cartografia. Em 1492, na véspera da partida de Colombo para o Novo Mundo, Behaim terminou sua única obra geográfica que ainda existe. Não se tratava de um mapa ou uma carta, mas do que o próprio Behaim chamou de *"Erdapfel"*, "maçã da terra", o mais antigo exemplo de um globo terrestre feito por um europeu que ainda subsiste. Embora desde os gregos os cartógrafos criassem globos celestes do céu, o de Behaim é o primeiro globo conhecido que representa a Terra.

Las Casas e Pigafetta compreenderam que o interesse de Magalhães por Behaim estava na revelação de um estreito que ligava o sul do Atlântico com o Pacífico, mas uma inspeção do globo de Behaim não revela esse estreito.[9] Talvez Magalhães tenha visto outros mapas ou cartas feitos por Behaim que foram depois perdidos ou destruídos, ou mesmo globos posteriores feitos por cosmógrafos alemães como Johannes Schöner. Parece mais provável que Magalhães não tenha consultado o globo terrestre de Behaim em busca de uma rota navegável para o leste através da América do Sul, mas sim porque proporcionava uma dimensão global pela qual era possível imaginar sua viagem projetada para oeste em busca do leste. Mapas como o planisfério de Cantino davam aos navegadores dados gerais sobre como viajar pelo Atlântico e o Índico, mas por sua própria natureza de mapas planos, bidimensionais, impediam a projeção de uma imagem abrangente de ambos os hemisférios com precisão razoável. Os globos terrestres eram um pouco melhores. Não eram utilizados como auxiliares de navegação – sua reduzida dimensão significava que usá-los no mar quando traçando viagens por via marítima era inútil. Mas, para pilotos como Magalhães, a projeção esférica de um globo terrestre possibilitava pensar fora da mentalidade geográfica de seu tempo. Enquanto a maioria dos príncipes e diplomatas de Portugal e Castela continuava a ver o mundo em um mapa plano, sem nenhum sentido real da conexão entre os hemisférios ocidental e oriental da Terra, a viagem planejada por Magalhães sugere que ele começava a imaginar o mundo como um continuum global.

Havia outro aspecto fundamental do globo de Behaim que parece ter inspirado Magalhães a fazer sua viagem. Como muitos de seus contemporâneos, Behaim continuava a imaginar o mundo de acordo com Ptolomeu. Embora sua exploração da costa do oeste e do sul da África tenha levado a pequenas revisões do geógrafo grego, onde o conhecimento em primeira mão de Behaim terminava, ele reproduzia as ideias de Ptolomeu sobre o

Globalismo 217

tamanho da Terra e as dimensões dos continentes africano e asiático. Como sabemos, Ptolomeu subestimou a circunferência da Terra em um sexto do seu comprimento real, mas superestimou a largura do sudeste asiático. Sem ideia das Américas ou do Pacífico, o exagero em relação ao tamanho da Ásia cometido por Ptolomeu fez com que Behaim, quando decidiu plotar a Terra em um globo esférico, corrigisse a crença em um oceano Índico fechado, refutada pela passagem do cabo da Boa Esperança por Bartolomeu Dias em 1488, mas reproduzisse a Ásia de acordo com o geógrafo grego.

Em um mapa plano, esses exageros não chamavam atenção dos que estavam familiarizados com Ptolomeu, mas, reproduzidos em um globo terrestre como o de Behaim, seu impacto sobre o hemisfério oriental foi dramático: o espaço entre a costa oeste de Portugal e a costa leste da China era de apenas 130 graus. A distância real está mais próxima do dobro desse número: 230 graus. Magalhães, ao ver o globo de Behaim, certamente se convenceu de que a viagem às Molucas via América do Sul era mais curta do que a rota marítima portuguesa de Malaca. Tratava-se de um erro baseado em geografia errada que o imortalizaria para sempre na história mundial, mas que seria também a sua desgraça e de muitos daqueles que navegaram com ele.[10]

Na primavera de 1518, Magalhães já fazia os preparativos para sua viagem. Com o apoio financeiro dos banqueiros alemães da família Fugger, credores do imperador Carlos V, ele equipou cinco embarcações para a viagem com cordames, artilharia, armas, provisões e pagamento para uma tripulação de 237 homens, a um custo de mais de 8 milhões de morabitinos (os marinheiros recebiam 1.200 morabitinos por mês).[11] Ele também montou uma equipe formidável de conselheiros geográficos portugueses. Dela faziam parte Ruy Faleiro, astrônomo famoso por suas tentativas de resolver o cálculo da longitude, Pedro e Jorge Reinel (pai e filho), dois dos mais influentes e respeitados cartógrafos portugueses, e o piloto Diogo Ribeiro, designado cartógrafo oficial para a viagem. Faleiro, que foi nomeado piloto-chefe com a responsabilidade de fazer cartas e instrumentos de navegação, desenhou mais de vinte mapas para uso a bordo da frota. Os Reinel trouxeram seus conhecimentos práticos de viagens portuguesas anteriores, enquanto Ribeiro, com sua reputação de desenhista soberbo, foi responsável por comparar e executar todos os mapas da expedição.

Tendo em vista que os quatro homens haviam desertado de seus empregos na coroa portuguesa, não é de surpreender que agentes portugueses seguissem todos os seus movimentos enquanto eles estavam em Sevilha. Um desses agentes, conhecido apenas como Alvarez, escreveu uma carta ao rei de Portugal em julho de 1519, informando-o da viagem proposta e do papel desempenhado pelos ex-cartógrafos do rei:

> A rota que dizem que será seguida parte de Sanlúcar diretamente para o Cabo Frio, deixando o Brasil ao lado direito até depois da linha de demarcação e de lá veleja Oeste ¼ Noroeste diretamente para Maluco, o qual vi representado na carta redonda feita aqui pelo filho de Reinel; isso não estava terminado quando seu pai chegou lá, e seu pai realizou a coisa toda e situou as terras Molucas. A partir desse modelo foram feitas todas as cartas de Diego [sic] Ribeiro e também as cartas e globos particulares.[12]

Claramente versado mais em espionagem do que em geografia, Alvarez revela em sua descrição as implicações políticas devastadoras para Portugal da transgressão proposta por Magalhães da "linha de demarcação", ou seja, do tratado de Tordesilhas: se bem-sucedida, a viagem de Magalhães desafiaria o domínio português do comércio de especiarias e redesenharia o mapa global da política imperial europeia.

Os cinco navios e a tripulação de Magalhães partiram do porto de Sanlúcar de Barrameda em 22 de setembro de 1519. Os acontecimentos dos três anos seguintes entraram para a história mundial. Fome, naufrágio, motim, intriga política e assassinato pontuaram a viagem de Magalhães. Desde o início, a tripulação, castelhana em sua maioria, desconfiou profundamente de seu líder português e sua rota ambiciosa para as Molucas. Descer ao longo da costa da América do Sul de acordo com a rota estabelecida por portugueses e castelhanos não apresentou quase problemas, mas no outono de 1520 Magalhães já alcançara águas desconhecidas no extremo da América do Sul. Em novembro, depois de muita procura e de conflitos sobre a direção, Magalhães achou o caminho para o estreito que ainda leva seu nome e, por fim, para o oceano Pacífico.

Magalhães chamou este novo oceano de *Mare Pacificum*, "mar pacífico". Seria tudo, menos pacífico. Com pouco menos de 170 mil quilômetros

Globalismo 219

quadrados, o Pacífico é a maior massa contínua de oceano do mundo, cobrindo pouco menos de 50% da superfície total de água do mundo e representando 32% da área total da superfície do globo. Em 1520, Magalhães não sabia obviamente nada disso e baseara seus cálculos de navegação em Ptolomeu e Behaim. As consequências desse erro de cálculo para a tripulação de Magalhães foram terríveis e para alguns, fatais. Ao se afastar da América do Sul navegando em mar aberto desconhecido, a frota levou mais de cinco meses para avistar terra, nas Filipinas orientais, na primavera de 1521. Magalhães desembarcou na ilha de Cebu, em abril. Ali, envolveu-se na política local e, em 27 de abril, tendo ficado do lado de um dos líderes tribais, liderou um grupo armado de sessenta homens em uma batalha com uma tribo adversária na ilha de Mactan. Em número bem menor e sem o apoio de seus outros três navios, Magalhães foi apontado como líder do grupo e morto.

Chocado e confuso, o restante da tripulação içou as velas novamente, mas enfrentou uma série de ataques mortais de tribos hostis, que se tornaram confiantes com a morte de Magalhães e a percepção de que seus marinheiros não eram invencíveis. Reduzida a pouco mais de cem tripulantes, com a maior parte do alto-comando morta e apenas dois navios intactos, os oficiais remanescentes dividiram o comando da frota entre três deles, designando o piloto basco Sebastião del Cano para comandar a nau *Victoria*, apesar de sua participação em um motim anterior contra Magalhães que o deixou em grilhões. A frota sobrevivente chegou finalmente às Molucas em 6 de novembro de 1521, onde conseguiu embarcar dois carregamentos de pimenta, gengibre, noz-moscada e sândalo. Quando a tripulação se preparava para deixar Tidore, nas Molucas, Antonio Pigafetta calculou em seu diário que a ilha "está na latitude de 27 minutos em direção ao polo Antártico, e na longitude de 161 graus da linha de partição"; em outras palavras, dezenove graus adentro da metade castelhana do mundo.[13]

Depois de navegarem pelo Pacífico por quase um ano e estarem reduzidos a dois navios, os oficiais da frota estavam divididos quanto à direção a tomar na volta para Castela: retornariam via cabo da Boa Esperança e completariam a primeira circum-navegação do globo, ou voltariam pelo caminho que vieram, via estreito de Magalhães? Decidiram que a *Trinidad* refaria o caminho traiçoeiro da frota através do Pacífico, sob o comando de Gonzalo Gómez de Espinosa, enquanto a *Victoria* avançaria para o cabo africano, sob o comando de Del Cano. Apesar dos horrores da viagem de ida, o retorno pelos oceanos Índico e Atlântico parecia ser a mais arriscada das duas opções. A *Victoria* já estava em péssimas condições e era alta a probabilidade de ser capturada por patrulhas de navios portugueses. Mas, enquanto Del Cano partiu imediatamente, Espinosa vacilou quanto à sua rota exata. Em maio de 1522, a *Trinidad* foi capturada e destruída por uma frota portuguesa, e sua tripulação foi aprisionada.

Enquanto isso, do outro lado do oceano Índico, a *Victoria* obtinha sucesso no jogo de gato e rato com os portugueses durante todo o caminho de volta para a Europa. Por fim, em 8 de setembro de 1522, após uma viagem de retorno de oito meses, Del Cano e o que restava de sua tripulação chegaram a Sevilha, completando a primeira circum-navegação registrada do globo. Magalhães estava morto, quatro de seus cinco navios, perdidos, e dos 237 homens que haviam partido de Castela cerca de três anos antes, apenas dezoito sobreviveram para contar a história de sua extraordinária jornada. Na primeira carta escrita a Carlos V para informar do retorno dos viajantes, Del Cano anunciou que "descobrimos e fizemos um trajeto em torno de toda a rotundidade do mundo – que indo para o ocidente, retornamos pelo oriente".[14]

A notícia do retorno dos restos da expedição de Magalhães repercutiu em toda a Europa. Francesco Chiericati, núncio papal na Alemanha, escreveu a sua amiga Isabella d'Este, em Mântua. Tal como seu pai Ercole (o dono do planisfério roubado de Cantino), Isabella estava sedenta de notícias sobre as viagens de descoberta castelhanas e Chiericati ficou feliz por fornecê-las. Contou que Antonio Pigafetta "voltou muito enriquecido com as maiores e mais maravilhosas coisas que há no mundo, e trouxe um itinerário do dia em que deixou Castela até o dia de seu retorno – o que é uma coisa maravilhosa". Ao descrever a viagem às Molucas, Chiericati informava que a tripulação sobrevivente "ganhou não somente grandes riquezas, mas o que vale mais – uma reputação imortal. Porque, certamente, isso jogou todas as façanhas dos Argonautas na sombra".[15]

Com efeito, para a elite educada da Itália renascentista como Chiericati e Isabella, impregnada do passado clássico de Grécia e Roma, a viagem representava o eclipse das grandes viagens mitológicas, mas para os di-

Globalismo 221

plomatas de Portugal e Castela, no centro de uma disputa vital, as consequências eram bem mais pragmáticas. O relato da viagem feito por Del Cano era muito claro sobre suas prioridades: "Descobrimos muitas ilhas muito ricas, entre elas Banda, onde crescem o gengibre e a noz-moscada, e Zabba, onde cresce a pimenta, e Timor, onde cresce o sândalo, e em todas as ilhas acima referidas há uma quantidade infinita de gengibre."[16] Os portugueses ficaram horrorizados. Em setembro de 1522, dom João III apresentou um protesto formal junto às autoridades castelhanas sobre o que ele considerava violação do território português, e insistia que Carlos V aceitasse o monopólio de Portugal de todo o tráfego comercial em torno das Molucas. Em vez de concordar, Carlos V alegou que as Molucas estavam dentro do domínio territorial de Castela segundo os termos do tratado de Tordesilhas. Os portugueses refutaram a alegação, reafirmaram que a viagem rompia os termos do tratado e sustentaram que as Molucas estavam dentro de sua metade do globo. Carlos rebateu novamente, oferecendo-se para submeter a questão à arbitragem diplomática, com o que os portugueses concordaram.

A reivindicação diplomática inicial de Castela às ilhas girava em torno de uma definição fascinante, embora um pouco falsa, de "descoberta". O argumento dos diplomatas de Carlos era que, mesmo que os navios portugueses tivessem visto e "descoberto" as ilhas Molucas antes da viagem de Magalhães, isso não representava tecnicamente uma *possessão* imperial, e que a tripulação de Magalhães havia extraído dos governantes nativos o que consideravam um juramento de fidelidade ao imperador, uma prática padrão de Castela quando reivindicava um território recém-descoberto. Os portugueses refutaram esses sofismas semânticos e disseram que cabia a Castela o ônus de provar sua posse das ilhas de acordo com a geografia. E exigiram também que, enquanto as negociações continuassem, Castela deveria abster-se de enviar frotas às Molucas.

Em abril de 1524, os dois lados concordaram em realizar negociações formais para resolver o litígio. Eles se encontraram na fronteira entre os dois impérios, nas cidades de Badajoz e Elvas, no alto das planícies da Estremadura e separadas pelo rio Guadiana. Ao chegarem, os delegados começaram a perceber a magnitude de sua tarefa: não se tratava de uma solução simples de uma disputa de fronteira territorial, mas de uma tentativa de dividir o mundo conhecido ao meio. A delegação castelhana sabia que, se sua reivindicação fosse aprovada, o domínio de Castela se estenderia do norte da Europa, atravessaria o Atlântico e abrangeria a totalidade das Américas e do oceano Pacífico. Para Portugal, a perda das Molucas ameaçava acabar com o monopólio estabelecido sobre o comércio de especiarias, que havia transformado o reino, em menos de uma geração, de um território pobre e isolado na ponta da Europa em uma das potências imperiais mais poderosas e ricas do continente.

Tornou-se evidente que os mapas seriam a chave para resolver essa disputa global, embora, como escreveu um comentarista castelhano da época, o partidarismo geográfico chegasse à mais incomum das formas:

> Quis o acaso que, quando Francisco de Melo, Diego Lopes de Sequeira e outro daqueles portugueses dessa assembleia caminhavam pela margem do rio Guadiana, um menino que cuidava da roupa que sua mãe havia lavado perguntoulhes se eles eram aqueles homens que separavam o mundo com o imperador. E quando eles responderam que sim, o menino mostrou-lhes sua bunda nua, dizendo: "Venham e desenhem a sua linha aqui no meio." Essa frase estava depois na boca de todos os homens e provocou riso na cidade de Badajoz.[17]

A história é provavelmente apócrifa, uma piada grosseira à custa da delegação portuguesa. Mas isso mostra que, no início do século XVI, até mesmo pessoas muito comuns já começavam a ter consciência da mudança na geografia do resto do mundo.

Mesmo antes da circum-navegação de Fernão de Magalhães, a percepção de que mapas e gráficos facilitavam uma melhor navegação e o acesso aos mercados ultramarinos levou a coroa portuguesa e, depois, a de Castela a financiar instituições responsáveis pelo treinamento de pilotos e cotejo de materiais geográficos relevantes para a exploração marítima. A Casa da Mina (uma fortaleza na costa africana ocidental, hoje em Gana) e Índia foi criada no final do século XV para regulamentar o comércio e a navegação com a África ocidental e a Índia e, em 1503, Castela seguiu o exemplo com a fundação da Casa de la Contratación (Casa do Comércio) em Sevilha.[18] As navegações portuguesas do século XV haviam mostrado que eram necessários tanto uma compreensão intelectual da astronomia

Globalismo

como um conhecimento prático de navegar para mapear o oceano Atlântico; em consequência, as duas organizações tinham por objetivo unificar os dados empíricos coletados por pilotos e navegadores com o conhecimento da herança clássica dos cosmógrafos. Em Alexandria, Bagdá e até na Sicília criaram-se centros de cálculos geográficos, mas em geral visavam criar um único mapa que sintetizasse todo o conhecimento geográfico conhecido e confirmasse finalmente como era o mundo. Os mapas e cartas feitos por organizações de comércio portuguesas e castelhanas eram diferentes: eles incorporavam novas descobertas, mas deixavam grandes espaços em branco em toda a sua superfície, prevendo informações que seriam incorporadas em mapas atualizados posteriores.

Quando as coroas de Portugal e Castela começaram a usar esses mapas para solucionar as reivindicações territoriais e disputas de fronteira no Atlântico e na costa da África, eles assumiram a condição de autoridade legal. Um mapa como aquele criado conforme os termos do tratado de Tordesilhas era considerado em parte objeto, em parte documento que os dois adversários políticos aceitavam como juridicamente válido devido ao seu papel fundamental em um tratado internacionalmente acordado e confirmado pelo papa. Mapas como aquele poderiam resolver disputas em torno de lugares no globo terrestre que os cartógrafos e seus patrões políticos jamais haviam visto, muito menos visitado. Eles também se arrogavam um novo grau de objetividade científica baseado em relatórios e registros verificáveis de viagens de longa distância, em vez de boatos e suposições clássicas. Essas alegações, como veremos, eram um pouco duvidosas e beneficiavam tanto o cartógrafo como seu patrono político, mas deram uma nova condição aos mapas, por meio dos quais os primeiros impérios modernos negociaram territórios. E em nenhuma situação eles foram mais decisivos do que no conflito entre portugueses e castelhanos a respeito das Molucas, e em sua tentativa de resolução em Badajoz-Elvas, em 1524.

A mudança na visão do papel do cartógrafo e de seus mapas pode ser captada na composição das equipes de negociação que chegaram a Badajoz-Elvas naquela primavera. A delegação portuguesa consistia em nove diplomatas (entre eles, os muito difamados Francisco de Melo e Diego Lopes de Sequeira), bem como de três cartógrafos, Lopo Homem, Pedro Reinel e seu filho Jorge. A delegação castelhana tinha mais a provar do que os portugueses. Foi a sua reivindicação agressiva contra o domínio de Portugal sobre o comércio de especiarias do sudeste asiático que juntou as duas delegações, e eles chegaram com um grupo igualmente impressionante de nove diplomatas, incluindo Sebastião del Cano, e nada menos que cinco conselheiros geográficos vindos de toda a Europa; entre eles estava o veneziano Sebastião Cabot, diretor da Casa de la Contratación. Cabot era um dos grandes navegadores de sua geração e dizia-se que descobrira a Terra Nova em 1497 a serviço do rei inglês Henrique VII, antes de transferir sua lealdade para a mais rica Castela. Também faziam parte da equipe o cartógrafo florentino Giovanni Vespúcio, sobrinho de Américo, e os cartógrafos castelhanos Alonso de Chaves e Nuño Garcia. Este último também fora diretor da Casa de la Contratación e desenhara alguns dos mapas para a circum-navegação de Fernão de Magalhães. O último membro da equipe castelhana não era castelhano nem italiano, mas português: Diogo Ribeiro.[19]

De toda a equipe castelhana, a pessoa a respeito da qual sabemos menos é Ribeiro. Nascido em relativa obscuridade no final do século XV, ele participou das frotas portuguesas que foram à Índia nos primeiros anos do século XVI, subindo rapidamente ao posto de piloto. Como muitos cartógrafos portugueses de sua época, Ribeiro aprendeu a desenhar cartas marítimas no mar, em vez de na academia, que ainda dava mais importância aos conhecimentos de astronomia e cosmografia do que à hidrografia e à cartografia. Em 1518, como vimos, ele já estava trabalhando para a coroa castelhana em Sevilha, o centro das ambições imperiais de Castela no ultramar e sede da Casa de la Contratación. Àquela altura, a Casa já contava com um setor cuja única responsabilidade era a hidrografia – a medição dos mares para fins de navegação –, criado para controlar o fluxo das novas cartas marítimas trazidas para Sevilha pelas frotas que retornavam do Novo Mundo e outros lugares. O sucesso de Ribeiro como piloto levou o rei a nomeá-lo cosmógrafo, e foi nessa qualidade que ele assumiu o posto de conselheiro da equipe de negociação castelhana em Badajoz-Elvas, sentado diante de seus compatriotas portugueses.[20] Apesar de sua relativa obscuridade em comparação com os seus colegas mais eminentes, foi Ribeiro que, nos cinco anos seguintes, apresentou os argumentos mais convincentes em apoio da reivindicação de Castela às Molucas, produ-

Globalismo 225

zindo uma série de lindos e cientificamente persuasivos mapas que não só alterariam o curso da história dessas ilhas, como contribuiriam para a mudança da geografia mundial e da cartografia na Renascença.

O encontro em Badajoz-Elvas foi precedido por semanas de espionagem intensa entre as duas delegações imperiais. Os portugueses tinham conseguido atrair os Reinel de volta depois do período em que trabalharam para Magalhães em Sevilha, mas, quando as delegações chegaram, Pedro Reinel confessou a dois dos representantes portugueses que havia sido "convidado junto com seu filho a entrar para o serviço do imperador" com o salário substancial de 30 mil-réis portugueses, assim como Simão Fernandez, outro membro experiente da delegação portuguesa.[21] Mais de oitenta anos depois, referindo-se a essa disputa em seu livro *Conquista das ilhas Malucas* (1609), o historiador castelhano Bartholomé Leonardo de Argensola resumiu as instruções diplomáticas e geográficas de Carlos V para a sua equipe. O imperador

> instou que, por demonstração matemática e pelo julgamento de homens cultos naquela faculdade, estava claro que as Molucas se situavam dentro dos limites de Castela, assim como todas as outras, até Malaca, e mesmo além dela. Que não era tarefa fácil para Portugal refutar os escritos de tantos cosmógrafos e marinheiros tão capazes, e, em particular, a opinião de Magalhães, que era ele mesmo português. ... Além disso, em relação ao artigo de posse do qual a controvérsia dependia, só era necessário apoiar o que estava escrito pelos cosmógrafos e aceito entre eles.[22]

A delegação castelhana compreendia que se tratava de uma disputa que só poderia ser resolvida por meio da manipulação sistemática de mapas, da exploração das diferenças nacionais, da apropriação seletiva da autoridade geográfica clássica e, se necessário, de suborno.

Em 11 de abril as duas equipes se encontraram na ponte sobre o rio Caya, exatamente na fronteira entre Portugal e Castela. As negociações falharam quase que imediatamente. Os portugueses protestaram contra a presença de dois pilotos portugueses na delegação castelhana, Simón de Alcazaba e Esteban Gómez, que foram rapidamente substituídos. Os portugueses também estavam preocupados com a composição da equipe castelhana de assessores geográficos, e com um homem em particular. Dias antes do início das negociações, um membro da delegação portuguesa escreveu a dom João em Lisboa, desconsiderando a autoridade dos geógrafos castelhanos, com uma exceção: "Os pilotos deles não têm crédito algum, exceto Ribeiro." Àquela altura, o conhecimento de Ribeiro da localização das Molucas parecia ser inigualável. Ele conhecia as reivindicações geográficas de ambos os lados, com acesso privilegiado a informações sobre as ilhas antes e depois da viagem de Magalhães, e os portugueses temiam claramente que sua contribuição para a disputa pudesse ser decisiva.

Depois da aceitação das designações formais de cada equipe, as negociações começaram para valer. Os advogados logo chegaram a um impasse na definição de qual lado seria o demandante, e ficou claro que os geógrafos seriam cruciais para resolver a questão. Ambos os lados começaram por reiterar os termos do tratado de Tordesilhas. A linha de demarcação traçada nesse tratado era de 370 léguas a oeste das ilhas de Cabo Verde. Isso representava um primeiro meridiano não oficial, a partir do qual Castela reivindicava todos os territórios que estivessem 180 graus a oeste e Portugal, tudo que estivesse 180 graus para o leste. Mas a posse das Molucas era agora tão controvertida que ambas as delegações brigaram até mesmo para decidir a partir de "qual destas ilhas [no Cabo Verde] deveriam medir as 370 léguas".

Em resposta, os dois lados solicitaram mapas e globos para determinar a localização exata da linha de demarcação. No dia 7 de maio, "os representantes portugueses disseram que as cartas marítimas não eram tão boas quanto o globo em branco com meridianos, pois representa melhor a forma do mundo". Pela primeira vez, a delegação castelhana concordou, dizendo que eles também "preferiam um corpo esférico, mas que os mapas e outros instrumentos adequados não deveriam ser excluídos".[23] A ideia de ambos os lados já era nesse estágio visivelmente global, embora Castela soubesse que os mapas produzidos a partir da viagem de Magalhães seriam cruciais para sustentar sua reivindicação. Não surpreende que a equipe castelhana tenha então defendido calcular a linha de demarcação a partir de San Antonio, a ilha mais ocidental do arquipélago de Cabo Verde, o que lhe daria uma parcela maior do Pacífico e, por implicação, as Molucas. Os portugueses responderam, insistindo que o cálculo começasse

Globalismo 227

a partir de La Sal ou Buena Vista, as ilhas mais orientais de Cabo Verde. Menos de trinta léguas separavam os dois pontos – não o suficiente para fazer uma diferença crucial na localização das Molucas para um lado ou para o outro –, mas isso era um sinal da delicadeza das negociações.

Os dois lados chegaram a um impasse, e a partir de então as negociações tornaram-se quase comicamente antagônicas. Mapas foram solenemente apresentados para inspeção, ferozmente atacados, depois guardados com trancas, para não serem mais revelados. Ambos os lados alegaram manipulação de mapas. Deus foi levado para a discussão em mais de uma ocasião. Em alguns dias, quando as alegações se tornavam muito quentes, os delegados simplesmente fingiam estar doentes, ou decidiam que estavam cansados demais para responder a perguntas difíceis. Castela reagiu à reivindicação de Portugal para situar a linha de demarcação dizendo que "achavam melhor passar adiante dessa questão e localizar os mares e terras em um globo em branco". A vantagem disso era que, pelo menos, "eles não ficariam parados sem fazer nada", e "talvez isso provasse a quem as Molucas pertencem, independentemente de como a linha seja traçada". Por fim, ambos os lados concordaram em mostrar os mapas que possuíam. A razão da reticência deles era óbvia: o conhecimento de navegação era uma informação zelosamente guardada. Havia o medo adicional de apresentar mapas que poderiam ter sido manipulados no interesse de uma determinada reivindicação e que poderiam ser denunciados como fraudulentos por especialistas do lado oposto.

Em 23 de maio, a delegação castelhana apresentou um mapa que traçava a viagem de Magalhães às Molucas, a partir do qual eles concluíam que as ilhas estavam a "150 [graus] da linha divisória" em direção ao oeste: trinta graus dentro da metade castelhana do globo. O criador desse mapa é desconhecido, mas mapas anteriores que localizavam as Molucas apontam para Nuño Garcia, um membro da equipe de conselheiros geográficos de Castela, que estava envolvido na elaboração dos mapas originais de Magalhães. Garcia era responsável por um mapa datado de 1522 que mostra a linha oriental de demarcação dividindo Sumatra, exatamente onde Del Cano acreditava que ela passasse. O escritor viajante castelhano Pedro Martyr considerava Garcia e Ribeiro os cartógrafos mais eficazes da equipe castelhana, "sendo todos pilotos experientes e astutos em fazer cartas para o mar". Captando o tom das negociações, ele disse que ambos os homens apresentaram "seus globos e mapas e outros instrumentos necessários para declarar a situação das ilhas Molucas, razão de toda a disputa e conflito".[24]

Naquela mesma tarde os portugueses responderam rejeitando o mapa por não conter lugares fundamentais, como o arquipélago de Cabo Verde. E "mostraram um mapa semelhante no qual as Molucas estavam 134 graus distantes [para o leste] de La Sal e Buena Vista, bem diferente do deles", e 46 graus dentro da metade portuguesa do globo. Os dois lados reivindicavam a autoridade de possuir metade do mundo conhecido, mas o conhecimento geográfico deles os separava por mais de setenta graus no que dizia respeito à localização das Molucas em um mapa mundial. Ainda não conseguiam chegar a um acordo sobre onde traçar o meridiano através de Cabo Verde, não que isso fizesse muita diferença para a disputa mais ampla. Cinco dias depois, ambas as delegações reconheceram que os globos terrestres representavam o único caminho a seguir para tentar resolver suas diferenças. Em consequência, "ambos os lados apresentaram globos que mostravam o mundo todo, onde cada nação havia colocado as distâncias que mais lhe convinham". Os portugueses deram pouco terreno, estimando que as Molucas estavam a 137 graus a leste da linha divisória, 43 graus para dentro de seu domínio. Castela fez então uma revisão radical de sua estimativa global, alegando que as ilhas estavam 183 graus a leste da linha de Tordesilhas – apenas três graus para dentro de sua metade do globo.

Os castelhanos buscaram argumentos científicos plausíveis, mas cada vez mais complicados. De início, defenderam uma medição precisa da longitude para resolver a disputa. No século XVI, os pilotos já eram capazes de calcular a latitude com bastante precisão, tomando medidas de acordo com um ponto relativamente fixo, a Estrela Polar. A ausência de qualquer referente fixo na navegação entre as linhas de longitude de leste a oeste não apresentava grande dificuldade quando navegavam em mar aberto nos oceanos Índico ou Atlântico ou desciam as costas da África e da América, mas se tornava um problema quando se tratava de situar um grupo de ilhas do outro lado do mundo que estavam em disputa. Os únicos métodos para o cálculo da longitude baseavam-se em observações astronômicas misteriosas e pouco confiáveis. Os castelhanos invocaram

Globalismo

a autoridade clássica de Ptolomeu para calcular a longitude, alegando que "a descrição e a figura de Ptolomeu e a descrição e o modelo encontrados recentemente por aqueles que vieram das regiões das especiarias são iguais" e que, em consequência, "Sumatra, Malaca e Molucas estão dentro da nossa demarcação".[25] Àquela altura já estava claro para todos os presentes que o uso de Magalhães dos cálculos ultrapassados de Ptolomeu dava inadvertidamente apoio à reivindicação de Castela às Molucas. A tentativa de estimar a circunferência da Terra também foi descartada como não confiável, porque ninguém conseguia concordar sobre a medida exata de uma légua como unidade de distância. "Muita incerteza é causada por este método", de acordo com os castelhanos, especialmente quando tais medidas eram tomadas no mar, "pois há muito mais obstáculos que alteram ou impedem o cálculo correto deles, como correntes, marés, perda de velocidade do navio" e toda uma série de outros fatores.[26]

Por esse motivo, os castelhanos apresentaram um engenhoso argumento final. Os mapas planos, segundo eles, distorciam o cálculo de graus medidos no globo esférico. Os mapas portugueses das Molucas e das "terras situadas ao longo da referida viagem oriental, postos sobre uma superfície plana, e o número de léguas sendo contado por graus equinociais, não estão em seu lugar apropriado no que diz respeito ao número e quantidade de seus graus". O motivo disso era porque "é bem conhecido em cosmografia que um menor número de léguas ao longo de paralelos que não o equinocial ocupa um maior número de graus". Havia alguma verdade nesse argumento: a maioria dos mapas planos do período representava a grade de latitude e longitude como linhas retas que se cruzavam em ângulos retos, quando geometricamente elas se curvavam ao redor da esfera, exigindo uma complexa trigonometria esférica para calcular o comprimento exato de um grau. Desse modo, os castelhanos concluíram que "será preciso um número muito maior de graus quando são transferidos e desenhados no corpo esférico. Calculando pela proporção geométrica, com o arco e a corda, por meio dos quais passamos de uma superfície plana a uma esférica, de tal modo que cada paralelo é tanto menor quanto a sua distância do equinócio aumenta, o número de graus nos referidos mapas [dos portugueses] é muito maior do que os referidos pilotos confessam".[27]

Esses argumentos baseados em esferas não funcionaram. Nenhum dos lados estava preparado para ceder, e até mesmo os castelhanos admitiram em suas considerações finais que julgavam "impossível que um lado possa conseguir convencer o outro de que as Molucas estão dentro do seu território" sem expedições conjuntas para concordar a respeito do tamanho de um grau e a mensuração correta de longitude.[28] Tratava-se de uma ideia ambiciosa, mas irrealizável, e em junho de 1524 as negociações terminaram sem qualquer resolução.

Durante toda a conferência, Diogo Ribeiro esteve intimamente envolvido na formulação da reivindicação geográfica de Castela às Molucas, embora tenha sido raramente citado. Quando Carlos V tomou o impasse diplomático sobre as ilhas Molucas como uma oportunidade para enviar frotas para as ilhas, Ribeiro foi enviado a La Coruña para atuar como o cartógrafo oficial da recém-fundada Casa de la Especieria, criada para desafiar o monopólio português das especiarias. Espiões portugueses escreveram de La Coruña para Lisboa, informando à coroa que "um português chamado Diogo Ribeiro também está aqui, fazendo cartas de navegação, esferas, mapas do mundo, astrolábios e outras coisas para a Índia".[29] Apenas cinco meses depois que as negociações em Badajoz-Elvas fracassaram, Ribeiro estava equipando uma nova frota castelhana com mapas e cartas, numa tentativa de encontrar uma rota mais rápida para as Molucas pelo ocidente. O comandante da frota, o português Esteban Gómez, estava convencido de que Magalhães deixara passar um estreito que levava ao Pacífico ao longo da costa da Flórida. Depois de quase um ano de navegação infrutífera, durante o qual chegou até a ilha de Cape Breton, no atual Canadá, Gómez voltou para La Coruña em agosto de 1525 com pouco a mostrar, exceto um grupo de nativos americanos sequestrados ao largo da Nova Escócia. Ao receber de volta a frota, Ribeiro levou um dos americanos para sua casa. Batizou-o de "Diego", agindo como seu padrinho. Terá adotado o sequestrado Diego num ato de compaixão e caridade? Ou terá detectado uma oportunidade de adquirir algum conhecimento local da geografia do Novo Mundo? Trata-se de um vislumbre fascinante, mas, em última análise, indefinível da personalidade do cartógrafo.

A viagem de Gómez inspirou a criação do primeiro de uma série de mapas mundiais de Ribeiro que proporcionaram um argumento convin-

Globalismo 231

cente em apoio da reivindicação de Castela às Molucas. O mapa, concluído em 1525, pode ser visto como um primeiro esboço das ambições territoriais castelhanas no sudeste da Ásia. Desenhado à mão em quatro pedaços de pergaminho de 82 por 208 centímetros, o mapa não tem título, nenhum texto explicativo, e muitos de seus contornos são imprecisos e incompletos. A costa da China é uma série de linhas descontínuas, o contorno norte do mar Vermelho está incompleto e o Nilo não é nem mesmo mostrado: essas regiões eram de pouco interesse para Ribeiro ou seus patrões castelhanos. Em vez disso, a geografia inovadora do mapa limita-se a suas extremidades leste e oeste. Sua única inscrição foi feita com mão fraca dentro da costa norte-americana, que vai da Nova Escócia à Flórida, e diz: "Terra que foi descoberta por Esteban Gómez neste ano de 1525, por ordem de Sua Majestade."[30] No mapa de Ribeiro, todos os seis novos desembarques de Gómez ao longo da costa da Flórida estão cuidadosamente transcritos.[31] A costa leste revista é mostrada com um traço mais definido, porém mais leve do que o resto do mapa, o que sugere que Ribeiro incorporou às pressas os resultados da viagem de Gómez quando o mapa estava sendo concluído, nos últimos meses de 1525.

As inovações de Ribeiro não terminavam com o contorno novo do litoral norte-americano. No canto inferior direito do mapa, situado logo abaixo das Molucas no hemisfério ocidental, vê-se um astrolábio de marinheiro, usado para fazer observações celestes. No canto esquerdo, Ribeiro desenhou um quadrante, usado para medir a altura e declinação. Logo à esquerda das Américas, há uma enorme tabela de declinação circular (o *"circulus solaris"*), que incorpora um calendário que permitia aos navegadores calcular a posição do sol ao longo do ano.[32] Isso faz com que este seja o mais antigo exemplo conhecido de um mapa mostrando instrumentos de navegação usados no mar, substituindo os usuais ícones religiosos ou etnográficos de mapas mundiais anteriores.

Se este é efetivamente um esboço de mapa da política imperial castelhana no ultramar, por que Ribeiro se deu ao trabalho de incluir instrumentos científicos cuidadosamente desenhados? A resposta parece estar no posicionamento que ele atribui às Molucas. No limite leste do mapa, um pouco acima do astrolábio, a "Província de Molucas" está claramente desenhada, mas também aparece de novo no outro lado do mapa, em seu ponto mais ocidental. No leste, o astrolábio ostenta as bandeiras de Castela e Portugal, mas a bandeira portuguesa está posicionada a oeste das Molucas, enquanto a bandeira castelhana é colocada a leste delas. De acordo com a linha traçada em Tordesilhas, que aparece no centro do mapa de Ribeiro com a legenda "Línea de la Partición", as bandeiras do astrolábio mostram as Molucas dentro da metade castelhana do globo. Como se quisesse enfatizar esse ponto, Ribeiro reproduz as ilhas de novo, no lado ocidental do mapa, e posiciona as bandeiras rivais dos dois impérios para reiterar a reivindicação castelhana. A ciência, na forma dos astrolábios, quadrantes e tabelas de declinação de Ribeiro, é apropriada para dar apoio às ambições territoriais de Castela: a posição das Molucas deve estar correta se o cartógrafo recorre a esses instrumentos científicos tecnicamente complicados. Como servidor pago de Castela, Ribeiro compila um mapa abrangente do mundo que punha as Molucas dentro da metade castelhana do mundo, mas, como um cosmógrafo comprometido com o mapeamento progressivo do mundo conhecido, ele também incorpora cuidadosamente as descobertas geográficas feitas por Gómez e seus contemporâneos.

Em dezembro de 1526, Carlos V ordenou mais uma expedição às Molucas. Mas ele precisava de dinheiro urgentemente para sustentar um império que se estendia por Europa, Ibéria e Américas, e que enfrentava conflitos com os turcos e luteranos. Carlos começara a perceber que manter uma reivindicação às Molucas era financeira e logisticamente insustentável, por isso, antes que a frota partisse, anunciou que estava disposto a vender sua reivindicação àquelas ilhas. Foi uma medida impopular em Castela. As cortes, assembleia governante do reino, queriam que o comércio de especiarias passasse pelos portos castelhanos e, portanto, eram contra a venda, mas para Carlos havia problemas maiores em jogo. Ele precisava financiar guerras iminentes com a França e a Inglaterra e resolver o dote de sua irmã Catarina com dom João de Portugal, após o casamento deles, em 1525. Dom João celebrou o casamento com a encomenda de uma série de tapeçarias, intitulada "As esferas", que representavam um globo terrestre controlado pelo rei e sua nova esposa. O cetro de João repousa em Lisboa, e o globo mostra bandeiras portuguesas tremulando sobre suas possessões na África e na Ásia. Nos limites orientais mais distantes do globo, é possível ver as ilhas Molucas, ainda com pavilhões portugueses.

Globalismo 233

Complementando o casamento de João com Catarina, Carlos se casou com a irmã de João, Isabel, em março de 1526, em mais uma tentativa de cimentar as alianças dinásticas entre os dois reinos. Apesar da opinião de seu novo cunhado, Carlos ainda insistia em sua pretensão às Molucas. Ele presenteou o embaixador papal, Baldassare Castiglione, com o mapa mundial de Diogo Ribeiro de 1525, com sua colocação óbvia das Molucas no domínio castelhano. Era um presente adequado para Castiglione, mais conhecido hoje como o autor de *O cortesão*, um dos maiores manuais do Renascimento sobre como astutamente fazer amigos e influenciar pessoas na corte. Através de seu respectivo uso da geografia, os dois imperadores enviavam uma mensagem clara: poderiam estar intimamente unidos pelo casamento, mas ainda estavam divididos em relação a suas reivindicações territoriais às Molucas.

Carlos sabia que Portugal não iria desistir das ilhas sem grandes concessões. Ele concordara com um dote insignificante de 200 mil ducados de ouro para o casamento de sua irmã com o rei João (em contraste, João pagara a Carlos 900 mil cruzados em dinheiro como dote de Isabel, o maior da história da Europa). Assim, o rei de Castela se propôs a trocar os 200 mil ducados pela concessão de acesso ilimitado dos portugueses às Molucas por seis anos, após os quais a propriedade das ilhas passaria para Castela.[33] Era uma oferta mercenária impressionante, agravada pelo fato de que, como dom João prevaricou, Carlos ofereceu-se para vender sua reivindicação às ilhas ao rei Henrique VIII, no mesmo momento em que contemplava uma possível guerra contra seu parente inglês. Robert Thorne, um mercador inglês que morava em Sevilha, deu o sábio conselho a Henrique de ficar bem longe de uma disputa politicamente tão emaranhada: "Pois essas costas e a localização das ilhas [Molucas], cada um dos cosmógrafos e pilotos de Portugal e Espanha põe onde lhe convém. Os espanhóis mais para o oriente, porque elas devem parecer pertencer ao imperador [Carlos V], e os portugueses mais para o ocidente, para que caiam dentro de sua jurisdição."[34] Henrique declinou do interesse pelas ilhas. Carlos foi obrigado a apostar na relutância de João em intensificar o conflito com seu cunhado a respeito das Molucas, e ele estava certo. No início de 1529, os dois lados concordaram em assinar um tratado em Saragoça que resolveria finalmente a questão da propriedade territorial.

Enquanto essas maquinações se desenrolavam, Ribeiro começou a reformular seu mapa de 1525 para fornecer uma declaração cartográfica ainda mais convincente em apoio da reivindicação de Castela às Molucas. Em 1527, ele concluiu um segundo mapa desenhado a mão, baseado no de 1525, mas um pouco maior e com muito mais detalhes e arte. O título completo do mapa, que atravessa sua parte superior e a inferior, sugere a escala maior de suas ambições geográficas: "Carta universal na qual está contido tudo o que até agora foi descoberto no mundo. Um cosmógrafo de Sua Majestade o fez no ano de 1527, em Sevilha." Além de preencher as lacunas deixadas no mapa de 1525, Ribeiro acrescenta uma série de legendas escritas que descrevem principalmente a função dos instrumentos científicos, mas a sudeste das Molucas vê-se uma inscrição reveladora que uma vez mais anuncia a reivindicação castelhana às ilhas. Ao descrever "essas ilhas e província das Molucas", a legenda explica que elas foram posicionadas "nesta longitude de acordo com a opinião e julgamento de Juan Sebastião del Cano, capitão do primeiro navio que veio das ilhas Molucas e o primeiro que contornou o mundo na navegação que fez nos anos 1520, 1521 e 1522".[35] A atribuição da posição das Molucas aos cálculos de Del Cano o invoca como autoridade em primeira mão, mas talvez revele também a dúvida de Ribeiro sobre a localização das ilhas demasiado para leste. Não obstante, seu mapa do mundo de 1527 tinha por objetivo claro fornecer provas ainda mais convincentes em apoio da reivindicação de Castela às Molucas.

Em abril de 1529, as delegações portuguesa e castelhana voltaram a se reunir na cidade de Saragoça para renovar suas negociações sobre as Molucas. Depois dos intensos debates jurídicos e geográficos que ocorreram em Badajoz-Elvas, em 1524, as discussões finais foram uma espécie de anticlímax. No início de 1528, como estava prestes a entrar em guerra com a França, Carlos enviou embaixadores a Portugal para propor a neutralidade do vizinho no conflito em troca de uma solução rápida do litígio sobre as Molucas. Os termos do acordo foram aprovados pelos embaixadores no início de 1529. O tratado de Saragoça, ratificado por Castela em 23 de abril de 1529 e pelos portugueses oito semanas depois, estabelecia que Carlos desistiria de sua pretensão às Molucas em troca de uma compensação financeira substancial, e qualquer castelhano que fosse encontrado negociando na região poderia ser punido.

Globalismo 235

De acordo com os termos do tratado, o imperador concordava em "vender a partir de hoje e por todo o tempo, ao mencionado rei de Portugal, para ele e todos os sucessores da coroa de seu reino, todo direito, ação, domínio, propriedade e posse, ou quase posse, e todos os direitos de navegação, tráfego e comércio" às Molucas. Em troca, Portugal aceitava pagar 350 mil ducados a Castela. Mas Carlos insistiu também em reservar-se o direito de resgatar sua reivindicação a qualquer momento: ele poderia renová-la devolvendo o dinheiro em sua totalidade, embora isso viesse a exigir a nomeação de novas equipes para resolver as questões de localização geográfica deixadas sem resposta em Badajoz-Elvas. Para Carlos era uma maneira inteligente de salvar as aparências, pois se tratava de uma cláusula improvável de vir a ser invocada, mas mantinha a ficção da crença de Castela na validade da sua reivindicação.

Ambas as partes decidiram que era preciso criar um mapa padrão, com base não na medição precisa de distâncias, mas na retórica geográfica produzida pelos geógrafos em Badajoz-Elvas. Era um mapa no qual "deve-se determinar uma linha de um polo a outro, isto é, de norte a sul, por um semicírculo que se estenda para nordeste a dezenove graus leste de Moluca, a cujo número de graus correspondam quase dezessete graus no equinócio, chegando a 297 léguas e meia a leste das ilhas de Moluca".[36] Depois de seis anos de negociações, Portugal e Castela finalmente concordaram sobre o lugar onde situar as Molucas em um mapa mundial. Uma linha divisória foi desenhada em volta do mundo, levando em conta a curvatura da Terra. No hemisfério ocidental, a linha passava pelas ilhas de "Las Velas e Santo Tomé", no arquipélago de Cabo Verde, e continuava ao redor do globo até "dezessete graus (que equivale a 297 graus e meio) a leste das Molucas", pondo as ilhas firmemente dentro da esfera portuguesa.

O uso consagrado de mapas no tratado não tinha precedentes. Castelhanos e portugueses reconheciam pela primeira vez as dimensões globais da Terra. Também estabeleciam o mapa como um documento legalmente vinculativo, capaz de sustentar uma solução política duradoura. O tratado estipulava que ambos os lados deveriam elaborar mapas idênticos que consagrassem a nova localização das Molucas, e que "devem ser assinados pelos referidos soberanos e selados com seus selos, para que cada um fique com sua própria carta; e a dita linha doravante permanecerá fixa no ponto e lugar assim designados". Isso era mais do que o selo real de aprovação: era uma maneira de reconhecer que os mapas eram objetos fixos e um meio de comunicação entre facções políticas concorrentes. Como documentos, eram capazes de assimilar e reproduzir a alteração de informações, através dos quais os Estados rivais poderiam resolver suas diferenças. O tratado concluía isso em cláusula que declarava que o mapa concordado "designará também o local em que os ditos vassalos do dito imperador e rei de Castela deverão situar e localizar Moluca, que durante o tempo do presente contrato será vista como situada nesse lugar".[37] Desse modo, o mapa obrigava os dois impérios a concordar com a localização das Molucas, pelo menos até que decidissem discordar e mudar as ilhas de lugar por qualquer motivo diplomático ou político que surgisse posteriormente.

O mapa oficial baseado nos termos do tratado não existe mais. Mas outro mapa sobreviveu, o qual foi concluído quando o tratado recebia sua ratificação final: a terceira e definitiva versão do mapa do mundo de Ribeiro, intitulado "Carta universal na qual está contida tudo o que foi descoberto no mundo até agora. Diogo Ribeiro, cosmógrafo de Sua Majestade, o fez no ano de 1529. O qual está dividido em duas partes, de acordo com a capitulação que teve lugar entre os reis católicos de Espanha e o rei João de Portugal, na cidade de Tordesilhas no ano de 1494". É óbvio que o mapa baseia-se na primeira tentativa de 1525 de Ribeiro, mas seu tamanho (85 × 204 centímetros), as ilustrações detalhadas e inscrições copiosas sobre velino caro testemunham que se trata de uma cópia de apresentação destinada a convencer dignitários estrangeiros da reivindicação de Castela às Molucas. A posição das ilhas e a legenda que descreve a viagem de Del Cano são as mesmas do mapa de 1527. A distância entre a costa oeste da América e as ilhas Molucas é muitíssimo subestimada em apenas 134 graus, deixando as ilhas posicionadas em 172°30' O da linha de Tordesilhas – ou sete graus e meio para dentro da metade castelhana do globo.[38] No Atlântico e no Pacífico, há navios exercendo seu comércio, mas mesmo esses enfeites decorativos aparentemente inocentes desempenham um papel no apoio à reivindicação castelhana. "Eu vou para as Molucas", diz um deles; "Eu volto das Molucas", diz o outro.[39] Apesar da onipresença das Molucas no mapa, muitos dos marcadores anteriores do conflito diplomático mostrados nos outros mapas de Ribeiro desapareceram. Não há mais bandeiras castelhanas

Globalismo 237

e portuguesas nas extremidades leste e oeste do mapa, e a linha de Tordesilhas desapareceu, embora o título do mapa refira-se explicitamente a ela.

O mapa parece ser a declaração final e definitiva da reivindicação de
sete anos de Castela às Molucas. A decisão de Carlos de abandonar sua
pretensão às ilhas não foi bem-recebida pela elite castelhana. O mapa
de Ribeiro teria sido a última tentativa daqueles que se opunham à de-
sistência estratégica de Carlos de afirmar sua autoridade sobre as ilhas?
Ou ele teria chegado tarde demais, quando Carlos já havia concordado,
pelos termos do tratado de Saragoça, em abrir mão de seus direitos
sobre as ilhas? Talvez. Mas as legendas decorativas na parte inferior do
mapa sugerem outra possibilidade. À direita das bandeiras castelhanas
e portuguesas rivais, Ribeiro colocou o brasão de armas papal. Isso, e
o fato de que o mapa se encontra agora na Biblioteca do Vaticano, em
Roma, pode indicar que ele foi criado em resposta a um momento muito
específico. Em fevereiro de 1530, o imperador Carlos V foi coroado, em
Bolonha, sacro imperador romano pelo papa Clemente VII.[40] O mapa
parece ter sido desenhado para intimidar as autoridades papais com uma
imagem do mundo de acordo com os desejos de seu imperador. O tratado de Tordesilhas foi ratificado pelo papado em 1494; em 1529, o poder
de Castela e de Portugal já significava que ambos davam pouca atenção
à opinião do papa, a menos que um de seus governantes precisasse de
algo dele. Como Carlos V foi à Itália para receber a coroa de imperador
do Sacro Império Romano, ele, de fato, precisava da aprovação papal,
mesmo que somente por razões de interesse público e cerimonial. O
oferecimento ao papa de um mapa do mundo adornado com o brasão de
armas papal pode ter acalmado os temores de que o papado estava sendo
marginalizado nas decisões políticas globais momentosas em torno do
destino das Molucas. Mas ele também lembrava ao papa Clemente que
agora era Carlos, e não dom João de Portugal, o governante mais poderoso da cristandade. Apenas dois anos antes, depois que Clemente
decidira transferir sua fidelidade política ao grande rival do imperador,
o rei francês Francisco I, Carlos dera ordens às suas tropas para saquear
Roma. Por razões diplomáticas, o imperador renunciara à sua pretensão
às Molucas, mas o mapa de Ribeiro ainda reproduzia a crença da delegação castelhana na posição das ilhas, independentemente das exigências

da diplomacia. Tratava-se então do mundo de acordo com Carlos V, para apresentação a um humilde papa?

Embora o último mapa de Ribeiro não tenha sido necessário na mesa de negociação em Saragoça, ele ainda representa um resumo abrangente do argumento castelhano em favor da posse das Molucas, e permanece como um testemunho notável do brilhantismo da hábil manipulação feita por Ribeiro de uma realidade geográfica que ele provavelmente suspeitava que acabaria por negar seus detalhes finos. Ele continuava à disposição das autoridades castelhanas, caso quisessem retomar sua reivindicação às ilhas nos anos seguintes. O fato de que nenhum dos mapas do mundo de Ribeiro foi impresso, mantendo-se em forma de manuscrito, é mais um sinal da delicadeza política deles. Impressos, eles fixariam os parâmetros das reivindicações de Castela para o futuro previsível; mantidos em manuscrito, poderiam ser facilmente alterados se fosse necessário situar as Molucas em outro lugar para apoiar uma futura pretensão castelhana. Se Castela tivesse renovado de fato sua reivindicação, o mapa de Ribeiro talvez tivesse garantido uma fama ainda mais duradoura. Mas os interesses imperiais de Carlos V se transferiram para outro lugar, e Ribeiro retornou à sua terra adotiva em Sevilha, para inventar instrumentos de navegação cada vez mais irrelevantes.

Diogo Ribeiro morreu em Sevilha, em 16 de agosto de 1533. A importância contemporânea de sua série de mapas mundiais feita entre 1525 e 1529 fez com que suas inovações, tal como acontecera com as de Waldseemüller, fossem rapidamente assimiladas pelos cartógrafos mais jovens, que reuniam a massa de relatos de viajantes e cartas de pilotos que inundaram a Europa a partir de descobertas marítimas em um mundo para cuja configuração Waldseemüller e, em seguida, Ribeiro haviam contribuído de forma decisiva ao longo de duas décadas. Traços da influência de Ribeiro perduraram e podem ser vistos ainda hoje em uma das imagens mais emblemáticas do Renascimento: o quadro *Os embaixadores*, de Hans Holbein, pintado no mesmo ano da morte do cosmógrafo português.

A pintura de Holbein representa dois diplomatas franceses, Jean de Dinteville e Georges de Selve, na corte londrina de Henrique VIII, na véspera da momentosa decisão do rei inglês de se casar com sua amante Ana Bolena e cortar os laços religiosos da Inglaterra com o papado de Roma

Globalismo

para sempre. Os objetos colocados sobre a mesa no centro da composição oferecem uma série de alusões moralizantes a algumas das questões religiosas e políticas que preocupavam a elite da Europa renascentista. Na prateleira de baixo, veem-se um manual de aritmética comercial, um alaúde quebrado e um hinário luterano, símbolos da discórdia comercial e religiosa da época. No canto, encontra-se um globo terrestre, apenas um dos muitos em circulação desde a circum-navegação do globo de Magalhães. Olhando mais de perto, é possível ver a linha divisória decidida em Tordesilhas, em 1494, que corta o hemisfério ocidental do globo. Não podemos ver por onde essa linha passa no hemisfério oriental, porque está obscurecida na sombra, mas sabemos que Holbein utilizou um globo atribuído ao geógrafo e matemático alemão Schöner, datado do final da década de 1520. O próprio globo se perdeu, mas os gomos originais, os segmentos de impressos com os quais ele foi feito, sobreviveram, e são quase idênticos aos do globo que aparece na pintura de Holbein. Eles tra-

18. Detalhe de Hans Holbein, *Os embaixadores*, 1533.

çam a rota da circum-navegação feita por Fernão de Magalhães em 1523 e mostram claramente as Molucas situadas na metade castelhana do mundo, de acordo com a localização das ilhas estabelecida por Ribeiro.

Testemunhos das mudanças que ocorreram na Europa em consequência das viagens de longa distância, da rivalidade imperial, do conhecimento científico e da turbulência religiosa da primeira metade do século XVI, a pintura de Holbein e os mapas de Ribeiro compartilham semelhanças no posicionamento de globos, instrumentos científicos e livros mercantis antes da autoridade religiosa. Tradicionalmente, a representação de duas figuras proeminentes, como De Dinteville e De Selve, os mostraria entre objetos de devoção religiosa, como um retábulo ou uma estátua da Virgem Maria. No quadro de Holbein, a autoridade central da fé religiosa é substituída por objetos mundanos que se amontoam para chamar a atenção sobre a mesa. Trata-se de um mundo em transição, apanhado entre as certezas religiosas do passado e a excitação política, intelectual e comercial de um presente em constante mutação. A religião está literalmente marginalizada e o que resta de sua presença é um crucifixo de prata pouco visível atrás de uma cortina, no canto superior esquerdo. Os interesses globais desse novo mundo de diplomacia internacional e rivalidade imperial estão em outros lugares, do outro lado de um mundo emergente, impulsionado mais por imperativos imperiais e comerciais do que pela ortodoxia religiosa.[41]

O globo terrestre era simplesmente pequeno demais para ser útil ao tipo de diplomacia praticada pelos dois embaixadores franceses, ou pelos diplomatas castelhanos e portugueses que lutaram pela posse das Molucas durante toda a década de 1520. O que era necessário para entender esse mundo global ampliado eram mapas como o de Ribeiro, que se afastou das projeções gregas do mundo habitado e ofereceu uma perspectiva de 360 graus do mundo inteiro. Ao contrário de um globo, os mapas planos continham inevitavelmente centros e margens. Enquanto Portugal e Castela disputavam as Molucas para dominar o mundo, Ribeiro oferecia um objeto que podia ser dividido de acordo com os interesses globais particulares dos dois Estados. Seu mapa era plano, mas sua concepção era global.

Para a maioria das pessoas que viviam no mundo no início do século XVI, como o garoto que mostrou o traseiro à delegação portuguesa em

Globalismo 241

Badajoz-Elvas, a disputa pelas ilhas Molucas não fazia sentido; era uma disputa política entre dois impérios concorrentes, com pouca relevância para a maioria dos indivíduos e suas vidas cotidianas. Mesmo para aqueles que compreendiam alguma coisa das implicações globais do conflito, desenhar uma linha em um mapa ou globo, em Sevilha ou em Lisboa, para representar a partição do mundo do outro lado da Terra tinha pouco a ver com a realidade da atividade marítima de pilotos e mercadores muçulmanos, cristãos, hindus e chineses que cruzavam os mundos comerciais dos oceanos Índico e Pacífico. As reivindicações de Portugal e Castela aos monopólios territoriais a milhares de quilômetros de seus centros imperiais viria a ser totalmente insustentável. Mas para os impérios europeus ocidentais de Portugal e Castela, depois Holanda e Inglaterra, o ato de traçar uma linha, primeiro em um mapa, depois em um globo terrestre, e reivindicar lugares que seus senhores imperiais putativos nunca visitaram, estabeleceu um precedente que seria seguido através dos séculos e moldaria grande parte da política colonial europeia em todo o mundo ao longo dos quinhentos anos seguintes.

7. Tolerância

Gerard Mercator, mapa do mundo, 1569

Lovaina, Bélgica, 1544

As prisões começaram em fevereiro de 1544. Nas semanas anteriores, uma lista de 52 nomes fora compilada em Lovaina por Pierre Dufief, o procurador-geral de Brabante. Dufief já havia mostrado suas credenciais de teólogo ferozmente conservador graças ao interrogatório e execução de William Tyndale, um exilado e reformador religioso inglês que fora acusado de heresia, condenado, estrangulado e queimado na fogueira, perto de Bruxelas, em 1536. Quarenta e três dos nomes da lista de Dufief vinham de Lovaina, o resto de cidades e vilas – Bruxelas, Antuérpia, Groenendael, Engien – situadas em um raio de cinquenta quilômetros. A lista incluía pessoas de todos os estratos sociais – sacerdotes, artistas e eruditos, bem como sapateiros, alfaiates, parteiras e viúvas –, todas unidas pela acusação de "heresia". Nos dias que se seguiram, os beleguins de Dufief começaram a deter os acusados. Alguns confessaram negar a existência do purgatório, outros questionaram a transubstanciação (a crença de que o pão e o vinho da comunhão se tornam o corpo e o sangue de Cristo) e admitiram atos de iconoclastia (destruição de imagens de Cristo e santos). O interrogatório de Dufief foi minucioso e, até o final da primavera, embora muitos tenham sido libertados ou escapado apenas com o banimento e o confisco de bens, um punhado deles foi considerado culpado de heresia e condenado: uma mulher foi enterrada viva, dois homens foram decapitados e um foi queimado na fogueira. Ninguém que tenha assistido às execuções públicas ficou em dúvida sobre a penalidade para quem questionasse a autoridade religiosa ou política dos Habsburgo.[1]

Desde que o imperador Habsburgo Carlos V herdara os Países Baixos de seus antepassados borgonheses em 1519, essa colcha de retalhos impetuo-

Tolerância 243

samente independente de cidades e burgos se recusara a aceitar o que considerava centralização do governo e tributação por potência estrangeira, que governava através de governadores-gerais sediados em Bruxelas. Quatro anos antes das prisões de 1544, Gent recusou-se a contribuir para o esforço de guerra dos Habsburgo contra a vizinha França. A revolta subsequente foi brutalmente reprimida por Carlos e sua irmã, a rainha Maria da Hungria, governadora e regente dos Países Baixos. Dois anos depois, as facções anti-Habsburgo da região oriental de Gelderland desafiaram novamente as autoridades, sitiando Lovaina e obrigando Carlos a voltar da Espanha e reunir um exército para derrotar seus oponentes. Estava claro para Carlos e sua irmã que o maior desafio à autoridade deles não era dinástico, mas religioso. Em 1523, traduções holandesas do Novo Testamento baseadas nos escritos de Martinho Lutero já haviam sido publicadas em Antuérpia e Amsterdã, e comentários sobre sua obra publicados no mesmo ano foram proibidos.[2] A região tinha uma longa história de tolerância e pluralidade em questões de teologia e prática devocional, mas Carlos e Maria vinham de uma tradição cristã muito diferente. A experiência dos Habsburgo com as comunidades judaicas e muçulmanas no final do século XV em Castela os convencera de que qualquer desvio teológico de sua versão particular do catolicismo ortodoxo significava um desafio direto à autoridade deles. As prisões e execuções de 1544 representavam apenas uma pequena fração de um número estimado de quinhentas mortes oficialmente sancionadas pelo longo regime de 25 anos de Maria, e das cerca de 3 mil pessoas que foram condenadas por causa de suas crenças religiosas em toda a Europa entre 1520 e 1565.[3]

Sabemos pouco ou nada da vida de muitos dos acusados por Dufief, mas sobrevivem dados a respeito de uma figura em particular, identificada na lista de Dufief como "Meester Gheert Schellekens", um morador de Lovaina que foi acusado da heresia particularmente grave de *"lutherye"* ou luteranismo. Quando os homens de Dufief bateram à sua porta em Lovaina, Schellekens não foi encontrado: além de herege, era um fugitivo, e foi emitido um mandado de prisão contra ele. Poucos dias depois, ele foi preso pelo bailio de Waas, na cidade vizinha de Rupelmonde, e encarcerado em um castelo. Entre os muitos relatos de crueldade, perseguição, tortura e morte ocorridas durante a história da Reforma europeia, as prisões e execuções de 1544 seriam tristemente banais, não fosse pelo fato de que Schellekens era o nome de solteira de sua esposa, e "Meester Gheert" seja mais conhecido na história como o cartógrafo Gerard Mercator (1512-94).

Quando pressionada a identificar um cartógrafo famoso, a maioria das pessoas citará Gerard Mercator e a projeção do mapa à qual ele deu seu nome, seu mapa mundial de 1569, que continua a definir a cartografia mundial até hoje. Descrito como cosmógrafo, geógrafo, filósofo, matemático, fabricante de instrumentos e gravador, Mercator foi responsável por inventar não somente sua famosa projeção cartográfica, mas também a primeira coleção de mapas a usar o termo "atlas". Ele criou um dos primeiros mapas modernos da Europa, ultrapassou a influência da *Geografia* de Ptolomeu e efetivamente superou a cartografia em xilogravura, levando a arte de gravar mapas em cobre a alturas inigualáveis de beleza e sofisticação. Sabemos mais sobre a vida de Mercator do que a respeito de qualquer um de seus antecessores devido à crescente profissionalização da cosmografia e cartografia. Ele foi um dos primeiros cartógrafos a merecer a própria biografia elogiosa, *Vita Mercatoris* ("Vida de Mercator"), publicada postumamente por seu amigo Walter Ghim em 1595. Seu nome tornou-se sinônimo de sua projeção, que foi injustamente criticada como o símbolo máximo da dominação imperial eurocêntrica sobre o resto do mundo, por situar a Europa no centro e diminuir o tamanho da Ásia, da África e das Américas.

Adaptando Marx, podemos dizer que os homens fazem a própria geografia, mas não por sua livre vontade, e não em circunstâncias que escolheram, mas sob as circunstâncias dadas e herdadas com as quais se defrontam.[4] Essa formulação poderia se aplicar a muitos dos mapas e seus criadores descritos neste livro, mas aplica-se mais diretamente à vida e obra de Gerard Mercator. A era do Renascimento e da Reforma em que Mercator viveu é considerada o grande século da individualidade, da ascensão da biografia, a vida de homens famosos exemplificada pela *Vida dos artistas* (1572), de Giorgio Vasari, e pelo que se tornou conhecido como "*self-fashioning* renascentista", a capacidade dos indivíduos de moldar engenhosamente sua identidade, adaptando-se às suas circunstâncias particulares e as explorando. Sempre que se afirmam, os indivíduos

Tolerância

tendem a experimentar os ataques e as limitações de instituições como a Igreja, o Estado e a família; e sempre que buscam maneiras novas e alternativas de imaginar a sua existência pessoal e social, essas instituições muitas vezes se esforçam para proibir tais alternativas.[5] Se o século XVI foi a grande era da individualidade, foi também um dos períodos mais intensos de conflito e repressão religiosa na Europa, uma época em que tanto a Igreja como o Estado impuseram limitações sobre o que as pessoas podiam pensar e como deviam viver em busca de seus objetivos religiosos, políticos e imperiais.

Embora a acusação de heresia não estivesse explicitamente relacionada à elaboração de mapas de Mercator, sua carreira como cosmógrafo provocava inevitavelmente perguntas sobre a Criação e o céu que o punham em conflito com as crenças religiosas ortodoxas do século XVI, tanto católicas como luteranas. Tal como Martin Waldseemüller, Mercator se considerava um cosmógrafo. Ele via sua profissão como "um estudo de todo o projeto universal que une os céus da Terra e da posição, movimento e ordem de suas partes".[6] A cosmografia era o fundamento de todo o conhecimento e "de primeiro mérito entre todos os princípios e começos da filosofia natural". Mercator a definia como a análise da "disposição, das dimensões e da organização de toda a máquina do mundo", e a cartografia era apenas um dos seus elementos.

Esse tipo de abordagem da cosmografia e da geografia envolvia uma investigação sobre as origens da Criação que Mercator chamava de "a história das primeiras e maiores partes do universo", e da "origem primeira desse mecanismo [o mundo] e a gênese de partes específicas dele".[7] Isso era extremamente ambicioso – e potencialmente muito perigoso. Nem os gregos, nem cartógrafos posteriores como Waldseemüller, enfrentaram injunções religiosas em sua busca pelas origens da Criação através do estudo da cosmografia e cartografia. Mas, em meados do século XVI, quem abordasse essas questões se arriscava a incorrer na ira dos justos em ambos os lados da divisão religiosa. O problema era que o cosmógrafo – e, por implicação, seu leitor – lançava seu olhar sobre o mundo e a história, e arriscava ser acusado de adotar um ponto de vista divino. A autoconfiança necessária para representar a divindade estava em contraste direto com uma religião reformada que enfatizava a humildade perante a Criação.

Em consequência, os cosmógrafos que elaboravam mapas do mundo em meados do século XVI encontravam dificuldades para evitar uma tomada de posição sobre as versões cada vez mais contestadas da Criação cristã, e alguns, inclusive Mercator, enfrentaram acusações de heresia feitas por autoridades religiosas que estavam dispostas a controlar quem oferecesse um ponto de vista geográfico sobre como era o mundo, e por implicação, que tipo de Deus o criara.

A carreira de Mercator e sua cartografia foram indelevelmente moldadas pela Reforma. Após uma série de incursões brilhantes, mas imprudentes, na cartografia política e religiosa, que possivelmente contribuíram para a acusação de heresia em 1544, a projeção cartográfica de Mercator de 1569 ofereceu aos navegadores um método inovador de velejar por toda a superfície da Terra. Mas, visto dentro do contexto dos conflitos religiosos de seu tempo, também representou um desejo idealista de erguer-se acima da perseguição e da intolerância que atingia a ele e a muitos dos que o rodeavam e estabelecer uma cosmografia harmoniosa implicitamente crítica da discórdia religiosa que ameaçava destruir a Europa na segunda metade do século XVI. Em algum lugar do espaço estreito e disputado entre o determinismo social e o livre-arbítrio autônomo, Mercator conseguiu transcender os conflitos em torno dele e criar um dos mais famosos mapas da história da cartografia, mas que teve origens muito diferentes da crença confiante na superioridade europeia que geralmente se acredita tê-lo moldado.

Assim como seus mapas, Mercator definiu-se por fronteiras e limites. No decorrer de sua longa vida, suas viagens nunca o levaram além de um raio de duzentos quilômetros em torno de sua cidade natal, Rupelmonde, uma pequena vila na margem do rio Schelde [Escalda], na região belga atual de Flandres oriental, onde ele nasceu em 1512 e foi batizado com o nome de Gerard Kremer. A região que ele atravessou era (e continua sendo) uma das mais densamente povoadas da Europa, caracterizada não só pela diversidade e pela criatividade artística, mas também por conflitos e a competição por recursos escassos. Seu pai (sapateiro) e sua mãe eram ambos naturais de Gangelt, uma cidade de língua alemã do ducado de Jülich, a

Tolerância

cem quilômetros a oeste de Colônia, uma das maiores e mais antigas cidades da Europa, situada às margens do Reno. A oeste de Gangelt ficam as terras de língua holandesa de Flandres e o centro comercial de Antuérpia, às margens do Schelde. A geografia física do início da vida de Mercator foi moldada pelo delta do Reno-Mosa-Schelde e pelas vilas, cidades e ritmos de vida construídos na confluência desses três importantes rios europeus.

Enquanto Mercator crescia, a geografia física da região era transformada pelos imperativos voláteis da geografia humana. A menos de vinte quilômetros ao norte de Rupelmonde, Antuérpia tornava-se rica com seu tráfico de mercadorias que vinham de lugares tão distantes como o Novo Mundo e a Ásia. A leste do Reno, Martinho Lutero começava seu desafio ao papado, uma abordagem reformada da religião cristã que se disseminaria rapidamente para oeste, entrando nos Países Baixos. Três anos depois que Lutero lançou seu primeiro desafio público às indulgências papais em Wittenberg, Carlos V foi eleito imperador do Sacro Império Romano pelos príncipes alemães, na pequena cidade de Aachen, seiscentos quilômetros a oeste, e distante cem quilômetros de Rupelmonde, a cidade natal de Mercator. Era uma declaração agressiva de intenções imperiais: Aachen havia sido a residência preferida de Carlos Magno, rei dos francos de 768 e o maior de todos os primeiros imperadores pós-romanos cristãos. Ao escolher Aachen para sua coroação, Carlos indicava seu desejo de imitar Carlos Magno, bem como estender para oeste os limites geográficos do Sacro Império Romano, que tradicionalmente iam até o rio Mosa. A coroação de Carlos não só lhe conferia o título de imperador do velho Império Romano do ocidente e de rei de Castela, Aragão e dos Países Baixos, mas também o obrigava a defender a fé católica. Suas responsabilidades religiosas e sua ambição imperial o poriam em rota de colisão violenta com os reformadores religiosos que viviam nos principados alemães a leste do Reno.

A carreira de Mercator teve duas metades: a primeira foi moldada por sua educação e primeiros trabalhos nas cidades dos Países Baixos; a segunda, após sua prisão em 1544, passou-se em Duisburg, uma pequena cidade no ducado de Cleves, na atual parte ocidental da Alemanha, onde passou o resto de sua vida, de 1552 até sua morte, em 1594. Com o benefício da visão retrospectiva, é possível ver que sua carreira girou em torno da acusação traumática e quase fatal de heresia. Independentemente do que Mercator pudesse pensar na época, as ideias e atitudes que provocaram a acusação podem ser rastreadas até seus primeiros anos, e seu impacto é perceptível nos mapas e livros de geografia que ele produziu durante suas quatro décadas em Duisburg.

Mercator recebeu uma educação humanista exemplar: primeiro na *"groote school"* em 's-Hertogenbosch, uma das melhores escolas secundárias da Europa, onde o grande humanista Desidério Erasmo (1466/9-1536) estudou; depois, na Universidade de Lovaina, menor apenas do que Paris em tamanho e prestígio, onde estudou filosofia. Uma geração antes, eruditos como Martin Waldseemüller haviam abraçado o novo conhecimento humanista oferecido por universidades como Lovaina e Freiburg e o desafio de estudar autores clássicos como Aristóteles, mas quando Mercator lá chegou, na década de 1520, o entusiasmo se transformara em ortodoxia. Para o currículo filosófico de Mercator, isso significou uma adesão servil a Aristóteles – exceto onde se considerava que as doutrinas do filósofo pagão contradiziam a religião cristã estabelecida.

Embora seguisse a moda humanista usual, inclusive mudando seu nome para "Mercator", uma versão latinizada do alemão *Kremer* ("negociante"), o jovem estudioso parece ter deixado a universidade com mais perguntas do que respostas. Para a cultura humanista, era difícil conciliar a nova teologia reformada ou as demandas cada vez mais técnicas de disciplinas como a geografia, para a qual se sentia atraído como uma maneira de explorar a ideia de criação em todas as suas dimensões teológicas, filosóficas e práticas. Além de ler autores como Cícero, Quintiliano, Marciano Capella, Macróbio e Boécio, ele estudou Ptolomeu e o geógrafo romano Pompônio Mela. Mas foi Aristóteles, em particular, que propôs ao devoto porém curioso jovem Mercator uma série de problemas: sua crença na eternidade do universo e na natureza eterna do tempo e da matéria estava em desacordo com o ensinamento bíblico sobre a criação a partir do nada. Os teólogos de Lovaina passavam por cima dos detalhes finos dos argumentos de Aristóteles, insistindo que a distinção que ele fazia entre uma Terra mutável e um céu fixo correspondia a seus equivalentes cristãos. No campo em mutação do conhecimento geográfico, com as viagens espanholas e portuguesas ao Novo Mundo e ao sudeste asiático,

Tolerância 249

estava cada vez mais difícil defender a concepção de Aristóteles de um mundo separado em *klimata* ou zonas paralelas. Mais tarde em sua vida, ao olhar para trás, Mercator admitiu que essas diferenças aparentemente irreconciliáveis entre os pensadores gregos e os teólogos de Lovaina o levaram "a ter dúvidas sobre a verdade de todos os filósofos".[8]

Poucos estudantes tinham coragem de desafiar a autoridade de Aristóteles em Lovaina, e Mercator não foi exceção. Um pobre estudante de origem humilde, de família alemã em um mundo de língua holandesa, sem conexões influentes, Mercator deve ter considerado limitada a perspectiva de uma carreira em filosofia especulativa. Em sua *Vida de Mercator*, Walter Ghim lembra que "quando ficou claro que estes estudos não lhe permitiriam sustentar uma família nos anos vindouros", ele "desistiu da filosofia para se dedicar à astronomia e à matemática".[9]

Em 1533, Mercator já estava em Antuérpia, estudando ambas as disciplinas e iniciando sua associação com um grupo de homens que supervisionariam sua transformação de aspirante a filósofo em geógrafo. Eram os membros da primeira geração de geógrafos flamengos que, após a viagem de Magalhães, tentavam projetar o mundo terrestre em globos, além de mapas. Três indivíduos, em particular, ofereceriam a Mercator diferentes possibilidades na busca da sua profissão recém-escolhida. O primeiro, Franciscus Monachus, era um monge franciscano formado em Lovaina que morava em Mechelen. Ele projetou o mais antigo globo terrestre dos Países Baixos (hoje perdido), dedicado ao Conselho Privado de Mechelen, acompanhado por um folheto (existente) que descreve um globo pró-Habsburgo (em termos das Molucas), no qual "o absurdo de Ptolomeu e de outros geógrafos antigos é refutado".[10] Mercator também estudou geometria e astronomia com Gemma Frisius, o brilhante matemático e fabricante de instrumentos também formado em Lovaina, que já construía o próprio nome como geógrafo, projetando globos e fazendo enormes avanços na agrimensura. Em 1533, ele publicou um tratado sobre o uso da triangulação, que utilizava técnicas desenvolvidas a partir de repetidas medições feitas na paisagem plana, sem traços característicos, dos Países Baixos. Frisius também desenvolveu novas maneiras de medir a longitude. Seus globos terrestres vinham com panfletos que explicavam como medir a longitude no mar usando um relógio, e embora a tecnologia para fazer esses relógios ainda fosse rudimentar, ele oferecia a primeira visão de como o problema poderia ser resolvido com sucesso. A terceira figura que exerceu uma influência decisiva sobre Mercator na década de 1530 foi o ourives e gravador Gaspar van der Heyden, residente em Lovaina. Monachus e Frisius iam à oficina de Van der Heyden quando precisavam de um artesão para fazer e gravar seus globos, e foi ali que Mercator aprendeu as habilidades práticas e técnicas envolvidas na confecção de globos, mapas e instrumentos científicos, bem como a arte da gravura em cobre. Um monge, um matemático e um ourives: estes três homens e suas vocações moldaram a carreira posterior de Mercator. Com Monachus, ele viu que era possível combinar uma vida religiosa com a exploração acadêmica das fronteiras da geografia e da cosmografia; com Frisius, compreendeu a necessidade de dominar a matemática e a geometria na busca de uma cosmografia precisa; e com Van der Heyden, aprendeu as habilidades necessárias para dar forma física aos projetos mais recentes de cartografia, construção de globos e instrumentação.

Enquanto lutava para digerir conhecimentos tão díspares, Mercator identificou uma atividade em especial na qual era capaz de ser excelente: a gravura em cobre, usando o estilo humanista italiano de caligrafia itálica, de "chancelaria". Waldseemüller e sua geração haviam usado capitulares góticas cortadas em blocos de xilogravura ao fazer mapas, mas, como vimos, cada letra ocupava muito espaço, e seu estilo vertical e quadrado podia parecer desajeitado e trair facilmente a inserção de um tipo diferente. Por sua vez, a geração de eruditos humanistas de Mercator adotou gradualmente o estilo da chancelaria romana desenvolvido na Itália durante o século XV, que era elegante e compacto, e tinha até suas próprias regras matemáticas. Mercator logo dominou o estilo e a habilidade de gravá-lo em chapas de cobre. Exemplos do estilo itálico usado em mapas impressos em Roma e Veneza começavam a circular entre as legiões de impressores e livreiros de Antuérpia, e alguns impressores, percebendo as vantagens da gravura em cobre, começavam a experimentar o uso de itálico em seus mapas. Mercator viu uma oportunidade de causar impacto em seu campo escolhido de atividade e a aproveitou.

O efeito sobre a cartografia foi imediato. A gravura em cobre transformou a aparência dos mapas e globos. Saíram de cena as letras góticas desajeitadas e os grandes espaços vazios criados pela impressão em xi-

Tolerância 251

logravura, substituídos por formas de letras graciosas e complexas e a representação artística de mar e terra com o uso do pontilhado. A gravura também permitia correções e revisões rápidas e praticamente invisíveis. A chapa de cobre podia ser esfregada e regravada em poucas horas, algo que era fisicamente impossível com xilogravuras. De repente, os mapas impressos por esse meio passaram a apresentar uma aparência completamente diferente; os cartógrafos tinham agora um método pelo qual podiam se expressar (e se revisar) cartograficamente, e Mercator estava na vanguarda da mudança de estilo. No espaço de apenas quatro anos, entre 1536 e 1540, ele passou de ávido aluno de Monachus, Frisius e Van der Heyden a um dos geógrafos mais respeitados nos Países Baixos. Quatro mapas publicados nesses anos cruciais, um em cada campo corrente da cartografia – um globo terrestre, um mapa religioso, um mapa do mundo e um mapa regional de Flandres – mostram-no batalhando para definir sua visão geográfica, enquanto refina seu estilo cartográfico característico.

Depois de ter passado apenas um ano em Antuérpia, em 1534 Mercator estava de volta a Lovaina e, em 1536, envolveu-se em sua primeira publicação geográfica, um globo terrestre. Encomendado pelo imperador Carlos V, como muitos globos de seu tempo, tratava-se de uma obra em colaboração, projetada por Frisius, impressa por Van der Heyden e gravada em placas de cobre por Mercator, naquela que se tornaria sua típica caligrafia itálica elegante. O globo era dedicado a Maximiliano Transilvânio, conselheiro do imperador e autor do tratado pró-Habsburgo *De Moluccis Insulis*. Como era de esperar, o globo reproduz a geografia política de Diogo Ribeiro ao afirmar que as Molucas eram possessão dos Habsburgo. Ele também faz voar a águia imperial dos Habsburgo sobre Túnis, capturada por Carlos aos otomanos em julho de 1535, e mostra assentamentos espanhóis recentes no Novo Mundo. Onde a política pouco importava (em grande parte da Ásia e da África), o globo simplesmente reproduz os contornos ptolomaicos tradicionais. A América está devidamente rotulada como possessão espanhola, mas também representada separadamente da Ásia, conforme o mapa de Waldseemüller de 1507, que Mercator provavelmente viu por essa época. O globo celebrava para seus patrões o alcance internacional do poder imperial dos Habsburgo, mas sua importância para a comunidade acadêmica não estava no conteúdo político, mas em

19. Lucas Cranach, "A posição e as fronteiras da Terra Prometida", década de 1520.

sua forma. Trata-se do primeiro globo terrestre conhecido a usar gravura em cobre e o primeiro a usar a caligrafia itálica de Mercator, que estabeleceu suas próprias convenções geográficas, com maiúsculas utilizadas para regiões, alfabeto romano para lugares e letra cursiva para explicações descritivas.[11] Ninguém jamais vira coisa parecida, e isso se devia tanto à caligrafia de Mercator quanto à geografia política de Frisius.

Para o seu primeiro mapa independente, Mercator passou da geografia política à religião. Em 1538, publicou um mapa de parede da Terra Santa, que foi projetado, de acordo com o título, "para a melhor compreensão da Bíblia".[12] Ele possibilitou que Mercator continuasse a se interessar por teologia, mas também ofereceu-lhe a possibilidade de sucesso financeiro urgentemente necessário: nenhum mapa regional vendia mais do que os da Terra Santa. Mercator baseou-se em uma série de mapas incompletos publicados pelo humanista alemão Jacob Ziegler cinco anos antes, em Estrasburgo, que forneciam apenas uma geografia histórica parcial da região sagrada; seu mapa lindamente gravado atualizava e ampliava a geografia de Ziegler, e acrescentava uma das histórias centrais do Antigo Testamento, o êxodo dos israelitas do Egito para Canaã.

Havia precedentes históricos para retratar cenas bíblicas em mapas. Os mapas-múndi medievais como o de Hereford também mostravam cenas assim, inclusive o êxodo, e as primeiras edições impressas de Ptolomeu também continham mapas da Terra Santa. Mas as ideias de Lutero levaram a uma nova concepção do lugar da geografia dentro da teologia. Antes da década de 1520, a tarefa do cartógrafo cristão era bastante clara: descrever o mundo criado por Deus e antecipar o Juízo Final. Mas uma das muitas consequências da contestação de Lutero à religião cristã ortodoxa foi uma ênfase diferente na geografia do mundo criado. Os cartógrafos luteranos não enfatizavam mais Deus como um Criador distante do mundo que só poderia ser compreendido através da intercessão. Em vez disso, queriam um Deus mais pessoal, cuja Divina Providência estivesse presente no aqui e agora da vida das pessoas. Em consequência, as declarações luteranas sobre geografia tendiam a minimizar a Criação e a história da Igreja depois das peregrinações dos apóstolos, preferindo mostrar como o mundo de Deus funcionava. Em 1549, o amigo de Lutero Felipe Melanchthon publicou *Initia doctrinae physicae* ("As origens da física"), onde afirma:

Tolerância

Este magnífico teatro – o céu, as luzes, as estrelas, a Terra – é uma prova de Deus, o Governante e Formador do mundo. Quem lance o olhar ao redor reconhecerá na ordem das coisas Deus, o arquiteto que está permanentemente no trabalho, preservando e protegendo tudo. De acordo com a vontade de Deus, podemos traçar suas pegadas neste mundo estudando as ciências.[13]

Melanchthon evitava descrever Deus como Criador, chamando-o, em vez disso, de "Formador do mundo", o arquiteto divino cuja mão pode ser discernida mediante o estudo cuidadoso das ciências, e da geografia em particular. O governo providencial de Deus do mundo pode ser revelado através de um estudo científico empírico, independente da exegese bíblica. Inadvertidamente, os argumentos de Melanchthon permitiriam mais tarde que geógrafos e cartógrafos céticos questionassem a validade da geografia da Bíblia.

Em 1530, essas crenças reformadas já afetavam os mapas e seus criadores e inspiravam um gênero completamente novo de mapas nas Bíblias luteranas.[14] Lutero fazia uma abordagem mais literal da geografia do que Melanchthon e escreveu que queria "uma boa geografia e um mapa mais correto da Terra Prometida" dos israelitas.[15] Em 1522, ele tentou obter mapas para ilustrar sua tradução alemã do Novo Testamento e, embora não tenha conseguido, três anos depois o impressor de Zurique Christopher Froschauer (que estava intimamente associado ao líder da igreja reformada suíça, Ulrich Zwinglio) publicou um Antigo Testamento baseado nas traduções de Lutero, ilustrado com o primeiro mapa publicado em uma Bíblia. O tema era o êxodo do Egito.

Em 1526, o impressor de Antuérpia Jacob van Liesvelt reproduziu uma versão do mesmo mapa na primeira edição holandesa de uma Bíblia luterana, que por sua vez foi copiado por pelo menos dois outros impressores locais antes da publicação do mapa de Mercator. O mapa copiado em todas essas Bíblias luteranas era o de Lucas Cranach, "A posição e as fronteiras da Terra Prometida", uma xilogravura feita no início da década de 1520. Tal como Ziegler, Cranach era um convertido ao luteranismo, amigo pessoal de Lutero e um dos pintores mais prolíficos e famosos da Reforma alemã. O mapeamento da história do êxodo tinha uma significação teológica especial para Lutero e seus seguidores, porque eles se consideravam os israelitas dos últimos dias, fugindo da corrupção e da perseguição de Roma. Lutero interpretava o êxodo como uma representação da fidelidade a Deus e do poder da fé pessoal, em contraste com as interpretações tradicionais (como no mapa-múndi de Hereford) da prefiguração da ressurreição ou da importância do batismo.

Os mapas bíblicos luteranos concentravam-se em determinados lugares e histórias da Bíblia que exemplificavam os ensinamentos reformados. Mapas do Éden, da divisão de Canaã, da Terra Santa no tempo de Cristo e do Mediterrâneo oriental de Paulo e os apóstolos respondem por quase 80% dos mapas bíblicos do século XVI.[16] Em 1549, o impressor inglês Reyner Wolfe publicou o primeiro Novo Testamento a incluir mapas, dizendo aos seus leitores que "o conhecimento da cosmografia" era essencial para "ler bem a Bíblia". No mapa que mostrava as viagens de são Paulo, Wolfe observava que "pela distância das milhas, podeis facilmente perceber o doloroso esforço de são Paulo para pregar a palavra de Deus através das regiões da Ásia, África e Europa".[17] Enquanto os mapas medievais prefiguravam o fim do mundo, os da religião reformada estavam mais interessados em rastrear os sinais visíveis da providência de Deus. Na medida em que Lutero continuava a enfatizar a importância da leitura que cada um fazia das Escrituras, em vez da doutrina oficial das instituições teológicas, os mapas tornavam-se coadjuvantes vitais para essa leitura, propiciando maneiras de iluminar as Escrituras. Eles davam ao leitor uma experiência mais imediata da verdade literal dos acontecimentos bíblicos descritos e ofereciam aos fiéis leituras dirigidas da Bíblia de acordo com as interpretações de Lutero (ou, em alguns casos, de Calvino).

No final da década de 1530, mapas da Terra Santa que retratavam o êxodo eram exclusividade dos cartógrafos luteranos. Por que então Mercator, com seus estreitos vínculos com os Habsburgo católicos, se valia de forma tão explícita não somente da geografia, mas também da teologia desses mapas? O título do seu mapa informava que ele se destinava "à melhor compreensão de ambos os testamentos", uma declaração tipicamente luterana. Tratava-se de um sinal das simpatias luteranas de Mercator, ou simplesmente do entusiasmo ingênuo de um cartógrafo jovem e brilhante diante de uma nova orientação na cartografia? Flertar com a religião em mapas era um negócio perigoso, com consequências poten-

Tolerância 257

cialmente fatais. O erudito espanhol Miguel Servet foi condenado várias vezes pelas autoridades, tanto católicas como protestantes, por suas publicações "heréticas" da década de 1530, entre elas uma edição da *Geografia* de Ptolomeu (1535), que continha um mapa da Terra Santa no qual o espanhol criticava a fertilidade da Palestina.[18] Servet foi queimado na fogueira pelas autoridades calvinistas de Genebra, em 1553.

Se Mercator percebia os perigos potenciais de seu primeiro mapa independente, não mostrava nenhum sinal disso. Ele começou a trabalhar em um segundo mapa, usando seu conhecimento de matemática para projetar um mapa de todo o mundo. Assim como a teologia de Lutero havia influenciado a cartografia, o mesmo aconteceu com os descobrimentos marítimos, já registrados por uma série de cartógrafos portugueses, espanhóis e alemães. O aumento do interesse pela representação do mundo depois da circum-navegação de Fernão de Magalhães em 1522 (e abordado no capítulo anterior) captou a crescente consciência global da Terra, e deu a seus governantes um poderoso objeto para segurar em suas mãos enquanto proclamavam seu domínio sobre todo o mundo. Mas a elaboração de globos apenas se esquivava do eterno problema de como projetar esse globo esférico sobre uma superfície plana, o que era necessário para uma navegação correta ao redor do globo – exigência premente agora que espanhóis e portugueses haviam dividido a Terra em duas partes. Waldseemüller tentara fazer isso retornando às projeções de Ptolomeu, mas esses métodos só cobriam o *oikoumené*, o mundo habitado, e não todos os 360 graus de longitude e 180 graus de latitude da Terra inteira. Cartógrafos como Mercator enfrentavam agora o desafio de formular uma projeção completamente nova usando regras matemáticas.

Na concepção de suas projeções, os cartógrafos tinham diante deles três opções possíveis. Poderiam adotar a solução de Monachus e simplesmente duplicar a representação circular clássica do *oikoumené*, mostrar os hemisférios usando paralelos retos e meridianos curvos. Poderiam dividir o mundo em formas distintas para produzir gomos de globo, do tipo desenhado por Waldseemüller e Frisius. Ou poderiam projetar todo o globo sobre uma superfície plana utilizando uma figura geométrica, como um cilindro, um cone ou um retângulo. Cada método tinha suas desvantagens. Hemisférios duplos e gomos globais precisavam estar em uma escala enorme para ser de alguma utilidade real. Ptolomeu e seu antecessor Marino de Tiro já tinham batalhado com projeções cilíndricas e cônicas e suas distorções de tamanho, forma ou direção. De início, os cartógrafos renascentistas reproduziram versões modificadas dessas duas projeções. Mas, à medida que as novas descobertas rompiam os parâmetros do mundo conhecido e cartógrafos como Mercator entravam em contato cada vez mais estreito com matemáticos como Frisius, novas formas foram propostas para representar a Terra: o mundo tornou-se oval, trapezoidal, sinusoidal, até mesmo cordiforme (em forma de coração).[19] Ao todo, pelo menos dezesseis métodos de projeção estavam em uso no final do século XVI.

Depois de escolher a forma, o cartógrafo enfrentava outro problema. Como as margens do mundo conhecido estavam constantemente mudando, onde ficava seu centro natural? Onde é que o mapa mundial começava e onde terminava? Uma possível resposta encontrava-se em um grupo ainda mais antigo de projeções usadas pelos astrônomos gregos e conhecidas como azimutal. Um azimute é uma medida angular dentro de um sistema esférico, geralmente (para os gregos e cartógrafos posteriores como Mercator) o cosmos. Um exemplo comum de um azimute é identificar a posição de uma estrela em relação ao horizonte, que funciona como plano de referência. Se o observador sabe onde está o norte, o azimute é o ângulo entre o ponto norte e a projeção perpendicular da estrela até o horizonte. A partir desse método básico, projeções azimutais podem então construir uma rede de ângulos baseada no estabelecimento de direção, garantindo que todas as distâncias e direções sejam exatas a partir de um ponto central, embora tamanho e forma fiquem distorcidos a partir de qualquer outro lugar. Elas existiam numa variedade estonteante: a projeção equidistante, que mantinha escala e distância coerente entre quaisquer dois pontos ou linhas; a ortográfica, que permitia que um objeto tridimensional fosse desenhado a partir de diferentes direções; a gnomônica, que mostra todos os grandes círculos como linhas retas; e a estereográfica, que projeta a esfera sobre um plano infinito a partir de um ponto no globo. Como muitos desses nomes sugerem, elas podem ser escolhidas dependendo do que o cartógrafo quer destacar – e, por consequência, diminuir.

Uma das vantagens de uma projeção azimutal é que ela podia focar o equador, os polos, ou qualquer ângulo oblíquo que o cartógrafo quisesse.

Tolerância 259

As projeções baseadas nos polos entraram na moda, já que proporcionavam uma nova perspectiva sobre as recentes viagens de descoberta, bem como abriam uma nova área de exploração potencial no polo Norte (a busca pelas passagens norte-oeste e norte-leste). Pôr um dos polos no centro do mapa também tinha a vantagem de contornar a espinhosa questão política da propriedade global dos hemisférios oriental e ocidental que preocupava os cartógrafos desde o tratado de Tordesilhas, de 1494.

Um dos mapas mundiais mais extraordinários que desenvolveu uma projeção polar dupla foi o do matemático, astrólogo e cartógrafo francês Oronce Finé, feito em 1531. Ele trazia a inovação adicional de ser em forma de coração, numa projeção cordiforme revista. No mapa de Finé, o equador desce verticalmente no meio do mapa, cortando-o ao meio, tendo o polo Norte à esquerda e o polo Sul à direita. Os dois arcos circulares mais externos representam o equador, e são tangentes ao meridiano central que atravessa horizontalmente o centro do mapa. O mapa de Finé serviu de modelo para o de Mercator, mas com a inclusão de algumas alterações de acordo com as mais recentes descobertas. A América do Norte (apresentada por Mercator como "conquistada pela Espanha") está separada da Ásia, mas ligada à América do Sul, e ambas são chamadas de "América" pela primeira vez. A península Malaia mostra indícios de que Mercator pode ter visto alguns dos mapas de Ribeiro dessa região.[20]

Nenhuma dessas inovações geográficas desmerece a pura peculiaridade de projetar o mundo sobre a forma de um coração estilizado. A projeção surgiu gradualmente a partir de experiências com a segunda projeção de Ptolomeu, mas, ao adotar o coração como uma forma definidora, Mercator estava novamente trilhando um caminho filosófico e teológico perigoso. O mundo como um coração era uma metáfora comum da Renascença, que jogava com a ideia de que a vida emocional interior moldava o mundo físico exterior. Ela seria retomada um século mais tarde por John Donne em seu poema "The Good-Morrow", no qual seus amantes "descobrem" novos mundos do amor, em um conceito visual que só pode ser plenamente compreendido em referência a mapas cordiformes:

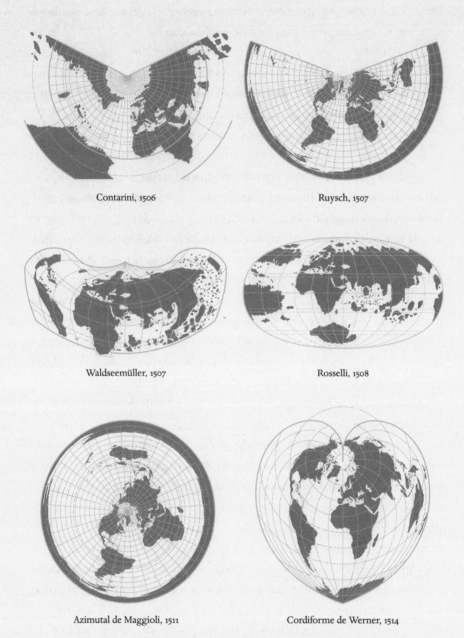

20. Diagramas de diferentes projeções cartográficas da Renascença.

Tolerância 261

Let sea-discoverers to new worlds have gone,
Let maps to other, worlds on worlds have showne,
Let us possesse one world, each hath one, and is one.

My face and thine eye, thine in mine appears,
And true plain hearts do in the faces rest;
Where can we find two better hemispheres
Without sharp North, without declining West?[21]*

Mas, na década de 1530, a projeção cartográfica cordiforme estava associada a crenças religiosas controversas. Teólogos luteranos como Melanchthon viam no coração a sede das emoções humanas e, como tal, ele era considerado fundamental para a experiência transformadora da Santa Escritura. Apropriando-se da simbologia católica do coração, o pensamento luterano considerava sua representação nos livros – e mapas – um ato devoto de olhar dentro do coração, ou da consciência, em busca de sinais de graça. Enquanto os meros mortais podiam tentar interpretar seus corações, somente Deus era *kardiognostes* (conhecedor do coração), com capacidade para ver dentro dele, sem a necessidade de um comentário.[22]

A adoção pelos cosmógrafos da projeção cordiforme também seria associada a uma linhagem da filosofia estoica que considerava inútil e insignificante a busca da glória terrena pela humanidade quando comparada com a vastidão do cosmos. Essa versão estoica da cosmografia baseava-se em escritores romanos como Sêneca, Cícero, Posidônio e Estrabão, e uma de suas expressões mais explicitamente geográficas se encontrava no *Comentário sobre o sonho de Cipião*, obra de Macróbio do século V (um texto que Mercator, sem dúvida, lera quando estudara em Lovaina). Em Macróbio, Cipião Africano, o Jovem, é levado ao céu em um sonho, onde "a Terra parecia tão pequena que fiquei com vergonha de nosso império [ro-

---

* Em tradução livre: "Que os descobridores de mares partam para novos mundos,/ E que aos outros, mundos sobre mundos os mapas mostrem./ Fiquemos com o nosso, cada um tem o seu e é único./ Minha face em teus olhos, tua face nos meus,/ Os corações fiéis e puros nos rostos descansam;/ Onde poderíamos encontrar dois melhores hemisférios,/ Sem o norte glacial, sem o oeste em declínio?" (N.T.)

mano], que não passa, por assim dizer, de um ponto em sua superfície". A lição no comentário de Macróbio é que os "homens de nossa raça ocupam apenas uma porção mínima de toda a Terra, que em comparação com o céu não é senão um ponto", revelando "que a reputação de ninguém pode se estender pelo todo, ou mesmo por aquela pequena parte" reivindicada pelo Império Romano.[23] Ao explicar o poder geográfico do estoicismo na época de Augusto, Christian Jacob argumenta que esse pensamento filosófico "testemunha a difusão do exercício da *kataskopos*, aquela 'visão de cima' de todo o globo terrestre que leva a uma relativização dos valores e realizações humanos, mas também à adoção de um ponto de vista intelectual, o olhar espiritual que revela a beleza e a ordem do mundo, para além do bruxulear das aparências e das limitações do conhecimento humano".[24] No início do século XVI, quando o mundo se expandia, mas o conflito e a intolerância só se intensificavam com a turbulência religiosa e a busca por poder e glória imperial, cosmógrafos como Finé, Abraham Ortelius e Mercator desenvolviam uma contemplação estoica das relações harmoniosas entre o indivíduo e o cosmos, em resposta ao fanatismo e ao preconceito que pareciam estar engolindo "aquela pequena parte" do mundo chamada Europa.

Fazer um mapa em forma de coração na primeira metade do século XVI constituía uma declaração de dissidência religiosa. Era um convite ao observador para que olhasse para sua própria consciência e a visse dentro do contexto mais amplo de um universo estoico. Mas esses flertes com a filosofia "pagã" nem sempre eram bem-vindos pelas autoridades católicas ou protestantes. Oronce Finé estava tão envolvido no estudo da filosofia oculta que foi detido brevemente em 1523; na verdade, quase todos os cartógrafos do século XVI que adotaram a projeção cordiforme nutriam simpatias pelo pensamento hermético e reformado.[25] Mercator dedicou seu mapa do mundo ao amigo Joannes Drosius, um clérigo que, seis anos mais tarde, seria acusado de heresia junto com ele. Mercator escolheu um método de projeção que, por razões matemáticas, filosóficas e teológicas, podia ser interpretado como, no mínimo, pouco ortodoxo e, na pior das hipóteses, herético.

Foi provavelmente por ser pouco original e relativamente incomum que esse mapa não foi um grande sucesso. Mercator nunca mais utilizou

Tolerância 263

esse método, nem sequer o mencionou em publicações e correspondências posteriores, e estava provavelmente ansioso para distanciar-se dele por ser trabalho de um cartógrafo ainda relativamente inexperiente. A *Vida de Mercator*, de Ghim, mantém silêncio sobre o mapa de 1538 e registra que Mercator voltou-se para outra área em crescimento na geografia do início do século XVI, a cartografia regional. "Respondendo com entusiasmo ao pedido urgente de vários comerciantes, ele planejou, iniciou e terminou em um curto espaço de tempo um mapa de Flandres."[26] Concluído em 1540, esse mapa viria a ser um dos mais populares entre os primeiros mapas de Mercator, reimpresso quinze vezes ao longo dos sessenta anos seguintes.

Esse mapa foi encomendado por um grupo de negociantes flamengos que queriam que Mercator substituísse um mapa da região que parecia desafiar o domínio dos Habsburgo. O mapa de Flandres de Pierre van der Beke, publicado em Gent, em 1538, parecia estar ao lado da rebelião da cidade contra a tentativa da rainha Maria da Hungria de arrecadar fundos para o esforço de guerra dos Habsburgo, ao flagrantemente recusar-se a apoiar a soberania dos Habsburgo sobre a região. O mapa estava cheio de referências a autoridades civis de Gent, famílias nobres e direitos feudais, e representava um primeiro apelo à "pátria" flamenga, em oposição ao domínio dos Habsburgo.[27] Em 1539, quando Gent entrou em rebelião e Carlos V mobilizou seu exército para marchar sobre a cidade, as facções mercantis, horrorizadas diante das consequências, decidiram que o mínimo que podiam fazer era encomendar um mapa que assumisse uma posição oposta à de Van der Beke. O mapa de Mercator ficou pronto com tanta rapidez que uma de suas molduras decorativas foi deixada em branco, mas, por outro lado, eliminava todas as referências potencialmente patrióticas contidas em Van der Beke e tornava a fidelidade da região aos Habsburgo tão explícita quanto possível, culminando com uma dedicatória ao imperador que avançava sobre a cidade no mesmo ponto em que o mapa se aproximava de seu término.[28] Infelizmente, ele não teve nenhum impacto discernível. Carlos entrou em Gent com um exército de 3 mil mercenários alemães em fevereiro de 1540, decapitou os líderes da rebelião, tirou os privilégios comerciais das guildas e derrubou a velha abadia e os portões da cidade. O imperador teve muito mais sucesso do que Mercator e seu mapa em deixar sua marca nos espaços cívicos de cidades flamengas como Gent.[29]

No ENTANTO, a julgar por suas inúmeras reedições, o mapa de Flandres de Mercator foi um sucesso comercial e fez com que a atenção de Carlos V se voltasse para ele novamente, graças ao apoio político de seu velho amigo da universidade Antoine Perrenot, recentemente nomeado bispo de Arras, cujo pai, Nicholas Perrenot de Granvelle, era o primeiro conselheiro do imperador. Com o apoio deles, Mercator começou a trabalhar numa série de globos e instrumentos científicos, entre eles um globo terrestre, concluído em 1541, dedicado a Granvelle, que atualizava seu esforço colaborativo anterior com Frisius e Van der Heyden. Tudo parecia estar indo bem para Mercator, ainda na casa dos trinta anos e geógrafo altamente respeitado, com uma reputação crescente de fabricante de instrumentos. Então vieram o inverno de 1544 e a acusação de heresia.

Os indícios da época, bem como escritos religiosos posteriores de Mercator, sugerem que suas crenças eram muito mais complicadas do que simplesmente "luteranas". A partir do final do século XV, uma versão mais privada, interior, da religião começou a caracterizar as classes educadas nas cidades do norte da Europa. Diarmaid MacCulloch afirmou que essas pessoas associavam "o lado físico mais demonstrativo da religião a rusticidade e falta de educação, e tratavam essa religião com condescendência ou até mesmo repugnância, considerando os rituais e as relíquias menos importantes do que aquilo que os textos podiam dizer ao crente em busca da salvação". Essas pessoas ficaram conhecidas como "espirituais" e se caracterizavam por "uma convicção de que a religião ou o contato com o divino era algo de dentro do indivíduo: o espírito de Deus fazia contato direto com o espírito humano".[30] Esses espirituais eram compreensivelmente céticos a respeito dos rituais do catolicismo, mas também evitavam os ensinamentos cada vez mais prescritivos de Lutero e, com certeza, os de Calvino. Em 1576, Mercator escreveu ao seu genro sobre o tema polêmico da transubstanciação – a crença de que o pão e o vinho da comunhão são o corpo e o sangue de Cristo, que o luteranismo considerava mais uma união simbólica entre Cristo e seus fiéis. Para Mercator, "esse mistério é maior do que as pessoas podem entender. Além disso, não está entre os artigos da fé que são necessários para a salvação. ... Portanto, que alguém possa pensar assim: enquanto ele for piedoso e não proferir nenhuma outra heresia contra a palavra de Deus, ele não deve, de acordo com minha convicção, ser condenado. E acho

Tolerância 265

que não se deve romper a comunidade com um homem assim".[31] Esses argumentos nos levam a crer que, desde sua origem rural católica à sua exposição ao ambiente erudito de Lovaina e a pensadores como Frisius e Erasmo, Mercator deve ser considerado um "espiritual", que compreendeu a necessidade de reforma, mas ainda expressava uma convicção pré-Reforma de que a religião de um indivíduo era assunto privado. Suas crenças religiosas influenciaram tudo o que ele publicou (inclusive os mapas), mas elas não estavam definidas por uma profissão de fé pública. No início da década de 1520, essas crenças poderiam ter passado despercebidas, mas em 1544 já eram facilmente interpretadas como heréticas.

Numa época em que as autoridades católicas dos Habsburgo esquadrinhavam cada vez mais a religião das pessoas, parecia quase inevitável que as crenças heterodoxas de Mercator acabariam por pô-lo em apuros. As circunstâncias mais amplas que levaram à sua prisão foram deflagradas por um conflito entre os dois patrocinadores que moldariam sua carreira: o imperador Carlos V e Guilherme, duque de Jülich-Cleves-Berg. Após sua ascensão ao ducado em 1539, Guilherme herdou o ducado de Guelders, na fronteira nordeste dos Países Baixos, que estava fora dos domínios herdados pelo imperador, apesar de sua ambição de unificar a região sob o domínio dos Habsburgo. Aliando-se aos principados alemães luteranos e à França, Guilherme entrou nos Países Baixos, no verão de 1542 e, em julho, suas forças sitiavam Lovaina, a cidade natal de adoção de Mercator. Mais uma vez, Carlos foi obrigado a voltar da Espanha à frente de um enorme exército. Quando a oposição francesa evaporou, Carlos atacou o ducado de Jülich e Guilherme logo capitulou. Em setembro de 1543, ele assinou um tratado de paz pelo qual mantinha seus territórios na Renânia, sob a condição de que permanecessem católicos, e abandonava sua pretensão a Guelders, dando a Carlos o controle efetivo das Dezessete Províncias que viriam a constituir a Holanda.[32]

O alívio para os cidadãos sitiados de Lovaina foi apenas temporário. Abalada pelos acontecimentos, Maria, a irmã de Carlos, começou a deter os suspeitos de ter simpatias pela Reforma. Em poucos meses, Mercator foi preso. A substância da acusação de heresia permanece obscura, embora os documentos subsistentes se refiram a "cartas suspeitas" enviadas a frades menoritas em Mechelen (possivelmente Monachus). As cartas talvez discutissem teologia ou geografia, ou ambas. Sem nenhum relato em primeira mão das crenças religiosas declaradas de Mercator, provavelmente jamais saberemos se havia algum motivo real para as acusações, mas elas deixaram Mercator definhando no castelo de Rupelmonde por quase oito meses. Felizmente, tanto o padre local como as autoridades da Universidade de Lovaina apelaram por sua libertação no final do verão. Quando as execuções dos condenados começaram, Mercator foi subitamente libertado e todas as acusações contra ele foram retiradas.

Ele retornou a Lovaina, onde encontrou um ambiente mais ameaçador do que nunca. A nódoa da prisão ainda pairava sobre ele e foi reforçada pela notícia da execução, em novembro de 1545, do impressor Jacob van Liesvelt, considerado culpado de publicar obras heréticas. A onda de perseguição aumentou durante os meses e anos seguintes e ficou óbvio que, apesar de suas atrações intelectuais e cosmopolitas, cidades como Antuérpia e Lovaina não eram mais seguras para os pensadores espirituais interessados nas questões fundamentais da cosmografia.

Estava claramente na hora de cair fora, mas Mercator ainda precisava ganhar a vida. Nos seis anos seguintes, não criou mapas, mas apenas um punhado de instrumentos matemáticos sem maior interesse, dedicados ao imperador Carlos V (acidentalmente destruídos em um dos primeiros confrontos entre os exércitos católicos do imperador e a Liga de Esmalcalda [Schmalkaldic] de Príncipes Luteranos, em 1548). Mercator começou a recolher-se numa contemplação estoica das estrelas. Na primavera de 1551, dez anos depois de sua última obra cartográfica, Mercator publicou um globo celeste para ficar ao lado de seu globo terrestre anterior. Seria a última coisa que faria em Lovaina. Menos de um ano depois, quando a guerra e a rebelião ameaçavam invadir a região de novo, ele partiu para a região do Reno, para nunca mais voltar.

É provável que Mercator nunca tenha captado a ironia contida no fato de que o homem cujas ações de 1543 o levaram indiretamente à prisão em 1544 foi o responsável por proporcionar-lhe um refúgio em 1552. Após sua humilhação nas mãos de Carlos V, o duque Guilherme de Jülich-Cleves-Berg retornara a suas terras ducais para recuperar seu orgulho e investir na construção, no conhecimento e na educação. Ele projetou palácios italianizados em suas residências em Jülich e Düsseldorf, e em Duisburg, trinta quilômetros ao norte de Düsseldorf, planejou a construção de uma nova universidade. Em 1551, convidou Mercator para essa instituição; embora os detalhes de sua oferta permaneçam obscuros, parece que ele queria que Mercator assumisse a cadeira de cosmografia.[33] Para o duque, o motivo de atrair um dos principais cosmógrafos da Europa para seu novo centro de erudição era óbvio; para Mercator, a oportunidade de garantir uma posição acadêmica e a chance de livrar-se da atmosfera opressiva de Lovaina era boa demais para deixar escapar. Em 1552, ele iniciou a jornada de duzentos quilômetros até Duisburg, passando por Gangelt, a cidade natal de seus pais que ficava quase na metade do percurso. Comparada com Antuérpia e até mesmo com Lovaina, Duisburg era uma cidade pequena e insignificante, mas gozava do governo tolerante de um duque que resistia às exigências de conformidade teológica tanto de Roma como, cada vez mais, de Genebra, e preferia o "caminho do meio" de Erasmo, que considerava a fé um assunto estritamente privado.

Protegido por um patrono benigno, Mercator retomou sua cartografia. Em 1554, publicou um enorme mapa de parede de quinze folhas da Europa contemporânea, baseado nos mais recentes métodos de levantamento topográfico, que finalmente deu as costas à ideia ptolomaica da geografia europeia, reduzindo as dimensões superestimadas do continente em nove graus. Foi seu mapa de maior sucesso até então, tendo vendido 208 exemplares somente em 1566, e foi saudado por Walter Ghim por ter recebido "mais elogios de estudiosos em todos os lugares do que qualquer obra geográfica semelhante já recebera".[34] Seguiu-se, em 1564, um outro mapa popular, dessa vez das ilhas britânicas, publicado no mesmo ano em que Mercator foi nomeado cosmógrafo oficial de Guilherme.[35]

Confiante na sua nova casa e livre de preocupações financeiras ou teológicas, Mercator pôde finalmente seguir a carreira para a qual seus interesses teológicos e sua formação acadêmica o haviam preparado. Em meados da década de 1540, começou a planejar uma cosmografia extraordinariamente ambiciosa "de todo o plano universal que une o céu e a Terra e da posição, do movimento e da ordem de suas partes".[36] Isso envolveria o estudo da Criação, do céu, da Terra e do que ele chamou de "a história das primeiras e maiores partes do universo": em outras palavras, uma cronologia do universo a partir de sua criação. O plano giraria em torno de um mapa mundial, mas, ao contrário do mapa cordiforme anterior de Mercator, este, feito por um método completamente diferente, garantiria sua peculiaridade. Mas, antes que pudesse iniciá-lo, ele precisava terminar sua proposta de cronologia do mundo.

Desde a Antiguidade, a geografia e a cronologia eram consideradas os dois olhos da história, e ambas estavam agora passando por reavaliações radicais, à luz das recentes viagens de descoberta. O encontro com o Novo Mundo exigia novas cosmografias para entender a mudança do espaço terrestre do mundo conhecido; seus habitantes e suas histórias representavam igualmente questões difíceis para a cronologia cristã. Por que esses povos não eram mencionados na Bíblia? Como a história deles deveria ser avaliada dentro da Criação cristã – especialmente onde ameaçava antedatá-la? No século XVI, a cosmografia e a cronologia eram fundamentais para dar respostas a algumas das questões mais controversas da época.

Ambos os temas atraíram pensadores brilhantes, não ortodoxos e, em alguns casos, dissidentes. Para muitos deles, o cosmógrafo parecia adotar uma perspectiva divina para contemplar a Terra, ao mesmo tempo em que buscava e especulava sobre a estrutura e as origens do universo. Mas, como Mercator sabia, isso também provocava o risco de ser acusado de orgulho e de arrogância – ou de heresia. Tampouco a cronologia estava imune a tais acusações. O estudo do arranjo dos acontecimentos históricos no tempo e sua atribuição a uma determinada data fascinava os eruditos desde os tempos clássicos, mas, no século XVI, o valor prático e moral de estabelecer essa linha temporal tornou-se uma preocupação para eles.[37] O astrólogo Erasmo Rheingold, contemporâneo de Mercator, perguntava em 1549: "Que caos haveria em nossa vida presente se a sequência dos anos fosse desconhecida?"[38] Sem cronologia exata, como se poderia celebrar corretamente a Páscoa? E sem precisão temporal, como alguém poderia se preparar para o fim previsto do mundo? Em nível mais prático, a partir do final do século XV, as pessoas passaram a exigir uma medição cada vez mais exata do tempo, tanto do relógio como do calendário. O desenvolvimento de relógios mecânicos com escape introduziu uma nova percepção do tempo que levava as pessoas ao trabalho e à oração, e essas novas tecnologias eram complementadas pela publicação de cronologias, calendários e almanaques cada vez mais complexos.

Tolerância 269

Em meados do século XVI, as pessoas também "voltavam-se para a cronologia na esperança de encontrar uma ordem que o caos do presente negava".[39] Mas com essas esperanças e esses temores, vinham as suspeitas. Quase contemporâneos de Mercator, o católico Jean Bodin (1530-96) e o huguenote Joseph Scaliger (1540-1609) escreveram vastas cronologias eruditas baseadas em fontes clássicas que pareciam contradizer o relato bíblico da Criação. Em privado, Scaliger preocupava-se com tudo, desde a genealogia de Jesus à data da crucificação, e concluiu que a cronologia não era necessariamente definida pela religião. Os dois cronologistas e cosmógrafos chamaram inevitavelmente a atenção das autoridades católicas e protestantes. Além das acusações feitas contra cosmógrafos como Finé, Bodin foi acusado de heresia e Scaliger fugiu da perseguição religiosa na França; e muitas de suas obras acabaram no Índice de Livros Proibidos da Igreja católica.

Ao retomar sua carreira de cosmógrafo e começar com a cronologia, Mercator tentava encontrar uma nova maneira de responder às questões sobre a Criação e as origens do cosmos que o haviam ocupado desde os tempos de estudante em Lovaina. Era um caminho mais recôndito, mas talvez os segredos da cronologia pudessem revelar o passado e, ainda mais importante, o futuro, pondo em uma perspectiva maior os tempos apocalípticos de então; e, como muitos acreditavam, inclusive Mercator, a cronologia poderia revelar uma escatologia iminente. Depois da publicação da *Chronologia*, ele escreveria a um amigo que "continuo convencido de que a guerra que está sendo travada é uma dos Exércitos do Senhor, mencionada no final do capítulo dezessete do Apocalipse de são João; em que o Cordeiro e o Eleito prevalecerão, e a Igreja florescerá como nunca antes".[40] Não está claro se isso representava uma reação aos excessos dos ataques dos religiosos reformistas a Roma, mas mostra que Mercator acreditava que o fim do mundo era iminente, e que a cronologia poderia revelar a sua data exata.

Em 1569, a *Chronologia* de Mercator foi publicada em Colônia. A obra valia-se de uma vasta gama de fontes babilônias, hebraicas, gregas e romanas, numa tentativa de proporcionar uma história coerente do mundo, de acordo com a Bíblia.[41] Sua solução para o problema de uma cronologia que pudesse reconhecer todas essas fontes e suas temporalidades divergentes foi traçar uma tabela através da qual era possível comparar cada data cristã com calendários gregos, hebraicos, egípcios e romanos. Os leitores podiam, portanto, navegar através do tempo, selecionando um determinado momento para compará-lo com outros momentos da história do mundo. Na página 147, por exemplo, podiam localizar a crucificação de Cristo como tendo ocorrido no quarto ano da 202ª Olimpíada grega, ano 780 do calendário egípcio, ano 53 desde a terceira destruição do templo de Jerusalém do calendário hebraico, ano 785 do calendário romano e 4 mil anos desde a Criação.[42] O problema que Mercator (e outros cronologistas) enfrentava era como chegar a esses cálculos baseado em estimativas divergentes da passagem do tempo entre a Criação e a vinda do Messias. O texto grego do Antigo Testamento afirmava que 5.200 anos separavam os dois eventos, enquanto que o texto hebraico dizia que eram 4 mil anos. Como muitos outros cronologistas, Mercator endossava a versão hebraica, com pequenas alterações baseadas em sua leitura de autores clássicos como Ptolomeu.[43]

Em comparação com cronologistas posteriores, como Scaliger, a cronologia teológica de Mercator era bastante tradicional, mas tendo em vista que incluía referências a acontecimentos e indivíduos religiosos reformados, foi logo colocada no Índice de Livros Proibidos. Contudo, o mais significativo era seu método de organizar o material. Ao alinhar eventos temporais históricos simultâneos nas mesmas páginas, Mercator tentava estabelecer a cronologia e conciliar dados históricos aparentemente incompatíveis, da mesma forma que o cartógrafo tentava fazer a quadratura do globo esférico e projetá-la sobre uma superfície plana.

A *Chronologia* de Mercator representava uma parte de seu ideal cosmográfico mais amplo, unindo o estudo da cronologia e da geografia para elevar-se acima do comportamento contingente e terrestre. Suas inspirações eram Platão, Ptolomeu e a filosofia estoica do "Sonho de Cipião", de Cícero, adotando um olhar cósmico, transcendente, que via o mundo de cima, indiferente aos seus pequenos conflitos terrestres.[44] Esse foi o contexto imediato para a criação do mapa mundial na famosa projeção de Mercator: assim como a *Chronologia* convidava seus leitores a navegar ao longo do tempo, seu mapa do mundo ofereceria uma navegação espacial pelo mundo, que também precisava da mão orientadora do cosmógrafo para transformá-lo em uma superfície plana. Em vez de celebrar as virtudes da civilização europeia, situando-a no centro de sua obra, o mapa fazia

Tolerância 271

parte de uma cosmografia que visava transcender a perseguição teológica e a divisão da Europa do século XVI. Em vez de exibir um eurocentrismo confiante, o mapa mundial de Mercator proporcionaria uma rejeição oblíqua desses valores e a busca de uma imagem maior da harmonia através do espaço e do tempo universais.

A *Chronologia* não foi um grande sucesso. Mercator tinha pouca ou nenhuma reputação como cronologista e a interpretação tradicional do livro de datas e acontecimentos (não obstante a sua disposição incomum) fez com que recebesse pouca atenção popular ou crítica; com efeito, apesar do fato de Mercator ter passado mais de uma década escrevendo-a, a *Chronologia* é geralmente negligenciada quando comparada com suas realizações geográficas e, em particular, com o mapa que ele estava prestes a publicar.

Vários meses depois da impressão de sua cronologia, Mercator lançou o capítulo seguinte de sua cosmografia: um mapa do mundo, publicado em Duisburg, intitulado *Nova et aucta orbis terrae descriptio ad usum navigantium emendate accommodate*, ou "Uma nova e ampliada descrição da Terra com correções para uso na navegação". A projeção de Mercator de 1569 talvez seja o mapa mais influente da história da geografia, mas é também um dos mais peculiares. Nada preparou os contemporâneos de Mercator para um objeto tão estranho: não sua escala, nem sua aparência, tampouco sua afirmação "para uso na navegação". Como cosmógrafo interessado em mapear os céus na terra, Mercator mostrara até então pouco ou nenhum interesse anterior em aplicações práticas de mapas para a busca de uma navegação exata; com efeito, sua única tentativa anterior de elaborar um mapa do mundo usando a projeção cordiforme, em 1538, refletia mais um fascínio pela teologia do coração do que pela navegação pelo globo terrestre.

Esse mapa do mundo era enorme. Gravado em dezoito folhas, destinava-se a ser pendurado na parede e, quando montado, media mais de dois metros de comprimento e tinha quase 1,3 metro de altura, semelhante em tamanho ao mapa mundial de Waldseemüller de 1507. Mas ainda mais surpreendente é seu estranho layout. À primeira vista, parece mais um trabalho em andamento do que um momento triunfante da cartografia global. Grandes áreas do mapa são ocupadas por cartelas minuciosamente decoradas que contêm legendas extensas e diagramas complicados. A América do Norte, que no mapa de Waldseemüller parecia uma modesta fatia de queijo, é

21. Gerard Mercator, páginas de *Chronologia*, 1569.

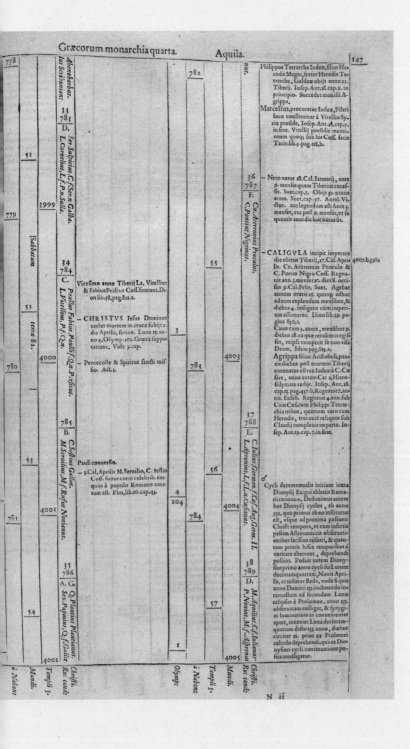

transformada por Mercator em "Índia Nova", um gigante esparramado, com uma massa de terra setentrional que ocupa mais espaço do que a Europa e a Ásia juntas. A América do Sul, com sua inexplicável saliência sudoeste, tem pouca semelhança com sua apresentação por Ribeiro e outros cartógrafos, como um pêndulo alongado. A Europa ocupa o dobro de seu verdadeiro espaço, a África parece reduzida em tamanho em comparação com mapas da mesma época, e o sudeste asiático era irreconhecível para aqueles criados na superestimação ptolomaica de sua forma e tamanho.

Ainda mais peculiar é a representação de Mercator das regiões polares, que aparecem ocupando toda a largura do topo e da base do mapa, não fazendo nenhuma concessão aparente à esfericidade da Terra. Os observadores desconcertados podiam consultar a legenda no canto esquerdo da base do mapa, que calmamente informava que Mercator baseou sua concepção das regiões polares do norte em uma viagem mítica empreendida por um monge de Oxfordshire do século XIV chamado Nicolas de Lynn, que usou suas "artes mágicas" para navegar até o polo Norte. Mercator concluía que a região polar era composta por uma massa de terra circular, "o oceano irrompendo por dezenove passagens entre essas ilhas forma quatro braços do mar pelos quais, sem cessar, é levado para o norte, onde é absorvido pelas entranhas da Terra". Em uma das massas de terra, Mercator escreveu: "Aqui vivem pigmeus cuja altura total é de 1,20 metro, mesma altura daqueles que são chamados de Screlingers na Groenlândia."[45]

Em seus detalhes mais finos, o mapa parece mais obviamente equilibrado entre uma tradição cosmográfica antiga e uma compreensão matemática recente da geografia – de forma muito parecida com as crenças religiosas de Mercator. O desenho da Ásia é elaborado a partir das viagens de Marco Polo, mas as legendas do mapa também registram com alguns detalhes as manobras políticas recentes em torno das viagens de Vasco da Gama, Cristóvão Colombo e Fernão de Magalhães. Há longas digressões escritas sobre a existência do lendário governante cristão Preste João, ao lado de correções muito precisas da geografia ptolomaica do Nilo, do Ganges e da localização da "Chersonesus Aurea". Mas, na África e na Ásia, Mercator também reproduz os "samoiedos" de Plínio, "ou seja, o povo que se devora uns aos outros", "perositas, com bocas es-

Tolerância 275

treitas, que vivem do odor da carne assada" e "homens que desenterram o ouro de formigas".

O mapa de Mercator mostra o estudo da cosmografia levado aos seus limites. Numa tentativa de combinar o desejo sinóptico de cosmografia com o rigor matemático das novas técnicas de agrimensura e navegação, o mapa estava voltado para trás, para as autoridades clássicas e medievais, tanto quanto olhava para a frente e abraçava uma nova concepção de geografia. Mas a grande descoberta que Mercator fez em seus anos de estudo da cronologia junto com a geografia foi um método de plotar uma terra esférica sobre uma superfície plana, uma projeção matemática que iria transformar a cartografia e sinalizar o começo do fim da cosmografia.

Na enorme legenda que obscurece convenientemente a maior parte da América do Norte, Mercator explica que "para fazer esta representação do mundo, tivemos três preocupações". A primeira era "mostrar quais são as partes do universo que eram conhecidas dos antigos", de modo que "as limitações da geografia antiga não sejam desconhecidas e que o crédito que é devido aos séculos passados lhes seja concedido". Os antigos e, em particular, Ptolomeu, tinham seu valor educadamente reconhecido, ao mesmo tempo em que se lhes mostrava a porta de saída. Em segundo lugar, Mercator visava "representar as posições e dimensões das terras, assim como as distâncias dos lugares, com o máximo de conformidade possível com a verdade". Mas o mais importante era sua intenção de

desdobrar sobre um plano a superfície da esfera, de tal modo que as posições dos lugares correspondam em todos os lados umas às outras, tanto no que diz respeito à verdadeira direção e distância como no que se refere às longitudes e latitudes corretas; depois, que as formas das partes sejam mantidas, tanto quanto possível, tal como aparecem na esfera.

Esses dois objetivos de Mercator parecem senso comum básico. Hoje, a maioria das pessoas supõe que um mapa-múndi garante que as características geográficas em um mapa têm a mesma forma que mostram em um globo, e que as direções e distâncias são representadas com precisão. Mas Mercator sabia, depois de trinta anos fazendo globos, que não é possível reter ambas as características em uma superfície plana. Para o cartógrafo de meados do século XVI, o problema era agravado pelo fato de que a representação de grandes áreas era predominantemente domínio do cosmógrafo, que procurava mostrar continentes e mares a partir de um ponto imaginário localizado acima da Terra, enquanto direção e distância eram de interesse quase exclusivo do piloto marinho, navegando em mar aberto, com pouco ou nenhum interesse pela forma das massas de terra.

Antes do século XVI, nada disso realmente importava. A cosmografia perseguia seus ideais clássicos, projetando princípios geométricos sobre a superfície de um mundo vagamente definido. No outro extremo, os portulanos, cartas de navegação usadas no Mediterrâneo, exigiam métodos extremamente básicos de projeção náutica, pois cobriam uma pequena fração da superfície da Terra. Em consequência, desenvolveram-se redes geométricas de linhas retas entrecruzadas para navegar a vela de um local para outro, conhecidas como "linhas de rumo". Na realidade, as linhas de rumo eram curvas, devido à esfericidade da superfície da Terra. Se elas fossem estendidas por grandes distâncias, a distorção levaria um piloto a velejar fora de direção, mas nas distâncias relativamente curtas do Mediterrâneo essas discrepâncias não tinham consequências graves. Depois que os portugueses começaram a velejar por distâncias mais longas pela costa da África e para o outro lado do Atlântico, um dos muitos problemas que enfrentaram foi como desenhar mapas com linhas de rumo retas que levassem em conta a curvatura da Terra.

Tecnicamente, uma linha de rumo é o que os matemáticos viriam a chamar de loxódroma ou loxodromia (termo derivado das palavras gregas *loxos*, "oblíquo", e *drómos*, "pista", "estrada").[46] Como sugere sua raiz, uma loxódroma é uma linha diagonal de direção constante que intersecta todos os meridianos no mesmo ângulo. As linhas de rumo não eram o único método de navegação pela superfície da Terra. O navegador podia usar o método tradicional de velejar em linha reta estilo portulano (e muitos navegadores, com medo da mudança, continuaram a fazê-lo durante décadas), mas para além do Mediterrâneo ele deixava os marinheiros tão à deriva que logo se tornou insustentável. O outro método era o do círculo máximo. Como o próprio nome sugere, trata-se do maior círculo que pode ser desenhado ao redor do globo, com seu plano atravessando o

Tolerância 277

centro da Terra. O equador e os meridianos são todos círculos máximos. A vantagem de velejar usando esse método era que os círculos máximos representam sempre o caminho mais curto entre dois pontos na superfície da Terra. Porém, a probabilidade de traçar uma rota de um lugar para outro que envolvesse navegar exatamente ao longo do equador ou de um meridiano não era apenas pequena, mas também muito difícil do ponto de vista técnico, já que a direção do arco curvo está em constante mudança, exigindo que os pilotos ajustem constantemente sua direção.

As linhas de rumo representavam uma *via media*, ou "meio-termo". Elas eram as direções mais prováveis velejadas pelos navegadores, especialmente depois que rotas diagonais leste-oeste, através do cabo da Boa Esperança e do estreito de Magalhães, se tornaram vitais para o comércio marítimo europeu do século XVI (os tipos de rota traçada pelos navios descritos no mapa de Mercator). Mas outra característica complicada de qualquer linha de rumo traçada pela superfície da Terra não era apenas que ela fazia uma curva, mas que, se seguida sem parar, traçava uma espiral que acabava circundando infinitamente um dos polos, em virtude da convergência gradual dos meridianos. Para os matemáticos, a espiral de uma loxodromia é uma característica geométrica sedutora, mas, para navegadores, transformá-la em uma linha reta era um exercício frustrante. Mercator enfrentou o problema já em 1541, quando traçou uma série de linhas de rumo ao longo da superfície de seu globo terrestre. Cosmógrafos portugueses já haviam descrito a loxodromia na década de 1530, ao tentar explicar por que os pilotos que atravessavam o Atlântico se viam navegando gradualmente para fora do curso. Infelizmente, os portugueses não tinham nenhuma solução para achatar a loxódroma com precisão sobre uma superfície plana.

Em sua apresentação ao leitor, Mercator propôs a solução engenhosa para o problema que estava no cerne de sua nova projeção, ou seja, a curvatura dos meridianos: "Com efeito, as formas dos meridianos usadas até agora pelos geógrafos, por conta da curvatura e convergência de uns para os outros, não são utilizáveis para a navegação", porque "nas extremidades eles distorcem tanto as formas e as posições das regiões, em função da incidência oblíqua dos meridianos nos paralelos, que estes não podem ser reconhecidos nem pode a relação das distâncias ser mantida". Mercator tirou, então, uma conclusão famosa: "É por essas razões que aumentamos

22. Modelo de uma loxodromia em espiral.

progressivamente os graus de latitude em direção a cada polo em proporção ao alongamento dos paralelos com referência à linha do equador." Como ele chegou a essa conclusão e como ela funcionou?

A projeção de Mercator baseia-se numa percepção cilíndrica da Terra. Intérpretes posteriores utilizaram a analogia da Terra como um balão para explicar o método. Ponha-se o balão dentro de um cilindro com o mesmo diâmetro do balão no equador. Se o balão for inflado, sua superfície curva será pressionada e achatada contra as paredes do cilindro. Os meridianos curvos são "endireitados" quando encontram o cilindro, o mesmo acontecendo com os paralelos. Uma das consequências desse alongamento e achatamento é que os polos Norte e Sul nunca podem tocar as paredes do cilindro, e efetivamente se alongam até o infinito. Se o cilindro é então desenrolado com as marcas dos meridianos e paralelos do balão, o retângulo resultante aproxima-se da projeção de Mercator. Essa descrição oferece uma explicação plausível para a criação de Mercator. Tendo passado décadas na criação matemática e prática de globos terrestres, Mercator pôde pensar como adaptar com precisão a superfície desses globos para representar um mapa plano. Tome um segmento, ou gomo de um globo, que mais parece uma fatia vertical de uma maçã ou de uma laranja. Redesenhe-o sobre um pedaço de papel

Tolerância 279

plano, mas mantenha a largura de cada meridiano no equador de alto a baixo. Em seguida, alongue os paralelos para compensar o estreitamento gradual dos meridianos (como na analogia com o balão), e fica-se com um retângulo fino. Se o mesmo método for aplicado a cada gomo do globo, tem-se uma série de retângulos que, quando costurados juntos, compõem um mapa plano.[47]

O resultado ainda causava distorção das massas de terra nas extremidades norte e sul, mas se Mercator pudesse calcular com precisão a distância entre seus paralelos, ele poderia conseguir algo sem-par: o que os cartógrafos chamam de "conformalidade", definida como a manutenção de relações angulares precisas em qualquer ponto de um mapa. Apesar da distorção das massas de terra, os navegadores podiam traçar uma linha reta por toda a superfície do mapa e, se mantivessem um ângulo de rumo consistente, poderiam chegar ao seu destino projetado. Para Mercator, isso significava endireitar os meridianos e calcular quão distantes os paralelos deveriam ficar se fossem manter uma linha reta de direção. Assim, por exemplo, no equador, a distância entre quaisquer dois meridianos é o dobro da mesma distância ao longo do paralelo que corre em 60° N, devido à convergência dos meridianos. Em seu mapa, Mercator ampliou, portanto, o paralelo de 60° N para o dobro de seu comprimento real, garantindo que um ângulo oblíquo que o atravessasse seria endireitado.[48] Todos os outros paralelos estavam sujeitos ao mesmo cálculo, e foram alargados em conformidade com isso.

Mercator produziu o que os cartógrafos de hoje chamam de primeira projeção cilíndrica equidistante conforme, que tratava o mundo como um cilindro e mantinha ângulos precisos em toda a sua superfície. Os pilotos do século XVI, é óbvio, não davam a mínima para esse nome; o método de Mercator simplesmente lhes possibilitava "endireitar" os meridianos, sem curvas para dentro na direção dos polos, mas perpendiculares aos paralelos. Eles agora poderiam traçar uma linha de rumo usando a projeção de Mercator, mas em vez de seguir uma espiral e sair do rumo como em cartas anteriores, uma linha de rumo reta mantinha agora a sua precisão na navegação de um lugar para outro. Era uma solução relativamente simples, mas engenhosa para o problema de projetar toda a Terra em uma superfície plana que havia preocupado os cartógrafos desde os tempos de Ptolomeu. Mercator parecia ter finalmente endireitado o círculo geográfico. Foi um avanço decisivo que mudaria os mapas para sempre e o imortalizaria.

No entanto, até mesmo um olhar superficial para a forma do mundo de Mercator revela alguns problemas óbvios inerentes à projeção. Como a analogia com o balão mostra, os meridianos jamais podem convergir para um único ponto, de modo que as regiões polares se esticam ao infinito, sempre para além da moldura retangular do mapa. Este é apenas um dos motivos por que Mercator precisa de seu pequeno quadro inserido no mapa para explicar a geografia do polo Norte. O alongamento matemático que ocorre nos polos também afeta o tamanho relativo das massas de terra em altitudes mais elevadas, razão pela qual, no hemisfério sul, a Antártica se agiganta em relação a qualquer outro continente, e a Groenlândia parece do mesmo tamanho da América do Sul, quando, em termos de área de superfície, ela tem apenas um oitavo do tamanho. Em contraste, a Europa parece ter o dobro do tamanho da América do Sul, quando ela realmente ocupa apenas metade da superfície. O alongamento dos paralelos do norte para o sul também significa que a projeção de Mercator distorce distâncias entre lugares em viagens marítimas mais longas – embora, na época, fosse mais importante garantir que os pilotos chegassem a seus destinos, em vez de saber quanto tempo levariam, especialmente numa época anterior ao advento do vapor.

Restava ainda um problema crucial. Mercator não podia oferecer uma fórmula matemática reprodutível para sua projeção, que permitiria que cartógrafos e pilotos copiassem seus métodos. Não estavam à sua disposição os logaritmos nem o cálculo integral necessário para reproduzir tabelas trigonométricas que delineassem os paralelos e meridianos da projeção. Isso tornava sua façanha empírica ainda mais notável (e um mistério duradouro), mas significava que os pilotos achavam difícil usar sua projeção. Escrevendo em 1581, o matemático elisabetano William Borough disse da explicação de Mercator sobre seu método: "ao aumentar seus graus de latitude em direção aos polos, o mesmo é mais adequado para se contemplar como estudo de cosmografia lendo autores em terra, do que para ser usado na navegação no mar."[49] Embora Mercator tivesse efetivamente resolvido um problema secular da cartografia para navegadores, ele

Tolerância 281

parecia surpreendentemente indiferente a fornecer uma explicação que assegurasse sua fama e longevidade imediatas; sem uma explicação matemática mais detalhada, sua projeção continuou a ser um tema reservado para cosmógrafos acadêmicos.

Nada parecia preparar Mercator para resolver o velho dilema de projetar toda a superfície do globo em um mapa plano e manter a conformalidade para a navegação. Sua maior obra até aquele momento continuava a ser o globo terrestre de 1541. Na superfície esférica, Mercator não teve dificuldades para projetar a curvatura da Terra, mas um método de transferir essa imagem para um mapa plano escapava-lhe havia mais de três décadas. Há, no entanto, uma possibilidade intrigante: os anos que passou trabalhando na conexão de acontecimentos ao longo do tempo na *Chronologia* possibilitaram que ele imaginasse uma nova maneira de conectar lugares do espaço terrestre em um mapa plano. Durante a década de 1560, enquanto trabalhava na cronologia, ele também compilou dados e inventou a projeção que culminaria no mapa de 1569. As duas publicações saíram com poucos meses de diferença uma da outra. Do mesmo modo que Mercator possibilitou que os crentes lessem lateralmente ao longo do tempo e navegassem pelas diferentes temporalidades religiosas na *Chronologia*, talvez sua nova projeção permitisse aos navegantes viajar por todo o espaço da terra de Deus, usando uma linha de rumo para buscar um "caminho do meio" entre a linha reta imprecisa e a impraticável navegação pelo círculo máximo, conectando lugares no espaço "com precisão", assim como a *Chronologia* localizava "corretamente" diferentes acontecimentos no tempo.[50]

Ao contrário de seus esforços geográficos anteriores, o mapa de Mercator é visivelmente desprovido de patrocínio imperial, afiliações religiosas ou fronteiras políticas. Não há águias imperiais e poucos territórios longínquos reivindicados em nome de governantes europeus expressando seu domínio global. Ele oferecia um método mais preciso de navegar pela Terra, mas também oferecia a seus leitores cristãos uma visão de paz espiritual e concórdia que se valia dos princípios estoicos de Cícero e Macróbio. Na raramente lida dedicatória do mapa, Mercator homenageia seu patrono, o duque Guilherme, mas faz disso uma oportunidade para descrever os povos e países do mundo dentro de uma imagem cósmica de harmonia que evoca os deuses clássicos da Antiguidade, mas que os submete ao domínio de um deus cristão que não se preocupa com as guerras, a fome e os conflitos religiosos:

> Felizes países, felizes reinos em que a Justiça, nobre progênie de Júpiter, reina eterna e onde Astreia, tendo retomado seu cetro, associa-se à bondade divina, erguendo os olhos para o céu, governa tudo de acordo com a vontade do Supremo monarca e dedica-se à submissão dos infelizes mortais ao Seu único império, buscando a felicidade ... e, embora a Impiedade, inimiga da virtude, fazendo o Aqueronte revoltar-se, provoque alguma desordem sombria, nenhum terror é sentido: este Pai todo-bondoso que, residindo na crista do mundo, ordena todas as coisas pelo aceno de Sua cabeça, nunca abandonará Suas obras ou Seu reino. Quando o cidadão é governado desta maneira sábia, ele não teme nenhuma emboscada, não tem medo de guerras horríveis e fome pesarosa, todos os pretextos são varridos para longe da maledicência indigna dos bajuladores ... a desonestidade, desprezada, jaz de bruços, as ações virtuosas em todos os lugares suscitam amizade e tratados mútuos ligam homens dispostos a servir seu Rei e seu Deus.

A contemplação do mundo em seu mapa permite que os leitores de Mercator compreendam que, enquanto são "governados" por uma crença em Deus, independentemente de sua religião, a revolta, o conflito e a busca destrutiva da glória terrena podem ser vistos como transitórios, e insignificantes a partir de uma perspectiva cosmográfica.

Essa interpretação da projeção pode ser adequadamente "oblíqua", como se fosse uma linha de rumo. Mas, por outro lado, Mercator retirara-se para um mundo de crítica codificada e simbolismo enigmático após os acontecimentos traumáticos da década de 1540. Hoje, tanto os defensores como os detratores da projeção de Mercator tendem a julgá-la como uma inovação matemática desinteressada, e consideram que seus contextos teológico e cosmográfico mais amplos, bem como a própria vida de Mercator, são relativamente incidentais. Mas a carreira de Mercator mostra que, em meados do século XVI, era impossível separar a ciência da história, a história da geografia, a geografia da cosmografia e a cosmografia da teologia. Para Mercator, tudo estava ligado, mas também, em última análise, submetido a uma autoridade espiritual, um arquiteto divino que supervisionava tudo, inclusive a projeção do mundo que Ele criou.

Tolerância   283

ENQUANTO MERCATOR VIVEU, sua projeção foi até certo ponto um fracasso. As vendas foram lentas e muita gente, como Borough, se queixou que sua incapacidade para explicar seus métodos tornava-os praticamente inúteis para o uso prático da navegação transoceânica. Coube ao inglês Edward Wright, em uma série de tabelas matemáticas em seu livro *Certos erros em navegação* (1599), fornecer os cálculos necessários para traduzir a projeção a fim de ser usada por pilotos, que começaram lentamente a adotar o método durante o decorrer do século XVII.

O próprio Mercator parecia indiferente à sua façanha e passou as últimas três décadas de sua vida trabalhando em seu projeto cosmográfico, do qual a *Chronologia* e seu mapa do mundo representavam apenas dois elementos. Em 1578, publicou uma edição da *Geografia* de Ptolomeu, que reproduzia carinhosamente mapas do geógrafo grego como curiosidades históricas, uma concepção importante mas agora redundante da Terra como era entendida pelo mundo helênico. A edição foi eficaz para acabar com a influência do geógrafo clássico na cartografia da época. A partir de então, os cartógrafos que tentassem mapear o mundo traçariam seu próprio caminho, em vez de revisar e atualizar Ptolomeu.

Mercator continuou a escrever obras teológicas com uma influência direta em sua cosmografia, entre elas um estudo dos Evangelhos, *Evangelicae historiae*, publicado em 1592. Por fim, apenas um ano após sua morte, em 1594, o ponto culminante de sua cosmografia foi finalmente publicado. O *Atlas sive cosmographicae meditationes de fabrica mundi et fabricate figura* (posteriormente publicado em inglês com o título de "Atlas, ou meditações cosmográficas sobre a fabricação do mundo e a figura do fabricado") foi o primeiro atlas moderno a usar esse título, com 107 novos mapas de partes do mundo, embora omitisse o uso da projeção de 1569 em seu mapa mundial, outro sinal de indiferença de Mercator às suas inovações científicas. Em vez disso, ele escolheu uma projeção estereográfica hemisférica dupla para representar o mundo. No *Atlas*, Mercator faz uma reflexão esclarecedora sobre o lugar do seu mapa mundial anterior dentro de sua cosmografia. Ele conta a seus leitores que utilizou informações geográficas de seu mapa anterior da Europa e do mapa do mundo de 1569, e implora-lhes que se voltem para a cosmografia, "a luz de toda a história, tanto eclesiástica como política, e o observador ocioso aprenderá mais dela do que o viajante de seus esforços cansativos, longos e caros (que 'muitas vezes mudam o céu, mas não sua mente')".[51] Mercator toma uma citação das *Epístolas* do poeta romano Horácio, que foi posteriormente usada pelo filósofo estoico Sêneca, para enfatizar o verdadeiro valor da cosmografia: meditar sobre a consciência espiritual, em vez de sobre a orientação terrestre. Desenvolvendo essa perspectiva estoica, Mercator convidava o leitor a "pensar de forma diligente sobre a glória de sua morada, que lhe é concedida apenas temporariamente, junto com o poeta George Buchanan, que a compara com o reino celestial, a fim de atrair suas almas, imersas em assuntos terrestres e transitórios, e mostrar o caminho para coisas mais altas e eternas".[52] Buchanan (1506-82) foi um renomado historiador e erudito humanista escocês, simpatizante de Lutero, tutor de Maria, rainha da Escócia, e de seu filho, o futuro rei James I da Inglaterra, e um bem-conhecido estoico. É típico de Mercator o fato de citar um poema de Buchanan, em vez de escolher palavras próprias para resumir sua abordagem estoica do mapeamento da Terra e do céu:

Que possais perceber como é pequena a porção do universo
Que transformamos com palavras magníficas em reinos orgulhosos:
Dividimos com a espada, e compramos com sangue derramado,
E obtemos triunfos por conta de um pequeno torrão de terra.
Essa força, vista separadamente, por si mesma,
É, de fato, grande, mas se a comparardes com o teto estrelado do céu, é como
Um ponto, ou a semente a partir da qual o antigo gargettiano [Epicuro] criou
    inumeráveis mundos.

Em uma evocação final explícita de *O sonho de Cipião* de Macróbio, Buchanan conclui que, uma vez que a humanidade está confinada a uma parte tão pequena do universo, a busca pela glória mundana é tolice:

Como é minúscula a parte do universo onde a glória ergue sua cabeça,
A ira grassa, o medo adoece, a mágoa queima, a penúria
arranca riqueza com a espada, e faz emboscadas com fogo e veneno;
E os negócios humanos fervem em trêmulo tumulto![53]

Tolerância 285

Falando através de Horácio, Sêneca e do seguidor neoestoico deles Buchanan, Mercator recomendava que o indivíduo ao mesmo tempo se retirasse da discórdia religiosa e política da sua geração e a transcendesse, e buscasse abrigo espiritual mediante a aceitação de uma maior harmonia cósmica. Somente a cosmografia poderia proporcionar uma perspectiva adequada a partir da qual se poderia ver o conflito teológico da Reforma e oferecer uma maneira de afastar-se de sua intolerância para abraçar uma perspectiva mais abrangente da harmonia divina.

No final do século XVI, grande parte do trabalho inovador de Mercator já era comercializado de forma mais eficiente por geógrafos menores, ou começava a parecer intelectualmente desatualizado. A *Chronologia* logo se tornou obsoleta com a publicação, em 1583, de *De emendatione temporum* ("Estudo sobre a melhoria do tempo"), obra mais abrangente de Scaliger. Seu discípulo mais jovem, Abraham Ortelius, já havia publicado um atlas do mundo em 1570, em Antuérpia, embora não usasse esse termo, preferindo o título *Theatrum orbis terrarum* ("Teatro do mundo"). Como membro do grupo religioso dissidente "A Família do Amor", com suas conexões com a seita anabatista protestante, Ortelius estava mais livre do que Mercator para usar seu *Theatrum* e abraçar uma atitude explicitamente estoica na descrição do mundo (apenas seis anos antes, em novembro de 1576, as forças de Filipe II de Espanha haviam saqueado brutalmente Antuérpia, matando cerca de 7 mil pessoas). As cartelas descritivas do mapa mundial de Ortelius oferecem uma versão mais explícita do que a de Mercator da filosofia cosmográfica da paz, da concórdia e da indiferença diante da glória mundana. Elas traziam citações de Sêneca, e perguntavam: "É isso que marca o que é dividido pela espada e pelo fogo, entre tantas nações? Como são ridículas as fronteiras dos mortais." E repetiam a pergunta retórica de Cícero: "O que pode parecer importante nas ocorrências humanas para um homem que mantém toda a eternidade diante de seus olhos e conhece a vastidão do universo?"[54]

O *Atlas* de Mercator ainda merece ser chamado de primeiro atlas moderno (era muito mais inovador do que a publicação limitada, mas astutamente embalada de Ortelius); ele estabeleceu a disposição e a ordem de apresentação para a maioria dos atlas subsequentes. Vendeu bem e o nome acabou por se fixar, mas Mercator havia perdido seu momento. A

Terra movia-se sob seus pés (literalmente, de acordo com a nova teoria de Copérnico de um universo heliocêntrico) e sua cosmografia representou o auge dessa disciplina. Ela finalmente substituiu a *Geografia* de Ptolomeu, mas, enquanto a influência do grego durou mais de um milênio, as publicações cosmográficas de Mercator mal chegaram ao século seguinte, antes de se tornarem outra curiosidade histórica, como Ptolomeu. Mas seu mapa mundial de 1569 perduraria.

O ritmo das mudanças políticas, intelectuais, teológicas e geográficas era rápido demais para que qualquer indivíduo erudito pudesse explicá-lo e levou ao que foi chamado de crise da cosmografia, na qual a atmosfera religiosa polarizada não mais toleraria o orgulho da perspectiva "divina" do cosmógrafo. A complexidade de representar o mundo natural significava que ninguém podia mais apresentar uma visão sintética, convincente e abrangente de tudo. Coletâneas de relatos de viagens compiladas por intelectuais mais modestos, como Giovanni Battista Ramusio, Richard Hakluyt e Théodore de Bry, começaram a superar a perspectiva singular de cosmógrafos como Mercator. Geógrafos posteriores, como Jodocus Hondius e Willem Blaeu, nos Países Baixos, e os Cassini na França, se transformaram em dinastias, valendo-se de gerações para trabalhar em globos e atlas para os quais utilizavam financiamento estatal e empregavam grandes equipes de acadêmicos, topógrafos e impressores. A cosmografia fragmentou-se numa série de práticas separadas e seu poder teológico e moral deu lugar ao da matemática e da mecânica.[55]

Essa fragmentação, embora fosse considerada por alguns um progresso, reduzia a capacidade da cartografia de transcender o conflito mundano e as atitudes intolerantes em favor de uma compreensão maior do espaço secular e sagrado. Como David Harvey apontou com pesar, "a tradição renascentista da geografia, em que tudo era entendido em termos de espaço, de *cosmos*, foi espremida". Enquanto a cosmografia definhava, a geografia "foi forçada a empenhar-se, administrar impérios, mapear e planejar o uso da terra e os direitos territoriais, e coletar e analisar dados úteis para fins de negócios e de administração estatal".[56] Mas, embora a cosmografia de Mercator logo tenha-se tornado irrelevante, sua projeção cartográfica, inspirada por preocupações cosmográficas, tornou-se fundamental para essa nova geografia. Seus princípios matemáticos

Tolerância

eram apropriados para medir Estados-nações e as crescentes possessões coloniais europeias. A projeção foi adotada pelo Serviço de Topografia inglês, pelas cartas do Almirantado da Marinha britânica e, numa reviravolta cosmográfica apropriada, pela agência espacial Nasa para mapear várias partes do sistema solar. O grande cosmógrafo teria, sem dúvida, aprovado.

Mercator fez sua própria geografia, mas não por sua livre vontade. Seu mapa mundial de 1569, em sua projeção agora famosa, foi determinado por uma concatenação muito particular de forças, que lhe permitiu imaginar a cosmografia como uma disciplina acadêmica a partir da qual uma visão mais tolerante e harmoniosa do lugar do indivíduo no cosmos poderia ser imaginada. Em última análise, essa visão era insustentável e acelerou o declínio da cosmografia. Mas a projeção de 1569 perduraria, moldada pela intolerância religiosa da civilização europeia, em vez de por sua superioridade inerente sobre o resto do mundo de Deus.

8. Dinheiro
Joan Blaeu, *Atlas maior*, 1662

Amsterdam, 1655

Em 29 de julho de 1655, o novo prédio da Prefeitura de Amsterdam foi oficialmente inaugurado com um banquete, com a presença de vereadores e autoridades da cidade. Projetado pelo arquiteto holandês Jacob van Campen, sua construção demorou sete anos e consiste no maior projeto arquitetônico empreendido pela República Holandesa no século XVII. O objetivo de Van Campen era erguer um edifício que rivalizasse com o Fórum Romano e anunciasse ao mundo que Amsterdam era o novo centro de poder político e comercial do início da Europa moderna. Durante o banquete, o renomado erudito e diplomata Constantijn Huygens recitou um poema encomendado para a ocasião, no qual exaltava os vereadores da cidade como "os fundadores da oitava maravilha do mundo".[1]

O aspecto mais maravilhoso do prédio, bem como sua inovação mais interessante, estava em seu centro, o grande Burgerzaal, ou Salão do Povo. Com 46 metros de comprimento e dezenove de largura, e uma altura de 28 metros, o Salão do Povo era o maior espaço cívico sem suporte então existente. Ao contrário dos grandes palácios renascentistas dos séculos XV e XVI, o Salão do Povo estava aberto a todos. E também se diferenciava dos espaços monumentais construídos anteriormente por outra razão. Em vez de adornar suas paredes com tapeçarias e pinturas, a principal decoração do Salão do Povo estava em seu chão de mármore polido, na forma de três globos hemisféricos planos.

Ao entrar no salão, a primeira imagem que o visitante via era o hemisfério ocidental terrestre, a segunda, o hemisfério norte celeste, e a terceira, o hemisfério norte terrestre. Cuidadosamente embutidos no piso

Dinheiro 289

de mármore, em vez de pendurados nas paredes, fechados em livros ou escondidos por seus donos, como tantos mapas anteriores, as imagens do Salão do Povo eram exibidas para que todos as vissem. Os cidadãos de Amsterdam, muitos dos quais tinham experiência pessoal ou indireta de viagens marítimas de longa distância, tinham agora a sensação nova de andar sobre toda a Terra. O mundo, ao que parece, viera a Amsterdam. Tamanha era a confiança deles que os burgueses da República Holandesa nem sequer sentiam a necessidade de pôr a sua cidade no meio de seus hemisférios de mármore: para eles, Amsterdam era o centro do mundo.

Os três hemisférios foram embutidos no piso do Salão pelo artista holandês Michiel Comans, mas são reproduções de um mapa do mundo impresso sete anos antes e feito por aquele que pode ser chamado de o maior e, certamente, o mais influente cartógrafo holandês da história da cartografia: Joan Blaeu (1598-1673). Impresso em 21 folhas, com mais de dois metros de comprimento e quase três metros de altura, o grande mapa mundial de Blaeu, gravado em cobre, que representava os dois hemisférios terrestres, era visivelmente diferente do mapa do mundo de Mercator de 1569, com sua estranha projeção e seus continentes ocidentais e meridionais especulativos. Ao contrário deste, Blaeu pôde valer-se de seu papel de cartógrafo institucional: a partir de 1638, ele foi o cartógrafo oficial da Companhia das Índias Orientais Holandesas, a *Vereenigde Oostindische Compagnie* (também conhecida como VOC), o que lhe possibilitou acesso incomparável aos registros de mais de cinquenta anos de viagens comerciais para o oeste e leste da Europa, bem como aos mapas e cartas mais recentes dos pilotos que traçavam a rota para as Índias e além dela. Isto possibilitou-lhe representar com precisão a ponta da América do Sul e a Nova Zelândia ("Zeelandia Nova"). Foi também o primeiro mapa mundial a mostrar a costa oeste da Austrália – chamada de "Hollandia Nova detecta 1644" – e a Tasmânia, assim batizada em homenagem a Abel Janszoon Tasman, o primeiro europeu a chegar à ilha e reivindicar sua posse formal, em dezembro de 1642.[2]

Mas o mapa de Blaeu também foi criado para comemorar um evento político específico. Era dedicado a Don Casparo de Bracamonte y Guzman, conde de Penaranda, o principal representante espanhol nas negociações diplomáticas que culminaram com o tratado de paz de Vestfália, que pôs fim tanto à Guerra dos Trinta Anos (1618-48) como a mais longa

Guerra dos Oitenta Anos (também conhecida como Guerra de Independência holandesa), entre a Espanha e os territórios que viriam a compor as Províncias Unidas. O acordo de paz dividiu as províncias republicanas do norte (predominantemente protestante) da Holanda atual das regiões do sul (tradicionalmente dominadas pela Espanha) da moderna Bélgica, concedendo independência às Províncias Unidas, bem como o direito à liberdade de expressão religiosa de sua maioria calvinista. A nova República se tornou o eixo do mundo comercial, com a VOC em seu centro, com sede em Amsterdam. O mapa de Blaeu era uma celebração astutamente direcionada da independência política e uma prefiguração da dominação holandesa do comércio marítimo que viria a acontecer logo após a ratificação do tratado.[3]

O mapa de Blaeu de 1648 é provavelmente o primeiro reproduzido neste livro que é imediatamente reconhecível como um mapa moderno do mundo. Embora permaneça impreciso na topografia do Pacífico e o mapeamento do litoral da Austrália seja incompleto, é mais familiar para nós do que o mapa aparentemente inacabado de Ribeiro, ou do que a projeção de Mercator. A familiaridade do mapa de Blaeu baseia-se, em parte, em sua acumulação gradual de dados geográficos, que em meados do século XVII já havia produzido um consenso razoável entre os cartógrafos europeus sobre a aparência do mundo. Mas se olharmos mais de perto as seis imagens nele embutidas, o mapa parece celebrar mais do que somente uma nova era de paz na Europa e a padronização de uma determinada imagem do mundo. Nos dois cantos superiores, Blaeu representou os hemisférios celestiais norte e sul. Entre essas duas imagens, logo abaixo da palavra latina *terrarum* do título do mapa, há outro diagrama inserido. Ele representa o sistema solar de acordo com a teoria heliocêntrica de Nicolau Copérnico, que mostra a Terra girando em torno do Sol, derrubando séculos de crença – primeiro grega, depois cristã – em um universo geocêntrico. Embora o livro inovador de Copérnico *Sobre as revoluções das esferas celestes* tenha sido impresso pela primeira vez em 1543, pouco mais de um século antes, Blaeu foi o primeiro cartógrafo a incorporar sua teoria heliocêntrica revolucionária a um mapa mundial. Como que para enfatizar isso, um diagrama inserido no meio da parte inferior mostra um mapa do mundo como ele era em 1490; à esquerda, um diagrama retrata o cosmos

Dinheiro

ptolomaico, em contraste com o cosmos "geo-heliocêntrico" do grande astrônomo dinamarquês Tycho Brahe (publicado pela primeira vez em 1588), que aparece no diagrama à direita.

Ao reproduzir o mapa do mundo de Blaeu de 1648 no piso do Salão do Povo, os vereadores da cidade estavam criando conscientemente toda uma nova visão de mundo, que sinalizava o fim do Renascimento europeu. Eles estavam pagando não somente por um novo tipo de mapa, mas por uma nova filosofia do mundo, na qual a Terra e, por implicação, a humanidade, não se encontrava mais no centro do universo. Era também um mundo no qual as pesquisas acadêmicas da geografia e da cartografia estavam totalmente institucionalizadas dentro do aparelho do Estado e de suas organizações comerciais – o que, na República Holandesa, significava a VOC.

A VOC transformou a prática do comércio e da participação do público no financiamento de atividades comerciais. Gerida por um conselho de dezessete diretores conhecidos como os *Heeren XVII*, a empresa estava dividida em seis câmaras pelas Dezessete Províncias. Como uma sociedade anônima, a VOC oferecia a qualquer cidadão holandês a oportunidade de investir e reivindicar uma parte de seus lucros. Isso era muito atraente: em 1602, a câmara de Amsterdam atraiu mais de mil subscritores iniciais, em uma população de apenas 50 mil habitantes. Com um dividendo médio de mais de 20% sobre o investimento inicial, e um crescimento em subscrições públicas de 6,4 milhões de florins, em seu início, para mais de 40 milhões por volta de 1660, os métodos da VOC revolucionaram a prática comercial europeia, valorizando o risco e incentivando a monopolização do comércio de uma forma nunca vista antes.[4]

Uma consequência desse novo método de financiamento do comércio de longa distância foi a transformação do papel dos mapas. Os impérios português e espanhol estabeleceram sua importância comercial como dispositivos de descoberta de rotas e tentaram padronizá-los através da criação de organizações como a Casa de la Contratación. Mas essas iniciativas, como todas as atividades no ultramar, eram controladas pela coroa. Os mapas que produziam eram invariavelmente desenhados à mão, não somente numa tentativa inútil de limitar sua circulação, mas também porque a península Ibérica não tinha uma grande indústria de impressão, que se desenvolveu no norte da Europa a partir do final do século XV. Embora as companhias comerciais holandesas fundadas na década de 1590 não tivessem o dinheiro e a mão de obra à disposição de seus rivais espanhóis e portugueses, elas puderam valer-se de um corpo estabelecido de impressores, gravadores e estudiosos com experiência em cotejar as mais recentes informações geográficas em mapas, cartas, globos e atlas. Cartógrafos como Waldseemüller, Mercator e Ortelius já haviam transformado a cartografia em um negócio rentável, vendendo mapas confiáveis e lindos no mercado aberto a qualquer pessoa que pudesse pagar por eles. As empresas comerciais holandesas viram a oportunidade de se capitalizar sobre esse desenvolvimento, empregando cartógrafos para criar cartas manuscritas e mapas impressos que mostravam as rotas mais seguras, mais rápidas e mais rentáveis de um local comercial para outro. E também fazia sentido reunir equipes de cartógrafos para padronizar as informações e incentivar a colaboração e a competição comercial.

Em consequência, no início da década de 1590, vários cartógrafos holandeses já competiam para fornecer às companhias comerciais mapas para ajudá-las a desenvolver o comércio exterior. Em 1592, os Estados Gerais, o órgão composto por delegados legislativos eleitos pelas províncias da República, concederam ao cartógrafo Cornelis Claesz. (c.1551-1609) um privilégio de doze anos para vender uma variedade de cartas e mapas de parede que podiam ser comprados por alguma coisa entre um florim, por um mapa da Europa, e oito florins, por uma coleção encadernada de mapas das Índias Orientais e Ocidentais. Em 1602, o cartógrafo Augustijn Robaert começou a fornecer cartas marítimas para a VOC, às vezes cobrando até 75 florins por elas, com uma descrição completa dessas regiões recém-descobertas.[5] A venda de mapas estava se tornando um comércio relativamente rentável e seus criadores eram gradualmente institucionalizados pelas companhias que precisavam deles. Com a perspectiva de ganhar dinheiro, surgiu uma nova geração de cartógrafos talentosos, às vezes colaborando entre eles, mas também competindo uns com os outros pelo patrocínio das novas empresas comerciais, bem como de comerciantes e pilotos que trabalhavam de forma independente de organizações como a VOC. Petrus Plancius, Cornelisz Doetsz, Adriaen Veen, Johan Baptista Vrient e Jodocus Hondius, o Velho, todos vendiam mapas, cartas marítimas, atlas e globos para a VOC e para particulares, de acordo com suas

Dinheiro   293

necessidades pessoais. Os mapas eram agora reproduzidos, comprados e vendidos para objetivos comerciais específicos.[6] Os portugueses inventaram o ofício científico da cartografia moderna, mas foram os holandeses que o transformaram em uma indústria.

Nos novos mapas holandeses, os territórios mais longínquos não mais desapareciam simplesmente nas margens, nem as bordas do mundo eram lugares míticos temíveis, cheios de gente monstruosa que devia ser evitada sempre que possível. Em vez disso, em mapas como o de Petrus Plancius das Molucas (1592), as fronteiras e as margens do mundo estavam claramente definidas e identificadas como lugares para exploração financeira, com suas regiões rotuladas de acordo com mercados e matérias-primas, e seus habitantes eram muitas vezes identificados de acordo com seus interesses comerciais. Cada canto da Terra era mapeado e suas possibilidades comerciais, avaliadas. Um novo mundo se definia por novas formas de ganhar dinheiro.

O mapa do mundo que expressava as preocupações da época não era, como a publicação de Blaeu em 1648, posto no chão ou pendurado numa parede, mas encontrava-se em um livro ou, mais precisamente, num atlas. O mapa de 1648 foi apenas um dos muitos que Blaeu fez em preparação para sua maior publicação cartográfica, um dos maiores livros produzidos no século XVII. Trata-se do *Atlas maior sive cosmographia Blaviana* (Grande atlas ou cosmografia de Blaeu), publicado em 1662, e que foi chamado de "o maior e melhor atlas já publicado".[7] Em tamanho e escala, ele superava todos os outros atlas então em circulação, inclusive os esforços dos seus grandes predecessores Ortelius e Mercator. Era uma verdadeira criação barroca. Somente a primeira edição tinha onze volumes, com 3.368 páginas escritas em latim, 21 frontispícios e a quantidade espantosa de 594 mapas, num total de 4.608 páginas. Durante a década de 1660, foram publicadas edições em francês, holandês, espanhol e alemão, com ainda mais mapas e textos. O *Atlas* não era necessariamente o levantamento geográfico mais atualizado do mundo, mas era certamente o mais abrangente, e estabeleceu o formato do atlas como o principal veículo de disseminação de informações geográficas padronizadas sobre a forma e a escala do mundo e suas regiões. Ele realizou finalmente o que os cartógrafos haviam tentado, mas não conseguiram fazer por décadas, desde que as primeiras edições impressas da *Geografia* de

Ptolomeu foram publicadas, no final do século XV: encadernou o mundo em um livro (ou, neste caso, muitos livros), e nunca seria igualado.

O *Atlas* foi, em parte, produto do surgimento de uma cultura calvinista holandesa que comemorava a busca e obtenção de riqueza material, ao mesmo tempo em que temia a vergonha de sua posse e consumo – o que Simon Schama, numa expressão famosa, chamou de "o desconforto da riqueza".[8] Também estava moldado por uma tradição visual especificamente holandesa que Svetlana Alpers chamou de "a arte de descrever" – o impulso de observar, registrar e definir indivíduos, objetos e lugares como reais, sem as associações morais ou simbólicas que dominaram a arte do Renascimento italiano.[9] Mas os detalhes da criação do *Atlas* e o papel desempenhado pela dinastia Blaeu durante a primeira metade do século XVII para fazer dele o principal atlas geográfico da Europa revelam outras facetas de uma história caracterizada por conflitos religiosos, rivalidades intelectuais, inovações comerciais e investimentos financeiros em uma nova concepção científica do lugar da Terra no cosmos mais amplo. O resultado foi uma mudança na percepção do papel da geografia e da posição do cartógrafo dentro da cultura e da sociedade holandesas, desenvolvido pela primeira vez por figuras como Claesz. e Plancius, e cimentado pelos Blaeu. À medida que eram cada vez mais institucionalizados, os cartógrafos ganhavam influência política e riqueza sem precedentes. Em nenhum lugar isso fica mais evidente do que no caso da dinastia Blaeu.

Joan Blaeu fazia parte de uma linhagem de cartógrafos que se estendeu por três gerações, começando com seu pai, Willem Janszoon (1572-1638), e terminando com seu filho, Joan II (1650-1712). No coração da dinastia está Joan Blaeu, que colaborou com o pai para montar o negócio da família, antes de seu declínio gradual nas mãos de seus três filhos, Willem (1635-1701), Pieter (1637-1706) e Joan II. Em 1703, o controle da cartografia holandesa pelos Blaeu chegou ao fim, quando a VOC parou de usar o nome da família em seus mapas.[10]

As origens do *Atlas maior* estavam na carreira notável do pai de Joan, Willem. Nascido Willem Janszoon, em Alkmaar ou Uitgeest, cerca de quarenta quilômetros ao norte de Amsterdam, Willem adotou o sobrenome "Blaeu" do apelido de seu avô, "blaeuwe Willem" ("Guilherme azul"), embora só tenha começado a assinar mapas com esse sobrenome

Dinheiro 295

a partir de 1621.[11] Filho de uma família de comerciantes prósperos, mas comuns, Willem começou sua vida trabalhando como balconista de um vendedor de arenques. Mas sua ambição e sua aptidão para a matemática logo o levaram a deixar o negócio e, em 1596, já estudava com Tycho Brahe em Hven (uma ilha situada entre a Dinamarca e a Suécia). Brahe, um dos astrônomos mais inovadores e admirados de seu tempo, havia criado um instituto de pesquisas e observatório astronômico em Hven, em 1576, onde realizou algumas das observações mais precisas dos planetas de sua época. Seu trabalho o levou a produzir um modelo geocêntrico modificado do sistema solar que ele, com pouca modéstia, chamou de sistema tychônico. Situando-se entre a teoria geocêntrica de Ptolomeu e a crença heliocêntrica de Copérnico, Tycho postulava um meio-termo pelo qual a Terra continuava a ser o centro do universo, com o Sol e a Lua girando em torno dela, enquanto os outros planetas giravam em torno do Sol.

Embora tenha passado apenas alguns meses na ilha, Blaeu parece ter auxiliado Brahe em suas observações astronômicas, aprendendo habilidades básicas em cosmografia celestial e cartografia.[12] Além de desenvolver as habilidades práticas que o sustentariam pelo resto de sua vida, Blaeu também herdou o ceticismo de Brahe em relação ao universo geocêntrico de Ptolomeu. Com o correr do tempo, adotou gradualmente o novo modelo heliocêntrico desenvolvido pelo aluno mais famoso de Brahe, Johannes Kepler. Em 1599, Blaeu estava de volta à Holanda, onde fez um de seus primeiros objetos científicos, um globo celeste baseado no catálogo de estrelas de Brahe. Estranhamente ignorado pelos historiadores da ciência, o globo de Blaeu é a primeira representação não ptolomaica conhecida do céu.

Era um começo ambicioso para um jovem que entrava em um mundo científico que valorizava mais a pesquisa empírica e os resultados práticos do que as abordagens mais especulativas das ciências naturais. A luta pela independência levou muitos artesãos, comerciantes, impressores, artistas e dissidentes religiosos a deixar as províncias do sul, controladas pela Espanha, especialmente após o saque de Antuérpia de 1585, e mudar-se para o norte, para cidades como Amsterdam. O resultado foi um súbito afluxo de novas ideias religiosas, filosóficas e científicas. A partir da década de 1580, o matemático e engenheiro flamengo Simon Stevin (1548-1620) trabalhou em Leiden como engenheiro militar para o exército do príncipe Maurício de Orange em sua luta contra os espanhóis, bem como escreveu uma série de trabalhos inovadores em holandês sobre matemática, geometria e engenharia. Stevin foi pioneiro no uso de frações decimais em moedas e pesos, e foi o primeiro cientista a compreender as marés de acordo com a atração da lua. Vários outros livros sobre juros compostos, trigonometria, equações algébricas, hidrostática, fortificações e navegação eram todos destinados a aplicações práticas específicas, pois, segundo Stevin, "a teoria devia sempre visá-las".[13] No campo da astronomia, o ministro reformado holandês Philips Lansbergen (1561-1632), que se mudou para o norte após o saque de Antuérpia, estabeleceu-se em Middleburg e começou a trabalhar em um conjunto de tabelas e observações astronômicas sobre o movimento da Terra. Suas obras, que apoiavam as teorias heliocêntricas de Copérnico, logo se tornaram um sucesso e foram utilizadas posteriormente por Kepler e Galileu em seus escritos astronômicos. Outro ministro reformado, Petrus Plancius (1552-1622), que também fugiu para o norte e se estabeleceu em Amsterdam, não só trabalhou junto com cartógrafos comerciais como Cornelis Claesz., como também fez observações astronômicas pioneiras, numa tentativa de determinar a longitude. Plancius investiu fortemente na VOC, aconselhou-a sobre mercados estrangeiros emergentes, deu nome a novas constelações e adotou a projeção de Mercator, numa série de mapas regionais e mundiais que defendiam os interesses comerciais holandeses.

O interesse predominante desses homens pelo impacto prático (e particularmente comercial) da ciência não escapou a Blaeu, que entendeu que não poderia ganhar a vida simplesmente endossando as novas ideias científicas de Brahe e Kepler. Em 1605, ele já estava em Amsterdam, destino óbvio de um jovem interessado em ciência e negócios. Blaeu logo se tornou um dos mais de 250 livreiros e impressores que trabalhavam na cidade, a qual começava a ultrapassar Veneza como centro do comércio europeu de livros. A capital valia-se da relativa tolerância da República em matéria de política, religião e ciência para publicar e vender livros de figuras como Stevin e Plancius sobre uma ampla variedade de temas e impressos em uma quantidade desconcertante de línguas, que iam do latim e do holandês ao alemão, francês, espanhol, inglês, russo, iídiche e até mesmo armênio.[14]

Dinheiro

Blaeu abriu seu negócio de impressão em Amsterdam publicando poesia, bem como guias práticos para marinheiros, entre eles seu best-seller *Luz de navegação* (1608), que mais uma vez se baseava nas observações astronômicas de Brahe para auxiliar na navegação transoceânica mais exata. Mas ele também compreendeu o potencial comercial da exploração do crescente mercado de um novo tipo de mapa, e nas três décadas seguintes seu negócio floresceu. Ele empregava gravadores em cobre para fazer seus mapas, e depois que seu filho Joan atingiu idade suficiente passou a delegar-lhe cada vez mais a edição deles. Willem só publicava mapas para os quais havia uma demanda certa. Os temas mais populares eram o mundo, a Europa, os quatro continentes, a República Holandesa, Amsterdam, Espanha, Itália e França. Apesar de sua compreensão da cartografia matemática aprendida com Brahe, e sua simpatia óbvia pela nova ciência, Willem era antes de tudo um empreendedor. Apesar de ter publicado cerca de duzentos mapas, assinou seu nome como criador em menos de vinte.

Blaeu percebeu que, se quisesse estabelecer-se como um impressor cartográfico de alguma importância, precisava produzir mapas mundiais de alta qualidade que se sobressaíssem em relação aos de concorrentes como Plancius, Claesz., Doetsz e Robaert. Em 1604, ele deu início ao plano de publicar nada menos que três mapas do mundo distintos, cada um com uma projeção diferente. Empregando gravadores para copiar e alterar mapas ainda em circulação, começou pela publicação de um mapa do mundo numa projeção cilíndrica simples, seguido por um que utilizava a projeção estereográfica e, por fim, em 1606-07, um mapa do mundo lindamente gravado em quatro folhas usando a projeção de Mercator. O mapa, que se perdeu e só sobrevive em uma reprodução fotográfica ruim, é um dos mapas mundiais mais importantes da cartografia holandesa do século XVII. Além de reconhecer a influência de Plancius ao usar a projeção de Mercator, ele fornece um retrato enciclopédico das preocupações políticas, econômicas e etnográficas da República Holandesa no início do século XVII.

A representação do mundo ocupa apenas a metade da superfície impressa do mapa. Em sua parte superior, dez dos imperadores mais poderosos da época aparecem a cavalo (entre eles, os imperadores turco, persa, russo e chinês); nas bordas da esquerda e da direita encontram-se 28 vistas topográficas das principais cidades do mundo, do México, no ocidente, a Aden e Goa, no oriente. Ao lado delas, distribuídas ao longo da base do mapa, veem-se trinta ilustrações dos habitantes das regiões representadas, entre eles congoleses, brasileiros, indonésios e chineses, retratados com aquilo que Blaeu imaginava ser seus trajes nacionais. Emoldurando o mundo à esquerda, à direita e abaixo há uma descrição em latim da Terra, com mais dez gravuras que retratam várias cenas e figuras da história.[15]

O título do mapa, *NOVA ORBIS TERRARUM GEOGRAPHICA ac Hydrogr. Tabula, Ex Optimis in hos operea uctorib' desumpta auct. Gul. Ianssonio*, ou "Mapa do Mundo Novo por Willem Janszoon baseado em dados emprestados dos melhores fabricantes neste campo", indica como Blaeu compôs seu mapa, tema que expandiu em uma de suas muitas legendas. Blaeu explica: "Julguei adequado copiar as melhores cartas marítimas disponíveis de portugueses, espanhóis e de nossos compatriotas, e incluí todas as descobertas feitas até então. Para fins decorativos e prazerosos, preenchi as bordas com imagens dos dez soberanos mais poderosos que governam o mundo em nosso tempo, as principais cidades e grande variedade de trajes dos diferentes povos". Blaeu descreve cuidadosamente a aplicação da projeção de Mercator, admitindo que "ela não me permite representar as partes norte e sul do globo como um plano". O resultado é um continente meridional vasto e, em grande parte, especulativo, consequência do uso da projeção de Mercator, mas também uma resposta aos territórios ainda inexplorados da Antártica e da Australásia. À esquerda e à direita, cartelas cuidadosamente gravadas explicam a projeção matemática, enquanto que, na base, linhas em verso comentam a cena acima, onde a Europa, sentada majestosamente, recebe presentes de seus povos súditos:

Para quem os mexicanos e peruanos oferecem colares de ouro e joias reluzentes de prata? Para quem o tatu leva peles, cana-de-açúcar e especiarias? Para a Europa, entronizada no alto, a governante suprema com o mundo a seus pés: a mais poderosa na terra e no mar, por meio da guerra e da empresa, ela possui uma riqueza de todos os bens. Ó Rainha, é a ti que o afortunado índio traz ouro e especiarias, enquanto os árabes trazem resina balsâmica; o russo envia peles e seu vizinho oriental embeleza teu vestido com seda. Por

Dinheiro

fim, a África oferece-te especiarias caras e bálsamo perfumado e também te enriquece com marfim branco brilhante, ao qual o povo de cor escura da Guiné acrescenta um grande peso de ouro.[16]

O mapa de Blaeu, representando a paisagem imperial global, as grandes cidades comerciais do mundo e sua gama de povos, reflete os novos imperativos mercantis da República Holandesa. Sua cobertura do mundo conhecido avaliava todos os lugares e todos os povos por seu potencial comercial, da Europa, como a personificação do comércio, à África e aos mexicanos que oferecem seus produtos para enriquecê-la por ser o continente preeminente do mundo.

Pode-se ter uma medida do sucesso de Blaeu vendo como mapas, cartas e globos foram reproduzidos nas pinturas de interiores e em naturezas-mortas executadas por toda uma gama de pintores holandeses do século XVII. Entre eles, nenhum teve mais fascínio por mapas do que Johannes Vermeer. Pelo menos nove de seus quadros ainda existentes retratam mapas de parede, cartas marítimas e globos com detalhes tão minuciosos e requintados que levaram um crítico a escrever sobre sua "mania de mapas".[17] O quadro *O geógrafo*, datado de cerca de 1688, mostra um jovem absorto no ato de fazer um mapa, com a parafernália de seu ofício espalhada ao seu redor. Sobre o armário que está às suas costas há um globo, e na parede está pendurada uma carta marítima, que podemos identificar como sendo a "Carta marítima da Europa", que Willem Blaeu fez em 1605. Em uma de suas primeiras pinturas, *O soldado e a moça sorridente*, feita por volta de 1657, Vermeer põe um mapa da Holanda e da Frísia ocidental (orientado com o oeste na parte superior) na parede atrás da cena doméstica de uma mulher e um soldado; ele é tão visualmente interessante quanto as figuras principais do quadro. Além de pintar esse mapa, Vermeer usou vários outros mapas de cartógrafos holandeses, entre eles, os das Dezessete Províncias, de Huyck Allart (que floresceu por volta de 1650-75) e Nicolaus Visscher (1618-79), e mapas da Europa de Jodocus Hondius, o Velho (1563-1612). Outros artistas compartilharam o interesse de Vermeer por mapas – Nicolaes Maes (1634-93) e Jacob Ochtervelt (1634-82) representaram mapas em suas pinturas, mas raramente com a precisão obsessiva de Vermeer. Ao optar por reproduzir um mapa das províncias holandesas em *O soldado e a moça sorridente*, Vermeer,

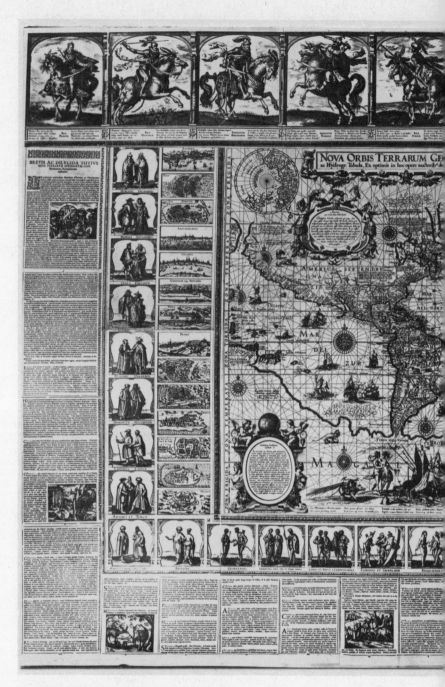

23. Willem Blaeu, mapa do mundo baseado na projeção de Mercator, 1606-07.

tal como seus contemporâneos, exibia o orgulho popular pela unidade política e geográfica da República recém-independente.

Tão precisa é a reprodução de Vermeer desse mapa em particular, até mesmo de seu título, que ele é facilmente identificado como criação de um conhecido cartógrafo holandês da época, Balthasar Florisz. van Berckenrode. Em 1620, os Estados Gerais concederam a Berckenrode um privilégio para publicar esse mapa, que ele então vendeu por doze florins o exemplar. No século XVII, os privilégios de impressão, que impediam a cópia de determinados textos ou imagens por um período de tempo especificado, eram o equivalente mais próximo dos direitos autorais modernos. A violação dos privilégios era punível com uma multa substancial e, como essas sanções eram impostas pelos Estados Gerais, isso significava que eles efetivamente representavam o endosso político do conteúdo de uma obra impressa.[18] A concessão de um privilégio não garantia automaticamente o sucesso comercial: apesar de sua aparência patriótica, o mapa de Berckenrode não foi, de acordo com relatos escritos, muito popular, e até onde se sabe, não subsistem cópias de sua edição de 1620. Devido talvez ao fracasso comercial, Berckenrode vendeu em 1621 as placas de cobre e os privilégios de publicação do mapa para Willem Blaeu, que parece ter tido mais sucesso: ele convenceu Berckenrode a refazer a parte das regiões do norte com mais precisão, e o mapa tornou-se cada vez mais popular durante a década de 1620.[19] Blaeu tratou de reproduzi-lo até 1629, quando o privilégio expirou, e é uma edição desse mapa com o nome de Blaeu que Vermeer reproduz em sua pintura. Embora Blaeu não tivesse nenhuma participação na confecção do mapa ou em sua gravação, ele o transformou em um mapa Blaeu ao assiná-lo, e foi assim, provavelmente, que Vermeer o entendeu quando o pintou no final da década de 1650 (e em pelo menos outras duas ocasiões nos quinze anos seguintes). Essa não seria a primeira nem a última vez que Blaeu e seus filhos se apropriariam de mapas para seu próprio lucro comercial, mas é um exemplo revelador de como os negócios da família prosperaram.

Perto do final da segunda década do século XVII, Blaeu já era um dos principais impressores e cartógrafos de Amsterdam. O sucesso devia-se, em parte, aos seus talentos de gravador, cientista e empresário, uma combinação de que a maioria de seus rivais carecia e que lhe possibilitava

Dinheiro 303

produzir mapas bonitos e gravados com precisão, mas ele também teve a sorte de surgir em um momento particularmente crucial da história da jovem República. Um pouco mais jovem do que rivais como Claesz. e Plancius, ele também estava em posição de aproveitar as oportunidades comerciais proporcionadas pela trégua de doze anos decidida entre Espanha e a República em 1609, o que permitiu por algum tempo que os holandeses se dedicassem ao comércio internacional sem sofrer restrições da oposição militar e política espanhola. Mas a decisão de assinar a trégua fora muito controversa e causou uma divisão desastrosa entre o *Stadholder* (o chefe efetivo de Estado) das Províncias Unidas, príncipe Maurício de Orange, que se opunha a ela, e o presidente dos Estados Provinciais da Holanda, Johan van Oldenbarnevelt, que a apoiava. De início, o acordo trouxe prosperidade comercial, mas dividiu as províncias em dois campos opostos. As diferenças se intensificaram devido a uma complexa divisão teológica entre os calvinistas (apoiados pelo príncipe Maurício e muitos dos diretores da VOC) e seus adversários, os arminianos ou "remonstrantes" (apoiados por Oldenbarnevelt), cujo nome vinha de uma petição conhecida como "Remonstrância", que procurava consagrar suas diferenças teológicas do calvinismo. Quando as tensões aumentaram e ambos os lados pegaram em armas, Maurício entrou em Utrecht, em julho de 1618. Oldenbarnevelt foi preso e, depois de julgado por um tribunal presidido pelo diretor da VOC, Reynier Pauw, um calvinista convicto e antirremonstrante, foi decapitado em Haia, em maio de 1619.

Blaeu viu-se subitamente no lado errado da disputa. Nascido dentro do movimento menonita, um ramo dos anabatistas do século XVI, com a sua forte tradição de responsabilidade espiritual pessoal e pacifismo, suas simpatias eram decididamente libertárias e muitos de seus amigos eram remonstrantes ou "gomaristas" (seguidores do teólogo holandês Franciscus Gomarus, 1563-1641). Enquanto os antirremonstrantes julgavam Oldenbarnevelt, a VOC tentava limitar a circulação de mapas relacionados com a navegação comercial holandesa no exterior nomeando um cartógrafo oficial responsável pela elaboração e correção dos diários de bordo, cartas marítimas e mapas da companhia. Blaeu era o candidato óbvio, mas suas convicções políticas e religiosas significavam que sua nomeação pela VOC, predominantemente antirremonstrante, estava fora de questão. Assim, os diretores nomearam um de seus protegidos, Hessel Gerritsz, considerado uma escolha politicamente mais segura do que a de seu mentor.[20]

Blaeu continuou a construir o seu negócio durante a década de 1620, agora com a ajuda de seu filho Joan. No final desse período, começou a ampliar sua atividade cartográfica ainda mais. Tendo adquirido proeminência através da produção de mapas em folhas soltas, bem como globos, mapas de parede compostos e livros de viagem, passou a produzir atlas, depois de uma aquisição que provocou uma das rivalidades mais encarniçadas da cartografia do século XVII, e que acabou por levar à criação do *Atlas maior* de Joan Blaeu. Em 1629, Blaeu comprou cerca de quarenta mapas em chapa de cobre do espólio do recentemente falecido Jodocus Hondius, o Jovem. Hondius fazia parte de uma dinastia de cartógrafos iniciada por seu pai, um dos primeiros fornecedores de mapas da VOC. Em 1604, Jodocus Hondius, o Velho, gastou o que descreveu como "uma soma considerável" para comprar as placas de cobre do *Atlas* de Mercator de parentes do cartógrafo em um leilão em Leiden. Foi um grande lance de Hondius, que dentro de dois anos publicou em Amsterdam uma versão revista e atualizada do *Atlas*. A obra continha 143 mapas, inclusive 36 novos, alguns feitos por Hondius, mas a maioria adquirida de outros cartógrafos, e com uma dedicatória aos Estados Gerais das Províncias Unidas. Embora tenha destruído o projeto e a integridade do *Atlas* original de Mercator ao explorar o nome do grande cartógrafo (e o que ele havia produzido), Hondius conseguiu êxito financeiro imediato. O novo atlas fez tanto sucesso que nos seis anos anteriores à sua morte, em 1612, ele lançou sete edições em latim, francês e alemão.[21] Chegou mesmo a autorizar uma gravura nas páginas de abertura da obra que o mostrava sentado diante de Mercator, ambos trabalhando felizes em um par de globos, apesar de Mercator estar morto havia quase vinte anos. O que hoje é conhecido como o *Atlas Mercator-Hondius* estava longe de ser abrangente em seu alcance geográfico, e seus mapas adicionais variavam em qualidade. Mas tornou-se o principal atlas de seu tempo graças à sua apropriação do *imprimatur* de Mercator, e porque seu único concorrente, o *Theatrum orbis terrarum* (1570) de Ortelius, que não estava mais sendo atualizado, parecia terrivelmente antiquado; era também muito caro para os possíveis rivais competir com o *Atlas* de Hondius, tendo de fazer cerca de 150 novos mapas a partir do zero.

Dinheiro 305

Quando Hondius morreu, em 1612, o negócio foi assumido por sua viúva, Coletta van den Keere, e seus dois filhos, Jodocus Hondius, o Jovem, e Henricus Hondius. Por volta de 1620, os irmãos brigaram e seguiram caminhos separados. Jodocus começou a preparar mapas para um novo atlas, enquanto Henricus entrou no negócio com o seu cunhado, o editor Johannes Janssonius.[22] Antes de publicar seu novo atlas, Jodocus morreu subitamente em 1629, com apenas 36 anos. Blaeu viu sua chance. Embora o atlas de Hondius dominasse o mercado, a briga de família impedia que as edições subsequentes incorporassem novos mapas, deixando-o estagnado. Enquanto a família brigava pelo espólio, Blaeu aproveitou a oportunidade para adquirir os novos mapas de Henricus e lançar sua própria obra rival.

Não se sabe como Blaeu conseguiu adquirir os mapas, mas está claro como ele os usou. Seu primeiro atlas, intitulado *Atlantis Appendix* – literalmente, um atlas que suplementava a obra de Mercator e Hondius –, publicado em 1630, continha sessenta mapas, principalmente da Europa, com praticamente nenhuma cobertura regional da África e da Ásia. Desses mapas, nada menos do que 37 vinham de Hondius, cujo nome foi simplesmente apagado e substituído pela marca de Blaeu. Foi um lance audacioso, agravado pela recusa atrevida de Blaeu de até mesmo dar crédito aos mapas de Hondius em seu prefácio ao leitor, onde dizia, reconhecendo a precedência das obras de Ortelius e Mercator: "Eu admito que aqui figuram alguns mapas que já foram publicados no *Theatrum*, ou no *Atlas*, ou em ambos, mas damos esses mapas em outra forma e com outra aparência, e feitos, aumentados e suplementados com maior diligência, cuidado e precisão, de modo que, com o resto, eles podem ser chamados de quase novos." Blaeu concluía grandiosamente com hipocrisia quase cômica que seus mapas "foram compostos com diligência, honestidade e juízo correto".[23]

As ações de Blaeu eram, em parte, motivadas por uma longa história de conflito comercial com Janssonius. Já em 1608, ele havia dirigido um apelo aos Estados da Holanda e Frísia ocidental, pedindo segurança contra a perda de renda causada por edições piratas de seus mapas, um ataque malvelado a Janssonius por causa da impressionante semelhança entre seu mapa mundial de 1611 e o mapa de Blaeu de 1605.[24] Em 1620, Janssonius atacou novamente, imprimindo cópias de *Luz de navegação* de Blaeu com chapas desenhadas por Pieter van der Keere, cunhado de Jodocus Hondius, o Velho. Como o privilégio de Blaeu para imprimir seu livro havia acabado, sua única forma de se defender contra a pirataria flagrante de Janssonius era publicar um novo guia para pilotos, com grande despesa.[25] Até 1629, Blaeu devia achar que Janssonius, agora ajudado por Henricus Hondius, era comercialmente inexpugnável. O fato de ter aparentemente triunfado então sobre seu adversário com a publicação do *Appendix* deve ter-lhe dado um grau de satisfação pessoal, embora também ampliasse a rivalidade profissional entre as duas famílias, que perduraria por mais de trinta anos.[26]

Tal como o *Atlas Mercator-Hondius*, o *Atlas Appendix* de Blaeu era irregular em sua cobertura geográfica e qualidade de impressão. Não obstante, foi um sucesso imediato, pois os ricos da sociedade estavam ávidos por comprar e inspecionar um novo atlas diferente daqueles produzidos por Hondius. Henricus Hondius e Johannes Janssonius ficaram compreensivelmente estarrecidos ao ver que seu controle sobre o mercado estava sendo desafiado por um atlas composto principalmente de mapas feitos por seu parente morto. Eles reagiram de maneira rápida, ainda em 1630, com a publicação de um apêndice de seu atlas, seguido em 1633 por uma nova edição francesa ampliada do *Atlas Mercator-Hondius*, na qual atacavam diretamente o *Atlas Appendix* de Blaeu como "uma mixórdia de mapas antigos", e que também copiava mapas do atlas de Jodocus, o Jovem.[27]

A crítica de Hondius e Janssonius ao atlas impresso de modo apressado de Blaeu era totalmente justificada, embora fosse uma acusação que também poderia ser feita ao próprio atlas deles. A competição fez ambos os lados perceberem que atlas compostos por uma montagem de mapas antigos e novos encomendados ou pirateados de forma apressada eram insustentáveis. Era preciso um atlas completamente novo que incluísse mapas atualizados que incorporassem as descobertas recentes, incluindo algumas que constavam das cartas manuscritas da VOC do sudeste asiático. Mas esse empreendimento exigia um grande investimento de capital (em mão de obra qualificada, horas de trabalho e o grande volume de texto impresso envolvido), bem como acesso às últimas informações de navegação. Na segunda metade da década de 1620, a mudança do clima político e comercial fez com que Blaeu levasse vantagem sobre seus rivais: o poder da facção política antirremonstrante diminuiu gradualmente, e os aliados remonstrantes de

Dinheiro

Blaeu caíram novamente nas graças das autoridades civis da cidade e da VOC. Entre eles estava seu amigo íntimo Laurens Reael, uma das figuras mais poderosas e influentes da cidade, relacionado pelo casamento com Arminius, um ex-governador-geral das Índias Orientais, e diretor da VOC.[28]

Para Blaeu, essa mudança no poder atingiu um clímax em 1632, quando o cargo de cartógrafo oficial da VOC ficou vago com a morte de Hessel Gerritsz. Em 1619, a nomeação de Blaeu tinha sido quase impensável, mas agora o posto estava ao seu alcance, e quando os diretores da VOC (entre eles Reael) o visitaram em dezembro de 1632 para oferecer-lhe o cargo, Blaeu aceitou imediatamente e foi formalmente nomeado em 3 de janeiro de 1633. Seu contrato estipulava que ele seria responsável por manter um registro dos diários de bordo dos pilotos da VOC que viajavam para o sudeste asiático, corrigir e atualizar mapas e cartas marítimas da companhia, designar pessoas "de confiança" para fazer os mapas, manter sigilo absoluto e apresentar um relatório semestral aos diretores sobre tudo isso e o resto de suas atividades cartográficas. Em pagamento, receberia anualmente trezentos florins, um salário modesto, semelhante ao de funcionários públicos comparáveis, mas que poderia ser complementado por pagamentos separados da VOC pelos mapas e cartas que fizesse.[29] Isso pôs Blaeu bem no centro das políticas públicas e comerciais da República e deu-lhe uma posição de poder e influência sem precedentes dentro da cartografia holandesa.

No mesmo momento em que foi nomeado, Blaeu estava trabalhando em mais uma tentativa de dominar o mercado, seu *Novus Atlas*, que (prometia um anúncio de pré-publicação) seria "totalmente renovado com novas gravuras e novas descrições detalhadas". Publicado em 1634, foi o primeiro atlas de Blaeu a mencionar o envolvimento de Joan, o filho de Willem, embora ele ajudasse o pai, pelo menos desde 1631. Infelizmente, o *Novus Atlas* não estava à altura de sua publicidade. Apesar de conter 161 mapas, mais da metade havia sido publicada antes, nove foram publicados incompletos e cinco nem eram destinados à publicação![30] As tarefas de Blaeu como cartógrafo da VOC e seu desejo de lançar correndo um atlas antes dos concorrentes levaram provavelmente aos erros.

A designação para cartógrafo da VOC, no entanto, deu a Blaeu a confiança necessária para ampliar o alcance de seus atlas, e para isso as ferramentas estavam à mão. Quando morreu, em 1632, o espólio de Gerritsz incluía seis gravuras em chapa de cobre de Índia, China, Japão, Pérsia e Turquia, regiões comercialmente sensíveis em que a VOC atuava em comércio e mapeamento. Os privilégios da VOC significavam que elas eram, na verdade, bens da companhia, mas Blaeu, provavelmente com a ajuda de Reael, que foi um dos executores da vontade de Gerritsz, conseguiu adquirir as chapas para uso próprio. Em 1635, ele publicou um atlas ainda maior, dessa vez em dois volumes, que continha 207 mapas, cinquenta deles novos, e que pretendiam ser ainda mais abrangentes. "É nossa intenção", escreveu Blaeu no prefácio, "descrever o mundo inteiro, isto é, os céus e a Terra, em outros volumes, como estes dois, dois dos quais sobre a Terra sairão em breve".[31] O atlas reproduzia um mapa da Índia e do sudeste asiático de Gerritsz que simplesmente acrescentava cartelas decorativas no alto e no canto superior esquerdo, e no canto direito uma cena de *putti* brincando com instrumentos de navegação e traçando seu caminho num globo terrestre com um compasso. A cartela da esquerda revela que o mapa era dedicado a ninguém menos que Laurens Reael.

Essas manobras mostram claramente a tentativa pragmática de Blaeu de dominar o mercado de atlas, mas suas motivações nem sempre eram diretas. Em 1636, após a condenação de Galileu Galilei pela Inquisição católica por suas crenças heliocêntricas heréticas, um grupo de eruditos holandeses arquitetou um plano para oferecer asilo ao astrônomo italiano na República Holandesa. O plano foi lançado pelo grande jurista, diplomata (e simpatizante remonstrante) Hugo Grotius – cujos livros foram publicados por Blaeu – e entusiasticamente apoiado por Laurens Reael e Willem Blaeu. Além da crença intelectual em um universo heliocêntrico, os três homens também tinham interesses comerciais para fazer esse convite. Grotius, tendo já escrito sobre o tema da navegação, esperava atrair Galileu a Amsterdam para que ele pudesse oferecer à VOC um novo método de determinar a longitude, que, se bem-sucedido, daria aos holandeses o domínio completo da navegação internacional.[32] As ideias um tanto não conformistas de Blaeu coincidiam com seu olho para uma nova oportunidade comercial: Galileu representava uma nova maneira de olhar o mundo, mas também era alguém que poderia lhe dar uma vantagem decisiva nas publicações cartográficas na década de 1630. No fim, os planos

Dinheiro 309

para convidar Galileu não deram em nada, pois o astrônomo alegou que problemas de saúde (e, sem dúvida, os termos de sua prisão domiciliar pela Inquisição) o impediam de fazer o que teria sido uma deserção sensacional para a principal república calvinista da Europa.

O fracasso do esquema fez pouca diferença para Blaeu, que ia de vento em popa. Em 1637, ele expandiu os negócios da família, mudando a oficina de impressão para um novo prédio junto ao Bloemgracht, canal do bairro de Jordaan, no oeste da cidade, que abrigava as indústrias de tingimento e pintura. Com a fundição de gravuras e nove impressoras tipográficas, seis das quais dedicadas à cartografia, o novo prédio era a maior casa impressora da Europa. Infelizmente, Willem teve apenas um ano para desfrutar sua supremacia de maior impressor da Europa: morreu em 1638, deixando o negócio da família para seus filhos Joan e Cornelis (c.1610-42).

A morte de Willem marcou o fim da primeira fase da ascensão da dinastia Blaeu ao domínio quase completo da impressão e cartografia na República Holandesa. Ele construíra uma carreira que o colocara na vanguarda da impressão e cartografia em Amsterdam. Os mapas do mundo e guias de navegação de Willem substituíram os de geógrafos anteriores e seus atlas concorreram com os de Ortelius e Mercator. Ele abriu o caminho para pôr a cartografia no centro da política e do comércio do Estado, culminando em seu trabalho para a VOC e na publicação de mapas e livros que descreviam um mundo heliocêntrico em que a Terra não se situava mais no centro do universo. Mas para Joan e Cornelis as exigências do negócio de edição, a competição com Hondius e Janssonius e as demandas das encomendas da VOC significavam que eles precisavam consolidar as conquistas de seu pai antes que seus concorrentes avançassem.

Após a morte do pai, o negócio de Joan e Cornelis ganhou um impulso com a notícia de que Henricus Hondius havia inexplicavelmente parado de fazer atlas com seu cunhado, deixando Janssonius sozinho. A posição dos irmãos Blaeu foi reforçada ainda mais em novembro de 1638, quando Joan foi confirmado no cargo de cartógrafo oficial da VOC, que fora de seu pai. Durante o mandato de Willem, o posto se expandira, acompanhando o crescimento do volume de comércio entre Amsterdam e a sede indonésia da VOC em Batávia (atual Jacarta); quando Joan foi nomeado, a frota mercante da República Holandesa já aumentara para cerca de 2 mil embarcações, superando todas as outras potências marítimas europeias. Com uma capacidade em torno de 450 mil toneladas e empregando cerca de 30 mil marinheiros mercantes, a VOC recebia subscrições dos investidores entre 40 e 60 milhões de florins por ano; ao mesmo tempo, seus lucros continuavam a crescer e seus mercados se expandiam em especiarias, pimentas, têxteis, metais preciosos e artigos de luxo, como marfim, porcelana, chá e café. Ao longo da década de 1640, ela despachou mais de 100 mil toneladas por ano para o oriente, e no final do século já havia enviado um número estimado de 1.755 navios e mais de 973 mil pessoas para a Ásia (das quais 170 mil perderam suas vidas na travessia).[33]

Todos esses navios precisavam de mapas e cartas marítimas para navegar de Texel para Batávia. O capitão e os pilotos principais e secundários ganhavam um conjunto completo de pelo menos nove cartas e o terceiro vigia, um conjunto menor. Tudo era feito por Blaeu e seus assistentes. A primeira carta mostrava a rota de Texel ao cabo da Boa Esperança; a segunda cobria do oceano Índico, a partir da costa oriental da África, ao estreito de Sunda, que separa Java e Sumatra; as três seguintes mostravam o arquipélago da Indonésia em uma escala maior, seguido por cartas de Sumatra, do estreito, Java e, finalmente, Batávia (incluindo Bantam, na ilha indonésia de Java). Cada conjunto era acompanhado por globos, manuais, diários de bordo, folhas em branco e até um cilindro de lata para guardar as cartas marítimas. Na tentativa de limitar a circulação desses documentos, a VOC exigia que as cartas não devolvidas no final de uma viagem deveriam ser pagas.

O papel de Blaeu como cartógrafo oficial da VOC o ligava a todos, desde o terceiro vigia a bordo de um navio da VOC até os diretores da companhia e suas decisões empresariais. O capitão e os imediatos de cada navio da VOC eram obrigados a mostrar ao cartógrafo da companhia seus diários de bordo, anotações e quaisquer esboços topográficos que tivessem feito a caminho do oriente, e Blaeu tinha de verificar e aprovar cada registro antes de depositá-lo na sede da VOC, na Oude Hoogstraat. Baseado no que lera, Blaeu desenhava então cartas marítimas, conhecidas como *"leggers"*, um modelo para os mapas acabados posteriores. Essas cartas eram simples, em linhas gerais, e na mesma escala utilizada nos mapas finais. Elas incorporavam materiais novos sempre que apropriado

Dinheiro

e formavam a base do conjunto padrão de cartas marítimas utilizadas por todos os pilotos da VOC. Até quatro assistentes eram, então, empregados para executar manualmente as cartas em pergaminho – desenhadas à mão, em vez de impressas, para tentar impedir que seus detalhes circulassem com facilidade no mercado aberto, e em pergaminho por causa de sua durabilidade na longa viagem marítima. Essa maneira de elaborar cartas marítimas também possibilitava o uso de um método rápido e engenhoso de atualizar os mapas originais. Eles eram revisados e alterados com a repicagem de novas linhas costeiras ou ilhas com uma agulha e depois eram postos sobre uma folha em branco de pergaminho e polvilhados com fuligem. Uma vez removidas, as partículas de fuligem deixadas sobre a nova folha de pergaminho através dos furos de agulha podiam então ser cuidadosamente unidas pelos assistentes de Blaeu para formar uma nova e mais precisa representação das costas marinhas.[34]

Os custos envolvidos eram consideráveis: cada novo mapa que Blaeu fazia custava à companhia entre cinco e nove florins (o preço de uma pequena pintura); equipar um navio com um conjunto completo de cartas marítimas novas custaria pelo menos 228 florins. Os custos de Blaeu não ultrapassavam provavelmente dois florins para cada carta, dando-lhe uma margem de lucro enorme de pelo menos 160%. Estes números são, naturalmente, conjeturais, pois é impossível, a partir do pequeno número de cartas que subsistem, estimar quantas foram devolvidas e reutilizadas, nem com que frequência Blaeu precisava atualizá-las. Mas parece não haver dúvida de que seu cargo era extremamente lucrativo. Em 1668, Blaeu cobrou da companhia a quantia assombrosa de 21.135 florins, um valor enorme, considerando-se que seu salário anual era de quinhentos florins, semelhante ao de um mestre carpinteiro (e equivalente ao custo médio de uma casa em Amsterdam). A fatura provavelmente incluía a conta das cartas marítimas, mas também artigos maiores, de luxo, como globos e mapas pintados à mão para apresentações a dignitários estrangeiros. Em 1644, Blaeu recebeu 5 mil florins por um gigantesco globo pintado à mão presenteado ao rei de Makassar (na Indonésia moderna), e outros registros mostram pagamentos que variam de algumas centenas a dezenas de milhares de florins por globos, atlas e mapas decorativos.[35] Em contraste, parece que os assistentes de Blaeu eram mal pagos por seu patrão. Um deles, Dionísio Paulusz, desenhou um mapa do oceano Índico pelo qual Blaeu cobrou cem florins dos diretores da VOC, mas Paulusz reclamou que recebeu por ele pouco mais que "um gole de água".[36]

A nomeação de Blaeu refletia o equilíbrio peculiar entre a exclusividade oficial e a iniciativa privada que caracterizava a VOC. Embora insistindo que suas cartas marítimas eram propriedade exclusiva da companhia e que os métodos de sua criação deveriam permanecer em segredo, os diretores davam a Blaeu uma notável autonomia na forma como ele explorava seu conhecimento cartográfico recém-adquirido em outros projetos de impressão. Esse conhecimento permitiu-lhe até bloquear propostas de reforma das práticas de navegação da companhia. Ao longo das décadas de 1650 e 1660, os conselheiros sugeriram a impressão de um manual de navegação padronizado, e embora Blaeu estivesse envolvido na discussão, ele tergiversou sempre. O fato é que não era de seu interesse apoiar essa iniciativa, especialmente depois que começou a trabalhar no *Atlas maior*.[37]

O posto na VOC, portanto, rendia a Blaeu mais do que um lucro financeiro muito considerável: dava-lhe acesso sem precedentes às informações cartográficas mais recentes para suas cartas marítimas, bem como a capacidade de influenciar (e, se necessário, bloquear) novas iniciativas. Trazia também uma enorme influência cultural e cívica. Nas três décadas seguintes, ele assumiu uma série de cargos públicos: trabalhou no conselho da cidade e foi por um período vereador, capitão da guarda cívica e comissário de fortificações.[38]

Blaeu também ampliou as atividades de sua gráfica no Bloemgracht, publicando obras religiosas de católicos, bem como de remonstrantes e socinianos (uma seita liberal que rejeitava a ideia da Trindade e era desprezada pelos calvinistas tanto quanto, se não mais, pelos católicos), apesar das objeções de autoridades civis de Amsterdam. Blaeu tinha tanta confiança em sua posição política que, em 1642, sobreviveu a um ataque a sua editora pelo *schout*, o promotor legal da cidade, devido à publicação de um tratado sociniano. O *schout* mandou queimar os livros e os irmãos Blaeu foram multados em duzentos florins, mas a influência de Blaeu levou os burgomestres da cidade a anular rapidamente o veredicto (embora tarde demais para salvar os livros do fogo). Como sempre, Blaeu virou a controvérsia a seu favor: publicou uma nova edição em holandês,

Dinheiro 313

anunciando a natureza escandalosa de um livro que fora "publicamente executado e queimado pelo fogo".[39] A disposição aparentemente liberal das práticas de impressão que Blaeu herdou de seu pai continuou a definir suas decisões editoriais, mas elas eram inevitavelmente influenciadas por considerações comerciais. Ele também usou sua riqueza para investir em plantações nas ilhas Virgens, encarregando-se de fornecer escravos africanos para trabalhar em sua fazendas.[40] Ao lado das acusações de Paulusz sobre a mesquinhez de Blaeu como patrão, suas atividades de traficante de escravos mostram que herdou tanto as crenças libertárias de seu pai como seu traço de empreendedor implacável.

A ambição persistente do impressor Blaeu era dominar o comércio de atlas de uma vez por todas, mas apesar de sua nomeação para cartógrafo da VOC e as informações privilegiadas que o cargo lhe assegurava, ele continuava a enfrentar a concorrência implacável de Johannes Janssonius. Livres respectivamente do pai e do sócio, os dois homens travavam uma competição acirrada para produzir o melhor atlas do mercado. Eles redobraram esforços, imprimindo atlas cada vez maiores e mais ambiciosos durante as décadas de 1640 e 1650, descartando referências a cartógrafos anteriores como Mercator, inclusive usando o mesmo título, *Novus Atlas*, para enfatizar a modernidade de seus produtos. Blaeu concentrou-se em simplesmente adicionar novos volumes à estrutura inicial do atlas que herdou de seu pai. Em 1640, lançou um novo atlas em três volumes, apresentando novos mapas da Itália e da Grécia. Em 1645, publicou um quarto volume, com mapas da Inglaterra e do País de Gales, dedicado ao rei Carlos I, no momento em que a guerra civil inglesa começava a virar a favor dos adversários republicanos do rei. Houve um breve hiato em sua produção de atlas no final dos anos 1640, em parte devido a uma série de publicações produzidas em reação à assinatura do tratado de Vestfália em 1648, entre elas, seu mapa mundial de 21 folhas em dois hemisférios que seria usado como base para o piso do Burgerzaal. Em 1654, ele acrescentou mais um volume sobre a Escócia e a Irlanda e, em 1655, um sexto volume de dezessete novos mapas da China, que se valiam de seus extensos contatos com as operações da VOC no Extremo Oriente. Um volume do atlas custava entre 25 e 36 florins, e a edição completa com os seis volumes era vendida por 216 florins.

Mas Janssonius continuou a competir volume a volume com Blaeu, afirmando até que as edições posteriores de seu atlas trariam uma descrição abrangente de todo o mundo e incluiriam o céu e a Terra, superando não só os esforços de Blaeu, mas também os grandes tratados cosmográficos do século XVI. Em 1646, ele também já havia publicado quatro novos volumes; em 1650, acrescentou um quinto atlas marítimo e, oito anos depois, lançou um sexto volume composto por 450 mapas, maior do que o atlas de seis partes de Blaeu, que continha 403 mapas.

Em 1658, os dois editores estavam num impasse. Na verdade, apesar das vantagens óbvias de Blaeu em termos de recursos de impressão e acesso a materiais da VOC, o atlas de Janssonius era mais equilibrado e abrangente. Mas àquela altura Blaeu, próximo dos sessenta anos, já tomara uma decisão momentosa. Decidiu iniciar um projeto de publicação projetado para eclipsar Janssonius de uma vez por todas: uma descrição detalhada da terra, dos mares e dos céus. Propôs chamar o empreendimento de *Atlas maior sive cosmographia Blaviana, qua solum, salum, coelum, accuratissime describuntur*, ou "Grande Atlas ou cosmografia de Blaeu, em que a terra, o mar e os céus são descritos com muita precisão". Blaeu previa um projeto editorial em três etapas que começaria com a terra, prosseguiria com o mar e, finalmente, o céu. Janssonius já havia prometido um atlas assim, mas carecia de recursos para publicar uma edição verdadeiramente definitiva. Blaeu canalizou então todos os seus formidáveis recursos para aquela que seria sua última e maior realização editorial.

Em 1662, quando o trabalho na primeira parte do projeto se aproximava do fim, Blaeu anunciou que estava desistindo do ramo de venda de livros de seu império de negócios para se concentrar na impressão do atlas, e realizou uma venda pública de todo o estoque de sua livraria a fim de levantar fundos para sua conclusão iminente. Quando o atlas foi lançado no final daquele ano, ficou claro por que Blaeu precisava de todo o capital que pudesse reunir. A primeira edição do *Atlas maior*, publicada em latim, era simplesmente enorme. Nada igual havia sido impresso antes, e seus onze volumes, 4.608 páginas e 594 mapas ofuscaram todos os atlas anteriores de Blaeu, bem como os de Janssonius. Mas o plano de Blaeu de dominar o mercado de atlas europeu significava que ele precisava lançar não uma, mas cinco edições do *Atlas maior* simultaneamente. A primeira era

Dinheiro

em latim – um pré-requisito para a elite culta – e as restantes em línguas vernáculas mais populares e rentáveis. A segunda, publicada em 1663, em doze volumes, incluía 597 mapas e era em francês, para abastecer o maior mercado de Blaeu. A terceira foi em holandês, para seu público doméstico, publicada em 1664 em nove volumes, contendo seiscentos mapas. A quarta foi em espanhol, idioma daquele que ainda era considerado o grande império ultramarino do continente. A quinta e mais rara edição foi publicada em alemão em 1658. Blaeu começou a trabalhar primeiro neste atlas, mas adiou-o para que as mais importantes edições em latim e francês saíssem antes. Foi publicado em formato abreviado, em 1659, embora sua versão completa chegasse a dez volumes e 545 mapas. Cada edição variava de acordo com as regiões retratadas e os formatos de impressão usados, mas na maioria dos casos elas repetiam o texto e os mapas, uma medida que apontava na direção da padronização exigida de um atlas.[41]

As estatísticas envolvidas na criação desses atlas por um período de quase seis anos, de 1659 a 1665, são espantosas. Estima-se que as tiragens de todas as cinco edições somaram 1.550 exemplares, sendo a edição latina a maior, com 650 cópias. Mas esse número aparentemente modesto representava um total cumulativo fenomenal de 5.440.000 páginas de texto e 950 mil em impressões em chapas de cobre. O tempo e a mão de obra envolvidos em juntar tudo isso foi extraordinário. A composição das primeiras 14 mil páginas de texto impresso das cinco edições originais, com base em um cálculo de oito horas para compor uma página, precisava de cinco compositores trabalhando 100 mil horas. Isso representava uma equipe de compositores trabalhando em tempo integral durante 2 mil dias, ou seis anos. Em contraste, a impressão das 1.830.000 folhas de texto era um processo relativamente rápido. Supondo-se que, funcionando a plena capacidade, as nove prensas de Blaeu fossem capazes de imprimir cinquenta folhas por hora, o texto impresso de todas as quatro edições poderia, em teoria, ter sido concluído em pouco mais de dez meses. A impressão dos mapas gravados em cobre era outra questão, quando mais não fosse porque eles precisavam ser executados no verso de folhas que já tinham sido impressas; é provável que apenas dez impressões de uma chapa de cobre podiam ser feitas por hora. Tendo em vista as 950 mil impressões em chapa de cobre em todas as quatro edições, seis prensas de

Blaeu precisariam funcionar em tempo integral por cerca de 1.600 dias, ou quatro anos e meio. Muitos dos mapas também eram coloridos à mão, o que dava ao comprador a ilusão satisfatória de adquirir um objeto feito por encomenda, embora Blaeu entregasse essa tarefa a trabalhadores avulsos que ganhavam três stuivers por mapa, tornando-se difícil avaliar o tempo envolvido. Depois, a cuidadosa encadernação de apenas um atlas de vários volumes podia demorar pelo menos um dia. E tudo isso (bem como outros trabalhos de impressão realizados durante o mesmo período) foi realizado por uma força de trabalho de não mais do que oitenta empregados por Blaeu em sua oficina no Bloemgracht.[42]

Esse investimento de capital enorme e potencialmente arriscado refletiu-se no preço de venda das diferentes edições do *Atlas maior*. Cada uma delas custava bem mais do que os atlas anteriores de Blaeu, a maioria dos quais era vendida por pouco mais de duzentos florins. Um atlas em latim colorido à mão custava 430 florins (sem cores, saía por apenas 330 florins), enquanto que o atlas francês, que era maior, custava 450 florins em cores, 350 florins em preto e branco. Esses preços faziam dele não somente o atlas mais caro já vendido, mas também o livro mais caro de sua época; 450 florins era um salário anual decente para um artesão do século XVII e o equivalente em moeda de hoje a cerca de 30 mil dólares. O *Atlas maior* não era obviamente uma publicação para modestos trabalhadores: seus compradores eram pessoas associadas à sua criação, ou que poderiam ajudar os holandeses em sua expansão política e comercial: políticos, diplomatas, comerciantes e financistas.

Depois de tanto esforço e expectativa, é notável que o *Atlas maior* fosse tão pouco ousado. Não só seu layout, mas também seus mapas indicavam que Blaeu tinha pouco apetite por reforma ou inovação. Os atlas anteriores tanto de Blaeu como de Janssonius sofriam de uma abordagem simplesmente cumulativa, em que a quantidade triunfava em detrimento da qualidade, e nos quais grandes áreas do globo eram cobertas nos mínimos detalhes, enquanto outras eram quase totalmente negligenciadas, e havia pouca coerência na sequência dos mapas. O *Atlas maior* não fez nenhum esforço para corrigir essas deficiências, nem oferecia um conjunto de mapas substancialmente novo que refletisse o conhecimento geográfico contemporâneo. Por exemplo, o primeiro volume trazia um mapa do mundo, seguido por mapas das regiões árticas, Europa, Noruega, Dinamarca e Schleswig. De seus 22 mapas, catorze eram novos, mas alguns dos outros tinham mais de trinta anos de idade. O terceiro volume tratava exclusivamente da Alemanha, em 97 mapas, mas apenas 29 eram reproduzidos pela primeira vez. O quarto volume mostra a Holanda, com 63 mapas, trinta dos quais eram tecnicamente novos, mas a maioria era composta, na verdade, de mapas antigos impressos em um atlas de Blaeu pela primeira vez. Ele até iniciava o volume com a reprodução de um mapa das Dezessete Províncias que fora publicado pela primeira vez por seu pai em 1608! O quinto volume, dedicado à Inglaterra, continha 59 mapas; todos, com exceção de dezoito, eram simplesmente copiados de *Teatro do Império da Grã-Bretanha* (1611) de John Speed. O atlas só deixava a Europa no nono volume, que mostrava Espanha e África, enquanto que o décimo consistia em apenas 27 mapas da Ásia; com uma única exceção, todos haviam sido publicados anteriormente e nenhum mostrava muitos indícios da extensa exploração da região pela VOC.[43]

Assim, no caso do *Atlas maior*, o meio de impressão não contribuiu para a inovação cartográfica, mas a dificultou. Os mapas eram lindamente reproduzidos, sua tipografia é, ainda hoje, considerada especial pelos conhecedores de gravuras em chapa de cobre. Mas com o dinheiro investido em empreendimento tão vasto, Blaeu tinha um problema: arriscava-se a introduzir mapas novos e desconhecidos de lugares que poderiam alienar seus compradores conservadores (e necessariamente ricos), ou apostava no apetite popular pela inovação, do qual a história anterior do comércio de mapas impressos oferecia poucos indícios? Ao longo de sua carreira, Blaeu mostrou-se relutante em introduzir em seus mapas impressos conhecimentos inovadores obtidos dos registros da VOC, preferindo reservá-los para o seu trabalho remunerado nas cartas marítimas manuscritas da companhia. Sob esse aspecto, o *Atlas maior* não era diferente: tratava-se simplesmente, como o próprio título dizia, de algo "maior" em termos de tamanho do que qualquer atlas anterior.

Em nenhum lugar isso fica mais evidente do que no primeiro mapa do atlas: *Nova et accuratissima totius terrarum orbis tabula*, ou "Mapa novo e muito preciso de todo o mundo". Ao contrário de tantos outros mapas do atlas, este era relativamente novo. Até então, os atlas de Blaeu haviam reproduzido uma versão do mapa mundial de 1606-07 de seu pai, desenhado na projeção de Mercator. Este novo mapa do mundo abandonava essa projeção: em vez dela, retornava à convenção de Mercator, estabelecida em seu *Atlas* de 1595, de representar a Terra como hemisférios gêmeos, representados numa projeção equatorial estereográfica que também mostrava grande afinidade com o mapa mundial de Blaeu de 1648 que servira de base para os mapas de mármore do Burgerzaal. A projeção estereográfica imagina uma Terra transparente marcada com linhas de latitude e longitude, assentada sobre um pedaço de papel onde, no exemplo de Blaeu, o equador toca a superfície plana. Se lançarmos luz através da Terra, as sombras projetadas no papel mostram meridianos e paralelos curvos que convergem para uma linha reta que representa o equador. O método não era novo (até Ptolomeu escreveu sobre ele), mas durante o Renascimento era usado principalmente pelos astrônomos para fazer cartas celestes, ou por fabricantes de globos como Blaeu, que estavam interessados principalmente em representar a curvatura da superfície da Terra. No entanto, Blaeu sabia muito bem que a VOC começava a apreciar a superioridade da projeção de Mercator, especialmente para a navegação. Na verdade, a escolha da projeção estereográfica, em vez da de Mercator, preferida por seu pai, atendia ao gosto do público por projeções hemisféricas gêmeas, evidente no Burgerzaal e no mapa do mundo de 1648, mas que vinha já da década de 1520, após a conclusão da primeira circum-navegação do globo feita por Fernão de Magalhães.

O mapa não pretendia simplesmente adotar a projeção mais vendável disponível. Sua geografia acrescenta pouco ao mapa de 1648. No hemisfério oriental, a Austrália, chamada de "Hollandia Nova", permanece incompleta, com a sugestão de que possa estar ligada à Nova Guiné. No hemisfério ocidental, a costa noroeste da América do Norte é também deixada incompleta, com a representação errônea da Califórnia como uma ilha. O que muda no mapa de 1662 são suas esmeradas decorações das bordas. Na base, veem-se quatro personificações alegóricas das estações do ano, com a primavera do lado esquerdo, o inverno no canto direito e o outono e o verão no meio. Acima dos hemisférios gêmeos há uma cena alegórica ainda mais elaborada: à esquerda, acima do hemisfério ocidental, encontra-se Ptolomeu, segurando um compasso de ponta seca em uma das mãos e uma esfera armilar

Dinheiro

na outra. Diante dele, no canto superior direito do hemisfério oriental, está Copérnico, segurando um compasso sobre a superfície de uma esfera terrestre. Entre eles dispõem-se personificações dos cinco planetas conhecidos, representados de acordo com os seus deuses clássicos. A partir da esquerda, ao lado de Ptolomeu, estão Júpiter, com raio e águia, Vênus com Cupido, Apolo (o Sol), Mercúrio com o caduceu, Marte em sua armadura e, por fim, logo acima de Copérnico, Saturno, identificado pela estrela de seis pontas que adorna sua bandeira. Abaixo de Apolo, a Lua espia, representada por uma cabeça escorçada e ombros entre os dois hemisférios.

Trata-se de uma imagem do mundo situada dentro do cosmos mais amplo, com a Terra em seu centro, aparentemente desdobrando seus dois hemisférios. É isso mesmo? O fato de evocar a crença geocêntrica de Ptolomeu lado a lado com a teoria heliocêntrica de Copérnico sugere que Blaeu tenta manter um pé em cada uma delas. O mapa, na verdade, segue um copernicianismo oblíquo ao mostrar os planetas na ordem de sua proximidade com o Sol. Mercúrio está um pouco mais perto de Apolo com seu cetro, depois vem Vênus, seguido pela Lua e pela Terra. Marte, então, precede Júpiter e por fim temos Saturno, exatamente na ordem defendida pelos seguidores de Copérnico.

Na "Introdução à geografia", que prefacia seu atlas, Blaeu admite que "os cosmógrafos têm duas opiniões divergentes a respeito do centro do mundo e o movimento dos corpos celestes. Alguns põem a Terra no centro do universo e acreditam que ele seja imóvel, dizendo que o Sol com os planetas e as estrelas fixas giram em torno dela. Outros põem o Sol no centro do mundo. Eles acreditam que ele está lá em repouso; a Terra e os outros planetas giram em torno dele". No que poderia funcionar como um comentário direto sobre seu mapa mundial, Blaeu passa a explicar a cosmografia dos copernicianos. Segundo eles,

> Mercúrio faz seu percurso de oeste para leste na primeira esfera, aquela mais próxima do Sol, em oitenta dias, enquanto Vênus, na segunda esfera, leva nove meses. Eles também afirmam que a Terra – que consideram ser um dos astros ou um planeta como os outros, e que situam na terceira esfera com a Lua (que se move ao redor da Terra, como se estivesse em um epiciclo, em 27 dias e oito horas) – completa em um ano natural sua revolução do

Sol. Dessa forma, eles dizem, as estações do ano se diferenciam: primavera, verão, outono e inverno.[44]

Blaeu passa a descrever Marte, Júpiter e Saturno em suas respectivas posições, tal como em seu mapa do mundo.

A seguir, em uma afirmação maravilhosamente hipócrita, Blaeu enfatiza que "não é nossa intenção aqui especificar qual dessas opiniões é consistente com a verdade e melhor convém à ordem natural do mundo". Ele deixa essas questões "para os versados na ciência dos assuntos celestes" e acrescenta airosamente que "não há diferença notável" entre as teorias geocêntrica e heliocêntrica, para depois concluir que "uma vez que a hipótese de uma Terra fixa parece geralmente mais provável e é, além disso, mais fácil de entender, esta introdução adere a ela".[45] Assim fala o empresário, não o cientista, e o editor em vez do geógrafo.

Não obstante, em seu posicionamento dos planetas, o mapa mundial do *Atlas maior* de 1662 é a primeira evocação de um sistema solar heliocêntrico que desaloja a Terra do centro do universo. Nisso está, além da pura escala de sua produção, a conquista histórica do atlas, mas as exigências comerciais de sua publicação significaram que, ao contrário de seu pai, Joan Blaeu diluiu sua ciência radical. Na verdade, apesar da simpatia da República Holandesa pelas contestações científicas da ortodoxia geocêntrica, o mapa de 1662 dá um passo atrás em relação ao mapa de 1648, que inseria as contestações de Copérnico e Tycho ao modelo ptolomaico vigente. O próprio mapa de 1662 oferece uma imagem da Terra dentro de um sistema solar heliocêntrico, mas envolto em tantos mantos clássicos e minimizado pelos comentários anteriores de Blaeu que a maioria dos historiadores não percebeu seu significado.[46] Parece que Blaeu simplesmente não tinha certeza se seu apoio à nova teoria científica era bom ou não para os negócios; no fim, sua versão complicada da teoria de Copérnico criou uma imagem cartográfica magnífica, mas geralmente negligenciada, de um mundo heliocêntrico.

Julgada em seus próprios termos comerciais, a decisão de Blaeu parece ter sido astuta, pois o *Atlas maior* foi um sucesso notável, tendo sido adquirido por ricos comerciantes, financistas e políticos em Amsterdam e em toda a Europa. Blaeu também dedicou as várias edições a algumas das

Dinheiro

figuras políticas mais influentes do continente e as enviou com coloração, encadernação e selos heráldicos personalizados. Muitos desses exemplares eram guardados em armários especialmente concebidos e entalhados em madeira de nogueira ou mogno, aumentando seu status de objeto que era mais do que um simples livro ou uma série de mapas. A edição latina era dedicada ao imperador Leopoldo I da Áustria, e a francesa, ao rei Luís XIV, que recebeu a sua acompanhada de um comentário de Blaeu sobre a importância de seu tema. "A geografia", escreveu Blaeu (parafraseando Ortelius), "é o olho e a luz da história", e apresentou perante o rei a perspectiva de que "os mapas permitem-nos contemplar em casa e diante de nossos olhos coisas que estão muito distantes".[47] Ele também enviou volumes para dignitários influentes, e recebeu pagamento das autoridades holandesas por exemplares personalizados a serem oferecidos como presentes exóticos para governantes estrangeiros, entre eles, um atlas em latim encadernado em veludo enviado para o sultão otomano pelos Estados Gerais em 1668, numa tentativa de consolidar a aliança política e comercial entre os dois Estados. O atlas foi tão bem recebido que foi copiado e traduzido para o turco em 1685.[48]

A publicação do *Atlas maior* de Blaeu também marcou o fim da rivalidade de cinquenta anos com Janssonius, mas não graças a qualquer superioridade geográfica inerente. Em julho de 1664, Janssonius morreu. Nos mesmos cinco anos em que Blaeu lançou suas edições, Janssonius conseguira publicar seu próprio *Atlas maior* em holandês, latim e alemão. A edição holandesa, publicada em nove volumes separados entre 1658 e 1662, seguia uma sequência semelhante à de Blaeu e continha 495 mapas. A edição alemã em onze volumes de 1658 apresentava nada menos que 547 mapas. Janssonius talvez não tivesse os recursos de publicação e as conexões políticas de Blaeu, mas praticamente até o dia em que morreu ele continuou a ser páreo para seu grande rival na publicação de atlas imensos.[49] Se tivesse vivido mais tempo, a história da supremacia final da cartografia holandesa de Blaeu poderia ter sido muito diferente.

Blaeu foi tão bem-sucedido que, em 1667, estendeu seu império de impressão para novas instalações, na Gravenstraat. Mas seu triunfo foi de curta duração. Em fevereiro de 1672, um incêndio varreu o novo prédio e destruiu grande parte do estoque e das prensas de Blaeu. O relato oficial do incêndio informou que, além da perda de livros, "a grande oficina de impressão, com tudo o que havia nela, foi danificada de tal forma que até mesmo as placas de cobre empilhadas nos cantos mais distantes derreteram como chumbo no fogo", e elevaram as perdas de Blaeu a assombrosos 382 mil florins.[50] Se tinha qualquer esperança de terminar o atlas com as duas seções prometidas sobre o mar e os céus, Blaeu a perdeu para sempre. E o pior ainda estava por vir. Em julho de 1672, quando a República Holandesa viu-se diante da guerra iminente contra a França, os Estados Gerais ofereceram a Guilherme de Orange o título de *Stadholder*. A mudança no poder levou à destituição de membros antiorangistas do Conselho de Amsterdam, inclusive de Blaeu. Com sua editora literalmente em ruínas e sua influência política acabada, Blaeu entrou rapidamente em declínio e morreu em 28 de dezembro de 1673, aos 75 anos.

A morte de Blaeu marcou o fim do negócio da família. Seus filhos assumiram-no, mas careciam do brilho e do ímpeto do pai e do avô. O mercado de mapas também mudara, e o clima político desanimava grandes investimentos de capital em atlas de muitos volumes. Era arriscado demais. As mortes de Janssonius e Blaeu também significaram o fim da rivalidade comercial que havia impulsionado tantas publicações de atlas entre 1630 e 1665. Não havia oferta nem demanda por novos atlas. Entre 1674 e 1694, as chapas de cobre usadas para imprimir o *Atlas maior*, que haviam sobrevivido ao incêndio, foram vendidas e dispersadas numa série de vendas e leilões.[51] Em 1696, o negócio da família finalmente fechou e, em 1703, a VOC usou sua marca de impressor pela última vez, terminando sua longa e bem-sucedida associação com a família que fora tão fundamental para sua cartografia.

É provável que a história do atlas de Blaeu também não tenha sido a que seu criador previra. Sem conseguir completar o projeto, mas tendo adaptado tantos exemplares de sua primeira parte para determinados destinatários, Blaeu desencadeou inadvertidamente uma maneira nova de consumir atlas: o que ficou conhecido como "atlas compostos". Alguns compradores do final do século XVII começaram a copiar Blaeu, complementando seus exemplares do atlas com novos mapas e desenhos. O advogado de Amsterdam Laurens van der Hem (1621-78) comprou um exemplar em latim do *Atlas maior* e o utilizou como base para montar uma

Dinheiro

extraordinária obra em 46 volumes, com 3 mil mapas, cartas marítimas, desenhos topográficos e retratos, que ele cuidadosamente organizou e encadernou como se fosse uma extensão gigantesca do trabalho original de Blaeu. O atlas de Van der Hem era tão impressionante que o grão-duque da Toscana se ofereceu para comprá-lo por 30 mil florins – um belo retorno para seu investimento original de 430 florins, embora o tivesse expandido muito.[52] Outras pessoas personalizaram de forma semelhante seus atlas de Blaeu, de acordo com seus gostos pessoais em navegação, cosmografia e até mesmo orientalismo. Tal como os próprios atlas de Blaeu, esses exemplares personalizados eram infinitamente ampliáveis e potencialmente infinitos: só a morte do colecionador marcava sua conclusão.

Uma consequência irônica do fato de Blaeu se concentrar principalmente na venda de seu atlas para um público comercial, em detrimento das inovações geográficas ou astronômicas, foi que o editor/geógrafo começou a se afastar da organização do texto dos atlas, deixando a decisão sobre o que incluir nas mãos do comprador. Impressores italianos passaram a publicar mapas em formatos padronizados que os clientes poderiam então comprar e montar em seus próprios atlas. Conhecidos mais tarde pelos negociantes de mapas como atlas Iato (da sigla inglesa para "atlas italiano montado por encomenda"), feitos pela primeira vez no século XVI, eles podem ser chamados com mais precisão de atlas compostos italianos, pois era o colecionador, e não necessariamente o editor, que selecionava os mapas. O surgimento desses atlas compostos era um sintoma do dilema vivido por cartógrafos e impressores no final do século XVII: a enorme quantidade de dados geográficos que possuíam nunca fora maior, e a tecnologia de impressão à disposição deles alcançara um tamanho nível de velocidade e precisão que era capaz de reproduzir essas informações no mais ínfimo pormenor, mas ninguém sabia muito bem como tudo isso deveria ser organizado e apresentado. Quando o conhecimento geográfico poderia ser considerado completo? E como esses projetos poderiam render dinheiro? Tratava-se certamente de uma tarefa sem fim e seria melhor deixar que os indivíduos tomassem suas próprias decisões sobre a geografia de que precisavam.

Com sua bela tipografia, decoração esmerada, coloração requintada e encadernação suntuosa, o *Atlas maior* de Blaeu não teve paralelo na impressão do século XVII. Era o produto de uma República Holandesa que, após sua violenta luta para se libertar do Império Espanhol, criara um mercado global que preferia a acumulação de riqueza à aquisição de territórios. Blaeu produziu um atlas que era, em última análise, movido pelos mesmos imperativos. Para ele, nem era necessário pôr Amsterdam no centro desse tipo de mundo; o poder financeiro holandês era cada vez mais difuso, mas também invisível, penetrando em todos os cantos do globo. No século XVII, como hoje, os mercados financeiros davam pouca atenção a fronteiras e centros políticos quando se tratava da acumulação de riqueza.

Na verdade, o sucesso do *Atlas* mais atrapalhou do que ajudou os avanços geográficos no final do século XVII. Ele representou o fim da tradição de inspiração clássica de aquisição de conhecimento geográfico universal que havia movido os cartógrafos desde Ptolomeu. A simples escala da publicação de Blaeu não podia compensar sua incapacidade de oferecer novos métodos geográficos para criar uma imagem do mundo, pois atendia um público mais interessado no valor decorativo de seus mapas e atlas do que em suas inovações científicas ou sua precisão geográfica. Ele não oferecia nenhum método novo de ver o mundo em termos de escala ou projeção, embora apresentasse sutilmente um mundo não posicionado no centro do universo. Mas, para Blaeu, a teoria heliocêntrica era boa desde que vendesse. O *Atlas maior* era uma criação verdadeiramente barroca, que rompia de maneira decisiva com sua linhagem renascentista. Enquanto cartógrafos anteriores como Mercator procuravam produzir uma visão científica singular do lugar da Terra no cosmos, Blaeu simplesmente acumulava cada vez mais materiais sobre a diversidade do mundo, levado pelo mercado e não por um desejo de estabelecer um entendimento particular do mundo. Desprovido de um princípio intelectual definidor, o *Atlas maior* cresceu e cresceu, tornando-se uma obra imperfeita e inacabada, movida tanto pelo dinheiro como pelo conhecimento.

9. Nação

Família Cassini, mapa da França, 1793

Paris, França, 1793

Em 5 de outubro de 1793, a Convenção Nacional da França Republicana emitiu um "Decreto que institui a Era Francesa". O edital introduzia um calendário novo, projetado para marcar a proclamação oficial da República Francesa pouco mais de um ano antes, em 22 de setembro de 1792. O calendário fazia parte de uma série de reformas destinadas a varrer todos os vestígios do recém-derrubado *Ancien Régime*, de seus métodos de governo absolutista à maneira como marcava a passagem do tempo. De acordo com a Convenção Nacional, a data era agora oficialmente 14 Vendémiaire II, ou Ano II da Revolução (o primeiro mês do outono, cujo nome derivava de *vendange*, a colheita da uva). Apenas algumas semanas antes da implantação do calendário, a Convenção recebeu um relatório de um dos seus deputados mais radicais, o ator, dramaturgo e poeta Fabre d'Églantine. Depois de já ter votado a favor da execução do rei Luís XVI e se destacado na comissão encarregada de criar o novo calendário, d'Églantine voltou-se então para os mapas. Ele reclamou perante a Convenção que "o mapa geral da França, o chamado mapa da Academia", "fora produzido, em grande parte, à custa do governo; que havia caído nas mãos de um indivíduo que o tratava como se fosse propriedade sua; que o público só podia usá-lo pagando um preço exorbitante, e que até se recusava a enviar mapas aos generais que os pediam".[1]

A Convenção concordou com d'Églantine e ordenou que as chapas e folhas referentes ao mapa fossem confiscadas e transferidas para a repartição militar do Dépôt de la Guerre [Arsenal de Guerra]. A decisão foi recebida com entusiasmo pelo diretor-geral do Dépôt, general Étienne-Nicolas de Calon. "Por este ato", anunciou ele, "a Convenção retomou da ganância de uma companhia de especuladores uma conquista nacional, fruto de quarenta anos de trabalho de engenheiros, que tinha maior razão ainda para estar completamente à disposição do governo, pois sua perda ou abandono reduziria nossos recursos e aumentaria os do inimigo."[2]

O ataque de d'Églantine e a alegria de Calon tinham por objetivo confiscar o mapa da França e derrubar Jean-Dominique Cassini (1748-1845). Jean-Dominique teve a infelicidade de pertencer à última de quatro gerações da ilustre dinastia cartográfica dos Cassini e ser o suposto proprietário do mapa da França, um vasto projeto que estava muito perto de sua conclusão quando a Convenção Nacional o confiscou. Para o fiel monarquista Jean-Dominique, a estatização foi uma catástrofe política e uma tragédia pessoal. Em suas memórias, ele lamentou: "Eles o levaram antes que estivesse totalmente concluído e que eu tivesse dado os toques finais. Isso nenhum outro autor havia sofrido. Existe um pintor que tenha visto seu quadro ser confiscado antes de ter recebido seus toques finais?"[3]

A luta pela posse era sobre o que os revolucionários chamavam de "mapa geral da França" e que, para a irritação óbvia de d'Églantine e Calon, Cassini e seus associados chamavam de *Carte de Cassini*. Tratava-se da primeira tentativa sistemática de fazer um levantamento topográfico e depois mapear todo um país, de acordo com a ciência da triangulação e da geodesia, ou mensuração da superfície da Terra. Em seu término projetado, a *Carte de Cassini* consistiria em 182 folhas separadas, todas numa escala uniforme de 1:86.400, que uma vez unidas formariam um mapa de todo o país com quase doze metros de altura por onze metros de largura. Era o primeiro mapa moderno de uma nação, usando métodos científicos inovadores de levantamento topográfico para representar de forma abrangente um país europeu; mas, em 1793, a questão se impunha: quem era o seu dono? A nova nação revolucionária que ele representava ou os monarquistas que passaram quatro gerações a elaborá-lo?

As origens do mapa remontavam ao começo da década de 1660, ao bisavô de Jean-Dominique, Giovanni Domenico Cassini (1625-1712), ou Cassini I.[4] Giovanni foi o primeiro diretor *de facto* do Observatório de Paris, fundado em 1667 pelo rei Luís XIV. Por mais de cem anos, os herdeiros de Giovanni – seu filho Jacques Cassini, ou Cassini II (1677-1756); seu neto César-François Cassini de Thury, Cassini III (1714-84) e, por fim, seu bisneto e

Nação 327

homônimo Jean-Dominique (Cassini IV) – trabalharam consecutivamente em uma série de levantamentos nacionais executados segundo rigorosos princípios científicos de mensuração verificável e quantificação. Apesar das vicissitudes práticas, financeiras e políticas do projeto, e das diferentes direções seguidas por cada geração dos Cassini, seu método de unificar a geodesia com o levantamento topográfico triangulado afetaria toda a cartografia ocidental posterior. Seus princípios ainda definem a maioria dos mapas científicos mais modernos, de atlas mundiais aos mapas do Ordnance Survey [serviço oficial de cartografia inglês] e aplicativos geoespaciais on-line, os quais ainda se baseiam nos métodos de triangulação e medições geodésicas que foram propostos e praticados pela primeira vez pelos Cassini. O que começou como um levantamento topográfico de um reino forneceria o modelo para o mapeamento de todos os Estados-nações modernos nos duzentos anos seguintes.

A proclamação de 1793 foi a primeira estatização da história de um projeto de cartografia privado. A relação íntima entre cada geração dos Cassini e a família real francesa, que financiou parcialmente o projeto, fez dele um alvo político óbvio para os revolucionários, mas indivíduos como d'Églantine e Calon também captaram um valor maior na apropriação do levantamento de Cassini para seu projeto político particular, e apesar de suas associações com a monarquia, os mapas impressos a partir dos levantamentos acabariam por se tornar um símbolo da nova "era francesa", um anteprojeto para moldar uma concepção da França como Estado-nação republicano moderno. Todo mundo percebeu o valor militar dos mapas. Num momento em que a república nascente encarava a invasão iminente de reinos vizinhos hostis, os mapas detalhados de cada região da França e suas fronteiras elaborados por Cassini se mostrariam vitais na defesa do novo regime. Mas a Convenção Nacional já havia procurado racionalizar a administração do país, transformando sua mistura confusa de províncias eclesiásticas, *parlements*, câmaras e dioceses em 83 *départements*, e os mapas estatizados de Cassini também desempenhariam um papel central para que o Estado definisse e administrasse essas regiões.[5]

Eles também causariam um impacto mais profundo e intangível. Nas mãos da República, os levantamentos dos Cassini fomentariam a crença de que se tratava de um mapa da nação para a nação. Eles possibilitariam que os franceses, invocados por d'Églantine em sua demanda por estatização, "vissem" sua nação e se identificassem com ela, em uma das primeiras manifestações cartográficas de consciência nacional. Os levantamentos topográficos tanto respondiam como se valiam do surgimento do que pensadores como Charles de Secondat, barão de Montesquieu (1689-1755) e Jean-Jacques Rousseau (1712-78) começaram a definir como "o espírito geral das nações" durante o século XVIII.[6] Os monarcas da dinastia Bourbon haviam incentivado o levantamento como uma forma de celebrar seu domínio, centrado em Paris. Na República, ele seria visto como definidor de cada polegada (ou metro, após a adoção pela Convenção do sistema métrico, em abril de 1795) do território mapeado como francês, unindo povo e terra na fidelidade, não a um monarca, mas a uma comunidade nacional imaginada e impessoal chamada França.[7] A retórica política passaria a afirmar que o território físico da nação e a soberania do Estado eram a mesma coisa, ideia que seria exportada para toda a Europa e, por fim, para o resto do mundo.

Os levantamentos dos Cassini não estavam interessados primariamente em produzir mapas mundiais, embora utilizassem a geodesia e a medição precisa da forma e do tamanho da Terra em suas atividades. Por implicação, a ambição deles era fazer um mapa da França e, depois, estender os princípios estabelecidos de agrimensura e cartografia a todos os Estados-nações do mundo. Mas a contribuição deles para a história da cartografia também tem sido negligenciada em comparação com a história do Ordnance Survey britânico, ao qual deram origem. Embora o Ordnance Survey tenha-se tornado amplamente conhecido, os Cassini foram os primeiros a estabelecer os princípios duradouros da cartografia ocidental, e foram responsáveis pela percepção e a função dos mapas na administração dos Estados-nações modernos.

A França de meados do século XVII era um lugar improvável para transformar o futuro da cartografia. Os cartógrafos espanhóis e portugueses haviam dominado o campo durante a maior parte do século XVI, e a mudança para os Países Baixos, no início do século XVII, passara, em grande medida, longe da França, que teve pouca participação nas descobertas marítimas ou nas iniciativas de sociedade por ações que floresceram

Nação

em seus vizinhos. Desde o final do século XVI, sua monarquia era governada pela dinastia dos Bourbon, que chegou ao poder através de uma série de prolongadas guerras internas por motivos religiosos. Em reação tanto a essas ameaças internas como à poderosa independência regional das províncias do reino, os Bourbon estabeleceram um dos Estados políticos mais centralizados da Europa. Essa tendência centralizadora e o regionalismo que a ela resistia precisavam claramente de administração, e um método óbvio era mapear o reino a partir de seu centro político. Outras monarquias europeias chegariam a conclusões semelhantes: o sacro imperador romano José I (1678-1711) encomendou mapas em grande escala da Hungria, Morávia e Boêmia nas primeiras décadas do século XVII, e durante toda a década de 1770, o conde de Ferraris (1726-1814) produziu uma *Carte de Cabinet* baseada em levantamentos detalhados das possessões austríacas nos Países Baixos. Mas, na França, a dificuldade inerente à tarefa era agravada pela dimensão do reino. Com cerca de 600 mil quilômetros quadrados, a França era o maior país da Europa. Mais da metade de seu comprimento total de fronteira de mais de 6 mil quilômetros era composto por limites terrestres, muitos dos quais eram compartilhados com dinastias rivais; tornou-se óbvio para os ministros da monarquia que uma estratégia de cartografia eficaz era necessária não só para administrar o interior, mas também para defender o reino de uma invasão.

Mais do que qualquer outro país do início da Europa moderna, a França estava preocupada em traçar fronteiras políticas consistentes e duradouras em seus mapas e atlas. No *Theatrum orbis terrarum*, de Abraham Ortelius, 45% dos mapas continham fronteiras políticas irregularmente marcadas, mas quando da publicação do atlas de Nicolas Sanson *Les Cartes générales de toutes les provinces de France*, em 1658-59, 98% de seus mapas já aplicavam um novo método sistemático para representar os limites políticos que usava cores padronizadas e contornos pontilhados que distinguiam *parlements*, ou regiões judiciais, das divisões eclesiásticas mais tradicionais.[8] Sanson (1600-67) era o *géographe du roi*, geógrafo oficial da monarquia Bourbon quando ela começou a consolidar a autoridade sobre suas províncias. Ele estava compreensivelmente interessado em desenhar linhas divisórias entre os países e suas subdivisões, que seus mapas representassem a França e suas regiões, ou os vários reinos da África.

A gênese do mapa da França dos Cassini não estava na mensuração da Terra e suas divisões feitas pelo homem, mas na observação dos astros. Em dezembro de 1666, o jovem rei Luís XIV (1638-1715) criou a Academia das Ciências, por instigação de seu controlador-geral das Finanças, Jean-Baptiste Colbert. Um seleto grupo de 22 astrônomos e matemáticos compareceu às primeiras reuniões, entre eles Jean Picard (1620-82) e o holandês Christiaan Huygens (1629-95). A fundação da Academia também incluía planos para um observatório científico, e a construção começou no ano seguinte no *faubourg* Saint-Jacques, ao sul do centro de Paris. Em 1672, o Observatório de Paris já estava em funcionamento.

Aos membros fundadores da Academia juntou-se Giovanni Domenico Cassini (Cassini I), que viria a ser o primeiro diretor não oficial do observatório. Cassini I era um brilhante astrônomo italiano, famoso internacionalmente por suas pesquisas em Bolonha e Roma. Seu trabalho sobre os movimentos das luas de Júpiter expandiu as pesquisas de Galileu e também proporcionou uma maneira de determinar o velho problema da longitude. Astrônomos e geógrafos entendiam que a longitude é uma medida de distância que corresponde às diferenças de tempo. O problema era como registrar essas diferenças com precisão. Cassini compreendeu que, se o tempo de um fenômeno celeste, como o eclipse de uma das luas de Júpiter, pudesse ser registrado simultaneamente em dois lugares, os resultados poderiam lançar as bases para determinar graus de longitude. Do ponto de vista astronômico, esses cálculos poderiam ajudar a determinar a circunferência exata da Terra; do ponto de vista geográfico, poderiam fornecer a estadistas como Colbert as informações de que precisavam para mapear um país inteiro de forma abrangente.

Os planos de Colbert para uma academia científica surgiram de uma nova compreensão do papel que a ciência poderia desempenhar na administração do Estado. Na Inglaterra e na Holanda, observações e experiências empíricas desafiavam as certezas clássicas da investigação científica natural. Francis Bacon, em *Nova Atlântida* (1627), imaginou uma academia de cientistas experimentais que prefigurava a criação da Sociedade Real (fundada em 1662). O interesse de Colbert pelas ciências era mais pragmático. Ele queria patrocinar projetos de pesquisa científica que ajudassem diretamente sua tentativa de montar um aparato estatal francês que seria

Nação 331

invejado pela Europa.[9] Para Colbert, as informações absolutas informariam e fortaleceriam o absolutismo político.

Bernard le Bovier de Fontenelle, um dos secretários da Academia, escreveu mais tarde que Colbert

> apoiava a cultura, e o fazia não só em virtude de sua inclinação natural, mas por razões políticas sensatas. Ele sabia que as ciências e as artes por si só são suficientes para fazer um reinado glorioso; que difundem a língua de uma nação, talvez ainda mais do que as conquistas; que dão ao reino um controle sobre o conhecimento e a indústria que é igualmente prestigioso e útil; que atraem para o país um grande número de estrangeiros que o enriquecem com seus talentos.[10]

Ansioso por desfocar Luís de ir à guerra e receptivo ao lobby dos principais astrônomos da França, Colbert endossou entusiasticamente a criação da Academia, pagando 6 mil libras pelo local em que o observatório seria construído e mais de 700 mil libras para terminá-lo. Colbert ainda concedeu aos seus membros pensões anuais de até 3 mil libras, como a que foi dada a Cassini em sua chegada, em 1668.[11] As pensões reconheciam uma mudança na posição social dos cientistas experimentais, que eram agora incorporados ao mais alto nível do aparato de poder do Estado.

Tal como a Alexandria de Ptolomeu e a Palermo de al-Idrisi, o Observatório de Paris de Colbert tornou-se um centro de cálculos, um lugar onde diversas informações podiam ser recolhidas, processadas e difundidas para um público mais amplo, no interesse das autoridades estatais,[12] mas ele funcionaria numa escala e com um nível de precisão com que Ptolomeu e al-Idrisi só poderiam sonhar. De início, o aparecimento de uma série de cometas, bem como os eclipses do Sol e da Lua em 1666, garantiram aos astrônomos o domínio do novo observatório. Mas as ambições de Colbert exigiam que a área de atuação da Academia se estendesse para além da astronomia, e que ela fosse um lugar muito diferente para organizar o conhecimento científico daqueles que haviam exercido essa função em outros tempos, como Alexandria, Palermo ou a Casa de la Contratación de Sevilha.

Como Fontenelle observou, o interesse de Colbert em apoiar a Academia derivava de seu programa para a administração burocrática do Estado monárquico. Antes mesmo da fundação da Academia, Colbert desejava encomendar um mapeamento atualizado e em grande escala de todo o reino, para avaliar seus recursos. Ele pediu que as autoridades provinciais entregassem todos os mapas disponíveis das regiões, para avaliar "se estão inclinadas para a guerra ou a agricultura, ao comércio ou à manufatura – e também o estado das estradas e cursos d'água, dos rios em particular, e de possíveis melhorias para elas".[13] Esses mapas seriam então comparados e corrigidos por Nicolas Sanson. Em teoria, era um excelente plano, mas as respostas revelaram os imensos problemas políticos e logísticos que teriam de ser superados para completar o projeto. Apenas oito províncias se preocuparam em responder ao pedido de Colbert. O restante permaneceu em silêncio, por falta de recursos cartográficos ou por acharem que os resultados poderiam levar a uma maior tributação. Apesar de seu interesse em demarcar as linhas de limites políticos, Sanson estava mais à vontade fazendo mapas do mundo antigo coloridos à mão, e não surpreende que tenha se sentido intimidado pela dimensão física do projeto. Em memorando escrito em 1665, ele admitiu a necessidade de dois projetos relacionados: a criação de um mapa geral da França e de mapas regionais que mostrassem suas divisões administrativas. Esses mapas regionais mostrariam a Colbert todos os aspectos, "incluindo os menores vilarejos e *assarts* [terras desmatadas para o cultivo], até mesmo castelos, fazendas e casas particulares que estão isoladas e longe das paróquias". Considerando-se o tamanho da França e a variedade do terreno, isso seria um desafio técnico e uma operação intimidadora e muito cara. Se fossem utilizados métodos tradicionais de agrimensura – percorrer as terras com varas de medição, consultar os moradores locais e acatar estatutos antigos –, então "a tarefa jamais terminaria mesmo que se empregassem todos os topógrafos e geômetras do mundo".[14] Tinha de haver outra maneira, e Colbert pediu à sua nova Academia que elaborasse um novo método de agrimensura de grandes faixas de território; ele estava tão impaciente que os membros da Academia discutiram o assunto já na primeira reunião, em dezembro de 1666.

Eles propuseram uma nova fusão de astronomia e geografia. Os conhecimentos utilizados na fabricação de instrumentos científicos para mapear o céu seriam aplicados às ferramentas usadas no levantamento topográfico

Nação

e as observações astronômicas de Cassini poderiam ser aplicadas na determinação da longitude. Providenciou-se financiamento para aperfeiçoar os instrumentos científicos conhecidos, inclusive quadrantes, usados para medir a altitude dos corpos celestes e seu equivalente na navegação, o sextante, bem como a alidada, utilizada na agrimensura para determinar direção e orientação. A Academia decidiu aplicar seus novos princípios e instrumentos em uma série de "observações". Primeiro Paris, depois todo o país seriam mensurados e mapeados com as mais recentes inovações científicas. Os métodos da Academia reuniram duas linhas de medição científica. Cassini providenciava observações astronômicas que ofereciam os cálculos mais precisos da longitude. O abade Jean Picard, astrônomo, topógrafo e membro fundador da Academia, fornecia precisão topográfica baseada em técnicas de agrimensura prática. Combinados, esses dois conhecimentos ofereceriam um método poderoso para empreender um levantamento topográfico nacional da França.

Picard já era bem conhecido por sua adaptação de instrumentos de medição para permitir uma precisão maior na observação de fenômenos celestes e na agrimensura. Seu interesse principal era a resolução de um enigma científico pelo menos tão antigo quanto Eratóstenes: como calcular o diâmetro exato da Terra. Enquanto Cassini estava interessado em calcular a longitude de leste a oeste, Picard preocupava-se em medir um arco do meridiano de norte a sul. Esse arco (ou linha) poderia ser desenhado exatamente em qualquer lugar do planeta, traçando-se um arco imaginário de polo a polo ao redor da circunferência da Terra. Se esse arco fosse medido com cuidado suficiente e se a latitude de quaisquer dois pontos nele fosse calculada corretamente de acordo com observações astronômicas, deveria ser possível estimar a latitude de qualquer lugar determinado, bem como o diâmetro e a circunferência da Terra.

O método de agrimensura de Picard envolvia dois tipos de mensuração: a primeira, uma medida celestial para estabelecer a latitude do agrimensor; a segunda, uma série de medições terrestres angulares que tornavam possível uma triangulação precisa. Um novo micrômetro (instrumento usado para medir o tamanho angular de um objeto celestial) permitiu que Picard calculasse dimensões planetárias com mais exatidão, enquanto seu quadrante telescópico substituía o método habitual de usar furos de alfinete para observar, permitindo uma precisão sem precedentes para medir tanto altitudes celestes como ângulos terrestres. Armado com esses novos instrumentos, ele estava pronto para realizar o primeiro levantamento geodésico moderno da superfície da Terra e, em 1669, partiu para medir uma linha de meridiano entre Malvoisine, ao sul de Paris, e Sordon, perto de Amiens, que calculou que estavam no mesmo meridiano. Ele usou varas de madeira cuidadosamente medidas de quatro metros de comprimento para garantir precisão absoluta no cálculo da distância de pouco mais de cem quilômetros, e seus resultados foram impressionantes. Picard estimou que um grau de latitude equivalia a 57.060 toesas. Uma toesa eram seis pés franceses, ou pouco menos de dois metros, dando uma estimativa final de 111 quilômetros. Usando esses números como um multiplicador ele também calculou que o diâmetro da Terra tinha 6.538.594 toesas, ou 12.554 quilômetros. Calcula-se hoje que tenha 12.713 quilômetros.

As implicações do levantamento de Picard para a astronomia foram sensacionais. Seu cálculo do tamanho da Terra comprovava a hipótese da gravitação universal de Isaac Newton, incentivando o inglês a finalmente publicar seus argumentos em *Philosophiae Naturalis Principia Mathematica* (1687).[15] O impacto prático dos métodos de Picard na cartografia também foi substancial. Para estabelecer o seu arco meridional, Picard havia medido uma linha de base ao longo da qual também era possível agora "triangular" distâncias e direções. Sabendo o comprimento exato entre dois pontos em sua linha de base, Picard podia identificar um terceiro ponto na paisagem e, usando tabelas trigonométricas, calcular a distância com precisão. O resultado parecia uma cobra triangular movendo-se pela linha de base. Ele utilizou esse método em *La Mesure de la terre* (1671) e na primeira "observação" da Academia, a "Carte particulière des environs de Paris", finalizada por Picard no final da década de 1660 e publicada pela primeira vez em 1678. Em sua escala de uma linha (a menor unidade de medida pré-revolucionária, equivalente a cerca de 2,2 milímetros), representava cem toesas no solo, dando uma escala de 1:86.400. Esta se tornaria a escala padrão para todos os mapas regionais posteriores produzidos pelos Cassini. Ambos os exemplos mostram que, nessa fase, o principal objetivo da Academia era proporcionar uma nova estrutura geométrica para o mapeamento posterior do país. As distâncias eram medidas de acordo com a

Nação 335

matemática da triangulação, permitindo que os lugares fossem marcados corretamente no espaço vazio. O resultado se assemelha a uma cadeia de geometria abstrata, em vez da representação de um país próspero e caótico.

A "observação" seguinte da Academia deu uma indicação muito melhor do poder político dos novos métodos. Picard foi mais uma vez escolhido para comandar o projeto que pretendia mapear toda a costa da França. Tendo estabelecido os princípios de uma linha de meridiano a partir da qual uma triangulação topográfica podia mapear o interior, Picard concordou com Cassini que um delineamento de todo o país exigiria um método diferente. Dessa vez, as observações dos eclipses das luas de Júpiter feitas por Cassini seriam usadas para calcular a longitude. Em 1679, Picard voltou para o campo. Com a ajuda de Philippe de la Hire, outro membro da Academia, ele passou os três anos seguintes calculando posições ao longo da costa. Os mapas anteriores da França calculavam as posições de acordo com um meridiano principal que atravessava as ilhas Canárias, um resquício dos métodos de cálculo de longitude do século XVI e herdados dos gregos. Mas a distância entre a costa francesa e as Canárias nunca havia sido calculada com precisão. Picard baseou então as observações sobre um meridiano que atravessava Paris. Ele desceu gradualmente ao longo da costa e para o Mediterrâneo, fazendo medições na Bretanha (1679), La Rochelle (1680) e Provença (1682).[16]

O mapa final, intitulado *Carte de France corrigée*, foi finalmente apresentado à Academia em fevereiro de 1684. Os acadêmicos, para não mencionar o próprio rei, ficaram chocados. Como se quisessem enfatizar a modernidade de seus cálculos, Picard e La Hire marcaram sua nova linha costeira em negrito sobre o traçado tradicional estimado por Sanson. O novo mapa mostrava o meridiano de Paris pela primeira vez, mas também reduzia drasticamente o tamanho da França, das mais de 31 léguas quadradas (150 mil quilômetros quadrados) calculadas por Sanson para pouco mais de 25 mil léguas quadradas (120 mil quilômetros quadrados).[17] Toda a costa atlântica era deslocada para o leste, enquanto que a costa do Mediterrâneo recuava para o norte. O mapa mostrava que portos navais estrategicamente importantes, como Cherbourg e Brest, haviam sido assinalados vários quilômetros mar adentro no mapa de Sanson. Fontenelle captou a mistura de excitação científica e preo-

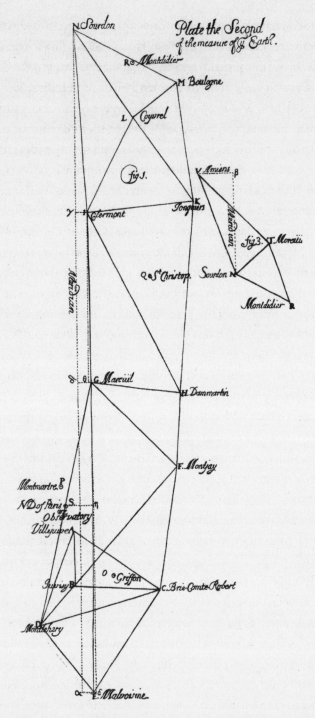

24. Diagrama de triângulos, de Jean Picard, *La Mesure de la terre*, 1671.

Nação 337

cupação política provocada pela revelação do mapa: "Eles efetuaram uma correção muito substancial na costa da Gasconha, fazendo-a reta onde antes era curva, e aproximando-a; de modo que o rei [Luís XIV] teve ocasião de dizer, brincando, que a jornada deles não lhe trouxera nada, senão perda. Era uma perda que enriquecia a geografia e tornava a navegação mais certa e segura."[18] A mensagem era assustadora, mas clara: o mapa tradicional da França tinha de ser rasgado e calculado novamente por um novo tipo de mensuração geométrica.

Em meados da década de 1680, estava tudo pronto para um levantamento topográfico abrangente de todo o país. A combinação das observações astronômicas de Cassini com os métodos de triangulação de Picard havia criado um arcabouço geodésico geral a partir do qual seria possível realizar um levantamento detalhado do interior do país. Mas a demanda de Colbert por informações geográficas das regiões ainda não fora satisfeita, e no que dizia respeito aos acadêmicos, o objetivo principal de seu trabalho até a década de 1680 ainda era a medição do tamanho e da forma da Terra. No mesmo momento em que os agrimensores concluíam seu trabalho, os exércitos de Luís invadiram parte dos Países Baixos espanhóis e provocaram a guerra (1683-84). Junto com as mortes de Picard (1682) e, em seguida, Colbert (1683), os gastos militares de Luís significavam falta de dinheiro para estender o trabalho que Cassini e Picard haviam iniciado. Em 1701, as ambições dinásticas de Luís o envolveram em mais um conflito europeu, dessa vez pelos direitos hereditários ao trono espanhol vago. Horrorizadas com a perspectiva de Espanha e França se unirem sob a monarquia Bourbon, Inglaterra, Holanda e Portugal iniciaram uma longa e sangrenta guerra que se estendeu por toda a Europa, América do Norte e até mesmo o Caribe. Em 1713, quando a Guerra de Sucessão Espanhola, que durou doze anos, chegou a um final amargo e inconclusivo, as ambições territoriais de Luís continuavam irrealizadas e seu tesouro estava totalmente esgotado. Com a morte de Cassini I, em 1712, havia pouco apetite político ou liderança intelectual para levantamentos topográficos ambiciosos e projetos de cartografia.

O trabalho de estender a medida do meridiano de Paris para todo o comprimento do país, de norte a sul, continuou de forma intermitente, mas era considerado um projeto geodésico destinado a responder à pergunta que

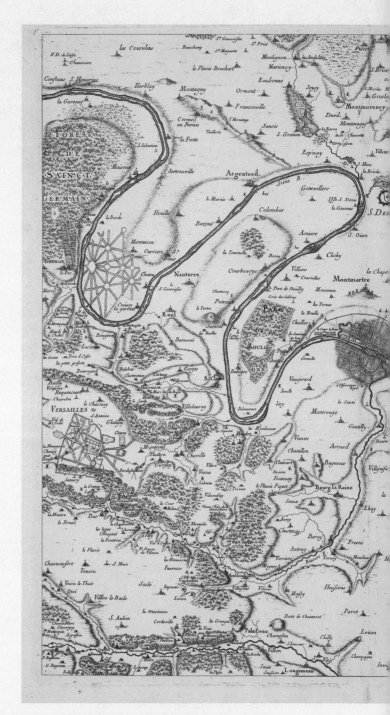

25. "Carte particulière des environs de Paris", 1678.

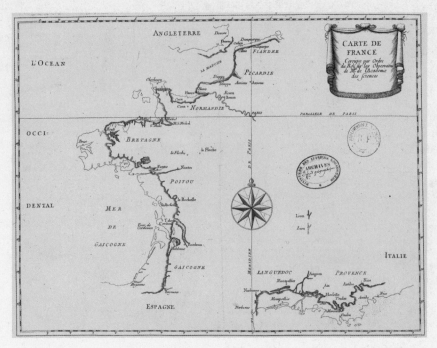

26. Jean Picard e Philippe de la Hire, *Carte de France corrigée*, edição de 1693.

consumia os cientistas do final do século XVII: quais eram o tamanho e a forma definitiva da Terra? A teoria da gravidade de Isaac Newton pressupunha que a Terra não poderia ser uma esfera perfeita, porque sua força parecia variar entre o equador e os polos. Newton concluiu que a Terra não era uma esfera perfeita, mas um esferoide oblato, ligeiramente saliente no equador e achatada nos polos. Cassini I e seu filho Jacques (Cassini II) não estavam convencidos disso e seguiam as teorias de René Descartes (1596-1650). Reverenciado em toda a Europa como o grande filósofo da mente, Descartes também era conhecido como um "geômetra", ou matemático aplicado, que apresentou o argumento de que a Terra era um elipsoide prolato, saliente nos polos, mas achatado no equador, como um ovo. Sua teoria era amplamente aceita pela Academia e a resolução da controvérsia logo se tornou uma questão de orgulho nacional em ambos os lados do canal da Mancha.[19]

Nenhum dos dois grupos tinha muitas provas empíricas para apoiar suas teses. Os partidários de Newton apontavam para relatórios não com-

Nação

provados de que o efeito da gravidade sobre as medições com pêndulo aumentava na direção dos polos. Jacques Cassini, que sucedeu ao seu pai na chefia do Observatório de Paris em 1712, tentou afirmar sua autoridade endossando a posição cartesiana. Em 1718, ao apresentar um trabalho na Academia, Cassini II argumentou que os levantamentos supervisionados por seu pai e Picard na década de 1680 revelavam que os graus de latitude encurtavam na direção do polo Norte, confirmando o elipsoide prolato de Descartes.[20] Numa inversão dos estereótipos nacionais, a teoria especulativa inglesa estava em confronto com a observação empírica francesa. Numa tentativa de resolver a disputa, os acadêmicos pressionaram o novo rei, Luís XV, e seu ministro da Marinha para que apoiassem expedições científicas ao longo do equador e perto dos polos para medir seus respectivos graus de latitude. Além de se oferecerem para resolver um debate científico em favor da França, os acadêmicos apontavam também para os benefícios comerciais e coloniais dessas iniciativas. Luís concordou e deu apoio financeiro às duas expedições, "não só para o progresso das ciências, mas também do comércio, ao tornar a navegação mais exata e mais fácil".[21] As observações astronômicas precisas e as práticas de agrimensura desenvolvidas por Cassini e Picard seriam agora testadas em partes distantes do mundo, para resolver uma das grandes questões fundamentais da ciência. A missão de agrimensura original da Academia se tornara subitamente internacional, na busca da resolução de uma disputa que ofuscava suas preocupações anteriores com as fronteiras e regiões da França.

Em 1735, a primeira expedição partiu para a colônia espanhola do Peru equatorial, seguida por outra no ano seguinte para a Lapônia, no Círculo Polar Ártico. Apenas a medição comparativa do comprimento de um grau no equador e no Círculo Ártico poderia resolver a controvérsia, porque se a Terra fosse oblata (como Newton afirmara) o comprimento aumentaria, mas se fosse prolata (como Descartes dizia) ele diminuiria. Ambas as equipes pretendiam reproduzir os métodos de agrimensura de Cassini para determinar a latitude através de observações astronômicas e de medição de distância por triangulação. A missão peruana foi cercada de desastres, desde terremotos e erupções vulcânicas até guerras civis, e demorou oito anos para voltar. A viagem à Lapônia foi mais bem-sucedida e, em agosto de 1737, seu comandante, Pierre-Louis Moreau de Maupertuis, estava de volta a Paris.[22] Maupertuis apresentou suas conclusões três meses depois para a Academia, Luís XV e seus ministros. Cassini II não conseguiu disfarçar seu horror: as estimativas do grau de latitude de Maupertuis confirmavam a opinião de Newton de que a Terra inchava levemente no equador. As medições de Picard em 1669 haviam fortalecido a tese de Newton sobre a gravidade universal, e os métodos da família Cassini forneciam agora provas empíricas irrefutáveis, contra ela mesma, da teoria de Newton de que a Terra era um esferoide oblato. Os newtonianos franceses triunfaram. Entre eles, estava ninguém menos que Voltaire, que escreveu para felicitar Maupertuis, chamando-o maliciosamente de "meu caro achatador de mundos e dos Cassini".[23]

A expedição peruana retornou em 1744 e também confirmou a teoria de Newton. Apesar do golpe para o prestígio da Academia, a controvérsia sobre a forma da Terra provou que o método de agrimensura de Cassini podia ser exportado e praticado em qualquer lugar do mundo. O fato de refutar a crença dos próprios Cassini na forma da Terra proposta por Descartes só reforçava a crescente percepção de que se tratava de um método científico que poderia apresentar uma representação do mundo verificável, desinteressada, independentemente de fé e ideologia. Mas havia uma outra consequência do debate sobre a forma da Terra. De início, Cassini I e Picard haviam realizado suas primeiras mensurações baseados no pressuposto de que a Terra era perfeitamente esférica. Agora que a teoria de Newton fora comprovada, todos os cálculos precisavam de revisão.

A nomeação em 1730 de Philibert Orry (1689-1747) para controlador-geral das finanças de Luís XV renovou o interesse antigo de Colbert por um levantamento topográfico de todo o país "para o bem do Estado e a conveniência do público".[24] Orry tinha pouco interesse pelo que considerava debates esotéricos sobre a forma da Terra: ele estava mais preocupado com o fato de que o Departamento de Obras Públicas (*Ponts et Chaussées*) carecia de mapas precisos para desenvolver a rede de transportes da França e, em 1733, ordenou que Cassini II retomasse a triangulação de todo o país. Ao contrário de Colbert, Orry queria estabelecer o controle do Estado sobre o recrutamento e a formação de engenheiros e topógrafos (ou "geômetras"). Luís XIV e Colbert haviam patrocinado um grupo de sábios esco-

27. Pierre-Louis Moreau de Maupertuis, "Um mapa do país onde o arco do meridiano foi medido", *Sobre a figura da Terra*, 1738.

lhidos por suas conexões familiares e brilho individual. Orry, por sua vez, entendia que o Estado precisava criar faculdades científicas para recrutar e formar os alunos nas atividades necessárias de agrimensura e cartografia. Ele queria mapas padronizados para fornecer à Marinha cartas marítimas exatas e possibilitar que o exército construísse suas fortificações e fixasse as fronteiras do reino. Mais tarde, ele faria uma proclamação pedindo que o levantamento topográfico traçasse "planos de estradas conforme um tipo uniforme em toda as *généralités* do reino".*[25] Os objetivos e até mesmo a linguagem associada à agrimensura começavam a mudar. O papel do Estado, o interesse público e a importância da padronização substituíam o patrocínio real, a especulação científica elitista e a astronomia no apoio a sua conclusão. Mas até que uma nova geração de geômetras treinados surgisse, Orry não tinha outra escolha senão recorrer a Cassini II para concluir o levantamento.

Cassini tinha uma perspectiva muito diferente. Tendo casado com uma dama pertencente a uma família da *noblesse de robe*** em 1711, ele via a astronomia como uma atividade muito mais elevada do que a geografia e estava preocupado em proteger a reputação de seu pai e a linhagem científica da família; perversamente, considerava o reinício da pesquisa uma oportunidade para contrariar os newtonianos e provar a teoria da forma da Terra de Descartes de uma vez por todas. O trabalho recomeçou com o meticuloso processo de medição de linhas de base e triangulação de distâncias, em 1733. Numa época em que os levantamentos nacionais para fazer mapas são aceitos como uma atividade normal e rotineira, é difícil imaginar a escala do empreendimento de Cassini II. Sem o uso dos instrumentos modernos de topografia e transporte, e sem a compreensão das comunidades locais, até mesmo as tarefas básicas envolvidas na agrimensura eram extremamente árduas. As equipes começavam com um reconhecimento da área a ser medida, estabelecendo características físicas e decorrentes da atividade humana, e decidindo onde medir linhas de base e distâncias angulares. Isso apresentava problemas de imediato.

---

* Généralités: divisões administrativas da França antes da Revolução de 1789. (N.T.)

** *Noblesse de robe*: nobres que deviam sua posição social aos cargos administrativos e judiciários, muitas vezes comprados, que ocupavam e legavam a seus descendentes. (N.T.)

Nação 345

Ao contrário dos levantamentos anteriores realizados em áreas edificadas de territórios razoavelmente hospitaleiros, os topógrafos se defrontavam agora com uma paisagem que se mostrava impermeável ao progresso da precisão científica. Eles precisavam mensurar regiões que eram muitas vezes desprovidas de marcos notáveis a partir dos quais fosse possível triangular distâncias, ou regiões montanhosas onde a instalação do equipamento seria muito perigosa. Ao trabalhar nas montanhas de Vosges, no verão de 1743, a população suspeitou que eles fossem anabatistas, e os acusou de incitar uma revolta com seus acampamentos secretos e comportamento misterioso; no início da década de 1740, um deles foi linchado pelos moradores de Les Estables, na região de Mezenc, porque suspeitaram que seus instrumentos estavam enfeitiçando as culturas agrícolas locais.[26]

As equipes também encontraram aldeias minúsculas, povoadas por pessoas com pouca conexão com o resto do mundo e sem a menor ideia de por que um grupo de estranhos andava em volta apontando instrumentos estranhos para a paisagem e fazendo perguntas embaraçosas. No momento mesmo em que os agrimensores começavam a fazer o reconhecimento do terreno, seu equipamento era roubado, negavam-lhes cavalos e guias e muitos eram apedrejados. Era difícil obter o conhecimento local, pois mesmo aqueles que compreendiam o que estava acontecendo continuavam se opondo ao trabalho, convencidos (com toda razão) de que os resultados só levariam à imposição de maiores dízimos, aluguéis e impostos.

Quando (ou se) o reconhecimento básico de uma área ficava completo, faziam-se preparações para medir uma linha de base. Compassos, micrômetros e quadrantes eram usados para medir a altitude, possibilitando que os topógrafos calculassem a latitude exata. A linha de base podia agora ser construída, com o uso de varas de madeira de duas toesas cada uma, postas uma ao lado da outra ao longo de pelo menos cem toesas (cinquenta quilômetros). Somente quando a linha de base estivesse corretamente colocada e medida é que o processo de triangulação podia começar. Tendo verificado a distância entre dois pontos da linha de base, os topógrafos podiam então escolher um terceiro ponto para criar um triângulo. Mas até mesmo isso apresentava problemas. Os topógrafos não tinham como medir a altitude do terreno; tudo o que podiam tentar fazer era triangular pontos de um ponto de observação específico construído pelo homem –

em geral, um campanário de igreja. Depois de estabelecer essa posição, o ângulo para o terceiro ponto era medido com um quadrante ou grafômetro. Com suas tabelas trigonométricas, os topógrafos podiam então calcular os três ângulos envolvidos e a distância para a terceira posição. Tendo determinado as três distâncias angulares, a equipe podia então construir um segundo triângulo, e assim por diante, até que toda a região fosse mensurada de acordo com uma rede de triângulos adjacentes. À medida que cada triângulo era concluído, uma mesa plana era usada para esboçar o início do que viria a ser o mapa exato da região.

A simples tarefa física de mover esse equipamento pesado de um lugar para outro, antes de fazer e revisar medições e cálculos para assegurar a exatidão, era extremamente cansativa, e as margens para erro eram muitas. Não surpreende que o trabalho fosse dolorosamente lento. Os mapas manuscritos feitos no campo que subsistem dão uma ideia das incontáveis observações, leituras e cálculos que eram feitos. Dificilmente aparecem detalhes físicos, além de cidades, aldeias e rios. Em vez disso, os mapas são entrecruzados por inúmeras linhas angulares que representam mensurações trianguladas que ocupam folhas inteiras. À medida que o levantamento topográfico constituía gradualmente uma vasta base de dados de medições, aqueles que acompanhavam o trabalho de campo em Paris começaram a perceber que os cálculos originais de Picard não eram tão infalíveis quanto se supunha. A pesquisa começara desenhando triângulos medidos perpendicularmente ao meridiano original de Paris desenhado por Picard. Por volta de 1740, depois de ter medido quatrocentos triângulos e dezoito linhas de base, Cassini II e seu jovem filho, César-François, se deram conta de que a medição original de Picard do meridiano estava deslocada em cinco toesas, ou dez metros. O erro era pequeno, mas se multiplicado por todo o país comprometeria todos os cálculos originais. Era necessário um novo cálculo completo das medidas estabelecidas. Quando foram concluídos, em 1738, os resultados significaram mais uma vez uma má notícia para Cassini II: as latitudes recalculadas confirmavam as medições da Lapônia de Maupertuis. Até mesmo a medida do solo francês provava de uma vez por todas que as teorias de Newton estavam corretas.

A influência da linhagem Cassini poderia ter acabado ali, não fosse o crescente envolvimento no trabalho do filho de Jacques, César-François

Nação 347

Cassini de Thury, o Cassini III – melhor geógrafo do que astrônomo e diplomata astuto. Ele aceitou tranquilamente o triunfo dos newtonianos, entendeu os requisitos de Orry para um novo levantamento topográfico e, ao longo das décadas de 1730 e 1740, levou com habilidade a árdua tarefa não só à conclusão, como também à publicação impressa. Enquanto seu pai, desiludido e cada vez mais distante, parecia fora de sintonia com a mudança para uma abordagem mais profissional da geografia, Cassini III começou a planejar a divulgação do trabalho topográfico.

Em 1744, o levantamento foi finalmente concluído. Seus topógrafos haviam completado a quantidade extraordinária de oitocentos triângulos principais e dezenove linhas de base. Cassini III sempre imaginara imprimir mapas regionais à medida que fossem produzidos, e em 1744 o mapa foi publicado em dezoito folhas. Seu novo mapa da França, numa pequena escala apropriada de 1:1.800.000, mostra o país representado como uma rede de triângulos, sem praticamente nenhuma expressão dos contornos físicos da terra, e com grandes áreas, como os Pirineus, o Jura e os Alpes, deixadas em branco. Era um esqueleto geométrico, uma série de pontos, linhas e triângulos que seguiam costas, vales e planícies que ligavam os principais lugares onde as observações foram realizadas. Acima de tudo, estava o triângulo, o novo símbolo imutável do método científico racional e verificável.[27] No mapa de Cassini III, o triângulo quase assume sua própria realidade física, um sinal do triunfo das leis imutáveis da geometria e da matemática sobre o vasto caos confuso do mundo terrestre. Os babilônios e os gregos haviam reverenciado o círculo; os chineses celebravam o quadrado; os franceses mostravam agora que era a aplicação do triângulo que acabaria por conquistar a Terra.

A publicação do levantamento de 1744 representou o cumprimento dos planos originais de Colbert e Orry. Em termos modernos, não era um estudo nacional baseado em detalhes topográficos abrangentes, mas um levantamento geodésico que produziu uma ilustração da posição de lugares significativos para as exigências do planejamento estatal. Cassini III admitiu isso quando explicou que suas equipes de topografia "não entraram em cada aldeia, em cada lugarejo, para levantar a planta. Não visitamos cada fazenda nem seguimos e medimos o curso de todos os rios ... esses detalhes são necessários apenas para plantas de uma propriedade senhorial; o tamanho razoável em que se deve fixar o mapa de um país não permite que se marquem tantas coisas sem grande confusão".[28] A logística para fazer não um, mas dois levantamentos, era simplesmente grande demais; fazer um terceiro levantamento de toda a topografia do país exigiria uma quantidade de dinheiro, mão de obra e precisão técnica que Cassini III claramente considerava irrealista. No que lhe dizia respeito, seu trabalho e o de sua família estava acabado. Indivíduos e organizações públicas e privadas poderiam agora preencher os espaços topográficos em branco que todos podiam ver em seu mapa de 1744. O negócio de mapas comerciais de Paris já havia produzido uma ilustre coleção de cartógrafos, como Alexis-Hubert Jaillot (1632-1712) e Guillaume Delisle (1675-1726), mas uma nova geração, composta entre outros por Jean Baptiste Bourguignon d'Anville e Didier Robert Vaugondy (1723-86), surgia para produzir mapas e atlas capitalizando em cima da oportunidade cartográfica apresentada por Cassini III.[29]

Embora ninguém, muito menos Cassini III, considerasse o levantamento de 1733-44 um estudo preliminar para uma descrição ainda maior do país,[30] foi isso que aconteceu e Cassini foi convidado a iniciar mais uma pesquisa a serviço das ambições dinásticas e militares do rei Bourbon. Assim como seu pai conduzira a França para uma guerra cara em torno da sucessão do trono da Espanha, Luís XV interveio em uma disputa semelhante, em 1740. Dessa vez, ela girava em torno dos territórios dos Habsburgo reivindicados pela Áustria nas fronteiras norte e leste da França. A Guerra de Sucessão da Áustria (1740-48) fez Luís entrar numa série de campanhas sangrentas e custosas e, na primavera de 1746, seus exércitos estavam lutando nos Países Baixos austríacos. Cassini III foi convidado a assessorar os engenheiros franceses na mensuração de linhas de base ao longo do rio Schelde e, em outubro 1746, auxiliou na elaboração dos planos topográficos para a batalha de Rocoux, nos arredores de Liège.

Após a vitória francesa, Luís XV visitou a região e comparou seu terreno com os mapas de Cassini. Seus comentários marcariam o início de uma nova etapa para a agrimensura nacional. Nas palavras de Cassini III: "O rei, com o mapa nas mãos, achou o terreno e a disposição de suas tropas tão bem-representados, que não teve nenhuma pergunta para seus generais, nem para os guias, e fez a honra de dizer a mim: 'Quero que o mapa de meu reino seja feito da mesma maneira, e o encarrego de fazê-lo,

Nação 349

informe [Jean-Baptiste de] Machault [o controlador-geral] disso."' Após a labuta dos oitenta anos anteriores, rei e cartógrafo sabiam que isso não seria tarefa fácil, mas "ele me fez a honra", continuou Cassini, "de me perguntar várias vezes se o trabalho seria fácil de executar e quanto tempo seria necessário para levá-lo à perfeição".[31]

O pragmático Cassini III logo apresentou uma resposta à pergunta de Luís XV. Apesar de suas preocupações quanto à viabilidade de um projeto tão gigantesco, a chance de realizar outro levantamento, dessa vez cobrindo todos os aspectos topográficos do país, desde rios a vilas e aldeias, era boa demais para deixar passar, e ele sentiu o aceno da imortalidade científica. Cassini III calculou que o trabalho levaria dezoito anos para ser concluído. Seriam necessários 180 mapas regionais, na escala uniforme de 1:86.400, para cobrir todo o país, com dez mapas produzidos a cada ano, cada um no valor de 4 mil libras, que incluíram os custos de equipamentos, levantamento topográfico e impressão. O orçamento anual de 40 mil libras pagaria dez equipes de dois engenheiros para medir e registrar as informações relevantes no campo, que seriam então enviadas para o Observatório de Paris, onde seriam checadas antes da gravação e publicação. Cada folha impressa do mapa seria vendida por quatro libras, numa tiragem estimada de 2.500 exemplares de cada uma. Se todas as 180 folhas fossem vendidas por esse valor, o projeto teria uma receita de 1,8 milhão de libras – um retorno impressionante para um investimento estatal projetado de apenas 720 mil libras. Considerando-se que um trabalhador qualificado podia ganhar até mil libras por ano, e que o marceneiro do rei podia cobrar 938 mil libras por dez anos de trabalho, o controlador-geral Machault avaliou que, em termos puramente financeiros, o levantamento de Cassini parecia ser um excelente investimento.[32] Ele estava chocado com o esgotamento dos cofres do reino após as guerras austríacas e estava disposto a reformar o ultrapassado sistema de dízimos do Estado mediante a introdução de uma taxa fixa universal de tributação, para grande consternação da nobreza e do clero, que se beneficiavam dos antigos arranjos feudais. O novo levantamento prometia ajudá-lo em seu plano e beneficiar muitas das pessoas que se opuseram agressivamente aos seus antecessores.

Cassini III aproveitou a oportunidade para pôr em execução um método de agrimensura que não somente transformaria a compreensão geográfica

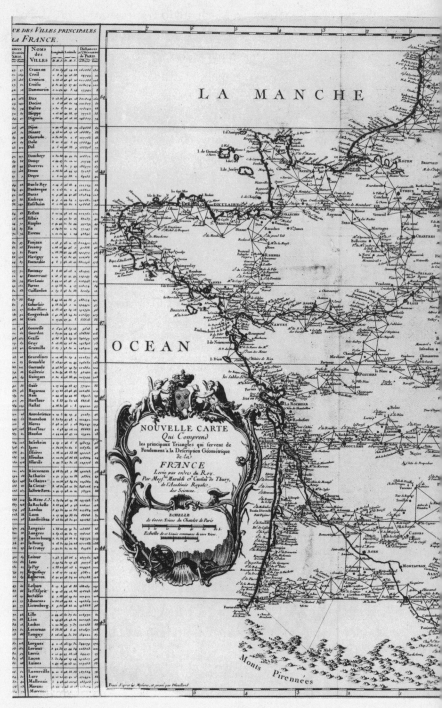

28. César-François Cassini de Thury, "Novo Mapa da França", 1744.

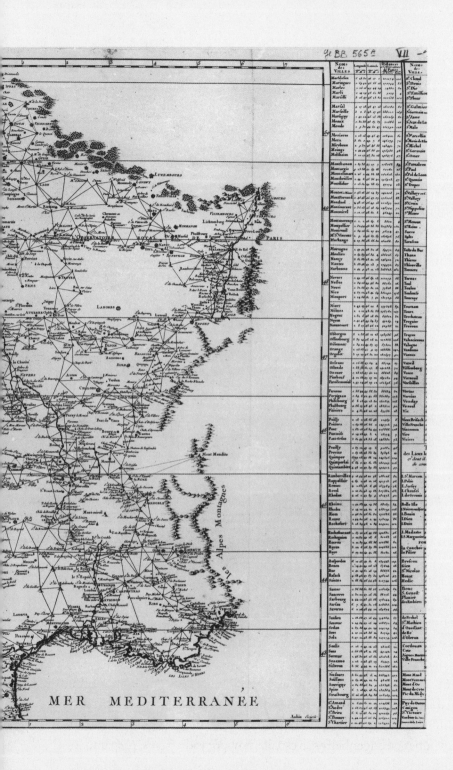

da França, como também mudaria toda a prática da geografia. Ele propôs a padronização dos mapas criados a partir da pesquisa, adotando o que hoje é chamado de projeção cilíndrica transversa equidistante, que trata o globo como um cilindro projetado sobre um retângulo. O globo é girado de tal modo que qualquer meridiano dado age como o equador, garantindo que permaneça correta a escala ao longo desta linha, e em qualquer lugar que esteja em ângulo reto em relação a ela. As distorções inevitáveis nos limites norte e sul dessa projeção eram insignificantes para os objetivos de Cassini, pois as áreas regionais a serem mensuradas eram pequenas demais para serem seriamente afetadas. Afora isso, ele ressaltou que, ao contrário dos dois primeiros levantamentos, não seriam necessárias novas inovações científicas. Tendo estabelecido um marco geodésico, Cassini III introduziu então um método que permitiria que seus pormenores topográficos fossem preenchidos. Em conformidade com o plano de Orry de ensinar métodos padronizados de agrimensura e cartografia a uma nova geração de geógrafos, Cassini III propôs treinar suas equipes de engenheiros a partir do zero nas técnicas de medição e observação necessárias para concluir o levantamento. Cada engenheiro manteria dois diários de trabalho. Um deles registraria informações topográficas, a localização de aldeias, rios, igrejas e outros aspectos físicos, que seriam confirmados por sacerdotes e nobres do lugar. O outro registraria dados geodésicos sobre a medição da triangulação em relação às linhas de base e principais triângulos estabelecidos, que seriam enviados a Paris e checados pelos membros do Observatório. Precisão, uniformidade e verificabilidade foram definidas como fundamentais para o sucesso político e financeiro do trabalho. Conforme as diretrizes de Cassini III, a geografia se tornaria uma atividade rotineira e contínua sancionada pelo Estado, e seus praticantes atuariam dentro de rígidas diretrizes determinadas pelas autoridades. Chegava ao fim a era dos sábios eruditos que uniam a sabedoria antiga de astronomia, astrologia e cosmografia para criar seus mapas. Os geógrafos estavam se transformando, lenta mas firmemente, em funcionários públicos.

Em outubro de 1748, logo após o fim de Guerra de Sucessão Austríaca com a assinatura do tratado de paz de Aix-la-Chapelle, a primeira parcela do dinheiro foi paga a Cassini III para começar sua nova missão. Mais uma vez, equipes de engenheiros se espalharam por todo o país, preparando-se

Nação 353

para fazer o levantamento do que Cassini III chamou de "essa inumerável quantidade de cidades, vilas, aldeias e outros objetos espalhados por toda a extensão do reino".[33] Como de costume, o trabalho começou nos arredores de Paris, seguindo os afluentes do rio Sena. A topografia precedia agora a geometria e os engenheiros de Cassini esforçavam-se para pôr carne geográfica no esqueleto triangular das duas primeiras pesquisas. O trabalho era menos especializado, mas faria um retrato inédito do impacto da ocupação humana sobre a Terra.

Cassini III já estabelecera sua reputação de tato e diplomacia. A essas qualidades ele acrescentou uma atenção obsessiva aos detalhes e à precisão, caracterizada por sua microgestão incansável de todos os aspectos do trabalho, do envolvimento pessoal no trabalho de campo à supervisão da gravação das chapas para publicação. Nada era deixado ao acaso, como revela seu relato de um dia comum de um agrimensor no campo:

> Situados na parte mais alta do campanário da igreja e acompanhados pelo pároco, ou síndico, ou outra pessoa capaz de proporcionar conhecimento do lugar, e para indicar-lhes os nomes dos objetos que veem, eles tinham de passar parte do dia familiarizando-se suficientemente com a área para serem capazes de representá-la no mapa, verificar as condições de seus instrumentos e o paralelismo dos telescópios, e tomar e várias vezes retomar os ângulos entre os pontos principais, verificando se os ângulos tomados ao rodear o horizonte não excediam 360 graus, uma prova da precisão dos ângulos que compõem o *tour d'horizon* tão boa quanto a observação do terceiro ângulo de um triângulo. O trabalho do dia era seguido pelo trabalho do estúdio: tendo adquirido uma ideia da disposição da área, seria necessário desenhar aproximadamente os montes, os vales, a direção das estradas, o curso dos rios, a natureza do terreno; desenhar, na verdade, o mapa da área enquanto eles estavam lá, para poder verificar se estava correto, e corrigi-lo se estivesse errado.[34]

De igual importância para o trabalho de campo era a documentação que ele criava; do terreno ao estúdio, os engenheiros de Cassini eram instruídos a escrever as suas observações e traduzi-las para esboços de mapas desenhados à mão, corrigi-los sempre que necessário e depois enviar tudo a Paris para mais uma rodada de confirmação. Cassini III insistia que, quando o mapa fosse elaborado, devia ser devolvido às autoridades locais envolvidas em checar inicialmente os dados topográficos relevantes. "A parte geométrica pertence a nós", proclamava Cassini; "a expressão do terreno e a grafia dos nomes são obra dos senhores e sacerdotes; os engenheiros apresentam os mapas a eles, tiram proveito das informações que eles fornecem, trabalhando sob ordens deles, fazendo na presença deles as correções do mapa, que publicamos somente quando é acompanhado por certificados" que confirmem a veracidade das informações registradas.[35] Tratava-se de um elemento essencial para garantir a exatidão, mas tinha uma outra consequência: por mais que relutasse para confirmar as observações feitas pelos engenheiros indesejáveis, a nobreza provincial passava a fazer parte da estrutura de um levantamento nacional. Até então, o conhecimento local fora ignorado em favor da pura geometria triangular da pesquisa; Cassini III garantia agora que a visualização da comunidade imaginada da França incluísse o conhecimento daqueles que viviam e trabalhavam nela.

E o trabalho foi efetivamente lento. Depois de oito dos dezoito anos que Cassini estimara inicialmente que seriam necessários para concluir o levantamento, apenas dois mapas foram publicados, os de Paris e Beauvais. No verão de 1756, Cassini III conseguiu uma audiência com Luís XV para presenteá-lo com o mapa de Beauvais, recém-saído do gravador. De início, o encontro correu bem. Cassini relembrou que o rei "parecia surpreso com a precisão dos detalhes" do mapa. Mas, em seguida, Luís soltou uma bomba. "Meu pobre Cassini", disse ele, "lamento muitíssimo, mas tenho uma má notícia para você: meu controlador-geral não quer que eu continue com o mapa. Não há mais dinheiro para ele."[36] O projeto estava muito atrasado e os custos tinham explodido: Cassini estimava agora que cada mapa custaria cerca de 5 mil libras. Baseado no andamento atual, todo o projeto só estaria concluído em meados do século seguinte. As reformas de Machault, como era previsível, haviam naufragado diante da oposição aristocrática e tendo em vista as condições lamentáveis das finanças do Estado, seu substituto, Jean Moreau de Séchelles, não estava obviamente preparado para aprovar mais despesas. Qualquer que tenha sido a reação imediata de Cassini III, ele relembrou mais tarde que sua resposta à notícia de Luís foi caracteristicamente determinada: "O mapa será feito."[37]

Nação
355

Cassini III era um geógrafo que insistia na perfeição absoluta, e o consequente avanço lento do trabalho pusera sua existência em perigo. Mas, como homem de negócios, ele agiu rapidamente para garantir sua sobrevivência. Ele sempre tivera esperanças de que o setor privado investiria em seu levantamento anterior, de 1733-44; então, inventou um plano para testar sua crença e salvar a nova pesquisa. Com o apoio de Luís, criou a *Société de la Carte de France*, uma associação de cinquenta acionistas que foram convidados a entrar com 1.600 libras por ano para cobrir as 80 mil libras anuais que estimou serem necessárias para concluir o levantamento em apenas dez anos a mais. Em troca, eles receberiam participação nos lucros projetados, bem como dois exemplares de cada mapa completo. Do ponto de vista político e financeiro, foi uma jogada brilhante. Os principais membros da nobreza e do governo se aliaram publicamente ao projeto, inclusive a amante do rei, madame de Pompadour, e Cassini levantou ainda mais dinheiro do que realmente precisava. Apesar dessa privatização efetiva do empreendimento, Cassini também estipulou que a Academia das Ciências manteria o controle geral tanto da administração do levantamento como da publicação de seus mapas. Em poucas semanas, ele conseguiu resgatar o levantamento de um possível esquecimento, assegurou seu financiamento futuro e libertou-o da interferência do Estado e de seus acionistas.

As ações de Cassini galvanizaram a produção de mapas baseados no levantamento topográfico. Poucos dias depois, ele anunciou que os primeiros mapas de Paris e Beauvais estavam à venda, a quatro libras cada um – bem mais caro do que outros mapas regionais, que eram vendidos por apenas uma libra. Cassini prometeu lançar um mapa a cada mês: Meaux, Soissons, Sens, Rouen, Chartres, Abbeville, Laon, Le Havre, Coutances e Châlons-sur-Marne vieram logo depois e em três anos 39 dos esperados 180 mapas foram publicados (embora todos se concentrassem nas áreas norte e central em torno de Paris). As tiragens foram substanciais (quinhentos exemplares para cada folha), e as vendas foram impressionantes. Em 1760, mais de 8 mil exemplares das primeiras 45 folhas impressas já tinham sido vendidos.[38] Até o final de década, dezenas de milhares de mapas estavam nas mãos de pessoas que viviam em todo o país. Embora o número de mapas impressos publicados por Cassini fosse menor do que os contidos no *Atlas maior* de Blaeu, a circulação cumulativa de todas as folhas de mapas publicadas certamente superava em muito as vendas do atlas holandês anterior, mais caro. Mapas circulavam em uma escala sem precedentes.

A publicação dos primeiros mapas em 1756 deixou claro para todos que se tratava de uma realização assombrosa. Tendo supervisionado obsessivamente todas as fases de sua criação, do levantamento à publicação, Cassini III havia criado uma série de mapas que não tinham paralelo em precisão, detalhe, acuidade e padronização. Cada mapa foi produzido com os melhores materiais disponíveis, como tinta preta alemã de Frankfurt e água-forte, que deram aos mapas suas linhas caracteristicamente nítidas, mas duráveis, bem como uma delicada aura prateada. Cassini havia exigido que os mapas "fossem traçados com um certo gosto e clareza". Ele compreendia que o "público dificilmente julga, a não ser por este ponto de vista insignificante". A exatidão nítida do produto acabado resultou no tipo de beleza estética que não é normalmente associada a mapas. A cartografia podia ter-se tornado uma ciência, mas Cassini estava também ansioso para que o público a considerasse uma arte.

Capitalizando em cima do interesse público, Cassini deu mais um passo inovador: em fevereiro de 1758, ofereceu uma subscrição pública para o mapa de toda a França. Por 562 libras, os assinantes receberiam todos os 180 mapas à medida que fossem publicados, o que representava uma economia de 158 libras. Cento e cinco assinantes aceitaram a oferta, e chegaram a 203 em 1780.[39] Ao contrário de acionistas da empresa, muito poucos desses assinantes faziam parte da elite parisiense. Havia entre eles agricultores e empresários da província, muitos vindos do setor médio da sociedade francesa, que tinha sido tão contrário ao levantamento. Embora fossem relativamente poucos, esses assinantes burgueses representavam uma "nacionalização" inadvertida do levantamento como consequência de sua suposta "privatização". Assim como a exigência obsessiva por exatidão de Cassini III possibilitou que os franceses contribuíssem para o levantamento topográfico nacional e o considerassem como representando seu país, sua tentativa de assegurar apoio financeiro contínuo permitiu que outros investissem em um pequeno pedaço da França.

Tendo delegado o financiamento do projeto para o setor privado, o Estado ainda mantinha um interesse ativo no progresso da pesquisa revigorada. Em 1764, uma proclamação real exigiu que todas as regiões não

Nação

mensuradas contribuíssem para o gasto envolvido. A receita decorrente disso proporcionou a Cassini III quase 30% dos custos estimados para a conclusão de toda a pesquisa. Foi um impulso oportuno para ele. Suas projeções originais do término do levantamento haviam sido demasiado otimistas, como ele deve ter percebido quando lutou para levantar os fundos necessários a fim de manter o projeto em andamento. O novo capital lhe permitiu empregar mais nove engenheiros, mas ainda não era suficiente. A mensuração e o mapeamento do terreno altamente povoado e pouco hostil das regiões central e norte do país foi bastante simples, mas trabalhar nas vastas áreas montanhosas do sul e do sudoeste continuava a ser uma tarefa extremamente difícil. A data prevista para a conclusão do mapeamento no final da década de 1760 chegou e passou; entre 1763 e 1778, 51 novos mapas foram publicados, a maioria das regiões central e oeste, mas isso ainda deixava bem mais de um terço do país por ser mapeado, inclusive a Bretanha, onde autoridades aristocráticas conservadoras obstruíam o que consideravam exigências centralizadoras do mapeamento.

A transferência dos resultados do trabalho de campo para mapas gravados a centenas de quilômetros de distância em Paris trazia consigo a possibilidade de ocorrer uma infinidade de pequenos erros. A reação de Cassini foi a introdução de verificações, testes e inspeções obsessivos. Até mesmo o papel em que os mapas seriam impressos eram medidos exatamente para garantir que, numa folha padrão que media 65 × 95 centímetros, aplicando-se uma escala uniforme de 1:86.400, cada seção separada representaria exatamente 78 × 49 quilômetros quadrados. Depois de estabelecer um método de confirmar os resultados do levantamento com a população local, Cassini voltou sua atenção para o problema da gravura. O itálico florido dos mapas e atlas de Mercator e Blaeu já não era suficiente para dar conta da massa de dados produzidos pela escala prescrita de 1:86.400. "No que diz respeito à gravação das folhas", Cassini queixou-se, "não é possível acreditar como essa arte, levada tão adiante na França, tenha sido tão negligenciada em seus aspectos geográficos." Em consequência, ele foi "obrigado a treinar gravadores, a fazer uma seleção de modelos para que eles seguissem ao representar bosques, rios e na conformação do terreno".[40] Não satisfeito, Cassini descobriu que era necessário formar dois grupos de gravadores: o primeiro para gravar a planta topográfica, o segundo para fazer as letras. Pierre Patte, um dos principais gravadores de Cassini, descreveu como a gravura em preto e branco procurava reproduzir os detalhes sensoriais do mundo natural. "Quanto à maneira de expressar as diferentes partes que compõem um mapa", escreveu ele em 1758,

> a arte toda consiste em captar a expressão geral da natureza e dar seu espírito ao que se deseja representar. Do alto de uma montanha, considere o tom dos diferentes objetos que estão na superfície do terreno circundante: todos os bosques parecem se destacar em castanho, da cor de arbustos, contra um fundo que também parece um pouco castanho ... No que diz respeito às montanhas, a menos que sejam picos, elas nunca parecem estar claramente delineadas, mas seus cumes sempre parecem, ao contrário, arredondados, mais ou menos alongados, e tendo no lado da sombra um tom aveludado sem crueza.[41]

Cassini e seus gravadores estavam criando uma nova gramática da cartografia, com sinais, símbolos e letras que traduziriam a topografia do terreno numa nova linguagem cartográfica. Os resultados podem ser vistos no mais popular e emblemático de todos os mapas de Cassini, a primeira folha que representa Paris. Sua falta de decoração é imediatamente perceptível. Não há cartela, nenhum sumário ou explicação dos símbolos, e nenhum floreio artístico supérfluo: apenas um mapa topográfico de Paris e seus arredores. O esqueleto geométrico, triangular dos mapas anteriores de Cassini desapareceu, obliterado pela riqueza de detalhes locais. Não se vê a geometria subliminar do mapa, apenas perceptível no meridiano de Paris que corta o mapa ao meio, cuja perpendicular forma um ângulo reto em seu centro exato: o Observatório de Paris. Mas nesse mapa não há nenhuma grande celebração da geografia egocêntrica; em vez disso, o olhar é atraído para a sua toponímia precisa e topografia carinhosamente reproduzida.

Tudo no mapa é padronizado. Cassini aperfeiçoou os sinais e símbolos já estabelecidos (como a hierarquia tradicional de cidade, vila, paróquia, castelo e aldeia simbolizada por diferentes perspectivas oblíquas) e acrescentou os seus – uma abadia era representada por um campanário com um báculo, uma casa de campo com um pequeno estandarte, uma mina

Nação 359

por um pequeno círculo. As divisões administrativas do nível nacional ao nível regional eram distinguidas por uma variedade de linhas pontilhadas, enquanto um sombreado simbolizava relevo. Em folha após folha, usavam-se as mesmas convenções e símbolos padronizados. A mensagem era inconfundível: independentemente do terreno, todos os cantos do reino podiam agora ser mapeados e representados de acordo com os mesmos princípios. Numa contestação direta do regionalismo desafiador do país, o mapa definia que nenhum lugar era excepcional. Era uma poderosa mensagem de unidade que tinha seu equivalente na crescente oposição ao regime monárquico manifestada por advogados como Guillaume-Joseph Saige, que escreveu em 1775 que "não há nada essencial no corpo político, senão o contrato social e o exercício da vontade geral; afora isso, tudo é absolutamente contingente e depende, para sua forma e sua existência, da vontade suprema da nação".[42]

Paradoxalmente, essa "vontade" era transmitida em mais alto tom pela característica mais evidente dos mapas. Na França do século XVIII, os súditos do rei falavam numa diversidade de línguas – occitano, basco, bretão, catalão, italiano, alemão, flamengo e até iídiche, além de vários dialetos franceses.[43] Nos mapas de Cassini, a linguagem puramente descritiva – *ville, bourg, hameau, gentilhommière, bastide*, e assim por diante – está escrita em francês parisiense. Com a padronização geográfica vem a conformidade linguística. Se todos que olham para o mapa estão sendo convidados a imaginar o lugar onde eles mesmos fazem parte de uma França unificada, devem fazê-lo na língua de seus governantes em Paris.

A década de 1780 trouxe grandes mudanças, tanto para o levantamento topográfico como para a França. Ao aproximar-se da velhice, Cassini ganhou a companhia de seu filho, Jean-Dominique, conde de Cassini (Cassini IV), para concluir o trabalho. Redobraram-se os esforços, mas em setembro de 1784 Cassini III contraiu varíola e morreu, aos setenta anos. Suas realizações foram imensas, desde restaurar a autoridade da família, após a derrota sobre a forma da Terra na década de 1740, à conclusão de outro levantamento geométrico, primeiro iniciando, depois resgatando o levantamento mais ambicioso até então empreendido, para encaminhá-lo a uma conclusão. A pesada tarefa de completar o mapeamento nacional foi passada para Jean-Dominique, que também assumiu o papel de diretor do observatório. Batizado com o nome de seu bisavô, nascido e criado no Observatório de Paris, que a família via agora como sua casa, e membro da nobreza parisiense desde a década de 1740, Jean-Dominique, tal como Cassini I e II, não se considerava geógrafo, mas astrônomo (título que, nos círculos que ele frequentava, era motivo de maior prestígio). Ele preferia ver-se como cientista e acadêmico nobre que supervisionava altivamente o trabalho mecânico feito no campo por seus engenheiros dos confins do que ele acreditava ser seu observatório. A conclusão do levantamento topográfico, como seu pai admitia, jamais produziria avanços científicos como os alcançados por Cassini I e II. Ao avaliar o impacto da ciência no estudo da geografia, Cassini IV escreveu mais tarde que:

> Graças às múltiplas viagens realizadas por homens cultos por todo o mundo, graças aos métodos fáceis e rigorosos da astronomia, da geometria e da fabricação de relógios para determinar a posição de todos os lugares, os geógrafos logo descobrirão que não têm nem incerteza, nem escolha, nem necessidade de uma faculdade crítica para fixar as principais posições das quatro partes do globo. A tela se encherá pouco a pouco, por si mesma, com o passar do tempo, imitando o procedimento que seguimos para a produção do mapa geral da França.[44]

A geografia era considerada um simples método, em vez de uma ciência, desprovida de "uma faculdade crítica", e seus praticantes eram reduzidos a copiadores de fórmulas, como os engenheiros do próprio Cassini no campo. Cassini aceitava que o mapeamento seria uma grande conquista, mas, para ele, completá-lo consistia simplesmente no preenchimento mecânico de lacunas, e precisava ser concluído o mais rápido possível para que ele pudesse realizar pesquisas astronômicas mais ambiciosas.

Sempre atento à reputação da família, Cassini IV deu andamento ao levantamento topográfico e à impressão dos últimos mapas, publicando outros 49 durante a década de 1780. Mas, enquanto o trabalho continuava e a década se aproximava de seu fim, acontecimentos políticos maiores começaram a ultrapassá-la. O inverno muito frio de 1788-89 e a subsequente seca fizeram com que os preços dos alimentos explodissem, provocando protestos em todo o país. A monarquia não era mais capaz de resolver sua

Nação 361

situação financeira deplorável e entregou a questão da reforma política e fiscal aos Estados Gerais, uma assembleia representativa das três camadas sociais – Igreja, aristocracia e plebeus – que se reuniu pela primeira vez desde 1614, em Versalhes. Quando as reformas fracassaram diante da oposição aristocrática, os adversários do *Ancien Régime* decidiram agir por conta própria. Barrados de uma reunião dos Estados Gerais em 20 de junho, 1789, os membros do Terceiro Estado se reuniram para assinar o "Juramento do Jogo da Pela", que exigia uma nova Constituição escrita. Isso deflagrou o início de uma revolução, que logo levaria à criação de uma nova assembleia legislativa e a uma monarquia constitucional fracassada, culminando com a proclamação da República Francesa em 1792 e a execução de Luís XVI, em 1793.

No final da década de 1780 a oposição ao rei exigia amplas reformas políticas numa linguagem que invocava repetidamente a "pátria" e a nação. Ao longo da segunda metade do século XVIII, enquanto os agrimensores de Cassini labutavam em todo o país, tanto monarquistas como seus adversários políticos cada vez mais vociferantes brigavam pelo uso do termo "pátria". Os defensores do rei afirmavam que ser patriótico era ser monarquista, mas a partir do início da década de 1770 a oposição reagiu e passou a referir-se a si mesma como *parti patriote*, argumentando que, enquanto a monarquia não fosse varrida, a França não possuía "pátria" e não podia ser realmente chamada de nação. O debate pode ser acompanhado pelos títulos de livros: entre 1770 e 1789, 277 obras foram impressas com variações da palavra "pátria" em seu título, e no mesmo período, 895 títulos usaram "nação" ou "nacional".[45] Essas obras variavam de panfletos com títulos como *Les Voeux d'un patriote* (1788) ao tratado antimonárquico *Le Jurisconsulte national*, de Pierre-Jean Agier (1788), e o mais conciliador *De la religion nationale* (1789), do abade Fauchet. Ao tomar a iniciativa política em 1789, os partidários do Terceiro Estado passaram a invocar uma nova ideia de nação. "Se a ordem privilegiada fosse removida", escreveu um dos seus defensores, "a nação não seria algo menos, mas algo mais".[46] Em um panfleto intitulado "O que é a nação e o que é a França?" (1789), o escritor Toussaint Guiraudet descreveu a situação política, como se estivesse olhando para mapas de Cassini: "A França não é um conjunto de províncias, mas um espaço de 25 mil léguas quadradas."[47] Outro proeminente defensor do Terceiro Estado, o abade Emmanuel Sieyès, escreveu sobre a necessidade de fazer "de todas as partes da França um único corpo, e de todos os povos que a dividem um único corpo". "A nação", argumentava ele, "vem antes de tudo. Ela é a fonte de tudo." Seu livro *O que é o Terceiro Estado?* apresentava seus deputados como os verdadeiros representantes da nação e, em junho de 1789, o Estado valeu-se da retórica de Sieyès ao declarar que "a fonte de toda a soberania reside essencialmente na nação".[48]

Enquanto a situação política se deteriorava diariamente, Cassini IV corria para completar o mapa de um país em efervescência revolucionária, acrescentando a *Carte des Assemblages des Triangles*, aumentando o projeto de 180 para 182 folhas. Em agosto de 1790, quando a Assembleia Nacional começava a reorganizar os limites das dioceses e dos departamentos mapeados pelos engenheiros de Cassini, ele apresentou um relatório numa reunião dos acionistas da Société de la Carte de France. Quinze mapas ainda estavam por ser publicados. O levantamento estava concluído e o mapa inteiro estava próximo da publicação final. O novo regime preparava-se para a guerra com seus vizinhos hostis e o exército voltou sua atenção para o mapa. O chefe do corpo de engenharia militar, Jean-Claude Le Michaud d'Arçon, resumiu o dilema enfrentado por Cassini ao avaliar os perigos de publicar os últimos mapas restantes, que continham informações potencialmente sensíveis sobre regiões montanhosas vulneráveis. "É essencial que nem seus pontos fortes, nem seus pontos fracos sejam indicados ao inimigo, e é da máxima importância que qualquer conhecimento deles sirva somente a nós", enfatizou d'Arçon. "O privilégio concedido aos engenheiros de M. de Cassini deve excluir as partes das fronteiras cujo conhecimento deve ser reservado para nós." Sua conclusão captava a situação de Cassini com honestidade brutal. "Seu mapa pode ser bom ou ruim. Se é bom, terá de ser proibido, e se ruim, dificilmente merece favor."[49]

Mas, como vimos no início deste capítulo, o mapa não foi banido, mas nacionalizado (ou confiscado, dependendo de suas inclinações políticas) pela Convenção Nacional, em setembro de 1793. A nacionalização significou que o mapa foi completamente retirado de circulação, suas chapas e folhas publicadas foram confiscadas pelo Dépôt de la Guerre, no interesse da nova nação. Em dezembro de 1793, enquanto o "Reinado do Terror"

Nação 363

varria Paris, os acionistas da empresa foram chamados para aquela que seria sua última assembleia geral. Cassini IV e seu fiel assistente Louis Capitaine esperaram em vão. Por fim, um acionista solitário chegou. "Senhores, acreditem em mim", ele anunciou, "vocês podem fazer o que quiserem, nós todos temos muitas outras coisas para pensar além de mapas. Quanto a mim, desejo-lhes um bom-dia e vou procurar esconderijo onde puder."[50] A malha estava se fechando em torno de Cassini: já despojado de sua condição de membro da Academia (que foi depois dissolvida), bem como da direção do observatório, ele foi jogado na prisão em fevereiro de 1794. Condenado por seus alunos, escapou por pouco da guilhotina, destino que se abateu sobre sua infeliz prima e companheira de prisão, Mlle. de Forceville, enquanto Cassini observava impotente.

No verão de 1794, com a diminuição do Terror, Cassini foi libertado da prisão, mas era um homem quebrado. Deu as costas para a ciência, protestando contra as reformas revolucionárias que "derrubaram tudo, mudaram tudo sem necessidade, e pelo único prazer da destruição".[51] Ele flertou com pedidos para entrar em diversas sociedades acadêmicas e apoiou as tentativas de Capitaine de compensar os acionistas da Société de la Carte de France por suas perdas. Quando Philippe Jacotin, o chefe do departamento topográfico do Dépôt de la Guerre, foi incumbido de avaliar o que o Estado devia aos acionistas (inclusive a Cassini), ele simplesmente calculou a mudança de valor num período de vinte anos do metal das placas de cobre em que eram gravados os mapas e deduziu os custos de sua manutenção ao longo do mesmo período. Chegou a uma cifra de 3 mil novos francos franceses (mais ou menos equivalente à antiga libra) para cada ação. Cassini ficou previsivelmente indignado: "Parece-me que não é a um coronel, o chefe do departamento topográfico, que se deve recorrer para ter uma opinião de especialista, mas sim a um caldeireiro, que compreende melhor do que ninguém o valor do cobre velho."[52] Cinquenta anos de trabalho científico de pai e filho eram agora avaliados de acordo com o preço do cobre usado para gravar os mapas. Foi um final lamentável para um projeto glorioso. Desiludido e desprezado, Jean-Dominique retirou-se para a casa da família, em Thury, onde morreu em 1845, aos 97 anos.

Tecnicamente falando, o mapa geral da França nunca foi terminado. Na sequência de sua nacionalização, tudo relacionado com o levantamento topográfico e seus mapas foi transferido para o Dépôt de la Guerre. Esse acervo incluía 165 folhas acabadas, onze ainda por gravar e quatro folhas da Bretanha, cujo levantamento já fora feito, mas ainda não tinham sido desenhadas. O Dépôt tinha agora tudo o que precisava para completar o mapa da França, como foi originalmente imaginado em 1748: 180 folhas de mapas de todo o país em uma escala uniforme de 1:86.400, com o acréscimo da *Carte des Assemblages des Triangles* feita por Cassini IV. Porém, mais uma vez as circunstâncias intervieram. Até os mapas mais recentes precisavam agora de correções e atualizações para incluir novas estradas, bem como as reformas administrativas dos departamentos da República. Produziram-se versões reduzidas do mapa projetado da França, mas nenhuma delas correspondia ao plano original. Em 1790, antes da nacionalização, Louis Capitaine elaborou um atlas reduzido baseado no trabalho de levantamento, destinado a representar a reorganização dos departamentos regionais efetuada pela Assembleia Nacional. Ele também publicou a "Carte de la France suivant sa nouvelle division en départements et districts". O mapa era dedicado à Assembleia Nacional e aos acionistas da Société de la Carte de France, numa corajosa tentativa de acomodar seus interesses políticos e comerciais divergentes. Foi também o primeiro mapa a representar os departamentos reformados. Mas ainda não era o levantamento abrangente, cobrindo todos os cantos do país, previsto por Cassini III e Cassini IV.

É estranhamente apropriado que o indivíduo que incentivou a sua conclusão e sinalizou seu eclipse fosse ao mesmo tempo um revolucionário e um imperador: Napoleão Bonaparte. Depois de derrubar as autoridades republicanas em 1799, coroou-se imperador Napoleão I, em dezembro de 1804. Poucas semanas antes de sua coroação, ele escreveu a seu chefe do estado-maior, Louis-Alexandre Berthier, a respeito dos movimentos de tropas francesas do outro lado do Reno. "Estão pedindo aos engenheiros-geógrafos que façam cadastros [mapas de propriedades], em vez de mapas militares, o que significa que, daqui a vinte anos, não teremos nada", queixou-se. E continuou: "Se tivéssemos feito mapas na escala de Cassini, já teríamos toda a fronteira do Reno." "Tudo o que pedi foi que o mapa de Cassini fosse concluído."[53] No que dizia respeito a Napoleão, a escala e os detalhes dos mapas de Cassini eram instrumentos perfeitos para a atividade militar.

Nação 365

Dez anos depois, quando seus inimigos estreitavam o cerco sobre ele, um pequeno incidente mostra como os mapas de Cassini já haviam permeado e moldado a consciência nacional. Em fevereiro de 1814, Napoleão passou a noite na remota aldeia de Her, na região de Champagne-Ardennes, preparando-se para a batalha de Arcis-sur-Aube, que viria a ser a penúltima batalha antes de sua abdicação e do exílio em Elba. Alojado na casa do padre do lugar, Napoleão e seus oficiais sentaram-se para jantar, momento em que, relembrou seu fiel secretário barão Fain, "foi com dificuldade que nosso anfitrião compreendeu como seus convidados militares podiam estar tão familiarizados com suas localidades, e insistiu que éramos todos nativos da Champagne. A fim de explicar a causa do seu espanto, mostramos a ele algumas folhas dos mapas de Cassini, que estavam no bolso de todos. Ele ficou ainda mais espantado quando encontrou neles os nomes de todas as aldeias vizinhas, tão longe ele estava de pensar que a geografia entrava em tais detalhes".[54] O fato de que praticamente toda a comitiva de Napoleão possuía exemplares dos mapas de Cassini é uma prova de sua aplicação militar. Mas a revelação quase mágica deles diante do sacerdote incrédulo mostra também como pareciam capazes de superar as diferenças regionais (independentemente da realidade); acima de tudo, padre e soldado eram "franceses", apesar de suas diferenças religiosas ou ideológicas.

O Dépôt de la Guerre assumiu o controle direto da publicação e distribuição dos mapas restantes, designando doze gravadores para atualizar as placas apreendidas e imprimir novas edições, quando necessário. A importância política e militar desses mapas fazia com que o financiamento estatal estivesse sempre disponível, como Berthier disse em carta ao diretor do Dépôt, em 1806: "com dinheiro, não nos faltarão desenhistas nem gravadores".[55] Havia claramente um mercado ativo para esses novos mapas, pois as folhas soltas eram vendidas a quatro francos. Finalmente, em 1815, concluíram-se as últimas folhas da Bretanha, completando o conjunto de 182 folhas de mapas. Mas quando, depois de 67 anos, chegou ao seu término, o mapa de Cassini da França já era uma coisa do passado. Sete anos antes, em 1808, Napoleão encomendara um novo mapa da França. Um relatório destacava os erros e enganos que eram agora óbvios na *Carte de Cassini*:

O Dépôt de la Guerre, de posse das chapas do mapa de Cassini, teve todas as oportunidades para verificar sua exatidão. Infelizmente, identificou erros graves; lugares situados a uma légua de distância de sua verdadeira posição; a impossibilidade de determinar com precisão longitudes a partir dos dados e cálculos de Cassini etc. Além disso, as chapas de Cassini, malgravadas, para começar, estavam quase estragadas pelo uso, um grande número já fora retocado, muitas terão de ser gravadas de novo, uma operação que não faz sentido realizar sem fazer um grande número de correções, ou, para ser franco, um novo levantamento topográfico.[56]

O levantamento topográfico de Cassini e seus mapas tornaram-se supérfluos não por decretos de um rei, ou pelas exigências ideológicas de uma república, mas pelo que qualquer Estado-nação moderno realiza com regularidade contínua – simplesmente outro levantamento. Em 1818, já estavam em andamento os primeiros testes de um novo estudo topográfico, que só foi concluído em 1866, e os mapas finais (273 no total), publicados em 1880. Novos métodos de medição de elevações e relevo, entre eles o clinômetro, que calculava os ângulos de elevação em relação à gravidade, fizeram com que o novo levantamento oferecesse um nível de precisão que finalmente superou as conquistas técnicas da *Carte de Cassini*.[57]

Uma das consequências mais duradouras dos empreendimentos dos Cassini foi que eles inspiraram o mais famoso de todos os levantamentos topográficos nacionais, o Ordnance Survey britânico. Em outubro de 1783, menos de um ano antes de sua morte, Cassini III escreveu à Sociedade Real, em Londres, com uma proposta para medir a diferença de latitude e longitude entre os observatórios de Greenwich e Paris, usando os métodos de triangulação aperfeiçoados por seus engenheiros na França, no primeiro projeto de mapeamento internacional verdadeiramente cooperativo de sua espécie. Instrumentos telescópicos de Cassini conseguiram localizar posições na Inglaterra a partir da França, e ele propunha agora um levantamento trigonométrico através do mar, unindo os dois antigos adversários em uma cadeia de triângulos medidos com precisão.[58]

A proposta inevitavelmente evocou velhas animosidades entre as duas grandes potências europeias, e o astrônomo real, o reverendo Neil Maskelyne, resmungou diante da sugestão de Cassini de que as estimativas

Nação 367

inglesas da posição geodésica de Greenwich eram incorretas. Mas, nessa ocasião, a ciência superou o nacionalismo. O presidente da Sociedade Real, sir Joseph Banks, pediu ao general de divisão William Roy para realizar a pesquisa no lado inglês do canal da Mancha e, em junho de 1784, Roy começou a trabalhar medindo meticulosamente a primeira linha de base de seu levantamento em Hounslow Heath, a oeste de Londres. A linha de base de Roy forneceu o alicerce para o posterior mapeamento de toda a Grã-Bretanha feito pelo Ordnance Survey e seguiu os mesmos princípios da linha de base de Jean Picard traçada 115 anos antes, a oeste de Paris. Os instrumentos eram novos e aperfeiçoados (incluindo a introdução de um monstruoso teodolito de duzentas libras, capaz de medir ângulos verticais ou horizontais), mas os métodos seguidos por Roy e o Ordnance Survey em todo o resto do século XIX baseavam-se exclusivamente naqueles desenvolvidos por Picard e os Cassini na França. Para Cassini III, a exportação de suas técnicas de agrimensura para o outro lado do canal foi a culminação de um projeto geodésico que tinha mais de 120 anos; para os ingleses, era o início de um levantamento topográfico nacional que acabaria por ficar mais famoso ainda do que a *Carte de Cassini*.[59]

A *Carte de Cassini* foi um passo sem precedentes na história da cartografia. Foi o primeiro mapa geral de toda uma nação baseado na mensuração topográfica e geodésica; "ele ensinou ao resto do mundo o que fazer e o que não fazer".[60] Sua busca de um *"esprit géométrique"*, ou de "quantificar o espírito",[61] iniciada em meados do século XVII, transformou gradualmente, ao longo dos 150 anos seguintes, a prática da cartografia em uma ciência verificável, seguindo um método objetivo, empírico e padronizado que poderia (e seria) levado para todo o mundo. O cartógrafo passou a ser visto como um engenheiro desinteressado, capaz de fazer o mapa corresponder ao território. Reduzido a uma série de triângulos geométricos, o mundo tornou-se cognoscível e administrável.

Mas a afirmação dos Cassini de que buscavam um método desinteressado e objetivo de pesquisa científica era mais uma aspiração do que uma realidade. Durante sua longa aposentadoria, ao relembrar seu mandato como chefe do Observatório de Paris, Cassini IV escreveu melancolicamente que "fechado no observatório, eu pensava que estava em um porto ao abrigo de todas as tempestades, para além da esfera de ciúmes e intrigas que chamamos de mundo. Eu via no movimento das estrelas apenas a contemplação nobre e agradável das maravilhas do universo".[62] Essas palavras eram, em parte, uma reação desiludida ao tratamento que recebera, aquilo que considerava uma atitude grosseira e instrumentalista do novo regime republicano, mas ele esquecia o fato de que durante quatro gerações sua família agira em resposta às exigências de um monarca absolutista. Desde a fundação da Academia das Ciências na década de 1660, o levantamento e mapeamento da França pelos Cassini forneceu uma resposta direta às exigências políticas e financeiras, primeiro de Luís XIV, depois de Luís XV. Sucessivos controladores-gerais viram os levantamentos e mapas como uma ferramenta para a administração eficaz do Estado. A partir de Colbert, os ministros exigiram um novo tipo de geografia que poderia ajudar a mapear redes de transporte, regulamentar a tributação provincial, facilitar obras de engenharia civil e apoiar a logística militar. Os Cassini responderam, muitas vezes de forma brilhante, a essas necessidades, em vez de desenvolver seus métodos topográficos a partir da especulação científica desinteressada e neutra.

Os resultados de seus métodos não foram tão precisos e abrangentes como, às vezes, afirmou-se. As simples dificuldades físicas enfrentadas pelos engenheiros que tentavam fazer medições exatas em condições adversas, usando instrumentos de manipulação complicada e muitas vezes limitados, fizeram com que, mesmo depois da conclusão de três levantamentos e do término virtual da *Carte de Cassini*, as autoridades de Napoleão ainda encontrassem discrepâncias na posição de lugares, na omissão de estradas recentemente construídas e na medição de longitudes e altitudes. O levantamento também foi altamente seletivo no que registrou. Aqueles que compraram folhas individuais para ver suas áreas locais se queixaram de que certos aspectos, como fazendas, riachos, bosques e até castelos estavam ausentes, embora o Estado quisesse um "diagrama de localização de lugares significativos"[63] para fins administrativos específicos, entre eles, a tributação. Até mesmo Cassini III admitiu que "a topografia da França estava sujeita a demasiadas variações para que fosse possível captá-la em mensurações fixas e invariáveis".[64] Paradoxalmente, as limitações dos levantamentos e da incompleta *Carte de Cassini* acabaram por ser um de seus

Nação 369

legados mais significativos, porque mostraram que qualquer levantamento topográfico nacional era potencialmente infinito. O acúmulo de dados topográficos resultou em uma grande complexidade, que sobrecarregou o esqueleto geométrico inicial dos primeiros levantamentos. Quando vemos que os mapas gravados dos Cassini deixaram de registrar novas estradas, canais, pontes, florestas e inúmeras outras alterações provocadas pelo homem na paisagem, percebemos que a Terra jamais permanece estática por muito tempo, quaisquer que sejam as alegações científicas para medi-la e mapeá-la com exatidão.

Em última análise, a *Carte de Cassini* foi mais do que um mapeamento nacional. Ela possibilitou que as pessoas se compreendessem como parte de uma nação. Hoje, em um mundo quase exclusivamente definido pelo Estado-nação, parece óbvio dizer que as pessoas viam um lugar chamado "França" quando olhavam para o mapa do país feito por Cassini e se identificavam como cidadãos "franceses" vivendo dentro de seu espaço, mas este não era o caso no final do século XVIII. Ao contrário da retórica do nacionalismo, as nações não nascem naturalmente. Elas são inventadas em certos momentos da história pelas exigências da ideologia política. Não é por acaso que o alvorecer da era do nacionalismo no século XVIII coincide quase exatamente com os levantamentos de Cassini e que "nacionalismo" é um termo cunhado na década de 1790, justamente quando os mapas de Cassini foram nacionalizados em nome da República Francesa.[65]

Em seu estudo clássico sobre as origens do nacionalismo, *Comunidades imaginadas*, Benedict Anderson argumenta que as raízes da consciência nacional cresceram a partir da longa erosão histórica da crença religiosa e das dinastias imperiais. Enquanto a certeza da salvação religiosa declinava, os impérios do *Ancien Régime* na Europa se desintegravam lentamente. No domínio da crença pessoal, o nacionalismo proporcionou a consolação convincente do que Anderson chama de "uma transformação secular da fatalidade em continuidade, da contingência em significado". No nível da autoridade política, a nação substituiu o império com uma nova concepção de território, onde "a soberania do Estado opera de forma integral, terminante e homogênea sobre cada centímetro quadrado de um território legalmente demarcado". Isto está em contraste direto com os impérios, "onde os estados eram definidos por centros, as fronteiras eram porosas e indistintas e as soberanias se esvaeciam imperceptivelmente uma dentro da outra".[66]

As razões para essa mudança estão na transformação das línguas verná-culas e na apreensão de tempo. No ocidente, a ascensão do que Anderson chama de "capitalismo tipográfico" [print capitalism] no século XV marcou gradualmente o declínio final das "línguas sagradas" de autoridade imperial e eclesiástica, grego e latim, em favor das línguas nacionais faladas por uma enorme quantidade de novos leitores em potencial. A ascensão subsequente do romance, do jornal e da ferrovia na Europa criou uma nova percepção do tempo "simultâneo", marcado por "coincidência temporal" e medido pela introdução de relógios e calendários. As pessoas começaram a imaginar as atividades de sua nação ocorrendo simultaneamente no tempo e no espaço, embora fosse pouco provável que viessem a visitar ou conhecer mais do que uma minúscula fração dos lugares e das pessoas que compunham sua nação.

Mas, em um exemplo típico do que foi chamado de "estranha aversão do historiador a mapas",[67] Anderson deixou inicialmente de considerar a mais emblemática de todas as manifestações da identidade nacional. Se as alterações na linguagem e no tempo possibilitaram "'pensar' a nação",[68] então, o potencial de um mapa para alterar as percepções do espaço e da visão tornam possível visualizar a nação. A Carte de Cassini, criada durante o mesmo período em que ferrovias, jornais e romances chegaram à proe-minência cultural, era uma imagem que permitia àqueles que a compra-vam imaginar o espaço nacional em um piscar de olhos. Movendo-se de sua região em particular para a nação como um todo, e lendo o mapa na linguagem padronizada do francês parisiense (algo que foi padronizado pelas autoridades revolucionárias a partir de meados da década de 1790), os donos do mapa podiam identificar-se com um espaço topográfico e seus habitantes. Em consequência, a nação iniciou o longo e muitas ve-zes doloroso processo de desenvolver uma solidez administrativa e uma realidade geográfica que ajudou a inspirar um apego emocional e uma lealdade política de seus súditos sem precedentes.

Os levantamentos topográficos dos Cassini representaram o início de uma nova maneira de mapear um país, mas seus habitantes precisavam de ligação emocional e lealdade política a algo mais do que um triângulo geométrico. A religião não proporcionava mais a resposta. Onde Cristo

Nação   371

outrora presidia o mapa, olhando para o mundo lá embaixo, os mapas de Cassini ofereciam uma perspectiva horizontal da Terra, onde cada metro de território (e, por implicação, cada um dos seus habitantes) tinha o mesmo valor. O absolutismo político também era insustentável. Apesar de suas tentativas iniciais de criar uma forma de mapeamento que poderia policiar e controlar o domínio dinástico, a monarquia apoiou o mapa de um reino que inadvertidamente se metamorfoseou no mapa de uma nação.

Embutida em cada um e cada uma de suas 182 folhas, a mensagem da *Carte de Cassini* seria facilmente apropriada por gerações posteriores de ideólogos nacionalistas: um mapa, uma língua e um povo, todos compartilhando um conjunto comum de costumes, crenças e tradições. A *Carte de Cassini* apresentou aos seus súditos a imagem de uma nação pela qual valia a pena lutar, e até mesmo morrer, no ato infinitamente repetido de autossacrifício nacional. Parecia uma causa bastante nobre na época, mas as consequências mais destemperadas desse nacionalismo inabalável seriam sentidas, e não somente por toda a França, na década de 1790.

10. Geopolítica

Halford Mackinder, "O eixo geográfico da história", 1904

Londres, maio de 1831

Na noite de 24 de maio de 1831, um grupo de quarenta senhores reuniu-se para jantar na taverna Thatched House, na área de St. James, no centro de Londres. Eram todos viajantes e exploradores experientes, unidos por serem membros de uma das inúmeras sociedades de jantar particulares de Londres: o Raleigh Travellers Club, cujo nome homenageava o grande explorador elisabetano sir Walter Raleigh. O clube fora fundado em 1826 pelo viajante sir Arthur de Capell Brooke e se reunia a cada quinze dias, quando os membros se revezavam para proporcionar um banquete suntuoso e contar histórias de viagens e aventuras. Naquela noite em especial, o cardápio do clube anunciava que tinha algo um pouco diferente. Em uma reunião presidida por sir John Barrow, segundo secretário do Almirantado e famoso viajante e estadista na China e na África do Sul, os membros do clube "apresentaram a proposta de que, entre as inúmeras sociedades literárias e científicas estabelecidas na metrópole britânica, uma ainda era necessária para completar o círculo de instituições científicas cujo único objetivo deve ser a promoção e difusão daquele ramo importantíssimo e divertido do conhecimento, a GEOGRAFIA". Eles propunham que "uma nova e útil sociedade poderia, portanto, ser criada, com o nome de SOCIEDADE GEOGRÁFICA DE LONDRES".[1]

Os membros do clube acreditavam que as vantagens dessa sociedade seriam "da primeira importância para a humanidade em geral e fundamental para o bem-estar de uma nação marítima como a Grã-Bretanha, com suas inúmeras e extensas possessões estrangeiras". Assim, foi proposto que a nova sociedade viesse a "coletar, registrar e digerir"

Geopolítica

todos os "fatos e descobertas novos, interessantes e úteis", "acumular gradualmente uma biblioteca dos melhores livros sobre geografia", inclusive "uma coleção completa de mapas e cartas marítimas, desde o primeiro período de delimitações geográficas grosseiras até os mais aperfeiçoados do tempo atual", "adquirir amostras", "preparar breves instruções para aqueles que partem em suas viagens" e "abrir uma comunicação com todos aquelas sociedades literárias e filosóficas com as quais a geografia está conectada".[2]

A notícia da sociedade foi recebida calorosamente pela imprensa: em novembro de 1831, a *Quarterly Review* julgava "que o fato de uma sociedade assim não ter sido pensada até cerca de doze meses atrás é um tanto surpreendente, em um grande país como este, que estende seus numerosos e abrangentes braços para todos os cantos do globo – e mais ainda, porque quase todas as capitais da Europa já têm há muito tempo sua Sociedade Geográfica". A revista tinha o prazer de informar que "Sua Majestade [o rei Guilherme IV], sempre pronto a sancionar com seu patrocínio e liberalidade os empreendimentos que tragam a promessa de ser benéficos para o público, não só emprestou o uso de seu nome real, como contribuiu para a sociedade com uma doação anual de cinquenta guinéus, como um prêmio para o incentivo ao conhecimento geográfico".[3]

As décadas de 1820 e 1830 marcaram um ponto de inflexão na história da geografia e da cartografia. A eficácia dos levantamentos topográficos de Cassini para a administração militar e jurídica, bem como o espírito de identidade nacional que tinham feito muito para promover, levaram estadistas europeus a apreciar o valor de cultivar a geografia como uma atividade intelectual séria e prática. O mundo comercial compreendeu o valor dos mapas mais rápido do que o Estado. O crescimento agrícola e industrial aumentou imensamente a demanda pelos mapas existentes e criou novos: floresceram planos imobiliários, mapas de dízimo, planos de fechamento de terras, mapas de transporte dos novos canais e sistemas ferroviários, planos de cidades e paróquias.[4] A cartografia cosmopolita grandiosa de pessoas como Ribeiro e Mercator não era mais capaz de coligir os dados necessários para a produção desses mapas, que exigiam um grau de institucionalização que levaria ao compartilhamento de mão de obra e recursos numa escala sem precedentes. Uma consequência disso foi a criação, na primeira metade do século XIX, de várias sociedades geográficas que faziam a ponte entre os interesses estatais e comerciais em geografia, fornecendo apoio institucional para o estudo e a prática da cartografia. Em 1821, os franceses fundaram a Société de Géographie; na Alemanha, Karl Ritter (1779-1859) criou a Gesellschaft für Erdkunde zu Berlin (Sociedade Geográfica de Berlim) em 1828, e, um tanto tardiamente, em 1831, os ingleses criaram sua Real Sociedade Geográfica. O resultado foi uma profissionalização e politização dos mapas sem precedentes. A partir do final do século XVIII, as relações entre o Estado e o cartógrafo tornaram-se mais próximas do que nunca, pois o Estado começou a explorar o poder administrativo dos mapas e os cartógrafos viram a chance de aumentar seu status profissional e intelectual. Os levantamentos topográficos de Cassini haviam moldado a imagem de uma nação europeia moderna, mas o Estado-nação buscava agora inventar tradições cartográficas que servissem aos seus interesses políticos particulares.

Quando a percepção do que os mapas podiam realizar começou a mudar, o mesmo aconteceu com a aparência deles, graças a um desenvolvimento tecnológico importante: a litografia. Em 1796, o gravador alemão Alois Senefelder topou com um novo método de duplicar imagens gráficas. Ele percebeu que poderia desenhar uma imagem usando um lápis de cera num pedaço de calcário, e que a aplicação de água possibilitaria que a tinta aderisse ao contorno da cera, mas não à pedra porosa. Era um processo que, uma vez modificado, transformaria a produção em massa de imagens gráficas.[5] Até a descoberta da litografia, a gravura em cobre era uma técnica especializada, demorada e extremamente cara, mas que havia dominado a cartografia desde o início do século XVI. Ela dependia da experiência do gravador, tanto quanto do conhecimento do cartógrafo, e exigia uma transferência física laboriosa da placa gravada para o papel impresso. A litografia era completamente diferente. Os elementos químicos de seu processo exigiam muito pouca mão de obra especializada. Ela possibilitava também que os geógrafos apresentassem uma imagem de "leitura certa", que podia ser rapidamente reproduzida, em vez de usar gravuras em chapa de cobre, que exigiam que fosse criada primeiro uma imagem invertida (conhecida como "leitura errada"). Isso deu praticamente a qualquer pessoa a possibilidade de imprimir um mapa. Era um

Geopolítica

processo relativamente barato, que Senefelder alegava ser três vezes mais rápido do que a gravura. Com seu desenvolvimento ao longo do século XIX, a litografia também permitiu que os cartógrafos incorporassem cor e fotografia aos seus mapas. Embora muitas instituições (entre elas a Ordnance Survey) se mantivessem inicialmente fiéis às técnicas de gravura estabelecidas, no início do século XX, em termos do puro volume de mapas publicados, a litografia já havia eclipsado a técnica anterior.[6]

Desde o século XV, não houvera uma inovação desse porte na confecção de mapas. Em um nível conceitual, ela também inspirou uma mudança na geografia e no lugar da cartografia dentro dela. As grandes cosmografias de Janssonius e Blaeu já haviam questionado a validade da tarefa do cosmógrafo, mas o impacto da teoria coperniciana e, depois, do darwinismo comprometeu fatalmente a concepção tradicional da cosmografia que abrangia uma imagem universal numa série de mapas. No início do século XIX, enquanto a cosmografia continuava seu declínio, uma nova concepção que a substituía começava a circular e, no processo, oferecia uma descrição mais clara da ciência de fazer mapas: a cartografia. Karl Ritter, o fundador da Sociedade Geográfica de Berlim, usou pela primeira vez o termo *"Kartograph"* em um artigo escrito em 1828. Apenas um ano depois, a Société de Géographie francesa começou a usar a palavra *"cartographique"*. Em 1839, o historiador e político português Manuel Francisco de Barros e Sousa, visconde de Santarém, alegou ter cunhado o termo ao usar a palavra "cartographia". Sir Richard Burton foi o primeiro inglês a adotá-la, em 1859, em uma expedição patrocinada pela Real Sociedade Geográfica para explorar os lagos da África central; em 1863, surgiu *"cartographer"* e, na década de 1880, as duas palavras já estavam firmemente estabelecidas no léxico inglês.[7]

A ascensão da cartografia deu ao ato subjetivo de fazer mapas um grau de expertise científica que possibilitou que tanto seus praticantes como seus beneficiários políticos a representassem como uma disciplina coerente da qual todo o conhecimento geográfico se desenvolvia. Ela passou a ser vista cada vez mais como um campo de estudo objetivo, empírico e cientificamente verificável, separado das disciplinas estranhas da cosmografia, navegação, topografia e astronomia com as quais fora associada (e muitas vezes incorporada a elas) durante tantos séculos.[8]

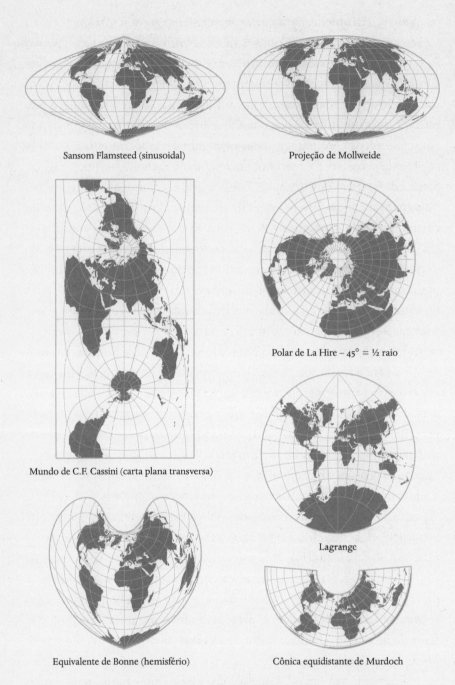

29. Diagramas de projeções cartográficas dos séculos XVIII e XIX.

Geopolítica

A ideia era convincente e gerou avanços ainda maiores na cartografia. A evolução da matemática pura e aplicada inspirou o interesse em projeções cartográficas que foram ainda mais longe do que as inovações do século XVI. Entre 1800 e 1899, estima-se que foram propostas cerca de 53 novas projeções, três vezes mais do que as criadas no século XVIII. A projeção de Mercator e os pressupostos associados à projeção do globo sobre uma superfície plana foram questionados por uma enorme gama de novas projeções matemáticas, que também respondiam à necessidade de mapas de média e pequena escala para representar o aumento do conhecimento do mundo físico. O estudo combinado de cálculo e geometria permitiu aos matemáticos propor projeções cada vez mais complexas que iam além dos modelos clássicos de usar cilindros e retângulos para projetar o globo em uma folha de papel. Muitas dessas novas projeções foram propostas por amadores motivados pelo desejo de autopromoção, mas outras tinham o apoio de organizações geográficas e Estados ávidos por utilizar as ideias políticas e comerciais oferecidas pela cartografia. Entre as propostas que perduraram estavam a projeção de Bonne, nome que homenageava o cartógrafo francês Rigobert Bonne (1727-95), uma projeção pseudocônica usada em mapas topográficos, a projeção de perspectiva azimutal inventada por Philippe de la Hire (1640-1718), usada em mapas hemisféricos, e a projeção policônica criada por Ferdinand Rudolph Hassler (1770-1843), o chefe de origem suíça do Levantamento Topográfico da Costa dos Estados Unidos, cuja projeção usava uma série de paralelos padrão não concêntricos para reduzir a distorção, e que obteve tanto sucesso que substituiu a projeção de Mercator em mapas topográficos e cartas costeiras oficiais dos Estados Unidos no século XIX. Uma das inovações mais importantes aconteceu em 1805, quando o matemático e astrônomo alemão Karl Brandan Mollweide (1774-1825) deu as costas à projeção cilíndrica de Mercator para criar um mapa do mundo calculado para representar a descrição da área, em vez da fidelidade angular. Tornou-se conhecido como uma projeção equivalente pseudocilíndrica, mostrando uma Terra oval com meridianos curvos e paralelos retos.

Essas projeções envolviam matemáticos e topógrafos que repensavam as possibilidades e os limites da cartografia. Na década de 1820, o matemático alemão Carl Friedrich Gauss começou a trabalhar em um levantamento geodésico de Hanôver. Ao investigar o problema de medir a curvatura da superfície da Terra, Gauss produziu teoremas de geometria diferencial nos quais argumentava que era impossível mapear o globo terrestre em uma superfície plana sem grave distorção. Ele tentou corrigir a projeção de Mercator e inventou o termo "conformalidade" (do latim *conformalis*, que significa ter a mesma forma), baseando suas novas projeções na forma correta em torno de um ponto determinado. Apesar dessas e muitas outras projeções, não havia uma organização geográfica internacional com autoridade para adotar uma projeção geográfica padrão. Embora a maioria dos atlas do século XIX ainda usassem a projeção de Mercator em seus mapas mundiais, seus mapas hemisféricos e continentais ainda se valiam de uma variedade de mais de uma dúzia de projeções disponíveis.[9]

A consequência de todas essas mudanças foi o surgimento de um novo gênero, o mapeamento temático. Um mapa temático retrata a natureza geográfica de vários fenômenos físicos e sociais, e representa a distribuição espacial e a variação de um determinado tema ou questão que é normalmente invisível, como crime, doença ou pobreza.[10] Embora já utilizado na década de 1680 em mapas meteorológicos desenhados por Edmund Halley, os mapas temáticos desenvolveram-se rapidamente no início do século XIX, com o avanço dos métodos estatísticos quantitativos e censos públicos. O desenvolvimento da teoria da probabilidade e a capacidade de regular o erro na análise estatística possibilitaram que as ciências sociais compilassem grandes quantidades de dados, inclusive os recenseamentos nacionais. Em 1801, a França e a Inglaterra realizaram censos para quantificar e classificar suas populações. Na década de 1830, o astrônomo flamengo Adolphe Quételet desenvolveu o conceito estatístico de "homem médio", inspirando mapas temáticos "morais" que mediam as distribuições educacionais, médicas, criminais e raciais.[11]

Além de contribuir para o desenvolvimento das ciências sociais, os mapas temáticos também permitiram que as ciências naturais classificassem e representassem dados de uma forma completamente nova. Biologia, economia e geologia usaram o novo método para mapear a atmosfera da Terra, seus oceanos e a vida vegetal e animal, bem como a superfície terrestre. Em 1815, William Smith combinou a análise geológica com a metodologia estatística para produzir o primeiro mapa geológico temático nacional da

Geopolítica

Inglaterra, "Os estratos da Inglaterra", e outros cientistas usaram esses métodos para criar uma nova linguagem visual da representação cartográfica.[12] O surgimento da litografia levou à redução de custos e a uma circulação maior. Em meados da década de 1840, os impressores franceses já eram capazes de produzir mapas litográficos impressos em cores da geologia da França ao custo de 3,50 francos cada, em contraste com as habituais cópias gravadas e coloridas à mão, que custavam 21 francos cada.[13] Esses mapas eram suficientemente baratos para serem impressos aos milhares, em vez de centenas, criando um mercado público que tornava insignificante a circulação do *Atlas maior* de Blaeu ou da *Carte de Cassini*.

Em meio a essas mudanças na cartografia, a maioria das quais feita por indivíduos que nem sequer se chamavam geógrafos, a geografia como disciplina viu-se em fermento. O lugar da cartografia dentro da geografia parecia irremediavelmente confuso, em especial na Grã-Bretanha, onde a incapacidade da cartografia de se desenvolver de forma organizada se tornara uma queixa comum em círculos eruditos. Ainda em 1791, o presidente da Sociedade Real, sir Joseph Banks, reclamava que Bengala estava mapeada com mais precisão do que a Inglaterra. "Eu ficaria contente se pudesse dizer que os britânicos, que gostam tanto de serem vistos por nações vizinhas como líderes em aperfeiçoamentos científicos, podem se gabar de um mapa geral de sua ilha tão bem-executado quanto o delineamento de Bengala do major Rennel", uma referência ao *Atlas de Bengala* executado por James Rennel para a Companhia das Índias Orientais (1779).[14] Embora, nessa época, 65% da Inglaterra já tivesse sido mapeado, os resultados eram desiguais. Careciam de uniformidade e padronização, apesar da criação formal do Ordnance Survey em 1791, após o trabalho inicial de levantamento topográfico feito por Roy em 1784. Usavam-se mapas particulares havia séculos, mas eram geralmente feitos por topógrafos locais para servir aos interesses dos proprietários de terras. Em consequência, utilizavam uma variedade de escalas incompatível com os objetivos padronizados do Ordnance Survey, mas eram muitas vezes mais baratos e mais detalhados. O custo proibitivo de um levantamento topográfico nacional significava que o Ordnance Survey deixava grandes extensões de terra para serem mapeadas por topógrafos privados. O resultado era uma colcha de retalhos cartográfica de cobertura desigual.

Em contraste com a dificuldade do Ordnance Survey de fornecer mapas padronizados do sistema complexo e arraigado de propriedade e administração da terra na Inglaterra, a Companhia das Índias Orientais inglesa supunha que seria muito mais fácil fazer um levantamento das possessões ultramarinas, como a Índia, usando novas técnicas científicas e simplesmente ignorando os métodos locais de mapeamento e posse da terra, não obstante o tamanho do país. Na década de 1760, a companhia começou a dar apoio financeiro a indivíduos como Rennel para efetuar levantamentos topográficos que culminaram com o Grande Levantamento Trigonométrico da Índia. Ele foi considerado completo em 1843, mas o trabalho continuou por décadas e, como os de Cassini, não tem data de término definitiva. Nas palavras de Matthew Edney, seu mais ilustre historiador, os topógrafos "não mapearam a Índia 'real'. Eles mapearam a Índia que percebiam e que governavam" e, em consequência, criaram "uma Índia britânica".[15] Processo semelhante ocorreu na África. Quando Marlow, o protagonista de *Coração das trevas* (1899), de Joseph Conrad, encontra um mapa imperial "marcado com todas as cores do arco-íris", ele tem o prazer de ver "uma grande quantidade de vermelho – sempre bom de ver, porque a gente sabe que algum trabalho de verdade está sendo feito ali".[16] Em contraste com as possessões imperiais francesas (azul), portuguesas (laranja), italianas (verde), alemães (roxo) e belgas (amarelo), as manchas vermelhas do domínio britânico representavam o ápice da missão civilizadora imperial da Grã-Bretanha – ao menos para adeptos entusiasmados como Conrad.[17] Mas, como no caso da Índia, muitos desses mapas mostravam esferas imperiais de interesse, em vez de domínio colonial direto, pouco mais do que exemplos da "mente não oficial" ambiciosa do imperialismo, que era impulsionado por iniciativas privadas como a Real Sociedade Geográfica (RGS, na sigla em inglês).

Essas organizações promoviam uma cartografia que era mais uma projeção ideológica baseada em princípios científicos aparentemente objetivos do que uma realidade administrativa. O exemplo mais infame do uso da cartografia pela Europa para reivindicar territórios imperiais talvez seja a Conferência de Berlim sobre a África de 1884-85. Ela ainda é considerada o início da "briga pela África", com o pressuposto de que as catorze potências europeias presentes trataram de dividir o continente africano,

Geopolítica 381

conforme Conrad mostra em *Coração das trevas*. Na verdade, as atas da conferência mostram que ela foi convocada para regulamentar o acesso comercial europeu, principalmente na África ocidental, em vez de dividir todo o continente.[18] Um funcionário britânico manifestou "sérias objeções às definições do Congo [da conferência], que não estão de acordo com os fatos geográficos", enquanto outro protestou que a geografia deles era tão confusa que era como desenhar um mapa do Reno na bacia do Ródano.[19] A conferência não produziu quaisquer mapas que dividissem a África de acordo com os interesses europeus, nem produziu qualquer declaração vinculativa sobre a soberania além de acordos vagos para sancionar rei-vindicações posteriores à posse baseadas nos princípios do livre comércio, em vez de na geografia política.

A RGS estava particularmente preocupada com a natureza caótica da cartografia internacional, especialmente na África. Ainda em 1901, o coronel sir Thomas Holdich, um ex-topógrafo da fronteira indiana e futuro presidente da sociedade, publicou um artigo na revista da RGS cujo título perguntava sem rodeios: "Como poderemos obter mapas da África?"[20] Holdich reclamava que "vários levantamentos foram iniciados em diferentes partes da África por administrações locais, os quais não têm conexão uns com os outros e não têm aparentemente nenhuma base comum de sistema técnico ou escala, e a partir dos quais será difícil compilar um primeiro mapa satisfatório e homogêneo de nossas posses-sões africanas". Ele propunha a adoção de técnicas de mapeamento mais sistemáticas, como escalas e medidas de base comuns, bem como o uso de informações obtidas junto às comunidades locais, ou o que chamou de "agência nativa". O mapa da África anexado ao artigo de Holdich ilustrava o problema: 6,75 milhões de quilômetros quadrados de terri-tório oficialmente sob o controle britânico imperial ainda não estavam mapeados, e este número excluía áreas controladas por outras potências europeias que ainda aguardavam levantamentos topográficos. O mapa mostra áreas costeiras do norte, leste, oeste e sul da África "pesquisadas em detalhe", mas as imensas regiões cinzentas "inexploradas" definem o mapa, em contraste com as minúsculas áreas vermelhas onde "um levantamento detalhado baseado em triangulação foi feito". Embora os mapas políticos do mundo pudessem mostrar quase um quarto de sua superfície marcada em vermelho imperial britânico, os mapas físicos dessas regiões contavam uma história muito menos convincente de domínio e controle colonial.

Nessa situação confusa entrou um acadêmico inglês chamado Halford Mackinder (1861-1947), que transformaria praticamente sozinho o estudo da geografia na Inglaterra e criaria uma nova forma de compreender e utilizar o tema: a geopolítica. Durante todo o final do século XIX e início do XX, Mackinder foi uma das figuras mais influentes na vida acadêmica e política britânica: um dos fundadores da Escola de Economia de Londres (London School of Economics – LSE) (1895), ele foi membro do Parlamento pelo Partido Unionista Escocês (1910-22), alto-comissário britânico no sul da Rússia (1919-20) e um entusiasmado explorador amador, sendo o primeiro europeu a escalar o monte Quênia (1899). Em 1920, foi elevado a cavaleiro por seus serviços no Parlamento e, em 1923, tornou-se professor catedrático de geografia na LSE.

Mackinder nasceu e estudou em Gainsborough, Lincolnshire, onde se interessou muito cedo por geografia e política. Em 1943, com 82 anos, ele rememorou que "minha primeira lembrança de assuntos públicos remonta ao dia de setembro de 1870 em que, ainda um pequeno garoto que acabara de entrar na escola primária local, levei para casa a notícia, que eu tinha sabido por meio de um telegrama afixado na porta da agência dos correios, que Napoleão III e todo o seu exército haviam se rendido aos prussianos em Sedan".[21] Aos nove anos, Mackinder já "escrevia uma história da guerra em um caderno", lia um relato das viagens do capitão Cook e fazia discursos para sua família sobre geografia, inclusive um sobre a Austrália, que seu pai elogiou por ter "boa apresentação, recepção excelente".[22] Esses interesses nem sempre o tornaram estimado por seus professores. Mais tarde, ele relembrou que "apanhara de vara na escola por desenhar mapas em vez de escrever prosa latina".[23] Entre suas brincadeiras de infância estava ser rei de uma ilha na qual ele "civilizava seus habitantes geralmente atrasados", e sua adolescência coincidiu com a ascensão do imperialismo britânico: em 1868, foi fundada a Real Sociedade Colonial e, em 1877, a rainha Vitória foi proclamada imperatriz da Índia.

Quando ele chegou à Universidade de Oxford, em 1880, a crença no imperialismo como uma vocação providencial começava a oferecer uma

Geopolítica 383

alternativa viável à busca da religião organizada, que ainda se recuperava da contestação de vários escritores, em especial da publicação das teorias evolucionistas de Charles Darwin em *Sobre a origem das espécies* (1859) e *A descendência do homem* (1871). Na universidade, Mackinder entrou para a Sociedade *Kriegspiel* ("Jogos de Guerra") de Oxford, que oferecia a seus membros formação militar em exercícios, manobras e tiro. Entrou também para a sociedade de debates Oxford Union, da qual foi presidente em 1883, onde fez amizade com alguns dos alunos que viriam a formular a política imperial posterior da Grã-Bretanha. Entre eles, estavam George Curzon (1859-1925), o futuro vice-rei da Índia e ministro dos Negócios Estrangeiros, e Alfred Milner (1854-1925), que posteriormente se tornou alto-comissário para a África do Sul durante a Guerra dos Bôeres. Mackinder estudou história e ciências físicas, e nessa última foi influenciado por Henry Moseley (1844-91), que ocupava a cadeira Linacre de Anatomia Comparada. Moseley participara da expedição Challenger (1872-76), um estudo patrocinado pela RGS de ciência marinha que cunhou o termo "oceanografia" e descobriu 4.717 novas espécies em sua viagem de 127.600 quilômetros ao redor do mundo. Tendo sido orientado por Darwin, Moseley era um firme crente na teoria da evolução, mas também ensinou a Mackinder a importância da distribuição geográfica: como a geografia afeta a biologia na moldagem da evolução das espécies.[24] Tratava-se de um novo tipo de determinismo ambiental, que Darwin chamou de "aquele grande tema, aquela quase pedra fundamental das leis da criação, a distribuição geográfica".[25]

De início, Mackinder preparou-se para estudar direito internacional no Inner Temple, em Londres, e ao mesmo tempo, também começou a lecionar no Movimento de Extensão da Universidade de Oxford para a educação de adultos, que visava ampliar o acesso à educação de quem não tinha meios para estudar nas universidades tradicionais. Ao longo do ano letivo de 1886-87, Mackinder viajou centenas de quilômetros pelo país, dando palestras sob o título provocante de "A nova geografia" em prefeituras e institutos de trabalho. Mais tarde, ele lembrou que via sua tarefa como sendo a de "familiarizar gradualmente pessoas inteligentes de todo o país com a ideia de que a geografia não consistia em listas de nomes nem em histórias de viajantes".[26]

Tendo defendido incansavelmente o ensino da geografia, primeiro em Oxford, depois em todo o país, ele colaborou na fundação da Associação Geográfica, em 1893, que tinha a intenção de resolver a ausência do estudo da geografia humana nas escolas. Dois anos depois, seu interesse em reformar o estudo da geografia ao lado da política e da economia levou-o a envolver-se na fundação da LSE, atuando inicialmente como professor em tempo parcial de geografia econômica, com a tarefa de palestrar sobre "Aplicações da geografia a certos problemas econômicos e políticos", e depois como diretor da escola, de 1903 a 1908. Mackinder dizia que foi atraído para a escola porque ela defendia "rasgar em pedaços a antiquada economia política clássica a priori e criar um grupo de especialistas voltados para apurar os fatos em primeiro lugar e, depois, generalizar a partir deles, com um espírito realmente científico".[27] Ele foi nomeado professor da LSE em 1923, antes de sua aposentadoria, em 1925. Durante esse tempo, envolveu-se também na fundação da Universidade de Reading, tendo sido seu diretor a partir de 1892, até ela ganhar o status de universidade, em 1903.

Mackinder também manteve sua filiação à Universidade de Oxford, onde seu trabalho cada vez mais visível representava um desafio aos seus catedráticos. Mackinder sabia que eles eram céticos em relação à disciplina da geografia por causa de sua novidade e aparente falta de rigor científico. Essas objeções aglutinavam-se em torno do fato de que as universidades rivais de Paris e Berlim ofereciam cursos de geografia, onde seus mais famosos defensores eram Karl Ritter, o primeiro professor de geografia de Berlim, e Alexander von Humboldt (1769-1859), o grande explorador e autor do influente estudo em cinco volumes *Cosmos: um esboço da descrição física do universo* (publicado entre 1845 e 1862). O livro de Humboldt redefinia as possibilidades da geografia como método de investigação científica, e seus volumes ofereciam nada menos do que um relato completo do mundo natural e do universo físico.[28] Em consequência, as palestras de Mackinder enfatizavam os elementos físicos da geografia, explicando como a paisagem, o clima e o meio ambiente agiam sobre a vida humana e a moldavam. Hoje, essa abordagem da geografia parece óbvia, até mesmo banal, mas na década de 1880 era novidade e representava uma tentativa ousada de convencer as autoridades universitárias da respeitabilidade da matéria como ciência.

29. A notável tapeçaria de Bernard van Orley "A Terra sob a proteção de Júpiter e Juno" mostra o rei português dom João III e sua esposa Catarina, da casa dos Habsburgo, e a extensão do império marítimo português.

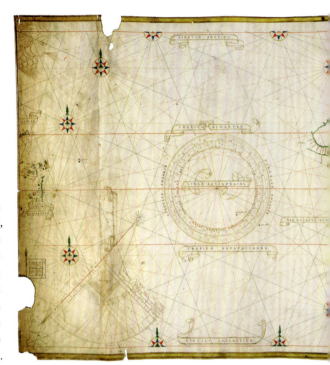

30. Mapa do mundo de Diogo Ribeiro (1525), o primeiro de uma série elaborada em apoio das pretensões de Castela às ilhas Molucas (visíveis nas extremidades esquerda e direita do mapa) e que apresenta um novo contorno da costa norte-americana.

31. O terceiro e maior mapa de Ribeiro (1529) situa as Molucas (de novo nas duas extremidades do mapa) dentro da metade castelhana do mundo, num lance brilhante de manipulação cartográfica. © 2012 Biblioteca Apostólica Vaticana (Borg. Carte. Naut. III)

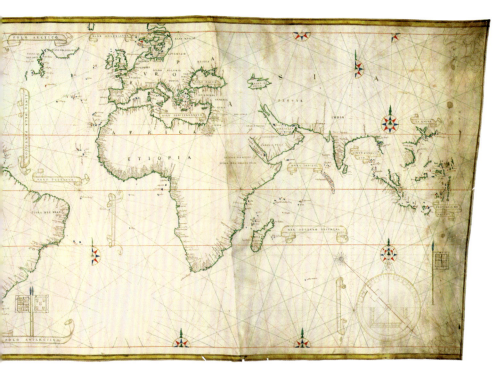

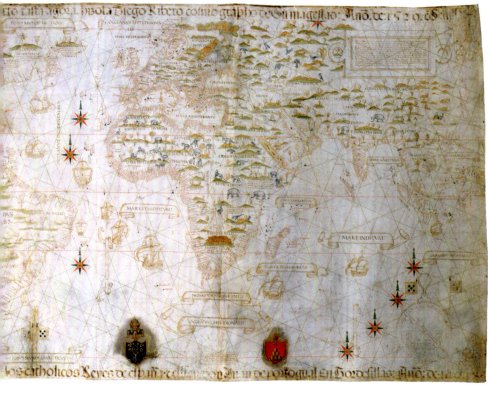

32. Mapa da Terra Santa de Gerard Mercator (1538) que revela semelhanças surpreendentes com mapas feitos por simpatizantes de Lutero.

33. Mapa de parede incompleto de Flandres (1539-40), de Gerard Mercator, numa tentativa apressada de dissuadir Carlos V a invadir Gent em 1540, com partes inacabadas.

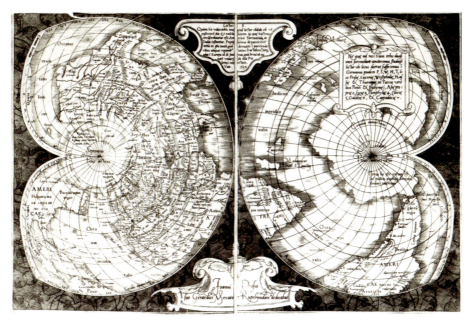

34. Primeira tentativa de Mercator de elaborar um mapa mundial (1538). A dupla projeção cordiforme (em forma de coração) era apenas uma das muitas alternativas de que ele dispunha.

35. Mapa do mundo cordiforme duplo de Oronce Finé (1531), copiado por Mercator. Finé e muitos outros cartógrafos adeptos ocultos da Reforma escolheram essa projeção.

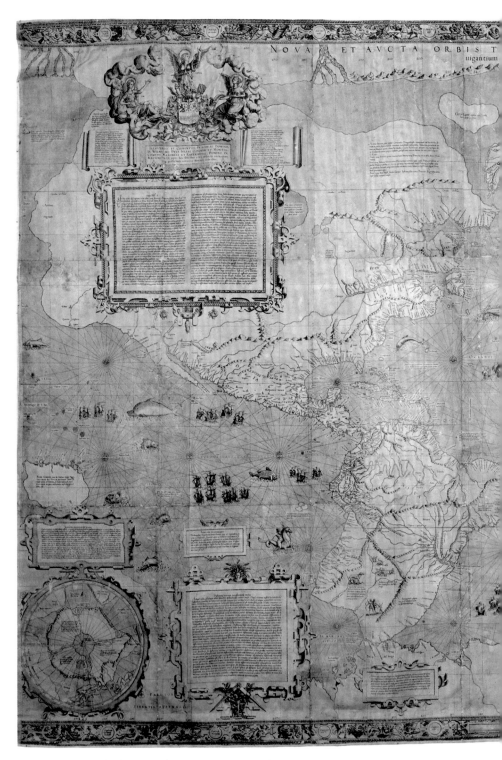

36. Mapa do mundo de Gerard Mercator com sua famosa projeção de 1569.

37. Piso da Prefeitura de Amsterdam com três hemisférios incrustados (1655), baseados no mapa do mundo de Joan Blaeu (1648).

38. Frontispício do *Atlas maior* de Joan Blaeu (1662).

39. Mapa das Molucas de Petrus Plancius (1592) que revela o interesse holandês pelas mercadorias da região: noz-moscada, cravos e sândalo estão representados no primeiro plano.

40. Mapa do mundo de Joan Blaeu (1648) que celebra a independência da República Holandesa e a ambição global da Companhia das Índias Orientais. Trata-se também do primeiro mapa mundial baseado num sistema solar heliocêntrico. Logo abaixo do título do mapa, onde os hemisférios se encontram, há um diagrama do sistema solar com a legenda "Hypothesis Copernicana" que mostra a Terra girando ao redor do Sol.

41. *O soldado e a moça sorridente*, de Johannes Vermeer (c.1657), com o mapa da Holanda e da Frísia de Berckenrode (1620) na parede.

42. Retrato duplo de Gerard Mercator e Jodocus Hondius, no *Atlas póstumo* (1613) de Mercator.

43. Mapa impresso da Índia de Willem Blaeu, publicado em seu *Atlas* (1635).

44. Mapa da Índia desenhado à mão por Hessel Gerritsz (1632). Blaeu simplesmente copiou este mapa e acrescentou seu nome a ele depois da morte de Gerritsz.

45. Uma típica carta marítima da VOC fornecida a seus pilotos, desenhada à mão por Joan Blaeu, mostra Sumatra e o estreito de Malaca (1653).

46. Mapa do mundo do *Atlas maior* de Joan Blaeu (edição de 1664). Uma tentativa de misturar tradição e inovação, contrastando o classicismo de Ptolomeu (à esquerda) com as inovações de Copérnico (à direita). Ele abandona a projeção de Mercator, preferindo um método estereográfico hemisférico duplo, mas endossa Copérnico ao mostrar os planetas personificados (no alto) na ordem correta de proximidade do Sol.

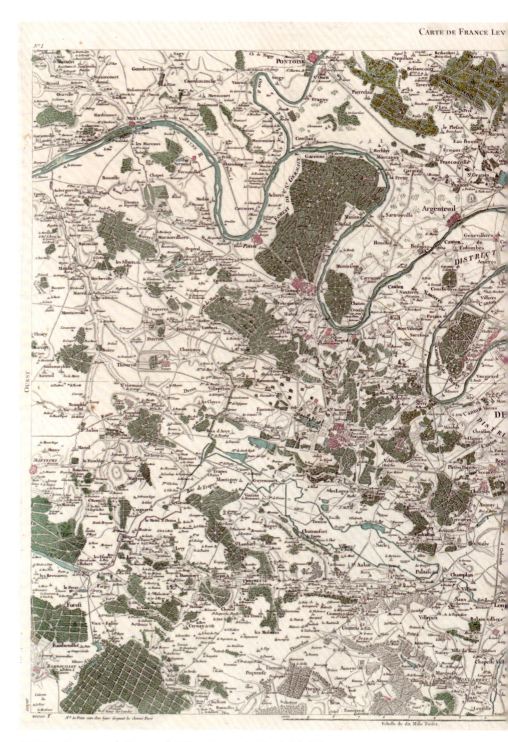

47. Primeiro mapa da França de César-François Cassini de Thury, mostrando Paris e seus arredores (1756).

48. Mapa da França de Louis Capitaine (1790). Valendo-se de décadas de levantamentos topográficos dos Cassini, foi o primeiro a mostrar as fronteiras internas de um novo país: a Revolução Francesa substituiu as antigas divisões regionais definidas por interesses aristocráticos e religiosos por departamentos em sintonia com o governo centralizado.

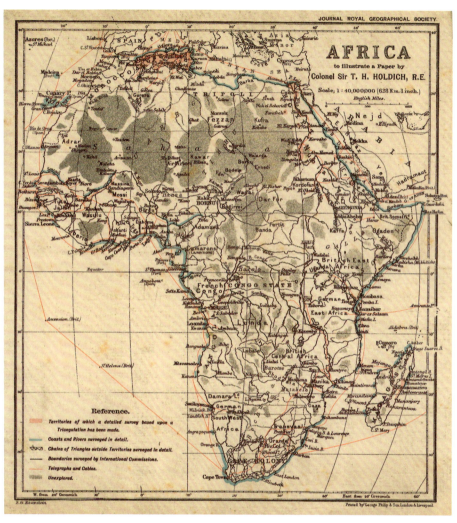

49. Mapa da África do coronel sir Thomas Holdich (1901) que mostra as limitações dos levantamentos topográficos britânicos nesse continente. O vermelho define as áreas mapeadas com o uso de triangulação, o azul mostra áreas "mapeadas em detalhe". O resto, inclusive as grandes extensões em cinza, é "inexplorado".

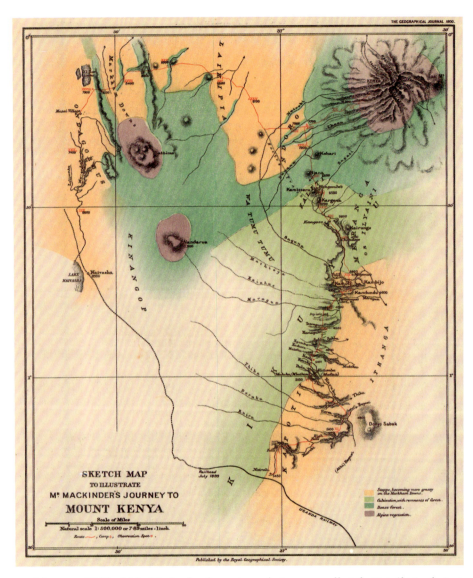

50. Mapa que Halford Mackinder fez de sua jornada (em vermelho) de Nairóbi (embaixo) ao topo do monte Quênia (canto superior direito) em 1900. A oeste, encontram-se as colinas de Markham, nome que homenageia o presidente da Real Sociedade Geográfica.

51. Primeira fotografia da Terra inteira, tirada do espaço pela tripulação da nave Apollo 17 (1972), imagem emblemática de uma "Terra azul" frágil que inspirou o movimento ambientalista.

52. Um mundo virtual: a página inicial do Google Earth (2012).

53. Um mundo igual? Mapa mundial de Arno Peters,
na projeção ortográfica de Gall (1973).

54. Primeiras visualizações geoespaciais: fotogramas de *Potências de dez*, curta-metragem
de Charles e Ray Eames (1968), sucesso cult entre engenheiros da computação.

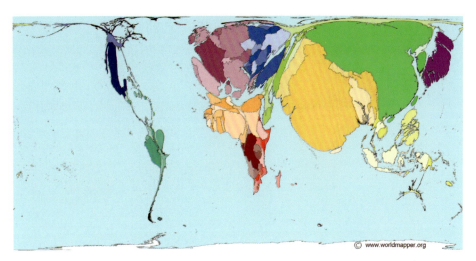

55. Cartograma que mostra a distribuição da população humana em 1500 (2008). À medida que a imagem do mundo se torna cada vez mais familiar, as questões demográficas assumem mais importância do que os debates sobre métodos de projeção geográfica.

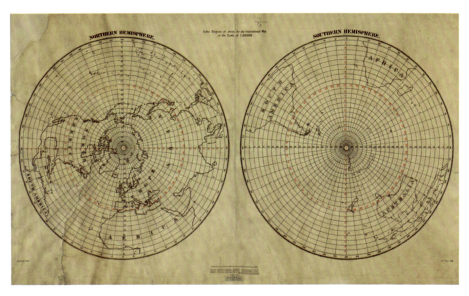

56. Diagrama índice de folhas para a proposta de um Mapa do Mundo Internacional (1909) na escala de 1:1.000.000.

Geopolítica

Suas palestras foram tão bem-sucedidas que, em 1887, a Real Sociedade Geográfica convidou Mackinder para apresentar suas ideias sobre geografia aos seus membros. Em 31 de janeiro, aos 25 anos, Mackinder apresentou seu primeiro trabalho à sociedade. Intitulava-se "Sobre o escopo e os métodos da geografia", um manifesto da nova geografia de Mackinder, mas ele demorou tanto tempo para apresentá-lo que o debate que deveria acontecer foi adiado para a reunião seguinte, uma quinzena depois. A reação à palestra foi ambígua, para dizer o mínimo. Mackinder relembrou que "um almirante digno, membro do Conselho, que estava sentado na primeira fila, não parou de resmungar 'que descaramento' durante a palestra".[29]

A pergunta inicial de Mackinder refletia a franqueza pela qual ele já era então conhecido: "O que é geografia?" Ele argumentava que havia duas razões para fazer uma pergunta dessas. A primeira dizia respeito à "batalha educacional" que estava sendo travada para consagrar a disciplina dentro do "currículo de nossas escolas e universidades", uma batalha que era naturalmente liderada por Mackinder. Sua segunda razão para fazer a pergunta era um desafio direto à sociedade. A geografia estava mudando. "Por meio século, várias sociedades e, sobretudo, a nossa, têm promovido ativamente a exploração do mundo." E continuava: "O resultado natural é que agora estamos perto do fim do rol das grandes descobertas. As regiões polares são as únicas grandes lacunas remanescentes em nossos mapas. Um Stanley jamais pode revelar de novo um Congo para o mundo encantado." Mackinder advertia que "à medida que há cada vez menos histórias de aventura, à medida que o lugar delas é cada vez mais tomado pelos detalhes do Ordnance Survey, até os membros de sociedades geográficas perguntarão, melancólicos, 'O que é geografia?'". Em um lance atrevido que provavelmente provocou a ira do almirante na primeira fila, Mackinder evocou o espectro do fechamento da sociedade, a menos que ela se reformasse, comparando-a com "um Alexandre corporativo, chorando porque não tem mais mundos a conquistar".[30]

No restante de sua fala, Mackinder fez um apelo apaixonado para que a geografia – que definiu como "a ciência cuja função principal é registrar a interação do homem na sociedade e seu meio ambiente na medida em que varia localmente" – fosse posta no coração da vida pública e educacional inglesa. Ao tentar unir a geografia física com a geografia humana (ou o que ele chamava de política), Mackinder reconhecia as reivindicações rivais da história e do estudo agora imensamente popular da geologia. "A geografia física", argumentava ele, "tem sido geralmente empreendida por aqueles já sobrecarregados com a geologia, a geografia política por aqueles carregados de história. Ainda temos de ver o homem que, assumindo a posição geográfica central, olhará igualmente para partes da ciência e partes da história que são pertinentes a sua investigação."[31] E levando mais adiante a defesa da geografia, Mackinder argumentava que "o geólogo olha o presente para poder interpretar o passado; o geógrafo olha o passado para poder interpretar o presente".

O que veio a seguir era um levantamento quase cosmográfico da superfície da Terra, começando com "a geografia do sudeste da Inglaterra" e sua paisagem de cré, antes de ir adiante para oferecer uma perspectiva divina de toda a superfície da Terra. "Imaginem nosso globo numa condição sem terra", Mackinder pediu ao seu público, "composta que é de três grandes esferoides concêntricos – atmosfera, hidrosfera e litosfera [a camada externa da Terra]." A cada volta, ele defendia o desenvolvimento social e político de um povo, uma nação, até de uma cidade, baseado em seu ambiente geográfico. Ao empilhar suas camadas de análise geográfica bem-informada, Mackinder insistiu que "as questões políticas em todos os lugares dependerão dos resultados da pesquisa física". Ao concluir, Mackinder foi claro a respeito de suas ambições para a geografia: "Eu creio que, nos termos que esbocei, pode-se elaborar uma geografia que satisfará ao mesmo tempo as exigências práticas do estadista e do comerciante, as exigências teóricas do historiador e do cientista e as exigências intelectuais do professor." Era uma unificação do que Mackinder chamava de o científico e o prático e, numa afirmação final que provavelmente perturbou o almirante, ele chegou a sugerir que a geografia poderia representar um "substituto" para o estudo dos clássicos e tornar-se "o elemento comum na cultura de todos os homens, um terreno no qual os especialistas poderiam encontrar-se".[32]

Um dos conselheiros da sociedade, o ilustre explorador e pioneiro da eugenia sir Francis Galton, reagiu com preocupações em relação à tentativa de Mackinder de reivindicar para a geografia o estatuto de ciência. Não

Geopolítica 387

obstante, ele era simpático à proposta de adotar a geografia como disciplina acadêmica e observou que, independentemente das limitações do artigo de Mackinder, tinha certeza de que ele "estava destinado a deixar a sua marca na educação geográfica".[33] Galton sabia mais do que admitia: ele já estava em conversações com as autoridades das universidades de Oxford e Cambridge para nomear um instrutor da matéria financiado pela RGS, uma aspiração da sociedade que remontava ao início da década de 1870 e havia maquinado o convite a Mackinder para que ele pudesse surgir como o candidato mais óbvio a qualquer novo cargo. Em 24 de maio de 1887, menos de quatro meses depois da palestra de Mackinder, a Universidade de Oxford concordou em criar um posto de cinco anos de instrutor de geografia, apoiado por fundos da RGS. No mês seguinte, Mackinder foi formalmente nomeado, com um salário anual de trezentas libras esterlinas.[34]

A criação do novo cargo foi um grande lance para a RGS, que encontrou uma nova missão a cumprir, e um triunfo pessoal para Mackinder. Mas os céticos de Oxford não seriam derrotados com tanta facilidade. A matéria ainda não tinha estatuto pleno e os alunos que frequentassem as aulas de Mackinder só poderiam obter diploma de um ano de estudos. O resultado era bastante previsível: depois de falar em todo o país para salas com centenas de pessoas, Mackinder descobriu que sua primeira palestra em Oxford não era tão popular. "Houve um comparecimento de três", lembrou ele, "um professor, que me disse que conhecia a geografia da Suíça porque acabara de ler o Baedeker de ponta a ponta, e outras duas senhoras que trouxeram seu tricô, o que não era habitual em palestras naquela época."[35] Não obstante, ele continuou batalhando e informou à RGS no final do seu primeiro ano que havia ministrado 42 aulas em dois cursos. O curso científico, com suas palestras sobre "Princípios da geografia", foi menos popular do que o curso de história, com seu foco na "Influência das características físicas nos movimentos e assentamentos do homem".[36] Em 1892, quando Mackinder se aproximava do final de seu contrato e as autoridades de Oxford mostravam pouco interesse em criar um curso completo de licenciatura em geografia, ele assumiu um cargo na LSE, onde seus interesses se voltaram cada vez mais para a política e a aventura imperial.

Em setembro de 1895, Mackinder fez um discurso presidencial perante a Associação Geográfica. Sua palestra, intitulada "Geografia moderna, alemã e inglesa", oferece uma visão fascinante de sua compreensão da evolução da geografia e da cartografia no decorrer do século XIX. Ele apresenta seus argumentos com franqueza típica: "Enquanto nação, podemos afirmar com justiça que por várias gerações estivemos à frente no trabalho do pioneiro; tampouco precisamos ver com insatisfação nossas contribuições para o levantamento topográfico preciso, para a hidrografia, a climatologia e a biogeografia." No entanto, ele continua, "é antes no lado sintético e filosófico e, portanto, educacional de nossa matéria que ficamos tão acentuadamente abaixo do padrão estrangeiro e, em especial, alemão". A preocupação de Mackinder era que, ao contrário dos geógrafos alemães, seus colegas ingleses não eram capazes de sintetizar os aspectos práticos da pesquisa geográfica dentro de uma teoria abrangente da disciplina. "O que fez do século XVIII uma época de transição de tamanha importância para a geografia", acreditava ele, "foi a percepção de novos problemas, que a Antiguidade e o Renascimento negligenciaram ou não conseguiram resolver." Os grandes geógrafos alemães, como Humboldt e Ritter, conseguiram superar o velho problema de ver a geografia "ou como uma disciplina, ou como um campo de pesquisa". A tradição filosófica alemã tinha uma perspectiva muito diferente a respeito das possibilidades oferecidas pelo estudo da geografia. A busca filosófica de Immanuel Kant por uma ciência universal, combinada com as crenças idealistas de Johann Wolfgang von Goethe (1749-1832) e Friedrich Schelling (1775-1854) em um princípio de coordenação transcendental para explicar a natureza, possibilitou que Humboldt concebesse a geografia como a maior de todas as ciências, capaz de sintetizar tudo. O resultado foi uma escola de geografia que combinava o estudo científico da natureza com uma resposta emocional a sua grandeza e beleza. Nessa tradição, August Heinrich Petermann (1822-78) tornou-se um dos cartógrafos mais inovadores da Europa, publicando uma revista sobre novos estudos geográficos, *Petermanns geographische Mitteilungen* ("Comunicações geográficas de Petermann", ou PGM); e Oscar Peschel (1826-75) e Ferdinand von Richthofen (1833-1905) foram pioneiros na geomorfologia, o estudo da forma e evolução da superfície da Terra. Essas iniciativas alemãs representavam para Mackinder uma "tentativa exaustiva de relacionar causalmente relevo, clima, vegetação, fauna e as diversas atividades humanas", sob o título único de "geografia".[37]

Geopolítica 389

Ao lamentar as insuficiências da tradição inglesa, Mackinder fez uma caracterização reveladora sobre o papel dos mapas em sua nova concepção de geografia:

Há três artes correlatas (todas preocupadas principalmente com mapas), que se pode dizer que caracterizam a geografia: observação, cartografia e ensino. O observador obtém o material para os mapas, os quais são construídos pelo cartógrafo e interpretados pelo professor. É quase desnecessário dizer que o mapa é aqui pensado como um instrumento sutil de expressão aplicável a muitas ordens de fatos, e não como o mero depósito de nomes que ainda cumprem seu dever em alguns dos atlas ingleses mais caros. Falando em geral, e salvo exceções, tivemos na Inglaterra bons observadores, maus cartógrafos e professores talvez um pouco piores do que os cartógrafos. Em consequência, grande parte da matéria-prima da geografia é inglesa, enquanto que a expressão e a interpretação são alemãs.

Os mapas precisavam oferecer mais do que apenas os fatos empíricos de nomes de lugares observáveis: eles exigiam a expressão e interpretação praticada pelos geógrafos alemães da geomorfologia, bem como da "biogeografia" – a geografia das comunidades orgânicas e seus ambientes – e da "antropogeografia" – a geografia dos homens. Para Mackinder, um mapa não era o território que alegava retratar, mas uma interpretação dos elementos geológicos, biológicos e antropológicos que compunham esse território.

Ao descrever seu "geógrafo ideal", Mackinder observou:

Em sua arte cartográfica, ele possui um instrumento de pensamento de grande potência. Não sei se podemos ou não pensar sem palavras, mas o certo é que os mapas podem fazer a mente economizar uma infinidade de palavras. Um mapa pode transmitir de imediato toda uma série de generalizações, e a comparação entre dois ou mais mapas da mesma região, mostrando separadamente precipitação pluvial, solo, relevo, densidade da população e outros dados desse tipo, não só mostrará as relações causais, mas também revelará erros de registro, pois os mapas podem ser tanto sugestivos como críticos.

Não surpreende que a descrição do geógrafo ideal fosse do sexo masculino e tivesse uma semelhança impressionante com o autor. "Como cartógrafo, ele produziria mapas acadêmicos e gráficos; como professor, faria os mapas falarem; como historiador ou biólogo, insistiria no estudo independente do meio ambiente ... e como comerciante, soldado ou político, exibiria compreensão e iniciativa treinadas quando tratasse de problemas práticos de espaço na superfície da Terra."[38]

Era outro *tour de force* de Mackinder, insistindo na necessidade de uma "geografia moderna". Era necessária uma "centralização" intelectual do estudo geográfico na Inglaterra para se equiparar à tradição alemã, como uma forma de reiterar sua convicção de que "o geográfico é um ponto de vista distinto de onde observar, analisar e agrupar os fatos da existência, e, como tal, com direito a estar ao lado dos pontos de vista teológico ou filosófico, linguístico, matemático, físico e histórico".[39] Ele também previa uma tentativa mais ambiciosa de pôr os geógrafos da Grã-Bretanha, e seus exploradores, na vanguarda dos assuntos internacionais.

Em 1898, Mackinder arquitetou um plano para ser o primeiro explorador europeu a escalar o monte Quênia, na África oriental. Na década de 1940, ao lembrar dessa decisão, Mackinder admitiu que foi constrangido a iniciar uma carreira de explorador aos 37 anos de idade: "Em geral, para ser considerado um geógrafo completo, ainda era necessário naquela época provar que eu era capaz de explorar, além de ensinar."[40] Sua escolha do monte Quênia baseou-se numa mistura de considerações físicas e de geografia política. Ele escreveu mais tarde que ficara claro para ele "que quando a ferrovia de Uganda reduziu a distância da costa ao Quênia em dois terços, deveria ser possível, sem grande dispêndio de tempo, levar uma expedição bem-equipada, em estado de saúde europeia, ao sopé da montanha, e que tal expedição teria uma chance razoável de completar a revelação de seus segredos alpinos".[41] Ele queria subir a montanha antes que a ferrovia trouxesse outros exploradores, a saber, alemães, os grandes rivais imperiais dos britânicos no leste da África, e em particular, o alpinista alemão Hans Meyer, que já havia escalado o monte Kilimanjaro e anunciado em 1898 sua intenção de escalar o monte Quênia. A corrida era entre os dois grandes rivais imperiais na África oriental.

Em 8 de junho de 1899, Mackinder deixou a Inglaterra e foi para Marselha de trem, onde encontrou sua equipe de seis guias e carregadores europeus. Em 10 de junho, partiu para o Egito, atravessou o canal de Suez para Zanzibar, depois Mombasa, e chegou a Nairóbi e à ferrovia recém-inaugurada em meados de junho. Ali, a expedição realmente começou: "Éramos seis homens brancos e nossos bens foram carregados sobre as cabeças de 170 nativos, a metade deles completamente nus, pois naquele tempo não havia no leste da África cavalos ou bois e mulas de tração, e, é óbvio, nenhum veículo a motor." A caminhada de 170 quilômetros até a montanha foi difícil e retardada por vários problemas. De acordo com

30. Halford Mackinder no cume do monte Quênia, 1899.

Mackinder, "o temperamento dos nativos era suspeito e perigoso", acusação parcialmente confirmada pelo assassinato de dois de seus guias suaílis e pelo roubo da maior parte dos alimentos quando se preparavam para subir a montanha, no final de agosto.[42] Resoluto, Mackinder continuou a subida, mas teve de abandoná-la quando a equipe ficou sem rações. Depois de obter mais suprimentos, ele e outros dois partiram novamente e passaram um dia escalando a montanha. Ela mostrou-se "muito íngreme e intensamente difícil", mas, finalmente, ao meio-dia de 13 de setembro, Mackinder chegou ao cume. Ele admitiu que "ousamos, no entanto, ficamos apenas quarenta minutos, tempo suficiente para fazer observações e fotografar", antes que a ameaça de tempestades os obrigasse a descer. Mackinder superestimou ligeiramente o cume em 5.240 metros (a altura verdadeira é 5.199 metros). Foi uma façanha física impressionante, acompanhada pela precisão de seus dados científicos. Mackinder voltou para casa com "um esboço de prancheta topográfica da parte superior do Quênia, junto com amostras de rochas, dois levantamentos topográficos de rotas ao longo das linhas não percorridas anteriormente, uma série de observações meteorológicas e altimétricas, fotografias pelos processos comum e colorido de Ives, coleções de mamíferos, aves e plantas e uma pequena coleção de insetos".[43] Mackinder utilizou a nova técnica fotográfica colorida de Frederick Ives pela primeira vez em uma expedição científica, e desenhou três lindos mapas da montanha e sua rota, reproduzidos por litografia para a palestra que proferiu na RGS em 22 de janeiro de 1900, dois meses após o seu retorno.

Os mapas são exemplos clássicos da cartografia científica imperial. O primeiro, que ilustra a jornada de Mackinder, inclui uma escala de 1:500.000, uma gratícula, linhas de contorno e a rota traçada em vermelho. Mas também mostra a marca da exploração europeia. Seus cálculos foram obtidos por meio de um relógio, uma bússola prismática e um sextante. Mackinder chamou o noroeste do mapa de "colinas de Markham", em homenagem ao presidente da RGS, sir Clements Markham, que copatrocinou a expedição. Na própria montanha, o "vale Hausburg" ganhou o nome de outro patrocinador da expedição, o tio de sua esposa, Campbell Hausburg. Mackinder também aproveitou a oportunidade para deixar sua marca no território: a nordeste do vale de Hausburg encontra-se o "vale de Mackinder".

Geopolítica 393

A notícia do sucesso da expedição de Mackinder foi recebida com alegria em Londres e consternação em Berlim. No final de 1899, assim que voltou para casa, Mackinder começou a escrever suas façanhas a fim de apresentá-las aos membros da RGS em janeiro de 1900. O que Mackinder chamaria mais tarde de suas "férias" no Quênia foi recebido com admiração pura por seu vice-presidente, sir Thomas Holdich. Na noite de 22 de janeiro, ele apresentou Mackinder como "bem-conhecido por todos nós como geógrafo científico; hoje, ele vem diante de nós como um viajante de grande sucesso, como o primeiro homem a subir um dos principais picos do leste da África, o monte Quênia".[44] Depois de consolidar-se como ilustre professor de geografia e explorador intrépido, Mackinder era agora suficientemente respeitado para definir sua matéria como uma disciplina intelectual no final da Grã-Bretanha vitoriana, com a ciência da cartografia em seu centro. Ao anunciar sua nova visão da geografia como crucial para a proteção do Império Britânico (que entrou em guerra com os bôeres na África do Sul no momento em que Mackinder voltava do Quênia), seu sucesso estava praticamente assegurado e sua palestra não recebeu nenhum dos resmungos que saudaram seus esforços anteriores, no final da década de 1880.

As aspirações imperiais mais amplas da aventura de Mackinder também coincidiram com uma mudança decisiva em suas opiniões políticas, que o levou para a política partidária. Durante a década de 1890, ele ainda acreditava no livre comércio internacional, apesar do que via como ameaça crescente da Alemanha à manufatura britânica. Mas, quando retornou do Quênia, suas ideias estavam mudando. Em setembro de 1900, disputou sem êxito um assento parlamentar em Warwickshire pela ala imperialista do Partido Liberal. Em 1903, cada vez mais seduzido pelos argumentos protecionistas econômicos do secretário colonial unionista Joseph Chamberlain, ele renunciou completamente ao livre comércio e saiu do Partido Liberal para se juntar aos conservadores, defendendo uma nova teoria do protecionismo imperial baseada numa Marinha britânica poderosa e tarifas para promover o comércio exterior britânico.[45]

Mas, para o geógrafo Mackinder, seus novos argumentos políticos constituíam um problema. Como poderia sua tese geopolítica do protecionismo imperial ser representada em um mapa? Ele já havia comentado as limitações dos mapas para mostrar características topográficas básicas, como o relevo. Como eles mostrariam a sua imagem em evolução do mundo do protecionismo econômico e autoridade imperial? Ele tratou do problema no auge de sua defesa do protecionismo em *A Grã-Bretanha e os mares britânicos*, publicado em 1902. Nessa obra, apresentava um argumento familiar sobre como a geografia física moldava o mundo social, mas agora com o acréscimo da urgência política. A geografia "dera à Grã-Bretanha um papel excepcional no teatro do mundo", permitindo-lhe que se tornasse "senhora dos mares" e desenvolvesse um império marítimo de poder incomparável e autoridade global.[46] Mas a mudança no equilíbrio do poder global ocorrida no início do século XX fazia com que essa autoridade estivesse agora sob ameaça.

Ao traçar a genealogia do poder marítimo da Grã-Bretanha, Mackinder voltou-se para os mapas. Ele começava examinando a localização das ilhas britânicas no mapa-múndi de Hereford, para sugerir que, antes das viagens de Colombo, no final do século XV, "a Grã-Bretanha estava, então, no fim do mundo – quase fora do mundo". A descoberta subsequente da América e a abertura do Atlântico para seu norte, oeste e sul fez com que "a Grã-Bretanha se tornasse gradualmente o país central do mundo, em vez de terminal". Mas os mapas lutavam para confirmar seu argumento. "Nenhuma carta plana pode dar uma impressão correta do Atlântico Norte", queixou-se, pois só mostram "a mera posição das costas". Em um exemplo clássico de geografia egocêntrica, Mackinder observou que a nova posição da Grã-Bretanha no mundo depois de Colombo "pode ser mais bem percebida girando-se um globo terrestre para que a Grã-Bretanha fique no ponto mais próximo do olho". Suas ilustrações para "O hemisfério terrestre" mostram os problemas duradouros de mapear o globo em uma superfície plana: a Australásia e metade da América do Sul desaparecem. Em contraste, uma "fotografia"' do globo (nome pouco apropriado numa época anterior aos voos espaciais) confirma o argumento de Mackinder. Nessa imagem, a Grã-Bretanha ganha uma posição excepcional, de onde "as cinco partes históricas do mundo são acessíveis a partir de suas águas".[47]

Trata-se de um feito brilhante de manipulação cartográfica global. Ao ignorar as projeções da Terra em mapas planos e girar seu globo "fotográfico" para situar as ilhas britânicas no centro, Mackinder estava pondo

Geopolítica

a cartografia a serviço de um relato altamente seletivo da ascensão da Grã-Bretanha ao domínio marítimo e imperial. Posicionada em seu mapa no cruzamento das grandes rotas marítimas internacionais, mas sem estar ligada a nenhum continente, Mackinder alegava que a Grã-Bretanha "possuía duas qualidades geográficas complementares, em vez de antagônicas: insularidade e universalidade". Era *da* Europa, mas não estava *na* Europa", permitindo-lhe aproveitar os recursos do mar, sem a perturbação de vizinhos fronteiriços.[48] Mas o que fazia a grandeza do império também ameaçava destruí-lo; sem a renovação do impulso imperial para assimilar as colônias britânicas a um ideal mais amplo de "britanicidade", suas possessões distantes corriam o risco de serem absorvidas pela ascensão dos impérios terrestres de Rússia, Alemanha e China. Na linguagem paternal de tantos imperialistas, Mackinder terminava seu livro na esperança de um momento em que "as nações filhas terão crescido até a maturidade, e a Marinha da Grã-Bretanha terá se transformado na Marinha dos britânicos".[49] Era uma crença quase mística no poder duradouro do Império Britânico que dois anos depois culminaria na teoria mais famosa e duradoura de Mackinder.

Na noite de 25 de janeiro de 1904, mais de setenta anos depois de sua criação, a Real Sociedade Geográfica abriu as portas de suas instalações no número 1 de Savile Row, em Londres, para ouvir mais uma palestra de Mackinder. A sociedade financiara e celebrara a exploração imperial britânica desde a sua fundação, apoiando as expedições coloniais e missionárias de figuras públicas, como sir Clements Markham, dr. David Livingstone, sir Henry Morton Stanley e Robert Falcon Scott, bem como a aventura do próprio Mackinder no Quênia. No início do século XX, a sociedade já voltara sua atenção para as dimensões mais filosóficas e educacionais da geografia, um interesse que já havia beneficiado pessoas como Mackinder.[50] Seus membros politicamente influentes também estavam lutando para restaurar a reputação manchada do Império Britânico após a desastrosa segunda Guerra dos Bôeres (1899-1902), que custara à Grã-Bretanha mais de 220 milhões de libras esterlinas, além da perda de 8 mil soldados mortos em ação e mais 13 mil perdidos para doenças. Dos cerca de 32 mil bôeres que pereceram, a grande maioria era de mulheres e crianças que morreram em "campos de concentração" britânicos, na primeira vez

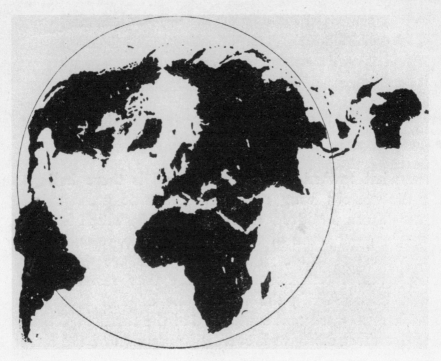

31. "O hemisfério terrestre", in Mackinder, *A Grã-Bretanha e os mares britânicos*, 1907.

em que esses métodos foram utilizados na guerra moderna. A condenação internacional havia sido praticamente unânime e, em face da política agressiva da Alemanha de expansão colonial e armamento, a previsão de Mackinder de um crescente isolamento diplomático, vulnerabilidade militar e declínio econômico do Império Britânico parecia cada vez mais presciente: embora tivesse gerado mais de 25% do comércio mundial em 1860, no momento em que Mackinder falou, esse número caíra para apenas 14%, com a França, a Alemanha e os Estados Unidos se aproximando rapidamente dessa marca.[51]

Como membro de longa data da sociedade, explorador de sucesso e agora um defensor apaixonado do protecionismo imperial, Mackinder tinha garantida uma recepção calorosa, mas nem ele nem seu público poderiam ter previsto o impacto de sua fala. O título de seu trabalho era "O eixo geográfico da história". Começava por esboçar um vasto panorama da história mundial. Ele disse à plateia mais uma vez que estavam che-

Geopolítica

32. "Fotografia de um globo", in Mackinder,
A Grã-Bretanha e os mares britânicos, 1907.

gando ao fim do que chamava de "a época colombiana", um período de quatrocentos anos de intensa exploração marítima e de descobertas, em que "o contorno do mapa do mundo foi concluído com precisão aproximada e, até nas regiões polares, as viagens de Nansen e Scott reduziram em muito a última possibilidade de descobertas dramáticas". Tratava-se de uma astuta referência à primeira expedição bem-sucedida à Antártica de Scott, financiada pela RGS, cujos remanescentes estavam lutando para voltar para casa no mesmo momento em que Mackinder falava. "Mas o início do século XX", Mackinder continuou, "é adequado como fim de uma grande época histórica." Este era um momento, ele acreditava, em que "o mundo, em suas fronteiras remotas, mal foi revelado antes de fazermos a crônica de sua apropriação política virtualmente completa". Prenunciando os debates do século XXI sobre os efeitos da globalização econômica e política, Mackinder afirmou: "Cada explosão de forças sociais, em vez de ser dissipada em um circuito circundante de espaço desconhecido e caos bárbaro, terá seu eco fortemente repetido do outro lado do mundo, e elementos fracos no organismo político e econômico do mundo serão esmagados em consequência."[52] Para Mackinder, tudo estava conectado, e a única maneira de rastrear essas conexões era através da sociedade e de seu campo específico de estudo: a geografia.

Para Mackinder, compreender e até mesmo influenciar as mudanças que haviam ocorrido recentemente no mundo exigia uma compreensão geográfica renovada da história e da política. "Parece-me, portanto", continuou ele,

> que, na década atual, estamos, pela primeira vez, na posição de tentar, com algum grau de inteireza, uma correlação entre as generalizações maiores da geografia e da história. Pela primeira vez, podemos perceber algo da proporção real das características e eventos no palco do mundo inteiro, e podemos buscar uma fórmula que possa expressar certos aspectos, ao menos, do nexo de causalidade geográfica na história universal.

E concluía: "Se tivermos sorte, essa fórmula deve ter um valor prático para pôr em perspectiva algumas das forças concorrentes na atual política internacional."[53] Tratava-se não somente da ênfase na importância da geografia como disciplina acadêmica que caracterizava os pronunciamentos públicos de Mackinder havia anos: era agora uma demanda para que os conhecimentos da disciplina moldassem a diplomacia internacional e a política imperial.

Depois de estabelecer a importância da geografia, Mackinder chegou então a sua tese central. Afirmou que, ao contrário da ideologia imperial britânica predominante, era a Ásia central, ou o que chamou de "Eurásia", que constituía "o eixo da política do mundo". Essa afirmação contestava os pressupostos complacentes de muitas pessoas da plateia, e Mackinder sabia disso. "Peço-vos, portanto, que olhem por um momento para a Europa e a história europeia como subordinadas à Ásia e à história asiática, pois a civilização europeia é, num sentido muito real, o resultado da luta secular contra a invasão asiática." Era uma afirmação surpreendente, mas que Mackinder passou a defender por meio de um vasto e sinóptico relato sobre a geografia física da Ásia central. Tratava-se de uma região, argumentou

Geopolítica

ele, que ao longo da história produzira comunidades nômades guerreiras que ameaçaram repetidamente as comunidades agrícolas assentadas e as sociedades marítimas nas margens das vastas planícies interiores do que chamava de "Euro-Ásia". E ele descrevia como

> um território contínuo, cingido por gelo no norte, cingido por água em outros lugares, medindo 54 milhões de quilômetros quadrados, ou mais de três vezes a área da América do Norte, cujos centro e norte, medindo cerca de 23 milhões de quilômetros quadrados, ou mais de duas vezes a área da Europa, não têm caminhos líquidos para o oceano, mas, por outro lado, exceto na floresta subártica, são geralmente muito favoráveis à mobilidade de cavaleiros e cameleiros.[54]

Avançando na direção do presente, Mackinder perguntava: "A região do eixo da política do mundo não é a vasta área da Euro-Ásia, que é inacessível aos navios, mas que na Antiguidade estava aberta para os nômades a cavalo, e está hoje prestes a ser coberta por uma rede de ferrovias?" Nessa altura, Mackinder foi explícito a respeito do tipo de mapa imperial do mundo que imaginava. "A Rússia substitui o Império Mongol", advertiu, e seus 9 mil quilômetros de ferrovias, de Wirballen, no oeste, a Vladivostok, no leste, criaram as condições para a mobilização e o deslocamento de uma enorme máquina militar e econômica que se valia de extensos recursos naturais cercados por terra e eclipsaria o poder dos impérios marítimos como o britânico. Isso, previa ele, "possibilitaria o uso dos vastos recursos continentais para a construção de frotas, e o império do mundo estaria, então, à vista". Numa referência direta à política externa britânica, ele alertava que isso poderia acontecer "se a Alemanha se aliasse à Rússia".[55] Esses dois grandes impérios controlariam efetivamente a área geográfica central de todo o mundo, estendendo-se da Europa ocidental à costa chinesa do Pacífico e chegando, ao sul, até a Pérsia central e as fronteiras da Índia. Tratava-se de uma observação oportuna. Enquanto Mackinder falava, o Japão mobilizava seus exércitos em reação às pretensões imperiais da Rússia sobre a Coreia e a Manchúria. A expansão russa no Extremo Oriente ameaçava os interesses imperiais britânicos em Hong Kong, na Birmânia e até mesmo na Índia.

Duas semanas depois que Mackinder fez sua palestra, em 8 de fevereiro, a guerra estourou.[56]

Mackinder demonstrou a nova ordem mundial ilustrando sua fala com imagens de mapas projetadas por uma lanterna mágica. Depois de alguns mapas regionais da Europa oriental e da Ásia, as seções posteriores do texto incluíam um mapa mundial que fornecia uma explicação gráfica do argumento de Mackinder, o qual viria a ser considerado "o mapa mais famoso da tradição geopolítica".[57] Intitulado "As sedes naturais de poder", ele mostra três zonas distintas. A primeira, a zona pontilhada central, cobre a maior parte da Rússia e da Ásia central e é exclusivamente terrestre (Mackinder deixa isso claro ao marcar suas extremidades setentrionais como contíguas ao que chama de "mar congelado"). Para além dessa zona há dois crescentes concêntricos. O primeiro, chamado de crescente interior ou marginal, aparece como parte continental, parte oceânico, e é composto por Europa, norte da África, Oriente Médio, Índia e parte da China. O crescente exterior ou insular, que é predominantemente oceânico, inclui Japão, Austrália, Canadá, as Américas, África do Sul e Grã-Bretanha.

Reconhecendo a aparência estranha das Américas do Sul e do Norte nas bordas leste e oeste do mapa, Mackinder sustentou que "os Estados Unidos se tornaram recentemente uma potência oriental, afetando o equilíbrio europeu não de forma direta, mas através da Rússia, e vão construir o canal do Panamá para fazer com que seus recursos do Mississippi e do Atlântico fiquem disponíveis no Pacífico [os Estados Unidos tinham acabado de obter os direitos para trabalhar no canal, que começou quatro meses depois, em maio de 1904]. Desse ponto de vista, a verdadeira linha divisória entre oriente e ocidente encontra-se no oceano Atlântico".[58] Para uma plateia acostumada a ver um mapa mundial que situava as Américas no hemisfério ocidental, e que considerava geralmente que a divisão cultural e geográfica entre oriente e ocidente caía em algum lugar do atual Oriente Médio, o mapa de Mackinder e o argumento a que dava suporte eram uma revelação chocante, assim como sua implicação para a ameaça militar ao futuro do Império Britânico.

As observações de Mackinder refletiam suas ambições para o lugar da geografia na vida política. "Falei como geógrafo", disse ele. Porém, mais

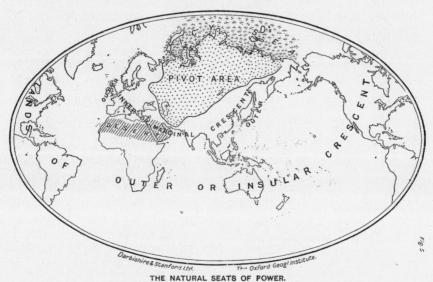

33. Halford Mackinder, "As sedes naturais de poder", mapa mundial, in Mackinder, "O eixo geográfico da história", 1904.

adiante, ele sugeriu um novo papel para a sua profissão acadêmica, de acordo com a mudança de suas ideias políticas.

> O verdadeiro equilíbrio do poder político, em qualquer momento dado, é, evidentemente, produto, por um lado, das condições geográficas, tanto econômicas como estratégicas, e, por outro lado, da relativa quantidade, virilidade, equipamento e organização dos povos concorrentes. Na medida em que essas quantidades são estimadas com precisão, é provável que ajustemos as diferenças sem o recurso bruto às armas. E as quantidades geográficas no cálculo são mais mensuráveis e quase mais constantes do que as humanas. Portanto, devemos esperar que nossa fórmula se aplique igualmente à história do passado e à política do presente.[59]

Para Mackinder, a geografia era a única disciplina capaz de medir e prever a mudança no equilíbrio da política internacional. Sua "fórmula" para compreender o eixo geográfico da história era tudo o que poderia limitar o que ele via como os confrontos militares inevitáveis, ou "recurso bruto às armas", que resultariam de qualquer mudança significativa no equilíbrio do poder mundial.

A reação do público ao seu trabalho foi, nessa ocasião, decididamente heterogênea. Os membros da sociedade não estavam acostumados a argumentos conceituais tão abrangentes (que tendiam a considerar típicos dos estrangeiros) e certamente não àqueles que, apesar do clima político dominante, sugerissem que o Império Britânico estava em perigo iminente. O primeiro a se manifestar, o sr. Spencer Wilkinson, lamentou a ausência de ministros na plateia. Ele sugeriu que eles poderiam aprender com a explanação de Mackinder que "enquanto somente metade de um século atrás os estadistas jogavam em poucos quadrados de um tabuleiro de xadrez, cujo restante estava vago, nos dias de hoje o mundo é um tabuleiro de xadrez fechado, e cada movimento do estadista deve levar em conta todos os quadrados do tabuleiro". Seu ceticismo em relação a "algumas das analogias ou precedentes históricos do sr. Mackinder" era compartilhado por muitos outros sócios, que refutavam sua sugestão de que o Império Britânico estava ameaçado, insistindo como Wilkinson que "um Estado insular como o nosso pode, se mantiver seu poder naval, manter o equilíbrio entre as forças divididas que atuam na área continental".[60] Certamente, pensavam eles, por mais brilhante que fosse o argumento de Mackinder, o poderio naval do império era inatacável?

Wilkinson também estava preocupado com o mapa mundial de Mackinder, "porque era um mapa na projeção de Mercator, que exagerava o Império Britânico, com exceção da Índia".[61] Com efeito, era um mapa estranho, mas fazia sentido total quando comparado com os esforços cartográficos anteriores de Mackinder. Ao lado de seu mapa queniano apresentado à RGS quase exatamente quatro anos antes, o mapa do mundo ilustrava as transformações ocorridas na geografia e na cartografia ao longo do século XIX. Existem diferenças óbvias entre os dois mapas, mas a abordagem geral do mapeamento e da política imperial é a mesma. O mapa do Quênia é um exemplo simples de corografia – mapeamento regional – que utiliza convenções cartográficas e símbolos padronizados para mapear o território representado e reivindicá-lo.

Em contraste, o mapa mundial com eixo geográfico pretende-se global e é extremamente simplista. Após os grandes levantamentos topográficos de Cassini e do Ordnance Survey, o mapa de Mackinder é visivelmente desprovido dos atributos consagrados da cartografia regional ou global. Ao contrário do mapa regional do Quênia, não há escala ou gratícula de latitude e longitude. Carece até mesmo da toponímia básica: oceanos, países e até continentes estão sem nome, e para um mapa que sustenta uma tese tão política, é estranho não ver nenhuma separação de território de acordo com divisões nacionais, imperiais, étnicas ou religiosas. Até mesmo a sua forma oval peculiar era obsoleta, tendo sido praticamente abandonada pelos cartógrafos desde o século XVI. Embora se valesse da forma de mapas do mundo como a de Mollweide, que contestava Mercator, Mackinder preferiu usar a projeção de 1569, ainda que a forma oval apenas amplifique a distorção que Mercator admitia afetar seu mapa mundial.

O mapa do mundo também representava o auge dos argumentos ensaiados em *A Grã-Bretanha e os mares britânicos*. A imagem que Mackinder projetava era, na verdade, um mapa temático que utilizava "dados" políticos altamente carregados que ele havia acumulado ao longo das duas décadas anteriores como professor, explorador e político. Baseava-se nos mapas temáticos físicos e morais que tanto dominaram a cartografia do século XIX para produzir a imagem fundadora da geopolítica, um mapa convincente, mas ideologicamente carregado, do mundo como um gigantesco tabuleiro de xadrez imperial. Alguns geógrafos questionariam seu status de mapa: ele certamente esticava a definição de mapeamento temático, sem utilizar dados verificáveis para defender sua posição. Mas sua força moralizadora era inquestionável, embora quase todas as suas frases fossem puramente interpretativas. Com exceção de sua descrição de "deserto" e "mar congelado", a imagem de Mackinder era composta de "eixos" e "crescentes", que não tinham nenhuma relação com qualquer linguagem geográfica anterior.

Tal como as imagens usadas em *A Grã-Bretanha e os mares britânicos* que se esforçavam para confirmar sua defesa da posição global da Inglaterra, Mackinder esticou os parâmetros do "mapa" tanto quanto pôde para dar à sua tese o máximo poder gráfico e autoridade. Como Spencer Wilkinson, ele sabia das limitações da projeção de Mercator. Não obstante, optou por usá-la devido à sua iconicidade, e porque ela enfatizava os hemisférios oriental e ocidental de uma maneira que convinha à sua mentalidade

404   *Uma história do mundo em doze mapas*

imperialista: como Mercator, Mackinder não tinha interesse pelos polos Norte e Sul, que em Mercator se estendem ao infinito e no mapa de Mackinder não são sequer mostrados. Ao situar a projeção dentro de uma moldura oval, ele podia esticar os continentes para mostrar o alcance de seu crescente insular exterior e apresentar uma imagem de um mundo mutuamente interligado. Isso também lhe permitiu superar os mapas planos e as "fotografias" globais criadas havia apenas dois anos. O mapa resultante parecia ao mesmo tempo muito moderno e estranhamente arcaico. Embora seu argumento fosse emblemático de uma nova ordem geopolítica mundial, a própria imagem é puramente geométrica, evocando as linhas emblemáticas da partição imperial traçadas nos mapas e globos do século XVI, quando Espanha e Portugal reivindicavam a divisão do mundo em dois, embora a influência das duas nações se estendesse apenas sobre uma fração da Terra conhecida. Um predecessor visual e intelectual ainda mais forte é um mapa medieval como o mapa-múndi de Hereford, que Mackinder usou como primeira ilustração em *A Grã-Bretanha e os mares britânicos*. Trata-se de uma imagem à qual Mackinder voltaria em 1919, quando esboçou sua teoria do *"heartland"** em *Ideais democráticos e realidade*. Nessa obra, ele chama o mapa-múndi de Hereford de "mapa monacal, contemporâneo das Cruzadas", em que "Jerusalém é marcada como o centro geométrico, o umbigo do mundo". "Se o nosso estudo das realidades geográficas, como as conhecemos agora em sua integralidade, está nos levando a conclusões certas, os eclesiásticos medievais não estavam muito errados." Ele conclui que "se o Mundo-Ilha é, inevitavelmente, o principal lugar da humanidade neste mundo ... então o monte cidadela de Jerusalém tem uma posição estratégica em relação às realidades do mundo que não difere essencialmente da sua perspectiva ideal da Idade Média, ou de sua posição estratégica entre a antiga Babilônia e o Egito".[62]

Para Mackinder, o mapa-múndi de Hereford não se definia pela teologia, mas pela geopolítica das Cruzadas e a mudança para o oeste do império, da Babilônia para Jerusalém. Mapas-múndi eram, portanto, uma

---

* O uso do termo inglês *heartland* está consagrado nos estudos de geopolítica em português. Pode ser traduzido por "coração continental" e "coração do mundo", entre outras expressões. (N.T.)

Geopolítica

confirmação inicial de sua tese central: o conflito duradouro entre impérios pelo controle de um *"heartland"*. Com o benefício da distância histórica, podemos ver que o mapa de Mackinder de 1904 é, com efeito, uma manifestação do mesmo tipo de geometria ideológica que inspirou o mapa-múndi de Hereford: a missão providencial do império havia substituído a busca da religião organizada, mas ambos buscavam reduzir a pluralidade e complexidade do mundo a uma série de verdades eternas. A crença agora era que a geografia poderia revelar uma realidade última, e, baseados nela, seus criadores poderiam prever o futuro político. Os dois mapas, feitos com setecentos anos de diferença, têm aparências muito diferentes, mas ambos foram inspirados pelo imperativo de criar uma imagem particular do mundo baseada numa geometria ideológica prescritiva.

Ao LONGO DE SUA VIDA, Mackinder voltou à tese do eixo geográfico, revisando-a em reação à Primeira e à Segunda Guerra Mundial. Em 1919, ele publicou *Ideais democráticos e realidade: um estudo da política de reconstrução*, escrito no rescaldo do armistício do ano anterior e com a intenção de influenciar as negociações de paz em Versalhes. Nessa obra, transformava a teoria do "eixo" em um *heartland* ampliado, que se estendia do leste da Europa até a Ásia central. Mackinder advertia contra as resoluções diplomáticas que permitissem que a Alemanha ou a Rússia assumissem o controle do *heartland* e, por implicação, o espaço que ele chamava de "Mundo-Ilha", o espaço conjunto que ligava a Europa à Ásia e ao norte da África. Ele resumiu seu argumento naquele que se tornaria um dos slogans mais infames do pensamento geopolítico moderno:

Quem controla a Europa Oriental comanda o *Heartland*:
Quem controla o *Heartland* comanda o Mundo-Ilha:
Quem controla o Mundo-Ilha comanda o Mundo.[63]

Após a eclosão da Segunda Guerra Mundial, quando o mapa geopolítico mundial mudou mais uma vez, Mackinder teve de alterar sua teoria de novo. Em julho de 1943, quando a maré da guerra virou a favor dos Aliados, Mackinder publicou um artigo intitulado "O mundo redondo e a conquista da paz". Seu velho temor de uma aliança entre a Alemanha e a Rússia se concretizara finalmente em 1939 com o Pacto Nazissoviético, embora nenhum dos dois Estados tenha dominado por fim o "eixo" ou *heartland*. A invasão de Hitler do *heartland* da Rússia, em 1941, foi mais uma confirmação da tese de Mackinder; seu fracasso proporcionou-lhe a base de seus planos para "conquistar a paz" depois que o conflito terminasse. A criação de uma forte presença naval no Atlântico e uma potência militar dominante na Ásia central confrontariam "a mente alemã com a certeza duradoura de que qualquer guerra travada pela Alemanha deve ser uma guerra em duas frentes *inabaláveis*".[64] Era uma reafirmação brilhante da importância estratégica do *heartland* e uma visão notavelmente presciente da geopolítica mundial do pós-guerra da Otan e do bloco soviético, que propunha um modelo de freios e "contrapesos" geopolíticos na contenção da inevitável influência da União Soviética no pós-guerra.

Antecipando a criação da Otan, Mackinder defendeu a importância de uma nova aliança militar transatlântica em todo o Atlântico Norte, ou o que chamou de "o oceano Interior". Isso envolveria "uma cabeça de ponte na França, um aeródromo com fosso na Grã-Bretanha e uma reserva de mão de obra especializada, agricultura e indústrias no leste dos Estados Unidos e do Canadá". No mapa mundial do pós-guerra de Mackinder, a geopolítica seria reduzida a um ideal abstrato geométrico, em que um "globo equilibrado dos seres humanos" seria "feliz, porque equilibrado e, portanto, livre".[65] Talvez fosse idealista, mas prefigurava a retórica da Guerra Fria anglo-americana que viria a dominar a política internacional durante a maior parte da segunda metade do século XX e influenciaria a política externa posterior dos Estados Unidos em relação ao que considerava contenção da União Soviética e do sudeste asiático. De acordo com o teórico político Colin Gray, "o conceito geopolítico mais influente para a arte de governar anglo-americana foi a ideia de um '*heartland*' eurasiano e, depois, a ideia-como-política complementar de conter o poder do *heartland* do momento dentro da Eurásia, e não para ela. De Harry Truman a George Bush, a visão dominante da segurança nacional dos Estados Unidos foi explicitamente geopolítica e diretamente rastreável à teoria do *heartland* de Mackinder". Gray acredita que "a relevância de Mackinder para a contenção da União Soviética na Guerra Fria foi tão evidente a ponto de se aproximar do status de clichê".[66]

Geopolítica

Embora seja sempre difícil identificar com precisão como as ideias se traduzem em política direta, os pronunciamentos de vários estadistas durante a década de 1990 mostram a difusão do pensamento de Mackinder. Em 1994, Henry Kissinger, ex-conselheiro de Segurança Nacional e secretário de Estado de Richard Nixon e Gerald Ford, escreveu que "a Rússia, independentemente de quem governe, ocupa o que Halford Mackinder chamou de *heartland* geopolítico e é herdeira de uma das mais potentes tradições imperiais". Em 1997, Zbigniew Brzezinski, outro ex-conselheiro de Segurança Nacional, argumentou que "a Eurásia é o supercontinente axial do mundo", situada no coração de um "tabuleiro de xadrez geopolítico". Ele concluía que uma "olhada no mapa também sugere que um país que dominasse a Eurásia controlaria quase automaticamente o Oriente Médio e a África".[67] Aparentemente, na base da geografia política de Mackinder estaria um desejo declarado de manter a paz. Na realidade, ela se baseava no conflito militar permanente e na guerra internacional, na medida em que as várias peças de seu tabuleiro de xadrez mundial disputavam entre si recursos cada vez mais escassos. Ela também contribuiu para a estratégia geopolítica americana do pós-guerra que buscava a intervenção militar, tanto secreta como aberta, em quase todos os continentes do mundo.

Em 1942, examinando a recepção da palestra original de Mackinder em 1904, o cientista político alemão Hans Weigert escreveu que deve ter "parecido chocante e fantasiosa" para muitos ingleses. No entanto, no mómento de sua morte, em 1947, a argumentação de Mackinder constituía uma das teorias políticas mais influentes de seu tempo. Alguns dos mais famosos (e insultados) políticos do século XX recorriam a suas ideias, de George Curzon e Winston Churchill a Benito Mussolini. O acadêmico alemão Karl Haushofer (1869-1946) adotou as ideias de Mackinder no desenvolvimento da teoria geopolítica nazista, que ele considerava "a geografia a serviço da guerra em todo o mundo".[68] Haushofer era amigo íntimo de Rudolf Hess, o vice-líder do Partido Nazista; os discursos de Hitler da década de 1930 sobre a ameaça russa para a Alemanha usaram repetidamente a linguagem de Mackinder.[69] O eixo geográfico repercute em todo o romance *1984*, publicado por George Orwell em 1948, com seu mundo dividido em três grandes potências militares, Oceania, Eurásia e Lestásia, perpetuamente em guerra uns com os outros, na tentativa de resolver o conflito duradouro descrito por Mackinder entre Estados oceânicos e terrestres. Em 1954, sete anos depois da morte de Mackinder, o proeminente geógrafo americano Richard Hartshorne argumentou que o modelo original de Mackinder era "uma tese de análise e prognóstico do poder mundial que, para o bem ou para o mal, se tornou a mais famosa contribuição da geografia moderna para a visão do homem de seu mundo político". Vindo do fundador da divisão de geografia do Departamento de Serviços Estratégicos (OSS, na sigla em inglês), o antecessor da Agência Central de Inteligência (CIA, na sigla em inglês), trata-se obviamente de um elogio.[70]

A argumentação de Mackinder não aspirava somente transformar o status da geografia enquanto disciplina acadêmica; ele havia efetivamente definido todo um novo campo de estudo no mundo de língua inglesa: a geopolítica, embora não tenha usado este termo na palestra de 1904. Definida ora como "uma tentativa de chamar atenção para a importância de certos padrões geográficos na história", ora como "uma teoria das relações espaciais e da causalidade histórica", ou como "o estudo das relações internacionais de uma perspectiva espacial ou geográfica",[71] a geopolítica tornou-se hoje uma parte onipresente do nosso vocabulário político. A primeira pessoa a usar o termo foi o político e cientista social sueco Rudolf Kjellén (1864-1922), que em 1899 a definiu como "a teoria do Estado como organismo geográfico ou fenômeno no espaço".[72] Nos Estados Unidos, o estrategista naval Alfred Mahan (1840-1914) também desenvolveu um vocabulário geopolítico semelhante. Em seu livro *A influência do poder marítimo na história* (1890), Mahan defendeu "o uso e o controle do mar" em resposta ao que considerava ameaças enfrentadas pelos Estados Unidos em "sua fronteira mais fraca, o Pacífico".[73] Em 1902, ele também cunhou o termo "Oriente Médio" em um artigo sobre "O golfo Pérsico e as relações internacionais".[74] Na Alemanha, o geógrafo Friedrich Ratzel (1844-1904) também desenvolveu uma teoria geopolítica baseada na expansão do Estado alemão. Em sua *Geografia política* (1897), Ratzel argumentou que a luta pela existência humana era uma luta perpétua pelo espaço geográfico: "Os conflitos entre as nações são, em grande parte, apenas lutas por território."[75] Em sua palestra de 1895 sobre "Geografia moderna", Mackinder mostrou sua grande admiração pela "antropogeografia" de Ratzel, mas ela se baseava também na superioridade da raça germânica. Ratzel am-

Geopolítica 409

pliaria seus argumentos para uma teoria das lutas nacionais por "espaço vital", *Lebensraum*, que serviu de justificativa para grande parte da política externa de Hitler na década de 1930 e que acabou por levar à eclosão da guerra em 1939.[76]

Esses escritores – em particular, Mahan e Ratzel – desenvolveram uma teoria geopolítica que justificava a aparente inevitabilidade de uma guerra mundial. Todos eles exerceram influência sobre a política externa de seus países natais, mas foi a formulação de Mackinder que causou o maior impacto. E no cerne de sua teoria estava um mapa do mundo, incessantemente reproduzido por geógrafos e políticos posteriores, dando uma forma gráfica à ideia da geopolítica. Os termos que os colegas de Mackinder e seus seguidores inventaram – *heartlands*, "Oriente Médio", "cortina de ferro", "Terceiro Mundo" e os mais recentes "império do mal" e "eixo do mal" – são todos exemplos da linguagem da geopolítica ideologicamente carregada. No início do século XX, essas ideias ainda estavam apenas implícitas na geografia ou na política. A grande realização de Mackinder foi mudar tudo isso e, no processo, desempenhar um papel na criação da geografia moderna e no estabelecimento da relação da cartografia com a política e o império. A julgar pelo volume de recentes publicações acadêmicas sobre Mackinder e a pesquisa geopolítica que ele inspirou, trata-se de um legado com o qual a geografia tem de se haver ainda hoje.[77]

Em abril de 1944, quando as forças aliadas faziam os preparativos para a invasão da Normandia, Mackinder, então com 83 anos, foi condecorado com a Medalha Charles P. Daly pelos serviços prestados à geografia, na embaixada americana em Londres. Ao dirigir-se ao embaixador, ele refletiu sobre a extraordinária influência de sua palestra sobre "O eixo geográfico da história":

> Sou grato a vocês, em primeiro lugar, pelo testemunho que deram sobre minha lealdade à democracia, uma vez que, por mais absurdo que possa parecer, fui criticado em certos quadrantes como tendo ajudado a lançar as bases do militarismo nazista. Segundo me disseram, circularam rumores de que inspirei [Karl] Haushofer, que inspirou Hess, que por sua vez sugeriu a

Hitler, quando ele estava ditando *Mein Kampf*, certas ideias geopolíticas que dizem ter suas origens em mim. São três elos de uma cadeia, mas do segundo e do terceiro não sei nada. Porém, eu sei, a partir do que ele próprio escreveu, que tudo o que Haushofer adaptou de mim, ele tirou de uma comunicação que fiz à Real Sociedade Geográfica há quarenta anos, muito antes de existir qualquer hipótese de um Partido Nazista.[78]

Mackinder estava compreensivelmente horrorizado com a implicação de que suas ideias geopolíticas influenciaram a ascensão do nazismo e o mergulho da Europa na guerra mundial. A conexão não era inevitável, mas é compreensível. Em última análise, o legado de Mackinder foi fazer com que, durante sua vida, o estudo da geografia se tornasse o que foi chamado de "a ciência do imperialismo por excelência",[79] e desse casamento da geografia com o imperialismo nasceu a geopolítica. Em contraste com os ideólogos nazistas ou soviéticos, Mackinder nunca incitou o conflito ou a guerra aberta em seus escritos, mas eles se baseavam na inevitabilidade do conflito imperial pelo espaço terrestre e na necessidade de exercer força na manutenção da autoridade política ou, para usar sua própria linguagem, para "a conquista da paz".

O mapa de Mackinder de 1904 representa a última versão de um globo aparentemente desprovido de ação coletiva, em que a realidade confusa do mundo é reduzida à guerra permanente entre culturas para sempre determinadas por sua localização física e sua busca por recursos cada vez mais escassos. Uma parte indispensável da missão extraordinariamente bem-sucedida de Mackinder foi elevar o estudo da geografia a uma estatura até então desconhecida e situá-lo dentro da imaginação cartográfica das relações políticas internacionais. Mas trata-se de um legado de dois gumes. O impacto da descolonização após a Segunda Guerra Mundial levou lentamente geógrafos e cartógrafos a questionar a facilidade com que sua disciplina se rendeu aos poderes políticos estabelecidos. Embora muitos tenham colhido os benefícios do legado de Mackinder, outros ficaram profundamente constrangidos com o aumento da autoridade da geografia.

A visão de mundo do mapa de Mackinder continua a influenciar a política externa em todo o mundo. Em artigo publicado no verão de 2000 na revista *Parameters*, da Escola de Guerra do Exército americano, intitulado

Geopolítica

"Sir Halford Mackinder, Geopolitics and Policymaking in the 21st Century", Christopher Fettweis afirma que a "Eurásia, o 'Mundo-Ilha' de Mackinder, ainda é fundamental para a política externa americana e provavelmente continuará a sê-lo por algum tempo". Hoje, como Fettweis assinala, o "coração do *Heartland* flutua sobre um mar de petróleo".[80] A primeira Guerra do Golfo de 1990-91 já é considerada por muitos observadores políticos como a primeira de uma série de "guerras por recursos" travadas para garantir o controle dos Estados Unidos sobre o fornecimento de petróleo mundial. Em artigo publicado no jornal *The Guardian* em junho de 2004, Paul Kennedy, eminente professor de história da Universidade de Yale e especialista em Mackinder, escreveu que "neste exato momento, com centenas de milhares de soldados norte-americanos nas bordas da Eurásia e com um governo explicando constantemente por que tem de ir até o fim, parece que Washington está levando a sério a ordem de Mackinder para garantir o controle do 'eixo geográfico da história'".[81] Trata-se de um cumprimento perturbador das previsões originais de Mackinder, e o atual envolvimento dos Estados Unidos no golfo mostra que não será o último conflito internacional pelos recursos físicos cada vez mais escassos. É um lembrete perturbador de que, embora o mapa mundial de Mackinder esteja praticamente obsoleto, a visão de mundo que ele expressava continua a afetar a vida das pessoas em todo o globo.

11. Igualdade

A projeção de Peters, 1973

Índia, 17 de agosto de 1947

Em junho de 1947, o governo britânico encarregou sir Cyril Radcliffe, um advogado e ex-diretor-geral do Ministério da Informação, de viajar para a Índia pela primeira vez em sua vida e produzir um relatório tratando da divisão do subcontinente. Sua missão era dividir o país conforme a religião, separando os hindus dos muçulmanos na criação da Índia e do Paquistão. Em apenas três meses, a Comissão de Fronteiras Radcliffe tinha de criar um limite geográfico de 6 mil quilômetros para dividir 90 milhões de pessoas que viviam em uma região com mais de 400 mil quilômetros quadrados. Sem qualquer experiência da Índia, e sem inclinação para encomendar levantamentos geográficos atualizados ou demarcações de limites corrigidas, Radcliffe resolveu utilizar relatórios de censos desatualizados para separar o país e "demarcar os limites das duas partes do Punjab com base na determinação das áreas contíguas de maioria muçulmana e não muçulmana".[1] Seu assim chamado Laudo foi publicado em 17 de agosto de 1947, apenas dois dias após a declaração oficial dos Estados independentes da Índia e do Paquistão. O artista indiano Staish Gurjal relembrou o caos envolvido na comunicação da notícia da partição: "Curiosamente, essa notícia de tamanha magnitude não nos foi transmitida por jornais (que haviam suspendido a publicação), mas por cartazes colados nas paredes."[2] As consequências do mapa de divisão de Radcliffe foram rápidas e desastrosas. Ele provocou a maior migração da história: entre 10 e 12 milhões de pessoas se deslocaram através das fronteiras recém-criadas de Punjab e Bengala. As novas áreas de fronteira mergulharam numa violência sangrenta e 1 milhão de pessoas foram assassinadas em massacres comunais.[3]

Igualdade

O Laudo de Radcliffe não deixou ninguém satisfeito. A Caxemira, de maioria islâmica, ficou na Índia, enquanto as minorias muçulmanas permaneceram, e no final de 1947, Índia e Paquistão estavam em guerra pelas fronteiras contestadas. Outras guerras seguiram-se, em 1965 e 1971, e as tensões entre os dois países continuam até hoje, mas agora com a ameaça adicional de confronto nuclear. Nunca o traçado de uma linha em um mapa levou a consequências humanas tão terríveis.

A partição geográfica catastrófica da Índia foi uma consequência lógica, se não necessariamente inevitável, dos projetos de mapeamento ambiciosos, mas incompletos, dos séculos XVIII e XIX, e da preocupação deles com a construção de uma nação e a expansão imperial. Na França, como vimos, várias gerações da família Cassini haviam criado técnicas de mapeamento ambiciosas, mas imperfeitas, que desempenharam um papel na formação de uma consciência nacional tipicamente francesa. Seus métodos cartográficos foram logo adotados em toda a Europa, enquanto a geografia política do continente evoluía lentamente, de um grupo de impérios e monarquias díspares para uma série de Estados-nações soberanos. Na Inglaterra, o abismo entre as alegações de prática cartográfica e sua realidade na administração dos domínios imperiais da Grã-Bretanha na África, Índia, sul da Ásia e Oriente Médio significava que a divisão de um país como a Índia levaria inevitavelmente ao conflito. O legado da versão geopolítica de Mackinder de uma ordem mundial, sustentada pelo imperialismo e vividamente ilustrada por seu infame mapa do mundo de 1904, mostrava como a cartografia podia ser apropriada por ideologias políticas com pouco interesse em suas pretensões de objetividade científica e imparcialidade.

A facilidade com que o poder político usa a expertise cartográfica é um tema recorrente da história do século XX. À medida que o século avançava e a Europa mergulhava em conflitos mundiais, os mapas se tornavam mais explicitamente politizados do que nunca e, em alguns casos, se transformavam em servos do que hoje é propaganda política muito conhecida. Antes mesmo da eclosão da Segunda Guerra Mundial, os nazistas haviam compreendido o poder dos mapas para transmitir sua mensagem política. Um famoso mapa de 1934 pretende mostrar o perigo que a Tchecoslováquia representa para a soberania alemã, uma ameaça fabricada que acabaria por

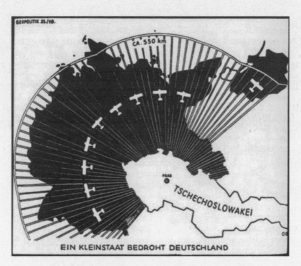

34. "Um pequeno Estado ameaça a Alemanha!"
Mapa de propaganda, Alemanha, 1934.

fornecer o pretexto para a invasão nazista, em março de 1939. Sem escala e toponímia adequadas, a imagem dificilmente se qualifica como mapa num sentido técnico, mas seu uso de luz e sombra cria um contraste entre o espaço vazio, passivo da Alemanha, e o contorno mais ameaçador da Tchecoslováquia. A aproximação grosseira de uma gratícula em forma de leque sugere a ameaça de bombardeio aéreo (apesar do tamanho diminuto da Força Aérea tcheca). Como escreveu um comentarista durante a Segunda Guerra Mundial, em mapas de propaganda como esse, "a geografia como ciência e a cartografia como técnica tornam-se subservientes às demandas da manipulação eficaz de símbolos".[4] Apesar de grosseiro na sua execução e mensagem, esse mapa exemplifica a distorção política sistemática dos mapas e livros de geografia alemães durante a década de 1930, enquanto a mensagem racial e étnica do nazismo se apropriava da metodologia supostamente objetiva e científica da geografia.[5]

O processo de manipulação cartográfica atingiu um novo e trágico pico durante a Segunda Guerra Mundial, quando os nazistas usaram mapas na busca da sua "Solução Final", o assassinato em massa e sistemático dos judeus europeus. Em 1941, oficiais nazistas elaboraram um mapa étnico do Estado fantoche da Eslováquia, baseado em estatísticas oficiais da

Igualdade

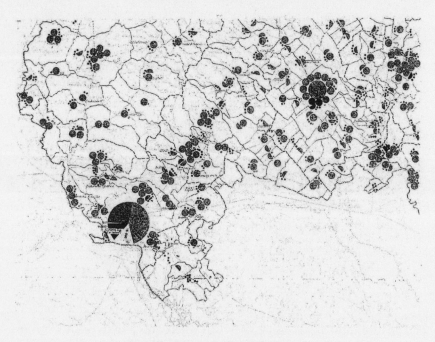

35. Mapa étnico da Eslováquia, 1941.

distribuição da população conforme a etnia. O mapa é uma representação muito precisa da Eslováquia, mas os seus grupos de círculos pretos traem sua função mais sinistra: eles representam a localização de comunidades judaicas ("*Juden*") e ciganas ("*Zigeuner*"). Rotulado com a frase "Somente para uso oficial", este mapa foi usado no ano seguinte, com o apoio de autoridades eslovacas simpáticas, para reunir judeus e ciganos e deportá-los para os campos de extermínio, onde a maioria encontrou a morte.

A apropriação de mapas durante a Segunda Guerra Mundial traduziu-se rapidamente para a política de risco calculado da Guerra Fria, exemplificada pelo mapa da "China Vermelha", publicado em 1955 pela revista *Time*. A ilustração sugere os interesses globais do confronto militar do pós-guerra entre a União Soviética e os Estados Unidos, com sua representação de China, Japão, Coreia e Vietnã, e as possessões americanas no Pacífico posicionadas de modo vulnerável no primeiro plano. Ele imita a "precisão" cartográfica ao deixar implícito um subtexto geopolítico que Mackinder, sem dúvida, teria entendido: o medo da propagação do comunismo "vermelho" por todo o sudeste asiático e a ameaça aos interesses americanos no Pacífico.

Enquanto os estrategistas da Guerra Fria de ambos os lados do espectro ideológico usavam uma "cartografia persuasiva" para manipular a ansiedade de seus públicos temerosos, a geografia também se viu inevitavelmente traçando o colapso do domínio imperial europeu na África e no sul da Ásia. Depois de impor linhas cartográficas arbitrárias que dividiram grupos étnicos, linguísticos e tribais em continentes inteiros como a África no século XIX, as antigas potências coloniais foram obrigadas a desfazer essas cartografias prescritivas no período de descolonização do pós-guerra. Os resultados, como no caso da Índia, raramente foram convincentes e, muitas vezes, fatais para aqueles que se viram, literalmente, do lado errado da linha.

O impacto da influência política e da manipulação da cartografia levou também a novos desenvolvimentos de seu meio de comunicação, o que possibilitou, às vezes, perspectivas diferentes e mais positivas sobre o mundo. Uma das mudanças mais momentosas da percepção do século XX do planeta começou em 7 de dezembro de 1972, quando os três astronautas a bordo da nave espacial Apollo 17 da Nasa tiraram uma série de fotografias da Terra, com uma câmera de mão. Uma das fotos, tirada a mais de 33.500 quilômetros acima da superfície terrestre, foi divulgada pela Nasa após o retorno seguro da missão, no dia de Natal. Ela tornou-se uma das imagens mais emblemáticas, não apenas de uma nova era de viagens e explorações espaciais, mas também da própria Terra. Desde a época de Ptolomeu, os cartógrafos haviam especulado e projetado visões imaginativas da aparência do mundo visto do espaço. Historicamente, a maioria das projeções cartográficas adotou essa perspectiva. Mas implícito nessas projeções estava o pressuposto de que nenhum ser humano jamais veria a Terra dessa posição. Agora, pela primeira vez, a Terra inteira, a matéria da geografia desde o seu início, era finalmente captada para que todos pudessem ver, e não em um mapa ou através das habilidades de um cartógrafo, mas por uma fotografia tirada por um astronauta.[6]

A fotografia da Apollo 17, em sua representação da grandeza sublime e da requintada beleza de um mundo azul flutuando no abismo escuro do espaço vazio, inóspito, inspirou assombro e também indignação com

Igualdade 417

o estado de "nosso" mundo. A linguagem de reverência religiosa que acompanhou a recepção da fotografia foi rapidamente substituída por reflexões políticas e ambientais sobre a fragilidade de um mundo que unia todos os seus habitantes, independentemente de credo, cor ou orientação política. O impacto da imagem influenciou o "Relatório Brandt", publicado em 1980, produzido por uma comissão presidida pelo ex-chanceler da Alemanha Ocidental Willy Brandt para tratar dos problemas do desenvolvimento econômico entre o mundo desenvolvido do norte e as nações em desenvolvimento do sul. Os autores do relatório escreveram que, "do espaço, vemos uma pequena e frágil bola dominada não pela atividade e construção humanas, mas por um padrão de nuvens, oceanos, vegetação e solos. A incapacidade da humanidade de encaixar suas ações nesse padrão está mudando fundamentalmente os sistemas planetários.[7] Com efeito, a fotografia da Terra inteira exerceu uma influência significativa sobre o crescimento da reflexão sobre meio ambiente e mudanças climáticas. Como este é o único mundo que possuímos, raciocinava essa nova vertente de pensamento ecológico, é melhor cuidar dele e superar nossas mesquinhas disputas terrestres, em favor de uma abordagem mais holística do meio ambiente. Ela também causou um impacto em James Lovelock, que desenvolveu sua hipótese "Gaia" da Terra como um organismo autossustentável quando trabalhou para a Nasa, na década de 1960 (mas que só publicou em 1979), e deu um novo impulso à invenção do pensador canadense Marshall McLuhan da ideia de uma "aldeia global", no início da mesma década. Esses sentimentos faziam eco à imagem global transcendente que percorria toda a história da cartografia, de Ptolomeu a Mercator, passando por Macróbio, mas agora com o acréscimo de uma urgência política.

Outra consequência das fotografias da Apollo foi seu impacto sobre a cartografia global. Se era possível fotografar toda a Terra, em vez de produzir mapas parciais de sua superfície baseados em projeções insatisfatórias, quem precisava agora de cartografia? Uma resposta era, naturalmente, que as fotografias do espaço ainda eram limitadas a mostrar a Terra como um disco, não um globo ou um mapa numa superfície plana (e a fotografia da Apollo 17 estava centrada na África oriental e no golfo Pérsico, sem nenhum sinal das Américas ou do oceano Pacífico). Outra resposta seria fornecida pelo rápido aperfeiçoamento dos Sistemas de Informação Geográfica (GIS, na sigla em inglês), que fundiram imagens fotográficas aéreas e de satélite com tecnologias de banco de dados eletrônico para dar início à ascensão do mapeamento on-line, examinado no último capítulo.

Menos de seis meses após a divulgação das fotos da Terra pela Apollo 17, surgiu na Alemanha um mapa mundial que alegava dar as costas para a cartografia política seletiva do século XX e apresentar uma imagem do mundo que prometia igualdade para todas as nações. Em maio de 1973, o historiador alemão Arno Peters (1916-2002) convocou uma entrevista coletiva em Bonn, então capital da República Federal da Alemanha Ocidental. Diante de 350 jornalistas internacionais, ele anunciou um novo mapa do mundo baseado no que chamou de projeção Peters. Foi uma sensação imediata, e logo a notícia estava na primeira página da imprensa internacional. No Reino Unido, o *Guardian* publicou uma matéria intitulada "Dr. Peter's Brave New World", anunciando o novo mapa e sua projeção matemática como "a projeção mais honesta do mundo até hoje inventada".[8] A *Harper's Magazine* chegou a publicar um artigo sobre a projeção de Peters intitulado "The Real World".[9] Para quem viu pela primeira vez o mapa em 1973, sua novidade estava na aparência. Para aqueles acostumados à projeção de Mercator, os continentes do hemisfério norte tinham o tamanho radicalmente reduzido, enquanto que a África e a América do Sul assumiam a aparência de enormes lágrimas caindo em direção à Antártica, ou como um crítico disse com humor, "as massas de terra lembram um pouco ceroulas molhadas e esfarrapadas, penduradas depois de um longo inverno para secar no Círculo Polar Ártico".[10]

Peters alegava que seu novo mapa mundial oferecia a melhor alternativa aos quatrocentos anos de hegemonia da projeção de Mercator de 1569 e aos pressupostos supostamente "eurocêntricos" que estavam por trás dela. Ao apresentar seu mapa, Peters acreditava que o mapa do mundo "usual" de seu antepassado de língua alemã, com o qual o público estava tão familiarizado, "apresenta uma imagem totalmente falsa, em especial no que diz respeito às terras povoadas por não brancos", e argumentava que "ele sobrevaloriza o homem branco e distorce a imagem do mundo, para vantagem dos senhores coloniais da época". Ao explicar as inovações técnicas de seu mapa, Peters destacou que Mercator punha o equador a

Igualdade 419

quase dois terços abaixo em seu mapa, de tal modo que a Europa ficava efetivamente no centro. Na projeção de Mercator as massas de terra estavam sujeitas a distorções, levando a um aumento inexato do tamanho da Europa e do mundo "desenvolvido" e uma consequente diminuição do tamanho do que Peters chamou de "Terceiro Mundo", em particular a África e a América do Sul. Peters enfatizava que seu mapa trazia o que chamou de projeção "equivalente", que mantinha com precisão as dimensões "corretas" de países e continentes, de acordo com seu tamanho e área. Desse modo, ele corrigia o que considerava preconceito eurocêntrico de Mercator e oferecia "igualdade" para todas as nações em todo o mundo.[11]

O impacto da projeção de Peters e de seu ataque a Mercator foi extraordinário. Nas duas décadas seguintes, ele se tornou um dos mapas mundiais mais vendidos de todos os tempos, concorrendo com a projeção do cartógrafo americano Arthur Robinson de 1961, reproduzida nos atlas mais vendidos da Rand McNally e da National Geographic Society, e até mesmo com a projeção onipresente de Mercator. Em 1980, ele enfeitou a capa do Relatório Brandt e, em 1983, apareceu em inglês pela primeira vez, em uma edição especial da revista sobre desenvolvimento global *New Internationalist*. Louvando o que chamou de um "notável mapa novo", a revista reproduzia as afirmações de Peters de que o mapa de Mercator "mostra as ex-colônias europeias como relativamente pequenas e periféricas", enquanto seu mapa "mostra os países de acordo com sua verdadeira escala", o que, dizia a revista, "faz uma enorme diferença para a representação do Terceiro Mundo".[12]

No mesmo ano, o Conselho Britânico de Igrejas distribuiu milhares de cópias do mapa, que também foi aprovado pela Oxfam, Action Aid e mais de vinte outras agências e organizações. Até mesmo o papa elogiou sua perspectiva progressista. Mas a ONU foi a defensora mais apaixonada do mapa de Peters. A Unesco (seu braço para a educação, ciência e cultura) o adotou e o Unicef (Fundo das Nações Unidas para a Infância) publicou cerca de 60 milhões de exemplares do mapa, sob o lema "Novas Dimensões, Condições Justas". O mapa foi tão bem-sucedido que Peters divulgou um manifesto em alemão e inglês em que delineava sua abordagem. Ele foi publicado em inglês em 1983, com o título de *The New Cartography*, logo seguido em 1989 pelo *The Peters Atlas of the World*. Mais de 80 milhões de exemplares do mapa foram provavelmente distribuídos até agora em todo o mundo.[13]

Mas se os meios de comunicação e as organizações políticas e religiosas progressistas aceitaram rapidamente o mapa e os métodos cartográficos de Peters, a comunidade acadêmica reagiu com horror e desprezo. Geógrafos e cartógrafos fizeram fila para lançar um ataque virulento e sustentado. Suas alegações de maior "precisão", rebateram eles, eram inexatas: Peters, sem formação em cartografia, não entendia os princípios básicos da projeção cartográfica; como alvo, Mercator era um homem de palha e sua influência era desnecessariamente exagerada; o habilidoso marketing de Peters de seu mapa e do atlas posterior parecia com alguém que explora cinicamente um público ignorante para promover seus próprios fins pessoais e políticos.

Essa reação, mesmo para os padrões acadêmicos, foi perversa. Em um dos primeiros comentários em língua inglesa sobre a projeção de Peters, publicado em 1974, o geógrafo britânico Derek Maling condenou-a como "um ato notável de sofisma e fraude cartográfica".[14] Outro geógrafo britânico, Norman Pye, rejeitou a publicação do *Atlas* de Peters como "absurda", e queixou-se que "apenas os cartograficamente ingênuos serão enganados e não ficarão exasperados com a defesa pretensiosa e enganosa do atlas pelo autor".[15] Na resenha sobre *The New Cartography*, o proeminente cartógrafo britânico H.A.G. Lewis escreveu que, "depois de ler este livro muitas vezes em alemão e inglês, eu ainda me admiro que o autor, qualquer autor, tenha podido escrever tamanha asneira".[16]

A resenha da projeção de Peters mais danosa veio de Arthur Robinson. Em 1961, Robinson criara uma nova projeção com o objetivo explícito de fazer uma conciliação entre as projeções conforme e equivalente. Ele usou meridianos curvos uniformemente espaçados que não convergiam para um único ponto, limitando a distorção nos polos, o que possibilitava uma representação relativamente realista de toda a Terra como um globo. Essa projeção é também conhecida como "ortofônica" (derivada da palavra francesa que significa "falar correto"), embora o colega de Robinson John Snyder tenha captado sua conciliação inerente quando disse que ela proporcionava "a melhor combinação de distorções".[17] Não obstante, com o apoio da editora Rand McNally e da National Geographic Society, circula-

Igualdade 421

ram milhões de exemplares da projeção e ela finalmente superou Mercator como o mapa mais amplamente distribuído e popular do mundo. Em 1985, ao resenhar o trabalho de Peters, Robinson foi impiedoso no seu ataque ao rival alemão. *A nova cartografia* era "um ataque inteligentemente planejado e astuciosamente enganoso" à disciplina da cartografia, mas seu método era "ilógico e errôneo", "absurdo", "os argumentos espúrios e, em alguns casos, simplesmente errados". Fazendo eco à resenha de Lewis, Robinson concluía que "é difícil imaginar como alguém que alega ser estudioso da cartografia pode escrever tais coisas".[18]

Até mesmo na Alemanha, os ataques continuaram. Após o lançamento da projeção de Peters, em 1973, a Sociedade Cartográfica Alemã se sentiu obrigada a emitir um comunicado condenando-a. "No interesse da verdade e da pura discussão científica", a sociedade decidiu intervir no que chamou de "a contínua propaganda polêmica do historiador dr. Arno Peters". Invocando "a prova matemática de que a projeção de uma superfície esférica sobre uma superfície plana não é possível sem distorções e imperfeições", a declaração da sociedade continuava: "Se o sr. Peters, no 'catálogo de qualidades do mapa mundial' produzido por ele, sustenta que seu mapa do mundo possui apenas qualidades positivas e nenhuma deficiência, então isto contradiz as descobertas da cartografia matemática e provoca dúvidas quanto à objetividade do autor e à utilidade de seu catálogo." Depois de desmantelar a maioria das afirmações de Peters, o comunicado concluía: "o mapa de Peters transmite uma visão distorcida do mundo. Não é de forma alguma um mapa moderno e deixa completamente de transmitir as múltiplas relações globais, econômicas e políticas do nosso tempo!".[19]

Apesar dessas reações ferozes, os partidários de Peters continuaram a defender o mapa através de governos e organizações de ajuda humanitária. Em 1977, o Departamento de Imprensa e Informação do governo da Alemanha Ocidental já enviava comunicados de imprensa endossando o novo mapa de Peters, para consternação de muitos cartógrafos. Quando um dos comunicados foi publicado no boletim do Congresso Americano de Agrimensura e Cartografia (ACSM, na sigla em inglês), seus membros responderam em novembro de 1977 com um artigo intitulado "Cartógrafos americanos denunciam veementemente projeção de historiador alemão".

O artigo era ainda mais inclemente do que a resposta da Sociedade Alemã. Escrito por Arthur Robinson e John Snyder, dois dos mais ilustres membros da organização, ele atacava Peters por ter pouco "bom senso", e sua projeção, que era "ridícula e insultuosa para dezenas de outros inventores" de projeções cartográficas mais válidas.[20]

Diante da reação acadêmica ao mapa de Peters, seria fácil dizer que ele criou uma projeção falha e que suas conclusões estavam erradas. Mas nunca é tão simples assim quando se trata de mapas. Ambos os lados da controvérsia afirmavam que a verdade objetiva estava do lado deles, mas invariavelmente essa objetividade logo revelava crenças mais subjetivas e interesses pessoais e institucionais escusos. Aos poucos, o debate se transformou em uma reflexão mais profunda sobre a natureza da cartografia. Havia critérios estabelecidos para avaliar mapas mundiais? E se houvesse, quem devia estabelecê-los? O que acontecia quando um mapa era aceito pelo público em geral, mas rejeitado pelos membros da profissão cartográfica, e o que isso dizia sobre a capacidade das pessoas de ler (ou ler mal) mapas? O que era um mapa "correto" do mundo, e qual era o papel dos mapas na sociedade?

De início, essas questões foram ignoradas na condenação profissional da projeção de Peters porque a maioria dos cartógrafos tecnicamente formados estava ocupada demais em descartar a projeção como "ruim" e as afirmações de Peters como "erradas". Havia de fato muito a criticar. O que causava a maior preocupação era que Peters parecia ter simplesmente errado seus cálculos quando elaborou o mapa. Depois de ter medido a gratícula na projeção de Peters, um de seus primeiros críticos notou que seus paralelos estavam deslocados em até quatro milímetros, o que, numa escala global, era uma grave distorção e significava que, tecnicamente falando, "a projeção Peters não é equivalente".[21] A alegação de Peters de que escala e distância estavam corretamente representadas na sua projeção também era impossível do ponto de vista da matemática, pois qualquer mapa plano que tente reproduzir as distâncias entre dois pontos no globo deve adotar uma escala relativa à curvatura da superfície terrestre. O argumento de que sua projeção reduzia em muito a distorção territorial e representava corretamente os países colonizados pelas potências europeias

Igualdade 423

também não foi confirmado por uma inspeção mais minuciosa. Comentaristas afirmaram que em seu mapa Nigéria e Chade pareciam duas vezes mais longos do que deveriam ser, enquanto que a Indonésia era representada com o dobro da altura norte-sul e metade de sua verdadeira largura leste-oeste.[22] Eram erros graves, mas quando contestado Peters defendeu seus cálculos e se recusou a aceitar que cometera erros. Ironicamente, as distorções de forma que afetavam sua projeção eram maiores na África e na América do Sul, dois dos continentes que ele dizia que haviam sofrido muito com a "representação errada" europeia. Por outro lado, regiões que ocupavam predominantemente latitudes médias, como a maior parte da América do Norte e da Europa, sofriam muito pouca distorção. Esses erros e contradições se agravaram com a publicação posterior do *The Peters Atlas of the World* em 1989. Nele, Peters alterou seus paralelos padrões, e também contradisse sua alegação de usar uma projeção universal para cada mapa regional: nos mapas polares, adotou duas das projeções mais tradicionais (inclusive a de Mercator), que haviam sido sumariamente desconsideradas em seu *New Cartography*.

Além de exagerar a exatidão de seu mapa, Peters também não conseguiu praticar o que pregava. Se estava tão ansioso para reorientar a tradição cartográfica de pôr a Europa no centro do mapa e distorcer as nações colonizadas, então por que, perguntaram seus críticos, ele reproduzia Greenwich como o meridiano central, quando algum lugar na África, China ou no Pacífico poderia facilmente ter sido adotado? Outro problema identificado pelos críticos eram as dimensões políticas de sua projeção. "Uma vez que a área por si só não é nem a causa nem o sintoma da divisão entre o Norte e o Sul", escreveu David Cooper, "este mapa melhora a nossa compreensão dos problemas do mundo?"[23] Ao produzir um mapa que supostamente oferecia igualdade de área de superfície em sua projeção, Peters dava a entender que era possível resolver a desigualdade política. Tamanho, pelo menos para Peters, era documento. Mas, como perguntou outro crítico, uma representação mais exata do tamanho da Indonésia de fato resolvia a excepcionalmente elevada taxa de mortalidade infantil desse país, ou apenas obscurecia mais esse fato? Até certo ponto, era uma pergunta válida, mas o argumento de Peters era que perceber a Indonésia de acordo com seu tamanho real relativo era um passo importante para

424   *Uma história do mundo em doze mapas*

estabelecer seu lugar no mundo geopolítico mais amplo. Essas críticas sugeriam a necessidade de um debate (não realizado por vários anos) a respeito de como *qualquer* mapa mundial poderia enfrentar de forma gráfica as desigualdades sociais estatisticamente derivadas.

Quase todos os críticos de Peters questionaram seu ataque quase exclusivo a Mercator, sem mencionar todas as outras projeções. Atribuir a Mercator "eurocentrismo" e cumplicidade na colonização subsequente de grande parte do planeta parecia anacrônico e concedia muito mais poder e autoridade ao mapa do que ele realmente possuía. Muitos comentaristas apontaram que as limitações técnicas de projeção de Mercator foram reconhecidas a partir do século XVIII, e que sua influência nos mapas e atlas estava em declínio desde pelo menos o final do século XIX. Mercator era um alvo muito fácil para condenar por produzir um mapa do mundo "inexato'" e possibilitar a promoção do mapa "exato" de Peters, com sua representação equivalente acima de todos os outros elementos. Era uma oposição muito simplista que ignorava inúmeras outras projeções, mas que, em sua clareza visual, encantaria rapidamente a imaginação do público.

Mais de trinta anos depois de sua primeira publicação, a projeção de Peters ainda causa consternação entre cartógrafos e curiosidade nos meios de comunicação. Em 2001, a aclamada série de televisão americana *The West Wing* apresentava uma "Organização dos Cartógrafos para a Igualdade Social" fictícia tentando influenciar a equipe presidencial a "apoiar legislação que tornasse obrigatório para todas as escolas públicas nos Estados Unidos ensinar geografia usando mapas com a projeção de Peters em vez do tradicional [mapa de] Mercator".[24] Após o lançamento do episódio, a projeção de Peters aumentou cinco vezes suas vendas. O ilustre geógrafo americano Mark Monmonier não se comoveu. Em 2004, dois anos após a morte de Peters, Monmonier revisitou a polêmica em seu livro *Rhumb Lines and Map Wars*, uma história social da projeção de Mercator. Ele criticou Peters por oferecer "uma solução ridiculamente inapta" para o problema de como revisar os métodos de Mercator e argumentou que "o mapa de Peters não é somente um mapa de projeção equivalente, mas um mapa de projeção equivalente excepcionalmente ruim que distorce muito as formas de nações tropicais que seus defensores professam apoiar".[25]

Igualdade 425

Quando Monmonier fez sua crítica reflexiva, mas ainda hostil, de Peters, o mapa e sua projeção não eram mais utilizados em atlas e já estavam se tornando objetos de curiosidade histórica. Ao reavaliar agora tanto a controvérsia técnica como política da projeção de Peters, é possível vê-la como o que foi chamado de "momento decisivo" na história da cartografia. Os métodos de Peters eram suspeitos e seu mapa mundial fazia a alegação insustentável de ser mais exato, mas seu trabalho revelou uma verdade mais importante em relação à cartografia: ao afirmar que todos os mapas e suas projeções são, deliberada ou inadvertidamente, moldados por sua época social e política, a "guerra cartográfica" deflagrada por Peters forçou os cartógrafos a admitir que seus mapas nunca foram, e nunca poderiam ser, representações "corretas", ideologicamente neutras ou cientificamente objetivas do espaço que pretendiam retratar. Peters pediu aos cartógrafos e ao público em geral que enfrentassem o fato de que todos os mapas são de alguma forma parciais e, em consequência, políticos.

Essa virada para a política foi uma consequência direta da experiência pessoal de Peters em um século que testemunhou a apropriação política dos mapas para fins de conquista militar, administração imperial e autodefinição nacional. Mas, no impacto fenomenal das fotografias da Terra da Apollo 17, ele também viu o poder da imagem do planeta inteiro de inspirar a consciência do meio ambiente e dos efeitos maléficos da desigualdade no mundo. Se Peters cometeu um erro acima e além de sua cartografia questionável, foi o de não reconhecer que seu próprio mapa também era mais uma representação parcial do mundo, e estava sujeito à mesma interação de forças políticas que ele identificava no decorrer da cartografia ocidental. Agora, quase quarenta anos depois de sua publicação, podemos ver com mais clareza o lugar que Peters e seu mapa ocupam na história da cartografia.

Apesar de seu antagonismo à projeção de Mercator e o abismo histórico que os separava, a vida de Peters revela que ele e Mercator tinham mais em comum do que ele provavelmente gostaria de admitir. Tal como Mercator, Peters nasceu no território de língua alemã a leste do Reno, numa época de conflito político e militar. Tendo crescido na República

426 *Uma história do mundo em doze mapas*

de Weimar da década de 1920 e na Alemanha nazista dos anos 1930, e construído sua carreira no contexto pós-Segunda Guerra Mundial de uma Alemanha politicamente dividida em Oriental e Ocidental, Peters compreendeu melhor do que a maioria como a geografia podia ser usada para dividir nações e povos. Ele nasceu em Berlim, em 1916, numa família de trabalhadores e militantes sindicais, e seu pai foi preso pelos nazistas por suas ideias políticas. Na adolescência, Peters foi educado primeiro em Berlim, depois nos Estados Unidos, onde estudou produção cinematográfica, tendo escrito sua tese de doutorado sobre "O cinema como um meio de liderança pública", enquanto a Europa mergulhava mais uma vez na guerra total (foi esse interesse por propaganda que muitos dos seus críticos posteriores invocaram ao alegar que ele "manipulava" a cartografia). Na década de 1970, ao relembrar as origens de sua politização, Peters escreveu que "foi aqui, em Berlim, há três décadas, que as minhas críticas básicas de nossa visão de mundo histórico-geográfica se cristalizaram". Depois de testemunhar a manipulação em larga escala da cartografia durante a Segunda Guerra Mundial, Peters concluiu que sua crítica se voltaria para "a estreiteza da nossa visão de mundo voltada para a Europa – ou melhor, para a Alemanha – e a percepção de sua incongruência com a maneira ampla e abrangente de encarar o mundo e a vida em nossa época".[26]

No final da década de 1940, Peters trabalhou como pesquisador independente, recebendo financiamento do governo regional alemão e do Exército americano para escrever um livro escolar sobre a história global que pudesse ser usado tanto na Alemanha Oriental como na Ocidental. O resultado, a *Synchronoptische Weltgeschichte* (História mundial sincronóptica), foi publicado em 1952. A perspectiva sincronóptica envolve a exibição de várias linhas do tempo simultâneas, e isso foi o que Peters criou na tentativa de evitar as narrativas tradicionais lineares da história centradas nas realizações ocidentais. Usando uma linguagem visivelmente geográfica, Peters reclamava que, ao se concentrar sobre a história europeia, "os restantes nove décimos da terra ocupada" são ignorados. Um bom exemplo de sua abordagem revisionista pode ser visto quando ele fala sobre a Idade Média: "Seiscentos anos de florescimento greco-romano são esticados em nossas histórias do mundo para fazer parecer como se a civilização humana tivesse começado com eles. Após o declínio, os livros de história

Igualdade   427

avançam rapidamente de novo. Como sabemos, a assim chamada Idade Média é a 'Idade das Trevas' na Europa e, portanto, em nossos livros de história. Mas, para o resto do mundo, esses mil anos foram uma época de florescimento."[27] Em uma tentativa de dar o mesmo peso para cada fatia da história, Peters abandonou uma narrativa escrita e, em vez disso, descreveu o período entre 1000 a.C. e 1952 d.C. com uma série de quadros "de oito cores, divididos em seis faixas: economia, vida intelectual, religião, política, guerra e revolução".[28] Fundamental para sua criação, segundo Peters, foi a "ideia de mapear o tempo da mesma forma como o espaço é representado em nossos mapas". Ao descrever a gênese de seu livro, Peters lembrou: "Peguei uma folha de papel em branco e pus primeiro o tempo como tal em escala. Cada ano ganhou uma faixa vertical, de um centímetro de largura." Em consequência, "nasceu o mapa do tempo".[29]

A revista alemã de centro-direita *Der Spiegel* chamou o livro de "o maior escândalo das últimas duas semanas".[30] Os críticos posteriores de Peters aproveitariam a controvérsia para sugerir que, décadas antes da publicação de sua projeção geográfica, ele já manipulava informações acadêmicas para fins pessoais e políticos. Em dezembro de 1952, a revista americana de direita *The Freeman* publicou um artigo intitulado "Official Misinformation", em que noticiava com indignação que as autoridades norte-americanas na Alemanha, "com o motivo louvável de 'democratizar' aquele país", encarregaram Peters e sua esposa de escrever a "História mundial" deles, mas "somente depois que haviam gastado 47.600 dólares no projeto e distribuído 1.100 dos 9.200 exemplares recebidos foi que souberam que os autores do livro eram comunistas e o próprio livro era pró-comunista, antidemocrático, anticatólico e antissemita". Essas acusações sinistras não tinham fundamento no texto do livro de Peters, que se tornou um best-seller, o que não ajudou em nada para diminuir a ira da *Freeman*, que trovejou: "Assim, os contribuintes americanos não são apenas vítimas de uma fraude de 47.600 dólares; eles foram gravemente feridos por funcionários incompetentes e desleais que usaram seus recursos para financiar a propaganda do inimigo."[31]

Mas a *Der Spiegel* assumiu uma posição mais branda na controvérsia. Sua principal objeção ao livro não estava em seu conteúdo, mas na revelação de que ele fora parcialmente financiado por um membro do SPD (Partido Socialista Alemão). A revista elogiava o livro por ser uma tentativa louvável, embora sem êxito, de fazer um relato abrangente da história do mundo. Peters alegava que seu livro estava tentando "trazer igualdade e equilíbrio para o tratamento da história", mas, dentro do contexto do mundo polarizado da política da Guerra Fria, iniciativas progressistas como essa feitas por acadêmicos como Peters eram inevitavelmente vítimas de ataques ideológicos, não somente de publicações de direita como *The Freeman*, mas também de autoridades de esquerda, como o SPD, que argumentou que a simples alocação de espaço para enormes períodos da pré-história, durante a qual, no que lhes dizia respeito, nada realmente aconteceu, parecia absurdo. Em consequência, o livro foi parcialmente retirado de circulação.

É irônico que Peters viesse a desenvolver sua projeção geográfica posterior como resultado do trabalho em uma história do mundo (como ele reconheceu mais tarde), da mesma forma que sua *bête noire* Gerard Mercator havia compilado uma cronologia inovadora da história mundial quando terminou sua famosa projeção cartográfica. As influências intelectuais e ideológicas deles foram naturalmente muito diferentes, mas ambos produziram suas histórias de acordo com suas convicções pessoais mais profundas. Para Mercator, era a retidão da escritura bíblica; para Peters, era a igualdade de todas as nações e raças. Ambos escreveram livros que exigiam uma abordagem espacial diferente da história mundial através do uso de colunas e quadros, e ambos perceberam que suas histórias universais os levaram a uma reconsideração de como retratar a geografia global. As preocupações de Mercator foram moldadas pelos imperativos teológicos e comerciais de seu tempo, que o levaram a criar um mapa que permitiu que as pessoas navegassem (prática e até espiritualmente) por todo o mundo. Em contraste, Peters julgava que uma navegação exata já não era o objetivo de uma projeção global. Para ele, que viveu em uma época que chamou de "pós-colonial", definida por guerra mundial, nacionalismo e descolonização, as questões de distribuição de terras, controle populacional e desigualdade econômica eram fundamentais para o estudo da geografia e para a prática da cartografia.

Após a publicação (e posterior recolhimento) de sua "História mundial", Peters passou o final da década de 1950 e a de 1960 editando a revista socia-

Igualdade

lista alemã *Periodikum* e seus interesses voltaram-se mais para o espaço e a cartografia. "Durante a preparação de um volume de atlas para acompanhar minha história mundial sincronóptica", escreveu ele, "ficou claro para mim que os mapas globais existentes eram inúteis para uma representação objetiva de situações e acontecimentos históricos." E continuou: "a busca pelas causas da arrogância e xenofobia levou-me várias vezes de volta ao mapa global como sendo o principal responsável pela formação da impressão das pessoas do mundo, visto a partir do ponto de vista deles".[32] Era uma afirmação persuasiva a respeito do poder dos mapas, e suas ramificações dominariam o resto da carreira de Peters. Quando ele divulgou seu novo mapa dentro da comunidade acadêmica, a projeção de Peters era apenas uma dentre uma variedade desconcertante de outras; ao voltar-se para a mídia mundial e anunciar um "novo mapa do mundo" em sua entrevista coletiva em Bonn, Peters mudou drasticamente os termos em que o público e a academia compreendiam o papel dos mapas mundiais.

Há uma dificuldade imediata para fazer um relato objetivo das metas de Peters, porque seus próprios argumentos estavam mergulhados nos mitos, pressupostos ideológicos, erros científicos e autoengrandecimento que ele identificou em cartógrafos anteriores. É também difícil distinguir suas pretensões de exatidão cartográfica de suas reações às críticas prejudiciais e, muitas vezes, altamente pessoais, que logo se seguiram, e que o levaram a mudar com frequência os termos do debate. No entanto, podemos agora reunir suas declarações e palestras publicadas durante mais de duas décadas para descrever o que Peters pensava que estava fazendo, antes de avaliar a avalanche de discussões e debates que sua projeção provocou.

Ao longo do século XX, a evolução das comunicações, dos transportes e estratégia global e inovações relacionadas a isso em métodos de levantamento topográfico, análise estatística e fotografia aérea produziram novos usos para os mapas. Em consequência, houve uma proliferação de novas projeções e revisões daquelas que se baseavam na adequação de determinados métodos de mapeamento para aplicações práticas específicas. Por exemplo, ao mesmo tempo em que era cada vez mais questionada como forma de representar o globo terrestre, a projeção de Mercator ganhou um novo sopro de vida como método de levantamento regional.[33] Em *The New Cartography*, Peters descrevia e respondia à crescente diversidade

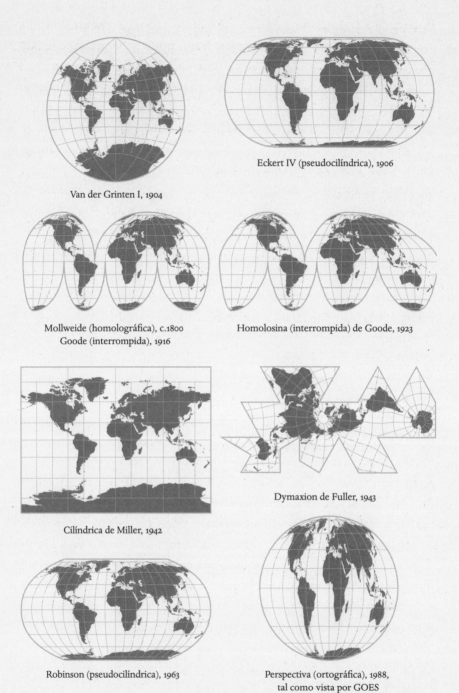

36. Diagramas de projeções cartográficas do século XX.

Igualdade 431

de projeções cartográficas, explicando o que ele considerava uma série de "mitos" que sustentavam a cartografia tradicional, ou o que ele chamou de "meias verdades, irrelevâncias e distorções". Ele resumiu tudo isso no mito "de que a Europa domina o mundo a partir de uma posição central no globo".[34] Dito isso, apresentou então "as cinco qualidades matemáticas decisivas e as cinco qualidades estéticas utilitárias mais vitais", que acreditava serem necessárias para um mapa moderno exato do mundo. As cinco qualidades decisivas eram fidelidade de área, eixo, posição, escala e proporcionalidade; as cinco qualidades "vitais" eram universalidade, totalidade, "suplementabilidade", clareza e adaptabilidade.[35] Ao avaliar oito projeções cartográficas históricas, de Mercator à sua própria, segundo esses critérios, Peters deu ao seu mapa dez em dez pontos, enquanto que a projeção de Mercator de 1569, a projeção equivalente de Ernst Hammer de 1892 e a requintada projeção de J. Paul Goode de 1923, que dividia o mundo em seis lobos, ficaram todas bem atrás, com somente quatro em dez. O rival mais próximo de Peters, a projeção equivalente de Hammer, perdeu pontos por ter paralelos curvos complexos e uma aparente falta de universalidade e adaptabilidade.

Para Peters, o que ele chamava de "fidelidade de área" era fundamental para sua nova projeção: ela deve assegurar que "quaisquer duas áreas selecionadas estivessem na mesma proporção uma para a outra que mantêm no globo terrestre", porque "só com essa propriedade se pode alcançar a proporção real dos tamanhos dos vários continentes da Terra". Os cartógrafos chamam esse método de projeção equivalente, uma vez que mantém a equivalência em tamanho das áreas territoriais. Tal como o mapa de Mercator, baseia-se em enrolar um mapa plano em torno de um cilindro, mas a diferença fundamental é que, enquanto a projeção de Mercator mantém a conformalidade, a forma correta em torno de um determinado ponto, uma projeção equivalente mantém a equivalência de acordo com a área relativa. Para conseguir isso, Peters teve que encontrar uma maneira diferente de espaçar seus paralelos e meridianos.

Com base em medições consagradas da circunferência do globo, Peters traçou paralelos padrões em 45° N e 45° S, onde ocorria uma distorção mínima na transferência do globo para um mapa plano. Marcou paralelos de latitude que têm todos o mesmo comprimento do equador. Cortou então pela metade a escala de leste a oeste ao longo da linha equatorial, e dobrou a escala que vai de norte a sul no equador, para criar uma moldura retangular. Desse modo, enquanto Mercator foi influenciado pela necessidade de atravessar o globo terrestre do século XVI, de acordo com as exigências do comércio de leste a oeste, Peters traçou uma projeção de acordo com as preocupações econômicas e políticas norte-sul da segunda metade do século XX. O resultado desse alongamento norte-sul e da compressão leste-oeste é bastante óbvio no mapa de Peters: as áreas tropicais do hemisfério sul, como a África e a América do Sul, são longas e finas, enquanto o aumento da compressão nos polos faz com que regiões como Canadá e Ásia pareçam achatadas e gordas. Embora as formas dessas áreas fossem distorcidas pela relativa compressão ou alongamento, essas distorções possibilitaram que Peters transferisse as áreas relativas de superfície do mundo para o mapa com mais precisão.[36]

A preocupação com a área era fundamental para o argumento político de Peters sobre o significado das projeções cartográficas. Para ele, o relativo fracasso na representação do mundo de acordo com a área, culminando na projeção conforme de Mercator, era um ato básico de desigualdade política. Olhando apenas para a representação de áreas territoriais, Peters tinha razão: na projeção de Mercator, a Europa, com 9,7 milhões de quilômetros quadrados, parece consideravelmente maior do que a América do Sul, que tem quase o dobro do tamanho, 17,8 milhões de quilômetros quadrados; com 19 milhões de quilômetros quadrados, a América do Norte é representada como se fosse consideravelmente maior do que a África, com seus 30 milhões de quilômetros quadrados. Embora a China abranja 9,5 milhões de quilômetros quadrados, no mapa de Mercator ela parece muito menor do que a Groenlândia, que tem apenas 2,1 milhões. O mesmo se pode dizer da maioria dos atlas publicados antes da projeção de Peters. O geógrafo Jeremy Crampton pesquisou uma série de atlas do século XX e descobriu que, apesar de ocupar 20% da área terrestre do planeta, a África era geralmente representada por apenas três mapas, numa escala de 1:8.250.000. Em contraste, o Reino Unido, que cobre somente 0,16% da área terrestre do planeta, é mostrado em três mapas que usam uma escala mais detalhada de pelo menos 1:1.250.000.[37] Essas desigualdades foram resumidas no Relatório Brandt (1980), que dividiu o mundo entre o

Igualdade 433

hemisfério norte desenvolvido, com pouco mais de 30 milhões de quilômetros quadrados, e o hemisfério sul em desenvolvimento, com mais de 62 milhões de quilômetros quadrados.

Embora o cálculo da equivalência fosse fundamental para a definição política e matemática da projeção de Peters, seu *The New Cartography* também expôs o que ele considerava outros requisitos de qualquer novo mapa mundial. Ele descartava qualquer projeção global que adotasse meridianos curvos (das quais havia muitas, tanto antes como depois de Mercator), invocando sua segunda qualidade decisiva: a fidelidade de eixo. "Um mapa tem essa qualidade", afirmou Peters, "se todos os pontos, que no globo ficam ao norte de qualquer ponto de referência selecionado, se encontram exatamente na vertical acima dele, e todos os pontos ao seu sul ficam exatamente na vertical abaixo dele." De acordo com Peters, essa qualidade ajuda na "orientação" e na imposição precisa de fusos horários internacionais em toda a sua superfície. Com efeito, isso significava impor uma grade retangular uniforme de paralelos e meridianos por toda a superfície da Terra, como a de Mercator – ou a do próprio Peters.

Em seguida, vinha a fidelidade de posição. Obtém-se isso, segundo Peters, quando "todos os pontos que existem a uma distância igual da linha do equador são representados como estando numa linha paralela à linha do equador", uma qualidade que, mais uma vez, só pode ser alcançada através de uma gratícula de paralelos e meridianos em ângulo reto. A fidelidade de escala "reproduz o original (da superfície do globo) com precisão quantificável". Devido à sua preocupação com a "fidelidade absoluta de área", Peters rejeitou as escalas usuais (por exemplo, 1:75.000.000) e adotou uma escala que, no caso de sua projeção, era de um centímetro quadrado por 123 mil quilômetros quadrados.[38] Por fim, vinha o que Peters chamou de "proporcionalidade". Qualquer mapa "em que a distorção longitudinal ao longo de sua borda superior é tão grande (ou tão pequena) quanto ao longo da sua extremidade inferior" é proporcional. Sua projeção certamente obedecia a esse princípio, mas Peters também admitia que a proporcionalidade era necessária para minimizar o que ainda era um inevitável "grau de distorção" na transferência do globo para qualquer projeção cartográfica plana do mundo. Pelo menos, ele acrescentou com eufemismo hábil, a proporcionalidade aparente de seu próprio mapa assegurava "uma distribuição uniforme dos erros".

As outras cinco qualidades "vitais" de Peters, em última análise, denegriam as projeções rivais em comparação com a sua. Universalidade, totalidade e adaptabilidade enfatizavam a necessidade de uma projeção ininterrupta do mundo que pudesse ser usada para uma variedade de fins geográficos, enquanto que "suplementabilidade" e "clareza" possibilitavam uma perspectiva abrangente da Terra. A maioria dessas categorias destinava-se a desqualificar um outro grupo de mapas mundiais de projeção equivalente, construídos conforme as assim chamadas projeções "interrompidas". Como o próprio nome sugere, esses mapas tentavam minimizar a distorção "interrompendo" ou dividindo o globo em seções distintas. Peters tomou como exemplo a projeção equivalente de J. Paul Goode, inventada em 1923. Goode fundiu várias projeções para chegar a um mapa que dividia a Terra em seis lobos de formato peculiar, que pareciam uma laranja descascada e achatada. Um sinal da impossibilidade de conseguir ao mesmo tempo conformalidade e equivalência do globo em um mapa plano foi que Goode precisou recorrer a uma forma contorcida e descontínua para chegar a uma maior aproximação da Terra esférica em duas dimensões.

Peters tratou de apontar que esses mapas "interrompidos" careciam de universalidade, totalidade e clareza no nível técnico e até mesmo estético. Tampouco podiam ser adaptados com facilidade para o mapeamento mais detalhado das regiões. Para Peters, essas projeções chegavam mais perto de desafiar o domínio cartográfico de Mercator, porque "têm fidelidade de área, mas compraram essa qualidade ao preço do abandono de qualidades importantes do mapa de Mercator", como clareza e suplementabilidade, "e, portanto, não conseguiram suplantá-lo". Num hábil lance, Peters rejeitou todas as projeções cartográficas anteriores, além da de Mercator, que era ideologicamente parcial em seu óbvio "eurocentrismo", e motivada pelo fato de seu inventor "seguir a velha prática ingênua de situar seu país no centro do mapa". Em última análise, o único mapa do mundo capaz de alcançar o que Peters chamava de "a objetividade necessária nesta era científica"[39] era o dele mesmo.

Apesar dessas afirmações sobre a originalidade e exatidão de seu mapa, os críticos de Peters logo detectaram o que consideravam outro exemplo

Igualdade

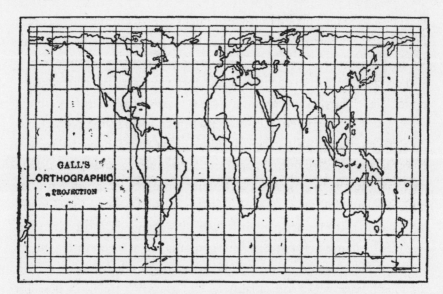

37. James Gall, "A projeção ortográfica de Gall", 1885.

de seu oportunismo e falta de confiabilidade: sua projeção não era de forma alguma nova. Fora inventada mais de um século antes, por um ministro evangélico escocês, o reverendo James Gall (1808-95), que apresentou seu mapa numa comunicação à Associação Britânica para o Progresso da Ciência (BAAS, na sigla em inglês) em 1855, e o chamou de "Projeção Ortográfica de Gall". Para todos os efeitos, ela é idêntica à projeção de Peters, tanto que muitos cartógrafos agora se referem a ela como "projeção Gall-Peters". Na verdade, a própria projeção de Gall havia sido anteriormente atribuída a Marino de Tiro (c.100 d.C.) por Ptolomeu.

Peters sempre negou que conhecesse a projeção de Gall, o que é surpreendente, considerando-se sua imersão na história de projeções. Gall e Peters tinham muito em comum, embora o contraste da reação a suas "novas" projeções revele muito sobre o estado da geografia nas respectivas épocas. Tal como Peters, Gall era um cartógrafo amador e um escritor prolífico. Era um clássico cavalheiro vitoriano erudito: profundamente religioso, muito culto, apaixonado pelo bem-estar social e um pouco excêntrico. Suas publicações variavam da religião à educação e ao bem-estar social; entre elas, havia livros sobre um alfabeto triangular para os cegos e *O homem primitivo revelado* (1871), no qual afirma que Satanás e seus demô-

436   *Uma história do mundo em doze mapas*

nios eram uma raça pré-adâmica de homens que viveram na Terra antes da Criação. Seus livros sobre astronomia foram particularmente populares, como *Atlas popular das estrelas* e *Um guia fácil das constelações* (1866).

Foi este último livro que levou Gall a inventar sua nova projeção cartográfica. Na tentativa de encontrar um método apropriado para representar as estrelas, Gall percebeu que, "ao representar apenas uma constelação em cada diagrama", ele conseguia "apresentá-la em grande escala e sem distorção apreciável, o que não podia ser feito se uma grande parte do céu fosse mapeada na mesma folha".[40] Em um lance que lembrava muito os grandes cosmógrafos renascentistas, Gall explicou depois como transferiu sua projeção astronômica para uma visão abrangente da Terra. "Ocorreu-me então", escreveu ele em 1885, "que a mesma projeção, ou similar, daria um mapa completo do mundo, o que nunca tinha sido feito antes; e, ao desenhar uma projeção com as latitudes corrigidas no paralelo 45, descobri que as características geográficas e áreas comparativas eram conservadas em um grau que era muito satisfatório."[41]

A apresentação de Gall à reunião da BAAS realizada em Glasgow, em setembro de 1855, tinha por título "Sobreprojeções monográficas do mundo aperfeiçoadas". Argumentando que somente projeções cilíndricas "podem representar o mundo todo em um diagrama", Gall explicou que essas projeções, inclusive a de Mercator, sacrificavam inevitavelmente algumas qualidades (como a área e orientação) em favor de outras. E concluía: "A melhor projeção é a que dividirá os erros e combinará as vantagens" de uma série de diferentes qualidades.[42] Com esse objetivo, ele tratou de oferecer não uma, mas três diferentes projeções mundiais — não apenas a ortográfica, mas também uma projeção estereográfica e outra isográfica (uma variação da projeção equidistante). Ironicamente, considerando-se a adoção posterior de Peters da projeção ortográfica, Gall concluía que "a estereográfica é a melhor de todas, pois embora não tenha nenhuma das perfeições das outras, tem menos falhas e combina todas as vantagens das outras em proporções harmoniosas". No entanto, ele ainda acreditava que havia um lugar limitado para a projeção ortográfica. Tratava-se, segundo ele, de "um mapa valioso para mostrar a área comparativa ocupada por diferentes coisas, como a terra e a água, bem como muitos outros fatos científicos e estatísticos". Ele admitia que "as características geográficas

Igualdade

estão mais distorcidas nessa do que em qualquer uma das outras, mas não estão distorcidas a ponto de serem irreconhecíveis, e enquanto for este o caso, suas vantagens valem a pena".[43]

Mas até mesmo o mapa de Gall não foi o primeiro de seu tipo. O primeiro mapa equivalente do mundo numa projeção retangular e baseado em cálculos matemáticos reprodutíveis foi inventado já em 1772 pelo matemático suíço Johann Heinrich Lambert. Utilizando o equador como seu paralelo padrão, Lambert produziu um mapa que mantinha as propriedades de equivalência, mas sofria graves distorções no norte e no sul. Tal como Gall, Lambert reconhecia a impossibilidade de produzir um mapa mundial que fosse ao mesmo tempo conforme e equivalente, e tratou de fazer um mapa conforme numa projeção cônica, para demonstrar as opções disponíveis entre os dois métodos. Parece que Gall não teve conhecimento da projeção de Lambert, mas a reproduziu com a modificação importante de dois paralelos padrões de cada lado dos polos.[44]

Ao contrário de Peters, Gall não recebeu condenação imediata pela falta de confiabilidade ou pela duplicação de sua nova projeção. Havia várias razões para isso. Gall divulgou seus resultados dentro de uma instituição vitoriana que era receptiva aos seus objetivos e sua filosofia. A BAAS foi fundada no mesmo ano da Real Sociedade Geográfica, mas com um propósito diferente. Era uma organização mais peripatética que realizava reuniões em cidades do interior de todo o país cujo objetivo era educar e esclarecer os leigos de classe média na aplicação prática da ciência para a melhoria da sociedade vitoriana.[45] Albert, o príncipe consorte, marido da rainha Vitória, era membro honorário, e entre seus palestrantes estavam luminares como Charles Darwin, Charles Babbage e David Livingstone. Em vez de desafiar o sistema de crenças morais e intelectuais da sociedade vitoriana, Gall estava energicamente envolvido em delineá-lo com suas palestras e publicações sobre religião, educação e ciência. Reconhecia que suas projeções eram limitadas e nunca afirmou que poderiam desempenhar um papel no aperfeiçoamento moral de alguém. Refletindo sobre o impacto delas em um artigo escrito trinta anos depois, Gall poderia estar falando com Peters quando observou que "é sempre difícil introduzir mudanças quando costumes estabelecidos há muito tempo criaram uma rotina". Ele também confessou com tristeza que, nos vinte anos seguintes, "fui a única pessoa a utilizá-las".[46] Esse, obviamente, não foi o destino que se abateu sobre a projeção de Peters.

Para muitos dos críticos de Peters, o fato de sua projeção "nova" ser quase idêntica à de Gall era, na melhor das hipóteses, falha de formação e, na pior, plágio oportunista. Ao lado das reivindicações mais modestas de Gall para o significado de sua projeção ortográfica e de sua compreensão mais ampla da parcialidade de todas as projeções, as reivindicações de Peters de radicalidade e universalidade para sua projeção parecem ridiculamente infladas. Mas também revelam o abismo que se abriu entre as percepções dos profissionais e do público em geral da cartografia entre as décadas de 1850 e 1970. Enquanto Gall estava, em termos gerais, em sintonia com os objetivos das instituições vitorianas que disseminavam suas ideias, Peters representava uma contestação direta da cartografia profissional do final do século XX e dos imperativos ideológicos que ele acreditava que davam sustentação a ela.

No final da década de 1970, as linhas de batalha já estavam claramente traçadas. De um lado, os profissionais da cartografia e suas instituições cerraram fileiras para condenar a projeção de Peters em nível técnico, de acordo com suas próprias regras e métodos de cartografar. Do outro, organizações políticas e de ajuda adotaram os objetivos explicitamente sociais e ideológicos da projeção. Enquanto essas organizações relutavam compreensivelmente em se envolver no debate sobre os erros técnicos da projeção, os cartógrafos também não estavam dispostos a reconhecer junto com Peters que todos os mapas mundiais (exceto o seu) eram parciais e predispostos a interesses subjetivos e ideológicos. O problema foi agravado pelo silêncio de muitos dos críticos de Peters sobre seus próprios interesses institucionais. Embora as críticas técnicas de Arthur Robinson a respeito da projeção de Peters fossem amplamente aceitas, ele deixou de reconhecer que o mapa mundial de Peters fazia a primeira contestação séria à sua projeção, que na década de 1970 estava sendo disseminada em atlas por todo o mundo, graças a editoras norte-americanas. Ao mesmo tempo, como continuaram a atacar Peters, os cartógrafos profissionais começaram a parecer cada vez mais aristocráticos, retratando o público em geral como uma massa ingênua, incapaz de ler mapas e ver como Peters os estava enganando.

Igualdade 439

O abismo entre os partidários de Peters e seus detratores foi causado por mais do que uma discussão sobre a precisão matemática das projeções cartográficas. A mudança do clima político na década de 1960, exemplificada pelos protestos políticos que ocorreram na França em maio de 1968, representava, entre muitas outras coisas, uma reavaliação radical da posição das ciências sociais na sociedade. Enquanto matérias como história e filosofia abriam o caminho para a crítica da ortodoxia política estabelecida, outras que estavam profundamente enraizadas na política social e na organização do Estado, como a geografia, estavam compreensivelmente mais relutantes em reagir a essas mudanças. Situados nas margens da geografia, indivíduos politicamente ativos como Peters foram capazes de fornecer uma versão da cartografia em sintonia com seu tempo, mais radical do que a de seus principais praticantes, muitos dos quais tinham interesses políticos e institucionais na defesa do statu quo político.

A retórica de Peters também ressoava os debates políticos do início da década de 1970. Havia uma consciência política crescente da necessidade de enfrentar a desigualdade, em resposta à distância econômica e política cada vez maior entre o mundo ocidental desenvolvido e o mundo em desenvolvimento. No início da década, o Banco Mundial estimou que 800 milhões de pessoas no mundo em desenvolvimento estavam vivendo na pobreza absoluta, e apenas 40% dos habitantes dessas regiões conseguiam suprir as necessidades mais básicas da vida. O Relatório Brandt destacava o abismo entre o Norte desenvolvido e o Sul em desenvolvimento e exortava: "Deve-se lançar um programa de ação composto por medidas emergenciais e de longo prazo, para ajudar os cinturões de pobreza da África e da Ásia e, em particular, os países menos desenvolvidos." Os autores do relatório tinham interesse em resolver o problema, pois "independentemente de suas diferenças, e por mais profundas que sejam, há uma reciprocidade de interesses entre o Norte e o Sul. O destino de ambos está intimamente ligado". O relatório pedia uma transferência em grande escala de fundos do primeiro para o segundo, representando 0,7% do PIB dos países envolvidos, e que subiria para 1% no ano 2000 (nenhuma das porcentagens foi cumprida).[47]

O Norte desenvolvido também não deixava de ter seus problemas: na década de 1970, houve uma queda no crescimento econômico de quase 50% em relação aos anos 1960, e até o final da década, os 34 países desenvolvidos que compunham a Organização para Cooperação Econômica e Desenvolvimento Econômico (OCDE) sofreram inflação, recessão e desemprego cumulativo de 18 milhões de pessoas. Os Estados Unidos também experimentaram o que o economista Paul Krugman chamou de "a grande divergência" em desigualdade econômica e política. Embora os trabalhadores americanos médios começassem a dobrar sua produção, eles sofreram um declínio simultâneo dos salários, enquanto que o 0,1% mais abastado da sociedade norte-americana tornou-se sete vezes mais rico no decorrer da segunda metade do século XX. Isso levou a uma desigualdade de renda maior do que em qualquer outro momento desde a década de 1920, fato que, segundo Krugman, foi responsável pela posterior polarização da cultura política americana.[48]

Poucos geógrafos estavam preparados para reconhecer esse grau complexo e profundo de desigualdade global, mas Peters era diferente. Tendo vivido sob as iniquidades do nazismo e do regime stalinista da República Democrática Alemã, ele estava bem-situado para expressar a retórica da desigualdade e propor a igualdade como virtude. A geografia poderia desempenhar um papel na luta contra a desigualdade e até mesmo expressar seu oposto em um mapa.

O final da década de 1970 também viu uma mudança no estudo da geografia e da história da cartografia. Filósofos como Gaston Bachelard e Henri Lefebvre já haviam começado a fazer perguntas básicas sobre como compreendemos e vivemos no espaço. *A poética do espaço* de Bachelard (publicado pela primeira vez em francês em 1958) alertou os leitores para como os fenômenos mais íntimos dos espaços – sótãos, porões – moldavam nossas vidas (assim como os nossos sonhos); *A produção do espaço* (1974) de Lefebvre assumia uma abordagem mais marxista para explicar como a criação de nossos ambientes públicos ajudava a facilitar (ou restringir) a identidade pessoal. Em seguida, outros teóricos argumentaram que o espaço tinha uma história. No campo da geografia e da história da cartografia, um dos defensores mais importantes desta nova abordagem foi o estudioso inglês J.B. Harley. Depois de ter se formado no método tradicional e positivista da cartografia e publicado muito sobre a história do Ordnance Survey inglês durante os anos 1970, Harley fez uma reviravolta notável no início da década de 1980. Tendo digerido a obra de Bachelard,

Igualdade 441

Lefebvre e outros influentes pensadores franceses, como Michel Foucault e Jacques Derrida, Harley publicou uma série de artigos inovadores que defendiam uma reconsideração completa do papel histórico dos mapas. Em um de seus artigos mais influentes, publicado em 1989, intitulado "Desconstruindo o mapa", Harley expressou sua "frustração com muitos dos cartógrafos acadêmicos de hoje, que funcionam em um túnel criado por suas próprias tecnologias, sem referência ao mundo social". Alegando que "mapas são importantes demais para serem deixados somente nas mãos dos cartógrafos", ele sustentou que "devemos incentivar uma mudança epistemológica na maneira como interpretamos a natureza da cartografia".[49]

Para Harley, "a partir do século XVII, pelo menos, os cartógrafos e usuários de mapas europeus promoveram cada vez mais um modelo científico padronizado de conhecimento e cognição". E continua:

> o objetivo do mapeamento é produzir um modelo relacional "correto" do terreno. Seus pressupostos são que os objetos do mundo a ser mapeado são reais e objetivos, e que eles desfrutam de uma existência independente do cartógrafo; que a realidade deles pode ser expressa em termos matemáticos; que a observação e mensuração sistemática oferecem o único caminho para a verdade cartográfica; e que essa verdade pode ser independentemente verificada.

Com efeito, essa era a visão predominante de cartografia, uma crença iluminista na realidade transparente e objetiva do mapa. Como uma descrição da prática cartográfica, a descrição de Harley seria, sem dúvida, aceita tanto por Arno Peters como por seus críticos mais ferozes.

Mas Harley foi adiante. Ele convidou seus leitores a "pegar um mapa impresso ou manuscrito da gaveta, quase ao acaso". O que se destaca "é o modo como seu texto é sempre um comentário sobre a estrutura social de uma determinada nação ou lugar, tanto quanto sobre sua topografia. O cartógrafo está muitas vezes tão ocupado com registrar os contornos do feudalismo, a forma de uma hierarquia religiosa, ou os degraus na escada de classe social quanto com a topografia da paisagem física e humana". Harley não estava dizendo, como muitos de seus críticos afirmaram, que todos os mapas mentem, mas que continham convenções históricas e pressões sociais que produziam o que ele chamou de "geometria subliminar".

Vinda de um membro tão respeitado da profissão cartográfica, a defesa de Harley do que ele mais tarde viria a chamar de "a nova natureza dos mapas" marcou uma mudança radical no entendimento da cartografia. A compreensão que a geografia tinha de si mesma como disciplina acadêmica logo foi afetada pelo trabalho de Harley, e a geografia começou a refletir sobre o seu envolvimento histórico no endosso das ideologias do nacionalismo e do imperialismo.[50] No entanto, os cartógrafos praticantes ainda continuavam céticos a respeito da adoção por Harley da máxima de Alfred Korzybski: "o mapa não é o território".[51]

As coisas chegaram a um ponto crítico em 1991. Harley acabara de finalizar outro artigo importante que desenvolvia seu trabalho anterior com a pergunta: "Pode haver uma ética cartográfica?" Se os mapas jamais podem ser neutros e estão sempre sujeitos ao poder, à autoridade política e à ideologia, é então possível que os acadêmicos e cartógrafos profissionais desenvolvam e sustentem uma posição ética em relação ao seu trabalho? Era quase inevitável que Harley invocasse a controvérsia sobre a projeção de Peters para provar seu argumento, embora as consequências de fazê-lo nesse artigo em especial só enfatizassem o problema que ele estava tentando encarar. "A *cause célèbre* da projeção Peters", escreve Harley, "levou a uma explosão de retidão polêmica em defesa de 'padrões profissionais'." Não obstante, ele continua:

> A ética exige honestidade. A verdadeira questão, no caso Peters, é poder: não há dúvida de que a proposta de Peters era o fortalecimento das nações do mundo que ele achava que haviam sofrido uma discriminação cartográfica histórica. Mas do mesmo modo, para os cartógrafos, era o poder deles e suas "reivindicações de verdade" que estavam em jogo. Podemos vê-los, em um fenômeno bem conhecido pelos sociólogos da ciência, se esforçando para cerrar fileiras a fim de defender sua forma estabelecida de representar o mundo.

O que se seguia era uma acusação chocante: "Eles continuam cerrando fileiras. Fui convidado a publicar uma versão deste artigo no *Bulletin* do ACSM [Congresso Americano de Agrimensura e Cartografia]. Depois de enviá-lo, fui informado pelo editor que minhas observações sobre a projeção de Peters estavam em desacordo com um pronunciamento oficial

Igualdade 443

do ACSM sobre o tema e que haviam decidido não publicar meu ensaio!"[52] Quase duas décadas após o lançamento do mapa, o ACSM ainda lutava contra uma ação de retaguarda, proibindo uma discussão do mapa de Peters que não deixava de ser negativa.

Mas Harley estava tão preocupado com a questão do poder institucional quanto com as alegações concorrentes de "exatidão" cartográfica. A projeção de Peters *era* inexata por qualquer padrão: até mesmo a narrativa de seu autor da história da cartografia era muito seletiva e suas pretensões de objetividade seriamente exageradas. Na posição de historiador da cartografia, Harley compreendia isso e sabia que sua longevidade era limitada. O problema mais amplo que a controvérsia inspirou foi como produzir uma cartografia ética depois que a profissão aceitasse que *todos* os mapas eram representações parciais e ideológicas do espaço que pretendiam retratar.

É um sinal revelador da natureza desses debates sobre Peters que praticamente nenhum dos envolvidos tenha discutido seriamente os modos como seu mapa do mundo era entendido ou utilizado pelas muitas organizações que o adotaram com entusiasmo ao longo dos anos 1970 e 1980. Em pesquisa realizada em 1987 junto a 42 das principais organizações não governamentais (ONGs) do Reino Unido que trabalhavam principalmente com questões de desenvolvimento do Terceiro Mundo, o geógrafo Peter Vujakovic descobriu que 25 haviam adotado o mapa mundial de Peters. Desse grupo, catorze organizações admitiram ter usado anteriormente mapas do mundo baseados na projeção de Mercator. Diante de uma série de perguntas sobre o uso de mapas mundiais, cerca de 90% das ONGs que responderam concordaram que a cartografia desempenhava um papel vital na informação do público sobre as questões do Terceiro Mundo.[53] A campanha de marketing de Peters e os argumentos políticos apresentados para a adoção de seu mapa haviam aparentemente obtido um sucesso notável.

Quando as catorze ONGs que adotaram o mapa de Peters foram questionadas mais de perto sobre as razões dessa escolha, os resultados foram mais heterogêneos. Instadas a explicar o que consideravam vantagens desse mapa em comparação com outros, 48% citaram sua projeção equivalente; 36% citaram sua aparência peculiar, acreditando que ela "provoca reação e reflexão"; 32% citaram sua rejeição de uma visão de mundo "eurocêntrica"; 24% afirmaram que ela proporcionava "uma representação melhor da importância relativa dos países do Terceiro Mundo"; e apenas 4% achavam que o mapa era "uma declaração política em si mesmo". Quando questionadas sobre as desvantagens do mapa, as respostas caíram esmagadoramente em duas categorias: pouca familiaridade do público com o mapa (32%) e sua distorção (32%). Observa-se que, com exceção das reivindicações do mapa a uma representação equivalente e uma perspectiva não eurocêntrica, nenhum dos argumentos de Peters a respeito da superioridade de sua projeção cartográfica é sequer mencionado. Ninguém citou exatidão ou objetividade como motivo para adotar o mapa.

Como, então, o mapa foi usado? Das ONGs consultadas, a maioria admitiu utilizá-lo como um logotipo para fins de design em relatórios, documentos e panfletos publicados, com a intenção de que a imagem desconhecida provocasse surpresa e debate. Outras o usaram para educar as pessoas sobre questões de desenvolvimento. Isto envolvia usar o mapa para identificar a localização de projetos no exterior, selecionando áreas limitadas da projeção global para criar mapas regionais. Na maioria desses casos, a gratícula foi removida, tornando irrelevante qualquer discussão de escala ou proporção (fundamental para o argumento de Peters). Embora pesquisas desse tipo sejam inevitavelmente seletivas, elas refletem ao menos alguma compreensão do mapa mundial de Peters pelas agências envolvidas em sua enorme difusão, mas suas respostas sugerem um grau limitado de alfabetização cartográfica. A alegação ideológica do mapa de Peters de que melhorava a representação geográfica dos países em desenvolvimento simplesmente oferecia um símbolo mais atraente das questões políticas em jogo para as agências de desenvolvimento do que qualquer outra projeção cartográfica disponível no momento. A pesquisa levanta a questão sobre o uso dos mapas do mundo, não apenas hoje, mas ao longo da história: se a precisão matemática e questões cartográficas como conformalidade ou representação equivalente são de pouco interesse para os grupos que usam um mapa-múndi, quem do público em geral leva em consideração essas questões nos mapas do mundo que usa em sua vida cotidiana?

As aplicações da projeção de Peters põem em relevo gritante o fato de que, desde Ptolomeu, indivíduos e organizações têm usado mapas

Igualdade 445

do mundo para seus próprios fins simbólicos e políticos, independentemente das alegações do cartógrafo de abrangência e objetividade. Essas
alegações também foram objeto de apropriação e utilizadas para promover a agenda ideológica dos usuários do mapa, em vez de representar
um fim em si mesmas. Embora os cartógrafos modernos possam ter
uma compreensão melhor da impossibilidade matemática de projetar
de forma abrangente o globo em um mapa plano, esse conhecimento
continua a fazer pouca diferença para o modo como as pessoas entendem
e usam mapas do mundo atualmente.

EM 1973, o lançamento da projeção de Peters provocou uma polêmica no
mundo da cartografia que ultrapassou em muito a suposta exatidão do
mapa. Era questionável o modo como a projeção foi executada, suas pretensões de precisão e objetividade eram muito exageradas, a defesa dos países do "Terceiro Mundo" era louvável em muitos aspectos, mas, no fim das
contas, limitada, e seu ataque à projeção de Mercator, desajeitado e equi-
vocado. Mas Peters captou uma mudança perceptível no entendimento da
cartografia da cultura intelectual ocidental, a compreensão de que todos
os mapas do mundo são inevitavelmente seletivos, são representações parciais do território que pretendem representar, e que essas representações
estão sempre sujeitas a preconceitos pessoais e manipulações políticas. A
crença do século XVIII na capacidade da cartografia de oferecer imagens
transparentes, racionais e cientificamente objetivas do mundo, exemplificada pelos levantamentos topográficos de Cassini, se desfizera lentamente
a partir do final do século XIX, na medida em que os ditames políticos do
nacionalismo, do imperialismo e de variadas ideologias se apropriaram
da cartografia para produzir mapas persuasivos, mas seletivos, projetados
para legitimar suas versões políticas particulares do mundo. Depois que
pensadores dissidentes e militantes políticos começaram a questionar esses
mapas, era quase inevitável que uma figura como Peters viesse a contestar
a hegemonia cartográfica estabelecida. A controvérsia resultante revelou
involuntariamente os limites terminais do mapeamento tradicional do
mundo e levou a cartografia direto para a beira de sua próxima grande
evolução: o mundo virtual do mapeamento on-line.

446   *Uma história do mundo em doze mapas*

Hoje, a projeção de Peters não é mais usada, mas as seções temáticas do *Peters Atlas of the World* (1989), que tratam de problemas sociais e econômicos como população, crescimento econômico e questões sociais, foram absorvidas pelos primeiros atlas do século XXI. No provocativamente intitulado *Atlas of the Real World: Mapping the Way We Live* [Atlas do mundo verdadeiro: mapeando o modo como vivemos] (2008), Daniel Dorling, Mark Newman e Anna Barford dispensaram completamente os mapas de acordo com o tamanho físico e produziram 366 mapas do mundo desenhados de acordo com questões demográficas que vão desde o crescimento da população a gastos militares, imigração, mortalidade infantil, espécies ameaçadas de extinção e mortes por guerras. Esse *Atlas* usa software de informática para representar dados estatísticos de acordo com a sua distribuição geográfica em um mapa-múndi. O cartograma da população mundial em 1500, por exemplo, mostra a insignificância relativa das Américas. Esses cartogramas representam muitos dos problemas do mundo globalizado de hoje – população, ambientalismo, pobreza, desigualdade e conflito –, mas nenhum deles tenta mostrar o mundo de acordo com princípios conformes ou de equivalência.

O problema com o mapa do mundo de Peters não está em suas limitações técnicas na elaboração de um mapa, mas em persistir na crença de que ainda era possível criar um mapa mais "exato" e cientificamente objetivo do mundo. Tendo convincentemente argumentado que a história da cartografia sempre reproduziu, de forma explícita ou implícita, os valores culturais dominantes de seu tempo, Peters ainda se apegava à crença iluminista de que o *seu* mapa do mundo poderia transcender essas condições e ser verdadeiramente objetivo. Ao cometer tamanho erro, tanto técnico como intelectual, Peters e a controvérsia que cercou sua projeção ilustraram inadvertidamente uma verdade mais profunda sobre o mapeamento do mundo: qualquer mapa mundial é sempre parcial e inerentemente seletivo e, em consequência, está inevitavelmente sujeito à apropriação política. A cartografia ainda está digerindo essas lições, não apesar de Arno Peters, mas até certo ponto, por causa dele.

12. Informação

Google Earth, 2012

Espaço Virtual Orbital, 11 mil quilômetros acima da superfície da Terra, 2012

Visto de 11 mil quilômetros acima de sua superfície, o planeta Terra gira no vazio negro do espaço profundo. Os raios do sol iluminam sua superfície, que aparece livre de nuvens e água, embora o fundo dos oceanos ainda cintile de azul-ultramarino e os continentes sejam uma colcha de retalhos sedutora de verdes, marrons e rosas. Norte da África, Europa, Oriente Médio e Ásia central curvam-se, formando um crescente na metade direita do globo. O oceano Atlântico domina o canto inferior esquerdo, dando lugar à ponta da América do Norte, e o lençol branco brilhante da Groenlândia quase coroa o ápice do planeta, pairando sobre o polo Norte. Essa é uma visão do mundo como Platão imaginou há quase 2.500 anos, no *Fédon*: uma esfera perfeita, reluzente, "maravilhosa por sua beleza". É o *oikoumené* que Ptolomeu projetou sobre sua grade geométrica no século II d.C., o globo que Mercator cartografou em um retângulo há quase quinhentos anos e a Terra que a Nasa captou na primeira fotografia extraterrestre de todo o planeta, tirada nas últimas décadas do século XX. Este é o objeto máximo de estudo do geógrafo, uma imagem da Terra inteira.

Mas não se trata de uma fantasia onisciente da Terra imaginada a partir de uma perspectiva divina. É uma imagem da Terra tal como pode ser vista na página inicial do Google Earth.[1] Lançado em 2005, junto com o Google Maps, ele é agora o aplicativo geoespacial (uma combinação de dados geográficos e programa de computador) mais popular do mundo. Em abril de 2009, o Google superou seu principal rival, MapQuest.com, com pouco menos de 40% da fatia de mercado das visitas on-line de sites de mapeamento.[2] Desde então, sua participação no mercado continuou a crescer e, apesar dos esforços de outros concorrentes, como o Yahoo! Maps e o Bing Maps da Microsoft, é agora praticamente sinônimo de mapas on-line. Em novembro de 2011, a fatia de mercado do Google nos Estados Unidos já chegava a mais de 65%; o Yahoo!, seu rival mais próximo, tinha apenas 15%.[3] Em termos mundiais, o domínio do Google é ainda mais acentuado, com cerca de 70% do mercado global de pesquisa on-line.[4] Dos 2 bilhões de pessoas que estão conectadas à internet no mundo inteiro, mais de meio bilhão já baixou o Google Earth, e esse número continua a crescer.

Os benefícios do aplicativo e sua subsequente popularidade são óbvios para quem já o usou. Além de se valer da imagem icônica do planeta azul suspenso no espaço, popularizada pela Nasa na década de 1970, o Google Earth oferece aos seus usuários um grau de interação com a Terra inimaginável em mapas ou atlas impressos em papel. A tela do aplicativo permite que o mundo seja inclinado, girado panoramicamente e em torno do eixo; lugares geográficos e objetos físicos podem ser clicados para fornecer mais informações, e até mesmo para introduzir o tempo na forma de *streaming* de vídeo; outros dados podem ser integrados e dispostos "em camadas" sobre sua superfície, de fronteiras políticas a mapas históricos que representem a mesma região; os usuários podem ampliar através de suas camadas de dados, ou entrar em qualquer local do planeta, e dentro de segundos ir de milhares de quilômetros acima da Terra para poucos metros da superfície do planeta, com imagens tridimensionais de bairros, ruas, edifícios e casas reconhecíveis. Uma vez que as interfaces de programação de aplicativos (APIs) do Google Earth são gratuitas para qualquer um com acesso à internet, indivíduos e empresas podem agora criar seus mapas virtuais dentro de um ambiente simulado em computador que lhes permite apropriar-se de dados geográficos do Google e recondicioná-los para uso próprio.[5] O Google não só pôs à disposição gratuitamente uma montanha de dados geográficos on-line, como endossou a utilização de seus aplicativos por várias organizações não governamentais para apoiar uma série de campanhas ambientais e respostas humanitárias às catástrofes naturais e guerras civis em todo o mundo.

Informação

A simples escala de informação que está por trás daquela primeira imagem da Terra é inédita e espantosa quando comparada com a de um mapa de papel tradicional. O observador está olhando para extraordinários dez petabytes de informação geográfica potencial distribuída por toda a superfície do globo. Um byte é uma unidade de dados que representa um único valor de oito bits de dados na memória de um computador; em línguas ocidentais, um bit pode ser usado para armazenar um único caractere alfabético ou numérico, como a letra A ou o número 0. Um disco rígido padrão de oitenta gigabytes contém aproximadamente 80 bilhões de bytes; um petabyte representa 1 milhão de gigabytes, com capacidade para armazenar 500 bilhões de páginas de texto impresso. Com esse tamanho, o Google Earth é capaz de recorrer a um volume de dados digitais equivalentes a seis meses da produção de programação total da BBC, e qualquer byte desses pode ser recuperado em segundos enquanto o usuário on-line digita suas coordenadas e se precipita em direção à Terra. Como a imagem se atualiza em até cinquenta quadros por segundo (FPS), a tecnologia do Google Earth é capaz de produzir a mais alta definição de todos os seus concorrentes on-line, dando uma imagem nítida, sem cintilação, que simula voo e tem assegurada sua posição dominante no mundo dos mapas on-line.

Em menos de uma década, o Google Earth não somente definiu o padrão para esses aplicativos, como levou a uma reavaliação completa do status dos mapas e do futuro da cartografia, permitindo que eles pareçam mais democráticos e participativos do que nunca. Qualquer lugar da Terra pode agora, em princípio, ser visto e mapeado por alguém on-line sem o inevitável viés e preconceito subjetivo do cartógrafo. E à medida que se expandem os limites cartográficos do que é possível criar on-line, o mesmo acontece com definições de um mapa e de seu criador. Se usarmos a definição consagrada de mapa como uma representação gráfica que proporciona uma compreensão espacial do mundo, muitos geógrafos não classificariam de forma alguma o Google Earth como mapa (até mesmo seus criadores são cautelosos quanto ao uso do termo, preferindo "aplicativo geoespacial"). Baseado na manipulação de imagens de satélite e aéreas, o aplicativo produz um realismo fotográfico livre dos sinais e símbolos gráficos usuais que agora definem os mapas modernos. Seus criadores não têm mais nenhuma formação em geografia ou cartografia. Os avanços tecnológicos que inspiraram esses aplicativos geoespaciais foram feitos por cientistas da computação, e aqueles que trabalham no mapeamento virtual de hoje são geralmente chamados de "tecnólogos geoespaciais", em vez de "cartógrafos".

Os defensores do Google falam dele e seus aplicativos com admiração e reverência. O cientista da computação John Hennessy diz que ele é "o maior sistema computacional do mundo", enquanto David Vise, o autor de *The Google Story*, afirma que "desde Gutenberg nenhuma invenção deu poder aos indivíduos e transformou o acesso à informação de forma tão profunda como o Google".[6] Mas há quem não esteja tão entusiasmado. Alguns reclamam que a captação de conteúdo do Google enquanto rasteja pela web viola todos os tipos de direitos autorais; outros (em acusação recente) argumentam que a capacidade da empresa de salvar o histórico de busca dos indivíduos representa uma violação da privacidade – crítica intensificada pela criação do Google Street View, que capta imagens fotográficas da vida cotidiana. A empresa também foi atacada por grupos de defesa das liberdades civis por censurar conteúdos, particularmente em cooperação com o governo chinês, embora em janeiro de 2010 a empresa tenha tomado a decisão de parar de excluir materiais considerados sensíveis pelos chineses. Eles continuam a receber críticas de países como o Irã, a Coreia do Norte e até mesmo a Índia por exibir lugares militarmente delicados em seus aplicativos geoespaciais. Em dezembro de 2005, V.S. Ramamurthy, secretário do Departamento de Ciência e Tecnologia da Índia, manifestou a preocupação de que os dados do Google "poderiam comprometer gravemente a segurança de um país".[7] Na maioria dos casos em torno de direitos autorais e privacidade, o Google defendeu-se com êxito nos tribunais americanos. O novo campo do "direito espacial", em evolução, está tentando acompanhar o avanço do Google, à medida que lança aplicativos tecnológicos cada vez mais sofisticados que testam os limites do que é legalmente permitido.[8]

Em consequência, muita gente que trabalha com geografia acadêmica e cartografia profissional vê o Google Earth com desconfiança e até mesmo alarme. Para alguns, ele sinaliza o fim da tradicional indústria cartográfica impressa e a morte dos mapas em papel. Para outros, é um retrocesso na

Informação 451

qualidade da cartografia: mapas personalizados feitos por "amadores" parecem básicos e não têm os protocolos usuais de verificação e revisão profissional. O Google Earth também enfrenta acusações de homogeneização de mapas através da imposição de uma versão geoespacial singular do mundo, em um ato de imperialismo cibernético.[9] Em 2008, Mary Spence, presidente da Sociedade Britânica de Cartografia, resumiu muitas das preocupações de seus colegas quando disse que o mapeamento on-line (e o Google Maps em particular) fica distante de alcançar os detalhes e a abrangência dos mapas de referência patrocinados pelo Estado, como o Ordnance Survey, porque não é projetado para representar dados de escala média do tipo visto em mapas de referência tradicionais.[10] Outros questionam a capacidade de inovação do aplicativo, alegando que o Google funciona simplesmente como um agregador de dados, usando uma programação relativamente simples para juntar materiais licenciados de uma variedade de provedores de imagens de satélite. O Google não revela totalmente quais as empresas que fornecem dados específicos, e isso faz com que seja quase impossível avaliar a qualidade dos dados, ou como eles são representados.[11]

Há também um paradoxo no fato de a livre circulação de mapas virtuais e a capacidade de se apropriar deles para outros usos on-line ser liderada por algumas corporações multinacionais riquíssimas que atuam na internet e são negociadas no Nasdaq, muitas das quais, como o Google, geram grandes receitas advindas da publicidade e de links patrocinados em seus sites (no terceiro trimestre de 2011, o lucro líquido da empresa subiu 26% – para 2,73 bilhões de dólares). É impossível prever o futuro desses aplicativos. A história deles ainda está por ser escrita, pois a tecnologia continua a evoluir quase que diariamente, mas este capítulo é a primeira tentativa de fazer um relato impresso sobre o Google Earth e incorporá-lo à história mais ampla da cartografia.[12]

Todos os mapas presentes neste livro construíram uma determinada visão do mundo cultural, tanto quanto o representaram, e em nenhum lugar esse processo é mais evidente do que no desenvolvimento rápido e em constante evolução de aplicativos geoespaciais como o Google Earth. A capacidade do aplicativo de utilizar dez petabytes de dados geográficos potenciais dentro de segundos é apenas uma das manifestações mais fantásticas da transformação em curso na área da tecnologia da informação, uma mudança tão profunda que o sociólogo espanhol Manuel Castells a chamou de "o início de uma nova era, a era da informação".[13]

Em 1998, Castells já afirmava que estávamos vivendo "uma revolução tecnológica, centrada na informação",[14] a qual ele chama de sociedade em rede, onde o comportamento social está organizado em torno de redes de informação processadas eletronicamente.[15] Essa sociedade gera um "espírito de informacionalismo", no qual a informação e seu processamento se tornam fundamentais na organização econômica. Castells acredita que o circuito de trocas eletrônicas instantâneas – telecomunicações, processamento informatizado, dispositivos microeletrônicos – está criando um novo ambiente espacial, que alguns analistas chamam de "DigiPlace",[16] no qual os indivíduos em rede navegam em um fluxo aparentemente interminável de informações virtuais. Ele oferece aos seus usuários a promessa de compreender o seu lugar no mundo, estimulando-os a se mover entre espaços que são, em parte, físicos, mas cada vez mais virtuais, que vão de se orientar numa cidade a comprar e jogar.[17] Tudo isso se parece com o mundo da ficção científica distópica, onde o mundo "real" é substituído por um mundo digital, virtual. Mas Castells adverte que "toda realidade é percebida virtualmente", porque apreendemos o mundo através de uma variedade de sinais e símbolos. A sociedade em rede representa um novo sistema de comunicações que gera o que Castells chama de "virtualidade real". Trata-se de um sistema em que "a própria realidade (ou seja, a existência material/simbólica das pessoas) é totalmente captada, completamente imersa num ambiente de imagem virtual", e onde "as aparências não estão apenas na tela por meio da qual se comunica a experiência, mas se tornam a experiência". No cerne da sociedade em rede está a informação. De acordo com James Gleick, "a informação é o que sustenta nosso mundo: é o sangue e o combustível, o princípio vital". Para os físicos modernos, todo o universo é agora encarado como "uma máquina de processamento de informações cósmicas".[18] Nenhuma empresa exemplifica melhor o surgimento da sociedade em rede e este "espírito de informacionalismo" do que o Google, com sua declaração de missão definidora: "organizar a informação do mundo e torná-la univer-

Informação 453

salmente acessível e útil".[19] Para entender como aplicativos como o Google Earth mudaram para sempre os termos do mapeamento é preciso compreender as mudanças monumentais na teoria e na prática da comunicação de informações que ocorreram na segunda metade do século XX.

No final da década de 1940, um grupo de matemáticos e engenheiros americanos começou a desenvolver maneiras de prever o que chamaram de processos estocásticos – acontecimentos que parecem aleatórios e indeterminados. Indivíduos como Norbert Wiener (1896-1964) e Claude Shannon (1916-2001) foram contratados durante a Segunda Guerra Mundial para trabalhar em problemas estocásticos, como mecanismos de disparo e criptografia. Eles começaram a propor "sistemas de controle" complexos que podiam decodificar e aparentemente prever atos comunicativos arbitrários entre os seres humanos – e entre máquinas. Em 1948, Wiener escreveu que "decidimos chamar todo o campo do controle e da teoria da comunicação, seja na máquina ou no animal, pelo nome de *cibernética*", um termo derivado do grego *kybernetes*, que significa timoneiro de navio e que também é utilizado para definir controle ou governança.[20]

Wiener estava convencido de que "o cérebro e a máquina de computação têm muito em comum",[21] e em um artigo publicado também em 1948, intitulado "A Mathematical Theory of Communication" [Uma teoria matemática da comunicação], Shannon levou essa ideia um pouco adiante. Segundo ele, havia dois problemas conectados em qualquer ato de comunicação: o ato de definir a mensagem e o que ele chamou de "ruído" ou interferência, que afetava sua transmissão de uma fonte para outra. Para Shannon, o conteúdo de uma mensagem era irrelevante: para maximizar a eficácia de sua transmissão, ele concebia a comunicação como um conduto ou canal. A mensagem se origina de uma fonte, entra num dispositivo de transmissão e é então transmitida através de um meio específico, onde encontra uma variedade de "ruído" irrelevante, para depois chegar ao seu destino pretendido, onde ela é interpretada pelo receptor. Esta metáfora baseava-se numa concepção funcional da linguagem humana, mas também podia ser aplicada a mensagens mecânicas, como o telégrafo, a televisão, o telefone ou o rádio. Shannon mostrou que todas essas mensagens (inclusive a fala) podiam ser transmitidas e medidas através de ondas sonoras compostas de uns e zeros.[22] "Se usarmos a base dois", argumentou

Shannon, "as unidades resultantes podem ser chamadas de dígitos binários, ou simplesmente *bits*", introduzindo assim o termo como uma unidade de informação computável.[23] Shannon desenvolveu então uma teoria da probabilidade usando algoritmos complexos, que mostravam como maximizar o desempenho do sinal (ou unidades de informação) e minimizar a transmissão de erros indesejáveis ou "ruídos".[24]

Hoje, o artigo de Shannon é considerado por muitos engenheiros de computação a Carta Magna da era da informação. Ele proporcionou uma teoria sobre como armazenar e comunicar informação digital de forma rápida e confiável, e como converter dados em diferentes formatos, possibilitando que fossem quantificados e computados. A informação era agora *fungível*, uma mercadoria capaz de quantificação e substituição mútua com outras commodities. O impacto dessa teoria no campo do hardware de computação seria enorme, e também influenciaria outras disciplinas, inclusive a cartografia. Nas duas décadas seguintes, os cartógrafos começaram a adotar a teoria de Shannon para desenvolver uma nova maneira de entender mapas, com base no chamado "modelo de comunicação cartográfica" (MCM, na sigla em inglês). Em 1977, Arthur Robinson, o grande adversário de Arno Peters, propôs uma reavaliação radical da função dos mapas para refletir o que ele chamou de "uma maior preocupação com o mapa como meio de comunicação".[25] Tradicionalmente, qualquer teoria dos mapas terminava com a conclusão deles: o interesse estava exclusivamente na luta do cartógrafo para impor algum tipo de ordem em um corpo de informações díspar, contraditório (ou "ruidoso"), que era incorporado ao mapa de acordo com decisões subjetivas do cartógrafo. Valendo-se da teoria da comunicação de Shannon, Robinson propôs que o mapa era simplesmente o canal através do qual uma mensagem viaja do cartógrafo ao seu usuário, ou o que ele chamou de *percipient* (aquele capaz de perceber).

O efeito sobre o estudo da cartografia foi decisivo. Em vez de analisar os elementos subjetivos e estéticos da criação de mapas, o modelo de comunicação de Robinson exigia uma nova concepção dos aspectos funcionais e cognitivos dos mapas. O resultado foi uma análise do mapeamento como *processo*, explicando como os cartógrafos coletavam, armazenavam e transmitiam informações geográficas, e que depois estudava a compreensão e o consumo de mapas pelo *percipient*. Usado junto com

Informação 455

as teorias de Shannon para maximizar o desempenho comunicativo e minimizar o ruído, o modelo de Robinson enfrentou um enigma pelo menos tão antigo quanto Heródoto e Ptolomeu: como acomodar uma massa de ruídos e *akoé* (boatos) geográficos díspares em um mapa eficaz e significativo? Ao adaptar a teoria da interferência do "ruído" de Shannon na transmissão de informações, Robinson visava minimizar os obstáculos no que ele chamou de transmissão eficaz de um mapa. Isso significava evitar o design inconsistente de mapas (por exemplo, no uso de cores ou letras), condições ruins de visualização (com foco novamente no receptor) e a "interferência" ideológica (um problema persistente que assumiu uma ressonância maior porque Robinson continuou com seus ataques a Peters durante toda a década de 1970). Tendo incorporado diretamente a teoria da comunicação de Shannon e o modelo de comunicação cartográfica de Robinson à tecnologia da informática posterior, aplicativos digitais geoespaciais como o Google Earth parecem realizar o sonho de produzir mapas em que forma e função estão perfeitamente unidas e as informações geográficas *sobre* o mundo são comunicadas instantaneamente ao usuário em qualquer momento ou lugar *do* mundo.

A teoria de Claude Shannon mudou a percepção da natureza da informação e sua comunicação eletrônica e forneceria a base para o desenvolvimento da tecnologia computadorizada subsequente. O crescimento espetacular da tecnologia da informação (TI) e de aplicativos de computação gráfica como o Google Earth está em dívida com as proposições matemáticas e filosóficas de Shannon. Para pôr a teoria da comunicação de Shannon em prática na década de 1940 era necessário um grau de poder de computação que só surgiria em anos posteriores, com os avanços decisivos na tecnologia eletrônica. A invenção dos transistores (semicondutores, ou o que hoje chamamos de "chips") na Bell Laboratories, em Nova Jersey, em 1947, precedeu as ideias de Shannon e, em teoria, possibilitou o processamento de impulsos elétricos entre máquinas a uma velocidade inimaginável. Mas o transistor precisava ser feito de um material adequado para otimizar seu uso. Na década de 1950, um novo processo de fabricação de transistores foi desenvolvido com o uso do silício, o qual foi aperfeiçoado em 1959 por uma empresa com sede no que ficou conhecido como Vale do Silício, no norte da Califórnia. Em 1957, Jack Kilby e Bob Noyce inventaram os circuitos integrados (mais conhecidos como "microchips"), que tornavam possível uma integração de transistores mais leve e mais barata. Em 1971, esses desenvolvimentos culminaram com a invenção do microprocessador – um computador em um chip – pelo engenheiro da Intel Ted Hoff (também trabalhando no Vale do Silício).[26] Os veículos eletrônicos necessários para testar as teorias de Shannon eram agora uma realidade.

Devido ao seu custo exorbitante naquela época, o impacto inicial desses avanços tecnológicos era limitado fora de seu uso nas forças armadas e de defesa, mas alguns geógrafos já começavam a usar as ideias de Shannon no desenvolvimento de novas formas de representação de dados. A inovação prática mais importante para os aplicativos geoespaciais posteriores foi o surgimento dos sistemas de informações geográficas (GIS, na sigla em inglês) na década de 1960. GIS são sistemas que utilizam hardware e software para gerenciar, analisar e exibir dados geográficos na resolução de problemas do planejamento e da gestão de recursos. Para garantir a padronização, os resultados são referenciados a um mapa em um sistema de coordenadas terrestres estabelecido que trata a Terra como um esferoide oblato.

Em 1960, o geógrafo inglês Roger Tomlinson trabalhava com uma empresa de levantamento aéreo em Ottawa, Canadá, em um inventário patrocinado pelo governo para avaliar o uso atual e a futura capacidade da terra para a agricultura, silvicultura e vida selvagem. Em um país do tamanho do Canadá, somente para cobrir as áreas agrícolas e florestais seriam necessários mais de 3 mil mapas na escala de 1:50.000, antes mesmo que as informações fossem coletadas e os resultados analisados. O governo estimava que seriam necessários quinhentos funcionários treinados e três anos para produzir os dados mapeados. Mas Tomlinson teve uma ideia: ele sabia que a introdução dos transistores nos computadores permitia maior velocidade e mais memória. "Os computadores poderiam tornar-se dispositivos de armazenamento de informação, além de máquinas de calcular. O desafio técnico era pôr mapas nesses computadores, converter formas e imagens em números", lembrou Tomlinson. O problema era que a maior máquina então disponível era um computador da IBM com apenas 16 mil bytes de memória, que custava 600 mil dólares (mais de 4 milhões de libras esterlinas hoje) e pesava mais de três toneladas e meia.[27]

Informação   457

Em 1962, Tomlinson apresentou seu plano ao Inventário de Terras do Canadá. Revelando a influência das teorias da comunicação de Shannon e Robinson, ele o chamou de sistema de informação geográfica, no qual "mapas poderiam ser postos em forma numérica e unidos para compor um quadro completo dos recursos naturais de uma região, um país ou um continente. O computador poderia então ser utilizado para analisar as características daqueles recursos ... Poderia, assim, ajudar a definir estratégias para a gestão racional dos recursos naturais".[28]

Sua proposta foi aceita e o Sistema de Informações Geográficas do Canadá (CGIS, na sigla em inglês) tornou-se o primeiro de seu tipo no mundo. A capacidade dos mapas resultantes para representar cor, forma, contorno e relevo ainda era limitada pela tecnologia de impressão (geralmente impressoras matriciais), mas nesse estágio era sua capacidade de reunir grandes quantidades de dados que realmente importava.

O CGIS ainda estava ativo no início da década de 1980, utilizando tecnologia aperfeiçoada para gerar mais de 7 mil mapas com uma capacidade parcialmente interativa. Ele inspirou a criação de centenas de outros sistemas GIS na América do Norte, bem como um investimento substancial do governo dos Estados Unidos na fundação do Centro Nacional de Informação e Análise Geográfica (NCGIA, na sigla em inglês) em 1988. Essa utilização do GIS marcou uma mudança perceptível na natureza e no uso dos mapas: eles não somente entraram em um novo mundo de reprodução informatizada, como prometeram realizar o modelo de comunicação sem ruído de Shannon, facilitando novas e excitantes formas de organização e apresentação da informação geográfica.[29]

Nos primeiros dias da implementação do CGIS, Tomlinson permitiu-se um breve voo de fantasia: não seria maravilhoso se houvesse um banco de dados GIS disponível a todos que cobrisse todo o mundo nos mínimos detalhes? Na década de 1970, essa ideia ainda pertencia à esfera da ficção científica, pois a computação era simplesmente incapaz de corresponder à aspiração de Tomlinson. Foi nesse ponto que a ciência da computação começou a substituir os geógrafos. Shannon havia criado uma teoria da comunicação da informação contável; o desenvolvimento de circuitos integrados e microprocessadores levara a uma profunda mudança na capacidade dos dados informatizados; um dos desafios agora era desenvolver hardware e software com a capacidade de desenhar gráficos de alta resolução, compostos de milhões dos "bits" binários de informação de Shannon, os quais poderiam então ser distribuídos através de uma rede eletrônica mundial para uma série de usuários internacionais – em outras palavras, uma internet.

A internet como a conhecemos hoje foi desenvolvida na década de 1960 pela Agência de Projetos de Pesquisa Avançados do Departamento de Defesa dos Estados Unidos, em resposta à ameaça de um ataque nuclear da União Soviética. O departamento precisava de uma rede de comunicação autossustentável e invulnerável a um ataque nuclear, ainda que partes do sistema fossem destruídas. A rede operaria independentemente de um centro de controle, permitindo que os dados fossem redirecionados instantaneamente através de múltiplos canais da origem ao destino. A primeira rede informatizada entrou em operação em 1º de setembro de 1969, ligando quatro computadores na Califórnia e Utah, e foi batizada de arpanet.[30] Em seus primeiros anos, a interatividade era limitada: a conexão pública com a arpanet era cara (entre 50 e 100 mil dólares), e o uso de seu código era difícil. Mas aos poucos os avanços tecnológicos durante a década de 1970 começaram a abrir as possibilidades da rede. Em 1971, o programador americano Ray Tomlinson enviou o primeiro e-mail via arpanet, usando o símbolo @ pela primeira vez para distinguir entre um indivíduo e seu computador. A invenção do modem, em 1978, permitiu que os computadores pessoais transferissem arquivos sem usar a arpanet. Na década de 1980, desenvolveu-se um protocolo de comunicação comum que podia ser usado pela maioria das redes informatizadas, abrindo caminho para a criação da World Wide Web no Cern (Conselho Europeu para Pesquisa Nuclear), em Genebra, em 1990. Uma equipe de pesquisadores liderada por Tim Berners-Lee e Robert Cailliau projetou um aplicativo capaz de organizar sites na internet por informações em vez de localização, usando um protocolo de transferência de hipertexto (HTTP, um método de acesso ou envio de informações encontradas nas páginas da web) e um localizador de recursos uniforme (URL, um método de estabelecer um endereço exclusivo para um documento ou recurso na internet).[31]

Esses avanços na tecnologia da informação aconteceram juntos com a profunda reestruturação das economias ocidentais capitalistas que ocorreu entre 1970 e 1990. A crise econômica mundial da década de 1970 descrita

Informação

no último capítulo levou os governos a reformar, na década de 1980, as relações econômicas através da desregulamentação, da privatização e da erosão tanto do estado de bem-estar como do contrato social entre capital e organizações sindicais. O objetivo era aumentar a produtividade e globalizar a produção econômica, com base na inovação tecnológica. Como diz Castells, as relações entre um capitalismo revigorado e a tecnologia eletrônica significaram um reforço mútuo, caracterizado pela "tentativa da antiga sociedade de reaparelhar-se usando o poder da tecnologia para servir à tecnologia do poder".[32] Em contraste com a projeção de Arno Peters de 1973, que era uma resposta direta à crise econômica e às desigualdades políticas da década de 1970, a geração seguinte de aplicativos geoespaciais que surgiu no início dos anos 1980 nasceu das políticas econômicas que ficaram conhecidas como reaganismo e thatcherismo.

Os resultados dessa mudança econômica podem ser vistos na ascensão das empresas de computação gráfica no Vale do Silício, na Califórnia, durante toda a década de 1980, que começaram a desenvolver interfaces gráficas de fácil utilização que caracterizariam o futuro da experiência do usuário on-line. No fim da década de 1980, Michael T. Jones, Chris Tanner, Brian McClendon, Rémi Arnaud e Richard Webb fundaram a Intrinsic Graphics para criar aplicativos que poderiam representar imagens com velocidade e resolução antes inimagináveis. A Intrinsic foi depois adquirida pela Silicon Graphics (SGI), que fora fundada em 1981, e se especializou em sistemas de exibição de imagens em 3D. A SGI compreendeu que a maneira mais convincente de demonstrar sua nova tecnologia era visualizá-la geograficamente.

Uma das inspirações da SGI foi um documentário de nove minutos, *Powers of Ten*, feito em 1977 por Charles e Ray Eames. O filme começa com um casal que faz um piquenique em um parque de Chicago, filmado de apenas um metro de distância. Em seguida, ele recua por um fator de dez, até 10^{+25}, ou 1 bilhão de anos-luz de distância, para imaginar a perspectiva do limite do universo conhecido. O filme então volta para o casal no parque, entra na mão do homem, passa através de seu corpo e estrutura molecular e termina com uma visão de partículas subatômicas de um átomo de carbono a 10^{-17}.[33] Para seus produtores, a mensagem do filme era a de uma conectividade universal, derivada da visualização gráfica da escala matemática. O filme logo ganhou status de cult dentro e fora da comunidade científica. O desafio da SGI era tomar o princípio explorado em *Powers of Ten* e unificar as imagens de satélite e gráficos computadorizados para ir e voltar entre a Terra e o espaço muito rapidamente, sem ficar preso na potência de dez (ou qualquer outro multiplicador em particular). Eles precisavam mascarar a óbvia intervenção da tecnologia numa tentativa de simular perfeitamente a experiência de voo acima da Terra e nas profundezas do cosmos.

Em meados da década de 1990, a SGI começou a demonstrar suas novas capacidades. Eles começaram a trabalhar em um hardware chamado "Infinite Reality", que usava um componente inovador chamado unidade de textura *clip-map*.[34] Um *clip-map* é uma maneira inteligente de pré-processar uma imagem que pode ser rapidamente reproduzida na tela em diferentes resoluções. É um refinamento tecnológico de um mapa MIP (da expressão latina *"multum in parvo"*, que significa "muitas coisas em um espaço pequeno"). Ele funciona com base na criação de uma grande imagem digital – como um mapa dos Estados Unidos – com uma resolução de dez metros. As dimensões da imagem estariam na região dos 420.000 × 300.000 pixels. Se o usuário quiser ver a imagem em um monitor de 1.024 × 768, cada pixel de dados corresponderia a milhares de pixels no mapa. Os *clip-maps* criam uma imagem de origem um pouco maior, incluindo dados pré-processados extras para níveis mais baixos de resolução da imagem. Quando o computador representa versões de resolução mais baixa da imagem, ele evita a necessidade de interpolar cada pixel da imagem em tamanho completo e, em vez disso, usa os dados em pixels de nível inferior de resolução pré-processados, dispostos mais ou menos como uma pirâmide invertida. Com o uso de um algoritmo inovador, tudo o que o *clip-map* precisa saber é onde você está no mundo; ele extrairá então os dados específicos necessários da "textura" virtual maior – todas as informações que representam o mundo – "cortando" fora os bits de que você não precisa. Assim, enquanto você dá um zoom em direção à Terra a partir do espaço, o sistema está suprindo a tela com as informações fundamentais para a vista do usuário, e todo o resto é descartado. Isso torna o aplicativo extremamente econômico em termos de memória, permitindo que ele seja executado com rapidez e eficiência em computadores domésticos. Como

Informação 461

diz Avi Bar-Zeev, um dos primeiros funcionários da Intrinsic Graphics, o aplicativo é "como alimentar seu computador com um planeta inteiro por partes, através de um canudo".[35] Nos termos de Claude Shannon, o *clip-map* possibilita o upload do mínimo de dados possível para uma unidade de processamento gráfico, a fim de maximizar a velocidade e ativar a animação em tempo real de realidades complexas – como a geografia física.

Mark Aubin, um dos engenheiros da SGI, recorda que "nosso objetivo era produzir um demo "de matar" para mostrar os novos recursos de texturização", que se valiam de satélites disponíveis comercialmente e dados aéreos da Terra. O resultado foi "Space-to-your-face", um modelo de demonstração que, revela Aubin, foi inspirado mais por jogos de computador do que pela geografia. Depois de olhar para um folioscópio de *Powers of Ten*, relembra Aubin, "decidimos que começaríamos no espaço sideral com uma vista de toda a Terra, e depois daríamos um zoom para aproximar cada vez mais". A partir daí, o demo focava a Europa,

> e então, quando o lago Genebra ficava à vista, zerávamos sobre o Matterhorn, nos Alpes suíços. Mergulhando mais e mais, chegávamos finalmente a um modelo em três dimensões de um Nintendo 64 [console de videogame], uma vez que a SGI projetou o chip gráfico que ele utiliza. Dando um zoom através da caixa do Nintendo, parávamos no chip com nosso logotipo nele. Então ampliávamos um pouco mais e voltávamos para o espaço até olharmos a Terra de novo.[36]

O "demo de matar" da SGI era impressionante e foi recebido com entusiasmo por aqueles que o viram, mas era necessário trabalhar mais em relação ao software e aos dados. Eles precisavam agir rapidamente, pois empresas maiores já estavam começando a ver o potencial do desenvolvimento desse tipo de aplicativo. Em junho de 1998, a Microsoft lançou o TerraServer (o precursor do Microsoft Research Maps, ou MSR). Em colaboração com o Levantamento Geológico dos Estados Unidos (USGS, na sigla em inglês) e a *Sovinsformsputnik*, a Agência Espacial Federal Russa, o TerraServer utilizou suas imagens fotográficas aéreas para produzir mapas virtuais dos Estados Unidos. Mas a própria Microsoft não compreendeu plenamente o significado do aplicativo. De início, ele foi desenvolvido para testar a quantidade de dados que o seu SQL Server podia armazenar sem entrar em colapso. O conteúdo era secundário para o tamanho de seus dados, que em menos de dois anos já estava acima de dois terabytes.[37]

Enquanto o TerraServer crescia, a SGI fazia uma descoberta vital. Quando Chris Tanner, um de seus engenheiros, inventou uma maneira de fazer *clip-maps* em software para PCs, alguns membros do grupo fundaram uma nova empresa de desenvolvimento de software, em 2001, chamada Keyhole Inc. A intenção da Keyhole era pegar a nova tecnologia e tentar encontrar aplicações para ela – e para responder à pergunta que muitos da equipe, inclusive Mark Aubin, faziam, e que poderia ter sido feita a respeito da teoria da comunicação de Claude Shannon: "Para que serve isso realmente?"[38] Na teoria de Shannon, o conteúdo de suas unidades de informação era irrelevante; tudo o que importava era como armazená-las e comunicá-las. Àquela altura, o fato de que as criações da SGI tivessem dados geográficos como foco parecia quase incidental. Aubin compreendeu que a capacidade de representar rapidamente informações gráficas em um globo era algo que as pessoas achavam fascinante e que ia além da magia técnica. A empresa atraiu interesse pelo novo aplicativo, que era obviamente uma ferramenta inovadora, ainda que carecesse do que um dos seus criadores chamaria mais tarde de uma "plataforma de aplicativo acionável".[39] Os dados podiam ser quantificados e contados, mas de acordo com qual valor de uso? Um pouco como os impressores do final do século XV, os cientistas da computação em empresas como a SGI e a Microsoft responderam ao desafio técnico de representar a informação geográfica em um novo meio, mas com pouca previsão de como a nova forma também alteraria o conteúdo dos mapas.

Esses engenheiros da computação começavam a perceber que estavam aproveitando uma das imagens gráficas mais duradouras e emblemáticas no imaginário humano: a Terra vista de cima, e a capacidade de precipitar-se sobre ela a partir de um lugar aparentemente onisciente, divino, para além do tempo e do espaço terrestres. A capacidade tecnológica de oferecer mais uma perspectiva sobre essa visão transcendente do mundo ganhou um enorme impulso com duas intervenções políticas específicas feitas pelo governo Clinton nos últimos anos do século XX. Em janeiro de 1998, o vice-presidente Al Gore fez uma palestra no Centro de Ciências da Cali-

Informação 463

fórnia, em Los Angeles, intitulada "A Terra digital: compreendendo nosso planeta no século XXI". Gore começou dizendo que "uma nova onda de inovação tecnológica nos permite captar, armazenar, processar e exibir uma quantidade sem precedentes de informações sobre nosso planeta e uma grande variedade de fenômenos ambientais e culturais. Grande parte dessas informações será 'georreferenciada' – isto é, se referirá a algum lugar específico da superfície da Terra". O objetivo de Gore era aproveitar essas informações dentro de um aplicativo que chamou de "Terra Digital": uma "representação do planeta tridimensional, de múltiplas resoluções, na qual podemos inserir grandes quantidades de dados georreferenciados".

Gore pediu à plateia que imaginasse uma criança que entra em um museu e usa seu programa Terra Digital.

> Depois de vestir um display montado na cabeça, ela vê a Terra como ela aparece do espaço. Com uma luva virtual, ela amplia, utilizando níveis cada vez mais altos de resolução, para ver os continentes, depois regiões, países, cidades e, por fim, casas, árvores e outros objetos naturais e artificiais. Tendo encontrado uma área do planeta que está interessada em explorar, pega o equivalente a uma "viagem no tapete mágico" através de uma visualização tridimensional do terreno. Evidentemente, o terreno é apenas um dos vários tipos de dados com os quais ela pode interagir.

Gore admitia que "este cenário pode parecer ficção científica", e que "nenhuma organização no governo, na indústria ou nas universidades poderia realizar esse projeto". Uma iniciativa desse tipo, se pudesse ser empreendida, teria ramificações globais progressistas. Ela poderia facilitar a diplomacia virtual, lutar contra o crime, preservar a biodiversidade, prever as mudanças climáticas e aumentar a produtividade agrícola. Ao apontar o caminho a seguir, Gore reconhecia os desafios da integração e da livre disseminação desse vasto corpo de conhecimento, "especialmente em áreas como a interpretação automática de imagens, a fusão de dados de várias fontes e agentes inteligentes que poderiam encontrar e associar informações na internet sobre um determinado lugar do planeta". Não obstante, ele acreditava que "um número suficiente de peças está no lugar certo agora para justificar o prosseguimento dessa iniciativa emocionante".

Ele então propôs: "devemos nos esforçar para desenvolver um mapa digital do mundo numa resolução de um metro".[40]

A compreensão do governo Clinton da necessidade de abrir informações on-line não termina aí. Desde sua criação na década de 1960, os Sistemas de Posicionamento Global (ou GPS, na sigla em inglês) eram controlados pela Força Aérea dos Estados Unidos, através de dezenas de satélites que giram em torno da Terra. O sinal de GPS permitia que os receptores militares dos Estados Unidos localizassem qualquer lugar do mundo com uma precisão de menos de dez metros. Qualquer pessoa disposta a gastar milhares de dólares em um receptor de GPS poderia pegar esse sinal. Mas, por razões que eram de segurança nacional, o governo filtrava o sinal para o consumo público, usando um programa chamado Disponibilidade Seletiva (SA, na sigla em inglês). Esse sinal degradado só conseguia localizar uma posição dentro de algumas centenas de metros, o que o tornava praticamente inútil para fins práticos. O governo Clinton enfrentou um lobby cada vez mais vociferante de vários interesses empresariais, entre eles, o da indústria automobilística, que queria a desregulamentação da SA para permitir que o sinal melhorado oferecesse suporte a uma série de derivados comerciais, tais como sistemas de navegação em automóveis.

Em consequência, e principalmente por causa da defesa de Al Gore, o governo Clinton desligou a SA à meia-noite de 1º de maio de 2000. O resultado foi um sinal de GPS muito mais forte e consistente. Empresas comerciais compreenderam imediatamente o potencial da decisão e começaram a pôr mapas on-line no domínio público. Simon Greenman, cofundador do serviço de mapas on-line MapQuest.com (lançado em 1996), afirma que este foi um momento significativo, "quando muitos de nós da indústria de GIS viram o poder da internet para levar os mapas às massas de graça".[41] Outras empresas, como a Multimap (aberta em 1995), começaram a vender mapas digitais, enquanto outras comercializavam uma proliferação de dispositivos de navegação GPS, inclusive sistemas pessoais de navegação por satélite relativamente baratos. Avi Bar-Zeev não tem dúvidas sobre o significado da Terra Digital de Gore e iniciativas contra a SA:

Sem a internet aberta, o Google Earth (e este blog e um monte de outras coisas de que gostamos) não existiria. E por isso, devemos alguns agrade-

Informação 465

cimentos a Al Gore. Portanto, independentemente do que você pensa da posição política dele, uma das motivações claras por trás do Google Earth era um desejo compartilhado de dar às pessoas uma visão da Terra como um conjunto harmonioso e dar-lhes as ferramentas para fazer alguma coisa com essa visão.[42]

Esses dois acontecimentos acrescentaram um impulso extra ao surgimento de aplicativos geoespaciais nos primeiros anos do século XXI. Mas, no febril mundo ponto-com de 2000-01, foi a disputa pela sobrevivência comercial que logo se tornou primordial. Em março de 2000, a bolha ponto-com estourou de repente, acabando com trilhões de dólares de valor de empresas em todo o mundo da TI. Na Keyhole, o trabalho começara com um aplicativo chamado Earthviewer, que eles consideravam que seguia a ideia de Al Gore da "Terra Digital", e que pessoas como Mark Aubin achavam que poderia ser comercializado "como um produto de consumo, dando-o para o mundo", que obteria receita por meio da publicidade. Mas então "a bomba ponto-com explodiu e a empresa nunca recebeu financiamento para sustentar esse modelo, por isso mudou de marcha e se concentrou em aplicativos comerciais".[43] A Sony Broadband já estava investindo, mas a Keyhole queria um portfólio mais amplo de investidores e, de início, voltou-se para o mercado imobiliário. Embora os dados para a América do Norte estivessem disponíveis com facilidade, a nova ferramenta ainda era limitada em seu alcance global, então sua utilização como aplicativo para aumentar o zoom sobre uma propriedade e pesquisar a área local parecia atraente.

Em junho de 2001, a Keyhole lançou o Earthviewer 1.0, recebido com uma fanfarra de elogios da crítica em todo o setor. O programa custava 69,95 dólares, com uma versão promocional limitada lançada gratuitamente. Os compradores podiam voar através de um modelo digital tridimensional da Terra, num grau sem precedentes de resolução e velocidade, embora as primeiras versões ainda tivessem suas limitações, pois só podiam se valer de um banco de dados de cinco a seis terabytes de informação. A cobertura de toda a Terra tinha uma baixa resolução decepcionante e muitas das grandes cidades fora dos Estados Unidos estavam mal representadas e algumas nem eram visíveis. A Keyhole simplesmente não podia pagar para licenciar dados suficientes de empresas de satélites comerciais para cobrir toda a Terra, então, até mesmo o Reino Unido era visível com uma resolução de apenas um quilômetro, o que tornava impossível distinguir ruas. A elevação estava muitas vezes desalinhada, com imagens desfocadas, e o perceptível "achatamento" do aplicativo tornava sua alegação de tridimensionalidade questionável para muitos críticos.

Não obstante, sua utilidade logo ficou clara para aqueles que estavam muito além do mercado imobiliário. Em março de 2003, quando as forças americanas e da coalizão invadiram o Iraque, as redes de notícias dos Estados Unidos usaram muitas vezes o Earthviewer para visualizar os alvos de bombardeio em Bagdá. Os jornais noticiaram que "uma pequena empresa de tecnologia e seus supersofisticados mapas em 3D eram a estrela surpresa" da cobertura. Quando os usuários sobrecarregaram o site e ele caiu, consta que o CEO John Hanke teria dito que "há problemas piores para se ter".[44] A CIA já estava interessada na Keyhole e poucas semanas antes investira na empresa através da In-Q-Tel, uma companhia privada sem fins lucrativos, financiada pela agência. O investimento foi o primeiro da In-Q-Tel numa empresa privada, em nome da Agência Nacional de Imagens e Mapeamento (Nima, na sigla em inglês). Criada em 1996 e dirigida fora do Departamento de Defesa, a missão da Nima era fornecer informações geoespaciais precisas em apoio ao combate e à inteligência militares. Ao anunciar seu investimento na Keyhole, a In-Q-Tel revelou que, ao "demonstrar o valor da tecnologia da Keyhole para a comunidade de segurança nacional, a Nima usou a tecnologia para apoiar as tropas americanas no Iraque".[45] Ainda não está claro o que exatamente a Keyhole fez para a CIA, mas a injeção de capital significou a garantia do sucesso a curto prazo da empresa. No final de 2004, ela já havia lançado seis versões do Earthviewer.

Então veio o Google. Em outubro de 2004, o mecanismo de busca da internet anunciou que tinha adquirido a Keyhole por uma quantia não revelada. Jonathan Rosenberg, vice-presidente de Gerenciamento de Produtos do Google, manifestou sua satisfação. "Esta aquisição dá aos usuários do Google uma nova e poderosa ferramenta de busca, permitindo que visualizem imagens em 3D de qualquer lugar da Terra, bem como acessem um rico banco de dados de estradas, empresas e muitos outros pontos de

Informação

interesse. A Keyhole é uma adição valiosa aos esforços do Google para organizar a informação do mundo e torná-la universalmente acessível e útil."[46] Numa visão retrospectiva, Avi Bar-Zeev disse que a aquisição da Keyhole proporcionou ao Google a tecnologia para criar um aplicativo que "funcionasse como um mundo físico turbinado".[47] Mas, naquele momento, ninguém parecia prever a importância que a compra viria a ter para o modelo de negócios mais amplo do Google.

A história da ascensão do Google para a hegemonia mundial foi contada alhures,[48] mas um breve relato de seu surgimento como um dos principais atores no mundo on-line explica um pouco por que a Keyhole foi uma incorporação tão importante para a empresa. Os fundadores do Google, Sergey Brin e Larry Page, se conheceram na Universidade de Stanford, em 1995, quando faziam doutorado em ciência da computação. A World Wide Web ainda estava em sua infância, e os dois compreenderam o enorme potencial de desenvolvimento de um mecanismo de busca com que os usuários pudessem navegar por uma miríade de sites e links. Os mecanismos de busca como o AltaVista não tinham capacidade para realizar pesquisas "inteligentes" que pudessem organizar as informações em termos de confiabilidade e relevância e eliminar os elementos mais desagradáveis da web (inclusive a pornografia).

Para Page e Brin, diante da situação existente no final dos anos 1990, o desafio era óbvio. "O maior problema que os usuários de mecanismos de busca da web enfrentam hoje", eles disseram em abril de 1998, "é a qualidade dos resultados que obtêm. Embora sejam muitas vezes divertidos e expandam os horizontes dos usuários, os resultados são com frequência frustrantes e consomem um tempo precioso." A solução deles foi o PageRank (um trocadilho com o nome de Page), que tentava medir a importância de uma determinada página da internet avaliando o número e a qualidade de hiperlinks dela. A linguagem cartográfica utilizada por Brin e Page desde o início para descrever o PageRank é impressionante. "O gráfico de citação (link) da web é um recurso importante que é pouco utilizado nos mecanismos de busca na web existentes", eles escreveram em 1998. "Criamos mapas que contêm até 518 milhões desses hiperlinks, uma amostra significativa do total. Esses mapas permitem o cálculo rápido do 'PageRank' de uma página da web, uma medida objetiva da importância de sua citação que corresponde bem à ideia subjetiva de importância que as pessoas têm."[49] O resultado foi um sistema que ainda comanda as pesquisas no Google, estimadas em mais de 34 mil a cada segundo (2 milhões de pesquisas por minuto ou 3 bilhões por dia) em 2011.[50]

Em setembro de 1997, Brin e Page registraram "Google" como nome de um domínio (a intenção era usar o nome "googol", o termo matemático para o número um seguido por cem zeros, ou 10^{100}, mas foi escrito errado no registro on-line). Em um ano, eles já haviam indexado 30 milhões de páginas on-line e, em julho de 2000, esse número chegava a 1 bilhão. Em agosto de 2004, o Google abriu seu capital a 85 dólares por ação, levantando 2 bilhões de dólares na maior emissão de ações na área de tecnologia até então. Entre 2001 e 2009, seus lucros subiram de cerca de 6 milhões para mais de 6 bilhões de dólares, com uma receita de mais de 23 bilhões, 97% da qual vieram da publicidade. Com ativos estimados atualmente em mais de 40 bilhões de dólares, o Google processa vinte petabytes de informação por dia, e tudo isso com uma força de trabalho global de apenas 20 mil pessoas, entre elas, cerca de quatrocentas que trabalham em seus aplicativos geoespaciais.[51] Com esse crescimento extraordinário veio uma filosofia empresarial igualmente inovadora. Além de querer organizar a informação do mundo e torná-la universalmente acessível, o Google é movido por uma série de convicções consagradas em sua declaração de missão: "democracia na web funciona"; "a necessidade de informação atravessa todas as fronteiras"; e a mais polêmica de todas, "pode-se ganhar dinheiro sem fazer o mal".[52]

Em 2004, o Google já havia posto em prática a teoria da quantificação digital da informação de Claude Shannon: a questão era como essa informação poderia ser comercializada e revertida em lucro financeiro? Os motivos do Google para a aquisição da Keyhole eram indissociáveis da resposta a esta pergunta, e também mostravam sua capacidade para compreender como a internet estava mudando. Em vez de apenas visualizar passivamente as informações, a comunidade on-line estava à procura de uma maior interação com a produção de conteúdos e de uma maior capacidade de manipulá-los – uma mudança conhecida como Web 2.0, caracterizada por blogs, redes e upload de diferentes meios de comunicação. O Google sabia que, se sua ambição era "organizar a informação do mundo", ele precisava de alguma forma representar sua distribuição

Informação 469

geográfica e atrair usuários comerciais e individuais a comprar e, depois, interagir com ele. Na verdade, precisava do maior aplicativo GIS virtual disponível, e o Earthviewer da Keyhole oferecia a resposta. A primeira medida do Google depois da aquisição foi cortar o preço de compra do Earthviewer de 69,95 para 29,95 dólares. Eles, então, "ficaram na moita", nas palavras de Jonathan Rosenberg, enquanto planejavam mudar o nome do aplicativo. Em junho de 2005, oito meses após a aquisição da Keyhole, a empresa anunciou o lançamento de seu novo programa disponível para download gratuito: Google Earth.

Os primeiros comentários foram entusiásticos. Harry McCracken, editor-chefe da revista e do site *PC World*, testou o aplicativo dias antes de seu lançamento oficial e disse que era "fascinante". Estava, segundo ele, "entre os melhores downloads gratuitos da história dos downloads gratuitos". E descrevia os benefícios do aplicativo. Não precisava de um PC superpotente para rodar, permitia que os usuários aproximassem e girassem ao redor do mundo, e as cidades e paisagens tinham representações incríveis em 3D que "são, de fato, maravilhosas". Ao falar dos inconvenientes, McCracken admitia: "O Google Earth é tão espetacular, especialmente para um programa gratuito, que o meu primeiro impulso foi o de me sentir culpado por criticá-lo." Mas a resolução da imagem variava enormemente e ainda não era possível localizar alguns lugares (McCracken teve muitos problemas para encontrar Hong Kong e restaurantes parisienses). Os dados para o resto do mundo estavam muito atrasados em relação aos dos Estados Unidos, e McCracken queixava-se da dificuldade de descobrir o que o aplicativo "sabe ou não sabe". Ele se perguntava como o próximo software Virtual Earth da MSN se compararia com o Google Earth, mas, levando em conta que o Google Earth fora lançado numa versão beta (experimental), McCracken supunha, com razão, que ele evoluiria rapidamente.[53]

McCracken percebeu que o Google Earth era, na verdade, uma versão atualizada do Earthviewer da Keyhole (ambos usavam a mesma base de código), e que muito pouco separava um do outro. O que era novo era a enorme quantidade de informação que estava por trás do Google Earth. O Google investira centenas de milhões de dólares para comprar e fazer o upload de imagens aéreas e de satélites comerciais que praticamente nenhuma outra empresa tinha os recursos ou a previsão de gastar. Quando o Earthviewer foi demonstrado pela primeira vez para Sergey Brin, ele pensou, em um nível, que era simplesmente "legal".[54] Mas as atividades do Google antes da aquisição da empresa sugerem que outros fatores já estavam em ação. Já em 2002, muito antes de adquirir a Keyhole, o Google começara a comprar imagens de satélite de alta resolução de empresas como a DigitalGlobe, cujos dois satélites orbitais captam agora imagens de até 1 milhão de quilômetros quadrados da superfície da Terra todos os dias, com uma resolução de menos de meio metro. O Google compra esses dados e os capta com scanners capazes de 1.800 pontos por polegada, ou catorze microns. A imagem ganha então equilíbrio de cor e é "entortada" para dar conta da curvatura da superfície da Terra. Então, está pronta para ser acessada pelos usuários. Mas o Google não se baseia somente em imagens de satélite. Ele também usa fotografias aéreas tiradas de uma altitude de entre 4.500 e 9 mil metros, usando aviões, balões de ar quente e até mesmo pipas.[55] A necessidade de diversificar seu acesso aos dados fotográficos decorre de sua impotência em impedir que os dados que recebe sejam desfocados. Notícias publicadas no início de 2009 que diziam que a empresa censurava locais sensíveis, borrando a imagem de lugares como a residência do vice-presidente dos Estados Unidos, revelaram-se inexatas: a censura estava aparentemente nos dados iniciais obtidos diretamente das forças militares americanas, não no Google.[56]

A diversificação da empresa também levou a outra iniciativa. Apenas algumas semanas antes de sua aquisição da Keyhole, em outubro de 2004, o Google também comprou a Where2, uma pequena empresa de mapeamento digital australiana, que começou a trabalhar em um novo aplicativo cartográfico com a marca Google. Em fevereiro de 2005, quatro meses antes de o Google Earth chegar ao mercado, o Google anunciou o lançamento do Google Maps.[57] Em última análise, a sinergia entre os dois aplicativos possibilitaria que o espectador visse um mapa virtual gráfico, sobreposto a uma imagem fotográfica da superfície da Terra, e hoje os usuários podem passar de um para o outro, dependendo do tipo de informação que desejam acessar.

Tendo evoluído através de sete diferentes versões desde o seu lançamento em 2005, o Google Earth continua a aperfeiçoar seu realismo e sua resolução, agora em um grau incomparável. Em 2008, numa tentativa

Informação 471

de expandir seus dados, o Google ampliou seu acordo comercial com a DigitalGlobe, assinando também outro acordo com seu rival, a GeoEye, para usar seus dados de satélite com uma resolução de apenas cinquenta centímetros (os satélites têm uma resolução maior de apenas 41 centímetros, mas os termos de licenciamento com o governo dos Estados Unidos proíbem seu lançamento comercial).[58] O foguete utilizado pela GeoEye para lançar o satélite em órbita tinha até o logotipo do Google. No Google Earth, o desafio mais recente foi a introdução de modelagem de terreno em 3D. De início, o aplicativo mostrava efetivamente uma imagem de satélite envolta numa representação tridimensional da paisagem, mas, como McCracken notou em 2005, ela não poderia representar, por exemplo, edifícios. As informações exigidas digitalmente para ver à distância quando se olha para a Terra horizontalmente ou de um ângulo oblíquo são ainda mais complicadas do que as necessárias para a perspectiva aérea clássica que olha diretamente de cima para baixo. A solução do Google foi utilizar uma técnica chamada *"ray tracing"*, que usa a geometria para imitar o olho humano. O aplicativo identifica a direção de onde o observador está olhando e enche essa parte da tela primeiro, antes de acessar os dados ao redor que definem a visão periférica do olho.

Mas as recentes inovações técnicas no Google Earth não são os únicos desdobramentos dos planos da empresa para seus aplicativos geoespaciais. Michael T. Jones, atual promotor-chefe de Tecnologia do Google e cofundador da Keyhole, afirmou recentemente que a API do Google Maps é agora usada por mais de 350 mil sites em todo o mundo.[59] Em junho de 2008, o Google lançou um novo produto chamado Map Maker, dentro de seu aplicativo Maps, que permite que qualquer pessoa em mais de 180 países possa adicionar ou editar detalhes, tais como estradas, negócios e escolas, em suas áreas locais, que depois são incorporados ao Google Maps. A informação apresentada é, então, moderada por outros usuários e verificada pelo Google em um sistema de revisão por pares que a empresa alega que permite que os usuários façam seus próprios mapas, ao mesmo tempo em que se beneficiam do que são efetivamente dados geográficos gratuitos.

Uma consequência importante dessa iniciativa é que o sonho (ou temor) de um mapa virtual universalmente padronizado do mundo nunca será realizado. Ed Parsons, tecnólogo geoespacial do Google que trabalha em Londres, admite que o Google tinha inicialmente "uma visão ingênua de que poderíamos ter uma única representação global do mundo".[60] Mas, quando ficou claro que os usuários locais e nacionais queriam manter certas maneiras de representar características geográficas físicas e humanas, a empresa decidiu criar uma representação básica da Terra sobre a qual os usuários adicionariam seus códigos e símbolos culturalmente específicos. Os críticos argumentam que o programa Map Maker carece da moderação profissional de uma organização como o Ordnance Survey, e que o Google está coletando informações gratuitamente. Mas não há dúvida de que essa inovação possibilita que as pessoas façam uma imagem de seus ambientes imediatos de uma forma que não tem paralelo na história da cartografia.

O entusiasmo atual em relação aos recursos oferecidos pelo Google Earth é compreensível. Embora o aplicativo ainda esteja em sua relativa infância, com novos desenvolvimentos planejados para a sua cobertura global e modelagem tridimensional, agora é tecnologicamente possível conceber a fantasia de Borges de um mapa em escala de 1:1. Parsons afirma que, "se você falar com a maioria das pessoas envolvidas em mapeamento na internet e que fazem o que fazemos, nós aceitamos completamente o fato de que se poderia construir um mapa na escala de um para um". Mas, diferentemente do mapa de papel tradicional imaginado por Borges, esse mapa virtual funcionaria, nas palavras de Parsons, "em múltiplos níveis de realidade". O Google está armazenando diferentes tipos de informação que podem ser recuperados a qualquer momento e dispostos sobre uma imagem geoespacial de escala 1:1: dados sobre redes sociais das pessoas, fluxos de capital, links de transporte subterrâneo e uma variedade de informações comerciais, tudo passível de ser acessado instantaneamente. A imagem do mundo de "virtualidade real" que o Google Earth em breve será capaz de nos oferecer será limitada somente pelas restrições militares e legais: a infraestrutura militar americana ainda restringe o acesso a imagens de satélite da mais alta resolução, inclusive de dados disponíveis no mercado, e não se sabe ainda qual o papel que as preocupações com a privacidade pessoal irão desempenhar no novo reino da lei espacial. Numa resolução de dez centímetros, as imagens de satélite podem agora identificar o rosto de um indivíduo, mas, até que a lei estabeleça se esses dados podem ser disponibilizados gratuitamente, o Google deve esperar.

Informação 473

Nesse meio-tempo, a empresa continua a desenvolver seus aplicativos geoespaciais ao lado de seu mecanismo de busca para criar o que é, com efeito, um mapa gigantesco da web. Brin e Page anteciparam esse avanço com a criação precoce do PageRank, mas sua compreensão embrionária do mapeamento virtual era muito diferente das definições tradicionais de cartografia como mapeamento de terreno físico. Se a web é uma "rede de documentos hiperlinkados acessíveis via internet",[61] então o Google está criando um mapa virtual infinito que tenta representar um mundo da informação em constante expansão. O Google Earth é um complemento irresistível desse processo, que permite que as pessoas comecem por olhar para o terreno físico, e a partir daí se aprofundem através de camadas potencialmente ilimitadas de informações digitais, a maioria das quais não pode ser "vista" pelo olho humano. Em abril de 2010, o aplicativo Google Earth tornou-se ainda mais central, quando o Google o integrou ao site "Maps", permitindo que usuários passem facilmente de um para outro.[62] Para o Google, uma justificação de seus aplicativos geoespaciais é que a imagem digital da Terra se torna o meio através do qual todas as informações são acessadas; em 2007, Michael T. Jones afirmou que o Google "inverte os papéis de navegador como aplicativo e de mapa como conteúdo, resultando em uma experiência na qual o próprio planeta é o navegador".[63] O aplicativo Earth – de acordo com o Google – é o primeiro lugar a que um usuário vai para acessar e visualizar informações. Isso parece, no momento pelo menos, ser uma definição completamente pura de um mapa mundial feito a partir de suas próprias concepções e seus pressupostos culturais, os quais estão agora potencialmente disponíveis ao clique de um mouse de computador.

A escala dos dados que podem ser carregados no mapa virtual não mostra sinais de atingir o seu limite. Em 2010, Ed Parsons estimou que, se todos os dados já registrados pela humanidade até 1997 fossem digitalizados, os próximos treze anos de uso da internet dobrariam esse número. Depois disso, ele prevê que dobrará novamente em apenas dezoito meses. As estimativas sugerem que o tamanho atual da web é algo em torno de 1.800 exabytes (um exabyte contém um quintilhões de bytes, ou 10^{30}), com quase 12 bilhões de páginas.[64] Mas a capacidade não é o problema. Parsons afirma que, "se cada planeta tivesse uma internet do tamanho da internet atual, nós facilmente a preencheríamos". O desafio, como sempre na história da cartografia, é como acompanhar a acumulação, até mesmo a sobrecarga de informação. O Google e seus aplicativos geoespaciais talvez tenham a capacidade de acompanhar o aumento fenomenal de dados, mas mapeá-los será um processo contínuo e interminável, como Ptolomeu, al-Idrisi e os Cassini descobriram.

EM 1970, o geógrafo americano Waldo Tobler, em frase famosa, postulou o que chamou de "a primeira lei da geografia: tudo está relacionado com tudo, mas coisas próximas estão mais relacionadas do que coisas distantes".[65] Tobler, um dos pioneiros da cartografia computadorizada, cunhou sua primeira lei quando desenvolvia simulações em computador do crescimento da população em Detroit. Com suas implicações de interconexão global e a importância da informática em mapear a geografia humana, a Primeira Lei de Tobler funciona como uma metáfora para a internet e se tornou um princípio motriz para os tecnólogos geoespaciais no Google Earth. A Primeira Lei reconhece o fato de que, desde Ptolomeu, a geografia sempre foi egocêntrica. Seus usuários começam por localizar a si mesmos ou sua comunidade em um mapa, mas depois perdem gradualmente o interesse em "coisas distantes" em suas margens. Quando entra pela primeira vez no Google Earth (ou em qualquer outro aplicativo geoespacial), a maioria das pessoas começa por fornecer sua própria localização (uma região, cidade ou mesmo uma rua), em vez de usar o aplicativo para expandir seu conhecimento geográfico.

Para o Google, a Primeira Lei de Tobler oferece uma maneira não só de mapear o mundo on-line, mas também de fazer dinheiro com suas informações. Ed Parsons destaca que, "para nós, o Google Earth e o Google Maps são a representação visual da geografia. Mas a geografia está inserida em quase tudo que fazemos, porque quase toda informação tem algum contexto geográfico". Ele estima que mais de 30% de todas as buscas do Google têm algum elemento geográfico explícito: o Google efetivamente organiza a informação do ponto de vista geográfico, bem como alfabético e numérico. Os aplicativos geoespaciais estão agora firmemente integrados à experiência de busca do Google. Qualquer pesquisa possibilita a compa-

Informação 475

ração imediata com o aplicativo de seus mapas como uma forma de situar informações no espaço. Se eu digitar "restaurantes chineses" no Google, irei me deparar com uma lista de sete restaurantes em torno de onde moro, cada um com sua página ao lado de um mapa do Google mostrando-me sua localização. É um aspecto do investimento da empresa nesses aplicativos que a maioria dos geógrafos deixou de notar, pois se fixam nos aspectos estritamente cartográficos do Google Earth e do Google Maps. Parsons argumenta, seguindo diretamente Tobler, que o aumento da mobilidade dos indivíduos e de seu acesso a aplicativos geoespaciais (via celulares, por exemplo) significa que a informação "que está perto de nós será mais importante do que a informação que está mais distante". Seu exemplo é a publicidade. Se uma empresa pode "mostrar seus anúncios para pessoas a cem metros de seu negócio, as quais, no passado, expressaram uma preferência pela compra de seu tipo de mercadoria, isso é uma vantagem real. As pessoas pagariam um bom dinheiro por esse tipo de informação".[66] Uma olhada nos lucros anuais do Google sugere que as empresas estão realmente pagando por esse tipo de informação. Nas mãos do Google, a teoria da informação contável de Claude Shannon encontrou finalmente seu mercado. O distante está à mão em imagens virtuais de outros lugares que, para o Google, estão se revelando extremamente rentáveis.

Michael T. Jones antecipou Parsons em uma entrevista dada em maio de 2006, apenas um ano depois da aquisição da Keyhole pelo Google. Jones afirmou que

> dizer que o Google lançou o Google Earth para não ganhar dinheiro não faz sentido. O Google é um negócio verdadeiro que dá lucro. O Google Earth conecta o mundo com as informações mundiais de uma forma que nunca antes foi possível, e excitou a imaginação de dezenas de milhões de pessoas. Isso é uma coisa boa para o Google. Mesmo que o nosso modelo de negócio fosse atrair a atenção para o Google e deixar que as pessoas usassem a pesquisa Google para pagar por ele, ele funcionou muito bem. Então, as pessoas que acham que entramos no Google Earth sem a intenção de ganhar dinheiro realmente não entendem o nosso negócio. Ele não diz respeito aos componentes de GIS de nosso trabalho. Essas são as ferramentas que usamos para construir nosso negócio.[67]

O resultado é um modelo de comércio eletrônico que os economistas chamam de *"Googlenomics"*. Em 2002, o Google já havia desenvolvido um novo método de obtenção de receita com a venda de espaço publicitário on-line, naquilo "que pode ser a ideia de negócio mais bem-sucedida da história": Adwords.[68] O Adwords usa um algoritmo complicado para analisar cada pesquisa no Google e determinar quais os anunciantes que exibirão seus negócios nos "links patrocinados" encontrados em cada página de resultados. As empresas fazem propostas fechadas sobre quanto estão dispostas a pagar ao Google cada vez que um usuário clica em seu anúncio, no maior e mais rápido leilão do mundo. Em uma fração de segundo, o Google determina quem vai se oferecer para pagar mais e hierarquiza os anúncios nos links patrocinados em conformidade com isso. Toda vez que alguém pesquisa no Google está inadvertidamente participando de um leilão global incessante e multibilionário. O Google vende o plano para os anunciantes dizendo que ele possibilita "que se conectem com clientes potenciais no momento mágico em que estão procurando seus produtos ou serviços, e paga somente quando as pessoas clicam em seus anúncios".[69] Esse serviço representa o que o chefe da publicidade do Google chama de "a física de cliques". A busca do lucro é, ao mesmo tempo, um método de adquirir mais dados. "A venda de anúncios", escreve Steven Levy,

> não gera apenas lucros; ela gera também torrentes de dados sobre os gostos e hábitos dos usuários, dados que o Google então peneira e processa, a fim de prever o comportamento futuro do consumidor, encontrar maneiras de melhorar seus produtos e vender mais anúncios. Este é o coração e a alma da *Googlenomics*. É um sistema de constante autoanálise: um circuito de feedback alimentado por dados que define não só o futuro do Google, mas o futuro de quem faz negócios on-line.[70]

No centro da *Googlenomics* estão os aplicativos geoespaciais da empresa. Enquanto o Adwords permite que as empresas direcionem seus anúncios de forma mais eficaz, o Google Earth e o Google Maps localizam o produto delas no espaço físico e virtual. O aplicativo geoespacial encontrou seu uso definitivo, como Michael T. Jones sugeriu em palestra recente, na qual anunciou pomposamente o que chamou de "o novo significado dos

Informação 477

mapas". Jones define o mapa on-line como "um lugar de negócios", uma "plataforma de aplicativos" de onde as empresas comercializam o que ele chama de "informação acionável".[71] Está claro que existe uma motivação cada vez mais comercial por trás do desenvolvimento dos aplicativos geoespaciais da empresa, mas nem o "novo significado dos mapas" de Jones, nem a relação íntima deles com negócios são tão novos quanto eles gostariam de pensar. O Google Earth faz parte de uma longa e distinta tradição cartográfica da geografia de mapeamento para comércio que remonta, pelo menos, aos mapas regionais de al-Idrisi das mercadorias do Mediterrâneo. Ela é subjacente aos mapas do mundo de Diogo Ribeiro, impulsionados pelo acesso à riqueza comercial do arquipélago indonésio, à projeção de Mercator para navegadores, aos atlas de Blaeu para os comerciantes e burgueses ricos da Holanda, e até ao mapa mundial de Halford Mackinder do conflito imperial pelos mercados cada vez mais competitivos. Quando os mapas e seus autores são motivados pela busca aparentemente desinteressada de informação geográfica, sua aquisição requer patrocínio, financiamento estatal ou capital comercial para torná-los viáveis. Mapas e dinheiro sempre andaram de mãos dadas e refletiram os interesses de determinados governantes, Estados, negócios ou corporações multinacionais, mas isso não significa necessariamente negar as inovações feitas pelos cartógrafos que eles financiaram.

Mas há uma diferença crucial entre o que o Google está fazendo e o que aconteceu antes, e que não diz respeito simplesmente à escala: trata-se do código-fonte computadorizado utilizado para construir seus aplicativos geoespaciais, bem como Adwords e PageRank, que, em princípio, permanecem fiéis às formulações básicas de Claude Shannon sobre como comunicar informações fungíveis. Por razões comerciais óbvias, o Google não divulga os detalhes específicos de seu código,[72] o que significa que, pela primeira vez na história, uma visão de mundo está sendo construída de acordo com informações que não estão disponíveis pública e gratuitamente. Todos os métodos anteriores de cartografia acabavam por revelar suas técnicas e fontes, ainda que, como no caso da cartografia dos séculos XVI e XVII, eles tentassem – mas não conseguissem – esconder seus detalhes dos concorrentes. Ademais, esses exemplos de cartografia não foram projetados exclusivamente para obter lucro financeiro, nem foram construídos com a escala de dados que permite que o Google restrinja a circulação de seu código no domínio público. A API do Google Maps permite que os usuários reproduzam mapas do Google, mas não entendam o seu código; e, como o Adwords, ao rastrear a circulação de seus mapas, o Google pode expandir sua base de dados sobre os gostos e hábitos dos usuários. Os termos de licenciamento da API do Google Maps também reservam o direito da empresa de pôr anúncios em sites que usam seus mapas em qualquer momento do futuro: seria um lance agressivo e controverso, mas o Google não vai descartá-lo. "Assim, o controle do código é poder", escreve o historiador da arquitetura William J. Mitchell. "Quem escreverá o software que cada vez mais estrutura nossas vidas cotidianas? O que o software permitirá e proibirá? Quem será privilegiado por ele e quem será marginalizado? A quem os autores das regras responderão?"[73]

Do mesmo modo, o projeto em andamento da empresa para digitalizar as bibliotecas do mundo é uma tentativa de tornar o conhecimento gratuita e instantaneamente acessível on-line – embora os críticos do Google afirmem que isso representa uma tentativa de criar um monopólio sobre esses dados e apontem para as restrições vigentes (os livros do Google não podem ser impressos nem vistos em sua totalidade: é provável que essas restrições sejam levantadas somente se o usuário pagar uma taxa).[74] Em março de 2011, o juiz federal americano Denny Chin rejeitou o acordo planejado de 125 milhões de dólares do Google com grupos de autores e de editoras para pôr mais de 150 milhões de livros on-line, pois daria a empresa "uma vantagem significativa em relação aos concorrentes, recompensando-a por copiar no atacado sem permissão obras com direitos autorais" e dar possivelmente ao Google o monopólio do mercado de busca de livros.[75] Em setembro de 2011, a empresa enfrentou uma comissão do Senado americano para responder a acusações de abusar de sua posição predominante em pesquisas on-line universais para dar aos seus serviços um melhor posicionamento, acusações que parecem propensas a crescer nos próximos anos.[76]

O Google responde que não é de seu interesse perder a confiança dos clientes por comprometer sua situação de provedor imparcial de informações de pesquisa on-line. Ele também argumenta que os detentores de direitos autorais se beneficiariam financeiramente com a digitalização de livros. Por último, enfatiza que seus usuários (e grupos on-line registrados

Informação

como a Comunidade do Google Earth) não tolerariam qualquer movimento em direção a um monopólio da informação, parcialidade política ou aceitação de censura. No entanto, permanecem os temores sobre as ambições do Google no campo da geografia, além dos livros. Os usuários de seus aplicativos talvez não sejam suficientemente motivados ou organizados para resistir a uma monopolização da informação. Somente os governos podem instaurar os freios e contrapesos necessários por meio de leis de concorrência. Entrementes, parece improvável que a empresa possa sustentar a tensão crescente entre seus imperativos comerciais e um ethos interativo mais progressista. Sob esse aspecto, os tecnólogos geoespaciais do Google Earth lembram os cartógrafos humanistas do século XVI, como Diogo Ribeiro e Martin Waldseemüller, trabalhando em meio a pressões políticas e comerciais para ampliar os horizontes de informação geográfica. Mas, em contraste com o século XVI, as sociedades civis modernas têm governos, ONGs e comunidades on-line para monitorar e, quando julgam adequado, criticar empresas como o Google.

Devemos também permanecer atentos para as limitações desses aplicativos geoespaciais. Subsistem problemas técnicos. O Google ainda tem estrada pela frente até fornecer dados de alta resolução padronizados de todo o planeta – ainda que oficialmente aprecie o desafio de melhorar sua cobertura. Em uma pesquisa sobre os quatro principais sites de mapeamento on-line (Google Earth, MSN Maps, MapQuest e Multimap), a consultora finlandesa de tecnologia da informação Annu-Maaria Nivala e seus colegas realizaram uma série de testes controlados com um grupo de usuários, que identificaram 403 problemas, de dificuldades com operações de busca a problemas com a interface do usuário, a visualização e as ferramentas de mapas. Os mapas on-line eram com frequência "desordenados, confusos, instáveis e terríveis de olhar na tela". As projeções pareciam muitas vezes "esquisitas", as imagens estavam "sobrecarregadas com informações", panorâmicas e zoom eram erráticos, o layout era ruim e os dados eram inconsistentes, levando os participantes a fazer a velha pergunta: "Quem decide o que é incluído ou não no mapa?"[77] Alguns desses problemas poderiam ser sanados se fossem adotados mapas padronizados em todos os sites comerciais concorrentes, mas as chances de que isso aconteça no futuro próximo são extremamente improváveis.

Apesar dos desafios técnicos em andamento que os aplicativos geoespaciais enfrentam, um problema persistente é a assim chamada "exclusão digital". Embora o Google Earth tenha sido baixado por mais de meio bilhão de pessoas, superando de longe o número estimado de 80 milhões de exemplares da projeção de Peters em circulação desde os anos 1970, esse número deve ser visto contra o pano de fundo de uma população mundial de 7 bilhões de pessoas, muitas delas não somente sem acesso à internet, mas que desconhecem sua existência. Em 2011, de uma população mundial de quase 7 bilhões de pessoas e uma estimativa de 2 bilhões de usuários on-line, apenas a América do Norte, Oceania e Europa podiam exibir uma taxa de penetração da internet de mais de 50%. Com uma média mundial de 30%, a taxa da Ásia era de 23,8% e a da África, de apenas 11,4%, ou 110 milhões de usuários da internet.[78] Trata-se de um problema não somente de acesso à tecnologia, mas de acesso ao conhecimento (ou o que é conhecido em estudos de desenvolvimento como A2K).[79] Esses números fazem com que o uso significativo de aplicativos como o Google Earth seja, em grande parte, limitado às elites instruídas, predominantemente ocidentais. Isso também significa que esses aplicativos estão mapeando as partes do mundo onde a população tem pouco ou nenhum conhecimento do que está acontecendo.

Não obstante, o Google Earth é uma notável criação tecnológica com enorme potencial, e que provavelmente assinala a morte ou pelo menos o eclipse dos mapas de papel, na medida em que os usuários preferem cada vez mais a tecnologia GPS on-line em detrimento dos mapas e atlas tradicionais de países, cidades e vilas. No momento, ele possibilita aos usuários da internet um acesso sem precedentes à informação geográfica, e tem sido usado por indivíduos e organizações não governamentais em variadas situações ambientais e políticas progressistas. O Google criou uma maneira personalizada de usar mapas e de permitir que eles sejam descartados, o que é inédito, e promete inovações futuras que nos afastarão mais do que nunca das percepções tradicionais dos mapas, com o que Parsons chama de "aplicativos de realidade aumentada [que usam inputs gerados por computador, como som e gráficos, para modificar os ambientes do mundo real], que sobrepõem informações numa imagem do mundo que talvez tenha sido um dia representada por um mapa".[80]

Informação 481

Apesar desses avanços, o Google Earth mantém continuidades com métodos mais tradicionais de apresentação cartográfica. O layout, que nos convida a ver toda a Terra e, depois, descer para ver os continentes, países e regiões distintas, baseia-se no formato de atlas popularizado por Mercator e Blaeu. A crença de que sua tecnologia "espelha" de alguma maneira a Terra em um ato transparente de representação tem sido fundamental para as práticas de mapeamento global, pelo menos desde o Renascimento, assim como a crença duradoura no poder da matemática para projetar o globo sobre uma superfície plana. O planeta inteiro na página inicial do Google Earth pode ser parecido com imagens fotográficas de satélite, mas ainda representa um objeto tridimensional projetado sobre uma superfície plana, ou uma tela. Tal como acontece com todas essas imagens, ele seleciona uma determinada projeção – nesse caso, a Projeção de Perspectiva Geral.[81] Ao escolher essa projeção, o Google Earth faz este livro percorrer um círculo completo, pois seu inventor não foi outro senão Ptolomeu. Na *Geografia*, Ptolomeu descreveu essa projeção do "globo em um plano", que "se supõe que ocupe a posição do meridiano através dos pontos dos trópicos".[82] Nessa projeção, o globo é visto de um ponto finito no espaço, de uma perspectiva vertical (como descrito em Ptolomeu), ou inclinada. Inicialmente, a projeção tinha pouco valor prático, pois não era capaz de representar a Terra em algum detalhe. No entanto, a fotografia e as viagens espaciais reviveram a projeção, porque as fotografias da Terra, como as da Apollo 17, têm uma perspectiva vertical inclinada, que imita a maneira como o olho veria o planeta à distância. Para aplicativos como o Google Earth, a Projeção de Perspectiva Geral é uma maneira ideal de representar o globo tridimensional em duas dimensões, porque mostra uma imagem pictoricamente satisfatória da Terra, ao mesmo tempo em que permite que o observador dê depois um zoom de aproximação e voe por sua superfície para "ver" detalhes melhorados, graças ao *clip-mapping* e ao *ray tracing*. Não obstante, o Google Earth ainda toma decisões sobre como representa o mundo dessa forma, à custa de características geográficas como a representação precisa das regiões polares. Os aplicativos geoespaciais convertem a Terra nas sequências de zeros e uns de Claude Shannon, que são transformados por algoritmos em uma imagem reconhecível do mundo que nos rodeia. Desse modo, os métodos do Google Earth são tão antigos quanto Ptolomeu, com sua geometria rudimentar de ver o mundo de cima, e sua representação digital do mundo, de acordo com o cálculo numérico de latitude e longitude.[83]

As ANSIEDADES CRIADAS pelo surgimento e a evolução de aplicativos geoespaciais como o Google Earth não são novidade. Temores semelhantes acompanharam as grandes mudanças nos meios de cartografar em vários momentos da história, da pedra ao pergaminho e o papel, manuscrito iluminado, xilogravura, gravura em placa de cobre, litografia e computação gráfica. Em cada momento, os cartógrafos e usuários de mapas conseguiram explorar as pressões religiosas, políticas ou comerciais que moldam os mapas de acordo com seus interesses particulares. Os debates atuais em torno do Google e seus aplicativos geoespaciais, que questionam se sua disseminação livre de informação e os choques com autoridades governamentais são o resultado de um modelo de negócios monopolista de longo prazo ou de uma crença intrinsecamente democrática no poder da internet, em alguns aspectos refletem simplesmente uma intensificação dessas tendências históricas.

Tal como acontece com a maioria das empresas multinacionais, existem tensões indiscutíveis no Google quanto à sua orientação futura, mas parece cada vez mais improvável que ele possa manter um equilíbrio entre suas aspirações de enorme rentabilidade e seus ideais supostamente democráticos. Tal como as teorias da comunicação eletrônica de Claude Shannon, os impulsos iniciais do Google se baseavam na comunicação de informações quantificáveis, livres de ruídos, que podem ser postas em circulação numa escala até então inimaginável. Mas o Google foi mais longe ao desenvolver um método não somente para quantificar informações geográficas, mas também dar-lhes um valor monetário. A história dos mapas nunca conheceu anteriormente a possibilidade de um monopólio de informações geográficas valiosas cair nas mãos de uma única empresa, e, no momento em que a participação do Google no mercado global de pesquisa on-line chega a 70%, aqueles que trabalham na indústria da internet estão preocupados. Simon Greenman acredita que, embora o Google "tenha feito um trabalho maravilhoso com a Terra, eles também

Informação

têm o potencial para dominar o mapeamento do mundo numa escala sem precedentes históricos. Se avançarmos de dez a vinte anos no tempo, o Google será dono do mapeamento global e dos aplicativos geoespaciais".[84] A empresa gosta de dizer que, graças à capacidade dos seus mapas on-line de identificar nossa localização em qualquer lugar do planeta, somos a última geração a saber o que significa estar perdido. Podemos ser também a última geração a saber o que significa ver uma cartografia gerada por uma variedade de indivíduos, Estados e organizações. Estamos à beira de uma nova geografia, mas uma geografia que corre o risco de ser conduzida como nunca antes por um único imperativo: a acumulação de lucro financeiro através da monopolização de informação quantificável.

Conclusão: o olho da história?

CADA MAPA DESCRITO neste livro é um mundo em si mesmo. No entanto, além de oferecer uma imagem única de seu tempo e lugar, espero ter mostrado que certas características são comuns a todos os doze. Cada um deles aceita a realidade de um mundo externo, quaisquer que sejam sua forma e suas dimensões. Essa crença é compartilhada por praticamente todas as culturas, assim como o desejo de reproduzi-lo graficamente na forma de um mapa. Mas a percepção desse mundo terrestre e os métodos gráficos utilizados para expressá-la diferem muito, dos círculos gregos aos quadra-dos chineses e triângulos iluministas. Todos também aceitam (implícita ou explicitamente) que a Terra não pode ser mapeada de forma abrangente sobre uma superfície plana. Ptolomeu admitiu que suas projeções eram respostas insatisfatórias para o problema; al-Idrisi reconheceu o dilema, mas o suprimiu em favor de mapas seccionais; Mercator acreditava que oferecia o melhor acordo disponível; e Peters simplesmente sublinhou o problema e antecipou a atual proliferação de aplicativos geoespaciais, que oferecem uma gama de imagens da Terra inteira através de uma variedade de imperfeições cartográficas.

Espero que este livro tenha mostrado também que nenhum mapa do mundo é ou pode ser uma representação transparente e definitiva de seu objeto que ofereça um olhar sem corpo sobre o mundo. Cada um deles é uma negociação contínua entre seus criadores e usuários, à medida que muda a compreensão que têm do mundo. Mapas mundiais estão num estado perpétuo de devir, processos em curso que navegam entre os interesses conflitantes de patrocinadores, fabricantes, consumidores e dos mundos em que surgem. Pela mesma razão, jamais é possível definir um mapa como acabado: o levantamento topográfico de Cassini é o exemplo mais óbvio de um mapa em infinito desdobramento, mas a série de

Conclusão

mapas de Diogo Ribeiro da década de 1520 constitui um exemplo similar, e Blaeu concluiu apenas o primeiro volume de um atlas que poderia ter continuado indefinidamente. Por mais que os mapas tentem abranger o mundo de acordo com um princípio definidor, trata-se de um espaço em constante evolução, e que não para e aguarda a conclusão do trabalho do cartógrafo – um fato que o Google compreendeu e usou a seu favor mais do que qualquer de seus concorrentes.

Os mapas oferecem uma proposta em relação ao mundo, e não apenas um reflexo dele, e cada proposta emerge dos pressupostos e preocupações dominantes de uma determinada cultura. A relação entre um mapa e esses pressupostos e preocupações é sempre recíproca, mas não necessariamente fixa ou estável. O mapa-múndi de Hereford propõe uma compreensão cristã da criação e antecipa o fim do mundo; o mapa Kangnido oferece uma imagem do mundo com uma potência imperial em seu centro e no qual a crença em "formas e forças" geomânticas é fundamental para a existência terrena. Ambos são logicamente coerentes com as culturas das quais emergem, mas também extrapolam de sistemas de crenças para aspirar a uma visão abrangente do mundo todo. Essa relação recíproca é característica de todos os meus doze mapas. Cada um deles não é apenas *sobre* o mundo, mas também *do* mundo. Para o historiador, todos criam as condições para compreender uma ideia predominante – religião, política, igualdade, tolerância – que dá sentido à nossa vida no mesmo momento em que passamos a compreender o mundo que nos rodeia.

Apesar das tentativas de cartógrafos como Arthur Robinson para explicar os processos cognitivos pelos quais os mapas transformam as crenças e a geografia imaginativa das pessoas, continua sendo difícil definir como as pessoas internalizam as maneiras como um mapa representa informações espaciais sobre o mundo ao redor delas. Em sua *História da cartografia*, J.B. Harley e David Woodward (este último foi aluno de Robinson) admitiram que "provas do nível de consciência dos mapas em sociedades primitivas" são "praticamente inexistentes".[1] Um mapa pode ter sucesso ao inovar, mas mesmo assim não afetar a percepção de mundo das pessoas. Os mapas de al-Idrisi propunham um ideal de mundo nascido do intercâmbio cultural entre o islamismo e o cristianismo, mas o colapso da cultura sincrética que os produziu na Sicília do século XII fez com que poucas pessoas os vissem, e menos ainda tivessem a oportunidade de aceitar sua visão de mundo. Em contraste, as pesquisas sobre como os profissionais usaram o mapa mundial de Arno Peters revelaram pouca compreensão de seus detalhes falhos, mas aceitação generalizada de suas demandas por igualdade geográfica. Em outras épocas, alguns indivíduos podem, de repente, revelar como um mapa corresponde a uma preocupação ou ansiedade predominante, como quando poetas chineses do século XII dizem que os mapas representam um império mítico perdido, ou como o momento em que os soldados de Napoleão explicam a capacidade mágica dos mapas de Cassini para mostrar a um padre atônito a extensão da nação francesa. Um mapa pode se basear em pressupostos de sua cultura que são aceitos ou rejeitados por seus usuários, uma vez que tais pressupostos são constantemente testados e renegociados.

Um pressuposto da cartografia científica objetiva que surgiu na Europa no século XVIII e motivou os Cassini e seus seguidores era de que, em algum momento, seria possível propor um mapa do mundo padronizado e universalmente aceito. Ainda hoje, não existe um mapa assim, mesmo entre a profusão de aplicativos geoespaciais on-line, prova de que devemos sempre fazer concessões quando escolhemos nossos mapas parciais do mundo e aceitar que eles "nunca estão totalmente formados e seu trabalho nunca está completo".[2] Assim, termino com a história de uma última iniciativa que tentou, mas não conseguiu, mapear o mundo todo.

Em 1891, o respeitado geomorfologista alemão Albrecht Penck propôs uma nova iniciativa cartográfica no V Congresso Geográfico Internacional, realizado em Berna. Antecipando as opiniões de Halford Mackinder sobre o estado da geografia no final do século XIX, Penck afirmou que já existiam informações suficientes sobre o mapeamento da superfície da Terra para justificar a criação de um mapa internacional do mundo. O plano de Penck envolvia o que ele chamou de "a execução de um mapa do mundo na escala de 1:1.000.000 (dez quilômetros para um centímetro)". Penck apontou que os mapas do mundo então existentes "não são uniformes em escala, projeção ou estilo de execução; são publicados em diferentes lugares em todo o mundo, e muitas vezes são difíceis de obter".[3] Sua solução era o Mapa Internacional do Mundo (IMW, na sigla em inglês).

Com base na colaboração internacional entre as principais agências de cartografia do mundo, o IMW implicaria a criação de 2.500 mapas

Conclusão 487

que cobririam toda a Terra. Cada um cobriria quatro graus de latitude e seis graus de longitude, utilizando uma única projeção – a cônica modificada – e convenções e símbolos padronizados. A projeção não precisava representar todo o globo com precisão porque, em um argumento que lembrava o método de al-Idrisi, Penck enfatizava que seria impraticável unir todos os 2.500 mapas: só os mapas da Ásia ocupariam um espaço de 2,8 metros quadrados. Repetindo as grandes cosmografias de Mercator e Blaeu, Penck sugeriu que sua ideia "poderia ser descrita como um 'Atlas do Mundo'".[4] O meridiano principal passaria por Greenwich e o alfabeto latino seria usado para todos os nomes de lugares. A representação da geografia física e humana seria estritamente uniforme, até a largura das linhas utilizadas para representar as fronteiras políticas e as cores escolhidas para representar as características naturais, como florestas e rios.

Penck estimava que "o custo de produção pode ser definido em cerca de nove libras esterlinas por pé quadrado para uma edição de mil exemplares". Ele admitia que, se "toda a edição fosse vendida a dois xelins por folha, haveria um déficit de mais de 100 mil libras", mas ressaltava que os governos haviam gasto quantias muito maiores em expedições científicas e coloniais, como "as despesas com a exploração do Ártico nos anos 1940 e 1950 e na exploração africana, mais recentemente". As grandes potências imperiais – Grã-Bretanha, Rússia, Estados Unidos, França e China – seriam responsáveis pela criação de mais da metade dos mapas. Em um apelo pela cooperação internacional, independentemente das diferenças culturais e ideológicas, Penck acreditava que, se "esses países derem sua aprovação ao plano, seu sucesso estará garantido, mesmo que, em alguns casos, o trabalho tenha de ser feito por particulares ou à custa de sociedades geográficas, em vez de governos".[5]

Era um plano idealista, um resumo da crença iluminista no realismo padronizado cientificamente exato, e uma realização global do método nacional de mapeamento representado pela *Carte de Cassini*. Mas havia dois problemas específicos. Não estava de todo claro como os países com pouca experiência de levantamento topográfico executariam a tarefa, em especial se não tivessem os recursos financeiros necessários, e Penck foi incapaz de oferecer uma explicação suficientemente atraente sobre os potenciais benefícios do mapa. Ele alegava que as "circunstâncias e os interesses da

488 *Uma história do mundo em doze mapas*

nossa vida civilizada fazem de bons mapas quase uma necessidade. Os mapas de nossos países são absolutamente indispensáveis; interesses comerciais, projetos missionários e o empreendimento colonial criam uma demanda por mapas de países estrangeiros, enquanto que, em relação aos mapas necessários para fins educativos e como ilustrações da história contemporânea, seu nome é legião".[6] Isso não era suficiente para muitos dos críticos do projeto, um dos quais escreveu em 1913: "Não sei de qualquer declaração muito clara que tenha sido feita a respeito do propósito exato desse mapa. ... Podemos pensar, talvez, que se destine ao uso do geógrafo sistemático, sempre que tenha sido determinada qual é a função dessa pessoa."[7] A convicção de Penck quanto à utilidade do mapa recorria aos valores dominantes de sua época: ele definiria o moderno Estado-nação, facilitaria o capitalismo global, possibilitaria a difusão do cristianismo e justificaria a expansão colonial dos impérios europeus. Se, tal como Penck afirmava, um "mapa do mundo uniforme seria ao mesmo tempo um mapa uniforme do Império Britânico", isso poderia beneficiar os britânicos, mas não necessariamente alguém mais.

O Congresso de Berna concordou em investigar a implementação do IMW, e congressos posteriores continuaram a apoiar a ideia, mas com pouco resultado prático. Foi somente em 1909 que uma Comissão do Mapa Internacional (incluindo Penck) reuniu-se no Foreign Office, em Londres. A comissão foi convocada pelo governo britânico, que compreendeu as vantagens de moldar o projeto de acordo com seus interesses. O comitê concordou com a forma de detalhamento do mapa, incluindo um diagrama indexado de todo o projeto e planos para produzir seus primeiros mapas. Mas, em 1913, apenas seis folhas da Europa haviam sido elaboradas, e a maioria dos países representados as rejeitou por razões nacionais e políticas. Uma segunda reunião foi convocada para Paris em 1913, com o objetivo de estabelecer a uniformidade em cada mapa, mas suas deliberações receberam um revés com a notícia de que os Estados Unidos haviam decidido levar adiante seus próprios mapas independentes da América do Sul em escala 1:1.000.000.

Quando o IMW naufragou, a delegação britânica propôs que um escritório central deveria dirigir o projeto, com sede no Ordnance Survey, com a Real Sociedade Geográfica fornecendo financiamento privado su-

Conclusão 489

postamente independente da política. Poucas pessoas foram enganadas; a iniciativa era apoiada pela Seção Geográfica do Estado-Maior (GSGS, na sigla em inglês), também conhecida como MO4, parte da organização de inteligência do governo britânico, responsável pela coleta e produção de mapas militares. Em 1914, quando a guerra foi declarada, o Ordnance Survey, com o apoio da Real Sociedade Geográfica e da GSGS, produziu uma série de mapas em 1:1.000.000 da Europa, do Oriente Médio e do norte da África para apoiar o esforço de guerra dos Aliados.[8] As diferenças nacionais e políticas que Penck esperava transcender na criação do mapa acabaram por transformá-lo em um instrumento de guerra.

Depois de 1918, o projeto se arrastou, mas Penck se distanciou dele, desiludido com o que considerava injustiça política do tratado de Versalhes (que impôs suas próprias divisões cartográficas à Alemanha derrotada). Em 1925, o escritório central do projeto informou que apenas duzentos mapas na escala de 1:1.000.000 haviam sido produzidos, e apenas 21 deles estavam conforme os critérios originais acordados pelos delegados em Paris, em 1913.[9] Em 1939, somente outros 150 mapas tinham sido concluídos. Com a eclosão da Segunda Guerra Mundial, o envolvimento do Ordnance Survey no IMW acabou. O secretário da Real Sociedade Geográfica Arthur Hinks concluiu que o ethos internacional do projeto estava errado: "A moral parece ser que, se você quer um mapa geral que abranja um continente, consistente em estilo e disponível em quantidade, então você mesmo deve fazê-lo, e se quer chamá-lo de internacional ou não é uma questão de escolha, ou conveniência."[10]

A Segunda Guerra Mundial definiu a importância do controle militar dos céus e as cartas aeronáuticas foram consideradas mais importantes do que os mapas em escala relativamente grande produzidos sob os auspícios do Ordnance Survey. A guerra também causou estragos no próprio serviço topográfico britânico. Em novembro de 1940, o bombardeio de Southampton destruiu a maior parte dos escritórios do Ordnance Survey e grande parte do material relativo ao Mapa Internacional. Em 1949, aqueles que ainda estavam envolvidos no projeto recomendaram sua transferência para a recém-criada Organização das Nações Unidas. A carta da ONU já reconhecia que "mapas exatos são um pré-requisito para o desenvolvimento adequado dos recursos mundiais ... esses mapas facilitam o comércio internacional, promovem a segurança da navegação ... e fornecem as informações necessárias para o estudo de medidas de ajuste pacífico ... e para a aplicação de medidas de segurança".[11] Na 13ª sessão do Conselho Econômico e Social da ONU (Ecosoc), em 20 de setembro de 1951, aprovou-se a Resolução 412 AII (XIII), que autorizava a transferência do Escritório Central do IMW para o Gabinete de Cartografia do Secretariado das Nações Unidas[12] e, em setembro 1953, a ONU assumiu oficialmente o controle do IMW. Ela herdou um projeto em desordem, com apenas quatrocentos mapas acabados, uma fração do número necessário para completar o projeto. O primeiro mapa índice publicado pela ONU fornecia um resumo global do que havia sido publicado, revisado, reeditado, recebido, e do que ainda precisava ser mapeado. Era caótico, e o que ainda estava por fazer era assustador.[13]

Com a intensificação da Guerra Fria ao longo da década de 1950, ficou óbvio que o espírito de cooperação internacional que originalmente inspirara o Mapa Internacional estava morto. Em 1956, a União Soviética apresentou uma proposta ao Ecosoc de um novo mapa do mundo, na escala de 1:2.500.000. Não é de surpreender, considerando-se o investimento da ONU na IMW, que a proposta tenha sido rejeitada, mas, numa triste

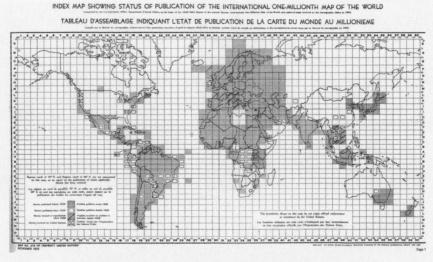

38. Mapa índice mostrando a situação da publicação
do Mapa Internacional do Mundo 1:1.000.000 (IMW), 1952.

Conclusão 491

ironia, o Departamento Nacional de Terras e Mapeamento da Hungria retomou o projeto, com o apoio dos outros países comunistas da Cortina de Ferro e da China. As primeiras folhas impressas foram publicadas em 1964 e, em 1976, o mapa inteiro foi exibido pela primeira vez em Moscou. Era composto de 224 folhas completas e 39 sobrepostas, e, embora não tivesse a escala e o nível de detalhes da ideia original de Penck e obtivesse apenas uma circulação limitada na Europa oriental, ele representava uma tentativa patrocinada pela União Soviética de mostrar que o bloco soviético poderia competir com qualquer coisa produzida no Ocidente capitalista.[14]

A ONU tentou ressuscitar o IMW nos anos 1960, mas com pouco resultado, e cartógrafos de destaque uniram-se para criticar suas aspirações internacionais – entre eles, Arthur Robinson, que o rejeitou, dizendo tratar-se meramente de "papel de parede cartográfico".[15] Em 1989, a ONU finalmente desistiu e encerrou o projeto. Menos de mil mapas foram concluídos, e a maioria já estava obsoleta. O mundo havia mudado. O governo dos Estados Unidos já havia criado o Centro Nacional de Informação e Análise Geográfica, apenas uma das muitas organizações financiadas pelo Estado que assinalariam o nascimento dos aplicativos geoespaciais online e a morte do sonho de um mapa-múndi com financiamento estatal internacional baseado na cooperação global.

Em última análise, os valores do século XIX que inspiraram o IMW – progresso científico, domínio imperial, comércio global e a autoridade do Estado-nação – acabaram por destruir essa Torre de Babel cartográfica. A contradição de tentar criar o mapa é que a época de sua criação ganhou (ou, na verdade, *não* ganhou) o mapa mundial que merecia. Suas exigências imperiais e nacionais de cooperação internacional transparente, baseadas na suposta superioridade dos métodos de mapeamento ocidentais, eram simplesmente altas demais e sufocaram as aspirações intelectuais e capacidades científicas do projeto. Nem mesmo todos os recursos técnicos e o apoio financeiro estatal disponíveis durante todo o século XX puderam produzir um mapa do mundo padronizado – e isso foi antes ainda de enfrentar o dilema insolúvel de adotar uma projeção cartográfica mundial. As histórias de Lewis Carroll e Borges sobre um mapa de escala 1:1 eram pura fantasia, mas parece que o mapa mundial de 1:1.000.000 também o era.

Os aplicativos geoespaciais on-line de hoje demonstram pouco apetite para revisitar um projeto como este, apesar do sonho de Al Gore de uma "Terra digital".[16] Em 2008, uma iniciativa liderada por japoneses e apoiada pelos governos dos Estados Unidos e do Japão se propôs mais uma vez a realizar digitalmente o sonho do mapa mundial de 1:1.000.000. Chama-se simplesmente "Mapa Global". A declaração de missão do site do projeto afirma que o "Mapa Global é uma plataforma para as pessoas saberem sobre o estado atual da Terra e terem uma visão ampla da Terra para o futuro".[17] O fato de a maioria das pessoas que leem este livro nunca ter sequer ouvido falar de "Mapa Global" diz tudo o que se precisa saber sobre seu impacto. Até mesmo os engenheiros do Google Earth admitem que o sonho de um mapa-múndi virtual on-line uniforme é impossível. A razão é simples: eles querem manter a diversidade nacional, local e linguística do mundo que o Mapa Internacional queria transcender, porque na economia global de hoje a diversidade e a diferença são potencialmente rentáveis. Ninguém quer comprar um produto ligado a um mapa que mostra a região onde mora rotulada em língua estrangeira e coberta de símbolos desconhecidos.

Por mais de 3 mil anos, a humanidade sonhou em criar um mapa mundial universalmente aceito, desde o momento em que o autor anônimo do mapa babilônico do mundo moldou sua tabuleta com o barro da Terra. Hoje, ele ainda parece uma fantasia idealista, e sempre estará condenado pela impossibilidade de criar uma projeção global da Terra aceita por todos. Apesar das alegações do Google Earth, será possível um dia, ou mesmo desejável, criar o que Abraham Ortelius almejava, um mapa abrangente e universalmente aceito da Terra inteira que possa funcionar como o olho onisciente da história?

De um ponto de vista prático, topógrafos e geodesistas responderiam provavelmente que sim, mas seria preciso provar de forma convincente por que um projeto desse tipo seria necessário, não obstante os problemas técnicos de projeção, escala e execução. Penck nunca forneceu uma prova que resistisse às políticas intempestivas do século XX, e a ineficácia do mais recente "Mapa Global" sugere que sua declaração de missão vagamente ambiental também não é uma resposta. O que todos os mapas discutidos neste livro mostraram é que a proposta deles a respeito de como

Conclusão 493

ver o mundo emana de uma visão particular do mesmo, algo de que tanto Penck como o "Mapa Global" carecem. Quando a simples escala da implementação de um projeto ainda requer alguma forma de financiamento estatal ou empresarial, é difícil imaginar que ele possa escapar da perene manipulação política ou comercial que tantas vezes tentou impor uma única imagem à enorme variedade da Terra e seu povo.

Mas uma resposta negativa parece endossar uma visão parcial que dá as costas tanto para a inevitabilidade da globalização como para a possibilidade de celebrar uma humanidade comum internacional através da geografia. Praticamente todos os doze mapas discutidos neste livro tiveram sucesso em sua luta contra uma visão global parcial de mundo. Cada cultura tem uma maneira específica de ver e representar seu mundo através de mapas, e isso é tão verdadeiro para o Google Earth como para o mapa-múndi de Hereford e o mapa do mundo Kangnido. A resposta talvez seja menos um "não" absoluto do que um "sim" cético. Sempre haverá mapas mundiais, e, em algum momento no futuro, sua tecnologia e sua aparência farão com que o mapa do mundo de um atlas moderno e até mesmo a página inicial do Google Earth pareçam tão pitorescos e estranhos quanto o mapa babilônico. Mas eles também seguirão inevitavelmente uma agenda particular, insistirão em certa interpretação geográfica em detrimento de alternativas possíveis e, finalmente, definirão a Terra de uma maneira, em vez de outra. Mas com certeza não mostrarão o mundo "como ele realmente é", porque isso não pode ser representado. Não existe algo como um mapa exato do mundo, e nunca haverá. O paradoxo é que não podemos conhecer o mundo sem um mapa, nem representá-lo definitivamente com um.

Lista de figuras

1. O escudo de Aquiles, bronze de John Flaxman, 1824. (Foto: The Bridgeman Art Library)
2. Reconstituição do mapa do mundo de Dicáiarcos, século III a.C. (Jeff Edwards; adaptado de Armando Cortesão, *History of Portuguese Cartography*, 2 vols., Coimbra, 1969-71, vol.1, fig.16)
3. Diagramas da primeira e da segunda projeção de Ptolomeu. (Jeff Edwards)
4. Mapa da Palestina, são Jerônimo, *Liber locorum*, século XII. (Biblioteca Britânica Add. MS 10049, 64 r–v. Foto: akg-images)
5. Mapa T-O, de Salústio, *A guerra jugurtina*, manuscrito do século XIII. (Biblioteca Nacional, Paris, Departamento de Manuscritos, Divisão Ocidental. MS Latin 6088, 33v)
6. Desenho de John Carter, c.1780, do tríptico que contém o mapa de Hereford. (Copyright © British Library Board. Todos os direitos reservados. Additional MS 29942, fol.148r.)
7. Mapa moderno do leste asiático que mostra a situação regional no final do século XIV. (Jeff Edwards, adaptado de F.W. Moate, "China in the Age of Columbus", em Jay Levenson (org.), *1492: Art in the Age of Exploration*, Washington D.C., 1991, p.338)
8. Cópia do mapa de Qingjun da China, de um livro de meados do século XV de Ye Sheng.
9. Representação do céu redondo e da Terra quadrada, de Zhang Huang, *Tushu bian*, 1613. (Foto cortesia de Harvard-Yenching Library, Universidade Harvard, Cambridge)
10. "Yu ji tu" ("Mapa dos trajetos de Yu"), 1136. (Foto cortesia de Special Collections, Fine Arts Library, Harvard College Library)
11. "Hua yi tu" ("Mapa das terras chinesas e estrangeiras"), 1136. (Foto cortesia de Special Collections, Fine Arts Library, Harvard College Library)
12. Mapa de levantamento geral da China e territórios não chineses do passado ao presente, c.1130. (Toyo Bunko, Tóquio, Japão [XI-1-3])
13. Martin Waldseemüller, globo em gomos, 1507. (James Ford Bell Library, Universidade de Minnesota. Copyright © Regents of the University of Minnesota, Twin Cities. University Libraries. Todos os direitos reservados)
14. Mapa T-O de Isidoro de Sevilha, *Etimologias*, 1472. (Ayer Collection, Newberry Library, Chicago. Foto: The Bridgeman Art Library)
15. Detalhe do hemisfério oriental da *Universalis cosmographia*. (Biblioteca do Congresso, Divisão de Geografia e Mapas, Washington, D.C.)
16. Detalhe do hemisfério ocidental da *Universalis cosmographia*. (Biblioteca do Congresso, Divisão de Geografia e Mapas, Washington, D.C.)
17. Detalhe da América de Waldseemüller, mapa do mundo datado de 1506 por Henry N. Stevens. (John Carter Brown Library)
18. Detalhe de Hans Holbein, *Os embaixadores*, 1533. (Galeria Nacional, Londres. Foto: akg-images)

496   *Uma história do mundo em doze mapas*

19. Lucas Cranach, "A posição e as fronteiras da Terra Prometida", década de 1520. (Copyright © British Library Board, todos os direitos reservados [3041.g.6])

20. Diagramas de diferentes projeções cartográficas da Renascença. (Jeff Edwards, adaptado de Norman J.W. Thrower, *Maps and Civilization*, Chicago, 1996, p.70, 74)

21. Gerard Mercator, páginas de *Chronologia*, 1569. (Bayerische Staatsbibliothek, Munique [BSB 2H.int.67a fol.146-7])

22. Modelo de uma loxodromia em espiral. (Jeff Edwards)

23. Willem Blaeu, mapa do mundo baseado na projeção de Mercator, 1606-07. (Cortesia Nederlands Scheepvaartmuseum, Amsterdam)

24. Diagrama de triângulos, de Jean Picard, *Le Mesure de la terre*, 1671. (Copyright © British Library Board. Todos os direitos reservados [1484.m.38])

25. "Carte particulière des environs de Paris", 1678. (gr. F. de la Pointe, 1678. Biblioteca Nacional, Paris, Cartes et Plans, Ge DD 2987 [0788, V])

26. Jean Picard e Philippe de la Hire, *Carte de France corrigée*, edição de 1693. (Biblioteca Nacional, Paris [Ge. DD. 2987-777])

27. Pierre-Louis Moreau de Maupertuis, "Um mapa do país onde o arco do meridiano foi medido", *Sobre a figura da Terra*, 1738. (Foto: ECHO/Sociedade Max Planck para o Progresso da Ciência, Munique)

28. César-François Cassini de Thury, "Novo Mapa da França", 1744. (Biblioteca Nacional, Paris [Ge. BB. 565-A]). Foto: akg-images/De Agostini)

29. Diagramas de projeções cartográficas dos séculos XVIII e XIX. (Jeff Edwards, adaptado de Norman J.W. Thrower, *Maps and Civilization* [Chicago, 1996], p.121)

30. Halford Mackinder no cume do monte Quênia, 1899. (*The Geographical Journal*, 15, 5 [1900], p.469. Foto: The Royal Geographical Society, Londres)

31. "O hemisfério terrestre", em Mackinder, *Britain and the British Seas*, 1907. (H.J. Mackinder, *Britain and the British Seas*, Clarendon Press, Oxford, 1907, p.4, fig.3)

32. "Fotografia de um globo", em Mackinder, *Britain and the British Seas*, 1907. (H.J. Mackinder, *Britain and the British Seas*, Clarenden Press, Oxford, 1907, p.5, fig.4)

33. Halford Mackinder, "As sedes naturais de poder", mapa mundial, em Mackinder, "O eixo geográfico da história", 1904. (H.J. Mackinder, *Britain and the British Seas*. Clarenden Press, Oxford, 1907, "O eixo geográfico da história", p.435)

34. "Um pequeno Estado ameaça a Alemanha!". Mapa de propaganda, Alemanha, 1934.

35. Mapa étnico da Eslováquia, 1941. (Copyright © British Library Board [Maps Y.1911, folha 7])

36. Diagramas de projeções cartográficas do século XX. (Jeff Edwards, adaptado de Norman J.W. Thrower, *Maps and Civilization*, Chicago, 1996, p.225)

37. James Gall, "A projeção ortográfica de Gall", 1885. (*The Scottish Geographical Journal*, 1:4, p.121)

38. "Mapa índice mostrando a situação da publicação do Mapa Mundial Internacional 1:1.000.000" (IMW), 1952. (*World Cartography*, vol.III, copyright 1953 Nações Unidas, Nova York [ST/SOA/SER. L/3]. Reproduzido com a permissão da ONU)

Lista de ilustrações

1. Mapa do mundo, provavelmente de Sippar, sul do Iraque. 700-500 a.C. (Museu Britânico, Londres. Foto: akg-images/Erich Lessing)
2. Frontispício de Abraham Ortelius, *Theatrum orbis terrarum*, edição de 1584. (Foto: Coleção particular/The Bridgeman Art Library)
3. Ptolomeu, mapa do mundo de *Geografia*, século XIII. (Biblioteca Apostólica Vaticana, Cidade do Vaticano, Urbinus Graecus 82, fols.6ov-61r. Reprodução autorizada pela Biblioteca Apostólica Vaticana, todos os direitos reservados)
4a. Fac-símile do século XIX de uma cópia do século XIII do "Mapa de Peutinger", folhas que mostram Inglaterra, França, os Alpes e o norte da África. (Österreichische Nationalbibliothek, Viena, Codex Vindobonensis 324. Foto: akg-images)
4b. Fac-símile do século XIX de uma cópia do século XIII do "Mapa de Peutinger", folhas que mostram Irã, Iraque, Índia e Coreia. (Österreichische Nationalbibliothek, Viena, Codex Vindobonensis 324. Foto: akg-images)
5. Escribas gregos, árabes e latinos na chancelaria real, de Petrus de Ebulo, *Liber ad honorem Augusti*, c.1194. (Burgerbibliothek, Berna, Cod.120.II, f.101r)
6. Al-Idrisi, mapa do mundo, cópia do século XVI. (Bodleian Library, Universidade de Oxford, Coleções Orientais, MS Pococke 375, fols.3v-4r)
7. Diagrama de Suhrab para um mapa do mundo, em *Maravilhas dos sete climas para o fim de habitação*, século X. (Copyright © British Library Board. Todos os direitos reservados. Add MS. 23379, fols.4b-5a)
8. Ibn Hawqal, mapa do mundo, 479/1086. (Topkapi Sarayi Muzesi Kutuphanesi, Istambul, A. 3346)
9. Mapa circular do mundo do *Livro das curiosidades*, século XIII (?). (Bodleian Library, Universidade de Oxford, MS Arab.c.90. fols.27b-28a)
10. Mapa retangular do mundo do *Livro das curiosidades*, século XIII (?). (Bodleian Library, Universidade de Oxford, MS Arab.c.90. fols.23b-24a)
11. Índice de mapas secionais em Al-Idrisi, *Nuzhat al-mushtaq*, 1154, fac-símile de K. Miller, 1927. (Biblioteca do Congresso, Divisão de Geografia e Mapas, Washington, D.C.)
12a. Mapa-múndi de Hereford, c.1300, Catedral de Hereford, Herefordshire. (Foto: The Bridgeman Art Library)
12b. Detalhe de Cristo e anjos, do mapa-múndi de Hereford (Foto: The Bridgeman Art Library)
12c. Detalhe de César enviando pessoas para medir o mundo, do mapa-múndi de Hereford (Foto: The Bridgeman Art Library)
12d. Detalhe que mostra um cavaleiro e as raças "monstruosas" da África, do mapa-múndi de Hereford. (Foto: The Bridgeman Art Library)

498   *Uma história do mundo em doze mapas*

13. Mapa zonal de Macróbio, *Comentário sobre o sonho de Cipião*, século IX. (Copyright © British Library Board. Todos os direitos reservados. MS Harl. 2772, fol.70v)

14. Mapa do mundo de Isidoro, *Etimologias*, c.1130. (Bayerische Staatsbibliothek, Munique, MS Clm. 10058, fol.154v. Foto: akg-images/De Agostini Picture Library)

15. O mapa-múndi de Sawley, c.1190. (Corpus Christi College, Cambridge, MS66, p.2. Foto: akg-images/De Agostini Picture Library)

16. O mapa Kangnido ("Mapa das regiões e terrenos integrados e de países e capitais históricos"), c.1470, tinta sobre seda. (Reproduzido com autorização da Biblioteca da Universidade de Ryukoku, Kyoto, Japão)

17. Detalhe da península Coreana do mapa Kangnido. (Reproduzido com autorização da Biblioteca da Universidade de Ryukoku, Kyoto, Japão)

18. O mapa Naikaku, uma cópia de um mapa oficial da Coreia, o *Tongguk chido*, 1463, de Chong Chok. (Reproduzido por cortesia da Biblioteca do Gabinete [Naikaku Bunko], Tóquio)

19. Martin Waldseemüller, *Universalis cosmographia*, 1507. (Biblioteca do Congresso, Divisão de Geografia e Mapas, Washington, D.C.)

20. Nicolo Caveri, carta do mundo, c.1504-5. (Biblioteca Nacional, Paris, Cartes et Plans, GE SH ARCH 1)

21. Ptolomeu, *Geografia*, manuscrito latino mais antigo. (Biblioteca Apostólica Vaticana, Cidade do Vaticano, VAT. Lat. 5698. Reprodução autorizada pela Biblioteca Apostólica Vaticana, com todos os direitos reservados)

22. Martin Waldseemüller, mapa "Terre Nove", da edição de Estrasburgo da *Geografia* de Ptolomeu, 1513. (John Carter Brown Library, Universidade Brown, Providence, RI. Crédito: akg-images/ullstein bild)

23. Atribuído a Martin Waldseemüller, "Orbis Universalis Juxta Hydrographorum Traditionem", c.1506, da edição de Nuremberg da *Geografia* de Ptolomeu, c.1513. (Cortesia da John Carter Brown Library, Universidade Brown, Providence, RI)

24. Henricus Martellus, mapa do mundo, c.1489. (Biblioteca Britânica, Londres, Add MS 15760. Foto: akg-images/British Library)

25. Anônimo, "Planisfério de Cantino", c.1502. (Biblioteca Estense, Módena, BE.MO. CG.A. 2. Foto: akg-images/Album/Oronoz)

26. Martin Behaim, globo terrestre, 1492. (Germanisches Nationalmuseum, Nuremberg. Foto: akg-images/Interfoto)

27. Antonio Pigafetta, "Figura das cinco ilhas onde crescem os cravos, e de sua árvore", do segundo volume de *Viagem de Magalhães: um relato narrativo da primeira circum-navegação*, c.1521. (Beinecke Rare Book and Manuscript Library, Universidade Yale, MS 351, 85v)

28. Nuño García de Terreño, carta das Molucas, c.1522. (Biblioteca Real, Turim. Reproduzido por cortesia do Ministério dos Bens e Atividades Culturais)

29. Bernard van Orley, "A Terra sob a proteção de Júpiter e Juno", tapeçaria da série *As esferas*, c.1525. (Copyright © Patrimonio Nacional, Madri)

30. Diogo Ribeiro, mapa do mundo "Castiglione", 1525. (Biblioteca Estense Universitaria, Módena, C.G.A.12. Reproduzido com permissão do Ministério dos Bens e Atividades Culturais)

Lista de ilustrações 499

31. Diogo Ribeiro, "Carta universal que contém tudo o que foi descoberto no mundo até agora", 1529. (Biblioteca Apostólica Vaticana, Cidade do Vaticano, Borg. Carte. Naut. III. Com autorização da Biblioteca Apostólica Vaticana, todos os direitos reservados)
32. Gerard Mercator, *Terrae Sanctae* (Mapa da Terra Santa), c.1538, de Henricus Hondius, *Atlas Sive Cosmographicae Meditationes*, c.1623. (Museu de Israel, Jerusalém. Foto: The Bridgeman Art Library)
33. Gerard Mercator, *Exactissima Flandriae Descriptio*, mapa de parede de Flandres em nove folhas, 1539-40. (Cortesia Museum Plantin-Moretus/Prentenkabinet, Antuérpia, Unesco World Heritage)
34. Gerard Mercator, *Orbis imago*, 1538. (Biblioteca Pública de Nova York, Nova York. Foto: The Bridgeman Art Library)
35. Oronce Finé, *Nova et integra universi orbis descriptio*, 1531. (Biblioteca Britânica, Londres. Foto: akg-images)
36. Gerard Mercator, mapa do mundo, 1569. (Biblioteca Nacional, Cartes et Plans, Paris. Foto: The Bridgeman Art Library)
37. Piso do Burgerzaal, Palácio Real de Amsterdam, com três hemisférios incrustados, 1655. (Foto © Fundação do Palácio Real de Amsterdam)
38. Joan Blaeu, frontispício de *Atlas maior*, 1662. (Universidade de Edimburgo, Coleções Especiais, JZ 30-40)
39. Petrus Plancius, *Insulae Moluccae*, 1592. (Mitchell Library, Biblioteca Estadual de New South Wales, ZM2 470/1617/1)
40. Joan Blaeu, *Nova Totius Terrarum Orbis Tabula*, 1648. (Kraus Map Collection, Harry Ransom Humanities Research Collection, Universidade do Texas em Austin)
41. Johannes Vermeer, *O soldado e a moça sorridente*, c.1657. (Frick Collection, Nova York. Foto: akg-images/Album/Oronoz)
42. Retrato duplo de Gerard Mercator e Jodocus Hondius, de *L'Atlas ou méditations cosmographiques*, 1613.
43. Willem Blaeu, "India quae orientalis", de *Theatrum orbis terrarum*, c.1635. (Coleção particular. Foto: © Bonhams, Londres/The Bridgeman Art Library)
44. Atribuído a Hessel Gerritsz, "India quae orientalis", c.1632, de Willem Blaeu, *Novus atlas*, 1635. (Biblioteca Nacional, Canberra)
45. Joan Blaeu, carta de Sumatra e do estreito de Malaca, 1653. (Biblioteca do Instituto de França, Paris, MS 1288. Foto: Giraudon/The Bridgeman Art Library)
46. Joan Blaeu, mapa do mundo do *Atlas maior*, 1664. (Biblioteca do Congresso, Divisão de Geografia e Mapas, Washington, D.C.)
47. César-François Cassini de Thury, *Carte de France*, n.1 (mostrando Paris), 1756. (Foto: akg-images)
48. Louis Capitaine, *Carte de la France suivant sa nouvelle division en départements et districts*, 1790. (Biblioteca Nacional, Paris, Cartes et Plans, Ge. F carte 6408. Foto: David Rumsey Historical Map Collection, www.davidrumsey.com)
49. Coronel sir Thomas Holdich, mapa da África, in "How Are We to Get Maps of Africa", *The Geographical Journal*, 18, 6 (1901), p.590-601. (Foto: Royal Geographical Society Picture Library, Londres)

500   *Uma história do mundo em doze mapas*

50. Halford Mackinder, "Mapa esquemático para ilustrar a jornada de Mr. Mackinder ao monte Quênia", in "A Journey to the Summit of Mount Kenya, British East Africa", *The Geographical Journal*, 15, 5 (1900), p.453-76. (Foto: Royal Geographical Society Picture Library, Londres)

51. Primeira fotografia da Terra inteira tirada do espaço pela tripulação da Apollo 17, 1972. (Foto: Nasa)

52. Página inicial do Google Earth. (US Dept. of State Geographers, copyright © 2012 Tele Atlas. Data SIO, NOAA, U.S. Navy, NGA, GEBCO © 2012 Google)

53. Mapa mundial de Peters, 1973. (Copyright © ODT, Inc., Amherst, MA. www.odtmaps.com)

54. Fotogramas do filme *Potências de dez*, de Charles e Ray Eames, 1968. (Copyright © Eames Office, Santa Monica)

55. Cartograma que mostra a população humana no ano de 1500 (Copyright © SASI Group [Universidade de Sheffield] e Mark Newman [Universidade de Michigan])

56. Ordnance Survey, *Index Diagram of Sheets for the International Map on the Scale of 1:1.000.000 (Northern and Southern Hemispheres)*, 1909. (Reprodução por cortesia do Norman B. Leventhal Map Center na Biblioteca Pública de Boston. Call Number G3200 1909.G7)

Notas

Introdução (p.7-24)

1. J.E. Reade, "Rassam's Excavations at Borsippa and Kutha, 1879-82", *Iraq*, vol.48 (1986), p.105-16; e "Hormuzd Rassam and his Discoveries", *Iraq*, vol.55 (1993), p.39-62.
2. As citações das transcrições do mapa vêm de Wayne Horowitz, "The Babylonian Map of the World", *Iraq*, vol.50 (1988), p.147-65; de seu livro posterior, *Mesopotamian Cosmic Geography* (Winona Lake, Ind., 1998), p.20-42; e I.L. Finkel e M.J. Seymour (orgs.), *Babylon: Myth and Reality* (Londres, 2008), p.17.
3. Catherine Delano-Smith, "Milieus of Mobility: Itineraries, Route Maps and Road Maps", in James R. Akerman (org.), *Cartographies of Travel and Navigation* (Chicago, 2006), p.16-68.
4. Catherine Delano-Smith, "Cartography in the Prehistoric Period in the Old World: Europe, the Middle East, and North Africa", in J.B. Harley e David Woodward (orgs.), *The History of Cartography*, vol.1: *Cartography in Prehistoric, Ancient, and Medieval Europe and the Mediterranean* (Chicago, 1987), p.54-101.
5. James Blaut, David Stea, Christopher Spencer e Mark Blades, "Mapping as a Cultural and Cognitive Universal", *Annals of the Association of American Geographers*, 93/1 (2003), p.165-85.
6. Robert M. Kitchin, "Cognitive Maps: What Are They and Why Study Them?", *Journal of Environmental Psychology*, 14 (1994), p.1-19.
7. G. Malcolm Lewis, "Origins of Cartography", in Harley e Woodward, *History of Cartography*, vol.1, p.50-3, na p.51.
8. Denis Wood, "The Fine Line between Mapping and Mapmaking", *Cartographica*, 30/4 (1993), p.50-60.
9. J.B. Harley e David Woodward, "Preface", in Harley e Woodward, *History of Cartography*, vol.1, p.XVI.
10. J.H. Andrews, "Definitions of the Word 'Map'", artigo para discussão em "MapHist", 1998, acessado em: http://www.maphist.nl/discpapers.html.
11. Harley e Woodward, *History of Cartography*, vol.1, p.XVI.
12. Denis Cosgrove, "Mapping the World", in James R. Akerman e Robert W. Karrow (orgs.), *Maps: Finding our Place in the World* (Chicago, 2007), p.65-115.
13. Denis Wood, "How Maps Work", *Cartographica*, 29/3-4 (1992), p.66-74.
14. Ver Alfred Korzybski, "General Semantics, Psychiatry, Psychotherapy and Prevention" (1941), in Korzybski, *Collected Writings, 1920-1950* (Fort Worth, Tex., 1990), p.205.
15. Gregory Bateson, "Form, Substance, and Difference", in Bateson, *Steps to an Ecology of Mind: Collected Essays in Anthropology, Psychiatry, Evolution, and Epistemology* (Londres, 1972), p.460.

16. Lewis Carroll, *Sylvie and Bruno Concluded* (Londres, 1894), p.169.

17. Jorge Luis Borges, "Do rigor na ciência", in Borges, *O fazedor*, trad. Josely Viana Baptista (São Paulo, 2008), p.155.

18. Mircea Eliade, *Images and Symbols: Studies in Religious Symbolism*, trad. Philip Mairet (Princeton, 1991), p.27-56. Ver Frank J. Korom, "Of Navels and Mountains: A Further Inquiry into the History of an Idea", *Asian Folklore Studies*, 51/1 (1992), p.103-25.

19. Denis Cosgrove, *Apollo's Eye: A Cartographic Genealogy of the Earth in the Western Imagination* (Baltimore, 2001).

20. Christian Jacob, *The Sovereign Map: Theoretical Approaches to Cartography throughout History* (Chicago, 2006), p.337-78.

21. Abraham Ortelius, "To the Courteous Reader", in Ortelius, *The Theatre of the Whole World*, tradução inglesa (Londres, 1606), s/n.

22. David Woodward, "The Image of the Spherical Earth", *Perspecta*, 25 (1989), p.2-15.

23. Stefan Hildebrandt e Anthony Tromba, *The Parsimonious Universe: Shape and Form in the Natural World* (Nova York, 1995), p.115-16.

24. Leo Bagrow, *The History of Cartography*, 2ª ed. (Chicago, 1985).

25. Matthew H. Edney, "Cartography without 'Progress': Reinterpreting the Nature and Historical Development of Mapmaking", *Cartographica*, 30/2-3 (1993), p.54-68.

26. Citado em James Welu, "Vermeer: His Cartographic Sources", *Art Bulletin*, 57 (1975), p.529-47, na p.547.

27. Oscar Wilde, "The Soul of Man under Socialism" (1891), in Wilde, *The Soul of Man under Socialism and Selected Critical Prose*, org. Linda C. Dowling (Londres, 2001), p.141.

28. Denis Wood e John Fels, *The Power of Maps* (Nova York, 1992), p.1.

1. Ciência: a *Geografia* de Ptolomeu, c.150 d.C. (p.25-64)

1. Sobre a torre de pedra de Faros, ver Rory MacLeod (org.), *The Library of Alexandria: Centre of Learning in the Ancient World* (Londres e Nova York, 2000).

2. Ver *The Cambridge Ancient History*, vol.7, part 1: *The Hellenistic World*, 2ª ed., org. F. W. Walbank et al. (Cambridge, 1984).

3. Citado em James Raven (org.), *Lost Libraries: The Destruction of Great Book Collections in Antiquity* (Basingstoke, 2004), p.15.

4. Ver Bruno Latour, *Science in Action* (Cambridge, Mass., 1983), p.227, e Christian Jacob, "Mapping in the Mind", in Denis Cosgrove (org.), *Mappings* (Londres, 1999), p.33.

5. Citado em J. Lennart Berggren e Alexander Jones (orgs. e trads.), *Ptolemy's Geography: An Annotated Translation of the Theoretical Chapters* (Princeton, 2000), p.57-8.

6. Ibid., p.3-5.

7. Citado em ibid., p.82.

8. Sobre a vida de Ptolomeu, ver G.J. Toomer, "Ptolemy", in Charles Coulston Gillispie (org.), *Dictionary of Scientific Biography*, 16 vols. (Nova York, 1970-80), vol.11, p.186-206.

9. Ver Germaine Aujac, "The Foundations of Theoretical Cartography in Archaic and Classical Greece", in J.B. Harley e David Woodward (orgs.), *The History of Cartography*,

Notas

vol.1: *Cartography in Prehistoric, Ancient and Medieval Europe and the Mediterranean* (Chicago, 1987), p.130-47; Christian Jacob, *The Sovereign Map: Theoretical Approaches to Cartography throughout History* (Chicago, 2006), p.18-9; James Romm, *The Edges of the Earth in Ancient Thought* (Princeton, 1992), p.9-10.

10. Estrabão, *The Geography of Strabo*, 1.1.1, trad. Horace Leonard Jones, 8 vols. (Cambridge, Mass., 1917-32).

11. Crates de Malos, citado em Romm, *Edges of the Earth*, p.14.

12. Todas as citações são de Richmond Lattimore (org. e trad.), *The Iliad of Homer* (Chicago, 1951).

13. P.R. Hardie, "Imago Mundi: Cosmological and Ideological Aspects of the Shield of Achilles", *Journal of Hellenic Studies*, 105 (1985), p.11-31.

14. G.S. Kirk, *Myth: Its Meaning and Function in Ancient and Other Cultures* (Berkeley e Los Angeles, 1970), p.172-205; Andrew Gregory, *Ancient Greek Cosmogony* (Londres, 2008).

15. Citado em Aujac, "The Foundations of Theoretical Cartography", p.134.

16. Citado em Charles H. Kahn, *Anaximander and the Origins of Greek Cosmology* (Nova York, 1960), p.87.

17. Citado em ibid., p.76, 81.

18. Ver Jacob, "Mapping in the Mind", p.28; sobre *omphalos* e *periploi*, ver os verbetes em John Roberts (org.), *The Oxford Dictionary of the Classical World* (Oxford, 2005).

19. Heródoto, *The Histories*, trad. Aubrey de Selincourt (Londres, 1954), p.252.

20. Ibid., p.253.

21. Ibid., p.254.

22. Platão, *Phaedo*, trad. David Gallop (Oxford, 1975), 108c-109b.

23. Ibid., 109b-110b.

24. Ibid., 110c.

25. Ver Germaine Aujac, "The Growth of an Empirical Cartography in Hellenistic Greece", in Harley e Woodward, *History of Cartography*, vol.1, p.148-60, na p.148.

26. Aristóteles, *De caelo*, 2.14.

27. Aristóteles, *Meteorologica*, trad. H.D.P. Lee (Cambridge, Mass., 1952), 338b.

28. Ibid., 362b.

29. D.R. Dicks, "The Klimata in Greek Geography", *Classical Quarterly*, 5/3-4 (1955), p.248-55.

30. Heródoto, *The Histories*, p.328-9.

31. Ver C.F.C. Hawkes, *Pytheas: Europe and the Greek Explorers* (Oxford, 1977).

32. Claude Nicolet, *Space, Geography, and Politics in the Early Roman Empire* (Ann Arbor, 1991), p.73.

33. Jacob, *Sovereign Map*, p.137.

34. Berggren e Jones, *Ptolemy's Geography*, p.32.

35. Aujac, "Growth of an Empirical Cartography", p.155-6.

36. Estrabão, *Geography*, 1.4.6.

37. O.A.W. Dilke, *Greek and Roman Maps* (Londres, 1985), p.35.

38. Ver capítulos 12, 13 e 14 de Harley e Woodward, *History of Cartography*, vol.1, e Richard J.A. Talbert, "Greek and Roman Mapping: Twenty-First Century Perspectives", in

504   *Uma história do mundo em doze mapas*

Richard J.A. Talbert e Richard W. Unger (orgs.), *Cartography in Antiquity and the Middle Ages: Fresh Perspectives, New Methods* (Leiden, 2008), p.9-28.

39. Estrabão, *Geography*, 1.2.24.

40. Ibid., 1.1.12.

41. Ibid., 2.5.10.

42. Ibid., 1.1.18.

43. Citado em Nicolet, *Space, Geography, and Politics*, p.31.

44. Ver Toomer, "Ptolemy".

45. Citado em D.R. Dicks, *The Geographical Fragments of Hipparchus* (Londres, 1960), p.53.

46. Ptolomeu, *Almagest*, 2.13, citado em Berggren e Jones, *Ptolemy's Geography*, p.19.

47. Ptolomeu, *Geography*, 1.5-6.

48. Jacob, "Mapping in the Mind", p.36.

49. Ptolomeu, *Geography*, 1.1.

50. Ibid., 1.9-12; O.A.W. Dilke, "The Culmination of Greek Cartography in Ptolemy", Harley e Woodward, *History of Cartography*, vol.1, p.184.

51. Ptolomeu, *Geography*, 1.23.

52. Ibid., 1.20.

53. Ibid., 1.23.

54. Ibid.

55. David Woodward, "The Image of the Spherical Earth", *Perspecta*, 25 (1989), p.9.

56. Ver Leo Bagrow, "The Origin of Ptolemy's *Geographia*", *Geografiska Annaler*, 27 (1943), p.318-87; para um resumo mais recente da controvérsia, ver O.A.W. Dilke, "Cartography in the Byzantine Empire", in Harley e Woodward, *History of Cartography*, vol.1, p.266-72.

57. Berggren e Jones, *Ptolemy's Geography*, p.47.

58. T.C. Skeat, "Two Notes on Papyrus", in Edda Bresciani et al. (orgs.), *Scritti in onore di Orsolino Montevecchi* (Bolonha, 1981), p.373-83.

59. Berggren e Jones, *Ptolemy's Geography*, p.50.

60. Ver Raven, *Lost Libraries*.

61. Ptolomeu, *Geography*, 1.1.

2. Intercâmbio: al-Idrisi, 1154 d.C. (p.65-94)

1. Ver Elisabeth van Houts, "The Normans in the Mediterranean", in Van Houts, *The Normans in Europe* (Manchester, 2000), p.223-78.

2. Para o melhor relato em inglês sobre a vida e a obra de al-Idrisi, ver S. Maqbul Ahmad, "Cartography of al-Sharif al-Idrisi", in J.B. Harley e David Woodward (orgs.), *The History of Cartography*, vol.2, livro 1: *Cartography in the Traditional Islamic and South Asian Societies* (Chicago, 1987), p.156-74.

3. Anthony Pagden, *Worlds at War: The 2.500-Year Struggle between East and West* (Oxford, 2008), p.140-2.

4. B.L. Gordon, "Sacred Directions, Orientation, and the Top of the Map", *History of Religions*, 10/3 (1971), p.211-27.

Notas   505

5. Ibid., p.221.

6. David A. King, *World-Maps for Finding the Direction and Distance of Mecca: Innovation and Tradition in Islamic Science* (Leiden, 1999).

7. Ahmet T. Karamustafa, "Introduction to Islamic Maps", in Harley e Woodward (orgs.), *History of Cartography*, vol.2, livro 1, p.7.

8. Ahmet T. Karamustafa, "Cosmographical Diagrams", in Harley e Woodward, *History of Cartography*, vol.2, livro 1, p.71-2; S. Maqbul Ahmad e F. Taeschnes, "Djugrafiya", in *The Encyclopaedia of Islam*, 2ª ed., vol.2 (Leiden, 1965), p.577.

9. Ibid., p.574.

10. Sobre a história inicial do islã, ver Patricia Crone e Martin Hinds, *God's Caliph: Religious Authority in the First Centuries of Islam* (Cambridge, 1986).

11. Citado em Gerald R. Tibbetts, "The Beginnings of a Cartographic Tradition", in Harley e Woodward, *History of Cartography*, vol.2, livro 1, p.95.

12. Ibid., p.94-5; André Miquel, "Iklim", in *The Encyclopaedia of Islam*, 2ª ed., vol.3 (Leiden, 1971), p.1076-8.

13. Citado em ibid., p.1077.

14. Citado em Edward Kennedy, "Suhrab and the World Map of al-Mamun", in J.L. Berggren et al. (eds.), *From Ancient Omens to Statistical Mechanics: Essays on the Exact Sciences Presented to Asger Aaboe* (Copenhague, 1987), p.113-9.

15. Citado em Raymond P. Mercer, "Geodesy", in Harley e Woodward (orgs.), *History of Cartography*, vol.2, livro 1, p.175-88, na p.178.

16. Sobre Ibn Khurradadhbih e a tradição administrativa, ver Paul Heck, *The Construction of Knowledge in Islamic Civilisation* (Leiden, 2002), p.94-146, e Tibbetts, "Beginnings of a Cartographic Tradition", p.90-2.

17. Ralph W. Brauer, "Boundaries and Frontiers in Medieval Muslim Geography", *Transactions of the American Philosophical Society*, nova série, 85/6 (1995), p.1-73.

18. Citado em Gerald R. Tibbetts, "The Balkhi School of Geographers", in Harley e Woodward (orgs.), *History of Cartography*, vol.2, livro 1, p.108-36, na p.112.

19. Konrad Miller, *Mappae Arabicae: Arabische Welt- und Länderkasten des 9.13. Jahrshunderts*, 6 vols. (Stuttgart, 1926-31), vol.1, parte 1.

20. Sobre Córdoba, ver Robert Hillenbrand, "'The Ornament of the World': Medieval Cordoba as a Cultural Centre", in Salma Khadra Jayyusi (org.), *The Legacy of Muslim Spain* (Leiden, 1992), p.112-36, e Heather Ecker, "The Great Mosque of Cordoba in the Twelfth and Thirteenth Centuries", *Muqarnas*, 20 (2003), p.113-41.

21. Citado em Hillenbrand, "'The Ornament of the World'", p.112.

22. Citado em ibid., p.120.

23. Maqbul Ahmad, "Cartography of al-Idrisi", p.156.

24. Jeremy Johns, *Arabic Administration in Norman Sicily: The Royal Diwan* (Cambridge, 2002), p.236.

25. Citado em Hubert Houben, *Roger II of Sicily: A Ruler between East and West* (Cambridge, 2002), p.106.

26. Helen Wieruszowski, "Roger II of Sicily, Rex Tyrannus, in Twelfth-Century Political Thought", *Speculum*, 38/1 (1963), p.46-78.

27. Donald Matthew, *The Norman Kingdom of Sicily* (Cambridge, 1992).

28. Citado em R.C. Broadhurst (org. e trad.), *The Travels of Ibn Jubayr* (Londres, 1952), p.339-41.

29. Charles Haskins e Dean Putnam Lockwood, "The Sicilian Translators of the Twelfth Century and the First Latin Version of Ptolemy's Almagest", *Harvard Studies in Classical Philology*, 21 (1910), p.75-102.

30. Houben, *Roger II*, p.102.

31. Ibid., p.98-113; Matthew, *Norman Kingdom*, p.112-28.

32. Citado em Ahmad, "Cartography of al-Idrisi", p.159.

33. Ibid.

34. Ibid.

35. Ibid., p.160.

36. Citado em Pierre Jaubert (org. e trad.), *Géographie d'Édrisi*, 2 vols. (Paris, 1836), vol.1, p.10. A tradução de Jaubert é um pouco errática, e onde possível foi corrigida com base numa comparação com a tradução parcial encontrada em Reinhart Dozy e Michael Jan de Goeje (orgs. e trad.), *Description de l'Afrique et de l'Espagne par Edrisi* (Leiden, 1866).

37. S. Maqbul Ahmad, *India and the Neighbouring Territories in the "Kitab nuzhat al-mushtaq fi khtiraq al-afaq" of al-Sharif al-Idrisi* (Leiden, 1960), p.12-18.

38. Citado em Jaubert, *Géographie d'Édrisi*, vol.1, p.140.

39. Citado em ibid., p.137-8.

40. Citado em ibid., vol.2, p.156.

41. Citado em ibid., p.252.

42. Citado em ibid., p.342-3.

43. Citado em ibid., p.74-5.

44. Brauer, "Boundaries and Frontiers", p.11-4.

45. J.F.P. Hopkins, "Geographical and Navigational Literature", in M.J.L. Young, J.D. Latham e R.B. Serjeant (orgs.), *Religion, Learning and Science in the Abbasid Period* (Cambridge, 1990), p.301-27, nas p.307-11.

46. *The History of the Tyrants of Sicily by "Hugo Falcandus" 1154-69*, trad. Graham A. Loud e Thomas Wiedemann (Manchester, 1998), p.59.

47. Matthew, *Norman Kingdom*, p.112; sobre o reino siciliano de Frederico, ver David Abulafia, *Frederick II: A Medieval Emperor* (Oxford, 1988), p.340-74.

48. Ibn Kaldun, *The Muqadimah: An Introduction to History*, trad. Franz Rosenthal (Princeton, 1969), p.53.

49. Jeremy Johns e Emilie Savage-Smith, "'The Book of Curiosities: A Newly Discovered Series of Islamic Maps", *Imago Mundi*, 55 (2003), p.7-24, Yossef Rapoport e Emilie Savage-Smith, "Medieval Islamic Views of the Cosmos: The Newly Discovered Book of Curiosities", *Cartographic Journal*, 41/3 (2004), p.253-9; e Rapoport e Savage-Smith, "The Book of Curiosities and a Unique Map of the World", in Richard J.A. Talbert e Richard W. Unger (orgs.), *Cartography in Antiquity and the Middle Ages: Fresh Perspectives, New Methods* (Leiden, 2008), p.121-38.

Notas 507

3. Fé: o mapa-múndi de Hereford, c.1300 (p.95-128)

1. Colin Morris, "Christian Civilization (1050-1400)", in John McManners (org.), *The Oxford Illustrated History of Christianity* (Oxford, 1990), p.196-232.
2. Sobre a carreira de Cantalupo e seu conflito com Pecham, ver os ensaios em Meryl Jancey (org.), *St. Thomas Cantilupe, Bishop of Hereford: Essays in his Honour* (Hereford, 1982).
3. Ver Nicola Coldstream, "The Medieval Tombs and the Shrine of Saint Thomas Cantilupe", in Gerald Aylmer e John Tiller (orgs.), *Hereford Cathedral: A History* (Londres, 2000), p.322-30.
4. David Woodward, "Medieval Mappaemundi", in J.B. Harley e David Woodward (orgs.), *The History of Cartography*, vol.1: *Cartography in Prehistoric, Ancient, and Medieval Europe and the Mediterranean* (Chicago, 1987), p.287.
5. Scott D. Westrem, *The Hereford Map: A Transcription and Translation of the Legends with Commentary* (Turnhout, 2001), p.21. Exceto indicação em contrário, todas as citações do mapa foram tiradas de Westrem.
6. Ibid., p.8.
7. Citado em Woodward, "Medieval Mappaemundi", p.299.
8. Citado em Natalia Lozovsky, *"The Earth is Our Book": Geographical Knowledge in the Latin West ca. 400-1000* (Ann Arbor, 2000), p.11.
9. Citado em ibid., p.12.
10. Citado em ibid., p.49.
11. Salústio, *The Jugurthine War/The Conspiracy of Catiline*, trad. S.A. Handford (Londres, 1963), p.53-4.
12. Evelyn Edson, *Mapping Time and Space: How Medieval Mapmakers Viewed their World* (Londres, 1997), p.20.
13. Alfred Hiatt, "The Map of Macrobius before 1100", *Imago Mundi*, 59 (2007), p.149-76.
14. Citado em William Harris Stahl (org.), *Commentary on the Dream of Scipio by Macrobius* (Columbia, NY, 1952), p.201-3.
15. Ibid., p.216.
16. Roy Deferrari (org.), *Paulus Orosius: The Seven Books of History against the Pagans* (Washington, 1964), p.7.
17. Citado em Edson, *Mapping Time and Space*, p.38.
18. Citado em ibid., p.48.
19. Lozovsky, *"The Earth is Our Book"*, p.105; Edson, *Mapping Time and Space*, p.49.
20. William Harris Stahl et al. (org. e trad.), *Martianus Capella and the Seven Liberal Arts*, vol.2: *The Marriage of Philology and Mercury* (Nova York, 1997), p.220.
21. Lozovsky, *"The Earth is Our Book"*, p.28-34.
22. Erich Auerbach, *Mimesis: The Representation of Reality in Western Literature* (Princeton, 1953), p.73-4, 195-6.
23. Ver Patrick Gautier Dalché, "Maps in Words: The Descriptive Logic of Medieval Geography", in P.D.A. Harvey (org.), *The Hereford World Map: Medieval World Maps and their Context* (Londres, 2006), p.223-42.

508   *Uma história do mundo em doze mapas*

24. Conrad Rudolph, "'First, I Find the Center Point': Reading the Text of Hugh of Saint Victor's *The Mystic Ark*", *Transactions of the American Philosophical Society*, 94/4 (2004), p.1-110.

25. Citado em Alessandro Scafi, *Mapping Paradise: A History of Heaven on Earth* (Londres, 2006), p.123.

26. Citado em Woodward, "Medieval *Mappaemundi*", p.335.

27. Citado em Mary Carruthers, *The Book of Memory: A Study of Memory in Medieval Culture* (Cambridge, 2ª ed., 2007), p.54.

28. Citado em Scafi, *Mapping Paradise*, p.126-7.

29. Westrem, *The Hereford Map*, p.130, 398.

30. Peter Barber, "Medieval Maps of the World", in Harvey, *The Hereford World Map*, p.1-44, na p.13.

31. Westrem, *The Hereford Map*, p.326; G.R. Crone, "New Light on the Hereford Map", *Geographical Journal*, 131 (1965), p.447-62.

32. Ibid., p.451; P.D.A. Harvey, "The Holy Land on Medieval World Maps", in Harvey, *The Hereford World Map*, p.248.

33. Brouria Bitton-Ashkelony, *Encountering the Sacred: The Debate on Christian Pilgrimage in Late Antiquity* (Berkeley e Los Angeles, 2006), p.110-5; Christian K. Zacher, *Curiosity and Pilgrimage: The Literature of Discovery in Fourteenth-Century England* (Baltimore, 1976).

34. Robert Norman Swanson, *Religion and Devotion in Europe, 1215-1515* (Cambridge, 1995), p.198-9.

35. Valerie J. Flint, "The Hereford Map: Its Author(s), Two Scenes and a Border", *Transactions of the Royal Historical Society*, sexta série, 8 (1998), p.19-44.

36. Ibid., p.37-9.

37. Dan Terkla, "The Original Placement of the Hereford Mappa Mundi", *Imago Mundi*, 56 (2004), p.131-51; e "Informal Cathechesis and the Hereford *Mappa Mundi*", in Robert Bork e Andrea Kann (orgs.), *The Art, Science and Technology of Medieval Travel* (Aldershot, 2008), p.127-42.

38. Martin Bailey, "The Rediscovery of the Hereford Mappamundi: Early References, 1684-1873", in Harvey, *The Hereford World Map*, p.45-78.

39. Martin Bailey, "The Discovery of the Lost Mappamundi Panel: Hereford's Map in a Medieval Altarpiece?", in Harvey, *The Hereford World Map*, p.79-93.

40. Citado em Daniel K. Connolly, "Imagined Pilgrimage in the Itinerary Maps of Matthew Paris", *Art Bulletin*, 81/4 (1999), p.598-622, na p.598.

4. Império: o mapa mundial Kangnido, 1402 (p.129-63)

1. Martina Deuchlar, *The Confucian Transformation of Korea: A Study of Society and Ideology* (Cambridge, Mass., 1992).

2. John B. Duncan, *The Origins of the Choson Dynasty* (Washington, 2000).

Notas 509

3. Tanaka Takeo, "Japan's Relations with Overseas Countries", in John Whitney Hall e Takeshi Toyoda (orgs.), *Japan in the Muromachi Age* (Berkeley e Los Angeles, 1977), p.159-78.

4. Joseph Needham et al., *The Hall of Heavenly Records: Korean Astronomical Instruments and Clocks* (Cambridge, 1986), p.153-9; e F. Richard Stephenson, "Chinese and Korean Star Maps and Catalogs", in J.B. Harley e David Woodward (orgs.), *The History of Cartography*, vol.2, livro 2: *Cartography in the Traditional East and Southeast Asian Societies* (Chicago, 1987), p.560-8.

5. O mapa chinês conhecido como *Da Ming hunyi tu* ("Mapa Integrado do Grande Ming"), guardado nos Primeiros Arquivos Históricos da China, Beijing, tem muitas semelhanças com o mapa Kangnido e é datado por alguns estudiosos de 1389. Porém, outros afirmam que não há prova física para atribuí-lo a uma data tão antiga e sugerem que se trata de uma reprodução do fim do século XVI ou início do XVII. Ver Kenneth R. Robinson, "Gavin Menzies, 1421, and the Ryukoku Kangnido World Map", *Ming Studies*, 61 (2010), p.56- 70, na p.62. Sou grato a Cordell Yee por se corresponder comigo a respeito desse mapa.

6. A mais recente descrição detalhada do mapa é a de Kenneth R. Robinson, "Choson Korea in the Ryukoku *Kangnido*: Dating the Oldest Extant Korean Map of the World (15th Century)", *Imago Mundi*, 59/2 (2007), p.177-92.

7. Ibid., p.179-82.

8. Joseph Needham, com Wang Ling, *Science and Civilisation in China*, vol.3: *Mathematics and the Sciences of the Heavens and the Earth* (Cambridge, 1959), p.555-6.

9. Ibid., p.555.

10. C. Dale Walton, "The Geography of Universal Empire: A Revolution in Strategic Perspective and its Lessons", *Comparative Strategy*, 24 (2005), p.223-35.

11. Citado em Gari Ledyard, "Cartography in Korea", in Harley e Woodward, *The History of Cartography*, vol.2, livro 2, p.235-345, na p.245.

12. Timothy Brook, *The Troubled Empire: China in the Yuan and Ming Dynasties* (Cambridge, Mass., 2010), p.164, 220. Sou profundamente grato ao professor Brook por chamar minha atenção para essa ilustração e outras referências, e por me permitir reproduzi-las aqui.

13. Kenneth R. Robinson, "Yi Hoe and his Korean Ancestors in Taean Yi Genealogies", *Seoul Journal of Korean Studies*, 21/2 (2008), p.221-50, nas p.236-7.

14. Hok-lam Chan, "Legitimating Usurpation: Historical Revisions under the Ming Yongle Emperor (r.1402-24)", in Philip Yuen-sang Leung (org.), *The Legitimation of New Orders: Case Studies in World History* (Hong Kong, 2007), p.75-158.

15. Zheng Qiao (1104-1162), citado em Francesca Bray, "Introduction: The Powers of *Tu*", in Francesca Bray, Vera Dorofeeva-Lichtmann e Georges Métailié (orgs.), *Graphics and Text in the Production of Technical Knowledge in China* (Leiden, 2007), p.1-78, na p.1.

16. Nathan Sivin e Gari Ledyard, "Introduction to East Asian Cartography", in Harley e Woodward, *The History of Cartography*, vol.2, livro 2, p.23-31, na p.26.

17. Bray, "The Powers of *Tu*", p.4.

18. Citado em Needham, *Science and Civilisation*, vol.3, p.217.

19. Ibid., p.219.

20. Citado em John S. Major, *Heaven and Earth in Early Han Thought* (Nova York, 1993), p.32.

21. John B. Henderson, "Nonary Cosmography in Ancient China", in Kurt A. Raaflaub e Richard J.A. Talbert (orgs.), *Geography and Ethnography: Perceptions of the World in Pre-Modern Societies* (Oxford, 2010), p.64-73, na p.64.

22. Sarah Allan, *The Shape of the Turtle: Myth, Art and Cosmos in Early China* (Albany, NY, 1991).

23. Mark Edward Lewis, *The Flood Myths of Early China* (Albany, NY, 2006), p.28-30.

24. Citado em Needham, *Science and Civilisation*, vol.3, p.501.

25. Vera Dorofeeva-Lichtmann, "Ritual Practices for Constructing Terrestrial Space (Warring States – Early Han)", in John Lagerwey e Marc Kalinowski (orgs.), *Early Chinese Religion*, parte 1: *Shang through Han (1250 BC-220 AD)* (Leiden, 2009), p.595-644.

26. Needham, *Science and Civilisation*, vol.3, p.501-3.

27. Citado em William Theodore De Bary (org.), *Sources of East Asian Tradition*, vol.1: *Premodern Asia* (Nova York, 2008), p.133.

28. Citado em Mark Edward Lewis, *The Construction of Space in Early China* (Albany, NY, 2006), p.248.

29. Citado em Cordell D.K. Yee, "Chinese Maps in Political Culture", in Harley e Woodward, *History of Cartography*, vol.2, livro 2, p.71-95, na p.72.

30. Hung Wu, *The Wu Liang Shrine: The Ideology of Early Chinese Pictorial Art* (Stanford, Calif., 1989), p.54.

31. Citado em Yee, "Chinese Maps", p.74.

32. Ibid., p.74.

33. Nancy Shatzman Steinhardt, "Mapping the Chinese City", in David Buisseret (org.), *Envisioning the City: Six Studies in Urban Cartography* (Chicago, 1998), p.1-33, na p.11; Cordell D.K. Yee, "Reinterpreting Traditional Chinese Geographical Maps", in Harley e Woodward, *History of Cartography*, vol.2, livro 2, p.35-70, na p.37.

34. Craig Clunas, *Art in China* (Oxford, 1997), p.15-44.

35. Yee, "Chinese Maps", p.75-6.

36. Citado em Needham, *Science and Civilisation*, vol.3, p.538-40.

37. Cordell D.K. Yee, "Taking the World's Measure: Chinese Maps between Observation and Text", in Harley e Woodward, *History of Cartography*, vol.2, livro 2, p.96-127.

38. Citado em ibid., p.113.

39. Citado em Needham, *Science and Civilisation*, vol.3, p.540.

40. Ibid., p.546.

41. Citado em Alexander Akin, "Georeferencing the Yujitu", acessado em: http://www.davidrumsey.com/china/Yujitu_Alexander_Akin.pdf.

42. Tsien Tsuen-Hsuin, "Paper and Printing", in Joseph Needham, *Science and Civilisation in China*, vol.5, parte 1: *Chemistry and Chemical Technology: Paper and Printing* (Cambridge, 1985).

Notas

43. Patricia Buckley Ebrey, *The Cambridge Illustrated History of China* (Cambridge, 1996), p.136-63.

44. Vera Dorofeeva-Lichtmann, "Mapping a 'Spiritual' Landscape: Representation of Terrestrial Space in the *Shanhaijing*", in Nicola Di Cosmo e Don J. Wyatt (orgs.), *Political Frontiers, Ethnic Boundaries, and Human Geographies in Chinese History* (Oxford, 2003), p.35-79.

45. Citado em Hilde De Weerdt, "Maps and Memory: Readings of Cartography in Twelfth- and Thirteenth-Century Song China", *Imago Mundi*, 61/2 (2009), p.145-67, na p.156.

46. Ibid., p.159.

47. Citado em Ledyard, "Cartography in Korea", p.240.

48. Ibid., p.238-79.

49. Citado em Steven J. Bennett, "Patterns of the Sky and Earth: A Chinese Science of Applied Cosmology", *Chinese Science*, 3 (1978), p.1-26, nas p.5-6.

50. David J. Nemeth, *The Architecture of Ideology: Neo-Confucian Imprinting on Cheju Island, Korea* (Berkeley e Los Angeles, 1987), p.114.

51. Citado em Ledyard, "Cartography in Korea", p.241.

52. Citado em Nemeth, *Architecture of Ideology*, p.115.

53. Ledyard, "Cartography in Korea", p.276-9.

54. Ibid., p.291-2.

55. Sou profundamente grato a Gari Ledyard por me explicar essa questão.

56. Citado em Dane Alston, "Emperor and Emissary: The Hongwu Emperor, Kwon Kun, and the Poetry of Late Fourteenth Century Diplomacy", *Korean Studies*, 32 (2009), p.104-47, na p.111.

57. Citado em ibid., p.112.

58. Ibid., p.120.

59. Ibid., p.125.

60. Ibid., p.129.

61. Ibid., p.131.

62. Ibid., p.134.

63. Etsuko Hae-Jin Kang, *Diplomacy and Ideology in Japanese-Korean Relations: From the Fifteenth to the Eighteenth Century* (Londres, 1997), p.49-83.

64. Citado em Ledyard, "Cartography in Korea", p.245.

65. Robinson, "Choson Korea in the Ryukoku Kangnido", p.185-8.

66. Bray, "The Powers of *Tu*", p.8.

5. Descoberta: Martin Waldseemüller, mapa do mundo, 1507 (p.164-206)

1. Todas as citações subsequentes relacionadas à aquisição do mapa foram tiradas dos arquivos guardados na coleção da Divisão de Mapas da Biblioteca do Congresso dos Estados Unidos. Sou grato a John Hessler e John Herbert, da Divisão de Mapas,

por me permitir o acesso a esses arquivos, e a Philip Burden por me fornecer e-mails e discutir comigo seu envolvimento na aquisição.

2. Citado em Seymour I. Schwartz, *Putting "America" on the Map: The Story of the Most Important Graphic Document in the History of the United States* (Nova York, 2007), p.251-2.

3. *New York Times*, 20 jun 2003.

4. Ver http://www.loc.gov/today/pr/2001/01-093.html.

5. Jacob Burckhardt, *The Civilization of the Renaissance in Italy*, trad. S.G.C. Middlemore (Londres, 1990), p.213-22.

6. Citado em John Hessler, *The Naming of America: Martin Waldseemüller's 1507 World Map and the "Cosmographiae Introductio"* (Londres, 2008), p.34.

7. Ibid., p.17.

8. Samuel Eliot Morison, *Portuguese Voyages to America in the Fifteenth Century* (Cambridge, Mass., 1940), p.5-10.

9. Sobre a história antiga da imprensa e o volume de publicações, ver Elizabeth Eisenstein, *The Printing Press as an Agent of Change*, 2 vols. (Cambridge, 1979); e Lucien Febvre, *The Coming of the Book*, trad. David Gerard (Londres, 1976).

10. Citado em Barbara Crawford Halporn (org.), *The Correspondence of Johann Amerbach* (Ann Arbor, 2000), p.1.

11. Para uma abordagem mais cética da tese "revolucionária", ver Adrian Johns, *The Nature of the Book: Print and Knowledge in the Making* (Chicago, 1998).

12. William Ivins, *Prints and Visual Communications* (Cambridge, Mass., 1953), p.1-50.

13. Robert Karrow, "Centers of Map Publishing in Europe, 1472-1600", in David Woodward (org.), *The History of Cartography*, vol.3: *Cartography in the European Renaissance*, parte 1 (Chicago, 2007), p.611-21.

14. Citado em Schwartz, *Putting "America" on the Map*, p.36.

15. Ver Denis Cosgrove, "Images of Renaissance Cosmography, 1450-1650", in Woodward, *History of Cartography*, vol.3, parte 1, p.55-98.

16. Patrick Gautier Dalché, "The Reception of Ptolemy's Geography (End of the Fourteenth to Beginning of the Sixteenth Century)", in Woodward, *History of Cartography*, vol.3, parte 1, p.285-364.

17. Tony Campbell, *The Earliest Printed Maps, 1472-1500* (Londres, 1987), p.1.

18. Citado em Schwartz, *Putting "America" on the Map*, p.39-40.

19. Ver Luciano Formisano (org.), *Letters from a New World: Amerigo Vespucci's Discovery of America*, trad. David Jacobson (Nova York, 1992).

20. Citado em Joseph Fischer SJ e Franz von Weiser, *The Cosmographiae Introductio of Martin Waldseemüller in Facsimile* (Freeport, NY, 1960), p.88.

21. Todas as citações do texto foram tiradas de Hessler, *The Naming of America*, mas ver também Charles George Herbermann (ed.), *The Cosmographiae Introductio of Martin Waldseemüller* (Nova York, 1907).

22. Citado em Hessler, *The Naming of America*, p.88.

23. Ibid., p.94.

24. Ibid., p.100-1. Ver também Toby Lester, *The Fourth Part of the World: The Epic Story of History's Greatest Map* (Nova York, 2009).

Notas 513

25. Citado em Christine R. Johnson, "Renaissance German Cosmographers and the Naming of America", *Past and Present*, 191/1 (2006), p.3-43, na p.21.
26. Miriam Usher Chrisman, *Lay Culture, Learned Culture: Books and Social Changes in Strasbourg, 1480-1599* (New Haven, 1982), p.6.
27. R.A. Skelton, "The Early Map Printer and his Problems", *Penrose Annual*, 57 (1964), p.171-87.
28. Citado em Halporn (org.), *Johann Amerbach*, p.2.
29. Ver David Woodward (org.), *Five Centuries of Map Printing* (Chicago, 1975), capítulo 1.
30. Citado em Schwartz, *Putting "America" on the Map*, p.188.
31. Citado em E.P. Goldschmidt, "Not in Harrisse", in *Essays Honoring Lawrence C. Wroth* (Portland, Me., 1951), p.135-6.
32. Citado em J. Lennart Berggren e Alexander Jones (orgs. e trads.), *Ptolemy's Geography: An Annotated Translation of the Theoretical Chapters* (Princeton, 2000), p.92-3.
33. Sobre a projeção de Ptolomeu, ver ibid., e O.A.W. Dilke, "The Culmination of Greek Cartography in Ptolemy", in J.B. Harley e David Woodward (orgs.), *The History of Cartography*, vol.1: *Cartography in Prehistoric, Ancient, and Medieval Europe and the Mediterranean* (Chicago, 1987), p.177-200.
34. Usando modelos informatizados e uma técnica conhecida como "deformação polinômica", Hessler produziu algumas provas controvertidas que lançam uma luz intrigante sobre a criação da *Universalis cosmographia*. Hessler descreve a deformação polinômica como "uma transformação matemática ou mapeamento de uma imagem distorcida, como um mapa antigo ou um mapa com uma escala ou grade geométrica desconhecida, em uma imagem-alvo que é bem conhecida. O objetivo é realizar uma transformação espacial, ou *deformação*, de tal modo que a imagem corrigida possa ser medida ou ter uma métrica posta sobre ela relativa a um mapa ou uma grade conhecida". John Hessler, "Warping Waldseemüller: A Phenomenological and Computational Study of the 1507 World Map", *Cartographica*, 41/2 (2006), p.101-13.
35. Citado em Franz Laubenberger e Steven Rowan, "The Naming of America", *Sixteenth Century Journal*, 13/4 (1982), p.101.
36. Citado em Joseph Fischer SJ e Franz von Wieser (orgs.), *The World Maps of Waldseemüller (Ilacomilus) 1507 and 1516* (Innsbruck, 1903), p.15-16.
37. Citado em Johnson, "Renaissance German Cosmographers", p.32.
38. Ver Laubenberger e Rowan, "The Naming of America".
39. Johnson, "Renaissance German Cosmographers", p.34-5.
40. Citado em Schwartz, *Putting "America" on the Map*, p.212.
41. Elizabeth Harris, "The Waldseemüller Map: A Typographic Appraisal", *Imago Mundi*, 37 (1985), p.30-53.
42. Michel Foucault, "Nietzsche, Genealogy, History", in Foucault, *Language, Counter-Memory, Practice: Selected Essays and Interviews*, org. e trad. Donald Bouchard (Nova York, 1977), p.140-64, na p.142.

6. Globalismo: Diogo Ribeiro, mapa do mundo, 1529 (p.207-41)

1. Citado em Frances Gardiner Davenport e Charles Oscar Paullin (orgs.), *European Treaties Bearing on the History of the United States and its Dependencies*, 4 vols. (Washington, 1917), vol.1, p.44.
2. Citado em ibid., p.95.
3. Citado em Francis M. Rogers (org.), *The Obedience of a King of Portugal* (Minneapolis, 1958), p.48.
4. Citado em Davenport and Paullin, *European Treaties*, vol.1, p.161.
5. Citado em Donald Weinstein (ed.), *Ambassador from Venice: Pietro Pasqualigo in Lisbon, 1501* (Minneapolis, 1960), p.29-30.
6. Ver Sanjay Subrahmanyam e Luis Filipe F.R. Thomaz, "Evolution of Empire: The Portuguese in the Indian Ocean during the Sixteenth Century", in James Tracey (org.), *The Political Economy of Merchant Empires* (Cambridge, 1991), p.298-331.
7. Citado em W.B. Greenlee (org.), *The Voyage of Pedro Alvares Cabral to Brazil and India* (Londres, 1937), p.123-24.
8. Citado em Carlos Quirino (org.), *First Voyage around the World by Antonio Pigafetta and "De Moluccis Insulis" by Maximilianus Transylvanus* (Manila, 1969), p.112-3.
9. Ver Richard Hennig, "The Representation on Maps of the Magalhães Straits before their Discovery", *Imago Mundi*, 5 (1948), p.32-7.
10. Ver Edward Heawood, "The World Map before and after Magellan's Voyage", *Geographical Journal*, 57 (1921), p.431-2.
11. Lord Stanley of Alderley (org.), *The First Voyage around the World by Magellan* (Londres, 1874), p.257.
12. Citado em Marcel Destombes, "The Chart of Magellan", *Imago Mundi*, 12 (1955), p.65-88, na p.68.
13. Citado em R.A. Skelton (org.), *Magellan's Voyage: A Narrative Account of the First Circumnavigation*, 2 vols. (New Haven, 1969), vol.1, p.128.
14. Citado em Samuel Eliot Morison, *The European Discovery of America: The Northern Voyages, a.d. 500-16* (Oxford, 1974), p.473.
15. Citado em Quirino, *First Voyage around the World*, p.112-3; Julia Cartwright (org.), *Isabella d'Este, Marchioness of Mantua 1474-1539: A Study of the Renaissance*, 2 vols. (Londres, 1903), vol.2, p.225-6.
16. Citado em Morison, *European Discovery*, p.472.
17. Peter Martyr, *The Decades of the Newe Worlde*, trad. Richard Eden (Londres, 1555), p.242.
18. Antonio Barrera-Osorio, *Experiencing Nature: The Spanish American Empire and the Early Scientific Revolution* (Austin, Tex., 2006), p.29-55; Maria M. Portuondo, *Secret Science: Spanish Cosmography and the New World* (Chicago, 2009).
19. Destombes, "The Chart of Magellan", p.78.
20. L.A. Vigneras, "The Cartographer Diogo Ribeiro", *Imago Mundi*, 16 (1962), p.76-83.
21. Citado em Destombes, "The Chart of Magellan", p.78.
22. Bartholomew Leonardo de Argensola, *The Discovery and Conquest of the Molucco Islands* (Londres, 1708).

Notas

23. Citado em Emma H. Blair e James A. Robertson (orgs.), *The Philippine Islands: 1493-1898*, 55 vols. (Cleveland, 1903-9), vol.1, p.176-7.
24. Peter Martyr, *The Decades of the Newe Worlde*, p.242.
25. Citado em Blair e Robertson, *The Philippine Islands*, vol.1, p.209-10.
26. Ibid., p.201.
27. Ibid., p.197.
28. Ibid., p.205.
29. Citado em Vigneras, "Ribeiro", p.77.
30. Citado em Armando Cortesão e Avelino Teixeira da Mota, *Portugaliae Monumenta Cartographica*, 6 vols. (Lisbon, 1960-62), vol.1, p.97.
31. Vigneras, "Ribeiro", p.78-9.
32. Surekha Davies, "The Navigational Iconography of Diogo Ribeiro's 1529 Vatican Planisphere", *Imago Mundi*, 55 (2003), p.103-12.
33. Bailey W. Diffie e George D. Winius, *Foundations of the Portuguese Empire, 1415-1580* (Minneapolis, 1977), p.283.
34. Robert Thorne, "A Declaration of the Indies", in Richard Hakluyt, *Divers Voyages Touching America* (Londres, 1582).
35. Citado em Cortesão e Teixeira da Mota, *Portugaliae Monumenta Cartographica*, vol.1, p.100.
36. Davenport, *European Treaties*, p.188.
37. Ibid., p.186-97.
38. Jerry Brotton, *Trading Territories: Mapping the Early Modern World* (Londres, 1997), p.143-44.
39. Citado em Cortesão e Teixeira da Mota, *Portugaliae Monumenta Cartographica*, vol.1, p.102.
40. Konrad Eisenbichler, "Charles V in Bologna: The Self-Fashioning of a Man and a City", *Renaissance Studies*, 13/4 (2008), p.430-39.
41. Jerry Brotton e Lisa Jardine, *Global Interests: Renaissance Art between East and West* (Londres, 2000), p.49-62.

7. Tolerância: Gerard Mercator, mapa do mundo, 1569 (p.242-87)

1. Para o relato mais abrangente das execuções por heresia, ver H. Averdunk e J. Müller-Reinhard, *Gerhard Mercator und die Geographen unter seinen Nachkommen* (Gotha, 1904). Para a biografia mais recente de Mercator em língua inglesa, ver Nicholas Crane, *Mercator: The Man who Mapped the Planet* (Londres, 2003).
2. Paul Arblaster, "'Totius Mundi Emporium': Antwerp as a Centre for Vernacular Bible Translations, 1523-1545", in Arie-Jan Gelderblom, Jan L. de Jong e Marc van Vaeck (eds.), *The Low Countries as a Crossroads of Religious Belief* (Leiden, 2004), p.14-5.
3. William Monter, "Heresy Executions in Reformation Europe,1520-1565", in Ole Peter Grell e Bob Scribner (orgs.), *Tolerance and Intolerance in the European Reformation* (Cambridge, 1996), p.48-64.

4. Karl Marx, "The Eighteenth Brumaire of Napoleon Bonaparte" (1852), in David McLellan (org.), *Karl Marx: Selected Writings* (Oxford, 2ª ed., 2000), p.329-55.
5. As linhas precedentes e o conceito de *"self-fashioning"* devem muito a Stephen Greenblatt, *Renaissance Self-Fashioning: From More to Shakespeare* (Chicago, 1980), p.1-2.
6. Citado em Crane, *Mercator*, p.193.
7. Ibid., p.194.
8. Ibid., p.44.
9. Citado em A.S. Osley (org.), *Mercator: A Monograph on the Lettering of Maps, etc. in the 16th Century Netherlands with a Facsimile and Translation of his Treatise on the Italic Hand and a Translation of Ghim's "Vita Mercatoris"* (Londres, 1969), p.185.
10. Citado em Peter van der Krogt, *Globi Neerlandici: The Production of Globes in the Low Countries* (Utrecht, 1993), p.42.
11. Sobre o globo, ver ibid., p.53-5; Robert Haardt, "The Globe of Gemma Frisius", *Imago Mundi*, 9 (1952), p.109-10. Sobre o custo dos globos, ver Steven Vanden Broeke, *The Limits of Influence: Pico, Louvain and the Crisis of Astrology* (Leiden, 2003).
12. Citado em Robert W. Karrow, Jr., *Mapmakers of the Sixteenth Century and their Maps: Bio-Bibliographies of the Cartographers of Abraham Ortelius, 1570* (Chicago, 1993), p.377.
13. Citado em M. Büttner, "The Significance of the Reformation for the Reorientation of Geography in Lutheran Germany", *History of Science*, 17 (1979), p.151-69, na p.160.
14. Os trechos a seguir devem muito a Catherine Delano-Smith e Elizabeth Morley Ingram, *Maps in Bibles, 1500-1600: An Illustrated Catalogue* (Genebra, 1991); e Delano-Smith, "Maps as Art and Science: Maps in Sixteenth Century Bibles", *Imago Mundi*, 42 (1990), p.65-83.
15. Citado em Delano-Smith e Morley, *Maps in Bibles*, p.XXVI.
16. Delano-Smith, "Maps as Art", p.67.
17. Citado em Delano-Smith e Morley, *Maps in Bibles*, p.XXV.
18. Robert Karrow, "Centers of Map Publishing in Europe, 1472-1600", in David Woodward (org.), *The History of Cartography*, vol.3: *Cartography in the European Renaissance*, parte 1 (Chicago, 2007), p.618-19.
19. Sobre a história das projeções cartográficas renascentistas, ver Johannes Keuning, "A History of Geographical Map Projections until 1600", *Imago Mundi*, 12 (1955), p.1-24; John P. Snyder, *Flattening the Earth: Two Thousand Years of Map Projections* (Chicago, 1993); e seu capítulo "Map Projections in the Renaissance", in David Woodward (ed.), *The History of Cartography*, vol.3: *Cartography in the European Renaissance*, parte 1 (Chicago, 2007), p.365-81.
20. Rodney W. Shirley, *The Mapping of the World: Early Printed World Maps, 1472-1700* (Londres, 1983), p.84.
21. Ver Robert L. Sharp, "Donne's 'Good-Morrow' and Cordiform Maps", *Modern Language Notes*, 69/7 (1954), p.493-5; Julia M. Walker, "The Visual Paradigm of 'The Good-Morrow': Donne's Cosmographical Glasse", *Review of English Studies*, 37/145 (1986), p.61-5.
22. Eric Jager, *The Book of the Heart* (Chicago, 2000), p.139 e 143.
23. William Harris Stahl (org.), *Commentary on the Dream of Scipio by Macrobius* (Columbia, NY, 1952), p.72 e 216.

Notas

24. Citado em Denis Cosgrove, *Apollo's Eye: A Cartographic Genealogy of the Earth in the Western Imagination* (Baltimore, 2001), p.49.

25. Giorgio Mangani, "Abraham Ortelius and the Hermetic Meaning of the Cordiform Projection", *Imago Mundi*, 50 (1998), p.59-83. Sobre Melanchthon, ver Crane, *Mercator*, p.96.

26. Citado em Osley, *Mercator*, p.186.

27. Ver Geoffrey Parker, *The Dutch Revolt* (Londres, 1979), p.33.

28. Rolf Kirmse, "Die grosse Flandernkarte Gerhard Mercators (1540) ein Politicum?", *Duisburger Forschungen*, 1 (1957), p.1-44; Crane, *Mercator*, p.102-10.

29. Ver Marc Boone, "Urban Space and Political Conflict in Late Medieval Flanders", *Journal of Interdisciplinary History*, 32/4 (2002), p.621-40.

30. Diarmaid MacCulloch, *Reformation: Europe's House Divided, 1490-1700* (Londres, 2003), p.75, 207-8.

31. Citado em Rienk Vermij, "Mercator and the Reformation", in Manfred Büttner e René Dirven (orgs.), *Mercator und Wandlungen der Wissenschaften im 16. und 17. Jahrhundert* (Bochum, 1993), p.77-90, na p.85.

32. Alison Anderson, *On the Verge of War: International Relations and the Jülich-Kleve Succession Crises* (Boston, 1999), p.18-21.

33. Andrew Taylor, *The World of Gerard Mercator: The Man who Revolutionised Geography* (Londres, 2005), p.128-9.

34. Citado em Crane, *Mercator*, p.160.

35. Karrow, *Mapmakers of the Sixteenth Century*, p.386.

36. Citado em Crane, *Mercator*, p.194.

37. Sobre a crise da cosmografia no século XVI, ver Frank Lestringant, *Mapping the Renaissance World: The Geographical Imagination in the Age of Discovery*, trad. David Fausett (Oxford, 1994); e Denis Cosgrove, "Images of Renaissance Cosmography, 1450-1650", in Woodward, *History of Cartography*, vol.3, parte 1; sobre cronologia, ver Anthony Grafton, "Joseph Scaliger and Historical Chronology: The Rise and Fall of a Discipline", *History and Theory*, 14/2 (1975), p.156-85, "Dating History: The Renaissance and the Reformation of Chronology", *Daedalus*, 132/2 (2003), p.74-85; e Joseph Scaliger: *A Study in the History of Classical Scholarship*, vol.2: *Historical Chronology* (Oxford, 1993).

38. Citado em ibid., p.13.

39. Ibid., p.9.

40. Citado em Vermij, "Mercator and the Reformation", p.86.

41. Sobre a *Chronologia* de Mercator, ver Rienk Vermij, "Gerard Mercator and the Science of Chronology", in Hans Blotevogel e Rienk Vermij (orgs.), *Gerhard Mercator und die geistigen Strömungen des 16. und 17. Jahrhunderts* (Bochum, 1995), p.189-98.

42. Ibid., p.192.

43. Grafton, "Dating History", p.75.

44. Sobre essa visão da cosmografia, ver Cosgrove, *Apollo's Eye*; Lestringant, *Mapping the Renaissance World*.

45. Todas as citações das legendas do mapa foram tiradas do artigo anônimo "Text and Translation of the Legends of the Original Chart of the World by Gerhard Mercator, Issued in 1569", *Hydrographic Review*, 9 (1932), p.7-45.

46. Sobre loxodromias, ver James Alexander, "Loxodromes: A Rhumb Way to Go", *Mathematics Magazine*, 7/5 (2004), p.349-56; Mark Monmonier, *Rhumb Lines and Map Wars: A Social History of the Mercator Map Projection* (Chicago, 2004), p.1-24.

47. Ver Lloyd A. Brown, The Story of Maps (Nova York, 1949), p.137.

48. Monmonier, *Rhumb Lines and Map Wars*, p.4-5.

49. William Borough, *A Discourse on the Variation of the Compass*, citado em E.J.S. Parsons e W.F. Morris, "Edward Wright and his Work", *Imago Mundi*, 3 (1939), p.61-71, na p.63.

50. Eileen Reeves, "Reading Maps", *Word and Image*, 9/1 (1993), p.51-65.

51. Gerardus Mercator, *Atlas sive cosmographicae meditationes de fabrica mundi et fabricate figura* (CD-ROM, Oakland, Calif., 2000), p.106.

52. Ibid.

53. Ibid., p.107.

54. Citado em Lucia Nuti, "The World Map as an Emblem: Abraham Ortelius and the Stoic Contemplation", *Imago Mundi*, 55 (2003), p.38-55, na p.54.

55. Ver Lestringant, *Mapping the Renaissance World*, p.130; Cosgrove, "Images of Renaissance Cosmography", p.98.

56. David Harvey, "Cosmopolitanism and the Banality of Geographical Evils", *Public Culture*, 12/2 (2000), p.529-64, na p.549.

8. Dinheiro: Joan Blaeu, *Atlas maior*, 1662 (p.288-324)

1. Citado em Maarten Prak, *The Dutch Republic in the Seventeenth Century* (Cambridge, 2005), p.262.

2. Sobre o mapa de Blaeu, ver Minako Debergh, "A Comparative Study of Two Dutch Maps, Preserved in the Tokyo National Museum: Joan Blaeu's Wall Map of the World in Two Hemispheres, 1648 and its Revision ca. 1678 by N. Visscher", *Imago Mundi*, 35 (1983), p.20-36.

3. Derek Croxton, "The Peace of Westphalia of 1648 and the Origins of Sovereignty", *International History Review*, 21/3 (1999), p.569-91.

4. Oscar Gelderblom e Joost Jonker, "Completing a Financial Revolution: The Finance of the Dutch East India Trade and the Rise of the Amsterdam Capital Market, 1595-1612", *Journal of Economic History*, 64/3 (2004), p.641-72; Jan de Vries e Ad van der Woude, *The First Modern Economy: Success, Failure and Perseverance of the Dutch Economy, 1500-1815* (Cambridge, 1997).

5. Kees Zandvliet, *Mapping for Money: Maps, Plans and Topographic Paintings and their Role in Dutch Overseas Expansion during the 16th and 17th Centuries* (Amsterdam, 1998), p.33-51.

6. Cornelis Koeman, Günter Schilder, Marco van Egmond e Peter van der Krogt, "Commercial Cartography and Map Production in the Low Countries, 1500-ca.

Notas 519

1672", in David Woodward (org.), *The History of Cartography*, vol.3: *Cartography in the European Renaissance*, parte 1 (Chicago, 2007), p.1296-383.

7. Herman de la Fontaine Verwey, "Het werk van de Blaeus", *Maandblad Amstelodamum*, 39 (1952), p.103.

8. Simon Schama, *The Embarrassment of Riches: An Interpretation of Dutch Culture in the Golden Age* (Londres, 1987).

9. Svetlana Alpers, *The Art of Describing: Dutch Art in the Seventeenth Century* (Chicago, 1983).

10. Herman de la Fontaine Verwey, "Dr. Joan Blaeu and his Sons", *Quaerendo*, 11/1 (1981), p.5-23.

11. C. Koeman, "Life and Works of Willem Janszoon Blaeu: New Contributions to the Study of Blaeu, Made during the Last Hundred Years", *Imago Mundi*, 26 (1972), p.9-16, dá essa data como sendo 1617. Sou grato a Jan Werner por fornecer a data correta.

12. Herman Richter, "Willem Jansz. Blaeu with Tycho Brahe on Hven, and his Map of the Island: Some New Facts", *Imago Mundi*, 3 (1939), p.53-60.

13. Citado em Klaas van Berkel, "Stevin and the Mathematical Practitioners", in Klaas van Berkel, Albert van Helden e Lodewijk Palm (orgs.), *A History of Science in the Netherlands* (Leiden, 1999), p.13-36, na p.19.

14. Peter Burke, *A Social History of Knowledge: From Gutenberg to Diderot* (Oxford, 2000), p.163-5 [ed. bras.: *Uma história social do conhecimento: de Gutenberg a Diderot*. Rio de Janeiro, Zahar, 2003].

15. Günter Schilder, "Willem Jansz. Blaeu's Wall Map of the World, on Mercator's Projection, 1606-07 and its Influence", *Imago Mundi*, 31 (1979), p.36-54.

16. Citado em ibid., p.52-3.

17. James Welu, "Vermeer: His Cartographic Sources", *Art Bulletin*, 57 (1975), p.529.

18. Nadia Orenstein et al., "Print Publishers in the Netherlands 1580-1620", in *Dawn of the Golden Age*, catálogo de exposição, Rijksmuseum (Amsterdam, 1993), p.167-200.

19. Cornelis Koeman e Marco van Egmond, "Surveying and Official Mapping in the Low Countries, 1500-c. 1670", in Woodward, *History of Cartography*, vol.3, parte 1, p.1246-95, na p.1270.

20. Zandvliet, *Mapping for Money*, p.97-8; e "Mapping the Dutch World Overseas in the Seventeenth Century", in Woodward, *History of Cartography*, vol.3, parte 1, p.1433-62.

21. J. Keuning, "The History of an Atlas: Mercator-Hondius", *Imago Mundi*, 4 (1947), p.37-62; Peter van der Krogt, *Koeman's Atlantes Neerlandici*, 3 vols. (Houten, 1997), vol.1, p.145-208.

22. J. Keuning, "Jodocus Hondius Jr", *Imago Mundi*, 5 (1948), p.63-71; Ir. C. Koeman, *Atlantes Neerlandici: Bibliography of Terrestrial, Maritime, and Celestial Atlases and Pilot Books, Published in the Netherlands up to 1800*, 6 vols. (Amsterdam, 1969), vol.2, p.159-88.

23. Citado em J. Keuning, "Blaeu's Atlas", *Imago Mundi*, 14 (1959), p.74-89, nas p.76-7; Koeman, *Atlantes Neerlandici*, vol.1, p.73-85; Van der Krogt, *Koeman's Atlantes*, vol.1, p.31-231.

24. Edward Luther Stevenson, *Willem Janszoon Blaeu, 1571-1638* (Nova York, 1914), p.25-6.

25. Günter Schilder, *The Netherland Nautical Cartography from 1550 to 1650* (Coimbra, 1985), p.107.

520   *Uma história do mundo em doze mapas*

26. Koeman et al., "Commercial Cartography", p.1324-30.

27. Citado em Keuning, "Blaeu's Atlas", p.77.

28. Jonathan Israel, "Frederick Henry and the Dutch Political Factions, 1625-1642", *English Historical Review*, 98 (1983), p.1-27.

29. Zandvliet, *Mapping for Money*, p.91.

30. Keuning, "Blaeu's Atlas", p.78-9; Koeman, *Atlantes Neerlandici*, vol.1, p.86-198; Van der Krogt, *Koeman's Atlantes*, vol.1, p.209-466.

31. Citado em Keuning, "Blaeu's Atlas", p.80.

32. Rienk Vermij, *The Calvinist Copernicans: The Reception of the New Astronomy in the Dutch Republic, 1575-1750* (Cambridge, 2002), p.107-8.

33. De Vries e Van der Woude, The First Modern Economy, p.490-1; J.R. Bruin et al. (orgs.), *Dutch-Asiatic Shipping in the 17th and 18th Centuries*, 3 vols. (Haia, 1987), vol.1, p.170-88.

34. Günter Schilder, "Organization and Evolution of the Dutch East India Company's Hydrographic Office in the Seventeenth Century", *Imago Mundi*, 28 (1976), p.61-78; Zandvliet, *Mapping for Money*, p.120.

35. Ibid., p.122-4.

36. Ibid., p.122.

37. Ibid., p.124.

38. Ir. C. Koeman, *Joan Blaeu and his Grand Atlas* (Amsterdam, 1970), p.8-10.

39. Verwey, "Blaeu and his Sons", p.9.

40. Koeman, *Grand Atlas*, p.9-10.

41. Koeman, *Atlantes Neerlandici*, vol.1, p.199-294, Van der Krogt, *Koeman's Atlantes*, vol.2, p.316-458.

42. Koeman, *Grand Atlas*, p.43-6, Peter van der Krogt, "Introduction", in Joan Blaeu, *Atlas maior of 1665* (Colônia, 2005), p.36-7.

43. Koeman, *Grand Atlas*, p.53-91.

44. Joan Blaeu, *Atlas maior of 1665*, p.12.

45. Ibid.

46. Ver, por exemplo, Vermij, *The Calvinist Copernicans*, p.222-37.

47. Citado em Alpers, *The Art of Describing*, p.159.

48. Herman de la Fontaine Verwey, "The Glory of the Blaeu Atlas and 'the Master Colourist'", *Quaerendo*, 11/3 (1981), p.197-229.

49. Johannes Keuning, "The Novus Atlas of Johannes Janssonius", *Imago Mundi*, 8 (1951), p.71-98.

50. Citado em Koeman, *Grand Atlas*, p.95.

51. Koeman, *Atlantes Neerlandici*, vol.1, p.199-200.

52. Peter van der Krogt e Erlend de Groot (orgs.), *The Atlas Blaeu-Van der Hem*, 7 vols. (Utrecht, 1996); Verwey, "The Glory of the Blaeu Atlas", p.212-19.

9. Nação: família Cassini, mapa da França, 1793 (p.325-71)

1. Citado em Monique Pelletier, *Les Cartes des Cassini: la science au service de l'état et des régions* (Paris, 2002), p.167.

Notas

2. Citado em ibid.

3. Citado em Anne Godlewska, "Geography and Cassini IV: Witness and Victim of Social and Disciplinary Change", *Cartographica*, 35/3-4 (1998), p.25-39, na p.35.

4. Para evitar confusão entre as quatro gerações de Cassini, os historiadores os numeram de I a IV.

5. Marcel Roncayolo, "The Department", in Pierre Nora (org.), *Rethinking France: Les Lieux de Mémoire*, vol.2: *Space* (Chicago, 2006), p.183-231.

6. Montesquieu, citado em David A. Bell, *The Cult of the Nation in France: Inventing Nationalism, 1680-1800* (Cambridge, Mass., 2001), p.11.

7. Benedict Anderson, *Comunidades imaginadas: reflexões sobre a origem e a difusão do nacionalismo* (São Paulo, 2008, trad. Denise Bottman).

8. James R. Akerman, "The Structuring of Political Territory in Early Printed Atlases", *Imago Mundi*, 47 (1995), p.138-54, na p.141; David Buisseret, "Monarchs, Ministers, and Maps in France before the Accession of Louis XIV", in Buisseret (org.), *Monarchs, Ministers, and Maps: The Emergence of Cartography as a Tool of Government in Early Modern Europe* (Chicago, 1992), p.99-124, na p.119.

9. Jacob Soll, *The Information Master: Jean-Baptiste Colbert's Secret State Intelligence System* (Ann Arbor, 2009).

10. Citado em David J. Sturdy, *Science and Social Status: The Members of the Académie des Sciences, 1666-1750* (Woodbridge, 1995), p.69.

11. Ibid., p.151-6.

12. David Turnbull, "Cartography and Science in Early Modern Europe: Mapping the Construction of Knowledge Spaces", *Imago Mundi*, 48 (1996), p.5-24.

13. Citado em Pelletier, *Cassini*, p.39.

14. Ibid., p.40. Sobre a mudança do papel do topógrafo, ver E.G.R. Taylor, "The Surveyor", *Economic History Review*, 17/2 (1947), p.121-33.

15. John Leonard Greenberg, *The Problem of the Earth's Shape from Newton to Clairaut* (Cambridge, 1995), p.1-2.

16. Josef V. Konvitz, *Cartography in France, 1660-1848: Science, Engineering and Statecraft* (Chicago, 1987), p.5-6.

17. Ibid., p.7.

18. Citado em Pelletier, *Cassini*, p.54.

19. Mary Terrall, "Representing the Earth's Shape: The Polemics Surrounding Maupertuis's Expedition to Lapland", *Isis*, 83/2 (1992), p.218-37.

20. Pelletier, *Cassini*, p.79.

21. Citado em Terrall, "Representing the Earth's Shape", p.223.

22. Mary Terrall, *The Man who Flattened the Earth: Maupertuis and the Sciences in the Enlightenment* (Chicago, 2002), p.88-130.

23. Citado em Michael Rand Hoare, *The Quest for the True Figure of the Earth* (Aldershot, 2005), p.157.

24. Citado em Pelletier, *Cassini*, p.79.

25. Citado em Monique Pelletier, "Cartography and Power in France during the Seventeenth and Eighteenth Centuries", *Cartographica*, 35/3-4 (1998), p.41-53, na p.49.

26. Konvitz, *Cartography in France*, p.14; Graham Robb, *The Discovery of France* (Londres, 2007), p.4-5.
27. Charles Coulston Gillispie, *Science and Polity in France: The Revolutionary and Napoleonic Years* (Princeton, 1980), p.115; Konvitz, *Cartography in France*, p.16.
28. Citado em Mary Sponberg Pedley, *The Commerce of Cartography: Making and Marketing Maps in Eighteenth-Century France and England* (Chicago, 2005), p.22-3.
29. Christine Marie Petto, *When France was King of Cartography: The Patronage and Production of Maps in Early Modern France* (Plymouth, 2007); Mary Sponberg Pedley, "The Map Trade in Paris, 1650-1825", *Imago Mundi*, 33 (1981), p.33-45.
30. Josef V. Konvitz, "Redating and Rethinking the Cassini Geodetic Surveys of France, 1730-1750", *Cartographica*, 19/1 (1982), p.1-15.
31. Citado em Pelletier, *Cassini*, p.95.
32. Sobre as estimativas de Cassini III, ver Konvitz, *Cartography in France*, p.22-4. Sobre salários, ver Peter Jones, "Introduction: Material and Popular Culture", in Martin Fitzpatrick, Peter Jones, Christa Knellwolf e Iain McCalman (orgs.), *The Enlightenment World* (Oxford, 2004), p.347-8.
33. Citado em Pelletier, *Cassini*, p.117-8.
34. Ibid., p.123-24.
35. Ibid., p.128.
36. Ibid., p.143.
37. Ibid., p.144.
38. Ibid., p.232-3.
39. Pedley, *Commerce of Cartography*, p.85-6.
40. Citado em Pelletier, *Cassini*, p.135.
41. Ibid., p.140.
42. Citado em Bell, *The Cult of the Nation*, p.70.
43. Ibid., p.15.
44. Citado em Anne Godlewska, *Geography Unbound: French Geographic Science from Cassini to Humboldt* (Chicago, 1999), p.80.
45. Bell, *The Cult of the Nation*, p.69.
46. Emmanuel-Joseph Sieyès, citado em Linda e Marsha Frey, *The French Revolution* (Westport, Conn., 2004), p.3.
47. Citado em Bell, *The Cult of the Nation*, p.76.
48. Ibid., p.14, 22, 13-4.
49. Citado em Pelletier, *Cassini*, p.165.
50. Ibid., p.169.
51. Citado em Godlewska, *Geography Unbound*, p.84.
52. Citado em Pelletier, *Cassini*, p.170.
53. Citado em Robb, *Discovery of France*, p.202-3.
54. *London Literary Gazette*, n.340, sábado, 26 jul 1823, p.471.
55. Citado em Pelletier, *Cassini*, p.244.
56. Ibid., p.246-7.
57. Ibid., p.243.

Notas

58. Sven Widmalm, "Accuracy, Rhetoric and Technology: The Paris-Greenwich Triangulation, 1748-88", in Tore Frängsmyr, J.L. Heilbron e Robin E. Rider (orgs.), *The Quantifying Spirit in the Eighteenth Century* (Berkeley e Los Angeles, 1990), p.179-206.

59. Konvitz, *Cartography in France*, p.25-8; Gillispie, *Science and Polity*, p.122-30; Lloyd Brown, *The Story of Maps* (Nova York, 1949), p.255-65.

60. Ibid., p.255.

61. Bernard de Fontenelle, citado em Matthew Edney, "Mathematical Cosmography and the Social Ideology of British Cartography, 1780-1820", *Imago Mundi*, 46 (1994), p.101-16, na p.104.

62. Citado em Godlewska, *Geography Unbound*, p.83.

63. Pedley, *Commerce of Cartography*, p.22.

64. Citado em Pelletier, *Cassini*, p.133.

65. Bell, *The Cult of the Nation*, p.6.

66. Anderson, *Comunidades imaginadas*, p.38 e 48.

67. Citado em Helmut Walser Smith, *The Continuities of German History: Nation, Religion and Race across the Long Nineteenth Century* (Cambridge, 2008), p.47.

68. Anderson, *Comunidades imaginadas*, p.52. Anderson retificou a omissão dos mapas na segunda edição de seu livro (da qual foi feita a tradução para o português), mas restringiu sua análise ao uso deles pelos Estados coloniais modernos.

10. Geopolítica: Halford Mackinder, "O eixo geográfico da história", 1904 (p.372-411)

1. "Prospectus of the Royal Geographical Society", *Journal of the Royal Geographical Society*, 1 (1831), p.VII-XII.

2. Ibid., p.VII-VIII.

3. *Quarterly Review*, 46 (nov. 1831), p.55.

4. David Smith, *Victorian Maps of the British Isles* (Londres, 1985).

5. Walter Ristow, "Lithography and Maps, 1796-1850", in David Woodward (org.), *Five Centuries of Map Printing* (Chicago, 1975), p.77-112.

6. Arthur Robinson, "Mapmaking and Map Printing: The Evolution of a Working Relationship", in Woodward, *Five Centuries of Map Printing*, p.14-21.

7. Matthew Edney, "Putting 'Cartography' into the History of Cartography: Arthur H. Robinson, David Woodward, and the Creation of a Discipline", *Cartographic Perspectives*, 51 (2005), p.14-29; Peter van der Krogt, "'Kartografie' or 'Cartografie'?", *Caert-Thresoor*, 25/1 (2006), p.11-12; *Oxford English Dictionary*, verbetes "cartography" e "cartographer".

8. Matthew Edney, "Mathematical Cosmography and the Social Ideology of British Cartography, 1780-1820", *Imago Mundi*, 46 (1994), p.101-16, na p.112.

9. John P. Snyder, *Flattening the Earth: Two Thousand Years of Map Projections* (Chicago, 1993), p.98-9, 112-3, 150-4, 105.

10. Arthur Robinson, *Early Thematic Mapping in the History of Cartography* (Chicago, 1982), p.15-7.

11. Ibid., p.160-2.

12. Simon Winchester, *The Map that Changed the World* (Londres, 2001).

13. Karen Severud Cook, "From False Starts to Firm Beginnings: Early Colour Printing of Geological Maps", *Imago Mundi*, 47 (1995), p.155-72, nas p.160-2.

14. Citado em Smith, *Victorian Maps*, p.13.

15. Matthew Edney, *Mapping an Empire: The Geographical Construction of British India, 1765-1843* (Chicago, 1997), p.2-3.

16. Joseph Conrad, *Heart of Darkness*, org. Robert Hampson (Londres, 1995), p.20.

17. Halford Mackinder, *Britain and the British Seas* (Londres, 1902), p.343.

18. Jeffrey C. Stone, "Imperialism, Colonialism and Cartography", *Transactions of the Institute of British Geographers*, 13/1 (1988), p.57-64.

19. Citado em William Roger Louis, "The Berlin Congo Conference and the (Non-) Partition of Africa, 1884-85", in Louis, *Ends of British Imperialism: The Scramble for Empire, Suez and Decolonization* (Londres, 2006), p.75-126, na p.102.

20. T.H. Holdich, "How Are We to Get Maps of Africa", *Geographical Journal*, 18/6 (1901), p.590-601, na p.590.

21. Halford Mackinder, "The Round World and the Winning of the Peace", *Foreign Affairs*, 21/1 (1943), p.595-605, na p.595.

22. Gerry Kearns, *Geopolitics and Empire: The Legacy of Halford Mackinder* (Oxford, 2009), p.37; E.W. Gilbert, "The Right Honourable Sir Halford J. Mackinder, P.C., 1861-1947", *Geographical Journal*, 110/1-3 (1947), p.94-9, na p.99.

23. Halford Mackinder, "Geography as a Pivotal Subject in Education", *Geographical Journal*, 27/5 (1921), p.376-84, na p.377.

24. Brian Blouet, "The Imperial Vision of Halford Mackinder", *Geographical Journal*, 170/4 (2004), p.322-29; Kearns, *Geopolitics and Empire*, p.39-50.

25. Francis Darwin (org.), *The Life and Letters of Charles Darwin, including an Autobiographical Chapter*, 3 vols. (Londres, 1887), vol.1, p.336.

26. Citado em Kearns, *Geopolitics and Empire*, p.44.

27. Ibid., p.47.

28. Ver Denis Cosgrove, "Extra-terrestrial Geography", in Cosgrove, *Geography and Vision: Seeing, Imagining and Representing the World* (Londres, 2008), p.34-48.

29. Citado em Charles Kruszewski, "The Pivot of History", *Foreign Affairs*, 32 (1954), p.388-401, na p.390.

30. Halford Mackinder, "On the Scope and Methods of Geography", *Proceedings of the Royal Geographical Society*, 9/3 (1887), p.141-74, na p.141.

31. Ibid., p.145.

32. Ibid., p.159-60.

33. "On the Scope and Methods of Geography – Discussion", *Proceedings of the Royal Geographical Society*, 9/3 (1887), p.160-74, na p.166.

34. D.I. Scargill, "The RGS and the Foundations of Geography at Oxford", *Geographical Journal*, 142/3 (1976), p.438-61.

Notas

35. Citado em Kruszewski, "Pivot of History", p.390.
36. Halford Mackinder, "Geographical Education: The Year's Progress at Oxford", *Proceedings of the Royal Geographical Society*, 10/8 (1888), p.531-3, na p.532.
37. Halford Mackinder, "Modern Geography, German and English", *Geographical Journal*, 6/4 (1895), p.367-79.
38. Ibid., p.374 e 376.
39. Ibid., p.379.
40. Citado em Kearns, *Geopolitics and Empire*, p.45.
41. Halford Mackinder, "A Journey to the Summit of Mount Kenya, British East Africa", *Geographical Journal*, 15/5 (1900), p.453-76, nas p.453-4.
42. Halford Mackinder, "Mount Kenya in 1899", *Geographical Journal*, 76/6 (1930), p.529-34.
43. Mackinder, "A Journey to the Summit", p.473 e 475.
44. Ibid., p.476.
45. Blouet, "Imperial Vision", p.322-9.
46. Mackinder, *Britain and the British Seas*, p.358.
47. Ibid., p.1-4.
48. Ibid., p.11-2.
49. Ibid., p.358.
50. Max Jones, "Measuring the World: Exploration, Empire and the Reform of the Royal Geographical Society", in Martin Daunton (org.), *The Organisation of Knowledge in Victorian Britain* (Oxford, 2005), p.313-36.
51. Paul Kennedy, *The Rise and Fall of British Naval Mastery* (Londres, 1976), p.190.
52. Halford Mackinder, "The Geographical Pivot of History", *Geographical Journal*, 23/4 (1904), p.421-37, nas p.421-2.
53. Ibid., p.422.
54. Ibid., p.431.
55. Ibid., p.435-6.
56. Pascal Venier, "The Geographical Pivot of History and Early Twentieth Century Geopolitical Culture", *Geographical Journal*, 170/4 (2004), p.330-6.
57. Gearóid Ó Tuathail, *Critical Geopolitics: The Politics of Writing Global Space* (Minneapolis, 1996), p.24.
58. Mackinder, "Geographical Pivot", p.436.
59. Ibid., p.437.
60. Spencer Wilkinson et al., "The Geographical Pivot of History: Discussion", *Geographical Journal*, 23/4 (1904), p.437-44, na p.438.
61. Ibid., p.438.
62. Halford Mackinder, *Democratic Ideals and Reality: A Study in the Politics of Reconstruction* (1919; Washington, 1996), p.64-5.
63. Ibid., p.106.
64. Mackinder, "The Round World", p.601.
65. Ibid., p.604-5.
66. Colin S. Gray, "The Continued Primacy of Geography", *Orbis*, 40/2 (1996), p.247-59, na p.258.
67. Citado em Kearns, *Geopolitics and Empire*, p.8.

68. Ibid., p.17.

69. Ibid., p.17-8.

70. Citações de Geoffrey Parker, *Western Geopolitical Thought in the Twentieth Century* (Beckenham, 1985), p.16 e 31.

71. Colin S. Gray e Geoffrey Sloan (orgs.), *Geopolitics, Geography and Strategy* (Oxford, 1999), p.1-2; Parker, *Western Geopolitical Thought*, p.6.

72. Citado em Saul Bernard Cohen, *Geopolitics of the World System* (Lanham, Md., 2003), p.11.

73. Alfred Thayer Mahan, *The Influence of Sea Power upon History, 1660-1783* (Boston, 1890), p.42.

74. Kearns, *Geopolitics and Empire*, p.4; Zachary Lockman, *Contending Visions of the Middle East: The History and Politics of Orientalism* (Cambridge, 2004), p.96-7.

75. Citado em Ronald Johnston et al. (orgs.), *The Dictionary of Human Geography*, 4ª ed. (Oxford, 2000), p.27.

76. Woodruff D. Smith, "Friedrich Ratzel and the Origins of Lebensraum", *German Studies Review*, 3/1 (1980), p.51-68.

77. Kearns, *Geopolitics and Empire*; Brian Blouet (org.), *Global Geostrategy: Mackinder and the Defence of the West* (Oxford, 2005); David N. Livingstone, *The Geographical Tradition: Episodes in the History of a Contested Enterprise* (Oxford, 1992), p.190-6; Colin S. Gray, *The Geopolitics of Super Power* (Lexington, Ky., 1988), p.4-12; Gray e Sloan, *Geopolitics*, p.15-62; e o número especial de *Geographical Journal*, 170 (2004).

78. Citado em Kearns, *Geopolitics and Empire*, p.62.

79. Livingstone, *Geographical Tradition*, p.190.

80. Christopher J. Fettweis, "Sir Halford Mackinder, Geopolitics and Policymaking in the 21st Century", *Parameters*, 30/2 (2000), p.58-72.

81. Paul Kennedy, "The Pivot of History", *Guardian*, 19 jun 2004, p.23.

11. Igualdade: a projeção de Peters, 1973 (p.412-46)

1. Citado em Nicholas Mansergh (org.), *The Transfer of Power, 1942-47*, 12 vols. (Londres, 1970), vol.12, n.488, apêndice 1.

2. Citado em Yasmin Khan, *The Great Partition: The Making of India and Pakistan* (New Haven, 2007), p.125.

3. Sobre a divisão, ver O.H.K. Spate, "The Partition of the Punjab and of Bengal", *Geographical Journal*, 110/4 (1947), p.201-18; e Tan Tai Yong, "'Sir Cyril Goes to India': Partition, Boundary-Making and Disruptions in the Punjab", *Punjab Studies*, 4/1 (1997), p.1-20.

4. Citado em John Pickles, "Text, Hermeneutics and Propaganda Maps", in Trevor J. Barnes e James S. Duncan (orgs.), *Writing Worlds: Discourse, Text and Metaphor in the Representation of Landscape* (Londres, 1992), p.193-230, na p.197.

5. Ver Jeremy Black, *Maps and History: Constructing Images of the Past* (New Haven, 1997), p.123-8.

Notas

6. Denis Cosgrove, "Contested Global Visions: One-World, Whole-Earth, and the Apollo Space Photographs", *Annals of the Association of American Geographers*, 84/2 (1994), p.270-94.

7. Citado em Ursula Heise, *Sense of Place and Sense of Planet: The Environmental Imagination of the Global* (Oxford, 2008), p.23.

8. Joe Alex Morris, "Dr Peters' Brave New World", *Guardian*, 5 jun 1973.

9. Ver Mark Monmonier, *Drawing the Line: Tales of Maps and Cartocontroversy* (Nova York, 1996), p.10.

10. Arthur H. Robinson, "Arno Peters and his New Cartography", *American Geographer*, 12/2 (1985), p.103-11, na p.104.

11. Jeremy Crampton, "Cartography's Defining Moment: The Peters Projection Controversy", *Cartographica*, 31/4 (1994), p.16-32.

12. *New Internationalist*, 124 (1983).

13. Jeremy Crampton, *Mapping: A Critical Introduction to Cartography and GIS* (Oxford, 2010), p.92.

14. Derek Maling, "A Minor Modification to the Cylindrical Equal-Area Projection", *Geographical Journal*, 140/3 (1974), p.509-10.

15. Norman Pye, resenha de *Peters Atlas of the World* de Arno Peters, *Geographical Journal*, 155/2 (1989), p.295-7.

16. H.A.G. Lewis, resenha de *The New Cartography* de Arno Peters, *Geographical Journal*, 154/2 (1988), p.298-9.

17. Citado em Stephen Hall, *Mapping the Next Millennium: The Discovery of New Geographies* (Nova York, 1992), p.380.

18. Robinson, "Arno Peters", p.103 e 106.

19. Citado em John Loxton, "The Peters Phenomenon", *Cartographic Journal*, 22 (1985), p.106-10, nas p.108, 110.

20. Citado em Monmonier, *Drawing the Line*, p.30-2.

21. Maling, "Minor Modification", p.510.

22. Lewis, resenha de *The New Cartography*, p.298-9.

23. David Cooper, "The World Map in Equal Area Presentation: Peters Projection", *Geographical Journal*, 150/3 (1984), p.415-6.

24. *The West Wing*, 2ª temporada, episódio 16, exibido pela primeira vez em 28 fev 2001.

25. Mark Monmonier, *Rhumb Lines and Map Wars: A Social History of the Mercator Map Projection* (Chicago, 2004), p.15.

26. Arno Peters, "Space and Time: Their Equal Representation as an Essential Basis for a Scientific View of the World", palestra na Universidade de Cambridge, 29 mar 1982, trad. Ward L. Kaiser e H. Wohlers (Nova York, 1982), p.1. Sobre a biografia de Peters, ver seu obituário publicado em *The Times*, 10 dez 2002, e a série de artigos publicados para homenagear sua vida e obra em *Cartographic Journal*, 40/1 (2003).

27. Citado em Stefan Muller, "Equal Representation of Time and Space: Arno Peters's Universal History", *History Compass*, 8/7 (2010), p.718-29.

28. Citado em Crampton, "Cartography's Defining Moment", p.23.

29. Peters, "Space and Time", p.8-9.

30. Crampton, "Cartography's Defining Moment", p.22; ver também a resenha da *Economist* de *Peters Atlas*, 25 mar 1989.

31. *The Freeman: A Fortnightly for Individualists*, segunda-feira, 15 dez 1952, p.188.

32. Arno Peters, *The New Cartography [Die Neue Kartographie]* (Nova York, 1983), p.146.

33. Norman J.W. Thrower, *Maps and Civilization: Cartography in Culture and Society* (Chicago, 1996), p.224.

34. Peters, *The New Cartography*, p.102.

35. Ibid., p.102, 107-18.

36. Ver Monmonier, *Drawing the Line*, p.12-3; Robinson, "Arno Peters", p.104; Norman Pye, resenha de "Map of the World: Peters Projection", *Geographical Journal*, 157/1 (1991), p.95.

37. Crampton, "Cartography's Defining Moment", p.24.

38. Pye, "Map of the World", p.95-6.

39. Peters, *The New Cartography*, p.128 e 148.

40. James Gall, *An Easy Guide to the Constellations* (Edimburgo, 1870), p.3.

41. James Gall, "Use of Cylindrical Projections for Geographical, Astronomical, and Scientific Purposes", *Scottish Geographical Journal*, 1/4 (1885), p.119- 23, na p.119.

42. James Gall, "On Improved Monographic Projections of the World", *British Association of Advanced Science* (1856), p.148.

43. Gall, "Use of Cylindrical Projections", p.121.

44. Monmonier, *Drawing the Line*, p.13-4.

45. Crampton, "Cartography's Defining Moment", p.21-2.

46. Gall, "Use of Cylindrical Projections", p.122.

47. Citações de *North-South: A Programme for Survival* (Londres, 1980). Números tirados de http://www.stwr.org/special-features/the-brandt-report. html#setting.

48. Paul Krugman, *The Conscience of a Liberal* (Londres, 2007), p.4-5, 124-9.

49. J.B. Harley, "Deconstructing the Map", in Barnes e Duncan, *Writing Worlds*, p.231-47.

50. David N. Livingstone, *The Geographical Tradition: Episodes in the History of a Contested Enterprise* (Oxford, 1992).

51. Alfred Korzybski, "General Semantics, Psychiatry, Psychotherapy and Prevention", in Korzybski, *Collected Writings* (Fort Worth, Tex., 1990), p.205.

52. J.B. Harley, "Can There Be a Cartographic Ethics?", *Cartographic Perspectives*, 10 (1991), p.9-16, nas p.10-1.

53. Peter Vujakovic, "The Extent of the Adoption of the Peters Projection by 'Third World' Organizations in the UK", *Society of University Cartographers Bulletin* (SUC), 21/1 (1987), p.11-15; e "Mapping for World Development", *Geography*, 74 (1989), p.97-105.

12. Informação: Google Earth, 2012 (p.447-83)

1. Pelo menos para aqueles que usam o aplicativo na Europa; ele está predeterminado para centrar-se na região em que o usuário se conecta.

2. http://weblogs.hitwise.com/heather-dougherty/2009/04/google_maps_ surpasses_mapquest.html. Sou grato a Simon Greenman por essa referência.

Notas   529

3. http://www.comscore.com/Press_Events/Press_Releases/2011/11/comScore_Releases_October_2011_U.S._Search_Engine_Rankings.

4. http://www.thedomains.com/2010/07/26/googles-global-search-share-declines/.

5. Kenneth Field, "Maps, Mashups and Smashups", *Cartographic Journal*, 45/4 (2008), p.241-45.

6. David Vise, *The Google Story: Inside the Hottest Business, Media and Technology Success of Our Time* (Nova York, 2006), p.1 e 3.

7. http://www.nytimes.com/2005/12/20/technology/20image.html.

8. http://spatiallaw.blogspot.com/.

9. Jeremy W. Crampton, *Mapping: A Critical Introduction to Cartography and GIS* (Oxford, 2010), p.129.

10. Field, "Maps, Mashups", p.242.

11. Sou grato a Patricia Seed por seus comentários sobre esse aspecto do aplicativo e por me brindar com a expressão "agregador de dados" (correspondência pessoal por e-mail, nov 2011).

12. David Y. Allen, "A Mirror of our World: Google Earth and the History of Cartography", *Coordinates*, series b, 12 (2009), p.1-16, na p.9.

13. Manuel Castells, *The Information Age: Economy, Society and Culture*, vol.1: *The Rise of the Network Society* (Oxford, 1998; 2ª ed., 2007), p.509.

14. Manuel Castells, *The Information Age: Economy, Society and Culture*, vol.3: *End of Millennium* (Oxford, 1998), p.1.

15. Castells, *The Rise of the Network Society*, p.501, 52, 508.

16. Matthew A. Zook e Mark Graham, "Mapping DigiPlace: Geocoded Internet Data and the Representation of Place", *Environment and Planning B: Planning and Design*, 34 (2007), p.466-82.

17. Eric Gordon, "Mapping Digital Networks: From Cyberspace to Google", *Information, Communication and Society*, 10/6 (2007), p.885-901.

18. James Gleick, *The Information: A History, a Theory, a Flood* (Londres, 2011), p.8-10.

19. http://www.google.com/about/corporate/company/.

20. Norbert Wiener, *Cybernetics: Or, Control and Communication in the Animal and the Machine* (Cambridge, Mass., 1948), p.11.

21. Ibid., p.144.

22. Ronald E. Day, *The Modern Invention of Information: Discourse, History and Power* (Carbondale, Ill., 2008), p.38-43.

23. Claude Shannon, "A Mathematical Theory of Communication", *Bell System Technical Journal*, 27 (1948), p.379-423, na p.379.

24. Crampton, *Mapping*, p.49-52.

25. Citado em ibid., p.58.

26. Castells, *The Rise of the Network Society*, p.40.

27. Duane F. Marble, "Geographic Information Systems: An Overview", in Donna J. Peuquet e Duane F. Marble (orgs.), *Introductory Readings in Geographic Information Systems* (Londres, 1990), p.4-14.

28. Roger Tomlinson, "Geographic Information Systems: A New Frontier", in Peuquet e Marble, *Introductory Readings*, p.15-27 na p.17.

29. J.T. Coppock e D.W. Rhind, "The History of GIS", in D.J. Maguire et al. (orgs.), *Geographical Information Systems*, vol.1 (Nova York, 1991), p.21-43.

30. Janet Abbate, *Inventing the Internet* (Cambridge, Mass., 2000).

31. Castells, *The Rise of the Network Society*, p.50-1.

32. Ibid., p.61.

33. Uma versão anterior do filme, intitulada *Rough Sketch*, foi feita em 1968 e serviu de base para a versão um pouco mais longa de 1977, lançada com o título atual. Ver http://powersof10.com/.

34. Christopher C. Tanner, Christopher J. Migdal e Michael T. Jones, "The Clipmap: A Virtual Mipmap", Anais da 25ª Conferência Anual de Computação Gráfica e Técnicas Interativas, jul 1998, p.151-8, na p.151.

35. Avi Bar-Zeev, "How Google Earth [Really] Works", acessado em: http://www. realityprime.com/articles/how-google-earth-really-works.

36. Mark Aubin, "Google Earth: From Space to your Face ... and Beyond", acessado em http://www.google.com/librariancenter/articles/0604_01.html.

37. http://msrmaps.com/About.aspx?n=AboutWhatsNew&b=Newsite.

38. Mark Aubin, cofundador da Keyhole, Inc., em artigo intitulado "Notes on the Origin of Google Earth", acessado em: http://www.realityprime.com/articles/notes-on-the-origin-of-google-earth.

39. Michael T. Jones, "The New Meaning of Maps", palestra feita na conferência "Where 2.0", San José, Califórnia, 31 mar 2010, acessada em: http://www.youtube.com/watch?v=UWj8qtIvkkg.

40. http://www.isde5.org/al_gore_speech.htm.

41. Simon Greenman, comunicação pessoal por e-mail, dez 2010. Sou muito grato a Simon por compartilhar comigo seu conhecimento de primeira mão do desenvolvimento de aplicativos geoespaciais.

42. Avi Bar-Zeev, "Notes on the Origin of Google Earth", acessado em: http://www.realityprime.com/articles/notes-on-the-origin-of-google-earth.

43. "Google Earth Co-founder Speaks", acessado em: http://techbirmingham. wordpress.com/2007/04/26/googleearth-aita/.

44. Para um exemplo visual, ver "Tiny Tech Company Awes Viewers", *USA Today*, 21 mar 2003, acessado em: http://www.usatoday.com/tech/news/ techinnovations/2003-03-20-earthviewer_x.htm.

45. http://www.iqt.org/news-and-press/press-releases/2003/Keyhole_06-25-03. html.

46. http://www.google.com/press/pressrel/keyhole.html.

47. Citado em Jeremy W. Crampton, "Keyhole, Google Earth, and 3D Worlds: An Interview with Avi Bar-Zeev", *Cartographica*, 43/2 (2008), p.85-93, na p.89.

48. Vise, *The Google Story*.

49. Sergey Brin e Larry Page, "The Anatomy of a Large-Scale Hypertextual Web Search Engine", Seventh International World Wide Web Conference (WWW 1998), 14-18 abr 1998, Brisbane, Austrália, acessado em: http://ilpubs.stanford.edu:8090/361/.

50. http://ontargetwebsolutions.com/search-engine-blog/orlando-seo-statistics/. Esses números são estimativas e não foram confirmados pelo Google.

51. http://royal.pingdom.com/2010/02/24/google-facts-and-figures-massiveinfographic/.

Notas

52. Sobre a política declarada do Google, ver http://www.google.com/corporate/; http://www.google.com/corporate/tenthings.html.
53. Harry McCracken, "First Impressions: Google's Amazing Earth", acessado em http://blogs.pcworld.com/techlog/archives/000748.html.
54. Entrevistas pessoais com Ed Parsons, abr 2009 e nov 2010. As citações seguintes de Parsons baseiam-se nessas entrevistas. Sou extremamente grato a Ed por me conceder tempo para essas entrevistas.
55. Aubin, "Google Earth", acessado em http://www.google.com/librariancenter/articles/0604_01.html.
56. http://www.techdigest.tv/2009/01/dick_cheneys_ho.html.
57. http://googleblog.blogspot.com/2005/02/mapping-your-way.html.
58. http://media.digitalglobe.com/index.php?s=43&item=147; http://news.cnet.com/8301-1023_3-10028842-93.html.
59. Jones, "The New Meaning of Maps".
60. Ed Parsons, entrevista pessoal, abr 2010.
61. Crampton, *Mapping*, p.133.
62. http://googleblog.blogspot.com/2010/04/earthly-pleasures-come-to-maps. html.
63. Michael T. Jones, "Google's Geospatial Organizing Principle", *IEEE Computer Graphics and Applications* (2007), p.8-13, na p.11.
64. http://www.emc.com/collateral/analyst-reports/diverse-exploding-digitaluniverse; http://www.worldwidewebsize.com/.
65. Waldo Tobler, "A Computer Movie Simulating Urban Growth in the Detroit Region", *Economic Geography*, 46 (1970), p.234-40, na p.236.
66. Entrevista pessoal com Ed Parsons, abr 2010.
67. http://www.gpsworld.com/gis/integration-and-standards/the-view-googlee-arth-7434.
68. Steven Levy, "Secret of Googlenomics: Data-Fueled Recipe Brews Profitability", *Wired Magazine*, 17.06, acessado em: http://www.wired.com/culture/culturereviews/magazine/17-06/nep_googlenomics?currentPage=all.
69. https://www.google.com/accounts/ServiceLogin?service=adwords&hl=en_ GB& ltmpl=adwords&passive=true&ifr=false&alwf=true&continue=https://adwords. google.com/um/gaiaauth?apt%3DNone%26ugl%3Dtrue&gsessionid=2-eFqzo_CDGDCfqiSMq9sQ.
70. Levy, "Secret of Googlenomics".
71. Jones, "The New Meaning of Maps".
72. Matthew A. Zook e Mark Graham, "The Creative Reconstruction of the Internet: Google and the Privatization of Cyberspace and DigiPlace", *Geoforum*, 38 (2007), p.1322-43.
73. William J. Mitchell, *City of Bits: Space, Place and the Infobahn* (Cambridge, Mass., 1996), p.112.
74. http://www.nybooks.com/articles/archives/2009/feb/12/google-the-futureof-books/?pagination=false#fn2-496790631.
75. http://on-line.wsj.com/article/SB10001424052748704461304576216923562033348. html?mod=WSJ_hp_LEFTTopStories.

532   *Uma história do mundo em doze mapas*

76. http://www.heritage.org/research/reports/2011/10/google-antitrust-and-not-being-evil.
77. Annu-Maaria Nivala, Stephen Brewster e L. Tiina Sarjakoski, "Usability Evaluation of Web Mapping Sites", *Cartographic Journal*, 45/2 (2008), p.129-38.
78. http://www.internetworldstats.com/stats.htm.
79. Crampton, *Mapping*, p.139-40.
80. Ed Parsons, entrevista pessoal, nov 2009.
81. Vittoria de Palma, "Zoom: Google Earth and Global Intimacy", in Vittoria de Palma, Diana Periton e Marina Lathouri (orgs.), *Intimate Metropolis: Urban Subjects in the Modern City* (Oxford, 2009), p.239-70, nas p.241-2; Douglas Vandegraft, "Using Google Earth for Fun and Functionality", *ACSM Bulletin* (jun 2007), p.28-32.
82. J. Lennart Berggren e Alexander Jones (eds. e trads.), *Ptolemy's Geography: An Annotated Translation of the Theoretical Chapters* (Princeton, 2000), p.117.
83. Allen, "A Mirror of our World", p.3-8.
84. Simon Greenman, comunicação pessoal por e-mail, dez 2010.

Conclusão: o olho da história? (p.484-93)

1. J.B. Harley e David Woodward (orgs.), *The History of Cartography*, vol.1: *Cartography in Prehistoric, Ancient, and Medieval Europe and the Mediterranean* (Chicago, 1987), p.508.
2. Rob Kitchin e Martin Dodge, "Rethinking Maps", *Progress in Human Geography*, 31/3 (2007), p.331-44, na p.343.
3. Albrecht Penck, "The Construction of a Map of the World on a Scale of 1:1.000.000", *Geographical Journal*, 1/3 (1893), p.253-61, na p.254.
4. Ibid., p.256.
5. Ibid., p.259.
6. Ibid., p.254.
7. A.R. Hinks, citado em G.R. Crone, "The Future of the International Million Map of the World", *Geographical Journal*, 128/1 (1962), p.36-8, na p.38.
8. Michael Heffernan, "Geography, Cartography and Military Intelligence: The Royal Geographical Society and the First World War", *Transactions of the Institute of British Geographers*, nova série, 21/3 (1996), p.504-33.
9. M.N. MacLeod, "The International Map", *Geographical Journal*, 66/5 (1925), p.445-9.
10. Citado em Alastair Pearson, D.R. Fraser Taylor, Karen Kline e Michael Heffernan, "Cartographic Ideals and Geopolitical Realities: International Maps of the World from the 1890s to the Present", *Canadian Geographer*, 50/2 (2006), p.149-75, na p.157.
11. Trygve Lie, "Statement by the Secretary-General", *World Cartography*, 1 (1951), p.V.
12. "Summary of International Meetings of Interest to Cartography (1951-1952)", *World Cartography*, 2 (1952), p.103.
13. "The International Map of the World on the Millionth Scale and the International Co-operation in the Field of Cartography", *World Cartography*, 3 (1953), p.1-13.

Notas

14. Sandor Radó, "The World Map at the Scale of 1:2.500.000", *Geographical Journal*, 143/3 (1977), p.489-90.
15. Citado em Pearson et al., "Cartographic Ideals", p.163.
16. David Rhind, "Current Shortcomings of Global Mapping and the Creation of a New Geographical Framework for the World", *Geographical Journal*, 166/4 (2000), p.295-305.
17. http://www.globalmap.org/english/index.html. Ver Pearson et al., "Cartographic Ideals", p.165-72.

Agradecimentos

Os leitores deste livro talvez se surpreendam ao perceber a afinidade de seu título com o de *Uma história do mundo em 100 objetos* (2010), de Neil MacGregor. Se alguém achar que estou levando minha admiração pelo maravilhoso livro de MacGregor um pouco longe demais, devo salientar que o meu título foi decidido (com o mesmo editor) em 2006, e que não me incomodo de forma alguma que ele tenha usado essa expressão antes de mim. É o que acontece quando se tenta captar o *Zeitgeist*! Embora a ideia por trás do livro tenha sido concebida há seis anos, ele é o resultado de quase vinte anos pensando e publicando mapas. Nesse tempo, tive a sorte de ter aprendido com muitos amigos e colegas da história da cartografia, que generosamente encontraram tempo para ler trechos do livro e fazer críticas inestimáveis. No Museu Britânico, Irving Finkel compartilhou seu volumoso conhecimento do mapa do mundo babilônico e teve a gentileza de me enviar materiais sobre o assunto. Mike Edwards fez uma leitura do capítulo sobre Ptolomeu que me foi muito proveitosa. Emilie Savage-Smith discutiu al-Idrisi comigo, embora eu suspeite que ela não irá necessariamente concordar com todas as minhas conclusões. Paul Harvey provavelmente sabe mais do que ninguém sobre mapas-múndi medievais, e foi muitíssimo generoso em seus comentários sobre o mapa de Hereford, enquanto que Julia Boffey e Dan Terkla também me ofereceram ideias úteis para mais leituras. Gari Ledyard é o maior especialista mundial no mapa Kangnido coreano e me orientou através das complexidades da cartografia antiga coreana. Kenneth R. Robinson foi generoso ao me ceder uma série de artigos indispensáveis sobre a história coreana e do Kangnido, e Cordell Yee ofereceu sugestões perspicazes sobre materiais chineses. O maravilhoso Timothy Brook ajudou-me com as fontes chinesas sobre o Kangnido e foi gentil ao me permitir reproduzir uma cópia do mapa de Qingjun, que foi descoberta sua, não minha. Na Biblioteca do Congresso americano, John Hessler me abriu o acesso a documentos relativos à aquisição do mapa de Waldseemül-ler, e também fez comentários incisivos sobre meu capítulo. Philip D. Burden compartilhou seu grande amor por mapas antigos, bem como a notável história da avaliação do mapa de Waldseemüller. Joaquim Alves Gaspar proporcionou pesquisas importantes sobre projeções do século XVI que ajudaram no capítulo sobre Ribeiro. Nick Crane compartilhou comigo seu vasto conhecimento

Agradecimentos

sobre Mercator. Jan Werner fez longos comentários sobre o capítulo que trata de Blaeu. David A. Bell ofereceu ideias perspicazes sobre o material de Cassini e Josef Konvitz esclareceu algumas das suas dimensões mais obscuras. Mark Monmonier leu os capítulos sobre Mercator e Peters com seu olhar penetrante. Dave Vest, da Mythicsoft, ajudou-me nos aspectos técnicos do Google Earth: seu conhecimento me salvou em muitas ocasiões, pelo que sou extremamente grato. Simon Greenman também ofereceu uma visão de dentro da ascensão do mapeamento on-line e Patricia Seed fez uma crítica sagaz. No Google, Ed Parsons deu um enorme apoio a todo o projeto; ele achou tempo para me conceder várias entrevistas, proporcionou acesso a várias pessoas, e também leu o capítulo sobre o Google. Embora o livro tenha muitas reservas aos métodos do Google, Ed foi exemplar em ouvir críticas na minha versão da história do Google Earth. Muitas outras pessoas responderam a perguntas e forneceram referências, entre elas Angelo Cattaneo, Matthew Edney, John Paul Jones III, Eddy Maes, Nick Millea e Hilde De Weerdt.

Este livro contou com o apoio de uma generosa bolsa de licença para pesquisa do Conselho de Pesquisas em Artes e Humanidades (ahrc.co.uk). O AHRC apoia pesquisas que aprofundem nossa compreensão da cultura e da criatividade humanas, e sou muito grato que um livro sobre a história da cartografia mundial faça parte desse empenho. Como administrador do JB Harley Trust, tenho a grande sorte de trabalhar com alguns dos principais especialistas do mundo em história da cartografia, e gostaria de agradecer a Peter Barber, Sarah Bendall, Catherine Delano-Smith, Felix Driver, David Fletcher, Paul Harvey, Roger Kain, Rose Mitchell, Sarah Tyacke e Charles Withers por me ajudarem mais do que eles provavelmente sabem. Catherine apoiou o projeto desde o início e respondeu a inumeráveis perguntas, assim como Peter e Tony Campbell. Sou profundamente grato a Peter e Catherine, em especial por esclarecer o que o livro estava tentando realizar em seus estágios iniciais, e por toda a ajuda e amizade ao longo dos anos. Tive a sorte de Peter ter lido todo o manuscrito, oferecendo-me o benefício de sua inigualável expertise.

Enquanto escrevia o livro, fiquei muito contente quando fui convidado para apresentar uma série de televisão da BBC em três partes, "Maps: Power, Plunder and Possession" [Mapas: poder, pilhagem e possessão"], que me ajudou não somente a consolidar minha relação com muitos dos extraordinários mapas que aparecem neste livro, mas também a compreender a importância da história que tentei contar. Agradeço muito à equipe maravilhosa responsável pela realização da série, em particular Louis Caulfield, Tom Cebula, Annabel Hobley, Helen

Nixon e Ali Pares, e a Anne Laking e Richard Klein por encomendar a série.

Quase todos os livros que escrevi reconhecem o apoio institucional da Universidade Queen Mary, e este não é exceção. Agradeço ao Departamento de Inglês por me permitir um período de licença sabática a fim de completar a pesquisa para o livro e, em particular, a Michèle Barrett, Julia Boffey, Markman Ellis, Alfred Hiatt, minha mãe judia substituta Lisa Jardine, Philip Ogden, Chris Reid, Peggy Reynolds, Bill Schwarz e Morag Shiach. Quisera que o falecido Kevin Sharpe tivesse tido a oportunidade de lê-lo; ele faz muita falta, mas jamais é esquecido. Como sempre, David Colclough foi o melhor dos amigos, e é um prazer agradecer-lhe mais uma vez por me sustentar através de um amor compartilhado por tudo, de Milton e Mercator à música indie dos anos 1980.

Quando eu era jovem, minha limitada coleção de livros consistia principalmente em títulos da Picador e da Penguin, por isso preciso me beliscar muitas vezes para entender que acabei tendo Peter Straus como meu agente e Stuart Proffitt como meu editor. Peter é uma lenda e quero agradecer-lhe por tudo o que ele fez por mim ao longo dos últimos cinco anos. Stuart foi um editor exemplar cujo incansável trabalho no livro foi extraordinário (até mesmo enquanto escrevo isto, penso nele e me preocupo com minha construção da frase). Gostaria de agradecer o seu esforço e o de todos na Allen Lane, especialmente à assistente de Stuart, Shan Vahidy, para tornar este livro possível. Elizabeth Stratford proporcionou uma edição de texto exemplar e Cecilia Mackay foi a melhor pesquisadora de imagens com que já trabalhei, obtendo uma série de imagens aparentemente impossíveis com extrema facilidade.

Durante a escrita deste livro, precisei da paciência, do humor, da diversão e do apoio dos meus amigos e familiares. Gostaria de agradecer a todos os Brotton – Alan, Bernice, Peter, Susan, Diane e Tariq – por sua fé em mim, bem como a Sophie e Dominik Beissel, Emma e James Lambe por Castle Farm, o "Galpão", e por serem avós acima e além do dever. Simon Curtis, Matthew Dimmock, Rachel Garistina, Tim Marlow e Tanya Hudson, Rob Nixon, Grayson e Philippa Perry, Richard Scholar e Ita McCarthy, James Scott, Guy Richards Smit e Rebecca Chamberlain e Dave e Emily Vest foram todos grandes amigos e me ajudaram de forma especial e vital. Dafydd Roberts forneceu ajuda fundamental na tradução de materiais essenciais e Michael Wheare foi um assistente de pesquisa incansável. Peter Florence me proporcionou "The West Wing" e um inesquecível aniversário de quarenta anos em Granada, bem como o espaço intelectual para desenvolver minha própria geografia cultural. Uma das inspirações do livro foi o trabalho de meu falecido amigo Denis Cosgrove, que me ensinou muito sobre as

Agradecimentos

possibilidades globais e transcendentes dos mapas, e cuja presença ainda permeia grande parte do que escrevo.

Tenho a sorte de chamar Adam Lowe de meu melhor amigo, e quero saudá-lo como o gênio que está por trás deste livro. Sempre que desespero com o valor das artes, olho para o que Adam faz, e isso me enche de admiração e inspiração. Meu mundo é um lugar infinitamente melhor por ele estar presente, e por isso eu o abençoo quase todos os dias. Espero que criemos juntos mais mundos dentro de mundos no futuro.

Há seis anos, conheci minha esposa, Charlotte, pela segunda vez. Desde então, ela encheu minha vida com seu amor e o de nossos dois filhos pequenos, Ruby e Hardie. Sem Charlotte não haveria livro e, muito possivelmente, não haveria autor. Ela me manteve animado com paixão, cuidado, inteligência e doçura, e me dá mais na vida do que eu alguma vez imaginei ser possível. Eu a amo para além de qualquer medida expressa no decorrer de todo este livro, e é por isso que eu o dedico a ela.

Índice remissivo

Os números em *itálico* indicam figuras e ilustrações.

1984 (Orwell), 407

Aachen, 247
abássida, califado, 71, 75, 76, 78
abstração, 13
Academia das Ciências (França), 330-1, 332-42, 355, 363
acesso à informação, mapeamento on-line, 448-58, 473-4; *ver também* mapeamento on-line
Açores, 135, 174
ACSM (Congresso Americano de Agrimensura e Cartografia), 421, 442-3
Action Aid, 419
Adão, 104, 122
Adwords, 476-8
Afer, 115
África:
    Conferência de Berlim sobre a África, 380
    descobertas portuguesas sobre circum-navegação da, 181, 193, 208
    descolonização, 416
    e Isidoro de Sevilha, 115-6
    e o Relatório Brandt, 439
    e Salústio, 112
    mapa do mundo de al-Idrisi, 69-70
    mapa do mundo de Ibn Hawqal, 77
    mapeamento imperial, 380-2
    na projeção de Mercator, 274, 432
    na projeção de Peters, 423, 432
    no mapa de Waldseemüller, 193
    no mapa Kangnido, 134-5
    no mapa-múndi de Hereford, 98-9, 102
    penetração da internet, 480
    representação usual nos atlas do século XX, 432
    ver também Líbia
Agência Espacial Federal Russa (*Sovinsform-sputnik*), 461

Agência Nacional de Imagens e Mapeamento (Nima, na sigla em inglês), 466
Agier, Pierre-Jean, 361
Agostinho, santo, 108-10, 114
água-forte, 356
ahl al-Kitab (povo do livro), 67
al-Balkhi, Abu Zayd, 76
Albert, príncipe, 437
Alcáçovas, tratado de, 207
Alcazaba, Simón de, 225
Alcorão, 69, 70, 82, 101
Alemanha:
    expansão colonial, 395, 396
    imperialismo, 247, 390
    nazismo *ver* nazismo
    relação com Estados Unidos, 165-6, 167-9
    Segunda Guerra Mundial, 405-6, 414-5
    Tchecoslováquia e, 413-4, 414
    tradição filosófica alemã, 388
    Tratado de Versalhes, 489
Alexandre, o Grande, 25, 41, 42-3, 70, 101, 118
Alexandre VI, papa, 207
Alexandria, Egito, 25-7, 45, 48, 49-50, 51, 223
    biblioteca, 26-7, 30, 45, 47, 51, 54, 63
    museu, 26
    no mapa Kangnido, 134
al-Idrisi, al-Sharif, 66, 67-8, 78-91, 94, 484-5
    Entretenimento, 66-8, 70, 75, 79, 82, 83-91, 92, 93-4, 114
al-Khwarazmi, 73-4
Allart, Huyck, 299
Almagesto (Ptolomeu), 51-3, 83
al-Mamun, 71-2
    mapa do mundo de, 72-3
al-Mansur, 71, 89
al-Masudi, 72
Alpers, Svetlana, 294
AltaVista, 467
Alvarez (agente português), 218

Índice remissivo

Amarelo, rio, 142, 150, 151
ambari, 103
Ambrósio, santo, 108
Amerbach, Johannes, 176
América:
    classificada como ilha, 173, 187-8, 201, 205
    e a Renascença europeia, 166, 169-70
    Estados Unidos *ver* Estados Unidos da
        América
    mapa de Waldseemüller como "certi-
        dão de nascimento" da, 164-6, 168-70,
        173-4, 195
    na projeção de Mercator, 271-4, 432
    no globo de Mercator, 251
    no mapa de Waldseemüller, 164, 168,
        193-6, 198
    no mapa do mundo de Blaeu (1662), 318
    no mapa do mundo de Mercator (1538),
        259
    no mapa do mundo de Ribeiro, 231
    nome, 194-5, 199-201, 205
    viagens de Colombo, 171-2
América do Sul:
    Magalhães e, 214-5, 217, 218
    na *Cosmographia introductio* de
        Waldseemüller, 188
    na projeção conformal de Mercator,
        274, 280, 432
    na projeção de Peters, 423, 432
    na *Universalis cosmographia* de
        Waldseemüller, 194-5, 198
    no mapa do mundo de Blaeu, 289
    no mapa do mundo de Mercator de
        1538, 259
American Express, 167
Amsterdam, 290, 295-6, 297, 309, 312, 322
    Prefeitura de, com seu Salão do Povo,
        288-9, 291
Anacleto II, papa, 81
Anaximandro de Mileto, 34-6
Anderson, Benedict, 369-70
Angeli, Jacopo, 180
Antártica, 280, 298
"antropogeografia", 389, 408; *ver também*
    geografia humana
Antuérpia, 247, 249, 250, 251, 266, 285
Anville, Jean Baptiste Bourguignon d', 348
AOL, 167
Apian, Peter, 188, 199
aplicativos geoespaciais, 22, 327, 447-83, 491,
    492

Apocalipse, 101, 104, 269
Apollo 17 (nave espacial), fotos da Terra da,
    416-8, 425
Apolo, 188, 199
Apolo, templo em Delfos, 35
Apúlia, 65, 81
Aquiles (escudo), 31-2, *33*
Arca de Noé, 100-1, 110, 118-9
Arçon, Jean-Claude Le Michaud d', 362
Aristágoras de Mileto, 41-2
Aristipo, Henrique, 83
Aristófanes, 42
Aristóteles, 39-43, 72, 112, 175, 248
    e Mercator, 248-9
    Meteorologia, 39, 40-1, 83
Armênia:
    no mapa-múndi de Hereford, 100-1
    Urartu, 8
arminianos, 303
Arnaud, Rémi, 459
arpanet, 458
Arquimedes, 26
arte rupestre pré-históricas, 9-10
Ásia:
    comunismo no sudeste asiático, 415-6
    descolonização do sul da, 416
    e Heródoto, 36
    e o Relatório Brandt, 439
    e Ptolomeu, 192-3, 217
    mapa moderno do leste asiático nos
        séculos XIV e XV, *131*
    na projeção de Peters, 432
    no mapa de Waldseemüller, 192
    no mapa do mundo de Ibn Hawqal, 77
    no mapa do mundo de Mercator (1569),
        274
    no mapa-múndi de Hereford, 98-9, 100-2
    penetração da internet, 480
    primeiros mapas mundiais *ver* mapa
        Kangnido
Ásia Menor, no mapa-múndi de Hereford,
    100-1
Assíria, 8, 115
Associação Britânica para o Progresso da
    Ciência (BAAS), 435, 436, 437
Associação Geográfica, 384
Assur, 115
astronomia:
    babilônica, 35
    chinesa, 141-3
    como recurso do cartógrafo, 12-3

540   *Uma história do mundo em doze mapas*

e a projeção de Gall, 435-7
e geografia, 27-8, 50-1, 332-44
e o mapa da França de Cassini, 329-44
grega, 29-30, 37, 45-6, 48-9, 51-3, 55, 57
holandesa, 295-6
atálida, dinastia, 48
Atlântico (oceano), 220, 223, 400, 406, 447
Atlantis/Atlas Appendix (Blaeu), 305-6
atlas, 304-9
Atlas (Mercator), 283, 285, 304, 318
atlas compostos, 322
italianos, 323
Atlas de Bengala (Rennel), 379
Atlas maior (Blaeu), 293-4, 304, 312, 314-24,
477, 484-5
Atlas maior (Janssonius), 321
Atlas maior (Joan Blaeu), 313
Atlas Mercator-Hondius, 304, 306
*Atlas of the Real World: Mapping the Way We
Live* (Dorling et al.), 446
Aubin, Mark, 461-2, 465
Augsburg, 191
Augusto César, 108
Austrália, 289, 318
Áustria, Guerra de Sucessão, 348
Averróis (Ibn Rushd), 79
axis mundi, 15
azimutal, projeção, 258, 260, 377

BAAS (Associação Britânica para o Progresso
da Ciência), 435, 436, 437
Babbage, Charles, 437
Babilônia:
astronomia, 34
cosmologia, 8, 34, 71, 72
Bachelard, Gaston: *Poética do espaço*, 440
Bacon, Francis: *Nova Atlântida*, 330
Badajoz, 221, 223, 224, 225
Bagdá, 71, 72, 75-6, 78, 89, 223, 466
Bagrow, Leo, 19
Balboa, Vasco Núñez de, 198, 213
Banco Mundial, 439
Banks, sir Joseph, 367, 379
Barford, Anna, 446
Barrow, sir John, 372
Bar-Zeev, Avi, 460-1, 464-5, 467
Basileia, 176, 189
Batávia, 309-10
Bateson, Gregory, 14, 22
Beauvais, 354, 355
Behaim, Martin, 182, 215-7
globo, 216-7

Bélgica, 242-3
Lovaina *ver* Lovaina, Bélgica
Bell Laboratories, 455
Bengala, 412
Berckenrode, Balthasar Florisz. van, 302
Berlim, 384, 393, 426
Conferência sobre a África, 380
Berna, V Congresso Geográfico Internacional,
486, 488
Berners-Lee, Tim, 458
Berthier, Louis-Alexandre, 364, 365
Bíblia:
Agostinho e, 108-9
Apocalipse, 101, 104, 269
cronologia e a, 268-71
estudo de Mercator dos Evangelhos, 283
exegese dos Padres da Igreja, 117
geografia da, 255
hebreus, 122
Lucas, 104, 108
mapa de parede de Mercator da Terra
Santa e a, 254
mapa de Sawley e a, 120-1
mapa-múndi de Hereford e a, 103-4
mapas bíblicos, 106-7, 109, 110-1, 252-3,
254-7
primeiras impressões da, 177
traduções luteranas do Novo Testamento, 243
Vulgata, 109
Biblioteca do Congresso, Estados Unidos,
165-7, 168-9, 170, 198, 203, 204-5
Biblioteca John Carter Brown, 202, 203, 204-5
biogeografia, 388, 389
Birmânia, 399
Bit Yakin, 8
Blaeu, Cornelis, 309
Blaeu, dinastia, 294-324
Blaeu, Joan II, 294
Blaeu, Joan, 289, 303-4, 307, 308, 309-24
Atlas maior, 293-4, 304, 312, 314-24, 477,
484-5
como cartógrafo da VOC, 309-12
como traficante de escravos, 313
globos, 311
gráfica, 312-3, 314-6, 321-2
mapa do mundo de 1648, 289-91, 318
mapa do mundo de 1662, 317-21
Novus Atlas, 313
reprodução do mapa mundial no Salão
do Povo, 288-9, 291, 317, 318

Índice remissivo

Blaeu, Pieter, 294
Blaeu, Willem Janszoon, 286, 294-309
blemmyes, 102
Bloemgracht, 309, 312, 316
Bodin, Jean, 269
Boécio, 248
Bôeres, guerra dos, 383, 393, 395
Bolena, Ana, 238
Bolonha, 181
Bonaparte, Napoleão, 364-5
Bonn, 418
Bonne, Rigobert, projeção equivalente, 376, 377
Boorstin, Daniel, 166, 169
Borges, Jorge Luis, 15
Borough, William, 280, 283
Bourbon, dinastia, 328, 329, 337, 348
Bracamonte y Guzman, Don Casparo de, 3º conde de Penaranda, 289
Brahe, Tycho, 291, 295-7
Brandt, Relatório, 417, 419, 432, 439
Brandt, Willy, 417
Brant, Sebastian, 177, 190
Brasil, 174, 175, 195, 199, 201, 212
Brest, 335
Bretanha, 357, 364, 365
Brin, Sergey, 467-8, 470, 473
Brooke, sir Arthur de Capell, 372
Brown, John Carter, 202
Bry, Théodore de, 286
Brzezinski, Zbigniew, 407
Buchanan, George, 284-5
budismo, 130, 135
Burckhardt, Jacob, 169
Burden, Philip D., 164-5, 169
Burton, sir Richard, 375
Bush, George W., 406

Caaba, 69, 76, 89
Cabo Verde, ilhas, 174, 226-7, 235
Cabot, Sebastião, 224
Cabral, Pedro Álvares, 195, 200-1
Cailliau, Robert, 458
califado islâmico, 71-3, 75-6, 78-9
Califórnia, 388
caligrafia itálica, 250-1, 254, 357
Calímaco de Cirene, 26, 54, 61
Calon, Étienne-Nicolas de, 325-6, 327
calvinismo/calvinistas, 264, 312
    cultura holandesa calvinista, 294
    versus remonstrantes, 303, 306-7

Cam, 111
Cambridge, Universidade de, 387
Campen, Jacob van, 288
Canadá, 432, 456-7
Canárias, ilhas, 174
Canerio/Caveri, Nicolo, 171
canibalismo, 101
Cano, Juan Sebastião del, 219-21, 224, 227, 234
Canopus, 49
Cantalupo, Tomás de, 95, 96-7, 124, 125-6
    túmulo de, 96
Cantino, Alberto, 212
Cantino, planisfério de, 212, 216
Cao Song, 152
Caos, 32
Capella, Marciano, 116, 121, 176, 248
Capitaine, Louis, 363, 364
Caribe, ilhas do, 174, 194, 212
Carlos, o Temerário, duque de Borgonha, 178
Carlos Magno, 247
Carlos V, imperador, 213, 214, 217, 220, 221, 225, 230, 232-5, 237-8, 242-3, 247, 251, 263-4, 265, 266
Carroll, Lewis: *Sylvie and Bruno Concluded*, 14
Carta de Américo Vespúcio a respeito das ilhas recém-descobertas em suas quatro viagens, 184
cartas aeronáuticas, 489
cartas de navegação (portulanos), 18, 171, 276
    ver também cartas marítimas
Cartas do Almirantado da Marinha Britânica, 287
cartas marítimas, 171, 193, 310-2
    portulanos, 18, 171, 276
Carte de Cassini ver mapa da França de Cassini, *Carte de Cassini*
Carte de France corrigée (Picard e La Hire), 335, 340
Carte des Assemblages des Triangles, 362, 364
"Carte particulière des environs de Paris" (Picard), 334, 338-9
Carter, John, 126-7, 127
cartografia:
    abstração e, 13-4
    artistas reproduzem mapas holandeses, 299-303
    ascensão da, 375, 377
    atlas compostos italianos, 323
    atlas compostos, 322
    autoridade legal dos mapas, 223, 235, 241
    cartas aeronáuticas, 489
    cartas marítimas *ver* cartas marítimas

542 Uma história do mundo em doze mapas

cartografia virtual, 23, 447-92
celestial ver cartografia celestial
chinesa ver cartografia chinesa
clip-maps, 460-2
com gratículas ver gratículas
como disciplina, 20, 375
como empreendimento comercial,
291-324, 474-7, 482-3; ver também
Google Earth
coreana ver cartografia coreana
de construção teológica, 97-128; ver
também mapas-múndi
de organizações comerciais portuguesas, 222-4
de organizações comerciais, 222-4
de Pei Xiu, 146-7
desafios e oportunidades dos mapas
mundiais, 12-20
desconstrução crítica de mapas, 14-5,
22, 441
dinastia Blaeu, 294-323
e a revolução da imprensa, 177-9, 182-3,
206
e acesso à informação (mapeamento
on-line), 448-58, 473-4; ver também
Google Earth
e as descobertas geográficas, 173-7, 182-8,
193, 196-7, 199
e consciência nacional, 325-71, 412-3
e disputas geográficas globais, 207-41
e imagens tridimensionais, 465, 466,
469, 471
e litografia, 374-5, 379
e matemática ver matemática
e navegação, 170-2, 204-6, 215-20, 222-3,
271, 275-81; ver também descobertas
geográficas
escala ver escala dos mapas
espionagem cartográfica, 211
estabelecimento dos princípios da cartografia ocidental pelos Cassini, 328
ética cartográfica, 442
expansão das definições de mapas
e cartógrafos com mapeamento
virtual, 450
fidelidade de posição, 433
geomântica, 154-8
globo em gomos, 187, 188, 191, 201, 257,
278-9
globos terrestres como auxiliares da
navegação, 215-7

gravação em chapas de cobre, 181, 244,
250-1, 289-91, 297, 302, 304, 308, 315-22,
363, 374
grega (clássica) ver mapas gregos
grega (helenística), 42-51, 44
iconografia dos mapas, 144
indústria holandesa de, 291-324
influência luterana sobre, 254-5
inscrições pré-históricas, 9-10
instinto humano de elaboração de
mapas, 10
instrumentos de navegação representados em mapas, 231-2
internacional (IMW), 486-93, 490
islâmica ver mapas do mundo islâmicos
leggers (modelos), 310
lucratividade da, 291-324, 475-7, 483
manipulação política da cartografia,
412-7, 426, 427, 445
mapas bíblicos, 106-7, 109, 110-1, 252-3,
254-7
mapas circulares, 19, 85, 93-4
mapas das estrelas, 132-33, 436; ver
também mapeamento celestial
mapas de mármore, 132, 288-9, 318
mapas de propaganda, 413-4, 414
mapas-múndi cristãos ver mapas-múndi
mapeamento cognitivo, 10
mapeamento imperial, 380-2, 393-5, 396,
397, 402
mapeamento on-line, 23, 327, 447-83, 492
mapeamento regional (corografia), 54,
61, 332, 334, 338-9, 347, 402
mapeamento temático, 378, 403
mitos cartográficos (Peters), 429, 431
modelo de comunicação cartográfica,
454-5
natureza e definições dos mapas, 10-4,
21-2, 45
natureza política de todos os mapas,
425, 442, 445; ver também geopolítica;
geografia política
objetividade dos mapas, 20, 37, 61, 425,
441, 443, 445, 446
orientação ver orientação dos mapas
perspectiva, e a posição do observador,
15-7
poder administrativo dos mapas, 374, 425
poder e fascínio dos mapas, 11
ponto de inflexão histórico das décadas
de 1820-30, 373

Índice remissivo

portulanos, 18, 171, 276
primeira coleção de mapas a usar o termo "atlas", 244
primeira estatização de um projeto privado de cartografia, 325-8, 362-3
primeiro mapa do mundo conhecido, 7-9
procedimentos de mapeamento dos animais, 10
projeção *ver* projeção cartográfica
relação entre geografia e mapas, 11-2, 17
romana, 48, 50
tradição T-O, 110-3, *111*, 114, 115, 117, 191, *191*
triangulação na *ver* triangulação
valor militar da, 327, 364, 425
xilogravura, *153*, 181, *187*, 188-90, *191*, 194, 244, 250
zonal *ver* mapas zonais
cartografia chinesa, 19, 69, 135, 136, 137, 139-54
"formas rituais de Zhou" e, 146
grades, 150
influência sobre o mapa Kangnido, 139-54
Yudi tu (mapas do império), 146
cartografia comercial, 291-324, 474-7, 482-3; *ver também* Google Earth
cartografia coreana, 132-9, 154-7
mapa Kangnido ver mapa Kangnido
cartografia helenística, 42-51, *44*
cartografia romana, 48, 50
cartografia virtual, 23, 447-92
cartogramas, 446
Casa da Guerra, 67
Casa da Mina e Índia, 222
Casa da Sabedoria, 72, 73, 74
Casa de la Contratación, Sevilha, 222, 224, 291, 331
Casa de la Especieria, 230
Casa do Islã, 67, 75-6
casamento da Filologia e Mercúrio, O (Marciano Capella), 116, 176
Cassini, Giovanni Domenico (Cassini I), 326-7, 330, 337, 340, 342
Cassini, Jacques (Cassini II), 326, 340, 341, 342, 344, 346
Cassini, Jean-Dominique (Cassini IV), 327, 359-60, 362-3, 364, 367
Cassini, projeção mundial de, *376*
Cassini de Thury, César-François (Cassini III), 326, 346-59, *350-1*, 366-7, 368
Cassini, projeção de, *376*
"Novo Mapa da França", 347, *350-1*

Castela, 207-8, 209
Casa de la Contratación, 222, 224, 291, 331
conflito com os portugueses pelas Molucas, 213-4, 215, 218, 219-22, 223-41
elaboração de mapas por organizações comerciais castelhanas, 222-4
Castells, Manuel, 452, 459
Castiglione, Baldassare, 233
Catarina da Áustria, rainha de Portugal, 232, 233
Caveri, carta de, 171, 172, 193
Caveri/Canerio, Nicolo, 171
Caxemira, 413
Centro Nacional de Informação e Análise Geográfica (NCGIA, na sigla em inglês), 457, 491
Cern (Conselho Europeu para Pesquisa Nuclear), 458
Certos erros em navegação (Wright), 283
César, Júlio, 105
CGIS (Sistema de Informações Geográficas do Canadá), 457
Challenger, expedição, 383
Chamberlain, Joseph, 393
chapas de cobre, mapas em, 181, 244, 250-1, 289-91, 297, 302, 304, 308, 315-22, 363, 374
Chaves, Alonso de, 224
Cherbourg, 335
Chiericati, Francesco, 220
Chin, Denny, 478
China, 129-63, 395, 415
astronomia, 142
cartografia *ver* cartografia chinesa
cosmografia, 142, 157
cosmologia, 140-3
dinastia Han, 146
dinastia Jin, 146, 147
dinastia Ming, 129, 130, 131, 136, 137, 138, 158-60
dinastia Qin, 143, 145, 146
dinastia Song, 149, 151-3
dinastia Zhongsan, 145-6
e o Google Earth, 450
geografia, 142-3, 147, 149, 150-1; *ver também* cartografia chinesa
mapa de Qingjun, 136-9, *138*
no mapa Kangnido, 133-4
"O mapa de levantamento geral da China e territórios não chineses do passado ao presente", 153, *153*
península de Liaodong, 129, 160
sobre a projeção de Mercator, 432

544   *Uma história do mundo em doze mapas*

chips de silício, 455
Cholla, 161
Chong Chok, *Tongguk chido*, 156
Choson, dinastia, 129-33, 137, 138, 156, 158-9, 160-1, 162
Chronologia (Mercator), 269-71, 272-3, 281, 283, 285
Chrysoloras, Manuel, 180
Churchill, sir Winston, 407
CIA, 466
ciápodes, 102-3
Cícero, 49, 248, 261, 270, 281, 285
    República, 112
Cidade de Deus, A (Agostinho), 110
ciganos, 415
cilíndrica, projeção, 258, 278-9, 297, *430*, 436
    pseudocilíndrica, projeção, *376, 377, 430*
Cipriano, são, 108
"*Circa* 1492: Arte na Era das Explorações"
    (exposição), Washington, 166
circuito da Terra (*periodos gés*), 30, 32
    Dicáiarcos, *Circuito da Terra*, 43
    Eudoxo, *Circuito da Terra*, 39
    Hecataios, *Periodos gés*, 35
circuitos integrados (ICs), 456
circum-navegação do mundo, primeira, 213-20
citas, 101
Claesz., Cornelis, 292, 294, 296
Clark, William, 168
Clemente VII, papa, 237
Cleómenes de Esparta, 41-2
climas:
    Aristóteles, 41
    klimata/climas/zonas, 40-1, 49, 70-4, 76, 86, 113, 186, 249
    Posidônio, 49
clip-maps, 460-2
Cochlaeus, Johannes, 196
Coios, 32
Colbert, Jean-Baptiste, 330-2, 337
coleção de fatos memoráveis, Uma (Solino), 121
Colombo, Cristóvão, 46, 171, 181-2, 183-4, 207
Colônia, 247, 269
Colunas de Hércules, 36, 100, 122
Comans, Michiel, 289
Comentário sobre o sonho de Cipião (Macróbio), 112, 114, 128, 261, 284
Comissão do Mapa Internacional, 488
Companhia das Índias Orientais, 379-80
Companhia das Índias Orientais Holandesas *ver* VOC (*Vereenigde Oostindische Compagnie*)

comunicação sem ruído, 457
Comunidades imaginadas (Anderson), 369
comunismo, 415-6
conformalidade, 279, 378
    e equivalência, 431, 434
confucionismo, 135
    neoconfucionismo, 130
Congresso Americano de Agrimensura e Cartografia (ACSM), 421, 442-3
Congresso Geográfico Internacional, Berna, 486
Conrad, Joseph: *Coração das trevas*, 280-1
consciência nacional, 325-71, 412-3
Conselho Britânico de Igrejas, 419
Constantino I, 109
Constantinopla, 100, 109
Contarini, projeção de, 260
contemptus mundi, 123, 125
Contra Eratóstenes (Hiparco), 49, 51
Convenção Nacional da França Republicana, 325-6, 327, 328
convivencia, 65, 79, 91, 92
Cooper, David, 423
copernicianismo, 319
Copérnico, Nicolau, 51, 286, 290
    e o mapa do mundo de Blaeu (1662), 318-9
coração, 259, 261
    projeção cordiforme, 258, 259, *260*, 262, 271
Coração das trevas (Conrad), 380-1
cordiforme, projeção, 258, 259, *260*, 261-2, 271
Córdoba, 78-9
Coreia, 129-39, 154-63, 415
    dinastia Choson, 129-33, 137, 138, 156, 158-9, 160-1, 162
    dinastia Koryo, 129-31
Coreia do Norte, 450
corografia (mapeamento regional), 54, 61, 332, 334, *338-9*, 347, 402
Coruña, La, 230
cosmogonia grega, 32-5, 39-40
cosmografia, 11, 170, 180, 256, 261, 266, 267-9, 276, 277, 280-1, 282, 286-7
    celestial concêntrica, 141
    chinesa, 142, 157
    coperniciana, 319
    Cosmographia introductio, 185-6, 188, 189, 200-2
    declínio da, 375
    e Mercator, 245-6, 250, 266, 267-76, 282-7
    Universalis cosmographia ver mapa de Waldseemüller, *Universalis cosmographia*

Índice remissivo 545

Cosmographia introductio (Waldseemüller), 185-6, 188, 189, 200-2
cosmologia:
    assimilação islâmica de cosmologias, 71
    babilônica, 8, 34, 71, 72
    chinesa, 140-3
    geocêntrica, 35, 39, 40, 51-2, 112, 173, 180, 295, 319-20
    grega, 35, 37-41, 52
    heliocêntrica, 51, 286, 290-1, 295-6, 308, 309, 319-20, 324
    indiana, 72
    visão cristã da história e, 104, 114-5, 116-7, 119-20, 122-3
Cosmos: um esboço da descrição física do universo (Humboldt), 384
Crampton, Jeremy, 432
Cranach, Lucas: "A posição e as fronteiras da Terra Prometida", 252-3, 255
Crates de Malos, 48
Creta, 100
Crios, 32
cristianismo:
    adoção por Roma do, 109
    Bíblia *ver* Bíblia
    calvinismo *ver* calvinismo/calvinistas
    Carlos V e a fé católica, 243, 247
    como uma religião universal, missionária, 135
    cosmologia e história do mundo, 104, 114-5, 116-7, 119-20, 122-3
    Cristo *ver* Jesus Cristo
    e a Cidade de Deus, 110
    e cosmografia, 245-6
    e cronologia, 268-71
    e espirituais, 264-5
    e o islamismo, 67, 82, 91
    e os Habsburgo, 242-3
    e repressão/intolerância religiosa, 242-3, 245, 265-6, 269, 286
    e Roma, 109-10
    e tolerância religiosa, 243, 285
    interrogatório e punição de hereges, 242-3, 265-6, 269
    IV Concílio de Latrão, 95
    luteranismo, 243, 254-5, 261, 264
    mapa-múndi e a visão cristã, 97-128; *ver também* mapas-múndi
    mapas do mundo cristãos *ver* mapas-múndi
    movimento menonita, 303

    Padres da Igreja *ver* Padres da Igreja
    pluralismo clerical, 95-6
    Reforma *ver* Reforma
    remonstrantes, 303, 306-7, 312
    surgimento de uma religião global, 105
cronologia mundial, 267-71
Cronos, 32-3
Cruzadas, 67, 91, 92, 404
Cuba, 175, 194
Cuo, túmulo real de, 145
Cupido, 319
Curzon, George, 383, 407

d'Églantine, Philippe François Nazaire Fabre, 325-8
DaimlerChrysler, 167
Damasco, 71, 78
Damião, são, 108
dar al-harb, 67, 75, 77
dar al-Islam, 67, 75
Darwin, Charles, 383, 437
darwinismo, 375
De Arca Noe Mystica (Hugo de São Vítor), 118
De Bello, Richard, 124-5
De emendatione temporum (Scaliger), 285
De la religion nationale (Fauchet), 361
De natura rerum (Isidoro de Sevilha), 115
De Selve, Georges, 238, 240
Dédalo, 100
Del cano, Juan Sebastião *ver* Cano, Juan Sebastião del
Delfos, 35
Delisle, Guillaume, 348
Departamento Nacional de Terras e Mapeamento da Hungria, 491
Dépôt de la Guerre, França, 325, 362-3, 364, 365-6
Der, 8
Derrida, Jacques, 441
Descartes, René, 340-1
descendência do homem, A (Darwin), 383
descoberta geográfica, 173-7, 182-8, 193, 196-7, 199
    navegação e mapas, 170-2, 204-6, 215-20, 222-3, 271, 275-81
    primeira circum-navegação global, 213-20
descolonização, 410, 416
Descriptio mappe mundi (Hugo de São Vítor), 118
Dias, Bartolomeu, 208
Dicáiarcos de Messina, 43, 44

546   *Uma história do mundo em doze mapas*

Didascalicon (Hugo de São Vítor), 118
Dídimo, 108
DigiPlace, 452
DigitalGlobe, 470, 471
Dinteville, Jean de, 238, 240
Diógenes Laércio, 34
direção sagrada, 69
direito espacial, 450
Discovery Channel, 168
Disponibilidade Seletiva (SA, na sigla em inglês), 464
disputa *pyojon*, 158, 159, 161
distribuição geográfica evolucionista, 383
Divina Providência, 116-7
Doetsz, Cornelisz, 292, 297
Donne, John, 259
Dorling, Daniel, 446
Doxapatres, Nilos, 83
doxógrafos, 34-5
Drosius, Joannes, 262
dualismo, 69
Dufief, Pierre, 242, 243
Duisburg, 247-8, 266-7
Dürer, Albrecht, 201
Düsseldorf, 266-7
Dymaxion, projeção de, *430*

Eames, Charles, 459
Eames, Ray, 459
Earthviewer, 465-6, 469, 470
Eckert IV, projeção de, *430*
Éden/Paraíso, 68, 103-4, 115, 117, 118, 119, 122
Edney, Matthew, 380
Eduardo I, 95-6
Eisenstein, Elizabeth, 177
"eixo geográfico da história, O" (Mackinder), 396-402, 409-10
    Mapa de "As sedes naturais do poder", 400-2, *401*, 410
Eliade, Mircea, 15-6
Elvas, 221, 223, 224, 225
Embaixadores, Os (Holbein), 238-9, *239*
Entretenimento (*Livro de Rogério*), 66-8, 70, 75, 79, 82, 83-91, 92, 93-4, 114
Erasmo, Desidério, 248, 265
Eratóstenes, 26, 45-9
Ercole d'Este, duque de Ferrara, 212, 220
Eros, 32
escala dos mapas, 14-5, 432, 433
    mapa da França de Cassini, 326, 357, 364
    mapa de Paris de Picard, 334

Mapa Internacional do Mundo, 486, 491
mapas chineses, 145, 147, 150
mapas islâmicos do mundo, 93
Escócia, mapa-múndi de Hereford, 99
Escola Balkhi de Geografia, 76-8
Escola de Economia de Londres (LSE, na sigla em inglês), 382, 384, 387
"Esferas, As" (tapeçarias), 232
Eslováquia, mapa étnico, 414-5, *415*
espaço sagrado, 16
espaço vital (*Lebensraum*), 409
especiarias, comércio de, 208-11
    e o conflito entre Portugal e Castela pelas Molucas, 213-4, 215, 218, 219-22, 223-41
Espinosa, Gonzalo Gómez de, 220
espirituais, 264-5
Estados Gerais das Províncias Unidas, 292, 302, 304, 321-2
Estados Unidos da América:
    Agência Nacional de Imagens e Mapeamento, 466
    Biblioteca do Congresso, 165-7, 168-9, 170, 198, 203, 204-5
    Centro Nacional de Informação e Análise Geográfica, 457, 491
    CIA, 466
    controle do GPS pela Força Aérea, 464
    desenvolvimento da internet, 458
    desigualdade econômica e política, 440
    e o Golfo, 411
    e o mapa de Waldseemüller como "certidão de nascimento" da América, 164-6, 168-70, 173-4, 195
    Exposição da Galeria Nacional "*Circa* 1492: Arte na Era das Explorações", 166
    governo Clinton, 462-4
    Guerra Fria *ver* Guerra Fria
    Mackinder sobre, 400
    penetração da internet, 480
    política anglo-americana, 406
    relação com a Alemanha, 165, 166-9
estoicismo, 262
Estrabão, 31, 34, 46, 48-9, 261
    Geografia, 50-1
Estrasburgo, 179, 182, 188, 199, 200, 254
Estrela Polar, 68, 69, 228
Etimologias (Isidoro de Sevilha), 115, 118, *191*
etíopes gangines, 102
etíopes marminis, 102
Euclides, 26, 47

Índice remissivo

Eudoxo de Cnidos, 39
Eufrates, rio, 8, 110
Eurásia, 398, 406-7, 411
    "heartland" eurasiano, 406
Europa:
    eurocentrismo, 244, 418, 419, 424, 434
    Heródoto e, 36
    na projeção de Mercator, 274, 280, 432
    no mapa Kangnido, 134-5
    no mapa-múndi de Hereford, 99-100
    penetração da internet, 480
    população no início do século XVI, 177
    Renascença *ver* Renascença europeia
    revolução da imprensa, 177-9, 182-3, 206
Europa (filha de um rei da Líbia), 115
Eusébio, 109
Eva, 104
Evangelicae historiae (Mercator), 283

Fain, barão, 365
Faleiro, Ruy, 217
Farol de Alexandria, 25
Fauchet, abade Claude, 361
Febe, 32
Fédon (Platão), 37, 83, 447
feng shui (formas e forças), 154-6, 158
Fernandez, Simão, 225
Fernando V de Castela e Leão, 207
Ferrara, duque de, 212
Ferraris, Joseph Jean François, conde de, 329
Fettweis, Christopher, 411
Filipe II da Espanha, 285
Filipinas, 219
    no mapa Kangnido, 133
Finé, Oronce, 262, 269
    mapa mundial, 259
Fischer, Joseph, 166, 201, 203, 204
Flandres, 246-7
    mapa de Mercator de, 263, 264
Florença, 180, 181
Fontenelle, Bernard le Bovier de, 331, 335
Forceville, Mlle. de, 363
Foucault, Michel, 206, 441
França:
    Academia das Ciências, 330-1, 332-42,
        355, 363
    Assembleia Nacional, 364
    Carte de France corrigée, 335, 340
    censos, 378
    consciência nacional, 325-69, 413
    Convenção Nacional da França Repu-
        blicana, 325-6, 327, 328

    Dépôt de la Guerre, 325, 362-3, 364, 365-6
    e a representação de fronteiras políticas
        em mapas, 329
    mapa geral da *ver* mapa da França de
        Cassini, *Carte de Cassini*
    mapas litográficos, 379
    "Novo Mapa da França" (Cassini III),
        347, *350-1*
    proclamação da República Francesa, 361
    sentimento antifrancês, 100
    Société de Géographie, 374, 375
    Société de la Carte de France, 355, 362
    Terceiro Estado, 361
Francisco I da França, 237
Frederico II, Barbarossa, imperador romano,
    92
Freeman, The, 427-8
Freiburg, Universidade de, 176
Frisius, Gemma, 249-51, 258, 264-5
Froschauer, Christopher, 255
Fugger, família, 217
Fuller Dymaxion de, projeção de, *430*
Fust, Johann, 177

Gaia, 417
Galeria Nacional, Washington, exposição
    "Circa 1492: Arte na Era das explorações", 166
Galileu Galilei, 296, 308-9
Gall, James, 435, 436, 437-8
    projeção cartográfica 435-8, *435*
Galton, sir Francis, 386-7
Gama, Vasco da, 193, 195, 209-10
Gangelt, 246-7
Ganges, rio, 110, 274
Garcia, Nuño, 224, 227
Gauss, Carl Friedrich, 19, 377-8
Gent, 243, 263
geodesia, 326, 327, 328, 337, 340, 352, 366-7, 377-8
GeoEye, 471
geografia:
    acesso a informações geográficas
        (mapeamento on-line), 448-58, 473-4;
        ver também Google Earth
    "antropogeografia", 389, 408; *ver também*
        geografia humana
    biogeografia, 388, 389
    Blaeu sobre, 321
    chinesa, 142-3, 147, 149, 150-1; *ver também*
        cartografia chinesa
    como disciplina acadêmica, 19, 386-8, 408
    cultura holandesa e o papel da, 294

da Bíblia, 255
décadas de 1820 e 30 como ponto de
inflexão da história da, 373-4
descoberta geográfica *ver* descoberta
geográfica
desenvolvimento no início do século
XVI, 176-88
e astronomia, 27-8, 50-1, 332-44
e ciência, 360
e disputas globais, 207-241
e luteranismo, 254-5
Grécia, 30-51; *ver também Geografia*
(Ptolomeu)
humana, 50, 87, 112, 247, 384, 386, 474,
487; *ver também* "antropogeografia"
mítica, 35-6, 151-2
política *ver* geografia política
Primeira Lei de Tobler, 474
relação com mapas, 11-2, 17
romana, 48
tradição renascentista da, 286
Geografia (Estrabão), 50-1
Geografia (Ptolomeu), 27-30, 51, 53-64, 58, 481
antecedentes gregos e helenísticos, 30-53
cenário alexandrino da, 27-30
e mapas islâmicos, 72, 74, 84, 85-6, 88
e o mapa do mundo de al-Mamun, 72
e o mapa Kangnido, 135
edições renascentistas, 180-2, 185-6,
200, 201, 283
mapas na, 29, 62-3
projeções, 56-61, 58, 63-4, 196-9, 257, 481
geografia grega, 30-51; *ver também Geografia*
(Ptolomeu)
geografia humana, 50, 87, 112, 247, 384, 474, 487
"antropogeografia", 389, 408
geografia política, 25, 79, 83, 91, 144, 158, 254,
386, 390, 407-9, 413
"direito espacial" e, 450
divisão da Índia e, 412-3
eurocentrismo, 244, 418, 419, 424, 434
França e a representação das fronteiras
políticas nos mapas, 329
globalismo e os mapas do mundo de
Ribeiro, 217-41
Google Earth e, 450-1
guerra global geopolítica, 409
igualdade política e a projeção de
Peters, 418-46
início, 67
islã e, 75

linguagem ideológica da geopolítica,
409-10
Mackinder e a geopolítica, 382-411, 413
manipulação política da cartografia,
412-7, 426, 427, 445
Mapa Internacional do mundo e, 488-92
mapas de propaganda, 413-4, *414*
mapeamento imperial, 380-2, 393-5, *396,
397*, 402
teoria nazista da geopolítica, 407
Geografia Política (Ratzel), 408
geografia romana, 48
Geógrafo, O (Vermeer), 299
geomancia, 154-6, 157
geometria, 116
euclidiana, 46-7, 57, 59, 61, 176
geomorfologia, 388, 389
geopolítica:
e guerra global, 409
linguagem ideológica da, 409
Mackinder e, 382-411, 413
teoria nazista da, 407
ver também geografia política
Gerritsz, Hessel, 304, 307, 308
Geschichte der Kartographie, Die (Bagrow), 19
Gesellschaft für Erdkunde zu Berlin (Sociedade Geográfica de Berlim), 374
Ghim, Walter, 244, 249, 263, 267
Gilbert de Gloucester, conde, 125
Ginásio Vosagense, 179, 183-92, 196, 198-9,
203-4; *ver também Cosmographiae introductio*; mapa de Waldseemüller, *Universalis
cosmographia*
GIS (Sistemas de Informação Geográfica),
418, 456-7
Gleick, James, 452
globos celestiais, 39, 52, 216, 266, 295
em gomos, 201
globos em gomos, *187*, 188, 191, 201, 257, 278-9
globos terrestres:
Behaim, 216-7
como auxiliares de navegação, 216-7
Joan Blaeu, 311
Mercator, 250-1, 254, 264, 266, 281
projeção sobre, 249
Gloucester, Gilbert de, conde, 125
gnômon, 45
gnosticismo, 69
Goepper, Roger, 155
Goethe, Johann Wolfgang von, 388
Gog, 70, 101-2, 118

Índice remissivo

gomaristas, 303

Gomarus, Franciscus, 303

Gómez, Esteban, 225, 230, 231

Goode, J. Paul, projeção cartográfica de, 430, 431, 434

Google, 447-8, 466-70, 474-6, 478-9, 482-3, 485
  aquisição da Keyhole, 466-7, 468-9
  "Googlenomics", 476
  Street View, 450

Google Earth, 447-51, 469-83, 492, 493
  APIs, 448
  Comunidade, 479
  e a divisão digital, 479-80
  e uma visão de mundo cultural, 451, 478
  história de sua criação, 452-66
  Projeção de Perspectiva Geral, 481

Google Maps, 451, 470-1, 474, 476, 478
  Map Maker, 471-2

Gore, Al, 462-5

GPS (Sistemas de Posicionamento Global), 464

Grã-Bretanha e os mares britânicos, A, 393-5, 396, 397, 403-4

Graf, Klaus, 168

Grande Levantamento Trigonométrico da Índia, 380

Granvelle, Antoine Perrenot de, 264

Granvelle, Nicholas Perrenot de, 264

gratículas, 18, 56, 93, 147, 150, 196, 198, 392, 414, 422, 433, 444

Gravesend, Richard, 124

Gray, Colin, 406

Greenman, Simon, 464, 482

Greenwich, 366-7, 423, 487

grifo, 101

Groenlândia, 280, 432, 447

groote school, 's-Hertogenbosch, 248

Grotius, Hugo, 308

GSGS (Seção Geográfica do Estado-Maior), 489

Guardian, The, 411, 418

Guelders, ducado de, 265

Guerra do Golfo, primeira, 411

Guerra do Iraque (Segunda Guerra do Golfo), 466

Guerra Fria, 415, 416, 490
  política, 428
  retórica da, 406

guerra jugurtina, A (Salústio), 111-2, *111*

guia fácil das constelações, Um (Gall), 436

Guilherme, duque de Jülich-Cleves-Berg, 265, 266, 267, 281

Guilherme de Orange, 322

Guilherme I da Sicília, 91

Guilherme IV, 373

Guiraudet, Toussaint, 361

Guiscard, Rogério I, conde da Sicília, 65

Gurjal, Staish, 412

Gutenberg, Johann, 177

Habban, 8

Habsburgo, 179, 185, 213-4, 242-3, 249, 251, 263, 265; *ver também* Carlos V, imperador

had, 78

Hakluyt, Richard, 286

Halley, Edmund, 378

Hamburgo, 164

Hammer, Ernst, projeção equivalente, 431

Han, dinastia, 146

Han Feizi, 145

Hangzhou, 151

Hanke, John, 466

Hanôver, 378

Hanyang, 132, 134, 156

Harley, J.B., 440-3
  e Woodward, D., 11, 12, 20, 485

Harris, Elizabeth, 204

Hartshorne, Richard, 408

Harvey, David, 286

Hassler, Ferdinand Rudolph, projeção policônica, 377

Hausburg, Campbell, 392

Hausburg, vale, 392

Haushofer, Karl, 407, 409-10

Hauteville, dinastia, 65, 80-1

Hebreus, Epístola aos, 122

Hecataios, 35-6

Hefesto, deus do fogo, 31, 32

heliocêntrica, teoria, 51, 286, 290-1, 295-6, 308, 309, 319-20, 324

Hem, Laurens van der, 322-3

Hennessy, John, 450

Henrique VII, 224

Henrique VIII, 233, 238

Hereford, catedral de, 97, 98

Hereford, diocese, 96

Heródoto de Halicarnasso, 36-7, 41

Hesíodo, 32-4

Hess, Rudolf, 407, 409

Hessler, John, 198

Hilário, são, 108

himantópodes, 102

Hiparco de Niceia, 49

Hiperion, 32

550 Uma história do mundo em doze mapas

Hipólito, 34
Hispaniola, 194
História contra os pagãos (Orósio), 84, 114
História da cartografia (Harley e Woodward), 11, 19, 485
História natural (Plínio, o Velho), 121
Hitler, Adolf, 406-7, 409-10
Hoe, Yi, 137-8
Hoff, Ted, 456
Hohenstaufen, dinastia, 81
Holanda:
    Amsterdam *ver* Amsterdam
    astronomia holandesa, 296
    austríaca, 348
    cultura calvinista holandesa, 294
    dinastia Blaeu, 294-324
    espanhola, 295-6, 337
    Estados Gerais, 292, 302, 304, 321-2
    Guerra dos Oitenta Anos, 289-90
    Guerra dos Trinta Anos, 289
    indústria holandesa de cartografia, 291-324
    mapas de Blaeu da, 317
    pintores holandeses, 299-302
    Províncias Unidas *ver* Províncias Unidas
    República Holandesa, 288-324
    trégua de doze anos, 303
Holbein, Hans: *Os embaixadores*, 238-40, *239*
Holdich, sir Thomas, 381, 393
Holtzbrinck, Grupo, 167
Homem primitivo revelado, O (Gall), 435
Homem, Lopo, 223
Homero, 31-2, *33*
Hondius, Henricus, 305, 306, 309
Hondius, Jodocus, o Jovem, 304-5
Hondius, Jodocus, o Velho, 286, 292, 299, 304
    Atlas Mercator-Hondius, 304, 306
Hong Kong, 399
Honório II, papa, 81
Hoogstraten, Samuel van, 22
Horácio: *Epístolas*, 284
Hounslow Heath, 367
HTTP (protocolo de transferência de hipertexto), 458
"Hua yi tu" ("Mapa dos territórios chineses e estrangeiros"), *149*, 150, 152, *153*
Hugo de São Vítor, 108-20
humanismo, 248
Humboldt, Alexander von, 384, 388
Huntian, teoria, 141, 142
Hunyi jiangli tu (Qingjun), 136, 138, *138*

Huygens, Christiaan, 330
Huygens, Constantijn, 288
Hven, 295
Hylacomylus, Martin *ver* Waldseemüller, Martin

Iápetos, 32
Iato, atlas, 323
Ibn Abd Allah, Muhammad, 80
Ibn Hawqal, Abu al-Qasim Muhammad, 77, 88
Ibn Jubayr, 82
Ibn Kaldun, 92
Ibn Khurradadhbih, 75-7, 88
Ibn Rushd (Averróis), 79
iconografia dos mapas, 144
Ideais democráticos e realidade (Mackinder), 404, 405
idealismo, 388
idríssida xiita, dinastia, 78
Ilacomilus, Martin *ver* Waldseemüller, Martin
ilhas britânicas, mapa-múndi de Hereford, 99
Ilíada (Homero), 31
"Imagem da Terra":
    Ibn Hawqal, 77
    Suhrab, 73
Imago Mundi, 19
imperialismo, 48, 60, 177, 382-3, 413
    alemão, 247, 390
    britânico, 380-3, 393-5, 399
    cibernético, 451
    geografia e a ciência do, 410
    mapeamento imperial, 380-2, 393-5, 396, *397*, 402
    política imperial europeia, 209, 218-41, 244, 262
    romano, 50, 51
    russo, 399
imperialismo britânico, 380-3, 393-5, 399
    protecionismo imperial, 393-4, 396
imperialismo romano, 50, 51
Império Britânico, 393, 395, 396, 402
Império espanhol, 174
    Castela *ver* Castela
    e o tratado de Tordesilhas, 207-8, 221, 223, 226, 236-7
    trégua de doze anos entre Espanha e a República Holandesa, 303
IMW (Mapa Internacional do Mundo), 486-93, *490*
Índia:
    ameaça russa aos interesses britânicos na, 399-400

Índice remissivo

chegada dos portugueses, 174, 209, 210
cosmologia, 72
divisão da, 412-3
e o Google Earth, 450
Grande Levantamento Trigonométrico da, 380
mapas portugueses da, 211
mapeamento imperial, 380
no mapa de Eratóstenes, 46
no mapa de Jerônimo da Palestina, 110
no mapa de Waldseemüller, 193
no mapa-múndi de Hereford, 100-1
no planisfério de Cantino, 212
rainha Vitória proclamada imperatriz da, 382
Índico, oceano, 28, 74, 77, 181, 208, 209, 210, 217, 220, 310, 312
Indo, rio, 110
Indonésia, 423
InfiniteReality, 460
influência do poder marítimo na história, A (Mahan), 408
Inglaterra:
arte de governar anglo-americana, 406
censos, 378
Greenwich, 366-7, 423, 487
Londres *ver* Londres
Mackinder e geopolítica *ver* Mackinder, Halford
Ordnance Survey *ver* Ordnance Survey
Initia doctrinae physicae (Melanchthon), 254
Inocêncio II, papa, 81
Inocêncio III, papa, 123
Inocêncio VIII, papa, 208
In-Q-Tel, 466
inscrições pré-históricas, 9-10
internet, 458, 463, 464, 473-4, 480
mecanismos de busca, 447-8, 466-9
World Wide Web, 458, 467, 473
ver também mapeamento on-line
Intrinsic Graphics, 459, 461
Irã, 450
Iraque, 72-3
guerra do, 466
Irlanda, mapa-múndi de Hereford, 99
Isabel de Portugal, 233
Isabel I de Castela e Leão, 207
Isabella d'Este, 220
Isidoro de Sevilha, 97, 114, 121
Etymologiarum, 115, 191, *191*
mapa mundial "Isidoro" de Munique, 117-8, 121

islã:
como religião missionária universal, 135
cristianismo e, 67, 82, 91
teologia islâmica, 67
Ives, Frederick, 392

Jacob, Christian, 44, 262
Jacotin, Philippe, 363
Jafé, 111
Jaillot, Alexis-Hubert, 348
Janssonius, Johannes, 305-6, 309, 313-4, 316, 321-2
Janszoon, Willem *ver* Blaeu, Willem Janszoon
Japão, 130, 134, 193, 196, 399, 415
Jerônimo, são, 108-9, 121
Liber locorum, *106-7*, 109, 110
Jerusalém:
al-Idrisi sobre, 90
celestial, 122, 128
mapas T-O, 114
no Apocalipse, 101
no mapa-múndi de Hereford, 103
Jesus Cristo, 104, 122
data da crucificação, 270
representado pelo sol, 115
Jia Dan, 147
Jin, dinastia, 146, 147
jing tian, 143
João II de Portugal, 207, 208
João III de Portugal, 221, 226, 232, 233
Jones, Michael T., 459, 471, 473, 475, 476-7
José I, sacro imperador romano, 329
judeus, 414-5
Jugurta, rei da Líbia, 112
Jülich, 266
Júpiter, 319, 320
luas de, 330, 335
"Juramento do Jogo da Pela", 361
Jurchens Jin, 151
Jurisconsulte national, Le (Agier), 361

Kai tien, teoria, 140
Kaifeng, 151
Kant, Immanuel, 388
Keere, Coletta van den, 305
Keere, Pieter van der, 306
Kennedy, Paul, 411
Kepler, Johannes, 295-6
Keyhole Inc., 462
aquisição pelo Google, 466-7, 468-9
e a CIA, 466
Earthviewer, 465-6, 469-70

552   *Uma história do mundo em doze mapas*

Kilby, Jack, 455
Kim Sahyong, 136-7
Kissinger, Henry, 167, 407
Kitab al-ibar (Ibn Kaldun), 92
Kitab al-masalik wa-al-mamalik:
    Ibn Hawqal, 77
    Ibn Khurradadhbih, 75
Kitab surat al-ard, 77
Kjellén, Rudolf, 408
Kohl, Helmut, 167
Koryo, dinastia, 129-31
Korzybski, Alfred, 14, 22, 442
Kremer, Gerard, 246, 248; *ver também*
    Mercator, Gerard
Krugman, Paul, 440
Kwon Kun, 132, 136-9, 158, 159-62
Kyongbok, palácio, 132, 133
Kyushu, 134

La Hire, Philippe de, 335
    Carte de France corrigée, 335, 340
    projeção, 376, 377
Lagrange, projeção de, 376
Lambert, Johann Heinrich, projeção carto-
    gráfica, 437
Lansbergen, Philips, 296
Las Casas, Bartolomé de, 214-6
latitude, cálculos, 43, 49, 55-6, 61, 228, 341-2;
    ver também gratículas
Latrão, IV Concílio de, 95
Lebensraum (espaço vital), 409
Lefebvre, Henri, 440, 441
leggers (modelos), 310
Leiden, 295, 304
Leonardo de Argensola, Bartholomé, 225
Leopoldo I da Áustria, 321
Les Cartes générales de toutes les provinces de
    France (Sanson), 329
letras góticas, 189, 250
letras romanas, 189, 250
Lettera di Amerigo Vespucci delle isole nuova-
    mente trovate in quattro suoi viaggi, 184
Levantamento Geológico dos Estados
    Unidos (USGS, na sigla em inglês), 461
Levy, Steven, 476
Lewis, H.A.G., 420-1
Lewis, Meriwether, 168
Li Zemin de Wumen, 136, 139
Liaodong, península (China), 129, 160
Liber locorum (Jerônimo), 106-7, 109, 110
Líbia:
    e Heródoto, 36

    e Isidoro de Sevilha, 115
    e Salústio, 111-2
    ver também África
Liesvelt, Jacob van, 255, 266
linhas de rumo/loxodromias, 276-8, 278, 279
Lisboa, 210, 212, 230, 232
litografia, 374-5, 379
Livingstone, David, 395, 437
Livro de curiosidades das ciências e maravilhas
    para os olhos, 93-4
Livro de documentos (*Shu jing*), 142-3, 144
Livro de Rogério (*Entretenimento*), 66-8, 70, 75,
    79, 82, 83-91, 92, 93-4, 114
"Livro de Rotas e Províncias" *ver Kitab*
    al-masalik wa-al-mamalik
Londres:
    Raleigh Travellers Club, 372
    Sociedade Geográfica de, 372-3
    Sociedade Real, 366
longitude, cálculos, 43, 49, 55-6, 61, 217, 228-30,
    249, 330, 335; *ver também* gratículas
Lorena, ducado de, 178
Lovaina, Bélgica, 242, 243, 251, 265, 266
    Universidade de, 248-9, 266
Lovelock, James, 417
loxodromias, loxódromas (linhas de rumo),
    276-8, 278, 279
Lu You, 152
Lucano, 111
Lucas, Evangelho de, 104, 108
lucratividade da cartografia, 291-324, 475-7, 483
Lud, Gaultier/Vautrin, 179
Luís XIV, 321, 326, 330, 337, 342, 368
Luís XV, 341, 342, 348-9, 354, 368
Luís XVI, 325, 361
Luoyi (Louyang), 144
luteranismo, 243, 254-6, 261, 264
Lutero, Martinho, 243, 247, 254-7
Luz de navegação (Blaeu), 297, 305

MacCulloch, Diarmaid, 264
Machault, Jean-Baptiste de, 349, 354
Mackinder, Halford, 382-411
    escalada do monte Quênia, 382, 390,
    391, 392
    Grã-Bretanha e os mares britânicos, A,
    393-5, 396, 397, 403-4
    Ideais democráticos e realidade, 404, 405
    mapa mundial "As sedes naturais do
    poder", 400-2, *401*, 410
    mapas quenianos, *391*, 392-3

Índice remissivo

"O eixo geográfico da história", 396-402, 409-10

Mackinder, vale de, 392

Macróbio, 97, 112-4, 117, 248, 261-2, 281
  Comentário sobre o sonho de Cipião, 112, 114, 128, 261, 284

Mactan, ilha de, 219

Madagascar, 193

Maes, Nicolaes, 299

Magalhães, Fernão de, 46, 198, 213-20

Maggioli, projeção azimutal de, 260

Magog, 70, 101-2, 118

Mahan, Alfred, 408-9

Maimônides, 79

Makassar, rei de, 311

Malaca, 213-4, 217

Maling, Derek, 420

Malipiero, Domenico, 211

Manchúria, 129

Mandato do Céu, 131-2

Manuel I de Portugal, 208, 209

"Mapa Babilônico do Mundo", 7-9, 13-4, 15-6, 18

mapa da França de Cassini, *Carte de Cassini*, 20, 325-71, 484, 486
  Carte des Assemblages des Triangles, 362, 364
  e a determinação da forma da Terra, 337, 340-2
  financiamento, 349, 355, 356
  influência sobre o Ordnance Survey, 366-7
  levantamento topográfico do país, 337, 342-61
  nacionalização, 325-8, 362-3
  origens, 330-7

mapa da Palestina, *Liber locorum* (Jerônimo), 106-7, 109, 110

"mapa de levantamento geral da China e territórios não chineses do passado ao presente, O", 153, *153*

"Mapa de Peutinger", 62

"Mapa de regiões e terrenos integrados" (Qingjun), 136-9, *138*

mapa de Waldseemüller, *Universalis cosmographia*, 164-76, 183-206
  aquisição pela Biblioteca do Congresso, 165-9
  como "certidão de nascimento" da América, 164-6, 168-70, 173-4, 195
  comparado com o mapa-múndi de Hereford, 170-1, 192
  e a *Cosmographia introductio*, 185-8, 200, 201-2

hemisfério ocidental, *194*

hemisfério oriental, *192*

impressão, 188-92, 205-6

mapa do mundo, 297-9, *300-1*

mapa do mundo de Mercator (1569), 244, 268, 270-83, 432
  projeção, 244, 246, 270, 271-83, 287

"Mapa do Mundo Novo por Willem Janszoon" (Blaeu), 297-9, *300-1*

"Mapa do mundo segundo a tradição de Ptolomeu e as viagens de Américo Vespúcio e outros" *ver* mapa de Waldseemüller, *Universalis cosmographia*

"Mapa do vasto alcance do ensinamento retumbante" (Li Zemin), 136-7, 139

"Mapa dos territórios chineses e estrangeiros" ("Hua yi tu"), *149*, 150, 152, 153

"Mapa dos trajetos de Yu" (Yu ji tu), 142-3, 144, 146, 147, *148*, 149-52

"Mapa Global", 492, 493

Mapa Internacional do Mundo (IMW), 486-93, *490*

mapa Kangnido, 132-5, 136-9, 156-8, 160-3, 485
  contexto político, 137-9, 144-6
  influência da cartografia chinesa, 138-54
  Ryukoku Kangnido, 161-2

mapa mundial "As sedes naturais do poder" (Mackinder), 400-2, *401*, 410

mapa mundial "Isidoro" de Munique, 117-8, 121

mapa-múndi de Hereford, 98-128, 485
  comparado com o mapa de Waldseemüller, 170-1, 192
  e a Bíblia, 101, 103-4
  e Mackinder, 393-4, 404-5

mapas circulares, 19, 85, 93-4

mapas de propaganda, 413-4, *414*

Mapas do mundo de Waldseemüller (Ilacomilus), 1507 & 1516, Os, 201

mapas do mundo islâmico, 66-94
  Ibn Hawqal, 77, 88
  mapas de al-Idrisi e *Entretenimento*, 66-70, 80, 83-91, 92, 94, 114

mapas estelares, 132-33, 436; *ver também* cartografia celestial

mapas gregos, 18-9, 32-4, 41, 42
  Anaximandro, 34-6
  Hecataios, 35-6
  helenísticos, 42-51, 44
  Heródoto e, 36-7
  na *Geografia* de Ptolomeu, 28-9, 62-3

554   *Uma história do mundo em doze mapas*

mapas quenianos (Mackinder), *391*, 392-3

mapas zonais, 113-4, 143
   klimata/climas/zonas, 40-1, 49, 70-4, 76, 86, 113, 186, 249

mapas-múndi, 68, 97, 105, 110, 114, 115-26, 170, 254, 404-5
   mapa-múndi de Hereford *ver* mapa-múndi de Hereford
   mapa-múndi de Munique, 117-8, 121

mapeamento celestial, 11, 39, 52, 201, 216, 266, 295, 319-20
   mapas das estrelas, 132-33, 436

mapeamento cognitivo, 10

mapeamento digital on-line, 23, 327, 447-83, 492

mapeamento on-line, 23, 327, 447-83, 492

mapeamento temático, 378, 403

MapQuest.com, 447, 464, 479

Mar Ocidental, 194, 199

Maravilhas dos sete climas para o fim de habitação (Suhrab), 73

Marciano Capella, 116, 121, 176, 248

Marduk, 8

Maria, mãe de Jesus, 104

Maria da Hungria (irmã de Carlos V), 243, 263, 265

Marino de Tiro, 53, 54, 56-7, 258, 435

Markham, sir Clements, 392, 395

Marte, 319, 320

Martellus, Henricus, mapa do mundo, 208

"Martinho da Boêmia" *ver* Behaim, Martin

Martinho IV, papa, 96

Martyr, Pedro, 227

Maskelyne, Neil, 366

matemática, 47, 64, 249, 250, 257, 286, 481
   projeções cartográficas e, 257, 280-1, *376*, 377, 380, 431
   da triangulação, 249, 334-5, 345-7

Maupertuis, Pierre-Louis Moreau de, 342
   Sobre a figura da Terra, *343*

Maurício de Orange, 303

Maximiliano César Augusto, 185

McClendon, Brian, 459

McCracken, Harry, 469

McLuhan, Marshall, 417

Meca, 69, 76, 78, 82, 88-9, 93

Medici, Lourenço de, 183

Mela, Pompônio, 248

Melanchthon, Felipe, 254-5, 261

Mellon, Henry, 167

Melo, Francisco de, 222, 223

Mêncio, 144

menonitas, 303

Mercator, Gerard, 199, 244, 245-52, 256-7, 258, 259-63, 264-75, 277-87, 292, 447, 484
   acusado de heresia, 264-6
   Atlas, 283, 285, 304, 318
   Chronologia, 269-71, *272-3*, 281, 283, 285
   e cosmografia, 245-6, 250, 266, 267-76, *282-7*
   edição da *Geografia* de Ptolomeu, 283
   Evangelicae historiae, 283
   globos, 250-1, 254, 264, 266, 281
   mapa da Terra Santa, 254, 256-7
   mapa das ilhas britânicas, 267
   mapa de Flandres, 263, 264
   mapa de parede da Europa, 267
   mapa do mundo de 1538, 257, 263
   mapa do mundo de 1569 *ver* mapa do mundo de Mercator (1569)
   Peters comparado com, 428, 432
   projeção *ver* projeção de Mercator
   Vita Mercatoris ("Vida de Mercator", Ghim), 244, 249, 263

Mercúrio, 319

Mesure de la terre, La (Picard), 334, *336*

Meteorologia (Aristóteles), 39, 40-1, 83

Meyer, Hans, 390

microchips, 456; *ver também* circuitos integrados

micrômetros, 333, 345

Microsoft, 448, 461-2
   TerraServer, 461-2

Middleburg, 296

Mileto, 33-4, 35

Miller, projeção cilíndrica, *430*

Milner, Alfred, 383

Ming, dinastia, 129, 130, 131, 136, 137, 138, 158-60

Minorca, 100

Mitchell, William J., 478

Mnemosine, 32

MO4 (GSGS), 489

modelo de comunicação cartográfica (MCM, na sigla em inglês), 454-5

Mollweide, Karl Brandan, 377
   projeção cartográfica, *376*, 377, *430*

Molucas, 213-5, 217, 218, 219-21, 222, 223-41, 251, 293

Monachus, Franciscus, 249-50, 265

Monmonier, Mark, 424-5
   Rhumb Lines and Mapa Wars, 424

monoculi, 103

Montanhas da Lua, As, 70, 77

Índice remissivo

555

Montesquieu, Charles de Secondat, barão de, 328
Moseley, Henry, 383
MSN Maps, 479
Multimap, 464, 479
mundo em desenvolvimento, 439
Mundus Novus, 183-5, 200
Münster, Sebastian, 199
Murdoch, projeção cônica equidistante, 376
Mussolini, Benito, 407

Nancy, batalha de, 178
Napoleão I, 364-5
Nasa:
    mapas do sistema solar, 287
    primeira fotografia extraterrestre da Terra, 447
National Geographic Society, 419, 420
natura rerum, De (Isidoro de Sevilha), 115
natureza das coisas, A (Isidoro de Sevilha), 115
Naumann, Michael, 167
nazismo:
    e a Segunda Guerra Mundial, 406, 414
    e o poder dos mapas, 413-5
    e Peters, 425-6
    invasão da Rússia, 406
    Pacto Nazissoviético, 405-6
    "Solução Final", 414-5
    teoria nazista da geopolítica, 407
NCGIA (Centro Nacional de Informação e Análise Geográfica), 457, 491
Needham, Joseph, 149
neoconfucionismo, 130
neoplatonismo, 113-4
New Internationalist, 419
New York Times, 168
Newe unbekanthe landte ("Novas terras desconhecidas"), 200
Newman, Mark, 446
Newton, Isaac, 334, 340, 341-2, 346-7
Nicodoxo, 108
Nicolas de Lynn, 278
Nilo, delta do, 26, 62
Nilo, rio, 70, 77, 100, 102, 110-1, 118, 120, 231, 274
Nima (Agência Nacional de Imagens e Mapeamento), 466
Nivala, Annu-Maaria, 479
normandos, 65-6, 67, 80-2
Nova Atlântida (Bacon), 330
Nova Cartografia, A (Peters), 421
"Nova Geografia, A" (Mackinder), 383

Nova orbis terrarum geographica (Blaeu), 297-9, 300-1
Nova Zelândia, 289
"Novas terras desconhecidas" (*Newe unbekanthe landte*), 200
nove, número, na classificação chinesa, 142-3
"Novo Mapa da França" (Cassini III), 347, 350-1
Novo Testamento, 243
    Apocalipse, 101, 104, 269
    hebreus, 122
    Lucas, 104, 108
Novus Atlas (Willem Blaeu), 307
Noyce, Bob, 455
Nuremberg, 182-3, 189
nuvens, As (Aristófanes), 42
Nuzhat al-mushtaq fi khtiraq al-afaq, 85
Nyx, 32

"O que é a nação e o que é a França?" (Guiraudet), 361
O que é o Terceiro Estado? (Sieyès), 362
OCDE (Organização para Cooperação Econômica e Desenvolvimento Econômico), 440
Oceania, penetração da internet, 480
Oceanôs (deus), 32
Oceanus Occidentalis (mar Ocidental), 194, 199
Ochtervelt, Jacob, 299
oikoumené (mundo habitado grego), 32, 35, 40, 48, 51, 53-5
    tamanho, 46, 50
Oldenbarnevelt, Johan van, 303
omíada, califado, 71, 75, 78-9
Onomasticon (Eusébio), 109
"Ordens e classificações dos tronos patriarcais, As" (Doxapatres), 83
Ordnance Survey, 327-8, 366, 367, 375, 379, 385, 403, 440, 451, 472, 488-9
Organização das Nações Unidas (ONU), 419, 489, 490, 491
Organização para Cooperação Econômica e Desenvolvimento Econômico (OCDE), 440
orientação dos mapas, 17-8
    mapa de Waldseemüller, 170-1
    mapa Kangnido, 133-4, 157
    mapa mundial de Peters, 433
    mapas islâmicos, 68-9
    mapas-múndi, 98, 111
    norte, 17-8, 69, 157, 170-1
orientação norte dos mapas, 17-8, 69, 157, 170-1
Origens ver Etimologias (Isidoro de Sevilha)
"Origens da física, As" (Melanchthon), 254

Orósio, Paulo, 84, 85, 88, 98, 121
  História contra os pagãos, 84, 114
Orry, Philibert, 342, 344
Ortelius, Abraham, 17, 23, 262, 285, 292-4, 305, 309, 321, 329
ortofônica, projeção, 420
ortográfica, projeção, 258, 435-6, *435*, 438
Orvieto, Itália, 95-6
Orwell, George: *1984*, 407
Otan (Organização do Tratado do Atlântico Norte), 406
Oxfam, 419
Oxford Union, 383
Oxford, Sociedade *Kriegspiel*, 383
Oxford, Universidade de, 384, 387
  Movimento de Extensão, 383

Pacífico, oceano, 213, 218-9
  no mapa de Waldseemüller, 168-9, 196
Padres da Igreja, 112-7
  padres latinos, 108-10
Paektu, monte, 155, 156, 157
Paesi novamenti retrovati ("Terras recém-descobertas"), 200
Page, Larry, 467, 473
PageRank, 467-8, 473, 477
País de Gales, mapa-múndi de Hereford, 99
Países Baixos, 242-3, 247, 249, 251, 265, 328, 329
  Holanda *ver* Holanda
Países Baixos austríacos, 348
Países Baixos espanhóis, 296, 337
paleolítico, inscrições do, 9-10
Palermo, Sicília, 65, 81-2, 83
Palmira, 74
Panamá, canal do, 400
Paquistão, 412-3
Paraíso/Éden, 68, 103-4, 115, 117, 118, 119, 122
Parameters, 410
Paris, 100, 325-6, 328, 353
  e Greenwich, 366-7
  mapa de Cassini III, 354, 355
  mapas comerciais de, 348
  mapeamento regional, 332, 334, *338-9*
  meridiano, 334, 335, 337, 346, 358
  Observatório, 330-1, 341, 349, 352, 358, 360, 363, 367
  Reinado do Terror, 362-3
Parmênides, 37, 41
Parsons, Ed, 471, 472, 473, 474, 475
Patte, Pierre, 358
Paulusz, Dionísio, 312

Pauw, Reynier, 303
Paz de Vestfália, 289-90
Pecham, John, 95-6, 124, 126
Pei Xiu, 146-7
Penck, Albrecht, Mapa Internacional do Mundo, 486-93, *490*
"península da pata de tigre", 193
Pérgamo, 48
Periodikum, 429
"Período dos Reinos Combatentes" (Zhanguo), 144-5
periodos gés ver circuito da Terra
Périplo do Mar da Eritreia, 53
Perot, Ross, 167
Perrenot, Antoine, 264
Pérsia, 69, 72
perspectiva dos mapas, 15-7
  Projeção de Perspectiva Geral, 481
Peschel, Oscar, 388
Petermann, August Heinrich, 388
Petermanns geographische Mitteilungen (PGM), 388
Peters, Arno, 418-20, 423-35, 437-9, 445-6, 484
  comparado com Mercator, 428, 432
  mapa mundial, 418-24, 425, 431-4, 443-5, 486
  projeção, 418-46, 459, 480
  Synchronoptische Weltgeschichte, 426-9
  The New Cartography, 419-20, 423, 429-34
  The Peters Atlas of the World, 419, 420, 423, 446
Philesius, Matthias *ver* Ringmann, Matthias
philli, 102
Philosophiae Naturalis Principia Mathematica (Newton), 334
Picard, Jean, 330, 333-5, 337, 342
  Carte de France corrigée, 335, 340
  "Carte particulière des environs de Paris", 334, *338-9*
  La Mesure de la terre, 334, 336
Pigafetta, Antonio, 215-6, 219, 220
pinax, 11, 30, 32
Pitágoras, 37, 38
Píteas de Massalia, 43
Plancius, Petrus, 292-4, 296, 297
Platão, 37-8, 112, 270, 447
  Fédon, 37, 83, 447
  República, 112
Plínio, o Velho: *História Natural*, 121
pluralismo clerical, 96
Plutarco, 34

Índice remissivo

"poço-campo", sistema agrícola, 143-4
Poética do espaço (Bachelard), 440
Políclito, 108
policônica, projeção, 377
Pompadour, madame de, 355
Pompeu, 49
população mundial, 446, 480
portugueses:
    Carreira da Índia, 210
    Casa da Mina e Índia, 222
    chegada à Índia, 174, 209, 210
    conflito com Castela pelas Molucas,
      213-4, 215, 218, 219-22, 223-41
    conquista de Malaca, 213-4
    cosmógrafos, 277
    descobertas sobre circum-navegação
      da África, 181, 193, 208
    e o tratado de Tordesilhas, 207-8, 221,
      223, 226, 236-7
    elaboração de mapas por organizações
      comerciais portuguesas, 222-4
    império, 174, 207-8, 210, 213
    mapas da Índia, 211
    planisfério de Cantino, 212
portulanos, 18, 171, 276
"Posição e as fronteiras da Terra Prometida,
  A" (Cranach), *252-3*, 255
"Posições dos corpos celestes em sua ordem na-
  tural e seus campos celestes alocados", 132
Posidônio, 49-50, 261
Povo do Livro (*ahl al-Kitab*), 67
Powers of Ten, 459
Preste João (rei mítico), 193
Priuli, Girolamo, 210
processos estocásticos, 453
Produção do espaço, A (Lefebvre), 440
projeção cartográfica, 18-9, 257-62, 260
    azimutal, 258, *260*, 377
    baseada nos polos, 258-60, *376*
    cilíndrica, 258, 278-9, 297, *430*, 436
    cordiforme, 258, 259, 260, 261-2, 271
    de Peters, 418-46, 459, 480
    diagramas de projeções do século XX, *430*
    diagramas de projeções renascentistas,
      260
    dos séculos XVIII e XIX, 375-8, *376*
    e conformalidade *ver* conformalidade
    e igualdade política, 418-46
    e imperialismo, 402-4
    e matemática, 257, 280-1, *376*, 377, 380, 431
    e navegação, 275-81, 283

    equivalente *ver* projeção equivalente
    estereográfica hemisférica dupla, 283, 318
    mapa de Waldseemüller, 196-9
    Marino, 56-7, 258
    Mercator *ver* projeção de Mercator
    ortofônica, 420
    ortográfica, 258, 435-6, *435*, 438
    policônica, 377
    projeções interrompidas, *430*, 434
    pseudocilíndrica, *376*, 377, *430*
    pseudocônica, 377
    Ptolomeu, 56-61, *58*, 63-4, 196-9, 257, 481
    sobre globos, 249
    transversa equidistante, 352
projeção de Mercator, 244, 246, 257, 270, 271-83,
  286-7, 432, 477
    contestada por novas projeções mate-
      máticas, 377-8
    convenção estereográfica hemisférica
      dupla, 283, 318
    cordiforme, 259, 262
    e Gauss, 377-8
    exagero do Império Britânico na, 402
    projeção de Peters e ataque à, 417-46
    uso por Mackinder, 402, 403-4
    uso por Willem Blaeu, 297-9, *300-1*
Projeção de Perspectiva Geral, 481
projeção equivalente:
    Bonne, *376*, 377
    Gall, 435-7
    Goode, *430*, 431, 434
    Hammer, 431
    Lambert, 437
    Peters, 418-46
    pseudocilíndrica, *376*, 377, *430*
projeção estereográfica hemisférica, 283, 318
projeção pseudocilíndrica, *376*, 377, *430*
    equivalente, *376*, 377
projeção pseudocônica, 377
projeção transversa equidistante, 352
Prometeu, 33
proporcionalidade cartográfica, 433-4
protecionismo, 393-4, 396
protocolo de transferência de hipertexto
  (HTTP), 458
Províncias Unidas, 290
    Estados Gerais, 292, 302, 304, 321-2
ptolomaica, dinastia, 25-6, 48, 63
Ptolomeu (Cláudio Ptolomeu), 18, 27, 28-30,
  112, 174, 175, 176, 216-7, 248, 257, 258, 270,
  275, 447, 484
    Almagesto, 51-3, 83

558   *Uma história do mundo em doze mapas*

Behaim e os mapas de, 216-7
castelhanos e a autoridade de, 228-9
confiança de Magalhães nos mapas de,
219, 229
e o mapa de Waldseemüller, 170-1,
172-3, 193, 196, 197-9, 200, 201
"Guia para a Geografia" *ver Geografia*
(Ptolomeu)
na *Cosmographia introductio*, 185-6, 187
no mapa do mundo de Blaeu de 1662, 318
Ptolomeu III, 45
Punjab, 412
Pye, Norman, 420

Qin, dinastia, 143, 145, 146
Qingjun, 137, 139
mapa da China, 136-9, *138*
quadrados nonários, 142-3, 155
quadrivium, 116, 176
Quarterly Review, 373
Quênia, monte, 382, 390, *391*, 392
Quételet, Adolphe, 378
Quintiliano, 248

Radcliffe, Comissão de Fronteiras, 412
Radcliffe, Laudo de, 412-3
Radcliffe, sir Cyril, 412
Ramamurthy, V.S., 450
Ramusio, Giovanni Battista, 286
Rand McNally, 419, 420
Raqqa, 74
Rassam, Hormuzd, 7
Ratzel, Friedrich, 408-9
Rea, 32
Reading, Universidade de, 384
Reael, Laurens, 307, 308
Real Sociedade Colonial, 382
Real Sociedade Geográfica (RGS, na sigla em
inglês), 374, 380, 384, 385-7, 395-402, 488-9
Reforma, 244, 246, 247, 285
calvinismo *ver* calvinismo/calvinistas
luteranismo, 243, 254-6, 261, 264
Reinel, Jorge, 217-8, 223, 225
Reinel, Pedro, 217, 223, 225
Reino Unido:
Inglaterra *ver* Inglaterra
ONGs usando mapa do mundo de
Peters, 443-4
representação usual em atlas do século
XX, 432-3
Reisch, Gregor, 176

remonstrantes, 303, 306-7, 312
Renascença europeia, 17, 175-82, 259
diagramas de diferentes projeções
cartográficas renascentistas, *260*
e a América, 166, 169-70
e o mapa de Waldseemüller, 164-76,
182-206
edições renascentistas da *Geografia* de
Ptolomeu, 180-2, 185-6, 200, 201, 283
fim da, 291
geografia, 286
revolução da imprensa, 177-9, 182-3, 206
self-fashioning, 244
René II, duque de Lorena, 178-9
Rennel, James, 379-80
repressão/intolerância religiosa, 242-3, 245,
265-6, 269, 286
reproduções de artistas de mapas holandeses,
299-303
República (Cícero), 112
República (Platão), 112
República Romana, 47, 48, 111, 112
revolta jônica contra os persas, 36, 41
revolução da imprensa, 177-9, 182-3, 206
Rheingold, Erasmo, 268
Rhumb Lines and Mapa Wars (Monmonier), 424
Ribeiro, Diogo, 217, 218, 224, 226, 227, 230
mapas do mundo, 230-3, 234, 236-40,
477, 485
Richard de Haldingham, 124-5, 133
Richard de Lafford *ver* Richard de
Haldingham
Richthofen, Ferdinand von, 388
Ringmann, Matthias, 179, 183, 184, 185, 200, 206
Cosmographia introduction, 185-6, 188,
189, 200-2
Universalis cosmographia ver mapa de Wal-
dseemüller, *Universalis cosmographia*
Ritter, Karl, 374, 375, 384, 388
Robaert, Augustijn, 292, 297
Robinson, Arthur, 420-1, 422, 438, 485, 491
modelo de comunicação cartográfica,
454-5
projeção cartográfica, 419, 420, 438
Rodes, 43, 49-50
Rogério I, conde da Sicília (Rogério
Guiscard), 65, 80
Rogério II da Sicília, 65, 66, 67, 70, 80-1, 82-6, 90-1
Roma:
al-Idrisi sobre, 89
derrubada dos Ptolomeus, 30

Índice remissivo

e cristianismo, 109-10, 122
e o mapa-múndi de Hereford, 100, 105
e Orósio, 114
impressão de nova edição da *Geografia*
de Ptolomeu, 181
IV Concílio de Latrão, 94
saque dos visigodos, 109
Rosenberg, Jonathan, 466, 469
Rosselli, projeção de, 260
Rousseau, Jean-Jacques, 328
Roy, William, 367, 379
Rupelmonde, 243, 246, 247, 266
Rússia, 395, 399, 400, 407
Guerra Fria *ver* Guerra Fria
invasão da Rússia, 406
Pacto Nazissoviético, 405-6
ver também União Soviética
Ruysch, projeção de, 260

's-Hertogenbosch, *groote school*, 248
Sacro Império Romano, 247
Carlos V e o, 247
Saige, Guillaume-Joseph, 359
Saint-Dié, 178-9, 185
Salerno, 82
Salústio, 111-2, *111*
Sansom Flamsteed, projeção de, *376*
Sanson, Nicolas, 329, 332, 335
Santángel, Luis de, 183
Santarém, Manuel Francisco de Barros e
Sousa, visconde de, 375
Saragoça, 234
tratado de, 233-4, 237
Sardenha, 100
Saturno, 319, 320
Sawley, mapa de, 120
Scaliger, Joseph, 269-70, 285
Schama, Simon, 294
Schellekens, Gheert *ver* Mercator, Gerard
Schelling, Friedrich, 388
Schöffer, Peter, 177
Schöner, Johannes, 201, 216, 239
Schott, Johannes, 200
Schröder, Gerhard, 167
Scott, Robert Falcon, 395
Seção Geográfica do Estado-Maior (GSGS,
na sigla em inglês), 489
Segunda Guerra Mundial, 405-6, 409-10,
414-5, 489
Selve, Georges de, 238, 240
Sem, 111

Sendacour, Jean Basin de, 179, 185
Sêneca, 261, 284, 285
Senefelder, Alois, 374-5
Sequeira, Diego Lopes de, 222, 223
Servet, Miguel, 257
Sevilha, 214, 215, 218, 220, 222, 224-5, 233, 234, 238
SGI (Silicon Graphics), 459-62
Shannon, Claude, 453-4
teoria da comunicação, 453-4, 455, 456,
457-8, 461, 462, 468
Shelley, Percy Bysshe, 63
Shengjiao guangbei tu (Li Zemin), 136, 139
Shu jing (*Livro de documentos*), 142-3, 144
Sicília, 65-7, 78, 80-3, 90-2, 100, 223
Sieyès, Emmanuel, 362
Silício, Vale do, 455-6, 459
Silicon Graphics (SGI), 459-62
"Sinus Magna", 193
Sippar, "Mapa Babilônico do Mundo", 7-9,
13-4, 15-6, 18
sistema agrícola "poço-campo", 143
Sistema de Informações Geográficas do
Canadá (CGIS, na sigla em inglês), 457
Sistemas de Informação Geográfica (GIS,
na sigla em inglês), 418, 456-7
Sistemas de Posicionamento Global (GPS), 464
Skelton, R.A., 204
Smith, William, 378
Snyder, Greg, 168
Snyder, John, 420, 422
Sobre a doutrina cristã (Agostinho), 108
Sobre a figura da Terra (Maupertuis), *343*
*Sobre a localização e os nomes dos lugares
hebreus* (Jerônimo), 106-7, 109, 110
Sobre a miséria da condição humana (Inocêncio
III), 123
Sobre a origem das espécies (Darwin), 383
Sobre as revoluções das esferas celestes (Copér-
nico), 51-2, 173, 290
Sobre os céus (Aristóteles), 39-40
Sociedade Cartográfica Alemã, 421
sociedade em rede, 452
Sociedade Geográfica de Berlim (Gesells-
chaft für Erdkunde zu Berlin), 374, 375
Sociedade Geográfica de Londres, 372-3
Sociedade Real, Londres, 366
Société de Géographie, 374, 375
Société de la Carte de France, 355, 362, 363, 364
socinianos, 312
Sócrates, 37-8
Soderini, Piero di Tommaso, 184

560 Uma história do mundo em doze mapas

soldado e a moça sorridente, O (Vermeer), 299-302
Solino, Caio Júlio: *Uma coleção de fatos memoráveis*, 121
Song, dinastia, 149, 151-3
Sony Broadband, 465
Sovinsformsputnik (Agência Espacial Federal Russa), 461
SPD (Partido Socialista Alemão), 428
Speed, John, 317
Spence, Mary, 451
Spiegel, Der, 427
Sri Lanka:
    no mapa de Waldseemüller, 193
    no mapa Kangnido, 134
Stanley, sir Henry Morton, 395
Stevens, Henry N., 202-4, *202*
Stevin, Simon, 295-6
sucessão espanhola, guerra da
Suhrab, 73-4
Susa, 8
Swinfield, Richard, 96, 124-5, 126
Syene (Assuã), 45
Synchronoptische Weltgeschichte (Peters), 426-9

Tácito, 53
Taejo (Wang Kon), 155
Taejong, rei, 129, 131-2, 138; *ver também* Yi Songgye
Tanner, Chris, 459, 462
Tártaros, 32
Tasman, Abel Janszoon, 289
Tasmânia, 289
Tchecoslováquia, 413-4, *414*
Teatro do Império da Grã-Bretanha (Speed), 317
tecnologia da informação, 450-64
tecnologia eletrônica, 455-63; *ver também* acesso à informação, mapeamento on-line
tecnólogos geoespaciais, 449, 456-7, 459-63, 491-2
Teia, 32
Tell Abu Habbah (Sippar), "Mapa Babilônico do Mundo", 7-9, 13-4, 15-6, 18
Têmis, 32
Teodoco, 108
Teogonia (Hesíodo), 32
teoria chinesa do espaço infinito, 141-2
teoria da comunicação (Shannon), 453-4, 455, 456, 457-8, 461, 462, 468
teoria do *"heartland"* (Mackinder), 404-7, 409
teoria evolucionista, 383; *ver também* darwinismo

teorias geocêntricas, 35, 39, 40, 51-2, 112, 173, 180, 295, 319-20
Terra:
    aldeia global, 417
    área da superfície, 9
    centro, 39-40
    circunferência, 39, 45, 49, 55, 74, 85, 217, 333
    controvérsia da forma, 337, 340-2, 344-7
    diâmetro, 333-4
    em um universo geocêntrico, 35, 39, 40, 51-2, 112, 173, 180, 295, 319-20
    esférica, 18-9, 28, 37, 38-40, 52, 85
    fundação, 8, 34; *ver também* cosmogonia grega; cosmologia
    globos terrestres *ver* globos terrestres
    Google Earth *ver* Google Earth
    hipótese de Gaia, 417
    modelagem de terreno em 3D, 471
    mundo habitado (grego) *ver oikoumené*
    na teoria heliocêntrica, 51, 286, 290-1, 295-6, 308, 309, 319-20, 324
    oblato, 340, 342, 456
    periodos gés/circuito da Terra *ver* circuito da Terra
    plana, 18
    população mundial, 446, 480
    prolato, 340-1
    quadrada, 140, *141*, 142
    "Terra Digital" (Gore), 465
    verdadeira Terra (Sócrates), 38
    vista do espaço, 416-7, 425, 447-9, 463; *ver também* Google Earth
"Terra Digital" (Gore), 465
Terra Nova, 224
Terra Santa, mapas, *106-7*, 109-10, 254-7, *252-3*
"Terras recém-descobertas" (*Paesi novamenti retrovati*), 200
TerraServer, 461-2
Tertuliano, 108
Tétis, 31, 32
Theatrum orbis terrarum (Ortelius), 17, 285, 304, 305, 329
Thorne, Robert, 233
Tiamat, 8
Tidore, 219
Tigre, rio, 89, 110
Time (revista), 415
Titãs, 32
T-O, mapas, 110-3, *111*, 114, 115, 117, 191, *191*
Tobler, Waldo, primeira lei da geografia, 474-5
tolerância religiosa, 243, 285

Índice remissivo

Tomlinson, Ray, 458
Tomlinson, Roger, 456-7
Tongguk chido (Chong Chok), 156
Tordesilhas, 207
    tratado de, 207-8, 221, 223, 226, 236-7
Transilvânio, Maximiliano, 213-4, 251
transistores, 455-6
transubstanciação, 242, 264
Trevisan, Angelo, 211
triangulação, 326, 327, 333-5, *336*, 337, 341, 342,
    344-6, 352, 354, 366, 381
      matemática da, 249, 334-5, 345-7
Trinidad, 219-20
Trithemius, Johann, 199
trivium, 116, 176
Truman, Harry S., 406
Túnis, 251
Tyndale, William, 242

U, rei, 129
Ulm, 181
Unesco, 419
União Soviética, 406, 415, 458, 490-1; *ver*
    também Rússia
Unicef, 419
Universalis cosmographia ver mapa de Wald-
    seemüller, *Universalis cosmographia*
Uranôs, 32
Urartu, 8
URLs (localizador de recursos uniforme), 458
Ursa Maior, 99, 115
USGS (Levantamento Geológico dos Estados
    Unidos), 461
Utrecht, 303

valor militar dos mapas, 327, 364, 425
van der Beke, Pierre, 263
Van der Grinten, projeção de, *430*
van der Hem, Laurens, 322-3
van der Heyden, Gaspar, 250, 251, 264
Vasari, Giorgio: *Vidas dos artistas*, 244
Vasco da Gama, 193, 195, 209-10
Vaugondy, Didier Robert, 348
Veen, Adriaen, 292
Velocino de Ouro, 101
Veneza, 209-10, 296
Vênus, 319
Vereenigde Oostindische Compagnie ver VOC
    (*Vereenigde Oostindische Compagnie*)
Vermeer, Johannes, 299, 302
Versalhes, 361
    tratado de, 405, 489

Vespúcio, Américo, 172-3, 184, 191, 199,
    200-1
    cartas forjadas atribuídas a, 183-5
    e *Cosmographia introductio*, 186-7
    no mapa de Waldseemüller, 195-6
Vespúcio, Giovanni, 224
Vestfália, Paz de, 289-90
Vicenza, 181
Victoria, 219-20
Vietnã, 415
Virgens, ilhas, 313
Virtual Earth (software), 469
Vise, David, 450
visigodos, 109
Visscher, Nicolaus, 299
Vitória, rainha, 382
VOC (*Vereenigde Oostindische Compagnie*),
    289, 290, 291, 292, 294, 296, 303, 304, 306,
    307-10, 311, 312, 313, 314, 317, 318, 322
Voeux d'un patriote, Les, 361
Voltaire, 342
Vrient, Johan Baptista, 292
Vujakovic, Peter, 443

Waldburg-Wolfegg, Johannes, conde, 165,
    166, 201
Waldburg-Wolfegg, Maximilian, príncipe, 203
Waldseemüller, Martin, 173, 176, 178-9, 199,
    200-1, 245, 248, 257, 292
    Cosmographia introductio, 185-6, 188,
      189, 200-2
    edição de 1513 da *Geografia* de Ptolomeu,
      200, 202-3
    globo em gomos, *187*, 188
    "Mapa do mundo" *ver* mapa de Waldsee-
      müller, *Universalis cosmographia*
    Os mapas do mundo de Waldseemüller
      (*Ilacomilus*), *1507* & *1516*, 201
    projeção adotada por, 196-9, *260*
Webb, Richard, 459
Weigert, Hans, 407
West Wing, The, 424
Where2 (empresa), 470
Wiener, Norbert, 453
Wihwa, ilha, 129
Wilde, Oscar, 22
Wilkinson, Spencer, 402, 403
Wolfe, Reyner, 256
Wolfegg (castelo), Baden Württemberg, 165,
    166, 201, 203, 204
Wolfenweiler, 176

World Wide Web, 458, 467, 473; *ver também* internet; mapeamento on-line

Wright, Edward, 283

xilogravura, mapas em, *153*, 181, *187*, 188-90, *191*, 194, 244, 250

xuan ye shuo, 141

Xun Qing, 145

Yahoo!, 448

Yalu, rio, 129, 159-60, 161

Yi Chom, 155, 158

Yi Hoe, 137, 138

Yi Mu, 137

Yi Songgye, depois rei Taejong, 129, 130, 158, 159

Yu ji tu ("Mapa dos trajetos de Yu"), 142-3, 144, 146, 147, *148*, 149-52

Yu, o Grande, 143, 149, 150

"Yu Gong", 142-3, 144, 146, 147, 150-2

Zeus, 32, 33

Zhang Heng, 141, *141*

Zhanguo ("Período dos Reinos Combatentes"), 144

zhaoyu tu, 145

Zhongsan, dinastia, 145-6

Zhou, duque de, 144

Zhou li ("Formas rituais de Zhou"), 146

Zhu Di, 138

Zhu Yuanzhang, 137, 158

Zhu Yunwen, 137, 138

Ziegler, Jacob, 254, 255

zoroastristas, 69

Zwinglio, Ulrich, 255

1ª EDIÇÃO [2012] 5 reimpressões

ESTA OBRA FOI COMPOSTA POR MARI TABOADA EM DANTE PRO E
IMPRESSA EM OFSETE PELA GRÁFICA SANTA MARTA SOBRE PAPEL PÓLEN
DA SUZANO S.A. PARA A EDITORA SCHWARCZ EM JULHO DE 2025

A marca FSC® é a garantia de que a madeira utilizada na fabricação do papel deste livro provém de florestas que foram gerenciadas de maneira ambientalmente correta, socialmente justa e economicamente viável, além de outras fontes de origem controlada.